KB243771

청소년을 위한

한국사 사전

수렵도

중국 집안현 무용총 주실 서벽에 그려진 고구려의 고분벽화

명문벽전

고구려 토기

금동미륵반가상

국보 제118호.
머리에는 삼면관을 썼고, 얼굴을 약간 숙여서 사색에 잠겨 있는 형상이다.

장군총

피라미드 형을 띤 대표적인 돌무덤. 압록강 유역 통구 지방에 위치

호류사 금당벽화
금당 안 동서남북에 석가여래상과 보살상을 그린 것으로 구도가 웅장하고 표현방법이 세밀하다.

금제심엽형 이식
백제의 금귀걸이.
국보 제156호

연화문와당

막새(와당)에는 연화문, 당초문, 보상화문, 귀면문, 금수문 등의 여러 무늬가 장식되어 각 시대와 지역에 따라 다양한 변화를 보인다.

백제왕신사

백제 의자왕의 후손들을 모신 신사. 일본에 위치

기마인물토기

1924년 경주 금령총에서 출토된 토기.
말을 주제로 한 토기는
신라와 가야 지역에서 주로 발견된다.
국보 제91호.

세금착감화문즐

신라시대의 장식용 빗.

진흥왕순수비

진흥왕이 새로 넓힌 영토를 직접 돌아보고 세운 비석. 북한산, 창녕, 황초령 등에서 발견되었다. 국보 제3호.

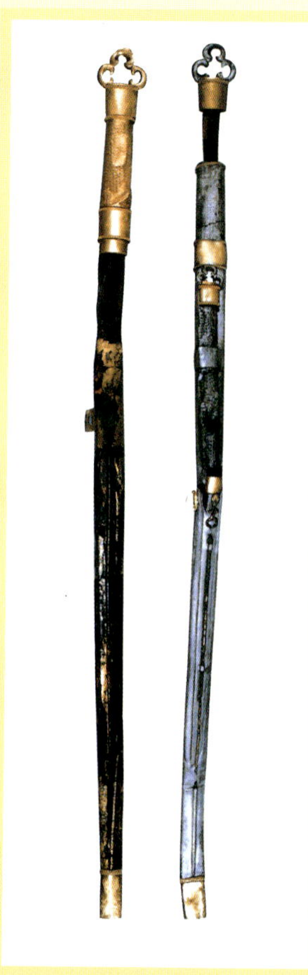

금은장식 둥근머리큰칼
대대리 고분군에서 출토되었다.

토용
신라의 토제유물 중에는 인물, 동물을 본뜬 유물이 많다.

천마도
5~6세기 신라의 대표작품으로 경주 천마총에서 출토되었다.
마구장비에 그린 장식화. 국보 제207호.

고려시대 이제현의 기마도강도
말을 탄 다섯 사람이 얼어붙은 강을 건너는 장면

고려시대의 첨성대
개성의 만월대 서쪽에 위치

장경각 판가의 모습
초조대장경과 팔만대장경이 보관되어
있다.

청동금강저
흥덕사지에서 출토된 유물

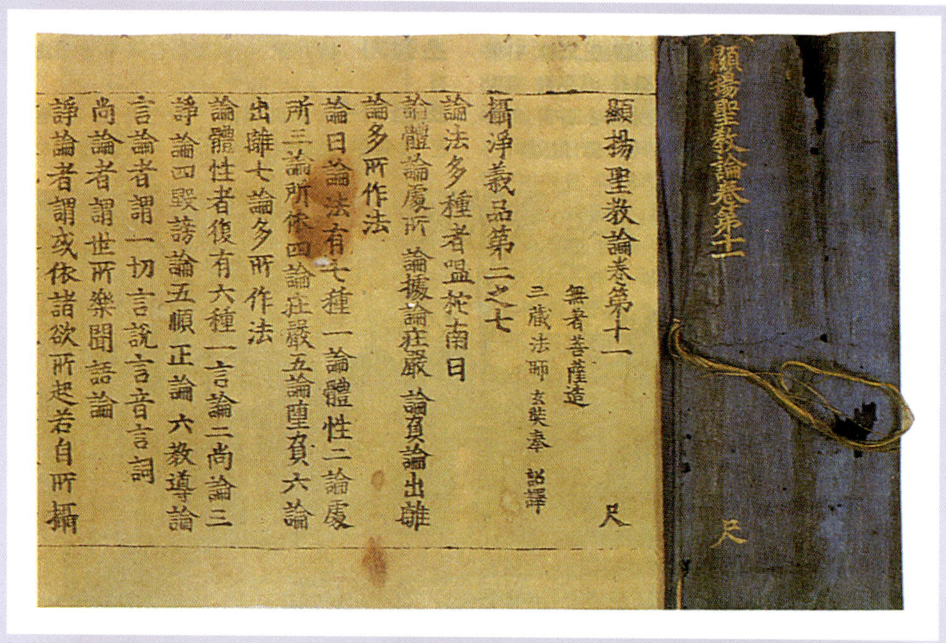

초조대장경

고려 현종 2년에 거란이 침입하자 국력을 모으고 민심을 모아 새긴 우리나라 최초의 대장경이다.

청자구룡형삼족향로

보물 제1027호. 12세기 전반기에 만들어진 것으로 추정

청자인형주자

구름을 탄 신선이 복숭아가 가득 담긴 쟁반을 갖다 바치는 모양.

규장각도

규장각은 궐 안에 설치하여 역대 국왕의 시문, 친필 등을 관리하던 곳이다.
조선 후기에는 문화정책의 중심기관의 역할을 하였다. 김홍도의 그림으로 1770년대에 그려졌다.

호패

16세 이상 된 남자가 차고 다니던 패. 현재의 신분증명서와 같다. 1413년에 처음 실시되었다.

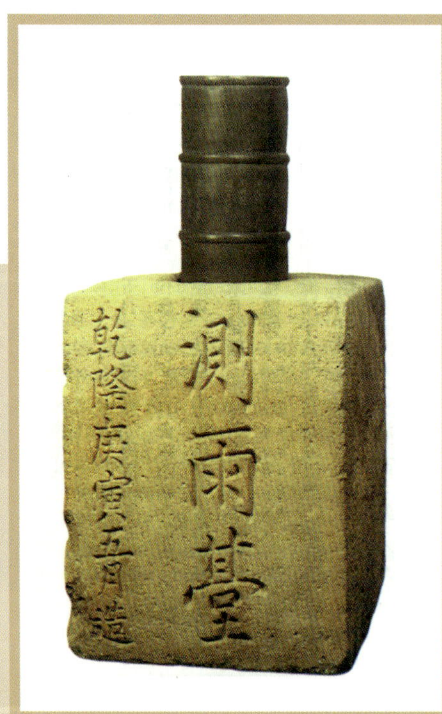

측우기

세종 때 만들어진 것으로 비가 온 후 선운관의 관원이 주척을 가지고 수심을 분·촌으로 재고 즉시 보고하게 하였다.

마패
출장관원이 역마를 이용할 수 있는 증표.

조선시대의 한양도성도

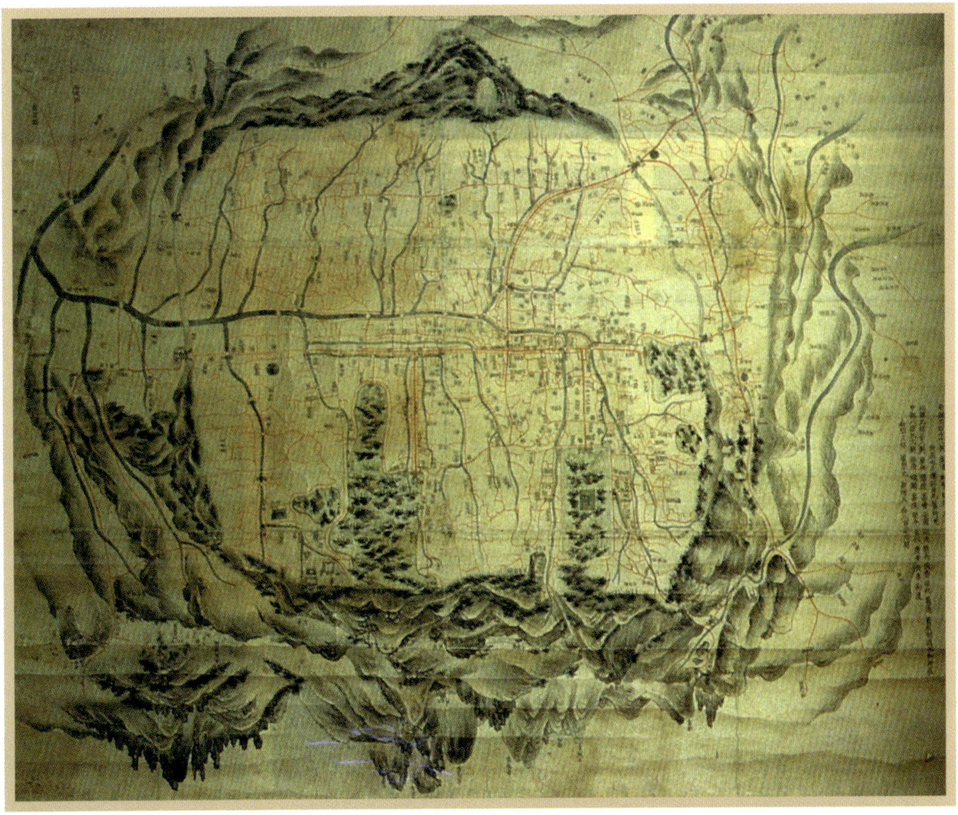

잔치
잔칫날의 풍경이 잘 드러난 조선시대의 민화

청화백자매죽문호
조선 초기 백자 중에서 최고의 명품.
국보 제219호

동학혁명모의탑

고부 군수 조병갑의 부당한 세금에 반발하여 전봉준을 선두로 민란이 일어난 곳에 세워졌다.
전라북도 정읍군 고부면 신중리에 위치

한말의 친위대

조선 말기에 설치된 왕궁경비담당 중앙군의 하나

독립문

갑오개혁 이후 자주독립의 결의를 다짐하려고 중국 사신을 영접하던 사대외교의 표상인 영은문을 헐고 그 자리에 세운 문으로 자주민권과 자강운동의 한 기념물이다. 서울특별시 서대문구 현저동에 위치.
사적 제 32호

러시아 공사관

고종과 태자가 약 1년간 이곳에 머물렀다. 이 사건이 아관파천이다. 서울 정동에 위치

Korea
History
Dictionary

청소년을 위한 한국사 사전

이근호 편저 · 박종기 감수

초판 1쇄 발행 · 2001. 3. 3.
초판 8쇄 발행 · 2013. 7. 10.

발행처 · 청아출판사
발행인 · 이상용 이성훈

등록번호 · 제 9-84호
등록일자 · 1979. 11. 13.

경기도 파주시 교하읍 문발리 출판문화정보산업단지 507-7 우편번호 413-756
대표 031-955-6031 편집부 031-955-6032 팩시밀리 031-955-6036

* 값은 뒤표지에 있습니다.   * 잘못된 책은 구입한 서점에서 바꾸어 드립니다.

ISBN 978-89-368-0079-6 01900

독자 의견에 항상 귀 기울이고 있습니다.
홈페이지 : www.chungabook.co.kr
E-mail : chunga@chungabook.co.kr

청소년을 위한

한국사 사전

| 이근호 편저 · 박종기 감수 |

청아출판사

감수자의 글

우리나라에서 가장 많이 읽히는 역사책의 하나를 들자면, 국가에서 발간한 초·중·고의 국사 교과서일 것이다. 우리 국민의 대부분은 국사 교과서를 통해 우리나라 역사를 배우고 익힌다. 그러나 교과서는 제한된 지면과 교육시간 때문에 누가 서술하더라도 매우 추상적이고 어려울 수밖에 없는 한계를 지니고 있다. 풍부한 사실과 다양한 내용을 담지 못한 채, 청소년이 이해하기 어려운 역사용어로 교과서가 서술된 것은 부인할 수 없는 현실이다. 이러한 여러 이유는 역사 교육의 문제뿐만 아니라 감수성이 예민한 청소년기 시절에 이미 우리 역사를 외면하는 심각한 문제를 낳고 있다. 우리 국민 가운데 국사 교과서를 일생의 마지막 역사책으로 기억하는 경우가 실제로 적지 않은 실정이다.

20여 년 이상을 우리나라 역사 연구에 몸담아 왔으며, 국사 교과서 집필까지 했던 본인은 이 문제를 일찍부터 심각하게 생각하여 왔다. 어려운 한국사 용어를 좀더 쉬운 내용으로 풀어 쓴 역사사전을 만드는 것도 문제를 해결하는 하나의 방안이 아닐까 생각하게 되었다. 이 책을 통해 국사 교과서의 한계를 보완하면서 나아가 청소년들이 우리나라 역사에 대해 좀더 흥미를 갖게 할 수 있다면 더 없이 좋은 일이 될 것이라 믿는다. 이 역사사전은 이러한 의도에서 편집, 출판된 것이다.

지난 1996년 하순 무렵부터 이 책의 편찬작업에 착수했다. 먼저 초등학교에서 고등학교까지의 교과서에서 역사 관련 용어들을 모두 정리하여, 이를 사전의 중심 항목으로 설정했다. 이 외에도 청소년들이 꼭 알아야 할 역사사실을 새로운 항목으로 추가하였다. 또한 풍부한 사진자료와 삽화를 추가하여 지루하지 않도록 배려하였다. 되도록이면 문장을 쉽게 풀어 써서 누구나 이해하기 쉽도록 하되, 최신의 연구성과를 최대한 담고자 했다. 이러한 일련의 작업 끝에 이 책은 세상에 나오게 되었다. 그러나 이러한 우리의 노력이 교육현장이나 청소년에게 얼마만큼 도움이 될런지 매우 두려운 마음뿐이다.

이 과정에서 본인의 까다로운 요청과 주문으로 수많은 수정 작업과 체제 개편의 시행착오를 겪었다. 그러나 이를 마다하지 않고 묵묵히 희생을 감수한 청아출판사 이상용 사장님과 김용옥 전 편집장과 홍은아 편집장에게 늘 미안한 마음과 함께 감사의 뜻을 전한다. 아무쪼록 이 역사사전이 우리나라 청소년들의 역사편람으로서, 그리고 역사교육 현장에서 크게 활용되었으면 하는 마음 간절하다.

2001년 2월
감수자 박종기

편자 서문

　새로운 천년의 시작이라고 하여 떠들썩한 분위기에서 맞았던 2000년도 이제는 역사의 뒤안길로 접어들었다. 새로운 21세기의 역사가 시작되고 있다. 이 순간 시간의 무상함보다는 오히려 역사의 무거움을 다시 한번 되새겨보게 된다.

　나치하에서 한때 레지스탕스로 활동한 프랑스의 역사학자 마르크블로호(Marc Bloch)의 《역사를 위한 변명》(원제는 APOLOGIE POUR L'HISTOIRE OU METIER D'HISTORIEN)은 본인이 대학 입학 후 전공 공부를 시작하면서 처음으로 접한 역사학 개론서였다.

　다음의 한 구절은 아직까지도 머리 속에 남아 있다.

　"아빠, 도대체 역사란 무엇에 쓰는 것인지 이야기 좀 해주세요."

　이 책의 첫 구절이기도 한 이 말에 대해 우리들은 필요에 따라서 여러 가지 대답을 할 수 있다. 그러나 역사공부에 첫 발을 내디딘 당시 본인에게 이 구절은 역사에 대해 진지하게 고민하게 하였다. 아직도 이 물음에 대한 해답을 풀지 못하고, 오히려 더 미로를 헤매는 듯한 심정임은 물론이다.

　마르크블로호가 던졌던 질문은 본인이 공부를 시작한 후 원죄처럼 갖고 있는 숙제이기도 했다. 그 해답을 찾아가는 과정에 버팀목이 되었던 것은 사전이었다. 물론 사전이 그 해답을 바로 주는 것은 아니나, 그에 대한 기초적인 지식을 제공해 주어 그 해답을 찾아가는 과정을 단축시키고 있는 것은 사실이다.

사전은 흔히 한 나라의 학문적 수준을 반영하는 것이라고 말한다. 이는 학문적 수준이 축적된 상태에서만이 사전이 편찬될 수 있다는 것을 의미한다. 더욱이 그간의 연구성과를 개인이 정리하여 사전으로 편찬한다는 것 자체는 엄두도 못낼 일이다.

지금 시중에는 한국사와 관련된 여러 종류의 국사사전이 나와 있다. 이 책들은 지금까지 청소년뿐만 아니라 일반인들의 한국사 지식 습득에 지대한 공헌을 하였음은 물론이다. 그러나 이러한 사전들이 출간된 지 오랜 시간이 경과되어 학계의 최근 연구성과를 반영하지 못하거나, 너무 전문적이어서 쉽게 접근할 수 없는 어려움이 있는 것도 사실이다. 따라서 청소년들이 접근하기 쉬우면서도 학계의 연구성과가 반영된 사전이 지금의 시점에서 필요한 것이라고 생각한다.

이러한 내면적인 사정이 이제 역사학 연구의 초입에 들어선 본인이 무모한 열정을 가지고 이 작업에 참여하게 된 이유이기도 하다. 다소 부족한 점이 있더라도 양해하여 주시기 바라며, 다만 이 책을 통해서 청소년들이 한국사를 올바로 이해하고, 역사에 대해 진지하게 고민할 수 있는 계기가 되었으면 하는 바람뿐이다.

원래 이 작업은 어린이용 한국사 사전으로 기획되었다가, 청소년층으로 그 범위를 확대하였다. 이에 따라 항목선정과 내용의 수정이 불가피하였다. 본인은 이 과정에서부터 작업에 참여하였다. 이후 항목을 선정하고, 원고를 부분 또는 전면적으로 수정·보완하는 가운데, 기존의 한국사 사전의 도움을 많이 받았다. 한편으로 최근의 연구성과를 최대한 반영하고자 했다. 따라서 이 책은 어려운 환경에서 묵묵히 연구에 종사해왔던 한국사 연구자들의 노고가 없었으면 나올 수 없었을 것이다.

작업하는 과정에서 많은 분들로부터 도움을 받았다. 특히 이 책의 항목선정 및 원고의 수정·보완 등 감수를 기꺼이 맡아주신 박종기 교수님은 본인의 은사로서 학부 때부터 학업이나 생활면에서 많은 지도와 도움을 주셨던 분이다. 교수님의 많은 충고와 격려에 대해 다시 한번 감사의 말씀을 드린다. 이 밖에도 많은 분들에게 도움을 받았으나 지면 관계상 일일이 거론하지 못한 점 양해를 바라며 감사하다는 말로 대신하고자 한다. 또한 보잘 것 없는 원고를 깔끔하게 정리해서 출간해주신 청아출판사 관계자 여러분께 감사의 말씀을 전한다.

21세기의 첫달을 넘긴 2월 어느 날
편자 이근호

차 례

일러두기

항목선정

· 사전 표제어의 선정은 고등학교 《국사》 교과서를 위주로 하였다. 따라서 용어에 문제가 되는 경우는 이에 따랐음을 밝혀둔다.
· 한국사와 관련이 깊은 중국 역대왕조도 항목으로 선정하였다. 단 서술은 우리나라와의 관계에 비중을 두고 설명하였다.
· 인물의 경우는 고인(故人)을 대상으로 하였다.

서술원칙

· 서술은 소항목 중심을 원칙으로 하였다.
· 문장은 한글 위주로 하되, 혼동을 일으킬 우려가 있거나 고유명사는 한자를 괄호 안에 넣었다. 또한 그 어휘가 부득이하게 현대어로 표현이 잘 되지 않을 경우에는 괄호 속에 ';' 다음에 설명하였다.
· 한자가 한글과 동일음이 아닌 경우도 편집의 통일을 위해 ( )로 표시하였다.
　　예) 도쿄(東京), 간석기(磨製石器), 싼위안바오(三源堡)
· 각 항목은 표제어, 본문, 참고 등의 순으로 서술하였다.
· 내용의 전후관계와 상호 관련성을 밝히기 위하여 선정된 항목 사이에 참고표 → 를 사용하여 표시하였다.
· 항목 가운데 찾아보기는 ◐로 표시하였다.
· 서술은 객관적 사실을 중심으로 서술하되, 학습에 도움이 되도록 하였다.
· 표제어를 설명하는 과정에서 참고할 사항이지만, 표제어로 선정되지 않은 경우 ㉦ 표시를 사용하여 설명하였다.
· 표제어 설명 후 해당 항목에 참고가 되는 유적지의 경우는 ㉨로 표시하여 관련 유적을 정리하였다.
· 인명의 경우, 생몰년, 자, 호, 시호, 본관(또는 출신지), 개념, 내용으로 설명하였다. 또한 인명 서술의 경우, 그의 저작을 밝힘과 동시에 묘소 소재지를 밝혀 답사 참고 자료로 활용케 하였다.
· 외국 지명이나 인명의 경우 〈외국어 준거안〉에 의거하였다.
· 연대 표기는 서기를 원칙으로 하였으며, 왕력은 괄호 속에 표기하였다.
· 서명은 《 》, 논문은 〈 〉로 표시하였다.
· 동일 명칭이지만 시대적으로 내용이 다른 경우는 일련번호로 구분하여 서술하였다.
　　예) 향리 1) 고려시대 지방 통치를 실질적으로 담당하던 지방세력. 2) 조선시대 지방관을 보좌하면서 실무를 담당하던 중인신분층.
· 문화재로서 지정문화재인 경우, 공식명칭을 사용하였다.

가(加)

초기 국가인 부여·고구려 등지의 부족장과 관직명. 간(干)·한(汗)·찬(湌) 등과 동일한 의미로 사용되었다. 가에는 부족장으로서의 의미와 관직명으로서의 의미가 있다. 첫째 부족장의 의미로서, 제가회의와 같은 회의체들을 통해 왕을 선출하고 죄인을 처벌하는 등 권한을 행사하였다. 둘째로는 국가 형태가 갖추어진 후에는 관직명의 의미로 쓰였는데, 《삼국지》에 따르면 부여에는 관명으로 마가(馬加)·우가(牛加)·저가(豬加)·구가(狗加) 등이 있었고, 고구려에는 상가(相加)·고추가(古鄒加) 등과 같은 관명을 찾을 수 있다.

가쓰라·태프트밀약(桂·Taft 密約)

1905년 7월 일본의 가쓰라(桂太郎) 수상과 미국의 대통령특사인 태프트(W.H.Taft) 육군장관 사이에 체결된 밀약. 1905년 7월 27일 일본에서 태프트가 가쓰라와 회담하고 비밀각서를 교환한 것이다. 그 내용은 미국의 필리핀 지배를 일본이 인정하는 조건하에 일본이 한국을 지배하는 데 있어 정치·경제·군사상의 이익을 가지는 것을 묵인한다는 것과, 일본이 한국에 대한 보호권을 확립하는 것이 러일전쟁의 논리적 귀결이자 극동평화에 직접 공헌하는 것임을 인정하는 것이었다. 이 밀약은 결국 한국문제와 필리핀문제와의 교환조건으로서 일제의 한국침략을 구현시키는 예비적 공작이었다.

가야(加耶)

1~6세기 낙동강유역에 존재하였던 연맹왕국. 기원을 전후해서 이 지역에 철기문화가 보급되자 2세기 이후 변진의 여러 소국들이 나타났다. 이 가운데 수로 혹은 수릉이라는 사람이 세워 491년 동안 계속된 금관가야를 중심으로 전기의 연맹체가 형성되었다. 가야는 이후 신라와 맞설 수 있는 대등한 세력으로 성장하였으나 4세기 이후 당시 신라를 후원하던 고구려의 공격을 받아 약화되었다. 5세기 후반에 이르러 옛 가야지역 내부에서 재통합의 기운이 일

어나 고령의 대가야국을 중심으로 연맹체가 형성되었다. 이러한 중심국가의 변화상은 가야지역의 유적을 통해서 확인된다. 전기에는 김해의 양동리 고분군이나 대성동 고분군과 같이 경남 해안일대에 유적이 집중되었다. 반면에 후기에는 그 규모나 수는 축소되었지만 경상도 내륙 산간지역에서 점차 많은 고분이 축조되었다. 고령의 지산동고분군은 그 대표적인 예이다. 고령의 대가야는 시조신화를 표방하면서 새로운 맹주로 등장, 479년에는 가라왕(加羅王)의 이름으로 중국 남제(南齊)에 사신을 보내 보국장군(輔國將軍)의 작호를 받았다. 481년에는 고구려의 신라 침입에 대하여 원병을 보낼 정도로 다시 백제·신라와 대등하게 세력을 다투었다. 그러나 6세기경에 이르러 고구려와 신라의 공격으로 큰 타격을 받아 그 세력이 크게 약해져 532년 금관가야가 신라에 병합되었다. 이어 562년 이사부가 이끄는 신라군의 공격으로 대가야, 소가야 등 나머지 세력까지 신라에 병합되었다.

가야는 일찍부터 철기문화와 벼농사가 발달하였으며, 풍부한 철을 중국과 일본 등지에 수출하였다. 가야의 문화는 일본의 사회 발전에 큰 영향을 주었다. 김해의 대성동 고분 등에서 나온 많은 유물은 당시 가야의 국력과 왕권이 어느 정도 성장하였는지를 보여준다. 그러나 가야국은 삼국과 같은 중앙집권국가로 발전하지 못하고, 연맹왕국의 단계에 머물렀다.

㈜ 수로왕릉 대성리 고분군(김해), 양동리 고분군(김해), 지산동 고분군(고령) 등

▶ 가야의 철제 투구

▶ 수로왕릉(경남 김해시 구산동 소재)

(참) 임나일본부설(任那日本府說) : 가야사 이해에 커다란 걸림돌이 되는 것은 임나일본부설로서, 고대 야마토(大和)정권이 3세기 중엽에서 6세기 후반에 걸친 시기에 가야지역을 중심으로 한반도 남부를 지배했다고 하는 일본측 연구자들의 견해이다. 임나일본부설은 일본의 역사책인 《일본서기(日本書紀)》에 그 바탕을 두고 있으며, 메이지(明治)유신 이후 한국 침략을 전후한 시기에 널리 퍼지면서 이후 일제의 한국 병탄을 합리화하는 역사적 근거가 되어 왔다. 광개토대왕비문의 해석, 기마민족설 등을 통해서 보완된 임나일본부설은 그동안 많은 반론에 부딪치면서 상업적 목적을 띤 무역기관이라든지 가야와 왜의 외교 교섭을 맡았던 기관이라는 등으로 변형되면서 지금까지도 계속되고 있다.

간도문제(間島問題)

간도지방의 영토 귀속권을 둘러싸고 조선과 청나라 사이에 벌어진 분쟁. 간도는 만주 길림성(吉林省) 동남부지역의 땅으로 청나라에서는 이 지역을 봉금지역(封禁地域)으로 선포하여 입주를 엄금하였다. 당시 조선 변경 주민들은 경비가 허술한 틈을 이용, 이 지역에 들어가 인삼채취·벌목·사냥 등을 하였는데 이로 인해 양국 사이에 자주 분쟁이 일어났다. 청나라에서는 이 지역의 남방한계를 명확히 하기 위해 조선과의 국경선 확정을 위한 교섭을 전개, 1712년(숙종 38) 청나라와 조선의 대표들이 백두산에 올라 현지조사를 하고 백두산정계비를 세웠다. 이 비문에 의하면 서로는 압록강, 동으로는 토문강(土門江 : 만주 쑹화강 상류)을 양국의 국경으로 확정하였다. 1881년(고종 18) 청나라가 이 지역에 대한 봉금을 해제하고 청국인의 간도 이주와 개간·농경을 장려하는 정책을 취하게 되면서 간도의 영유권문제가 발생하였고, 토문강의 위치를 두고 국경분쟁이 발생하였다. 1883년 서북경략사 어윤중이 백두산 답사결과를 토대로 토문강은 송화강 상류로, 간도지방은 조선의 영토임을 주장하였다. 청일전쟁 이후 대한제국은 간도문제에 대한 적극적인 태도를 보여 1897년 이후 두 차례의 현지답사를 통해 간도뿐만 아니라 연해주까지 조선의 영토임을 주장하였다. 1902년 이범윤을 간도시찰원으로 임명하여 간도에 거주하는 조선인으로부터 조세를 거두어들이는 등 간도에 대한 관할권을 행사하였다. 이로 인해 청나라와 잦은 충돌이 발생하자 분쟁의 확대를 꺼린 조선정부에서는 1904년 이범윤을 소환하였고 양국은 잠정적으로 정확한 경계의 확정이 있을 때까지 토문강을 경계로 불법으로 월경하지 않을 것을 약정하였다. 1905년 〈을사조약〉을 통해 조선의 외교권을 박탈한 일본은 처음에는 간도가 조선의 영토임을 주장하였다. 그러나 남만철도의 안봉선(安奉線) 개축문제로 청나라와 대립하던 중, 남만주에 철도부설권을 얻는 대가로 1909년 9월 〈간도협약〉을 체결하고 간도의 영유권을 청나라에 양도하였다.

간도참변(間島慘變)

1920년 일본군이 만주로 출병하여 한국인을 대량 학살한 사건. 일명 경신참변(庚申慘變)이라고도 한다. 3·1운동 이후 한만국경지대에는 많은 독립군부대가 편성되어 이들이 자주 국경을 넘어 일본군경과 전투를 전개하였다. 1920년대 들어 독립군의 국내진입작전이 더욱 활기를 띠자 일본군은 중국정부와 공동토벌작전을 벌였으나 성과를 거두지 못하였다. 일제는 일본군의 만주출병 구실을 만들기 위해 1920년 10월 훈춘사건(琿春事件)을 일으키고 당일 일본군을 훈춘에 투입시켰다. 중국정부의 공식적 거부에도 불구하고 일본은 일본군을 출병시켜 군사행동을 할 것과 일본군의 토벌작전지역은 둥닝(東寧)·훈춘·옌지(延吉)·왕칭(汪淸)·허룽(和龍) 등 5개현이며, 일본군은 2개월의 최단시일에 군사행동을 종료할 것임을 일방적으로 통고하였다. 일본은 총 25,000명의 병력을 만주로 파견하고 출병군을 3개지대로 편성하여 독립군토벌작전을 전개하였다. 그러나 일본군의 만주출병과 때를 같이하여 만주에 있던 독립군들이 일본군의 추격이 미치지 않는 산속이나 중소 국경지대로 이동함으로써 일본군의 작전은 크게 차질을 빚었다. 더욱이 일본군은 청산리에서 김좌진이 이끄는 독립군에게 대패를 당하자 이에 대한 보복으로 무차별 한인학살작전을 계획하였다. 일본군은 한국인 마을을 포위·습격한 후 남자들을 한자리에 모아놓고 총이나 창으로 학살하였으며, 부녀자들을 겁탈·살해하였다. 민가를 소각하고 가축을 약탈함으로써 마을을 폐허로 만들었다. 1920년 10월 9일에서 11월 5일까지 27일 동안에만 간도일대에서 학살된 한국인이 3,469명으로 집계되었다. 학살이 진행되었던 3,4개월 동안 학살당한 한국인의 수효는 이보다 더 많았을 것으로 추정된다.

간석기(磨製石器)

날부분 또는 전면을 갈아서 만든 석기. 돌을 깨어내고 두들겨서 전체적인 형태를 만든 후 전체면이나 날의 일부분을 갈아서 만든다. 우리나라에서는 신석기시대부터 사용되기 시작하여 청동기시대에 보편화되었다. 철기시대에 철기의 보급과 제작이 확산되면서 쇠퇴되었다.

㉴ 강원도 양양 오산리, 평안남도 온천군 궁산리, 서울 암사동, 함경북도 선봉군 굴포리 서포항 등

❍ 뗀석기 · 청동기시대

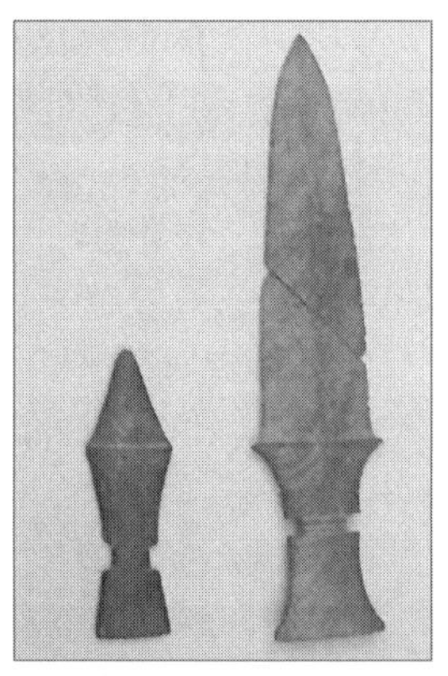

▶ 간석기

간의(簡儀)

조선 전기에 제작된 천문기기의 하나. 세종 때에 이천(李蕆)·장영실(蔣英實)

▶ 간의대

등이 만든 천문 관측기기로, 오늘날의 각도기(角度器)와 비슷한 구조를 가졌으며, 혼천의를 간소화한 것이다. 1432년(세종 14)에 목제 간의를 만들었으며, 1438년에는 구리로 대·소 간의를 만들어 대간의는 경회루 북쪽에 설치하고 소간의는 휴대용으로 사용하였다.

감은사지 삼층석탑(感恩寺址三層石塔)

▶ 감은사지 삼층석탑(서탑)

경상북도 월성군 양북면에 소재한 통일신라시대의 3층석탑. 2기(基)의 화강암으로 만들어진 석탑으로 높이는 동·서탑 모두 13.4m이다. 2중의 기단에 사각형으로 쌓아올린 3층 석탑으로 동·서 두 탑이 같은 규모와 구조이다. 2중기단 중의 하층기단은 지대석과 면석(面石)을 같은 돌로 만들었으며, 모두 12장의 석재로 이루어졌고, 상층기단은 면석을 12장으로 만들었다. 갑석(甲石)은 하층이 12장, 상층이 8장이며, 탱주(撑柱)는 하층에 3개, 상층에 2개를 세웠다. 탑신은 초층이 우주(隅柱)와 면석을 따로 세웠고, 2층은 각 면을 1장씩, 3층은 전체를 1장의 돌로 앉혔다. 옥개는 옥개석과 받침돌이 각각 4개씩이며 받침은 각 층이 5단을 이루고 있다. 상륜부(相輪部)는 노반(露盤)과 3.3m의 철제 찰간(擦竿)이 남아 있다. 감은사가 창건된 682년(신문왕 2) 무렵에 만들어진 것으로 추정된다. 국보 제112호로 지정되었다.

갑술환국(甲戌換局)

1694년(숙종 20) 정국을 주도하던 남인세력이 실각하고 서인이 재집권하게 된 사건. 1694년 노론계의 김춘택(金春澤)과 소론계의 한중혁(韓重赫)이 기사환국(己巳換局) 이후 집권세력이 된 남인을 축출하고 폐비민씨(仁顯王后)의 복위운동을 벌였다. 이 사실을 알게 된 남인의 민암(閔黯)은 이를 서인을 축출할 기회로 삼고자 동년 3월 함이완(咸以完)을 시켜 이 사실을 고변하게 하였다. 이로 인해 김춘택을 포함한 수십 명의 관련자들이 국문을 받게 되었다.

이때 김인(金寅)·박귀근(朴貴根)·박의길(朴義吉) 등 3인은 남인이 숙원최씨(淑媛崔氏)를 독살하려 한다는 내용의 고변을 하였다. 당시 폐비민씨사건 이후 서인에 대하여 동정적인 태도를 취하고 있던 숙종은 4월 비망기를 내려 영의정 권대운(權大運), 우의정 민암, 유명현(柳命賢)·이의징(李義徵) 등 20여 명의 남인 중신들을 대거 삭탈관직하거나 절도에 안치시켰다. 이어 영의정에 남구만(南九萬), 좌의정에 박세채(朴世采), 우의정에 윤지완(尹趾完) 등을 임명하는 등 소론을 대거 등용하여 정국을 일변시켰다. 기사환국 때 왕비가 된 장씨를 희빈으로 강등시키고 폐비민씨를 복위시켰다. 또 기사환국 때 화를 입은 송시열·민정중(閔鼎重)·김익훈(金益勳)·김수항(金壽恒) 등 노론계 대신들을 복관시켰다. 이로 인해 정국은 남인이 실각하고 서인이 재집권하게 되었다. 한편 남인측은 민암·이의징 등 14명이 처형되고, 권대운·목내선(睦來善) 등 130여 명이 유배되거나 삭탈관직되었다. ◐ 기사환국

갑신정변(甲申政變)

1884년(고종 21) 김옥균을 중심으로 한 개화당이 사대당을 몰아내고 혁신정부를 수립하여 개혁정책을 추진하기 위해 일으킨 정변. 1884년 청국은 베트남문제로 프랑스와 전쟁을 일으켜 조선에 관심을 기울일 여유가 없게 되었다. 개화당은 이때가 조선에 대한 청국의 간섭을 배제하고 내정을 개혁하여 자주적인 혁신정부를 수립할 수 있는 시기라고 판단하고 정변을 계획하였다. 12월 4일 개화당은 일본공사의 지원 약속을 받고 우정국 개국 축하연회를 이용하여 집권세력인 사대당 요인들을 암살하려 하였다. 계획은 실패로 돌아갔고 김옥균·박영효 등은 즉시 창덕궁으로 들어가 고종에게 사대당과 청군이 정변을 일으켰다고 고했다. 고종을 경운궁으로 옮겨 모신 후 사대당의 한규직(韓圭稷)·이조연(李祖淵)·민영목(閔泳穆)·민태호(閔台鎬) 등을 살해하였다. 5일 다시 창덕궁으로 돌아온 김옥균 등은 혁신정부를 수립한 후 각국 공사 및 영사에게 신정부의 수립을 통고하였다. 6일에는 '흥선대원군의 송환, 청국에 대한 조공의 허례폐지, 문벌폐지와 인재등용, 근위대 설치, 국가재정의 호조로의 통할' 등을 내용으로 하는 14개조의 혁신정강을 발표하였다. 같은 날 청국의 위안스카이(袁世凱)가 청군

▶ 갑신정변이 일어났던 우정총국

을 이끌고 창덕궁으로 공격해 들어오자 고종을 호위하던 개화당과 일본군은 수적 열세로 패하고 후퇴해 버렸다. 이때 고종을 호위하고 있던 홍영식·박영교(朴泳教) 등은 청군에 의해 살해당하였으며, 김옥균·박영효·서광범 등은 일본공사관으로 피신하였다가 일본공사를 따라 일본으로 망명하였다. 청군의 무력개입으로 인해 정변은 '3일천하'로 끝나고 그들의 개혁은 실패로 돌아갔다. 실패의 요인으로는 갑신정변은 대중의 기반을 갖지 못한 소수의 개화당 관료들에 의해 일어난 위로부터의 개혁이었다는 점, 외세에 의존하여 정변을 실현하려 하였다는 점이다. 그러나 중국에 대한 전통적인 외교관계를 청산하려 한 점, 봉건적인 신분제도를 타파하려 하였다는 점 등에서 우리나라 최초의 근대적 정치개혁운동이었다고 할 수 있다. 갑신정변의 결과 조선은 일본의 강요로 배상금 지불 등을 내용으로 하는 〈한성조약〉을 체결하였으며, 조선에 대한 청국의 내정간섭이 강화되었고, 청일 양국의 조선에 대한 주도권쟁탈전은 더욱 격화되었다.

참 갑신혁신정강(甲申革新政綱) : 갑신정변 때 개화당이 개혁정책의 지침으로 제정한 정강으로, 개화당이 신정부를 수립한 뒤, 개혁을 위해 제정한 14개조로 된 개혁정책의 지침서이다. 그 주요내용은, 청에 붙잡혀간 흥선대원군을 가까운 시일 내에 돌아오게 하고, 종래 청에 대하여 행하던 조공의 허례를 폐지하며, 문벌을 폐지하여 능력에 따라 관리를 등용하고, 전국의 지조법(地租法)을 개혁하여 국가재정을 풍족하게 하며, 내시부(內侍府)를 폐지하고, 탐관오리를 처벌하며, 각도의 환상미(還上米)를 영구히 받지 않고, 규장각을 폐지하며, 순검을 두어 도둑을 방지하고, 혜상공국(惠商公局)을 혁파하며, 귀양살이를 하고 있는 자와 옥에 갇혀 있는 자를 다시 조사하여 감형하며, 4영(四營)을 합하여 1영(一營)으로 하고 영 중에서 장정을 선발하여 근위대를 설치하며, 모든 국가재정은 호조에서 통할하고, 대신과 참찬은 의정부에 모여 정령(政令)을 의정·반포하며, 의정부와 6조 이외의 모든 불필요한 기관을 폐지하되 대신·참찬으로 하여금 이를 의정·처리하게 한다 등이다. 이상의 혁신정강은 당시 개화당 신정부의 개혁방향을 집약적으로 제시한 것으로 국정전반에 걸쳐 개혁을 단행함으로써 근대국가를 건설하고 국가의 자주성을 수호하려고 하였던 것이었으나, 청군의 개입으로 정변이 실패함으로써 실시되지 못하였다. ➡ 개화당·한성조약

갑오개혁(甲午改革)

1894년(고종 31) 7월부터 1895년 7월까지 2차에 걸쳐 추진된 근대적 개혁운동. 1894년 동학농민운동을 계기로 조선에 군대를 파견한 일본이 7월 23일 군대를 동원하여 경복궁을 점령하였다. 일본은 친청 사대당을 몰아내고 친일적 인사들을 중심으로 김홍집내각을 수립한 후 이들로 하여금 내정개혁을 추진하도록 하였다. 그리하여 김홍집내각이 7월 27일 군국기무처(軍國機務處)를 설치하고 이를 중심으로 개혁을 추진하였다. 이를 제1차 갑오개혁이라고

한다. 먼저 정치개혁으로 청국의 연호를 버리고, 개국기년(開國紀年 : 1894년을 개국 503년으로)을 사용하여 국가의 자주권을 천명하였다. 중앙관제를 의정부와 궁내부로 분리, 왕실관계기구를 궁내부산하로 통합하고 그 권한을 축소해 국가의 정무에서 제외시켰다. 의정부를 중앙통치기구의 중추기관으로 만들고 장관으로 총리대신을 두어 각 아문(衙門 : 내무아문·외무아문·탁지아문·군무아문·법무아문·공무아문·농상무아문·학무아문 등 8아문)을 통할하게 하였다. 과거제도를 폐지하는 대신 〈선거조례〉와 〈전고국조례(銓考局條例)〉를 제정하여 새로운 관리임용제를 실시하였다. 사회개혁으로 문벌과 반상제도의 타파, 문무존비(文武尊卑)의 차별폐지, 연좌제의 폐지, 남녀의 조혼금지, 과부의 재혼허가, 공사노비법의 혁파, 천인의 면천 등을 단행하였다. 경제개혁으로 전국의 회계·출납·조세·국채(國債)·화폐 등 재정에 관한 모든 사무를 탁지아문에서 관장하게 함으로써 재정을 일원화하였다. 〈신식화폐장정〉을 의결하여 은본위화폐제를 채택하고, 조세의 금납제를 시행하였다. 도량형을 개정·통일시켰다(제1차 갑오개혁).

그 후 청일전쟁에서 승세를 잡게 된 일본은 흥선대원군을 정계에서 은퇴시키는 동시에 군국기무처를 폐지하고, 갑신정변으로 일본에 망명 중이던 개화당의 박영효·서광범 등을 입각시켜 김홍집·박영효 연립내각을 수립한 후 재차 개혁을 추진하게 하였다. 이때 고종은 문무백관을 거느리고 종묘에 나가 독립서고문(獨立誓告文)을 바치고 〈홍범14조〉를 발표하여 개혁의 법률적 근거를 확립하였다. 그러나 삼국간섭으로 조선에 대한 일본의 정치적 영향력이 약화되자 박영효를 중심으로 한 개화당은 일본의 권고를 무시하고 1894년 12월부터 과감하게 독자적인 개혁을 추진해 나갔다. 이때의 개혁을 제2차 갑오개혁이라고 한다. 우선 정치개혁으로 종래의 의정부를 내각(內閣)이라 개칭하고, 8아문을 7부(내부·외부·탁지부·군부·법부·농상공부·학부)로 개편하였다. 전국을 23부 337군으로 개편하고, 각 부에 관찰사·참서관·경무관 각 1인을, 군에 군수 1인을 파견하여 일원적인 행정체계를 이루었다. 지방관에게는 사법권과 군사권을 부여하지 않고 단순한 행정관으로서의 권한만을 부여하였다. 사법권을 행정권에서 독립시키고 재판소를 설치하였다. 경찰권을 일원화하여 한성에 경무청을 두어 수도치안을 담당하게 하고, 지방에는 각도 관찰사의 지휘하에 경무관을 두어 지방의 치안을 담당하게 하였다. 근대적인 군사제도의 확립을 위해 훈련대와 신설대를 설치하고 장교양성기관으로 훈련대사관양성소를 설치하였다. 이외 신교육을 실시하기 위해 교육기관의 정비를 단행하여 한성사범학교와 부속소학교, 외국어학교 등을 설립하였다(제2차 갑오개혁). 그러나 제2차 갑오개혁은 명성황후를 비롯한 사대당의 반발로 1895년 7월 박영효가 역모사건에 연루되어 일본으로 망명하게 됨으로써 중단되었다.

 개국기년(開國紀年) : 1894년(고종 31) 갑오개혁 때 채택된 연호로, 청과의 종주관계를 청산하고 조선의 자주권을 회복하기 위해 국내외의 모든 공문서에 독자적 연호인 '개국기년'을 사용하도록 하였다. 태조가 조선을 건국한 1392년(태조 1)을 개국 원년으로 삼고, 개국기년 채택 해인 1894년을 개국 503년으로 환산하여 사용하였다. 1895년 11월 건양(建陽)이라는 연호와 함께 양력사용이 공포되면서 양력 1896년 1월 1일을 기해 개국기년은 폐지되었다.

갑자사화(甲子士禍) → 사화(士禍)

강감찬(姜邯贊)

948년(정종 3)~1031년(현종 22). 초명은 은천(殷川), 시호는 인헌(仁憲). 본관은 금천(衿川). 고려 전기 귀주에서 거란군을 섬멸한 재상. 강궁진(姜弓珍)의 아들로서 983년(성종 2) 과거에 급제한 후 1009년(현종 즉위년) 예부시랑으로서 지공거(知貢擧)가 되어 과거를 주관하였다. 이후 국자좨주(國子祭酒)·한림학사승지·좌산기상시·동북면행영도통사·중추원사·이부상서 등을 역임하였다. 1018년 서북면행영병마사로 재임시 거란의 소손녕(蕭遜寧)이 10만의 군사를 이끌고 침입하자 상원수가 되어 부원수 강민첨(姜民瞻) 등과 함께 영주(寧州)·귀주(龜州) 등지에서 대파하였다. 1030년 문하시중에 이르렀다. 사후 대승(大丞), 수태사 겸 중서령으로 추증되었으며 현종묘정에 배향되었다. 저술로는 《낙도교거집(樂道郊居集)》·《구선집(求善集)》 등이 있다. 전하는 바에 의하면 왕의 사명을 받은 관리가 시흥군에 왔다가 큰 별똥이 어떤 집에 떨어지는 것을 보고 향리에게 알아보도록 하였는데 그 집의 부인이 아들을 낳았다. 사신이 매우 이상히 여겨 돌아갈 때 데려가 길렀고 뒤에 재상이 되었는데 이가 강감찬이었다고 한다.

▶ 강감찬

▶ 강감찬이 태어난 낙성대

㉴ 낙성대(落星垈 : 서울시 관악구 소재) ➡ 귀주대첩

강강술래

추석이나 정월 대보름날 밤에 행해지는 전통민속놀이의 하나. 전라남도 서남 해안지방 부녀자들이 손에 손을 잡고 빙글빙글 돌면서 '강강술래'라는 후렴구의 노래를 부르며 노는 놀이다. 강강술래의 어원은 강한 오랑캐가 물을 건너온다는 강강수월래(强羌水越來)라고도 하고, '강'은 주위 원(圓)이라는 호남지방의 방언이고, '술래'는 순라(巡羅)의 뜻으로 '주위를 경계하라'는 뜻의 구호라고도 한다. 강강술래는 임진왜란 당시 이순신의 전략과 관련되어 전승되었다고 하는데, 이순신이 해남의 우수영에서 마을 부녀자들에게 남장을 하도록 하고 옥매산(玉埋山) 허리를 빙빙 돌도록 하여 왜병들이 우리의 군사 수가 많은 것을 알고 달아나도록 하였다는 것이다. 아마도 원시사회 축제 때의 가무에서 유래되어 전해지는 놀이를 이순신이 이용한 것으로 추정된다. 중요무형문화재 제8호로 지정되었다.

강동육주(江東六州)

고려시대 거란과의 전쟁에서 획득한 압록강 주변의 6개 지역. 993년(성종 12) 10월 거란의 동경유수(東京留守) 소손녕(蕭遜寧)이 군사를 이끌고 침입하였다. 침입의 목적은 고려로 하여금 송과의 관계를 끊고 거란과 외교를 재개하려는 것이었다. 이를 간파한 서희(徐熙)가 거란측과 담판하여 압록강 동쪽 280리를 점유하게 되었다. 거란이 철군한 이후 서희는 압록강 강가의 여진을 토벌하며 흥화(興化 : 의주)·용주(龍州 : 용천)·통주(通州 : 선천 서북)·철주(鐵州 : 철산)·귀주(龜州 : 귀성)·곽주(郭州 : 곽산) 등 이른바 강동육주에 성을 쌓고 고려의 영토로 편입시켰다.

강서고분(江西古墳)

평안남도 강서군에 위치한 고구려 벽화고분. 고분의 분구는 원형으로 바닥부분의 지름은 51.6m, 높이는 8.86m이다. 무덤의 구조는 널길이 널방 남벽의 중앙에 위치하였고 널방이 방형인 외방무덤이다. 천장은 모줄임천장 방식을 채택하고 있다. 즉, 2단의 평행 굄돌을 안쪽으로 내밀고 그 위에 2단의 삼각 굄돌을 얹고서 덮개돌을 덮은 방식이었다. 이 고분은 특히 사신도의 벽화로 잘 알려졌는데, 널방 남벽 입구 주변에는 인동과 당초 무늬를, 좌우 좁은 벽에는 주작을 한마리씩 그렸으며, 동벽에는 청룡, 서벽에는 백호, 북벽에는 현무, 천장 중앙에는 황룡을 각각 그렸다. 대체로 6세기 후반에서 7세기 초에 조성된 고분으로 추정된다.

강세황(姜世晃)

1713년(숙종 39)~1791년(정조 15). 자는 광지(光之), 호는 표암(豹菴), 시호는

헌정(憲靖). 본관은 진주. 조선 후기의 문신 · 문인화가. 서울에서 태어났으나 1744년(숙종 20) 처가가 있는 경기도 안산으로 이주하여 그곳에서 30여 년간 학문과 서화에 몰두하며 지냈다. 1773년(영조 49) 영릉참봉, 1775년 한성부 판관을 역임하였다. 1778년(정조 2) 문과에 급제한 후 호조참판 · 병조참판 · 한성부판윤 등을 역임하였으며, 1784년 천추부사(千秋副使)로 청나라에 가서 서화로 이름을 날렸다. 허필(許佖) · 심사정(沈師正) 등과 교유하였으며, 김홍 도 · 신위(申緯) 등에게 그림을 가르쳤다. 그는 남종문인화풍이 조선 후기 화 단의 주도화풍으로 정착하는 데 기여하였으며, 진경산수화의 발전과 풍속화 의 유행 및 새로운 서양화풍의 수용에도 많은 업적을 남겼다. 만년에는 진경 산수와 묵죽(墨竹)을 즐겨 그렸다. 작품으로 〈자화상〉 · 〈현정승집도(玄亭勝集 圖)〉 · 〈벽오청서도(碧梧淸暑圖)〉 · 〈풍악장유첩(楓嶽壯遊帖)〉 등이 있으며, 문 집으로 《표암유고》가 있다.
ⓤ 묘소는 충청북도 진천군 문백면 도하리에 소재.

강수(强首)

?~692년(신문왕 12). 초명은 자두(字頭). 중원경(中原京 : 충주)의 사량(沙梁) 출신. 통일신라시대의 유학자. 내마(奈麻) 석체(昔諦)의 아들로, 본래 대가야 사람이다. 강수라는 이름은 그의 머리가 특이하다고 하여 태종 무열왕이 강 수선생이라 부른 데서 연유하였다. 신분은 육두품으로 추정되는데, 불교를 배척하고 유학을 배웠으며, 태종 무열왕 재위시에는 당나라의 외교문서를 풀 이하고 작성하였다. 삼국통일 후 공을 인정받아 문무왕으로부터 사찬의 관등 을 받았다. 신라 중대 유교 정치이념의 확립에 영향력을 끼친 인물이다.

강우규(姜宇奎)

1855년(철종 6)~1920년. 자는 찬구(燦九), 호는 일우(日愚). 본관은 진주. 평 안남도 덕천출신. 1919년 사이토(齋藤實) 조선총독의 암살을 기도한 독립운동 가. 1885년(고종 22) 함경남도 홍원군으로 이주하여 한학에 전념하였다. 1911

▶ 강우규

년 북간도로 망명하여 블라디보스토크를 왕래하 면서 동지들과 독립운동을 계획하였다. 1917년 길림성에 동광학교(東光學校)를 설립하여 독립운 동을 위한 인재양성에 전념하였다. 1919년 3 · 1 운동이 일어나자 만주 · 노령 등지에서 만세시위 를 전개하였으며, 5월 노인동맹단(老人同盟團)에 참여하여 일본총독 등 요인암살을 계획하였다. 6월 원산에 도착하여 최자남(崔子南) · 허형(許 炯) 등과 함께 거사계획을 세운 후 서울로 잠입하였다. 9월 2일 사이토가 조선총독으로 부임하기 위해 서울역에 도착하자 군중 속에 있다가 수류탄을 던졌으나 실패하였다. 1920년 11월 서대문형무소에서 사형당하였다.

강조(康兆)의 정변(政變)

고려 목종 때 무신 강조가 일으킨 정변. 1009년(목종 12) 목종의 모후 천추태후(天秋太后)와 김치양(金致陽)이 자신들의 불륜 관계에서 태어난 아들에게 왕위를 계승시키려 하자 목종은 신변의 위협을 느끼고 서북면도순검사로 나가 있던 강조에게 호위하도록 하였다. 강조는 왕명으로 개성으로 오던 중 헛소문을 듣고 돌아갔다가 얼마 후 군사 5천여 명을 이끌고 개경으로 진입, 김치양 일파를 제거하고, 목종까지 폐위시켜 양국공(讓國公)이라 하였다가 얼마 후 살해하고 대량원군 순(大良院君詢)을 옹립하니 바로 현종이었다. 정변에 성공한 후 강조는 왕실 및 국가 기강을 바로잡는 개혁을 추진하였으나, 그의 정변은 거란에게 침략 명분을 제공하였다. 1010년(현종 즉위년) 거란의 성종은 강조의 죄를 묻는다는 구실로 친히 40만 대군을 이끌고 쳐들어왔다.

강화도조약(江華島條約)

1876년(고종 13) 2월 조선과 일본 사이에 체결된 조약. 정식명칭은 〈조일수호조규(朝日修好條規)〉이며, 일명 〈병자수호조약(丙子修好條約)〉이라고도 한다. 이 조약은 조선이 외국과 체결한 최초의 근대적 조약으로 일본의 군사적 압력에 의해 맺어진 불평등조약이었다. 메이지유신(明治維新)을 단행하여 근대화에 성공한 일본은 조선에 대한 국교재개를 교섭하였으나 조선의 거부로 실패하였다. 일본은 무력시위에 의한 강제적 국교재개의 방안을 모색하여 운요호(雲揚號)사건을 일으킨 뒤 이를 구실로 조선을 강압하여 1876년 2월 조약을 체결하였다. 전문 12조관(條款)으로 된 조약의 주요내용은, 조선은 자주국으로 일본과 평등한 권리를 보유하며(1관), 일본은 15개월 뒤 수시로 사신을 조선에 파견하여 교섭업무를 협의하고(2관), 조선은 부산의 초량(草梁)을 양국의 통상처로 하며(4관), 그 밖에 2개항을 개항하고 일본인의 왕래 통상함을 허가하고(5관), 양국인의 자유무역을 허용하며(9관), 일본국 인민이 조선국 지정의 각 항구에 머무르는 동안에 죄를 범한 것이 조선국 인민에게 관계되는 사건일 때에는 모두 일본국 관원이 심판하며(10관), 양국 상인의 편의를 위해 통상장정을 체결한다(11관) 등이다. 이 조약 제1관은 조선에 대한 청국의 종주권을 부인함으로써 일본의 조선침략을 용이하게 하려는 의도이다. 제4,5관은 부산의 초량 이외에 2개항(원산과 인천)을 개항하게 함으로써 통상업무 이외에 정치적·군사적 침략의도를 내포한 것이다. 제10관은 일본인 범죄자에 대한 영사재판권, 즉 치외법권을 규정한 것으로 조선에 대한 주권침해인 것이다. 이 조약은 일본의 일방적 특권이 명시된 명백한 불평등조약으로서 일본의 조선침략의 길을 마련해준 것이라 할 수 있다.

강화학파(江華學派)

조선 후기 정제두(鄭齊斗)와 그의 문인들을 중심으로 강화도에서 형성된 양명학파. 정제두가 강화도에서 양명학을 연구하며 보냈기 때문에 강화학파라 칭한다. 양명학은 심즉리(心卽理)·치양지(致良知)·지행합일(知行合一)의 설을 따르면서 이기론(理氣論)을 사상적 기초로 삼았다. 이(理)와 기(氣)의 관계를 체용(體用)과 본말(本末)로 이해하였다. 정제두는 일생동안 양명학연구에 심혈을 기울였으며, 공개적으로 문호를 열어 학파를 형성하지는 못하였다. 그러나 그의 학풍을 흠모하여 문하에 들어오거나 그 학풍을 계승하는 인물들이 배출되어 실질적으로 조선 후기의 양명학파를 형성하였다. 정제두의 문하에서는 이광명(李匡明)·이광사(李匡師)·이광려(李匡呂) 등이 배출되었다. 그들의 학문은 이광사의 아들 이영익(李令翊)과 그 종질 이충익(李忠翊), 이광려의 문인인 정동유(鄭東愈), 정제두의 외손 신작(申綽), 이충익의 현손인 이건창(李建昌)·이건방(李建芳) 등에게로 계승되었다. 조선시대 성리학파는 성리학 이외의 모든 학문을 사문난적(斯文亂賊)으로 비판하였으며, 이황의 양명학 변척(辨斥) 이후 양명학도 이단으로 비판받게 되었다. 그리하여 강화학파를 중심으로 한 조선시대의 양명학자들은 대부분 겉으로는 성리학을 표방하면서 내면적으로 양명학을 견지하는 양주음왕(陽朱陰王)의 형태를 취하였다. 그 학맥의 형성도 정제두 이후 소론의 가계를 중심으로 가학(家學)의 형태로 계승되었다. 그 뒤 양명학은 이건방의 제자인 정인보에 의해 근대적 사상으로 발전하였으며, 박은식·신채호 등 일제시대에 활약하였던 민족주의 사학자들의 사상에도 큰 영향을 미쳤다.

ⓐ 이건창(李建昌) : 1852년(철종 3)~1898년. 초명은 송열(松悅), 자는 봉조(鳳藻), 호는 영재(寧齋). 본관은 전주. 문신이자 양명학자로, 양명학자인 이시원(李是遠)의 손자이며, 이상학(李象學)의 아들로서 어려서부터 가학인 양명학을 전수받았다. 1866년(고종 3) 문과에 급제하여 1874년 서장관으로 청나라에 가서 당시 문장가인 황각(黃珏)·장가양(張家驤) 등과 교유하면서 글로 이름을 떨쳤다. 1875년 충청우도암행어사, 1880년 경기도암행어사, 1890년 한성부소윤, 1891년 승지, 1892년 안핵사 등을 역임하였다. 그는 정제두의 양명학 전통을 계승한 강화학파에 속하였는데, 청대의 고증학을 반대하고 양명학파의 전통대로 실심(實心)과 실리(實理)를 강조하였다. 한편 그는 철저한 척양척왜주의자(斥洋斥倭主義者)로서 개화를 반대하였다. 주요저서로 《당의통략(黨議通略)》·《명미당집(明美堂集)》 등이 있는데, 《당의통략》은 조선 후기에 발생한 당쟁의 원인과 전개과정을 서술한 책으로 당쟁사연구의 귀중한 자료이다.

개벽(開闢)

1920년 6월 창간된 월간 종합잡지. 1920년 6월 개벽사에서 문예운동의 진흥을 목적으로 창간한 종합잡지이다. 《개벽》은 창간호가 일제에 의해 압수되는 등 1926년 8월 통권 제72호로 강제 폐간될 때까지 34회의 발매금지(압수)·정간·벌금 등의 탄압을 받았다. 《개벽》은 민족자결주의의 소개와 민족대동단결·물산장려운동 등을 제창함으로써 민족의 진로를 제시, 민중의 자주의식과 독립정신의 고취에 역점을 두었다. 《개벽》에는 박영희(朴英熙)·현진건(玄鎭健)·김동인(金東仁)·이상화(李相和)·염상섭(廉想涉) 등의 문학작품과 노수현(盧壽鉉)·고희동(高羲東) 등의 그림들이 소개되었다. 1934년 11월 속간되었다가 1935년 2월 제4호를 끝으로 다시 폐간되었다. 1946년 1월 다시 복간되었다가 1949년 3월 제9호(통권 제81호)를 발간하고 자진 휴간하였다.

▶ 개벽

개시(開市)

조선 후기 국가가 합법적으로 공인한 공무역. 공무역인 개시가 행해지기 이전에는 주로 사무역이 행해졌는데, 이것은 밀무역의 형태를 띠었다. 개시가 처음 행해진 것은 1593년(선조 26)으로 그 동기는 임진왜란으로 인해 식량사정이 나빠지면서 이를 해결하기 위해 중강(中江)에서 명나라와 교역을 하면서부터였다. 이곳에서의 무역에서 많은 이윤이 발생하자 사상(私商)들이 몰려들면서 외교문제로 비화되어 명나라의 요청으로 폐지되었다. 그 뒤 1646년(인조 24) 청나라가 조공무역만으로는 경제적 수요를 감당치 못하자 조선과의 교역을 제의하여 개시가 다시 열렸다. 개시는 중강에서 매년 3월 15일과 9월 15일에 열렸다. 교역물품의 종류와 수량이 정해져 있었고, 두 나라의 관리가 감독하였다. 개시는 두 나라의 사정에 따라 폐지된 때도 있었으나, 중강 이외에 회령·경원에서도 열렸고, 개시에 참여하는 조선측 상인과 중국측 상인의 수도 증가되었으며, 교역물품도 날로 증대되었다. 한편, 일본과도 일찍부터 무역이 이루어졌는데, 조선에서는 초기부터 부산포·내이포·염포의 3포를 개항하여 서로 필요한 물품을 교역하다가, 1510년(중종 5) 왜인들이 교역조건에 불만을 품고 난동을 일으키자 3포를 폐쇄하였다. 임진왜란 후 국교가 재개되면서 다시 일본과 무역이 이루어졌는데, 1603년 부산 초량에 설치된 왜관에서 개시가 열렸다. 왜관에서의 개시는 조선 전기에는 매월 3회, 조선 후기에는 매월 6회 열렸으나 사정에 따라 더 늘어나기도 하였다. 이같은 합법적인 형태의 개시는 개항 이후에 근대적인 무역형태로 전환하였다.

◑ 경원개시·후시·회령개시

개화당(開化黨)

1880년대 김옥균·박영효·서광범 등의 급진적 개화파세력을 중심으로 결집된 정치집단. 일명 급진개화파(急進開化派)·독립당(獨立黨)이라고도 한다. 개화당은 1880년대 당시 온건정책을 실시하여 조선사회를 점진적으로 개화해야 한다고 주장하던 민씨척족세력 중심의 집권세력인 사대당에 대항하여, 청국과의 종속관계를 청산하고 일본의 메이지유신을 본받아 내정을 혁신하며 혁신적인 개화정책을 추진하여 자주독립국가를 이룩할 것을 정치목표로 내세웠다. 개화당은 박규수·오경석(吳慶錫)·유대치(劉大致) 등의 영향으로 개화사상을 갖게 된 김옥균·박영효·서광범 등이 중심이 되어 조직된 비밀조직이다. 당시 세도가와 정계의 거물급인사들을 비롯하여 양반·중인·군인·유학생·승려·평민 등 각계 각층이 참여한 근대적 성격을 가진 집단이었다. 개화당에 참여한 중요인물로는 유혁로(柳赫魯)·변수(邊燧)·이동인(李東仁)·탁정식(卓挺植)·오세창·윤치호·강위(姜瑋)·박영교(朴泳敎)·윤웅열(尹雄烈)·이재긍(李載兢)·홍영식·민영익(閔泳翊)·서재필·정난교(鄭蘭敎)·이은돌(李殷乭)·남흥철(南興喆) 등이 있다. 개화당은 단시일 내에 국가의 근대적 개혁을 단행하려는 목표하에 신문간행, 치안제도 확립, 군대 양성, 외교 강화 등의 개혁을 추진하였다. 그러나 임오군란 이후 청군이 진주하여 조선에 대한 내정간섭을 강화하고 집권세력인 사대당이 청국에 의존하여 개화당을 탄압하게 되자 김옥균을 비롯한 개화당은 자신들의 목표를 실현하기 위해 1884년 12월 갑신정변을 일으켰다. 개화당은 사대당을 몰아내고 신정부를 수립하여 혁신정강을 공포하는 동시에 개혁정치를 실시하려 하였으나 청군의 개입으로 정변은 실패로 끝나고 말았다. 그 결과 홍영식·박영교 등이 살해되고, 김옥균·박영효·서재필·서광범 등이 일본으로 망명하게 됨으로써 개화당은 붕괴되었다. **◑ 갑신정변**

▶ 개화당(갑신정변의 주요 인물들)

객주(客主)

조선 후기부터 본격적으로 성장하여 상업 및 금융업에 종사하던 상인. 객주는 이전부터 있었지만 상인으로 본격적으로 등장하는 것은 조선 후기부터이다. 객주란 객상주인(客商主人)이란 뜻이며, 주인이란 상품매매를 주선하는 사람을 의미한다. 객주에는 물상객주(物商客主)·보행객주(步行客主)·만상객주(灣商客主) 등이 있는데, 이 가운데 물상객주가 전형적인 객주로서 상품의 생산자나 상인들이 보낸 화물을 받아 이를 처분하고 구전(口錢) 또는 구문(口文)이라는 수수료를 받았으며, 그밖에 창고업·대부금업·예금업 및 어음의 발행과 인수 등의 업무에 종사하였다. 이외에 보행객주는 주로 숙박업에 종사하였고, 만상객주는 중국 상품의 위탁판매에 종사하였다. 객주들은 관리들과 결탁하여 특정한 물건을 독점적으로 취급하여 자본을 축적하였으며, 개항 직후에는 외국과의 무역을 담당하게 되면서 새로운 자본가로 성장하기도 하였다.

▶ 풍속화에 그려져 있는 객주의 모습

거란(契丹)

동몽고지방 선비족의 한 분파. 랴오허(遼河) 상류인 시라무렌강(西剌木倫江) 유역을 중심으로 주로 유목생활을 하였으며, 한때 고구려의 지배를 받다가 당말 오대초의 정치적 혼란을 이용해 발흥하기 시작하였다. 10세기 초 질랄부(迭剌部) 출신의 야율아보기(耶律阿保機 : 太祖)가 부족을 통일하여 916년에 거란국을 세우고 상경임황부(上京臨府府)에 도읍하였다. 926년에는 만주의 발해를 멸망시킨 후 동단국(東丹國)을 건국하였고, 936년에는 송나라의 연운(燕雲) 16주를 점령하였으며, 1066년에는 국호를 '요(遼)'로 개칭하였다. 건국 초기 고려와 비교적 우호적인 관계였으나, 거란이 발해를 멸망시키고 랴오둥(遼東)을 지배하면서는 고려와 자주 마찰을 일으켜 993년(성종 12) 이후 세 차례의 침략을 감행하였으나 모두 실패하였다. 특히 1차 침입시에는 외교적 수완을 발휘한 서희의 노력으로 고려에서는 강동육주를 설치하였으나, 강동육주 문제는 이후 고려와 거란 사이에 외교적 걸림돌로 작용, 1014년(현종 5) 제3차 침입의 구실이 되기도 하였다. 제9대 천조제(天祚帝)대에 이르러 여진족이 세운 금(金)에게 망한 후 왕족의 일부가 중앙아시아 추이강(垂江) 유역에 서요(西遼)를 세웠으나, 1211년 몽고의 칭기즈칸에게 정복되었다.

거문도사건(巨文島事件)

1885년(고종 22) 4월부터 1887년 2월까지 영국이 러시아의 조선진출을 견제하기 위해 거문도를 불법 점령한 사건. 러시아의 남하정책을 견제하기 위해 힘쓰던 영국은 조선에 대한 러시아의 선점을 예방하고 러시아를 견제한다는 명분하에 1885년 4월 15일 영국군함을 동원하여 거문도를 점령하였다. 이에 조선은 거문도점령에 대해 조선주재 영국부영사와 청국주재 영국대리공사에게 항의하고 미국·독일·일본 등에 조정을 요청하였으며, 엄세영(嚴世永)과 묄렌도르프(P.G. von Mollendorff)를 일본에 파견하여 교섭하게 하였다. 러시아 역시 청국에 사건조정을 의뢰하였으며, 이에 청국의 이홍장(李鴻章)은 청국주재 러시아공사로부터 러시아가 조선영토의 어느 지점도 점령하지 않겠다는 확약을 받고 청국주재 영국공사를 통해 영국군의 거문도철수를 교섭하였다. 그 결과, 1887년 2월 27일 영국함대가 거문도에서 철수하였다.

▶ 복원된 거북선의 모습

거북선(龜船)

조선시대 제작된 거북모양의 전함. 조선 초기의 기록인 《태종실록》에서부터 거북선에 대한 기록이 있으나, 임진왜란 때에 활용된 거북선은 전란이 일어나기 바로 전 해에 전라좌수사 이순신이 휘하 장병들과 함께 개발한 전함이다. 거북선은 16세기부터 제작되던 판옥선(板屋船)에서 상갑판과 장대를 제거하고 둥그런 덮개를 덮은 구조의 배로서, 노군과 전사를 안전한 장소에 보호하여 안에서 내다보며 적을 공격할 수 있는 전선으로, 항상 함대의 선봉에서 적중에 뛰어들어 적진을 교란하는 역할을 하였다. 임진왜란 당시에 제작된 거북선에는 약 125명 정도가 탑승된 것으로 추정되며, 이후 규모가 점차 커지면서 약 150명 내외의 인원이 탑승하였다.

● 이순신(李舜臣)

㉠ 판옥선(板屋船) : 조선시대 사용된 전투용 선박의 하나로, 배 위의 사면에 기둥을 세운 대형선박이다. 16세기 중반경부터 사용되기 시작하였다.

거칠부(居柒夫)

?~579년(진지왕 4). 성은 김씨. 훼부(喙部)출신. 신라 진흥왕대의 장군·재상. 내물마립간의 5세손으로 아버지는 이찬 물력(勿力)이다. 어려서 승려가 되어 사방을 유람하였다. 고구려에 잠입해 내정을 정탐하다가 혜량(惠亮)의 강설을 듣고 큰 감명을 받았다. 545년(진흥왕 6) 왕명을 받고 《국사》를 편찬

하여 파진찬(波珍湌)으로 승진하였다. 551년에는 백제군과 연합하여 고구려를 공격, 신라가 죽령 이북 고현(高峴 : 철령) 이내의 10군을 점령하는 데 기여하였다. 이때 혜량과 함께 귀국하여, 혜량을 승통(僧統)으로 삼아 백좌강회(百座講會)와 팔관회(八關會)를 개설하게 하였다. 576년 진지왕이 즉위하자 상대등(上大等)에 임명되어 국정을 주도하다가 78세로 죽었다.

참 국사(國史) : 545년(진흥왕 6) 이사부(異斯夫)의 건의로 거칠부(居柒夫) 등이 편찬했으나 지금은 전하지 않는다. 그 내용에 대해서는 ① 5세기 후반~6세기 초 축성에 관한 기사가 중심으로 당시 영토확대를 효과적으로 수행하기 위한 목적으로 편찬되었다고 보는 견해, ② 국사 편찬에 관여한 이사부와 거칠부가 모두 내물왕손이고 당시 왕족의 혈연의식이 고양된 점을 들어 중고(中古) 왕실의 정통성과 위엄을 과시하기 위해 편찬되었다는 견해, ③ 6세기 초반의 금석문인 울주 천전리 서석(書石) 원명(原銘 : 525)과 추명(追銘 : 539) 등으로 미루어 이두(吏讀)가 사용되었을 것이며, 그 내용은 시조(始祖) 문제를 포함한 왕의 계보, 진흥왕과 그 이전 왕들에 대한 업적 등을 다루었을 것으로 추정하고 있다.

건원중보(乾元重寶)

고려시대 성종 때 주조된 우리나라 최초의 주화. 중국 당나라에서 제작된 같은 이름의 화폐를 모방하여 996년(성종 15) 철로 만든 것이다. 앞면에는 '건원중보' 라는 이름을 새기고, 뒷면에는 위아래로 '東國(동국)' 이라 표기하였다. 철과 구리로 만든 두 종류가 있으며, 외형은 둥글고 가운데에는 네모의 구멍이 있다. 주점(酒店) 등에 제한적으로 유통되었다. 1910년대 초 개성

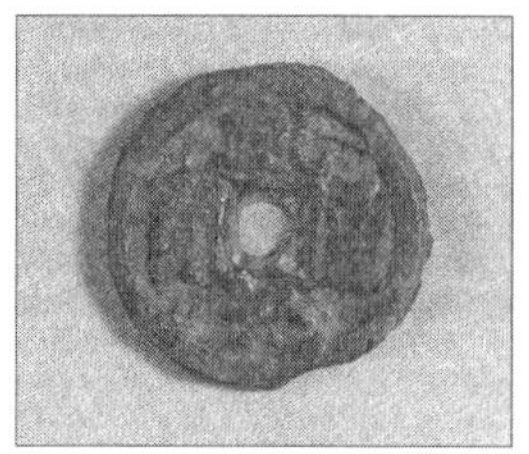

▶ 건원중보

부근의 고려고분에서 출토되어 처음으로 그 발행사실이 확인되었다.

검모잠(劍牟岑)

7세기. 고구려 멸망 후 부흥운동을 주도하였던 인물. 고구려 멸망 후 보장왕의 서자 안승(安勝)을 왕으로 세우고 한성(漢城 : 황해도 재령)을 근거지로 부흥운동을 전개하였다. 특히 삼국통일 과정에서 당나라와 적대 관계에 있던 신라에 사람을 보내어 원조를 청하기도 하였다. 당나라 고간(高侃)이 이끄는 군대에 대한 대처방법을 놓고 안승과 대립하다가 안승에 의해 살해되었다.

○ 안승

견종법(畎種法)

보리나 조 등 일부 한전작물을 고랑에 파종하던 농법. 조선 전기까지 한전작

물의 파종법은 이랑 위에 파종하는 농종법(壟種法)이 위주였으나, 17,18세기에 이르러 견종법으로 바뀌었다. 견종법은 고랑에 파종하므로 겨울에도 방한(防寒)과 보습(保濕)의 효과가 있으며, 농종법보다는 중경 제초과정에서 노동력이 절감되어 생산량이 증가하는 이점이 있었다. ● 농종법

견지(遣支)

삼한시대 소국의 군장(君長)에 대한 칭호. 세력 규모에 따라 큰 것은 신지(臣智)라 하고 작은 것은 험측(險側)·부례(樊濊)·살해(殺奚)·읍차(邑借) 등으로 불렸다.

견훤(甄萱) → 후백제(後百濟)

경강상인(京江商人)

조선 후기 경강연변에 근거를 두고 활동한 상인. 강상(江商)이라고도 한다. 경강이란 한강 중에서도 광나루에서 양화도에 이르는 구간을 말하는데, 그 중에서도 마포·용산·서빙고·두모포·뚝섬 등이 상업활동의 중심 포구였다. 조선시대에 있어서 경강은 서울의 경제적 수요를 공급하는 중요한 운송로로서 전국 각처의 세곡이 조운(漕運)을 통하여 이곳에 집결되었고, 서울에 거주하는 지주들이 지방 농장에서 거둔 소작료도 대부분 선박으로 이곳에 운반되었으며, 서울시민의 일반 생활품도 이곳을 통해 공급되었다. 이로 인해 일찍부터 경강은 운송업이 발달하였는데, 그것을 이끈 주체가 경강상인들이다. 경강상인들은 서울을 배경으로 일찍부터 정부의 세곡(稅穀) 또는 지주들의 소작료 운송을 통해 운송업의 길을 확보하였을 뿐 아니라 선박을 이용해 미곡·소금·어물 등을 판매하여 자본을 축적하였다. 한편 경강상인들은 자신들의 상권과 규모를 전국적으로 확대하면서 도고상업을 전개하기도 하였다.

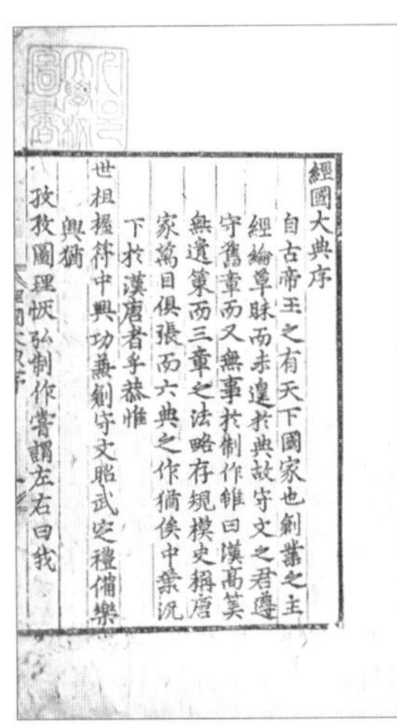

▶ 경국대전

경국대전(經國大典)

조선시대 왕조의 통치 규범을 성문화한 법전. 조선 건국 초에 만들어진 정도전의 《조선경국전》과 조준의 《경제육전》 및 그 뒤의 법령을 종합하여 만든 것으로, 1484년(성종 15) 12월에 최종 완성되어 그 이듬해부터 시행되었다. '이전'·'호전'·'예전'·'병전'·'형전'·'공전'의 순서로 편제되었고, 각 전마다

필요한 항목으로 분류하여 규정하였으며, 총 203항목으로 분류되었다. '이전'에는 통치의 기본이 되는 중앙과 지방의 관제, 관리의 종별, 관리의 임명·사면 등에 관한 사항이, '호전'에는 재정이나 경제와 그에 관련되는 사항으로 호적·조세·녹봉·통화·부채·상업·잡업·조운·어장 등에 관한 규정이, '예전'에는 과거와 관리의 의장 및 외교·제례·상장 및 여러 가지 공문서의 서식에 관한 규정을 비롯하여 상복제도·봉사·입후·혼인 등 친족법 규정이 실려 있다. '병전'에는 군제와 군사에 관한 규정이, '형전'에는 형벌·재판·공노비·사노비에 관한 규정과 재산상속법에 관한 규정이, '공전'에는 도로·교량·도량형·식산에 관한 규정이 수록되어 있다.

경기체가(景幾體歌)

고려 후기에 발생한 시가. 최초의 작품은 고려 고종 때 한림별곡(翰林別曲)이며, 이후 충숙왕 때에 안축(安軸)이 관동별곡(關東別曲)과 죽계별곡(竹溪別曲)을 지었다. 조선시대에는 명종·선조 때에 권호문(權好文)이 지은 독락팔곡(獨樂八曲)을 끝으로 20여 편이 지어졌다. '경(景)긔엇더니잇고'나 '경기하여(景幾何如)'라는 후렴이 붙어 경기체가라 하였다. 작자층은 기화(己和)와 같은 승려들이 있기는 하나 대개 안축·권근(權近)·정극인(丁克仁)·주세붕(周世鵬)과 같은 사대부계층이었다. 따라서 내용은 사대부들의 이상을 추구하거나 풍류생활을 노래한 것이었다. 조선시대 가사문학이 대두하면서 쇠퇴하였다.

경당(局堂)

고구려 때 지방에 설립된 사립학교. 관학인 태학이 설립된 372년(소수림왕 2) 이후, 특히 평양천도 이후에 설치된 것으로 추정된다. 젊은이들이 독서를 하거나 활쏘기를 익히는 곳이었다. ❍ 태학

경대승(慶大升)

1154년(의종 8)~1183년(명종 13). 본관은 청주. 고려 중기 명종대의 무신집권자. 평장사 경진(慶珍)의 아들로서 음서로 관직생활을 시작하여, 여러 벼슬을 거쳐 장군이 되었다. 1179년 권력을 장악하고 있던 정중부(鄭仲夫) 부자를 살해한 후 정권을 장악하였다. 이후 무인들의 발호를 억제하고 문신들과 친밀한 관계를 유지하였으므로 무신들로부터 불만을 사게 되자 도방을 설치하여 자신의 호위, 정보의 수집, 반대파들의 숙청 등을 담당하도록 하였다. 1183년 집권 4년 만에 죽었다. ❍ 정중부·도방

경보(經寶)

고려시대 불교 진흥을 위해 설치된 재단. 국왕인 정종이 946년(정종 1) 쌀 7

만석을 여러 큰 절에 하사하면서 시작되었다. 정종의 쌀 하사로 시작된 불교 진흥을 위한 보(寶)의 설치는 이후 현종 때 반야경보(般若經寶), 문종 때 팔관보(八關寶) 등으로 이어졌다. ◐ 보 · 팔관보 · 제위보

▶ 경복궁의 정문인 광화문

경복궁(景福宮)

조선시대의 정궁. 1394년(태조 3) 도성을 한양으로 옮기기로 결정하고 나서 궁의 창건을 시작, 이듬해 완성하였다. 정도전의 주도하에 고대 중국의 예제에 따라 건물 구성과 배치가 이루어졌다. 도성의 주산인 백악산(白嶽山) 아래 넓고 평평한 대지에 남향하여 터를 잡고, 남북 직선축상에 정문인 광화문(光化門)과 홍례문(弘禮門), 근정문(勤政門), 그리고 정전인 근정전(勤政殿), 편전인 사정전(思政殿), 왕의 침전인 강녕전(康寧殿)을 배치하였다. 이들 전각을 네모난 궁성으로 둘러싸고, 남쪽 정문 외에 동에 건춘문(建春門), 서에 영추문(迎秋門), 북에 신무문(神武門)을 내었다. 창건 이후에는 연회장소인 경회루(慶會樓)를 크게 중건하고 왕비처소인 교태전(交泰殿)을 새로 조성하는 등 약간의 변화가 있었지만 기본적인 궁의 형태에 큰 변화는 없었다. 1592년(선조 25) 임진왜란으로 궁이 전부 소실된 후 약 270년 동안 폐허로 방치되었다. 1867년(고종 4) 위축된 왕권을 회복하려는 의지에 따라 흥선대원군에 의해서 왕권을 상징하는 정궁인 경복궁의 중건이 이루어졌다. 1868년에 고종이 궁을 사용하기 시작하였는데, 약 30년이 지나지 않아서 1895년에 궁 안에서 명성황후시해사건이 벌어졌다. 1896년에는 고종이 러시아공관으로 거처를 옮기는 일이 일어났다. 1910년 이후 일제시대에는 궁의 전각 대부분이 의도적으로 철거되어 일부 전각만 남게 되었고, 총독부 건물이 근정전 바로 앞에 큰 규모로 들어서면서 궁의 면모가 크게 변화하였다. 광복 후에는 정부청사 일부가 들어오기도 하고 궁 안에 박물관이 세워지는 등의 변화를 겪었다. 1995년 8월 15일 광복 50주년을 맞아 구총독부청사가 철거됨으로써 궁의 옛 모습 복원작업이 시작되었다. 사적 제117호로 지정되었다.

경세유표(經世遺表)

1817년(순조 17)에 정약용이 편찬한 관제 · 토지제도 · 부세제도 등 국가의 모

든 제도의 개혁원리를 제시한 책. 44권 15책으로, 원래 제목은 《방례초본(邦禮艸本)》이었다. 저자가 유배중에 전라남도 강진에서 저술하였다. 정치·경제·사회제도에 관한 내용에 대하여 개혁의 대강과 원리를 제시한 후 기존제도의 모순, 실제의 사례, 개혁의 필요성 등을 설명하고 있다. 이 책에 제기되고 있는 개혁안들은 관직체계의 전면적 개편, 신분과 지역에 따른 차별을 배제한 인재등용책, 자원에 대한 국가관리제 실시, 토지제도 개혁, 부세제도의 합리화, 지방행정조직의 재편 등에 대한 내용들이다. 당시 사회의 실상과 제반모순을 비판적으로 지적하면서 개혁안을 제시하는 방식으로 서술하였다.

경세치용학파(經世致用學派) → 실학(實學)

경시서(京市署)

고려시대부터 조선 초까지 시전을 관리, 감독하던 관청. 고려시대인 1023년(현종 14)에 설치되었고, 문종대에 관제를 정비하여 영(令 : 정7품) 1인, 승(丞 : 정8품) 2인 이외에 사(使) 3인, 기(記) 2인을 두었다. 경시서는 시전의 상행위를 감독하고 통제하였으며, 고려 후기에는 물가의 조정과 가격을 통제하는 임무도 수행하였다. 조선 초기까지 존속하다가 1466년(세조 12) 평시서(平市署)로 개칭되었다. ◐ 평시서

경신환국(庚申換局)

1680년(숙종 6) 남인(南人)이 축출되고 서인이 등장하여 정국이 일시에 바뀐 사건. 경신대출척(庚申大黜陟)이라고도 한다. 1674년(현종 15) 이른바 갑인예송(甲寅禮訟)에서 송시열 등의 서인을 대신해서 남인이 집권하였으며, 이러는 가운데 숙종이 즉위하였다. 숙종 초반 집권세력인 남인이 청남(淸南)·탁남(濁南)으로 분열되는 가운데, 1680년 3월 당시 남인의 영수이며 영의정인 허적(許積)의 집에 그의 조부 허잠(許潛)이 시호를 받는 잔치인 연시연(延諡宴)이 있었다. 그 날 비가 오자 숙종은 궁중에서 쓰는 차일(遮日)을 보내려고 하였으나 벌써 허적이 가져간 뒤였다. 이에 노한 숙종은 허적의 집을 염탐하게 한 후 철원(鐵原)에 귀양갔던 서인 김수항(金壽恒)을 불러 영의정을 삼고, 조정의 요직을 모두 서인으로 바꾸었다. 한편 이같은 환국 과정에 외척인 김석주(金錫胄)의 영향력이 크게 발휘되었다고도 한다. 환국이 단행된 지 얼마 후에 정원로(鄭元老)의 고변(告變)으로 허견(許堅)의 역모가 적발되었다. '삼복의 변(三福之變)'이라고 하는 이 역모 사건은 인조의 손자이며 숙종의 5촌인 복창군(福昌君)·복선군(福善君)·복평군(福平君) 3형제가 허견과 결탁하여 역모하였다는 것이다. 이 고변을 계기로 전 영의정 허적, 전 좌의정 민희, 전 좌찬성 윤휴, 복성군 형제를 비롯한 남인 1백명이 축출되었다. 반면 서인측

인사인 김석주·김만기 등이 보사공신에 책봉되었다.

경연(經筵)

국왕에게 경사(經史)를 강의하고 치도(治道)를 논하는 일. 우리나라에서는 고려 중기 예종대에 중국의 제도를 도입하여 실시되다가 무신정권 한때 폐지되었으며, 원 간섭기에는 서연(書筵)으로 격하되기도 하였다. 조선 초기 고려시대의 경연관의 직제를 개편하여 《경국대전》에서 정착되었다. 1품에서 9품에 이르는 관리 약 30명, 즉 3정승을 포함한 1~2품 대신들과 승정원의 6승지(정3품) 및 홍문관(처음에는 집현전)의 부제학(정3품) 이하 정9품에 이르는 관원 10여 명으로 구성되었다. 세종과 성종 때에 대체로 확립된 강의 방식을 보면, 세종 때는 승지 1명, 경연낭청 2명, 사관(史官) 1명이 입시토록 하였다. 성종 때는 주강과 석강의 참석자는 세종 때와 같았다. 단, 조강에 영사·지사(또는 동지사)·참찬관 각 1명, 낭청 2명, 대간 1명, 사관 1명(뒤에는 2명), 특진관 2명 등 10명 이상이 참석하였으며 교재는 4서 5경과 역사 및 성리학 서적을 일정한 순서에 따라 강의하였다. 매일 아침에 조강을 실시하는 것이 원칙이었으며, 주강과 석강을 포함하여, 세 번 강의하는 경우도 많았다. 이 밖에도 성종대에는 야대(夜對)라 하여 밤에 경사를 강독하는 관행이 생겼고, 명종대 초기에는 소대(召對)라는, 정규적인 경연보다는 참석인원도 적은 약식 강의가 채택되기도 하였다. 조선시대의 경연은 교육제도일 뿐만 아니라, 정책협의기구로도 기능하여 강의가 끝나면 그 자리에서 국왕과 신하들이 정치 현안들을 협의하는 것이 관례였다. 특히, 조강에는 국왕을 비롯하여 의정부·육조·승정원·홍문관·사헌부·사간원 등 권력의 핵심부가 한자리에 모였기 때문에 정책을 협의하기에 편리하였다. 1894년 갑오개혁 때 축소되어 대한제국이 멸망할 때까지 존속하였다. 동 **경악(經幄)**

경원개시(慶源開市)

조선 후기 함경북도 경원에서 청나라와 행하던 공무역. 일명 원시(源市)라고도 하며, 회령개시(會寧開市)와 함께 북관개시(北關開市)라고도 하였다. 경원개시는 1645년(인조 23) 청나라 사람들이 이곳에서 농기구를 구입해가면서부터 시작되었다. 이후 2년에 한 번씩 개설되었는데, 이때 조선에서는 소·농기구 등을 수출하였고 청포·사슴가죽 등을 수입하였다. 1882년(고종 19) 청나라와 〈상민수륙무역장정〉이 체결되면서 자유무역시장으로 변하였다. ❖ 개시

경재소(京在所)

조선 전기 각 지방의 재경(在京) 연락기구. 조선 초기 태종 때부터 실시되어 1435년(세종 17)에 제도화되었으나 1603년(선조 36)에 폐지되었다. 중앙정부

에 재직하는 고위 품관이 출신지역 경재소를 관장하며 그 지방에 설치된 유향소(留鄕所)를 통제하고, 출신지역과 정부와의 중간에서 여러 가지 일을 주선하거나 공물 상납에 책임을 지기도 하였다. 처음에는 반드시 지방 유력자를 당상으로 삼아 파견해 보냈으나 뒤에 가서는 관향(貫鄕)·선영(先塋)·선임관 등 연고를 가지는 서울의 유력자를 지정해서 경재소를 관장토록 하였다. 경재소는 지방 수령의 정사에는 간섭할 수 없었으나, 중앙정권의 권신으로서 경재소를 장악한 고관들은 지방의 정치·경제적 영역을 침범하여, 사적(私的) 경제기반을 확대하기도 하였다. ◐ 유향소

경제문감(經濟文鑑)

조선 초기 정도전(鄭道傳)이 지은 조선왕조의 정치조직에 대한 초안(草案). 1395년(태조4)에 지은 상·하 2권 1책으로, 권근(權近)이 주해를 붙이고 정총(鄭摠)이 서문을 썼다. 상권에서는 재상(宰相)제도의 역사적 변천과정을 서술하고 재상의 직책 등에 관해 기술하였다. 하권에서는 대간(臺諫)·위병(衛兵)·감사(監使)·수령(守令)의 직책에 관해 논하였다. 이 책을 통해서 정도전은 감사와 수령의 통제권을 재상이 장악하는 재상 중심의 중앙집권체제가 이루어져야 한다고 주장하였다. ◐ 정도전

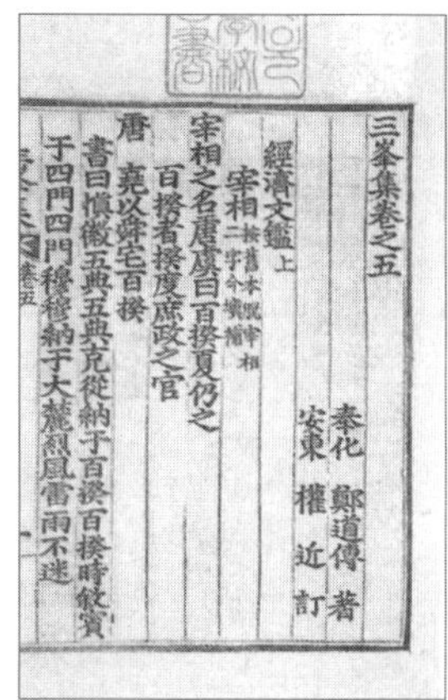

▶ 경제문감

경제육전(經濟六典)

조선 전기 조준(趙浚)의 주도하에 만들어진 최초의 법전. 1388년(우왕 14)부터 1396년(태조 6)까지 제정된 법령과 장치, 시행할 법령을 수집하여 만든 것으로 1397년(태조 6) 12월 반포되었다. 현존하지 않아 그 체제나 내용을 알 수는 없으나, 간접적으로 인용된 것을 보면 이전·호전·예전·병전·형전·공전의 편제를 기본으로 각 전마다 여러 강목(綱目)으로 이루어졌을 것으로 추정되며, 이후 《경국대전》 편찬에 많은 영향을 미쳤다.

경천사십층석탑(敬天寺十層石塔)

고려 말의 석탑. 높이는 13.5m의 이 탑은 초층옥신 이맛돌에 새겨진 명문에 의하여 탑을 조성하게 된 계기와 지정 8년(至正八年 : 충목왕 4), 즉 1348년이라는 건립연대를 알 수 있다. 상륜부를 비롯하여 탑신 곳곳에 라마 미술의 특징이 보이며, 조선 세조 때에 건립된 원각사지 십층석탑(圓覺寺址十層石塔)은 세부수법 등이 일부 다르기는 하나 이 탑의 형식을 그대로 본떠 만든 것으

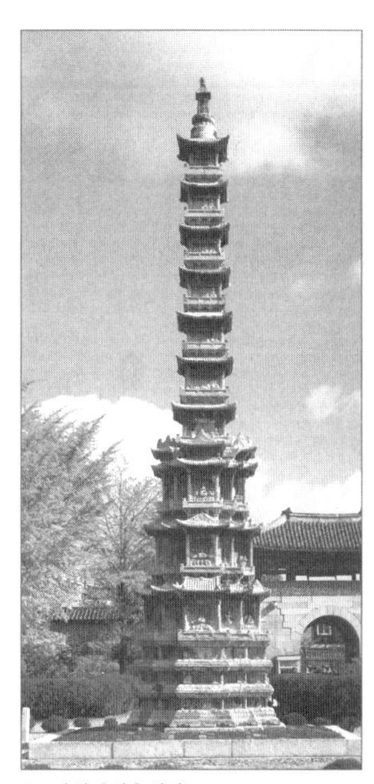

▶ 경천사십층석탑

로 보인다. 원래는 고려 초에 창건된 것으로 추측되는 개성직할시 개풍군의 경천사지에 있던 것을 일제의 한국 강제 합병전 일본인 다나카(田中光顯)가 일본 도쿄(東京)로 불법반출하였다가 물의를 일으키자 반환하였다. 그 뒤 경복궁 회랑에 방치되었다가 1960년에 재건되었다. 국보 제86호로 지정되었으며, 경복궁에 소재한다. ◎ 원각사지십층석탑

경학사(耕學社)

1911년 4월 만주 류허현(柳河縣) 싼위안바오(三原堡)에서 조직된 독립운동단체. 1911년 4월 이시영(李始榮) · 이동녕(李東寧) · 이상룡(李相龍) 등이 조직하였다. 경학사에서는 황무지개척을 통한 재만 한인사회의 경제적 기반의 확충과 독립군기지건설을 통한 항일무장투쟁 노선을 지향하였다. 부설기관으로 신흥강습소(新興講習所 : 新興武官學校)를 설립하여 독립군 양성에 주력하였으나 흉년으로 인해 동년 가을 해체되었다. 설립 이념은 부민단으로 계승되었고 일제시대 서간도지역 독립운동단체의 효시가 되었다.

계(契)

우리나라 사회 자치조직의 하나. 회(會) · 도(徒) · 접(接) · 사(社) 등과 같은 의미이다. 계는 '두레' 또는 향도(香徒) 등에서 연유한 것으로, 기록상 고려시대 의종대 유자량(庾資諒)이 중심이 되어 조직한 문무계(文武契)가 계에 대한 최초의 기록으로서, 친목계 내지 사교계의 성격을 띠었다. 친목 내지 사교계는 계속 존속하였으며 대부분이 지배층 내지 유자(儒者)들 사이에서 결성되어, 공동의 기반을 가지고 있는 사람들의 친목을 도모하고 그들간 결속력을 강화하였다. 계는 이후 시대나 결성 주체에 따라 갑계(甲契) · 동경계(同庚契) · 금란계(金蘭契) · 사우계(師友契) · 기로회(耆老會) 등 다양한 명칭이 등장하였다. 한편 조선 초에 이르면 종래의 사교계가 동계(洞契)나 족계(族契)와 같은 형태로 분화되면서 그 구성원이 일정한 범위의 친족집단이나 같은 지역에 거주하는 사람들로 한정되었다. 조선 후기에 이르러 계의 종류가 다양해지고 계를 조직하는 사람의 범위도 크게 확대되었으며 수적으로도 증가하였다. 특히 17세기 중엽 이후에는 상계(喪契) · 송계(松契) · 학계(學契) · 보민계(保民契) · 전계(廛契) · 공계(貢契) · 공장계(工匠契) · 제언계(堤堰契) 등 특정목적을 위한

계가 등장하기도 하였다. 조선 후기 이후 이같이 계의 기능이 다양화되고 발전을 거듭하는 과정에서 식리적인 기능이 더욱 강화되었으며, 기금의 구체적인 형태가 이전에는 곡물이나 계물(契物) 등 현물이 주종을 이루다가 이 시기에 이르면 대부분 금전만으로 기금이 구성되었다.

參 동계 : 임진왜란 직후부터 등장하기 시작한 것으로, 처음에는 일정지역 내의 사족들만이 참여하다가 임진왜란 이후 향촌사회를 재건하고 복구하는 과정에서 양반과 상민이 함께 참여하는 상하합계(上下合契)가 출현하였다. 사족들 중심의 상계가 일반 상민이나 노비들로 구성된 하계를 통제하는 농민 통제기구로서의 성격이 강화되었다. 18세기 중엽 이후 수취체계가 공동납(共同納) 체제에 운영되면서 하계원들끼리 이해관계의 상충을 보였고, 사족 중심의 동계는 향권(鄕權)과 관련된 부분에서 수령 및 향리세력과 갈등을 일으켜 점차 사족들은 문중 조직을 통해 동족적 기반을 모체로 자체 결속력을 다지는 방향으로 변화해 갔다.

계림도독부(鷄林都督府)

삼국통일 과정에서 당나라가 경주에 설치한 통치기관. 663년(문무왕 3) 당나라는 신라에 계림대도독부를 설치하면서 문무왕을 계림주대도독(鷄林州大都督)에 임명하였다. 그러나 삼국통일 후 신라에 의해서 폐지되었다.

계원필경(桂苑筆耕)

통일신라시대 최치원(崔致遠)의 시문집. 885년(헌강왕 11)에 최치원이 당나라에서 귀국하여 정강왕(定康王)에게 바친 것으로, 당나라에 있을 때의 작품을 선별하여 만든 것이다. 모두 20권으로, 권1·2는 서문과 표(表) 20수, 권3은 장(狀)

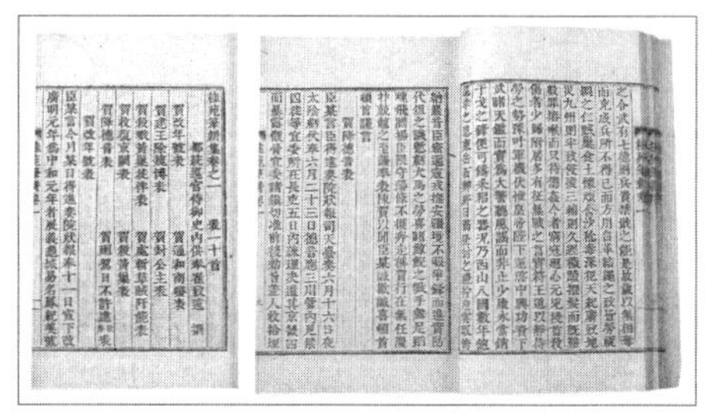

▶ 계원필경

10수, 권4·5는 주장(奏狀) 20수, 권6은 당장(堂狀) 10수, 권7~10은 별지(別紙) 80수, 권11은 격서(檄書) 4수, 서(書) 6수, 권12·13은 위곡(委曲) 20수, 권13·14는 거첩(擧牒) 75수, 권15는 재사(齋詞) 15수, 권16은 제문·서(書)·소(疏)·기(記) 10수, 권17은 계(啓)·장(狀) 25수, 권18은 서·장·계 25수, 권19는 장·계·별지·잡서 20수, 권20은 계·장·별지·제문·시 40수 등이 수록되었다. 이 가운데 권11에 수록된 〈격황소서〉는 황소(黃巢)가 이것을 읽고 상 앞에 엎어지는 것도 모를 정도로 놀랐다는 일화가 있다. 이 책에 수록된 표(表)·장(狀)·계(啓)·격(檄)·서(書) 등은 모두 사륙변려체(四六駢儷體)의

명문으로 되어 있어, 그 능숙한 형식미와 대장법(對仗法)의 묘는 독보적인 것
으로 후대에 많은 영향을 끼쳤다. ❍ 최치원

고경명(高敬命)

　1533년(중종 28)∼1592년(선조 25). 자는 이순(而順), 호는 제봉(霽峯)·태헌
(苔軒), 시호는 충렬(忠烈). 본관은 장흥(長興). 임진왜란 때 활약한 의병장이
자 성리학자. 대사간 고맹영(高孟英)의 아들로, 1558년(명종 13) 문과에 장원
급제하여 성균관전적에 임명되었으며 그 뒤 공조좌랑·사간원정언 등을 역임
하였다. 이후 사간원헌납·홍문관부수찬·홍문관교리 등을 지내다가 1563년
이량(李樑)이 실각할 때 파직되었고, 1581년(선조 14) 영암군수에 재기용되었
으며, 같은 해에 종계변무(宗系辨誣)를 위한 사절의 일원으로 명나라에 다녀
왔다. 1592년 임진왜란이 일어나자 담양에서 창의하여 7천여 명의 의병을 거
느리고 북상하다가 금산(錦山)에서 왜군과 교전 중 순절하였다. 기대승(奇大
升)·정철·이이(李珥) 등과 교유하였다.
　㊀ 묘소는 전남 장성군 장성읍 영천리에 소재함.

고금록(古今錄)

　⑴ 고려 전기 문종 때 박인량(朴寅亮)이 지은 역사책. 모두 10책으로 현전하
지 않아 구체적인 내용을 알 수 없다. ⑵ 고려 후기 충렬왕 때 원부(元傅)·
한강(韓康) 등이 편찬한 역사책. 현전하지 않는다.

고금석림(古今釋林)

　조선 후기에 이의봉(李義鳳)이 편찬한 사서(辭書). 40권 20책으로, 내편(권1∼
22)과 외편(권23∼40)으로 나누어 역대 우리나라의 말과 중국어를 비롯하여
돌궐·거란·여진·일본 등 여러 나라의 언어와 어휘를 모아 해설한 어휘집
이다. 어휘의 항목이 수만에 달하는 광범위한 자료의 모음이므로 가장 큰 어
휘집으로 평가받고 있다. 특히 우리의 어문연구와 주변국가와의 관계를 알려
주는 중요한 책이다.

고려국사(高麗國史) → 고려사(高麗史)

고려사(高麗史)

　고려시대의 역사를 기전체(紀傳體)로 정리한 역사책. 조선건국 후 태조는
1392년(태조 1)에 고려사의 편찬을 명하여 1395년 정월 37권의 《고려국사》가
편찬되었다. 그러나 찬자들의 주관이 개입되고 더구나 조선건국 과정에 대한
내용이 부실하다는 이유로 이후 여러 차례 수정을 거듭하다가 세종 때에 와

서 왕명으로 정인지 · 김종서 등에게 명하여 편찬을 시작, 1451년(문종 1)에 완성하였고, 1454년(단종 2)에 간행에 착수하였다. 총 139권으로 세가(世家) 46권, 지(志) 39권, 연표 2권, 열전 50권, 목록 2권으로 구성되었으며, 역대의 중국사서인 《사기(史記)》·《양한서(兩漢書)》·《원사(元史)》 등을 주로 참고하였다. 《고려사》는 당시 국왕과 찬자들의 역사의식이 반영되어 있으며, 명분을 중시하는 중세적인 유교사관에 입각한 역사서라 할 수 있다. 그럼에도 고려시대 사료에 의거한 객관적인 자료집의 성격이 농후해, 《고려사》는 원사료의 충실한 재구성을 편찬원칙으로 삼았으며 찬자가 직접 만든 '지'와 '열전'의 서문은 그 분량도 적고 형식적인 것으로서 최대한 객관성을 유지하려고 했다. 다만 실록이 만들어지지 않았던 공민왕 이후의 역사는 이 성계를 중심으로 작성되었고, 본기 대신 세가로 격을 낮췄으며, 왕의 연대 표기에서 전통적인 관례를 무시하고 유교적 명분에 따라 즉위한 다음해를 원년으로 기술하는 유년칭원(踰年稱元)으로 개작한 단점이 있기는 하다.

▶ 고려사

● 고려사절요

고려사절요(高麗史節要)

조선 전기 김종서(金宗瑞) 등이 고려시대 역사를 편년체(編年體)로 정리한 사서. 1424년(세종 6)에 편찬된 편년체의 고려사(高麗史)인 《수교고려사(讎校高麗史)》를 개수(改修)한 것으로, 1452년(문종 1) 김종서(金宗瑞) 등에 의하여 편찬되었다. 태조 1년부터 공양왕 4년까지 역대의 기사를 편년체로 서술한 《고려사절요》는 편찬이 완료된 다음해인 1453년(단종 1) 4월에 갑인자(甲寅字)로 출판되었다. 《고려사》에는 밝혀져 있지 않은 사실(史實)들이 많이 실려 있고, 또 《고려사》의 《열전(列傳)》이나 《지(志)》 등에 수록되어 있으나 그 연대가 확실치 않은 사실의 연월(年月)들이 이 책에 밝혀져 있는 것도 상당수가 된다.

● 고려사

고령 지산동 고분군(高靈池山洞古墳群)

경상북도 고령군 고령읍 지산동 주산(主山) 남쪽 기슭에 있는 대가야의 원형 봉토분(圓形封土墳). 사적 제79호. 지정면적 81만 3227m, 2,200여 기(基)로서 대형분(직경 20 m 이상) · 중형분(직경 10 m 내외) · 소형분(봉토 미확인)으로 구분되며, 대형분 72호분까지 일련번호가 매겨져 있다. 1906년 일본 고

▶ 고령 지산동 고분군

고학자 세키노(關野貞)에 의해 처음 발굴조사가 시도된 후 여러 차례의 추가 발굴이 이루어졌다. 고분군은 머리쪽이 넓고 발치쪽이 좁은 돌널무덤(石棺墓)과 매장부의 네 벽을 할석으로 쌓고 판석(板石)을 뚜껑으로 덮은 구덩식(竪穴式) 돌덧널무덤(石槨墓), 그리고 돌덧널무덤보다 내부공간이 넓은 구덩식 돌방무덤(石室墓)으로 구분된다. 그 중 대형분인 44·45호분을 보면 하나의 봉토(封土) 안에 주·부실이 나란히 놓인 구덩식 돌방무덤에 주인공이 안치되고, 그 주위로 주인공과 관계되는 사람들이 순장된 돌덧널무덤이 배치되었다. 이와같이 순장자(殉葬者)를 거느리고 있다는 점에서 이 대형분의 피장자는 5세기 말 이전 대가야국의 왕이었을 것으로 추정된다. 뚜껑 있는 굽다리접시(有蓋高杯)를 비롯하여 목항아리(長頸壺), 구멍 있는 아가리 넓은 항아리(有孔廣口小壺) 등의 토기류와 창·화살촉·칼·도끼 등의 철제 무기류, 금동제관형장식(金銅製冠形裝飾)·세잎고리자루긴칼(三葉環頭大刀)·금동관(金銅冠) 등 신분을 상징하는 유물이 출토되었다.

고승전(高僧傳) → 김대문(金大問)

고인돌(支石墓)

▶ 고인돌

청동기시대의 대표적인 무덤형식. 우리나라 고인돌은 함경북도 일부지역을 제외한 거의 전국에 분포되어 있는데, 대부분 하천유역이나 평지에 여러 기(基)씩 모여 있다. 이들 고인돌은 지상에 책상처럼 세워진 형태의 북방식과 조그만 받침돌(支石)로 고이거나 판석(板石)만을 놓은 바둑판모양의 남방식으로 크게 나뉜다. 북방식은 '탁자식'이라고도 하며, 대동강·임진강·북한강 등 큰 강의 상류지역에 분포하고 주요 분포지역의 남쪽한계는 수원과 용인에서 북한강유역을 연결하는 선으로 보인다. 남방식은 '바둑판식'이라고도 하며, 전형적인 형태는 지하에 돌덧널·돌널 등의 매장시설을 만들고 주변에 돌을 깔고 흙을 덮은 다음 그 위에 작은 받침돌을 고이고 커다란 돌을 올려 봉분(封墳)으로 삼는 것이다. 주로 전라도·경상도 등 한강 이남지역에 분포되어 있다. 이러한 고인돌의 출현은 우리나라 사회가 신석기시대에서 청동기시대로 이행하고 있음을 보여주는 것으로, 사회적 불평등을 내포하고 있다. 고인돌은 아시아지역에서 우리나라에 가장 밀집되어 분포하고 있으며, 그 기원에 대해서는 시베리아 카라스크 돌널무덤계통으로 보는 북방설과 세골장(洗骨葬)과 함께 동남아시아에서 왔다고 보는 남방설, 한반도에서 자생적으로 발전하였다는 자생설이 있으나, 그 기원과 편년에 대하여는 아직 확실한 정설이 없다.

고종(高宗)

1852년(철종 3)~1919년. 아명은 명복(命福), 초명은 재황(載晃), 어명은 희(㷗), 자는 성임(聖臨)·명부(明夫), 호는 성헌(誠軒)·주연(珠淵). 본관은 전주. 조선의 제26대 국왕. 흥선군(興宣君) 이하응(李昰應)의 2남이다. 1863년(철종 14) 철종이 후사 없이 죽자 익종(翼宗)의 비 신정왕후(神貞王后 : 趙大妃)의 전교로 즉위하였으며, 신정왕후가 수렴청정하였다가 흥선대원군이 국정을 통괄하였다. 1866년(고종 3) 민치록(閔致祿)의 딸을 왕비로 맞이하였는데 이가 명성황후(明成皇后)이다. 1873년 흥선대원군의 하야를 계기로 친정을 시작하였으나 정권은 명성황후를 중심으로 한 민씨척족세력이 주도하였다. 1876년 일본의 강요로 〈강화도조약〉을 체결한 후 열강들과도 각종 조약을 체결하였다. 1880년 통리기무아문의 설치, 1881년 신사유람단·영선사의 파견 등을 통해 적극적인 개화정책을 추진하였다. 이러한 가운데 1882년 임오군란, 1884년 갑신정변, 1894년 동학농민운동 등이 발생하였다. 그 뒤 청일전쟁 후 삼국간섭으로 일본의 조선에 대한 영향력이 약화되자 친러정책을 표방하였다. 그 결과 1895년 일본이 을미사변을 일으켜 명성황후를 살해하자 1896년 2월에 아관파천을 결행하여 친러정권을 수립하였다. 1897년 2월 경운궁으로 환궁하였고, 10월에는 대한제국 수립을 선포하고 황제에 오르는 한편 연호를 광무(光武)라 하고 적극적인 개혁정책을 추진하였다. 그 뒤 러일전쟁에서 승리한 일본의 강압에 의해 1904년 〈한일의정서〉, 1905년 〈을사조약〉을 체

▶ 고종과 명성황후의 합장릉

결하였다. 1907년 7월 일본이 〈한일신협약〉을 체결하여 한국의 외교권을 박탈하자 헤이그에서 열리는 만국평화회의에 특사를 파견하여 조약의 무효를 선언하였다. 7월 헤이그특사건을 구실로 일본의 강압에 의해 퇴위하였다. 1919년 사망하였으며, 고종의 사망을 계기로 전국 각지에서 만세운동이 일어났다. 저서로 《주연집》이 있다.

㊌ 홍릉(경기도 남양주시 소재)

고흥(高興)

4세기 중반. 백제 제13대 근초고왕대의 학자 역사가. 백제 최초의 역사서인 《서기(書記)》를 편찬하였다. 《서기》는 왕실의 계보를 정리하여 신성화함은 물론 백제에 복속된 여러 집단의 신화와 전설을 왕실 중심으로 통합·정리하여 왕권을 합리화하고 집권적 통치체제를 정당화하였을 것으로 추정된다.

㊂ 서기(書記) : 백제 근초고왕 때 고흥이 편찬한 역사책이다. 백제가 근초고왕 때 활발한 정복사업으로 영토를 확장하고 안으로 왕권을 강화하여 고대국가의 체제를 강화할 무렵에 편찬된 것이다. 신라에서 진흥왕 때 《국사(國史)》가 편찬된 것과 마찬가지로 중앙집권적 고대국가의 발전상을 반영하는 역사책이라고 할 수 있다.

곤여만국전도(坤輿萬國全圖)

조선시대에 중국으로부터 전해진 세계지도. 1602년 명나라에서 선교사로 활동하던 마테오 리치(Matteo Ricci)가 제작한 것으로 1603년(선조 36) 부경사로 연경에 갔던 이광정(李光庭)·권희(權熙) 등이 가지고 왔으며, 1708년(숙종 34) 어명에 의해 축소 모사된 것이 규장각에 소장되어 있다. 이 지도는 세계지도에 널리 사용되었던 아피아누스도법을 사용하여 전세계를 타원형으로 한 도면에 나타내었으며, 세계를 유럽·아프리카·아시아·남북아메리카·메카라니아(오세아니아)의 5개 대륙으로 구분하였다. 이 지도의 특징은 중국을 지도의 정중앙에 그렸다는 점과 지명을 한자로 표기한 점 등이다. 이외에 지도에는 세계 각지에 관한 간단한 지지적 설명과 지도의 작성경위를 밝힌 마테오 리치의 서문, 지구구체설 등이 기록되어 있다.

골품제도(骨品制度)

신라의 신분제도. 골품제도는 엄격한 신분사회였던 신라의 성격을 반영하는 제도로, 모든 신라인들은 출생시부터 혈통과 가문의 존비에 따라 정치적 진출은 물론 사회생활 전반에 걸쳐 일정한 특권과 제약을 받았다. 신라는 왕족을 대상으로 골제(骨制)를 마련하고, 고대국가로 팽창하면서 정복·흡수한 소국의 지배층을 중앙귀족으로 흡수하는 과정에서 그들의 지위에 따라 등급과 서열을 정하여 두품제(頭品制)를 마련하였다. 골제와 두품제가 결합된 골품제도는 왕족인 성골(聖骨)·진골(眞骨) 등 두 개의 골(骨)과 6두품 이하 1두품까지 여섯 개의 두품이 합하여 모두 8개의 신분계층으로 구성되었다. 성골은 진덕여왕대까지 왕위를 계승하였고 성골이 소멸되면서 태종무열왕 이후 신라 말까지는 진골이 왕위를 계승하였다. 진골아래 여섯 개의 두품은 사로국을 형성했던 6촌과 뒤에 신라에 복속된 족장의 후예들이 그 세력의 정도에 따라 등급을 달리하여 편성된 것으로 모두 왕경(王京)에 살았고 관리가 될 수 있었다. 여덟 개의 신분계층은 시간이 지남에 따라 소멸된 계층이 생겨 통일 후에는 진골·6두품·5두품·4두품만 남았고, 4두품도 거의 평민(백성)과 다름없게 되었다. 골품에 따른 신분적 특권과 제약은 정치적 진출에서 관등과 관직의 제한뿐 아니라 혼인·가옥규모·복색, 우마차의 자재 및 장식·생활용품 등에 제약을 받았다. 신라 하대(下代)에 이르러 집권계층인 진골왕족 사이에 분열·정쟁이 일어나고 진골중심체제에 대한 6두품의 도전은 곧 골품제의 해체를 촉진하였고, 나아가 지방호족의 대두와 함께 신라사회의 붕괴를 가져왔다. ➲ 성골·육두품·진골·호족

공가(貢價) → 공인(貢人)

공납(貢納)

지방의 토산물을 현물로 바치는 세목(稅目)의 하나. 중국 당나라에서 유래한 세금제도로, 우리나라에서는 통일신라시대 이후 시행되기 시작하였으나, 고려시대에 이르러 제도적인 정비가 이루어졌다. 1066년(문종 20)에는 정기적으로 바치는 상공(常貢)과 비정기적인 별공(別貢)이 구분되기도 하였다. 조선시대에는 고려의 제도를 대부분 계승하여 운영되었는데, 공물량은 각 군현 토지의 넓이를 기준으로 하고 1년 경비를 먼저 산출한 뒤 그에 맞춰 수입을 계산하여 수량을 배정하였다. 그 뒤 세조·성종 연간에 여러 차례 공안을 개정하였고, 세조대에 국가의 지출명세서인 횡간을 제정하였다. 성종대에는 제도상의 미비점을 보완하고 공납과정에서의 중앙관청 관리의 농간을 제거하고자 공납제를 일부 개선하였으나 큰 효과는 못보았다. 그리하여 중종대에 조광조가 개혁의 필요성을 주장하였으며, 이후 선조대에 이이(李珥)가 공물을 쌀로 대신 거두는 수미법(收米法)을 제안하기도 하였다. 본래 현물을 납부하는 것을 원칙으로 한 공납제는 상품화폐경제가 발달하면서 17세기에는 당시 교역의 수단이던 물품화폐, 즉 쌀·베로 거두는 대동법으로 전환되었다. ➲ 대동법

공노비(公奴婢)

고려·조선시대 왕실과 관청에 예속되었던 노비. 공노비는 정복전쟁과 3국간

의 항쟁이 치열했던 삼국시대에는 전쟁포로가 대부분이었으나, 후대로 내려올수록 전쟁포로보다 특정범죄자가 공노비의 주종을 이루었다. 16세 이상 60세까지의 공노비는 그들의 독자적인 가계를 유지하면서 자유로운 가정생활을 누릴 수 있는 대신 소속관서에 의무를 부담해야 했는데, 그 내용이 노역인지 현물인지에 따라 다시 선상노비(選上奴婢 : 公役奴婢)와 납공노비(納貢奴婢)로 구분되었다. 공노비의 의무부담은 양인(良人)에 비하여 2배 이상 무거웠는데, 양인의 경우 정남(丁男)에게만 국역(國役)이 부과된 데 비하여 이들 공노비에게는 노(奴)뿐만 아니라 비(婢)도 동일하게 취급되었던 것이다. 1801년(순조 1) 공노비 해방이 이루어지고, 1894년(고종 31) 갑오개혁으로 노비제도는 폐지되었다. 공노비 중에서도 내수사(內需司) 소속의 노비는 내노비 또는 왕실의 노비라는 뜻에서 '궁노비(宮奴婢)'라 했으며 그 관청이 일반 행정기관일 경우, 그 소속노비를 '관노비(官奴婢)'라고 하였는데, 그 관청이 역(驛)이라든지 향교와 같이 특수한 곳일 경우 '역노비' 또는 '교노비'라고 불렸다.

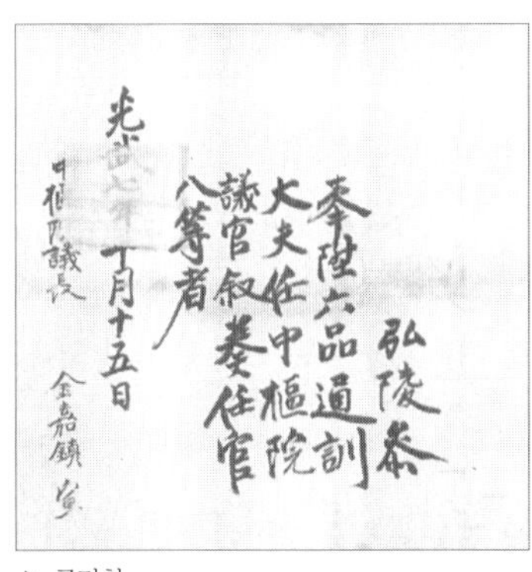

▶ 공명첩

공명첩(空名帖)

조선 후기에 수취자의 이름을 기재하지 않고 발행하던 백지임명장. 임진왜란 당시 군공(軍功)을 세우거나 군량을 납부한 자들에게 그 대가로 지급하기 시작한 것으로, 이후 진휼이나 군수재원을 마련하는 수단으로 주로 이용되었다. 품계에 따라 가격이 일정하게 정해져 있었고, 공명첩을 발매한 경우 실제의 관직을 주는 것은 아니고 허직(虛職)이었으며, 그 관직도 1대에 그치는 것이 일반적이었다. 그럼에도 경제적 부를 축적한 하층민들에게 공명첩은 합법적인 신분상승을 도모할 수 있는 하나의 방법으로 이용되어 국가로부터 면역의 특권을 얻어내거나 호적을 담당한 관리들과 결탁하여 호적에 실제의 직위로 기록하였다. 공명첩에는 공명고신첩(空名告身帖 : 관직·관작의 임명장)·공명면천첩(空名免賤帖 : 천인에게 천역을 면제)·공명면역첩(空名免役帖 : 양민의 역을 면제)·공명면향첩(空名免鄕帖 : 향리의 역을 면제) 등이 있다.

공민왕(恭愍王)

1330년(충숙왕 17)~1374년(공민왕 23). 재위 1351~1374. 휘는 전(顓), 초명은 기(祺), 몽고식 이름은 빠이앤티무르(伯顔帖木兒), 호는 이재(怡齋)·익당

(益堂), 시호는 인문의무용지명렬경효(仁文義武勇智明烈敬孝), 고려의 제31대 임금. 충숙왕의 아들이며 어머니는 명덕태후 홍씨(明德太后洪氏)이다. 1341년에 원나라에 가서 1349년 노국대장공주를 비로 맞이하였다. 충정왕이 폐위된 후 공주와 함께 원나라에서 귀국하여 왕위에 올랐다. 즉위 이후 고려의 중흥을 꾀하는 많은 개혁을 추진하였다. 1352년 변발·호복 등의 몽고풍속을 폐지했으며, 1356년에는 몽고의 연호·관제를 폐지했다. 정동행중서성 이문소를 폐지하고, 원나라의 황실과 인척관계를 맺고 권세를 부리던 기철 일파를 숙청했다. 쌍성총관부를 폐지하고, 원나라에게 빼앗겼던 영토를 회복하였다. 1368년 명나라 건국 후, 이인임을 보내 명나라와 협력하여 요동에 남아 있는 원나라의 세력을 공략했다. 인사행정에 폐단이 많았던 정방을 1352년에 폐지하고, 신돈을 채용해 전민변정도감을 설치하여 귀족들이 겸병한 토지를 원래의 소유자에게 반환하고, 불법으로 노비가 된 사람을 해방시켰다. 1365년(공민왕 14) 노국대장공주 사후 국사를 신돈에게 맡겼으나 정권을 장악한 신돈이 실정을 거듭하고 왕을 해칠 음모를 꾸미자, 공민왕은 신돈을 수원으로 귀양보냈으며, 곧 사사하였다. 1372년에는 명문자제들로 구성된 자제위를 설치하여 미소년을 머무르게 하자 풍기가 문란해졌다. 특히 홍윤이란 소년이 익비를 임신시키자, 공민왕은 이 사실을 은폐하기 위하여 이를 밀고한 최만생을 죽이려다가 오히려 그들에게 암살당하였다.

㉴ 현릉(경기도 개풍군 중서면 소재), 천산대렵도(국립중앙박물관) 등

공신전(功臣田)

조선시대 공신에게 지급한 토지. 초기에는 수조권을 위임받은 자가 전주(田主)가 되어 경작자인 농민들에게 직접 수세하다가 성종대 이후 관수관급제(官收官給制)가 실시되면서부터는 중앙에서 대행하여 수세한 후 이를 분급하였다. 이후 공신전으로 지급할 토지가 부족하자 제전(祭田) 명목으로 적은 규모만을 상속시키고 나머지는 중앙에 귀속시켰으며, 중종대부터는 토지 부족현상이 더욱 심화되어 공신전을 지급하였다는 기록이 없으나 폐지되지 않고 계속 존속하였다.

공음전(功蔭田)

고려시대 5품 이상 관리들에게 지급해준 토지 지목의 하나. 고려시대 관리들은 관직에 복무하는 대가로 전시과 규정에 의해 토지를 받았고 5품 이상에 오르면 공음전시를 추가로 받을 수 있었다. 최고 1품 문하시랑평장사 이상은 전지(田地) 25결, 시지(柴地) 15결부터 점차 체감되어, 최하 5품은 전지 15결, 시지 5결이며, 산관(散官)은 전지·시지 각 5결을 감하여 지급되었다. 공음전시는 5품 이상관에게 지급된 특별전시과였으므로 현직에서 물러나면 반환해

야 하는 일반전시과와 달리 후손에게 상속되었다. 한편 지급 기준이 되는 품의 의미에 대해 일본인 학자 스에마쓰(末松保和)는 품질(品秩)이 아닌 품종(品種)으로 해석하여 모든 관리를 5등의 단계로 나누어 토지를 지급하는 일반적인 급전제(給田制)라는 견해를 제시하였다. 또한 '악공(樂工)·천구(賤口)에서 방량(放良)된 자손은 참여할 수 없다' 는 부칙규정을 들어 그에 해당되지 않은 모든 관리가 공음전시를 받을 수 있다고 주장하였다. 이에 대해 많은 학자들은 '품'을 관질(官秩)로 이해하면서 문하시랑평장사를 1품으로 한 것은 고려의 관제에 정1품 실직이 없었기 때문에 종1품 문하시중이 정1품 대우를 받고 참지정사 이하 각 관품도 한 계단씩 올려진 혜택을 받았다고 한다. 지금은 공음전이 관품 5품 이상의 고위관료만을 상대로 한 우대제도였다는 주장이 정설로 통용된다.

공인(貢人)

조선 후기 대동법이 실시되면서 관청에서 필요한 물품을 조달하던 상인. 본래 관청에서 필요한 물품은 지방민의 공납으로 해결되었는데, 중간에서 대납하고 그 값을 지방민에게 과다하게 징수하면서 많은 이득을 취하는 방납(防納) 현상이 생겨나 폐단이 컸다. 이에 정부에서는 공물의 값을 쌀이나 베로 받는 대동법을 실시하면서 이를 종래의 방납인에게 주고 필요한 물품을 구입함으로써 방납인들을 공식적으로 인정하게 되었는데 시간이 경과하면서 이들이 공인으로 전환하였다. 관청에서 필요한 물품의 종류는 다양하였으며, 관청별로 물품을 구입하였기 때문에 공인의 종류도 다양하였다. 또한 한 관청에 물품을 조달하는 공인도 다수여서 그들은 공동출자로 계를 조직하여 물품의 매입을 수월하게 수행하였을 뿐만 아니라 일부는 직접 장인을 고용해서 물품을 제조하여 납부하기도 하였다. 공인들은 관청 수요품을 독점적으로 조달한 특권적 상인으로서 서울의 시전뿐만 아니라 지방의 장시를 중심으로 활동하였고, 특정 물품을 대량으로 취급하는 까닭에 도고(都賈)로 성장하기도 하였다. ◑ 대동법

공해전(公廨田)

관청의 운영경비 마련을 목적으로 지급된 토지. 고려시대부터 지급되던 것으로, 주로 관리들에게 식사를 제공하거나, 관청에서 소요되는 지(紙)·필(筆)·묵(墨) 등을 마련하는 데 이용되었다. 조선 전기인 1445년 국용전(國用田)제도가 시행되면서 각 관청의 재정은 국고에서 지급되었으며, 1464년(세조 10)에는 내수사 공해전만 남겨놓고 모두 혁파되었다가 1466년 내수사 공해전마저 혁파되었다.

과거(科擧)

고려시대 이후 관리 선발을 위해 실시된 시험제도. 우리나라의 과거제도는 고려 958년(광종 9) 부터 1894년(고종 31)까지 실시된 과목(科目)으로 관리를 선발하는 제도였다. 고려의 과거제도는 제술업·명경업·잡업 등으로 나뉘어졌다. 제술업은 시·부·송(頌)·책(策) 등의 문학을 시험하였고, 명경업은 시경·서경·역경·춘추 등 유교경전을 시험하였다. 이들은 모두 문신을 선발하기 위한 것이었지만 제술업이 보다 중시되었다. 이에 비해 잡업은 의학·천문·음양지리 및 율학·산학 등 기술관을 선발하는 시험이었다. 고려시대에 무신을 선발하는 무과의 경우는 예종 때 잠깐 실시되다가 문신들의 반대로 폐지되었고, 고려 말 공양왕 때부터 정식으로 실시되었다. 조선시대에는 문과·무과·잡과가 시행되었다. 문과·무과에는 초시(初試)·복시(覆試)·전시(殿試) 등 세 차례의 시험이 있었다. 식년시(式年試)와 증광시(增廣試)에서는 다시 초장·중장·종장의 세 단계 시험이 있어서 초장에는 경서시험(講經)을, 중장에는 논술시험(製述)을, 종장에는 왕의 친림하에 정책시험(對策)을 보았고, 특별시험인 별시에서는 초장과 종장만을 시험하였다. 문과에는 특히 예비시험인 생원시와 진사시를 두어 초시·복시 두 차례의 시험을 거쳐 생원·진사 각 1백 인씩 2백 인을 뽑아 문과 초시에 응시할 자격을 주었다. 문과 초시인 관시·한성시·향시에서는 204인을 뽑고, 그 뒤 문과 복시에서 28인을 뽑은 다음, 문과 전시에서 등급을 결정하여 갑과 3인, 을과 7인, 병과 23인을 정하였다. 문과 급제자에게는 합격증인 홍패(紅牌)를 주었으며, 홍문관·승문원·성균관·교서관 등에 권지(權知)로서 분관시켰다. 무과 초시에는 훈련원에서 실시하는 원시(院試)와 각 도에서 실시하는 향시에서 190인을 뽑고, 무과 복시에서 28인을 뽑은 다음 무과 전시에서 등급을 결정하여 갑과 3인, 을과 7인, 병과 20인을 정하였다. 무과에서는 실기인 무예와 필기시험인 경전과 무경(武經)을 시험하였다. 무과 급제자에게도 홍패를 주었으며, 선전관(宣傳官)·별시위(別侍衛) 등에 권지로서 분관하였다. 문과·무과의 정원은 식년시와 증광시의 경우이고 국가의 경사가 겹쳤을 때 실시하는 대증광시에서는 그 두 배의 인원을 뽑았으며 별시는 그때그때 뽑는 인원을 정하였다. 무과의 경우 조선 후기에는 외방별시에서 수천 명씩 뽑아 이를 만과(萬科)라고도 하였다. 잡과에는 역과·의과·음양과·율과 등 네 가지 시험이 있었으며, 역과에는 한학·여진학·왜학·몽학의 구분이 있었고, 음양과에는 천문학·명과학(命課學)·지리학의 구분이 있었다. 잡과 응시자들에게는 전공과목과

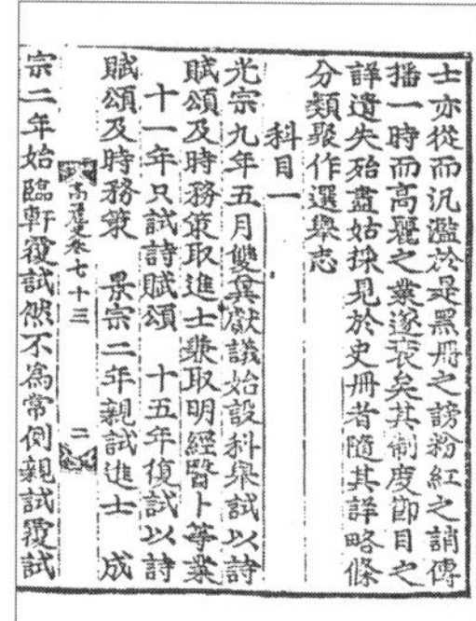

士亦從而況濫於是黑冊之謗紛紅之請傳
播一時而高麗之業遂衰矣其制度節目之
詳遺失殆盡姑挾見於史冊者隨其詳略條
分類聚作選舉志
　科目一
光宗九年五月雙冀獻議始設科舉試以詩
賦頌及時務策取進士兼取明經醫卜等業
十一年只試詩賦頌　十五年復試以詩
賦頌及時務策　景宗二年親試進士成
宗二年始臨軒復試然不爲常例親試覆試
高麗史卷七十三　二

▶ 과거제도 실시에 관한 《고려사》 기록의 일부

《경국대전》을 시험했으며, 뽑는 인원은 해당 관청에 따라서 차이가 있었다. 잡과 급제자에게는 백패를 주었으며 해당 관청에 취재(取才)되어 근무하였다. 문과에 응시할 수 있는 자격은 원칙적으로 양인 이상으로 범죄자, 서얼, 재가녀의 아들과 손자가 아니면 응시가 가능했으나 실제로는 문과 생원시·진사시에는 양반이 유리하여, 시험 전 응시원서를 낼 때 양반 자제들은 아버지·할아버지·증조할아버지·외할아버지의 관직을 따지는 4조(四祖) 심사에서 제외될 뿐 아니라 추천서를 내지 않아도 되었다. 과거시험장은 따로 정해진 곳이 없이 문과의 경우 성균관·예조·의정부 등 비교적 넓은 공간을 가지고 있는 관청을 택하였다. 무과는 훈련원이나 궁전문 앞, 또는 넓은 장소를 골라 시험장으로 삼았으며, 잡과는 해당 관청에서 실시했다. 지방에서는 각 도의 군현 중에 하나를 골라 시험장으로 삼았다. 시간이 경과하면서 많은 부정행위가 속출하는 등 제대로 기능을 발휘하지 못하고 세력가에서 과거합격자를 독점하는 현상이 발생하기도 하였다. 과거에는 문과·무과·잡과가 있었지만, 고려·조선시대는 문관들이 주도하는 문치주의 시대였기 때문에 문과가 가장 중시되었다. 국가의 중요관리를 시험에 의하여 뽑는 과거제도는 관리 선발에 있어서 발달된 제도였으며 이러한 과거시험이 실시된 나라는 중국·한국·베트남뿐이다.

과농소초(課農小抄)

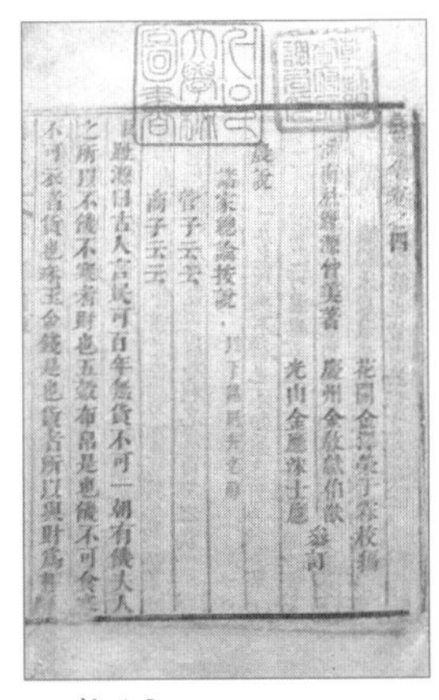

▶ 과농소초

조선 후기의 실학자 박지원이 편찬한 농서. 15권 6책이다. 1798년(정조 22) 11월에 정조는 농업상의 여러 문제점을 해결하고자 전국에 농정을 권하고 농서를 구하는 윤음을 내렸는데, 당시 면천군수였던 박지원이 오래 전부터 마련해두었던 초고를 정리하고 전제개혁론을 담은 〈한민명전의(限民名田議)〉를 첨가하여 1799년 3월에 올린 것이다. 우리나라 농서인 신속(申洬)의 《농가집성》, 유중림(柳重臨)의 《증보산림경제》 등을 참고하여 편찬하였다. 본문은 전제(田制)·농기(農器)·경간(耕墾)·수리(水利)·택종(擇種)·파곡(播穀)·제곡품명(諸穀品名)·양우(養牛) 등으로 분류하여 서술하였다. 이 책에는 농업과 목축, 농기구와 수리시설의 이용에 대한 저자의 해박한 지식이 잘 나타나 있다. 저자의 저술인 《연암집》에 수록되어 있다. ❶ 박지원

과전법(科田法)

고려 말에서 조선 초기까지 시행되던 토지제도. 고려 말, 권문세족의 농장확대와 농장의 면세·면역의 특권으로 국가재정이 위태롭고, 관료의 녹봉이 제대로 지급되지 못하자 위화도회군 이후 이성계와 신진세력들을 중심으로 전제개혁운동이 추진되었다. 조준·이행·황순상·조인옥·허응 등의 잇따른 사전(私田)개혁 상소운동은 마침내 1391년(공양왕 3) 5월에 과전법 공포로 이어졌다. 토지 재분배의 중심이 된 것은 과전으로 현직 관리는 물론, 퇴직 관리에게까지 18과로 나누어 15~150결의 전지를 분급하였다. 과전은 경기도 지방에 한하여 지급되었고, 원칙적으로는 자손에게 세습할 수 없었다. 그러나 부모가 사망한 어린 자식이나 남편과 사별한 부인에게는 수신전·휼양전이란 이름으로 과전의 일부를 세습하도록 하였다. 농민은 토지분급의 대상에서 제외되었으나 농민의 소유지인 민전은 10분의 1조로 한정하여 부담을 줄여주었다. 과전법의 조세규정에 의하면, 공전·사전을 막론하고 수조권자에게 바치는 조는 매 1결당 10분의 1조인 30두이며, 전주가 국가에 바치는 세는 매 1결당 2두였다. 과전법의 조세제도는 1444년(세종 26)에 공법(貢法)으로 대체하였으며, 1466년(세조12) 직전법이 시행되면서 법 자체가 폐지되었다.

⊙ 직전법

곽재우(郭再祐)

1552년(명종 7)~1617년(광해군 9). 자는 계수(季綏), 호는 망우당(忘憂堂), 시호는 충익(忠翼). 본관은 현풍(玄風). 임진왜란 때 경상도에서 활약한 의병장. 황해감사 곽월(郭越)의 아들로 경상도 의령(宜寧)에서 태어나 조식(曹植)에게 학문을 배웠다. 임진왜란이 발발하자 의령에서 의병을 일으켜 천강홍의장군(天降紅衣將軍)이라 칭하고 일본군과 대치하였으며, 이후 유곡찰방(幽谷察訪), 성주목사(星州牧使)·찰리사(察理使)·한성좌윤·함경감사 등을 역임하였다. 1608년(광해군 즉위년) 임해군(臨海君)을 처벌할 것을 주장하였으나, 계축옥사(癸丑獄事) 때에는 영창대군(永昌大君)을 죽이는 데 반대하였다.

▶ 곽재우

관동별곡(關東別曲)

조선 중기 정철(鄭澈)이 강원도관찰사로 부임해서 관동팔경을 유람한 후 지은 가사. 1580년(선조 13) 작자의 나이 45세 때에 지은 것으로, 관동팔경의 경치와 감흥을 표현한 작품이다. 모두 4단으로 구성되었는데, 1단에서는 향리에 은거하다가 강원도관찰사에 제수되어 부임하는 과정을, 2단은 만폭동 · 금강대 등 내금강의 절경을, 3단에서는 총석정 · 삼일포 · 의상대 등 동해의 절경을, 4단에서는 작자의 풍류를 꿈속에서 신선과 더불어 노니는 것에 비유하여 표현하고 있다. 이 작품은 작자의 국토에 대한 무한한 애정을 느낄 수 있는 국문 가사로, 후대에까지 극구 칭송되는 작품 가운데 하나이다. 한편 고려 후기 1330년(충숙왕 17) 동일 제목으로 안축(安軸)이 지은 경기체가가 전하고 있다. ➲ 정철

관동학회(關東學會)

1908년 3월 서울에 있는 강원도출신 인사들과 유학생들이 모여 조직한 애국계몽단체. 1907년 조직되었던 동도흥학회(東道興學會)가 1908년 3월 관동학우회(關東學友會)로 개편되었다가 얼마 지나지 않아 관동학회로 개칭되었다. 회장에 남궁억(南宮檍), 부회장에 정봉시(鄭鳳時), 총무에 고원식(高源植) 등이 임명되었다. 서울에 중앙회를 설치하고 각 지역에 지회를 설립하여 지역의 민중계몽과 문화 향상을 위한 활동을 벌였다. 관동학회는 민중에 대한 교육활동과 계몽활동을 통하여 민족의 항일의식을 고취시켜 국권을 수호하고자 하였으며, 아울러 강원도출신 인사들의 단결과 협조를 견고히 하고자 하였다.

관료전(官僚田)

신라 문무왕 때 문무 관리들에게 지급했던 토지. 687년(문무왕 7) 5월부터 종전의 녹읍을 폐지하고 시행한 제도로, 관리들이 신분과 생활을 유지할 수 있도록 경제적 토대를 마련해주기 위해 매년 조(租)를 차등있게 지급하였으며, 현직 관리에게만 지급되었기에, 퇴직 후에는 국가에 반납해야만 하였다. 관료전 제도의 시행은 국가가 귀족들이 녹읍을 통해 백성을 지배하는 것을 배제하기 위한 조치였으나, 757년(경덕왕 10) 귀족들의 반발로 다시 녹읍이 부활되면서 이 제도는 폐지되었다. ➲ 녹읍

관민공동회(官民共同會)

1898년 10월 28일부터 11월 2일까지 독립협회가 종로에서 국정개혁을 결의하기 위해 개최한 민중대회. 독립협회에서는 1898년 10월 28일부터 11월 2일까지 종로에서 관민공동회를 개최하고, 정부의 매국적 행위에 대한 비판과 시국에 대한 개혁안인 〈헌의6조〉를 결의하였다. 이 〈헌의6조〉는 황제로부터 재가되고, 이를 보완하는 조칙 5개조까지 내려짐으로써 그 실시를 확답받게 되었으나, 정권에서 밀려난 수구파들이 독립협회가 군주제를 폐지하고, 공화정치

를 실시하려 한다고 황제에게 무고하여, 결국 고종의 명에 의해 독립협회 간부들이 체포되고 독립협회가 강제 해산됨으로써 그 실시를 보지 못하였다.
◑ 독립협회

관찰사(觀察使)

(1) 고려 전기 도(道)에 파견되었던 관직. 995년(성종 14)에 지방제도를 10도(十道)로 정비하면서 처음 설치하였다. 지방장관이기보다는 절도사와 단련사(團練使) 사이에 두었던 지방관에 해당했을 것으로 추측된다. 1005년(목종 8)에 폐지되었다.

參 고려시대 10도(道) : 關內道 · 中原道 · 河南道 · 江南道 · 嶺南道 · 嶺東道 · 山南道 · 海陽道 · 朔方道 · 浿西道

(2) 조선시대 각 도(道)를 관장하던 종2품의 지방장관. 고려 말, 조선 초에는 도관찰출척사(都觀察黜陟使)라고 하다가 1466년(세조 12)에 관찰사(觀察使)로 개칭되었다. 8도제가 확립된 태종대에 이르러 전국에 관찰사제가 실시되었다. 관찰사는 관할 도내에 있는 모든 군현의 지방관을 규찰하는 기능과 도내의 모든 군사와 민사를 지휘 통제하는 기능을 수행하였다. 임기는 관할지역이 광활하여 지방세력화할 소지가 있었으므로 360일 임기에 단임이 원칙이었다. 조선 전기에 이남 6도의 관찰사는 도에 따라 약간의 차이는 있지만 임기 1년에 가족을 동반하지 않고 혼자서 부임하여 감영(監營)에 별도의 읍관(邑官)을 둔 채 임기 동안 계속 도내의 여러 읍을 순력(巡歷)하였다. 다만 평안도 · 함경도의 경우에는 양계지방(兩界地方)이란 특수 사정으로 인해 처음부터 2년 임기로 가족을 데리고 부임하여 도내의 부윤(府尹)을 겸하도록 하였다. 18세기 중반에 임기가 2년으로 바뀌었다. 직속관원으로는 수령관(首領官)인 경력(經歷 : 종4품. 1446년 혁파) 또는 도사(都事 : 종5품)와 판관(判官 : 종5품), 교수(敎授 : 종6품) 및 훈도(訓導 : 종9품), 심약(審藥 : 종9품), 검률(檢律 : 종9품)을 각각 1원씩 두었는데, 17세기 초엽쯤에는 관찰사의 군정사무를 보조하는 중군(中軍 : 종6품)이 증치되고 비장(裨將)도 등장하였다. 관찰사는 1895년의 관제개혁으로 전국이 23부(府)로 구획될 때에도 각 부의 장관 이름으로 남았으며, 내무대신의 지휘와 감독을 받도록 되었다가 1896년에 다시 전국을 13도로 개편함에 따라 각 도의 장관이 되어 1910년 일본이 우리나라를 강점할 때까지 존속하였다.

同 감사(監司) · 방백(方伯) · 도백(道伯) · 도신(道臣) · 도선생(道先生) · 도장관(道長官) · 순상(巡相) · 순사도(巡使道) · 외헌(外憲) · 방면지임(方面之任) · 번임(藩任) · 천사(泉司) · 양이천석(量二千石) · 영주(營主) · 영문선생(營門先生)

參 각 도의 관찰사는 각각 경기도는 기백(畿伯) · 기찰(畿察) · 수찰(水察), 충청도는 금백(錦伯), 경상도는 영백(嶺伯), 전라도는 완백(完伯) · 완찰(完察), 강원도는 동백(東伯),

황해도는 해백(海伯), 평안도는 기백(箕伯)·기찰(箕察), 함경도는 북백(北伯)이라고도 불리었다.

관촉사 석조 미륵보살 입상(灌燭寺石造彌勒菩薩立像)

충청남도 논산군 은진면 소재 고려 초기의 석불. 높이 18.2m로 고려 초기 광종대에 승려 혜명(慧明)에 의해 조성된 불상이다. 얼굴은 이마가 좁고 턱이 넓은 삼각형이며 옆으로 길게 찢어진 눈, 넓은 코, '일(一)'자로 꼭 다문 입 등이 토속적인 모습이다. 몸은 거대한 돌을 원통형으로 깎아 만든 돌덩이에 불과하여 인체라는 느낌은 전혀 없으며 왼손은 아래로 내려 엄지와 중지를 맞대고 있는 모습이 미륵보살보다는 관음보살인 것으로 보인다. 천의(天衣)의 표현이나 옷의 주름도 매우 단순하게 묘사되었다. 높은 원통형의 관 위에 다시 4각형의 이중 보개(寶蓋)를 얹고 있는 것, 연화가지를 들고 있는 수인 등 당시로서는 매우 특이한 모습이다. 보물 제218호로 지정되었다.

광개토대왕(廣開土大王)

374년(소수림왕 4)~412년(광개토왕 22). 재위 391~412. 본명은 담덕(談德), 중국 기록에는 안(安). 국강상광개토경평안호태왕(國岡上廣開土境平安好太王). 고구려 제19대왕. 고국양왕의 아들로 386년(고국양왕 3) 태자로 책봉되었다가 부왕의 사후 즉위하였다. 재위시에 영락(永樂)이라는 연호를 사용한 관계로 영락대왕으로도 불려졌다. 광개토대왕은 고구려의 역대 왕 중에서 고구려의 영토와 세력권을 크게 넓힌 왕으로, 즉위 초부터 백제를 공격하여 392년 석현성을 비롯한 10개 성을 빼앗은 후 관미성도 20여 일 만에 함락시켰다. 396년에는 한강 너머에까지 진격하여 58성 700촌락을 함락하고 백제 아신왕의 동생과 대신들을 인질로 잡아왔다. 이에 백제는 왜를 내세워 399년에는 고구려와 화친관계에 있는 신라를 공격했고 404년에는 고구려가 장악하고 있는 대방의 옛 땅을 침공해왔다. 그러나 고구려는 대방의 옛 땅에 침입한 왜도 섬멸시켰고, 407년에는 백제를 공격하여 6성을 공략하였다. 또 신라에 대해서는 우호관계를 맺고 있었다. 또한 서방으로의 진출을 도모하여 연나라의 공격을 막아냈고, 동부여를 공격하여 64성을 취하기도 하였으며, 신라를 공격한 왜군을 격퇴시켰다. 이러한 정복사업의 결과, 고구려의 영역을 크게 확장되어 서로는 요하, 북으로는 개원~영안, 동으로는 혼춘, 남으로는 임진강 유역에 이르게 했다. 그는 또한 내정의 정비에도 노력하여 장수왕 때 단행되는 평양 천도의 발판을 마련하였다. 412년 세상을 떠나자, 414년 능에 옮겨묻고 능비를 건립하였다. ◐ 광개토대왕비

㋌ 광개토대왕릉비(중국 지린성 지안)

광개토대왕릉비(廣開土大王陵碑)

고구려 광개토대왕의 공적을 기리기 위해 414년(장수왕 2)에 세운 비석. 중국 지린성(吉林省) 퉁화구(通化專區) 지안시(集安市)에 위치하고 있다. 비문에 새겨진 광개토왕의 정식 묘호(廟號)는 '국강상광개토경평안호태왕(國岡上廣開土境平安好太王)' 이다. 능비는 대석(臺石)과 비신(碑身) 두 부분으로 되어 있다. 또한 개석(蓋石)이 없는데 이러한 형태는 고구려 석비 특유의 형태이다. 대석은 화강암을 사각형으로 다듬은 것으로 현재 상당부분이 깨어져 나갔다. 비신은 높이 6.39m, 무게 37톤의 한 개의 자연석을 가공하여 만들었다. 비문은 4면 모두에 새겨져 있으며, 총 글자수는 1,775자이나, 150자 정도는 마멸되어 판독할 수 없다. 비문은 3부분의 내용으로 구성되었는데, 제1부는 서문격으로 주몽의 건국신화 및 대주류왕(대무신왕)에서 광개토왕에 이르는 세계와 약력, 비의 건립경위가 기술되어 있으며, 제2부는 비문의 핵심을 이루는 것으로 대왕의 정복활동과 토경순수기사가 연대순으로 기술되어 있고, 제3부는 능을 지키는 수묘인연호의 명단과 수묘지침 및 수묘인 관리규정이 기술되었다. ● 광개토대왕

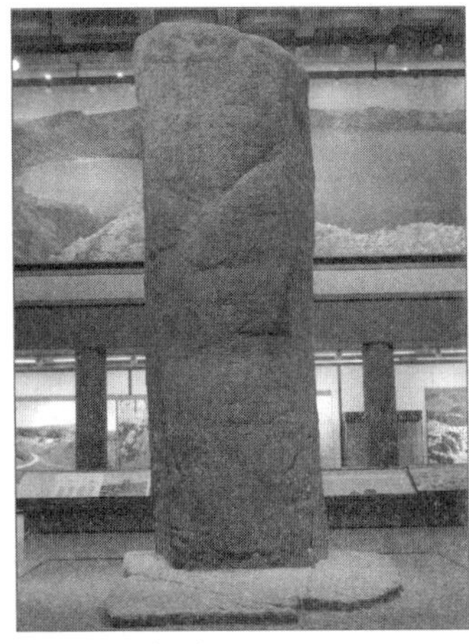

▶ 광개토대왕릉비

참 비문연구사 : 비의 존재는 조선 전기의 용비어천가(龍飛御天歌)나 성현(成俔)의 시(詩)에 언급되고 있으나, 광개토왕의 능비임은 알지 못하였다가 1876년(고종 13)에 청나라 정부가 봉금(封禁)을 해제한 후 능비가 재발견되어 세상에 알려졌다. 초기에 유통된 탁본은 쌍구가묵본(雙鉤加墨本)이었으며, 대개 1887년경부터 원석 탁본이 이루어지다가, 점차 탁본의 수요가 늘어나자 1903년경부터 쌍구본에 의거하여 석회를 칠하여 글자와 비면을 다듬었다. 이 과정에서 비면의 마멸과 일부 글자의 변조가 이루어져, 이후 비문 연구에서 논란이 생기게 되었다. 초기 비문에 대한 조사와 연구는 주로 중국 학자들에 의해 금석학적 관심에서 이루어지다가, 본격

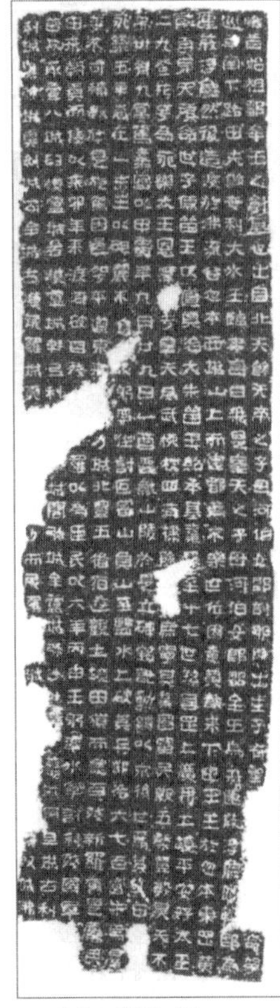

▶ 광개토대왕릉비문

적인 연구는 일본이 먼저 착수, 육군 참모본부의 사쿠오(酒勾景信) 중위가 1883년에 가지고 간 능비 탁본을 기초로 비문 연구가 진행되었다. 이후부터 비문의 신묘년(辛卯年) 기사가 일제 식민사학자에 의해 임나일본부설(任那日本府說)의 근거로 이용되었다. 광복 후 신묘년 기사의 주체를 고구려로 보는 정인보의 해석이 1955년에 공개되어 논란을 일으키고, 남북한의 학계에 많은 영향을 주었다. 1963년에는 북한학자와 중국학자의 현지 공동조사가 이루어졌으며, 그 결과가 1966년에 박시형(朴時亨)의 《광개토왕릉비》라는 책으로 출판되었다. 1972년에는 재일사학자 이진희(李進熙)가 일본 참모본부에 의한 비문 변조설을 주장하는 《광개토왕릉비의 연구廣開土王陵碑の研究》라는 책을 출판하여 큰 파문을 일으켰다. 1985년 왕건군(王健群)은 《호태왕비연구(好太王碑硏究)》라는 저서를 통해 능비 발견의 초기 상황과 석회부도의 과정을 새롭게 밝혔다.

광무(光武)

1897년에 제정·사용된 대한제국의 연호. 광무연호는 조선개국 506년인 1897년을 광무원년으로 하여 순종이 즉위하는 1907년 8월까지 사용되었다. 아관파천 이후 독립협회를 중심으로 한 환궁 요청으로 1897년 2월 20일 환궁한 고종은 독립협회를 비롯한 각계 각층에서 국왕에 대한 황제칭호 사용과 새로운 연호의 제정을 통한 자주독립국가의 건설을 요구하는 여론이 일어나자, 8월 13일 연호의 제정을 명하였다. 그리하여 의정대신 심순택(沈舜澤)의 주청에 따라 연호를 '광무'로 결정하고, 15일 국왕의 조칙으로 개국 506년을 '광무원년'으로 하도록 하여 1897년 8월 17일부터 사용하였다.

광복군총영(光復軍總營)

1920년 9월 만주 관뎬현(寬甸縣)에서 조직된 독립군부대. 1920년 9월 대한민국임시정부 산하의 군사기구로 조직된 광복군사령부를 확대·개편하여 조직하였다. 총영장에 오동진(吳東振), 경리부장에 조병준(趙秉準)이 선임되었다. 광복군총영에서는 상하이 등지에서 무기를 구입하여 전투력을 제고함과 동시에 이를 기반으로 일제기관에 대한 공격을 단행, 56개의 일본경찰주재소를 습격하여 파괴하는 전과를 올렸다. 1922년 대한통군부(大韓統軍府)에 흡수 통합되었다.

광복단(光復團)

1913년 경상북도 풍기에서 조직된 독립운동단체. 1913년 채기중(蔡基中)이 유창순(庾昌淳)·김상옥(金相玉)·황상규(黃尙奎) 등과 함께 조직하여 독립군 양성을 위한 무기구입과 군자금 모금활동을 전개하였다. 채기중·강병수(姜秉洙) 등은 군자금 확보를 위해 일본인 경영의 중석광산에 잠입하여 활동하기도 하였으며, 영주의 대동상점(大東商店)과 안동의 이종영 집을 중간 거점으로 만주의 독립운동세력과도 연락을 취하였다. 1915년 7월 박상진(朴尙鎭)의 조선국권회복단과 통합하여 대한광복회로 확대 발전하였다. ❺ 대한광복회

광인사(廣印社)

1880년대 초반 서적출판을 목적으로 서울에서 설립된 회사. 1880년대 초반에 설립된 합자회사로서 일본에서 수입한 한글자모와 한자자모를 갖추고 각종 서적들을 출판하였다. 1884년 《충효경집주합벽(忠孝經集註合壁)》, 1885년 안종수(安宗洙)의 《농정신편(農政新編)》, 1889년 강위(姜瑋)의 《고환당수초(古歡堂收草)》 등을 출판하였다. 1890년대 이후 폐쇄된 것으로 추정된다.

광작(廣作)

조선 후기에 한 농민이 넓은 면적의 토지를 경작하게 된 현상. 조선 후기 농업기술의 발달로 인해 벼농사에 있어서 이앙법(移秧法)이 널리 보급되고, 수리시설과 시비법(施肥法) 등이 개발되면서 일정한 면적의 토지를 경작하는 노동력이 대폭 감소됨에 따라 농민 한 사람이 경작할 수 있는 토지의 면적이 몇 배씩 늘어나게 되었다. 이에 따라 상당히 넓은 면적의 토지라도 이를 병작하지 않고 자작하는 소위 광작이 크게 보급되었다. 이로 인해 일부 농민들은 경영규모를 확대하고 부를 축적하여 지주화하였으며, 나머지 토지를 잃은 농민들은 이농하여 임노동자로 전락하여 농민의 계층분화를 촉진하였다. 한편 광작으로의 농업경영방법의 변화는 정률지대(定率地代)인 타조법(打租法)이 정액지대(定額地代)인 도조법(賭租法)으로 전환되는 결과를 가져왔다. 조선 후기 농업발달사에 있어서 근대 자본주의의 맹아적 요소로 파악되기도 한다.

광정단(匡正團)

1922년 만주 창바이현(長白縣)에서 조직된 독립운동단체. 1922년 가을 만주 창바이현 일대에서 활동 중이던 대한독립군비단(大韓獨立軍備團)·흥업단·태극단 등이 통합하여 조직한 단체이다. 광정단은 정의·인도·민족정신개발 및 독립의 완전성취 등을 목표로 하였다. 창단시 단장에 김호익(金虎翼), 총무장에 윤덕보(尹德甫), 군무장에 강진건(姜鎭乾) 등이 선임되었다. 광정단은 안투현(安圖縣) 산중에 군영을 설치하고 수백 명의 장정들을 모집하여 2개월간 군사훈련을 시킨 뒤, 창바이·푸쑹(撫松)·안동(安東)·린장(臨江) 등지에 배치시켜 이곳을 중심으로 활동하였다. 1923년 봄 중앙본부를 푸쑹현 왕파방쯔(王杷傍子)로 옮기는 한편, 원문화(元文化)를 단장으로 하는 암살단을 편성하여 린장현에 두었으며, 각지에 지단·지서를 설치하고 지역 내 각종 단체들과 연계하여 무장활동을 전개하였다. 1924년 봄 독립군을 3개대로 편성하

여 활동하다가 11월 남만주일대 독립운동단체의 통합체인 정의부(正義府)가 조직되자 이에 합류하였다. ● 정의부

광제원(廣濟院)

1900년 6월 서울에 설립된 병원. 1899년 4월 설립된 내부병원이 1900년 6월 보시원(普施院)으로 개편되었다가 곧바로 광제원으로 개칭되었다. 일반환자의 치료 이외에 수감된 죄수의 진료, 전염병자의 격리병원으로서의 역할을 담당하였으며, 1901년 2월부터는 종두사무도 담당하였다. 의료비는 국가로부터 보조를 받아 일반환자들은 싼값으로 진료를 받을 수 있었으며, 무의탁자와 죄수들은 무료로 진료를 받았다. 1907년 3월 대한병원에 통합되었다.

광종(光宗)

925년(태조 8)~975년(광종 26). 재위 949~975. 이름은 소(昭), 자는 일화(日華), 시호는 홍도선렬평세대성(弘道宣烈平世大成). 능은 헌릉(憲陵). 고려 제4대 임금. 태조의 아들로서 어머니는 신명왕후 유씨(神明王后劉氏)이며, 정종의 선위를 받아 즉위하였다. 즉위 후 호족세력의 약화와 왕권강화를 위한 여러가지 개혁을 하였다. 그 결과 956년 노비안검법을 실시하여 호족들의 기반을 제한하였고 958년 후주의 귀화인 쌍기(雙冀)의 건의를 받아들여 과거제도를 실시하여 새로운 인재를 등용할 수 있는 계기를 마련하였고 960년 백관의 공복제정(公服制定)을 통해 왕을 정점으로 한 일원적인 위계질서를 확립하였다. 이 해 칭제건원(稱帝建元)을 하고 개경을 황도(皇都)라고 칭하면서 왕권확립에 대한 자신감을 표현하였다. 또한 시위군을 강화하면서 순군부(徇軍部)를 군부(軍部)로, 내군(內軍)을 장위부(掌衛部)로 고치는 일련의 군사제도 개혁으로 무력을 장악하였다. 종교적으로는 화엄종 승려인 균여(均如)의 성상융회(性相融會) 사상을 전제정치의 이념으로 삼아 화엄종의 입장에서 법상종과 융합하려고 시도하였다.

▶ 광종 헌릉

광주학생항일운동(光州學生抗日運動)

1929년 11월 전라남도 광주에서 민족차별 및 식민지 노예교육 등에 반대하여 일어난 항일학생운동. 광주학생항일운동의 발단은 광주에서 나주로 가는 통학열차 안에서 일어난 광주중학의 일본인 남학생들과 광주고보의 한국인 남학생들 사이의 충돌이었다. 1929년 10월 30일 오후 광주를 떠난 열차가 나주

에 도착했을 때, 일본인 남학생들이 한국인 여학생들을 괴롭히는 것을 참지 못한 한국인 남학생들이 일본인 남학생들과 싸움을 벌인 것이다. 이때 일본순사들은 일방적으로 일본인 학생을 편들고 한국인 학생들을 구타하였다. 열차 안에서의 충돌은 11월 3일 광주중학의 일본인 학생들과 광주고보의 한국인 학생간에 대

▶ 광주 학생운동의 단초가 된 두 여학생

규모 집단 충돌로 발전했으며, 한국인 학생들은 이 사건을 편파적으로 보도한 일본어 신문 광주일보를 습격, 독립만세를 외쳤다. 11월 12일에는 광주지역의 한국인 학생들이 일제히 시위에 돌입하여 "검거학생 탈환, 언론·출판·집회·결사의 자유 획득, 한국인 본위의 교육제도 확립, 식민지 노예교육제도 철폐" 등을 요구하였다. 학생들은 학생투쟁본부를 설치하고 신간회·근우회 등 사회단체 등과 연계를 맺으며 광주의 투쟁을 전국적인 항일운동으로 전환시키기 위해 노력했다. 그 결과 전국 각지의 학교들이 이에 호응, 시위나 동맹휴학운동을 전개했다. 전국적으로 190여 개교에 54,000여 명이 시위에 참여하였으며, 이 중 580여 명이 퇴학과 함께 실형을 언도받았다. 광주학생항일운동은 3·1운동 이후 학생들이 중심이 되어 일으킨 전국적인 규모의 학생항일운동이었다.

광혜원(廣惠院)

1885년(고종 22) 미국인 선교사 알렌(H.N.Allen)이 설립한 우리나라 최초의 서양식 의료기관. 1885년 2월 종래의 혜민원과 활인원을 혁파하고 그 재원으로 한성의 재동에 설립하였으며, 3월 제중원(濟衆院)으로 개칭되었다. 알렌이 의료사무를 관장하였고, 필요한 약품과 의료기기는 조선정부에서 지원을 받았으며, 학생들을 선발하여 서양의학에 대한 교육을 실시하였다.

교관겸수(敎觀兼修) → 의천(義天)

교정도감(敎定都監)

고려시대 무신집권기 최고권력기관. 1209년(희종 5) 최충헌이 반대파를 제거하기 위해 영은관(迎恩館)에 임시로 설치한 것이나, 후에 최씨정권은 이를 중심으로 정국을 장악하였다. 각종 국가서무를 관장하고 정령(政令)을 내렸으며 관리들의 비위를 규찰하거나 공물과 조세에 대한 사무와 인사행정까지 담당하여 국정을 총괄하는 최고권력기관이 되었다. 최씨정권이 몰락 후에도 계속 존속하였다가 1270년(원종 11)에 무인집정인 임유무(林惟茂)가 살해되면서 폐

지되었다. 관청의 수장인 교정별감(敎定別監)은 형식적으로 왕이 임명했으나 실제는 무인집권자가 스스로 계승하였다. ⑧ 교정소(敎定所)

교정별감(敎定別監) → 교정도감(敎定都監)

교정청(校正廳)

1894년(고종 31)에 내정개혁에 관한 정책입안을 위해 임시로 설치된 관청. 1894년 일본은 조선의 내정간섭을 위해 5개조로 된 내정개혁안을 제시하고 이의 시행을 강요하였고, 이에 조선정부에서는 독자적인 내정개혁을 추진하기 위해 7월 교정청을 설치하였다. 교정청에서는 궁실(宮室)·군영·관청 등에서 새로 설정한 모든 잡세의 폐지, 공사채를 막론한 족징의 폐지 등 12개조의 개혁안을 심의 결정하였다. 동월 일본군의 경복궁 점령으로 김홍집내각이 수립되면서 그 기능이 군국기무처(軍國機務處)로 이관·폐지되었다.

교조신원운동(敎祖伸寃運動)

동학교조 최제우가 참형된 후 동학교도들이 그의 신원(伸寃)을 위해 벌인 종교운동. 1871년(고종 8)부터 1893년까지 5차례에 걸쳐 전개되었다. 1864년 최제우가 처형당한 뒤 정부의 탄압으로 동학은 큰 타격을 받았으나, 제2대 교주 최시형의 노력으로 1870년대에 들어오면서 전라도·충청도를 중심으로 교세가 크게 확장되었다. 1871년에는 이필제(李弼濟)가 경상도 영해·문경 등지의 동학교도들을 선동하여 교조신원을 내걸고 봉기하였다가 진압되었다(제1차교조신원운동). 그 뒤 1892년 10월 서병학(徐丙鶴) 등이 동학교도들을 모아 공주에서 집회를 열고 교조신원과 동학교도에 대한 탄압 금지를 요구하다가 충청감사의 해산명령을 받고 자진 해산함으로써 교조신원이 실패하였다(제2차교조신원운동). 최시형은 서병학과는 별도로 동학교도들에게 통문을 돌려 교조신원을 위해 전라도 삼례역에 모일 것을 지시하였다. 11월 1일 삼례집회에 모인 동학도들이 전라감사에게 교조신원과 동학의 공인 및 동학교도들에 대한 탄압 중지를 요구하자, 전라감사는 동학교도에 대한 탄압 중지를 약속하고 해산할 것을 종용하였으며, 동학교도들은 자진 해산하였다(제3차교조신원운동). 그러나 약속한 탄압금지령이 제대로 시행되지 않자 동학지도부는 1893년 초 보은에서 집회를 갖고 서울로 올라가 국왕에게 직접 복합상소(伏閤上疏)를 벌이기로 결의하고, 2월 11일부터 박광호(朴光浩)를 소두로 서병학·손병희 등이 광화문 앞에 엎드려 3일 밤낮동안 교조신원을 호소하였다. 그러나 정부에서 동학에 대한 강경탄압책을 결정하여, 동학교도들을 강제 해산케 하고 지방관들에게 동학교도에 대한 강력한 단속을 지시함으로써, 교조신원은 실패하고 말았다(제4차교조신원운동). 최시형 등은 재차 동학교도들에게 동문을 보내 보은에 모일 것을 지시, 5월 5일 2만여 명의 동학교도들이 보은에 집결하였다. 이때 호남에서 올라온 동학교도들은 기존에 전개한 단순한 교조신원운동을 뛰어 넘어 '척왜양창의(斥倭洋倡義)'의 정치적 기치를 내걸었다. 정부에서는 양호선무사 어윤중을 급파하여 동학교도들을 효유케 하는 동시에 경군을 파견하여 진압케 하였다. 최시형 등 동학지도부는 선무사의 효유를 받아들여 동학교도들에게 해산을 명하였고 교조신원운동은 실패로 끝나고 말았다(제5차교조신원운동).

구미위원부(歐美委員部)

1919년 이승만이 미국 워싱턴에 설립한 외교담당기관. 1919년 9월 대한민국임시정부가 수립되면서 이승만이 대통령으로 선임되자 서재필의 외교통신부와 프랑스 파리에서 대유럽 외교활동을 전개하던 파리위원부를 통합하여 구미위원부를 설립하였다. 처음에는 미국 행정부의 냉담한 반응으로 성과를 거둘 수 없었으나, 영문월간지 《한국평론(Korea Review)》을 발행하여 일제의 한국침략과 한국의 입장을 미국에 호소하는 등 한국의 독립문제를 세계에 여론화하였다. 1925년 4월 대한민국임시정부에 의해 구미위원부의 폐지가 결정되었으나 이승만에 의해 그대로 존속되다가 1928년 재정난으로 폐지되었다.

🔁 이승만

구산(九山) → 선종구산문(禪宗九山門)

구서당(九誓幢)

신라가 삼국을 통일하면서 전국민을 대상으로 조직한 9개의 군사조직. 서당에 편성된 구성원을 보면, 녹금서당(綠衿誓幢)·자금서당(紫衿誓幢)·비금서당(緋衿誓幢)은 신라인으로, 황금서당(黃衿誓幢)은 고구려인으로, 백금서당(白衿誓幢)·청금서당(靑衿誓幢)은 백제인으로, 벽금서당(碧衿誓幢)·적금서당(赤衿誓幢)은 보덕국인으로, 흑금서당(黑衿誓幢)은 말갈인으로 편성되었다. 통일 후 확대된 영토의 모든 인민들을 일원적으로 편제하고자 한 신라의 통일정책의 일환이었다. 명칭이 '서당(誓幢)'이었던 데에서, 명분상 국왕에게 충성을 맹세한 당대의 핵심군단이었음을 알 수 있다.

구운몽(九雲夢)

조선 후기 김만중(金萬重)이 지은 고대소설. 저자가 1687년(숙종 13) 9월부터 이듬해 11월 사이 선천(宣川) 유배지에서 지은 것으로, 한문본과 한글본이 모두 전한다. 내용을 보면, 주인공 육관대사(六觀大師)의 제자 성진(性眞)이, 8선녀를 희롱한 죄로 양소유(楊少游)라는 이름으로 인간세상에 유배되어 태어

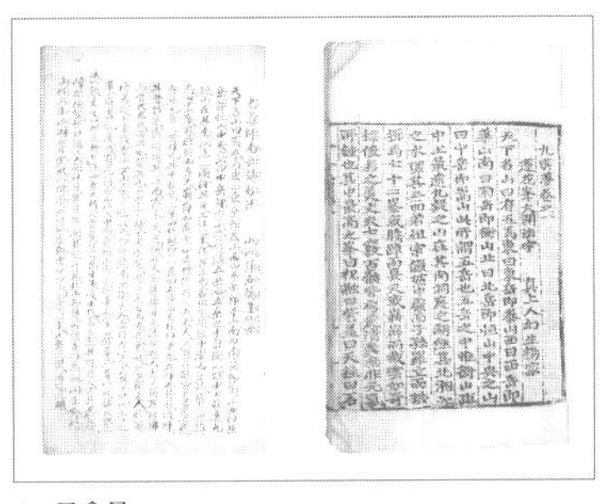

▶ 구운몽

나는 것으로 시작한다. 그는 어린나이에 등과하여 하북의 삼진과 토번의 난을 평정하였고, 그 공으로 승상이 되어 위국공에 책봉되고 부마가 되었다. 그 동안 그는 8선녀의 후신인 8명의 여자들과 차례로 만나 아내로 삼고 영화롭게 살다가 만년에 인생무상을 느끼게 되고, 호승(胡僧)의 설법을 듣고 크게 깨달아 8선녀와 함께 불문(佛門)에 귀의하는 것으로 끝맺는다. 양소유의 일생은 군사적 활동이 큰 비중을 차지하지는 않으나, 영웅 일생의 전형적인 모습을 지니고 있다. 작품의 주제는 성진의 선불계(仙佛界)와 양소유가 택한 현세(現世)라는 두 세계를 놓고 어느 것을 택할 것인가 하는 문제라고도 하고, 불교적인 깨달음에 핵심이 있다는 견해도 있다. 《구운몽》은 후대 소설에 많은 영향을 끼쳐 《옥루몽》·《옥련몽(玉蓮夢)》 같은 작품도 나왔다.

구월산대(九月山隊)

1920년 황해도 송화군 구월산 일대를 중심으로 결성되어 활동하던 무장독립운동단체. 이명서(李明瑞)·이근영(李根永)·박기수(朴基洙)·주의환(朱義煥)·이지표(李芝杓)·원사현(元士賢)·박지영(朴枝英)·민양기(閔良基)·고두환(高斗煥) 등이 중심이 되어 결성하여 부근의 전지역에서 활동하였다. 독립운동을 방해하는 자 또는 일제의 앞잡이 노릇을 하는 밀정(密偵)을 응징하고 색출하는 등 유격전(遊擊戰)을 전개하였다. 그 뒤 신천(信川) 경찰서에 밀고되어 대장 이하 대원 6명 전사, 3명 부상, 20여 명이 체포되었다.

구재학당(九齋學堂)

(1) 고려시대 최충(崔冲)이 후진교육을 위해 설립한 사숙(私塾). 최충이 여러 차례 과거시험관인 지공거(知貢擧)를 역임한 관계로, 학당을 개설하자 특히 과거에 응시하려는 많은 학생들이 몰려들었다. 학생이 많아 반(班)을 악성(樂聖)·대중(大中)·성명(誠明)·경업(敬業)·조도(造道)·솔성(率性)·진덕(進德)·대화(大和)·대빙(待聘) 등 9재로 나누었다. 학과는 대개 오경(五經)과 삼사(三史)를 중심으로 하고 시부사장(詩賦詞章)을 더하였다. 구재학당 설립을 계기로, 사숙이 많이 늘어 사학십이도가 성립되기에 이르렀다.

◐ 최충·사학십이도 ⑧ 문헌공도(文憲公徒), 시중최공도(侍中崔公徒)

(2) 조선시대 성균관의 아홉 개의 특별강좌. 1466년(세조 12) 성균관에 사서오경(四書五經)의 아홉 개 경전을 대상으로 전문강좌를 개설하였는데, 대학·

논어·맹자·중용·예기·춘추·시경·서경·역경 등이 그것이다. 대학에서 시작하여 주역에 이르기까지 강좌를 설치하고 단계적으로 올라가도록 되었다. ○ 성균관

구주(九州)

삼국통일 후 확대된 영역을 효과적으로 통제하기 위해 새롭게 정비된 지방조직. 685년(신문왕 5)에 전국을 9주·5소경으로 나누었고, 757년(경덕왕 16)에 전국의 주·군·현을 중국식으로 개칭하였다. 이때 설치된 구주는 신라와, 구백제국계, 구고구려 남쪽 경계에 각각 3주씩을 두어 9주로 완성하였다고 하지만, 실제로는 통일 전 신라의 5주를 바탕으로 백제와 가야지역에 4주를 설치하여 9주를 만들고 새로 편입된 고구려의 옛땅 남부지역을 북방의 주에 포함시킨 것이었다. 주의 장관은 총관(總管 : 都督)이며 주 밑에는 군·현을 설치하였다. ○ 오소경

국문연구소(國文研究所)

1907년 7월 설치된 한글연구기관. 1907년 7월 국문의 원리 및 연혁과 행용(行用) 및 장래 발전 등의 방법을 연구하기 위해 학부 안에 설립되었다. 위원장에 윤치오(尹致旿), 위원에 장헌식(張憲植)·이능화(李能和)·주시경·지석영 등이 선임되었다. 1907년 9월 제1회 회의에서 〈국문연구소규칙〉을 제정한 이래 모두 23회의 회의를 열었으며, 1909년 12월 28일자로 최종 보고서인 〈국문연구의정안(國文研究議定案)〉을 정부에 보고하였다. 〈국문연구의정안〉은 위원들의 협동적 노력의 소산으로 근대 한글연구의 총결산이라 할 수 있다. 그러나 이 의정안은 공포되지 못하였다.

국민부(國民府)

1929년 4월 만주 지린성(吉林省)에서 조직된 독립운동단체. 1929년 4월 삼부통합운동이 실패하자 정의부를 중심으로 신민부의 민정파 및 참의부의 일부 세력이 연합하여 조직하였다. 중앙집행위원장에 현익철(玄益哲), 민사위원장에 김이대(金履大), 외교위원장에 최동오(崔東旿), 군사위원장에 이웅(李雄) 등이 선임되었다. 그리고 소속독립군을 이웅 사령관의 지휘하에 8개 중대와 중앙호위대로 편성하였다. 1929년 9월 제1차중앙의회를 개최하여 국민부는 재만 조선인의 자치기관으로서 자치행정만을 담당하기로 하고 혁명사업은 유일당인 민족유일당조직동맹이 수행할 것을 결의하였다. 12월 유일당으로써 조선혁명당을 결성하고, 소속독립군을 조선혁명군으로 개편하였다. 이로써 국민부는 조선혁명당의 정치적 지도 아래 자치행정을 담당하는 행정부로서의 성격을 가지게 되었다. 국민부에서는 1929년 11월 부설기관으로 남만학원(南

滿學院)을 설립하여 교육활동을 통한 항일민족의식 고취와 독립군 간부양성
에 주력하였으며, 1930년 4월 기관지 《조선혁명》을 창간하여 국민부 및 조선
혁명당의 활동상황을 재만동포들에게 선전하였다. 또한 국민부에서는 산업활
동을 통해 중국인 지주들로부터 재만동포들의 경작권옹호와 소작조건의 개선
을 위해 노력하였다. 1934년 11월 조선혁명군을 중심으로 국민부·조선혁명
당이 통합하여 조선혁명군정부로 개편됨으로써 발전적으로 해체되었다.

국보(國寶)

보물급 문화재 중에서 '문화재보호법'에 의하여 지정되고 보호, 관리되는 특
히 가치가 큰 국가적 문화재. 우리나라에서는 '문화재보호법'에 의거하여 유
형문화재들 중에서 가치있는 것을 보물로 지정하며, 그 중에서도 인류문화
차원에서 가치있고 유례가 드문 것을 문화재위원회의 심의를 거쳐 문화체육
부장관이 국보로 지정, 국가적 차원에서 지정, 보호하고 있다. 국보로 지정하
는 기준은, ① 보물에 해당하는 문화재 중 특히 역사적, 학술적, 예술적 가치
가 큰 것, ② 보물에 해당하는 문화재 중 제작연대가 오래되고 특히 그 시대
에 대표적인 것, ③ 보물에 해당하는 문화재 중 제작의장이나 제작기술이 특
히 우수하여 그 유례가 적은 것, ④ 보물에 해당하는 문화재 중 형태, 품질,
제재, 용도가 현저히 특이한 것, ⑤ 보물에 해당하는 문화재 중 특히 저명한
인물과 관련이 깊거나 그가 제작한 것 등이다. 국보의 지정번호는 지정순서
에 따라 정해지는 것이며, 가치의 우열을 나타낸 것이 아니다.

국사(國史) → 거칠부(居柒夫)

국선생전(麴先生傳)

고려 후기 이규보(李奎報)가 술을 의인화한 작품. 술을 의인화해 선생이라고
까지 일컬었고 국성(麴聖)이라고까지 칭송하였다. 국성은 막힌 것을 열어주
고, 굳어 있는 것을 풀어주는 데 공적이 있다고 하면서 스스로 그렇게 되기
바라는 인간상을 제시하고 있다.

국순전(麴醇傳)

고려 인종 때 임춘(林椿)이 술을 의인화한 작품. 누구에게나 추앙을 받던 국
순이란 인물이 요행히 벼슬을 얻은 후에는 돈을 거두어들이는 데 급급하여
사람들의 비난을 받다가 갑자기 하루아침에 죽었다는 내용이다. 술을 의인화
한 국순이란 인물을 통해 세상을 경계한 작품이다.

국자감(國子監)

고려시대 유학과 기술교육을 가르치던 교육기관. 건국초 국학을 계승하고, 당나라 제도를 모방하여 성종대에 설치된 국자감은 이후 역대왕들의 뒷받침으로 발전하다가 문종대 이후 사학십이도(私學十二徒)가 설립되면서 그 기능이 축소되었다. 이어 11세기 초 예종은 국자감교육의 정상화를 위해 여(이)택(麗擇)·대빙(待聘)·경덕(經德)·구인(求仁)·복응(服膺)·양정(養正)·강예(講藝) 등 교과 내용별 전문강좌를 설치하였다. 무신란과 몽고침략으로 심대한 타격을 받으면서 명칭도 여러 번 바뀌었으며, 최종적으로 1362년 성균관으로 개칭하여 조선시대까지 그대로 계승되었다. 교과목은 유교경전을 중심으로 책의 분량에 따라 대·중·소경으로 나누어 이수기간을 달리했는데, 《효경》·《논어》를 공통필수, 《주역》·《상서》·《주례》·《예가》·《모시》·《춘추》를 전공과목으로 하고, 산술(算術)과 시무책(時務策)을 익히고, 아울러 《국어》·《설문》·《자림(字林)》·《삼창(三倉)》·《이아(爾雅)》 등을 읽게 하였다.

➔ 성균관·칠재

국조오례의(國朝五禮儀)

조선 전기 왕명으로 신숙주·정척 등이 편찬한 의례서. 국가적 의식인 길례(吉禮)·가례(嘉禮)·빈례(賓禮)·군례(軍禮)·흉례(凶禮) 등 5례에 대해 규정한 의례서로 1474년(성종 5)에 완성되었다. 길례가 권1에 30개조, 권2에 26개조, 가례가 권3에 21개조, 권4에 29개조, 빈례가 권5에 6개조, 군례가 권6에 7개조, 흉례가 권7에 59개조, 권8에 32개조로 구성되었다. 왕실을 중심으로 한 국가의 기본의례를 규정한 것으로, 이후 조선시대 의례의 표준이 되었으며, 이것을 기본으로 《국조오례의서례》·《국조속오례의》 등이 편찬되었다.

국채보상기성회(國債報償期成會) → 국채보상운동(國債報償運動)

국채보상운동(國債報償運動)

1907년에서 1908년 사이에 국권회복운동의 일환으로 일본의 국채를 국민들의 모금을 통해 갚자고 전개된 민족경제자립운동. 1905년 〈을사조약〉이 체결된 이후 1907년까지 한국의 근대화란 명목하에 일본으로부터 들여온 차관이 총 1천3백만 원에 달하게 되어 정부의

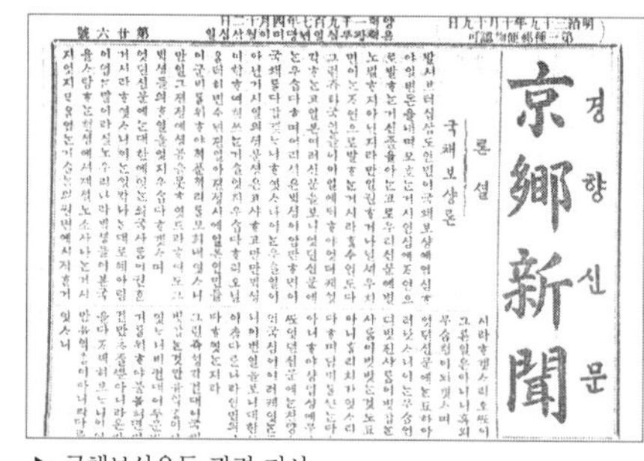

▶ 국채보상운동 관련 기사

힘만으로는 외채상환이 불가능한 상태에 이르게 되었다. 이에 전 국민이 힘을 모아 국채를 상환하여 일본에 대한 경제적 종속을 청산하고 주권을 회복하자는 이른바 국채보상운동이 일어나게 되었다. 1907년 1월 대구에서 대동광문회(大東廣文會)의 김광제(金光濟)·서상돈(徐相敦) 등이 금연을 통한 국채보상운동을 전개할 것을 결의한 뒤, 2월 21일자 대한매일신보에 '2천만 인민들이 3개월 동안 흡연을 폐지하고 그 대금으로 매인에게서 매월 20전씩을 거두어 국채를 갚아 국가의 위기를 구하자'는 국채보상취지서를 발표하였다. 이들은 단연회(斷煙會)를 설립하여 직접 모금운동에 나섰으며, 국채보상금 모금을 위한 국민대회를 개최하였다. 그 뒤 국채보상운동의 취지가 황성신문·대한매일신보 등을 통해 전국적으로 알려지자 각계각층에서 국채보상운동에 적극적으로 참여하게 되었다. 서울에서는 2월 22일 김성희(金成喜)·유문상(劉文相) 등이 국채보상기성회를 설립하고 국채보상운동을 위한 취지를 발표하였으며, 국채보상금 모금을 위해 수전소(收錢所)를 설치하고 본격적인 모금운동을 벌였다. 그 뒤 전국적으로 '국채보상'이라는 이름을 붙인 각종 단체들이 조직되어 국채보상을 위한 계몽활동과 직접적인 모금운동을 실시하는 등 활발한 국채보상운동이 전개되었다. 이 운동은 1907년 4월부터 1908년 7월까지 활발히 진행되어 총 187,842원 78전이 모금되었다. 그러나 이 운동을 국권회복운동으로 규정한 일제의 탄압과 운동주체 역량의 취약성 등으로 인해 점차 쇠퇴하였다.

국학(國學)

(1) 신라 신문왕대에 설치된 교육기관. 682년(신문왕 2)에 설치되었다고 하며, 이후 관제가 정비되어 경(卿)·박사(博士)·조교(助敎)·대사(大舍)·사(史) 등의 관원을 두었다. 경덕왕 때 태학감(大學監)으로 개칭되었다가 776년(혜공왕 12)에 다시 국학으로 환원되었다. 교과를 3과(科)로 나누어 박사와 조교가 교육을 담당하였는데, 이때 교과 내용은 《논어》·《효경》을 공통과목으로 하고 각각 《예기》·《주역》·《좌전》·《모시(毛詩)》 및 《상서(尚書)》·《문선(文選)》 등을 전공과목으로 하였다. 후에 국학의 기능이 약화되자 이를 강화하기 위해 788년(원성왕 4)에는 독서삼품과(讀書三品科)를 설치하기도 하였다.

○ 독서삼품과

(2) 고려시대의 교육기관. 건국 초에 설치한 교육기관으로, 992년(성종 11)에 국자감으로 개편되었다가 1275년(충렬왕 1) 국학으로 바뀌었다가, 1298년 충선왕이 성균감(成均監)으로 고쳤고, 1308년 성균관이라 하였다. ○ 국자감

군국기무처(軍國機務處)

1894년(고종 31)에 내정개혁을 단행하기 위해 설치한 정책결정기관. 1894년

일본은 조선의 내정을 적극 간섭하고자 동년 6월 일본공사를 통하여 5개조로 된 내정개혁안을 제시하고 이의 시행을 강요하였으나, 조선정부에서는 이를 거부하고 독자적인 내정개혁을 추진하고자 교정청(校正廳)을 설치하였다. 이에 일본은 7월 23일 경복궁을 점령하고 김홍집을 행정수반으로 하는 신정부를 수립하였다. 이러한 가운데 7월 27일 교정청이 폐지되고 내정개혁을 심의·의결하는 정책결정기구로서 군국기무처가 설치되었으며, 총재에 김홍집, 회의원에 박정양·김윤식·이윤용(李允用)·유길준 등이 임명되었다. 군국기무처는 1894년 7월 28일부터 10월 29일까지의 내정개혁을 주도하였으며, 이 기간 중 정치·경제·사회 분야에 걸쳐 약 208건의 개혁안(제1차 갑오개혁)을 심의·의결하였다. 정부의 모든 정무는 군국기무처의 심의를 거쳐야 했기 때문에 왕권이나 정부의 권력보다도 권한이 강력하였다. 동년 12월 폐지되었다. ◐ 갑오개혁

군대해산(軍隊解散)

1907년 일제에 의해 한국군대가 강제 해산된 사건. 헤이그특사사건을 계기로 일제는 고종을 강제 퇴위시키고 〈한일신협약〉을 체결하여 한국의 주권침탈을 가속화하였는데, 이때 일제는 〈한일신협약〉을 체결하면서 부속각서를 체결하여 한국군대의 해산을 결정하였다. 그 결과 1907년 7월 31일 일제는 순종으로 하여금 군대해산에 관한 조칙을 내리게 한 뒤 8월 1일을 기하여 군대해산식을 단행할 계획을 세웠다. 해산식을 위하여 군인들을 훈련원에 집합시켜 무장해제시키자 일부 군인들이 저항하였다. 한편 군대해산 소식을 들은 시위대 제1대대장 박승환(朴昇煥)이 자결하자 군인들이 군대해산에 반발하여 봉기하였고, 제2연대 제2대대도 이에 호응하였다. 이에 놀란 일본은 서둘러 식을 진행시켜 군인들에게 황제가 하사한 은사금을 주고 식을 마쳤다. 서울군대의 해산에 이어 지방의 진위대도 약 1개월 만에 해산되었고 군인들의 무장봉기도 전국적으로 확산되어 무장항일운동이 이후 5년간 계속되었다.

군무도독부(軍務都督府)

1919년 만주에서 결성된 독립운동단체. 1919년 만주 왕칭현(汪淸縣)에서 최진동(崔振東)이 조직하였다. 군무도독부는 1919년 홍범도의 대한독립군과 연합하여 국내진입작전을 전개하였으며, 1920년 대한독립군 및 안무(安武)의 국민회군과 연합사령부를 편성하고 사령관에 최진동, 부관에 안무, 연대장에 홍범도 등을 선임하였다. 이들은 압록강을 건너 함경북도 지역에 주둔하고 있던 일본군을 공격하여 섬멸한 후 추격해오는 일본군을 봉오동에서 다시 섬멸하는 전과를 올렸다. 동년 10월 청산리전투 이후 연해주로 이동하였다가 자유시참변을 겪은 뒤 만주로 돌아와 1923년 고려혁명군에 가담하였다.

군역(軍役)

16세 이상 60세 이하 양인의 남정(男丁)이 국가에 대해 부담하는 신역. 고대에는 국민의 의무로써 군역은 실시되지 않았던 것으로 보이며, 고려시대 목종 때 처음 제도화되어 모든 정(丁)을 대상으로 군역을 부과하였다. 다만 관직자나 공신의 자손과 양반 자제를 비롯해 한인백정(閑人白丁)이나 노비 등은 군역에서 제외되었다. 조선 초기에는 모든 양인을 대상으로 정규군인인 정군(正軍)과 이를 경제적으로 지원하는 봉족(奉足) 또는 보인(保人)으로 정해 군역을 부과하였다. 한편 양반들의 경우에는 특수 병종인 충순위(忠順衛)·충찬위(忠贊衛) 등에 배속됨으로써 군역이 면제되었다. 시간이 경과하면서 대역납포(代役納布) 또는 방군수포(放軍收布) 현상이 만연화되어 제대로 운영되지 않았으며, 심지어 중앙에서는 이러한 현상을 인정하는 조치를 취하기도 하였다. 임진왜란 이후 용병제가 도입되면서 군역은 양역(良役)으로 변화하여 국가재정의 한 부분으로 변화되었으며, 군역에서 제외되었던 노비도 속오군에 편성되어 역을 부담하게 되었다. 다양한 방법으로 피역하는 계층이 증가하면서 부담의 불균형 등이 초래되어 이를 변통하려는 논의들이 17세기 중반 이후 본격적으로 제기되었으며 그 결과 영조대에는 균역법이 제정되어 종래 2필을 징수하던 데서 1필로 축소하였다. 한말 대원군 집정기에는 동포제(洞布制)를 시행하면서 양반들에게도 군역을 담당토록 하였다. ◑ 방군수포

굴식돌방무덤(橫穴式石室墳)

널방벽의 한쪽에 외부로 통하는 출입구를 만든 분묘 형식. 판모양의 돌·깬돌(할석)을 이용하여 널을 안치하는 방을 만들고 널방벽의 한쪽에 외부로 통하는 출입구를 만든 뒤 봉토를 씌운 무덤으로, 옆에서 보면 터널식으로 되어 있어 굴식돌방무덤이라고도 한다. 서기 전후에 고구려가 이 묘제를 제일 먼저 축조하기 시작하였다. 5세기에 들어서서는 백제, 가야, 신라에서도 축조되었고 특히 통일신라기에 유행하였다. 일반적으로 굴식돌방은 그곳을 사람이 살고 있는 공간으로 여겨 널길(선도)과 문이 달리고 사람이 서서 드나들 수 있도록 만든 무덤을 가리킨다. ◑ 돌방무덤(石室墳)

궁내부(宮內府)

갑오개혁 이후 왕실에 관한 제반 사무를 총괄하기 위해 설치된 관청. 1894년(고종 31) 7월 왕실사무를 총괄하는 관청으로 설치되었다. 이때 관원으로 대신·협판·참의·주사·위원을 두었으며, 소속관서로 승선원(承宣院)·경연청(經筵廳)·규장각·통례원(通禮院)·장악원(掌樂院)·내수사(內需司)·사옹원(司饔院)·상의원(尙衣院)·태의원(太醫院)·태복시(太僕寺)·명부사(命婦司)·내시사(內侍司)·시강원(侍講院)·전각사(殿閣司)·회계사 등을 두었다.

1895년 11월 관제를 개정하여 관원으로 대신·협판·참서관·주사·특진관을 두었으며, 소속부서로 궁내대신관방, 소속관서로 장례원·시종원(侍從院)·비서원·경연원·종정원(宗正院)·규장원·귀족원·회계원·전의사(典醫司)·봉상사(奉常司)·전선사(典膳司)·상의사·영선사(營繕司)·내장사(內臟司)·주전사(主殿司)·태복사(太僕司) 등을 두었다. 이후 여러 차례 관제가 전면 또는 부분 개정되었다. 1905년 3월 관제를 재차 전면 개정하여 관원으로 대신·협판·참서관을 두었으며, 소속부서로 궁내대신관방, 소속관서로 시종원·비서감·규장각·홍문관·예식원·종부사(宗簿司)·돈녕사(敦寧司)·태의원·내정사(內廷司)·내장사·경리원·봉상사·전선사·상방사(尙方司)·주전원·영선사·태복사·제실회계심사국(帝室會計審査局)·황태자궁시강원(皇太子宮侍講院)·친왕부 등을 두었다. 1907년 11월 관제를 재차 전면 개정하여 관원으로 대신·차관·비서관·서기관을 두었으며, 소속부서로 궁내대신관방, 소속관서로 시종원·장례원·승녕부(承寧府)·황후궁(皇后宮)·동궁(東宮)·규장각·내장원·전선사·주전원·제실회계감사원(帝室會計監査院) 등을 두었다. 1910년 9월 폐지되었다.

궁예(弓裔)

후삼국기에 후고구려(後高句麗)를 건국한 왕. 재위 901~918. 성은 김씨. 신라 제47대 헌안왕(憲安王) 또는 제48대 경문왕(景文王)의 아들이라 전한다. 어려서 온갖 어려움을 겪다가 십여 세 때에 세달사(世達寺)로 출가하였으며, 이 때 선종(善宗)이라고 하였다. 891년(진성왕 5) 죽주(竹州 : 안성)를 기반으로 한 기훤(箕萱)의 부하가 되었다가 892년 북원(北原 : 원주)의 양길(梁吉)에 투신하여 부장으로 활동하였으며, 895년 명주(溟州 : 강릉)을 점령하면서 병력을 증강시키는 한편 부대체제를 정비하고 장군으로 추대되었다. 895년 철원으로 진출하면서 독자적인 기반으로 확보하였는데, 이 때 미륵불의 하생과 이상세계의 실현을 내세워 누구나 살기 좋은 이상사회를 꿈꾸던 농민들을 대거 끌어들였다. 이후 궁예의 세력은 강원도와 경기도 일대로 확장되었으며, 패서(浿西) 지역 호족들이 대거 귀부하였고, 896년에는 개성의 왕건 가문이 귀부하면서 더욱 세를 확장하였다. 901년에는 고구려를 멸망시킨 신라에 대한 복수를 내걸고 후고구려를 건국하였으며, 송악에 도읍하였다. 이후 궁예는 한강 유역을 차지하고 조령을 넘어 상주 일대까지 그 세력을 확장하였고, 죽령 이남의 영주 일대를 차지해 상당한 영토를 확보하였다. 후고구려의 세력이 확장되면서 그는 위대한 동쪽 나라라는 뜻의 마진으로, 그리고 다시 태봉 등으로 국호를 개칭하였고, 도읍도 송악에서 철원으로 옮겼다. 한편 911년부터 궁예는 미륵불임을 자칭하면서 미륵신앙에 입각한 신정적(神政的)인 성격의 전제주의를 추구하였는데, 그 하나의 예로 미륵관심법(彌勒觀心法)으로 다른 사람의 마음까지 볼 수 있다고 하여 신하들을 통제하였다. 또한, 자신의 두 아들을 청광보살(靑光菩薩)·신광보살(神光菩薩)이라 불렀고, 스스로 20여 권의 불경을 지었다고 한다. 신라에 대해서는 매우 적대적이어서 부석사에 있던 신라왕의 초상화에 칼질을 하거나 신라를 멸도(滅都)라고 부르게 하고 신라로부터 항복해 오는 자들을 모조리 죽였다고 한다. 915년 부인 강씨와 두 아들을 죽이기도 하였던 궁예는 918년 신숭겸(申崇謙)·홍유(洪儒)·복지겸(卜智謙)·배현경(裵玄慶) 등이 왕건을 추대한 정변으로 축출되어 도망가다 평강(平康)에서 백성에게 피살되었다고 한다. 왕건 즉위 후 궁예 정권에서 활동하던 이흔암·환선길과 청주인들의 반란사건이 발생하기도 하였다.

● 태봉

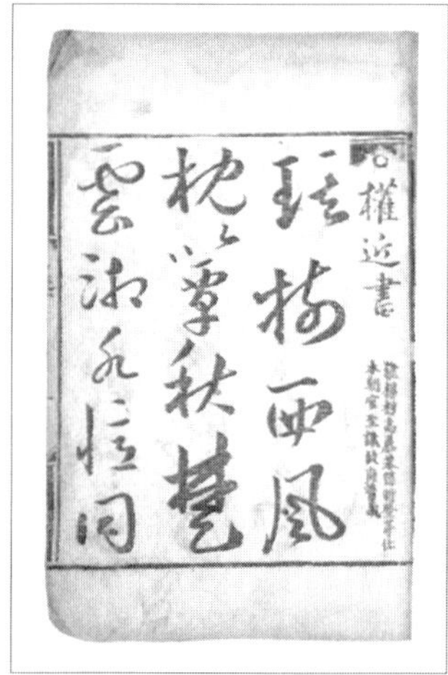

▶ 권근의 글씨

권근(權近)

1352년(공민왕 1)~1409년(태종 9). 초명은 진(晉), 자는 가원(可遠)·사숙(思叔), 호는 양촌(陽村), 시호는 문충(文忠). 본관은 안동. 고려 말·조선 초의 성리학자이자 문신. 검교정승(檢校政丞) 권희(權僖)의 아들로, 이색(李穡)의 문하에서 수업하였다. 1369년(공민왕 18) 문과에 급제한 후 춘추관검열, 성균관직강, 예문관응교 등을 역임하였다. 고려 말 전제개혁이 진행될 당시 스승과 뜻을 같이하여 정도전·조준 등과 갈라섰다. 1389년(창왕 2) 명나라에 사신으로 다녀왔는데 명나라 예부(禮部)의 자문(咨文)을 먼저 뜯어본 것이 문제가 되어 우봉(牛峯)에 유배되었고, 1390년 윤이(尹彝)·이초(李初)의 옥사에 연루되어 청주에 구금되었다가 익주(益州)에 유배되었다. 유배생활 중에 《입학도설(入學圖說)》과 《오경천견록(五經淺見錄)》 등을 저술하여 성리학을 체계적으로 정리하였다. 조선이 개국된 후 재기용되어 예문춘추관학사·대사성·중추원사 등을 역임하였고, 1398년 제1차 왕자의 난으로 정도전이 숙청된 후에는 정당문학·대사헌 등을 지냈고, 사병혁파 등을 주장하였다. 1401년(태종 1) 좌명공신(佐命功臣) 1등으로 봉해졌으며 이후 예문관대제학·대사성·의정부찬성사 등을 역임하면서, 당시의 국가적인 각종 편찬사업에 참여하여 《동국사략(東國史略)》 등을 편찬하였다.

⊕ 묘소는 충청북도 음성군 생극면에 소재함

권문해(權文海)

1534년(중종 29)~1591년(선조 24). 자는 호원(灝元), 호는 초간(草澗). 본관은 예천. 조선 전기 《대동운부군옥(大東韻府群玉)》을 편찬한 문신. 1560년(명종 15) 과거에 급제한 후, 공조정랑·정언·안동부사 등을 거쳐 좌부승지를 역임하였다. 1557년 이황의 문하에 들어가 학문을 배웠고, 유성룡·김성일(金誠一) 등과 친교를 맺었다. 그는 역사에 밝아 우리나라와 중국의 옛 책들을 두루 참고하여 백과사전인 《대동운부군옥》을 편찬하였는데, 이 책은 우리나라의 역사·인물·지리·문학·예술 등에 관한 내용을 운(韻)에 따라 배열하여 놓은 것이다. 한편 그는 사림들의 분열과 붕당의 폐해를 지적하기도 하였다. 저서로 《초간집》이 있다. ● 대동운부군옥

권율(權慄)

1537년(중종 32)~1599년(선조 32). 호는 만취당, 본관은 안동. 임진왜란 때 활약한 장군. 1582년(선조 15) 문과에 급제하여 벼슬길에 올라 의주목사 등을 지냈다. 1592년(선조 25년) 임진왜란이 일어나자 금산군 이치에서 왜군의 정예부대를 대파하여 전라도 순찰사로 승진하였고, 수원의 독산산성에서 유격전으로 적의 대군을 물리쳤다. 1593년(선조 26) 2월에 행주산성에서 2800명의 병력으로 3만의 왜군을 맞아 싸워 크게 이겼다. 이것이 유명한 행주대첩인데, 임진왜란 3대첩 중의 하나이다. 권율은 행주대첩의 공으로 도원수에 올랐으며, 정유재란 때에도 활약하였으나 명나라 장수들의 비협조로 실패하였다. 임진왜란이 끝난 직후인 1599년 노환으로 사망했다. 이순신, 원균과 함께 선무공신 1등에 추봉되었다. ● 행주대첩

▶ 권율

귀주대첩(龜州大捷)

1019년(현종 10) 강감찬이 귀주(龜州)에서 소배압(蕭排押)이 이끄는 거란군을 크게 물리친 전투. 1018년 12월 소배압이 이끄는 10만 거란군이 강동육주의 탈환을 목적으로 고려에 제3차 침입을 감행하자, 고려는 강감찬을 상원수로 삼아 이에 대응하였다. 거란군은 흥화진(興化鎭 : 의주) 등지에서 패하는 속에서도 고려의 수도 개경 백리 밖 신은현(新恩縣 : 신계)까지 진군하였으나 개경을 함락시키지 못한 채 철군하였다. 철군 도중 거란군은 연주(漣州 : 개천) 등지에서 패하고 퇴각하다가 다시 귀주에서 대패하였다. 이때 살아돌아간

거란군은 수천 명에 불과하였다. 이 전투로 거란의 제3차 침입이 종결되었다.
● 강감찬

규장각(奎章閣)

조선시대 궁중도서관의 하나. 1694년(숙종 20)에 여러 임금의 글과 글씨를
모아두기 위하여 종정시(宗正寺)에다 환장각(煥章閣)이라는 작은 건물을 짓
고, 숙종이 쓴 '규장각'이라는 편액을 건 일은 있으나 도서관의 구실은 하지
못하였다. 1776년(정조 즉위년) 정조가 영조의 어제를 보관하기 위하여 봉안
각(奉安閣)을 짓고 그 이름을 규장각이라고 하였으며, 1777년에는 교서관(校
書館)을 규장각의 외각(外閣)으로 하였다. 1781년 6월 장서목록인 《규장총목
(奎章總目)》이 완성되었고, 1782년 규장외각(奎章外閣)이 강화에 있는 강도행
궁에 완공되었다. 규장각에는 제학(提學)·직제학(直提學)·직각(直閣)·대교
(待敎)·검서관(檢書官) 등의 관원을 두었다. 규장각에서는 어정서(御定書)뿐
만 아니라 각종 서적들을 편찬하였으며, 주자소(鑄字所)를 두어 활자를 만들
고 그 활자로 각종 서적을 직접 인쇄하였다. 1894년(고종 31) 궁내부 관하의

▶ 규장각

규장각으로 개편되었다가 1895년 규
장원(奎章院)으로, 1897년 다시 규장
각으로 개편되었다가 1910년 폐지되
었으며, 규장각에 보관 중이던 장서
들은 이왕직(李王職) 서무계 도서주
임이 관리하였다. 이후 규장각 도서
는 조선총독부, 경성제국대학부속도
서관 등으로 이관되었다가, 광복 후
이 장서들은 서울대학교 도서관에서
'규장각도서'로 관리하였다. 1975년
서울대학교 도서관 규장각도서관리
실로 개편되었다가, 1990년 서울대
학교 규장각이라는 독립기구로 개편
되었다.

균여(均如)

923년(태조 6)~973년(광종 24). 성은 변씨(邊氏). 본관은 황주. 고려시대의
승려. 환성(煥性)의 아들이며 어머니는 점명(占命)이다. 그의 집안은 황주의
토호였으며, 불교와 밀접한 관련을 갖고 있어 누이인 수명(秀明) 역시 승려가
되었다. 어려서 아버지를 여의고 15세에 복흥사(復興寺)의 식현화상(識賢和
尙)에게 출가하였다. 그 뒤 영통사(靈通寺)의 의순(義順)에게서 수학하였는데,

이때 의순을 통해 광종의 비인 대목왕후(大穆王后)와 연결되었다. 953년(광종 4)에 후주(後周)의 사신이 도착하여 광종을 책봉하려는 의례를 행하려 했는데, 비가 내리자 기청제를 주관하였으며, 이를 계기로 균여는 광종과 연결되었다. 균여는 법왕사(法王寺) 등에서 《화엄교분기(華嚴敎分記)》를 강론하였다. 963년에 귀법사(歸法寺)가 창건되자 균여는 광종의 청에 의해 그곳의 주지로 있으면서 왕명을 받아 향화(香火)를 받들며 불법을 널리 보급하는 데 주력하였다. 균여의 저술로 《수현방궤기(搜玄方軌記)》 10권, 《공목장기(孔目章記)》 8권 등이 있으며, 향가인 〈보현원가(普賢願歌)〉 11수 등이 있다. 균여의 화엄사상은 성상융회(性相融會)로 특징지어지며, 의상의 원교적 화엄교학(圓敎的華嚴敎學)을 계승하여 법장(法藏)의 사상까지 융합하려는 강력한 통합사상을 성립시켰다. 그의 전기로는 1075년(문종 29)에 혁련정(赫連挺)이 편찬한 《대화엄수좌원통양중대사균여전(大華嚴首座圓洞兩重大師均如傳)》이 현전한다.

균역법(均役法)

조선 후기 양역 변통의 일환으로 마련된 제도. 조선 전기 군역은 병농일치(兵農一致)의 원칙에 따라 중앙에 번상(番上)하거나 지방의 진관체제하에서 입역(立役)하는 것이 원칙이었다. 16세기 이후에 이르러 번상시 어려움 등으로 다른 사람에게 대가를 지급하여 대신 번상케 하는 대립제(代立制)가 성행하더니 중종대에 이르러서는 국가에서도 번상을 면제해주고 대신 포를 납부하도록 하는 대역납포(代役納布)가 관행화되었다. 그런데 군포의 징수가 체계없이 행해져 양인들이 부담해야 할 군포액이 점차 증가되었고, 군포의 수납과정에서 수령·아전들의 농간으로 인징·족징·황구첨정·백골징포 등의 폐단이 자행됨으로써 많은 양인들이 파산하거나 유망했다. 폐단을 시정하고자 양역변통론(良役變通論)이 제기되는 가운데, 1750년(영조 26) 균역법을 실시하여 군포의 부담을 1필로 줄이고, 부족한 수입을 위해 선무군관포(選武軍官布)·결작(結作)·어세·염세 등을 징수하였다. 균역법은 양역의 폐단을 근본적으로 해결한 것은 아니었으나, 잠시나마 양인들의 부담을 경감시켰다. 19세기 세도정치가 시작되면서 정치기강이 극도로 문란해져 결작의 부담이 소작농민에게 돌아가고 정부는 재정궁핍을 타개하기 위해 군액수를 마구 늘리면서 다시 각종 폐단이 나타났다. 균역법은 동요하고 있던 농촌사회를 임기응변으로 진정시켜 지배체제를 계속 유지하기 위한 미봉적 조처였기에 그 한계는 삼정의 문란으로 여실히 드러났다. 균역법은 피역자 가운데 일부를 선무군관으로 흡수하려고 하였으며, 결작의 신설로 종래 노동력인 인정(人丁)을 단위로 한 과세 기준에서 생산력을 가진 토지로 전환하는 등 합리적인 요소를 내포하고 있기도 하였다.

㉘ 결작(結作) : 조선 후기 균역법 제정시 부족한 재정을 보충하기 위하여 토지에 부과

해 징수하던 미곡이나 화폐이다. 처음에는 함경도와 평안도를 제외한 전국의 토지를 해안과 산간지역으로 나누고, 해안지역은 토지 1결당 미곡 2두를 징수하여 이를 결미(結米)라고 하였으며, 산간지역은 토지 1결당 5전(錢)씩을 징수하여 이를 결전(結錢)이라 하여 지주들에게 징수하였다. 이후 해안과 산간지역 구분없이 모두 화폐로 징수하였는데, 이러한 결작은 시간이 경과하면서 소작농민들에게 전가되었다.

균전론(均田論)

조선시대 토지를 균등하게 배분하자는 토지개혁논의. 균전론은 1421년(세종 3) 유정현(柳廷顯)에 의해 주장된 이후 성현(成俔) · 신용개(申用漑) 등에 의해 계속 거론되었으나 크게 주목받지 못하였다. 조선 후기에 토지에서 이탈하여 유리하는 농민들이 증가되면서 이에 대한 해결방안으로 실학자들에 의해 균전론이 다시 제기되었다. 그 대표적인 인물이 유형원으로 그는 토지제도 개혁의 이념을 중국 고대의 정전법(井田法)에서 찾고 국가가 완전한 소유권을 행사하는 토지국유를 전제로 균전론을 주장하였다. 즉, 모든 백성들에게 토지를 균등하게 분배하되 사대부에게는 품계에 따라 최고 12경(頃)에서 최하 2경의 토지를, 농민에게는 1인 1경을 분급한다는 것이다. 1경은 약 40두락(斗落)으로서 농민들이 생활할 수 있는 최소한의 면적이라는 것이다. 이의 시행을 위해서는 종래 토지면적을 기준으로 한 결부법(結負法)을 폐지하고 수확량을 기준으로 한 경무법(頃畝法)의 실시를 전제로 하였다. 한편 토지를 분급할 때 일반농민은 20세 이상, 사대부는 15세부터 분배하고, 여자는 원칙적으로 토지를 받지 못하도록 하였으며, 토지를 받은 자가 죽거나 이사하였을 때에는 지체없이 관청에 보고하여 다시 분급받도록 하였다. 유형원의 균전론은 농민의 최저생계를 보장하기 위한 개혁론이었다. 한편 19세기 전반에 정약용은 균전론이 호구수를 조사하여 토지를 분배하여야 하는 제도로 호구의 증감이 일정하지 않아 이를 해마다 정확하게 조사하여 균등하게 분배하기가 어렵고, 또 농지의 비척(肥瘠)에도 차이가 있어 실시가 불가능하다고 비판하였다.

❍ 유형원

근우회(槿友會)

1927년 5월 조직된 여성운동단체. 신간회가 조직된 직후인 1927년 4월 김활란(金活蘭) · 유각경(俞珏卿) · 주세죽(朱世竹) · 허정숙(許貞淑) · 최은희(崔恩喜) 등 기독교계 및 사회주의계 여성운동 지도급 인물들이 주축이 되어 발기인회를 구성하고, 5월 27일 창립총회를 개최하여 출범하였다. 강령으로 '조선여성의 굳은 단결, 조선여성의 지위향상'을 내걸었으며, 여성운동의 목표는 '민족적 처지의 탈피와 봉건유제 타파'라고 하였다. 전국에 70여 개 지회를 두고 도쿄 · 간도에까지 조직을 확대했으며, 기관지 《근우》를 발간했다.

1929년에는 '교육의 성차별 철폐 및 보통교육 확장, 여성에 대한 봉건적·사회적·법률적인 일체의 차별 철폐, 조혼폐지 및 결혼·이혼의 자유' 등을 행동강령으로 채택하였다. 그러나 1930년 이른바 근우회사건(여학생 만세시위 지도사건)으로 다수의 사회주의계 간부들이 검거되고, 기독교계가 근우회의 주류를 이루게 됨에 따라 여성해방을 계급해방·민족해방과 결합시키려는 노선에서 이탈, 체제 내에서의 여권확대를 주장하는 경향성이 강화되었다. 이러한 가운데 신간회의 해소운동과 함께 근우회에서도 해소론이 대두하여 1931년 해소되었다.

근초고왕(近肖古王)

?~375년. 재위 346~375. 백제 제13대왕. 《진서(晉書)》에는 여구(餘句)로 나오며, 일본측의 《고사기(古事記)》에는 조고왕(照古王), 《일본서기(日本書紀)》에는 초고왕(肖古王) 등으로 나온다. 제11대 비류왕의 둘째아들로 진씨(眞氏)를 왕비로 맞아들이고, 347년에는 진정(眞淨)을 조정좌평(朝廷佐平)에 임명하는 등 진씨세력의 뒷받침을 받아 왕권을 강화하였으며, 지방관을 파견하여 지방 통치조직을 정비하였다. 대외적으로 369년 고구려 고국원왕의 치양성 침입을 격퇴하고 371년에도 고구려의 침입을 패하(浿河 : 예성강)에서 물리친 다음 같은 해 10월 태자와 함께 군사 3만을 거느리고 고구려의 평양성을 공략하여 고국원왕을 전사시키는 대승을 거두었다. 또한 재위시에는 영산강유역의 마한 잔여세력을 평정하고, 가야지역으로 진출하였으며, 366년부터 왜(倭)와 교섭을 개시하여 칠지도(七支刀)를 하사하는 등 영향력을 확대하였다. 근초고왕은 이러한 국력을 바탕으로 366년 신라에 사신을 파견하여 우호관계를 유지하는 한편, 372년 동진에 사신을 파견하여 진동장군 영낙랑태수(鎭東將軍令樂浪太守)를 책봉받아 대외적으로 독자적인 왕조국가로서의 면모를 과시하였다. 그리고 강화된 왕실의 권위를 정당화하고 집권적 지배체제를 이념적으로 뒷받침하기 위해 고흥(高興)으로 하여금 《서기(書記)》를 편찬하도록 하였다.

금강삼매경론(金剛三昧經論)

신라 때 원효가 《금강삼매경》을 주해한 주석서. 《금강삼매경》에 대한 최초의 주석서로, 원효의 또 다른 저술인 《대승기신론소》의 일심(一心)에 관한 사상을 기초로 이를 더욱 확대시킨 것이다. 서분(序分)·정종분(正宗分)·유통분(流通分)의 3부분으로 구성된 이 책에서 원효는 삼매라는 주제를 고답적인 수도상의 정신적 단계와 원리를 설명하는 데 국한하지 않고 인간 현실에서 회복되어야 하는 하나의 마음에 초점을 맞추어 추구하였다. 대승불교 철학의 대표적인 저작이자 한국 불교의 고전으로서 평가되는 책이다.

◐ 대승기신론소·원효

금강전도(金剛全圖)

1734년(영조 10) 정선의 대표적인 진경 산수화. 그림의 우측 상단에 금강산을 노래한 7언시가 쓰여 있다. 시의 중간에 '갑인동제(甲寅冬題)'라는 기록이 있어 정선이 만 58세 되던 해 겨울에 그린 것임을 알 수 있다. 이 그림은 만폭동을 중심으로 한 금강산의 전경을 위에서 내려다보는 시점에서 원형구도로 그려 비로봉을 맨 위에 우뚝 솟게 배치하고, 바위산과 토산(土山)의 모습을 정선 특유의 화법으로 표현하였다. 호암미술관에 소장되어 있으며, 국보 제217호로 지정되었다. ➡ 정선

▶ 금강전도

금관가야(金官伽耶)

경상남도 김해에 있었던 6가야의 하나. 1세기 전반경 구간(九干)의 추대를 받아 수로왕이 가락국을 형성한 후 변한 소국간의 통합과정을 주도하여 전기가야연맹의 맹주국이 되었다. 4세기 초 이후 국제관계의 변화에 따라 약화되기 시작하여 4세기 말 5세기 초에 고구려·신라의 영향을 강하게 받게 되었으며, 532년(법흥왕 19) 김구해(金仇亥)가 왕비 및 세 아들과 함께 신라에 항복하면서 멸망되었다.

참 명칭 : 《삼국사기》에는 금관국(金官國)·남가야(南加耶)·가락국(伽落國)·가야(伽耶)·임나가량(任那加良)으로, 《삼국유사》에는 가락국(駕洛國)·대가락(大駕洛)·가야국(伽耶國)으로, 《삼국지》〈위서〉에는 구야국(狗邪國)·구야(拘邪)·구야한국(狗邪韓國)으로, 광개토왕릉비에는 임나가라(任那加羅)로, 《일본서기》에는 남가라(南加羅)·의부가라(意富加羅)로 나온다. ➡ 가야

금난전권(禁亂廛權)

조선 후기 난전의 설치를 금지할 수 있었던 시전의 특권. 17세기에 이르러 사상(私商)들이 점차 성장하여 시전상인들의 상업활동을 위협하게 되자, 시전상인들은 국가의 국역부담을 조건으로 국가로부터 그들의 상업활동을 보장받는 특권을 부여받게 되는데, 그 가운데 하나가 금난전권이다. 금난전권이 부여되자 시전상인들은 사상들이 사사로이 상점을 열어 그들의 영업에 지장을 주고 이익을 침범할 때에는 이를 규제할 수 있었다. 즉, 각 시전은 시안(市案)에 등록된 물건을 취급하는 전매권을 가지는데, 그 물건을 일반 상인이나 다른

시전에서 팔게 되면 이는 상행위를 어지럽히는 행위로 간주되었고, 시전상인들이 한성부나 평시서에 고발하면 그 물건을 압수하고 판 사람에게 체형을 가했다. 이로써 금난전권은 봉건사회 해체기에 특권상업체제로 하여금 상업자본의 집적을 가능케 한 법적인 뒷받침이 되었다. 금난전권은 서울의 시전뿐 아니라 개성의 시전에도 부여되었다. 시전상인들은 금난전권을 바탕으로 상품을 매점하면서 이익을 독점하여 도고상업(都賈商業)을 펴기도 했다. 그리하여 자유로운 상업의 발달을 저해하고, 소생산자·소시민·소상인들을 침해하여 사회문제화되었다. 이에 정부에서는 금난전권의 발동을 제약하는 통공정책을 추진, 1791년(정조 15) 신해통공 이후에는 육의전 이외의 시전이 보유한 금난전권을 철폐하였다. 그 뒤 부분적으로 일부 시전의 금난전권이 부활되기도 하였으나, 1894년(고종 31) 갑오개혁 때 완전히 철폐되었다.

금동미륵보살반가상(金銅彌勒菩薩半跏像)

신라의 불상. 높이 80cm로서 구리에 금을 입혔으며 보기드문 복잡한 보관(寶冠)을 쓰고 있는데 이 보관에 달린 수식은 두 어깨 위에 보발(寶髮)과 함께 드리워지고 목에는 보식(寶飾)이 장식되었다. 천의(天衣) 자락은 두 어깨를 덮었으며, 보좌를 덮은 상의는 주름을 나타내면서 선각으로 표현되었다. 보좌는 연화좌의 형식을 갖추었고 앞에는 왼발을 얹은 작은 연화좌가 달려 있다. 크기와 양식에서 이 시대를 대표하는 대표적인 불상으로, 국보 제78호로 지정되었으며 국립중앙박물관에 소장되어 있다. 이외에도 국보 제83호로 지정된 같은 명칭의 불상이 국립중앙박물관에 소장되어 있다.

▶ 금동미륵보살반가상

금속활자(金屬活字)

쇠붙이로 만든 활자. 고려시대 고종 때부터 사용되었는데 이규보의 《동국이상국집》에서 1234년(고종 21) 권신 최이가 주자로써 최윤의 《고금상정예문》 50권 28부를 찍어냈다고 기록된 것으로 보아 독일인 구텐베르크가 금속활자를 만든 1450년보다 216년이나 앞선 것이다. 그리고 1377년에 흥덕사에서 간행된 직지심체요절은 지금까지 남아 있는 세계 최고의 금속활자본인데, 흥덕사에서 간행되었으며, 현재 프랑스 파

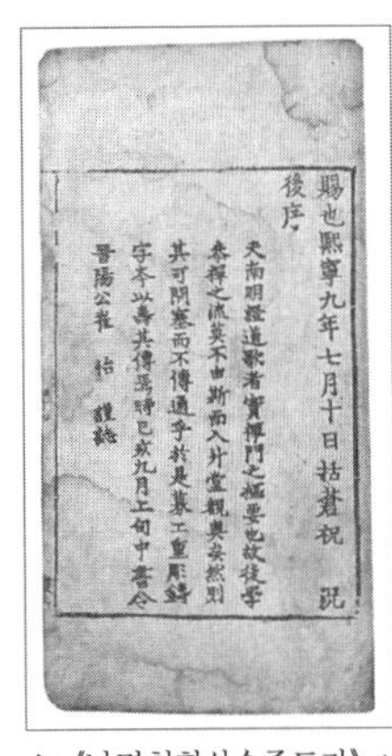

▶ 《남명천화상송증도가》 : 금속활자로 인쇄된 책의 일례

리 박물관에 보관되어 있다. 1392년(공양왕 4)에는 서적원을 두고 주자인서를 맡게 하였다. 본격적인 금속활자의 주조사업은 조선 전기 1403년(태종 3)에 계미자를 만든 것으로 시작하는데 태종은 이 사업을 위하여 주자소를 새로 두고 수십만의 활자를 만들었다. 이후 세종은 계미자를 개량해서 인쇄의 능률을 올렸으며, 1434년(세종 16)에는 활자를 개주하여 글자체가 정교한 갑인자를 만들었다. 그 후 인쇄술의 발달로 각종 활자체가 생김에 따라 많은 책을 인쇄·보급할 수 있어서 문교의 진흥에 큰 도움을 주었다. 재료로는 동·연·철 등이 사용되었다. ◐ 주자(鑄字)

금양잡록(衿陽雜錄)

조선 전기 강희맹(姜希孟)이 편찬한 농서. 강희맹이 관직에서 은퇴한 후 금양에서 생활하며 보고 들은 견문을 토대로 저술되었으며, 농가곡품(農家穀品)·농담(農談)·농자대(農者對)·제풍변(諸風辨)·종곡의(種穀宜)·농구(農謳) 등으로 구성되었다. 오늘날의 경기도 시흥지역인 금천의 일년 농사 및 농작물에 대한 주의사항을 기록하였다.

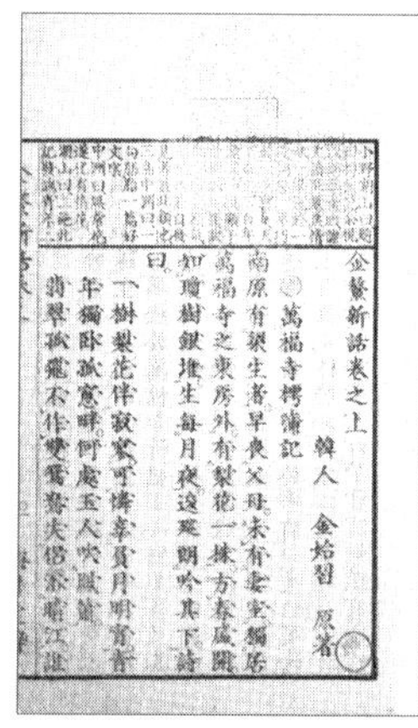

▶ 금오신화

금오신화(金鰲新話)

조선 전기 김시습(金時習)이 지은 전기체(傳奇體)의 한문 단편소설집. 완본(完本)은 전해지지 않고 〈만복사저포기(萬福寺樗蒲記)〉·〈이생규장전(李生窺牆傳)〉·〈취유부벽정기(醉遊浮碧亭記)〉·〈남염부주지(南炎浮洲志)〉·〈용궁부연록(龍宮赴宴錄)〉 등 다섯 편이 남아 있다. 환상적인 소재를 다루면서도 현실 속에서 제도·인습·전쟁·인간 운명 등과 대결하는 인간의 의지를 표현해낸 현실주의적인 성격이 주목된다. 우리나라를 배경으로 하여 작자가 처한 시대와 사회를 독창적인 허구로 형상화해낸 점이 뚜렷한 특징으로, 산문문학의 전개에 영향을 끼쳤다.

금위영(禁衛營)

1682년(숙종 8) 국왕의 호위와 도성수비를 강화하기 위해 설치한 중앙 군영. 1682년 훈련도감의 군사를 줄여 국가재정에 기여하고 도성의 경비를 강화한다는 취지하에 훈련도감 소속의 중부별대(中部別隊)와 병조 소속의 정초군(精抄軍) 가운데 일부를 차출하여 설치하였다. 군영의 구성은 1영(營)-5부(部)-20사(司)-100초(哨)로 편제한 후 10번으로 나누어 번상하게 하다가 1688년에

1영-5부-25사-125초로 개편하였다. 금위영의 병력은 약 14,000여 명이었다. 금위대장은 병조판서가 겸하다가 1754년(영조 30)부터 별도로 선발하였다. 1881년(고종 18) 장어영(壯禦營)에 통합되었으며 1895년 폐지되었다. 금위영은 훈련도감·어영청과 함께 삼군문(三軍門)이라 통칭되었다.

급진개화파(急進開化派) → 개화당(開化黨)

기기창(機器廠)

1883년(고종 20) 3월 서울에 설립된 기기국(機器局) 부속의 무기제조공장. 개항 후 정부에서는 근대적인 무기제조에 대해 계속적인 관심을 보여 1881년 일본과 청나라에 파견된 신사유람단과 영선사 등에게 무기제조에 대해 조사하도록 하였다. 이 가운데 청나라에 파견된 영선사 일행 가운데 유학생 38명이 텐진기기국(天津機器局)에서 화약·탄약의 제조법 등을 습득한 뒤 귀국하자 정부에서 병기제조공장의 건설을 추진하여 1883년 3월 기기창을 설립하고, 무기제조를 위해 4명의 중국인 기술자를 고용하였다. 기기창에서 소총이 제조되었다고 전하나 그 밖의 다른 무기가 제조되었는지는 알 수 없다. 1894년 이후 폐쇄된 것으로 추정된다.

기묘사화(己卯士禍) → 사화(士禍)

기사환국(己巳換局)

1689년(숙종 15) 서인이 축출되고 남인이 집권하게 된 사건. 1680년 경신환국으로 집권하게 된 김수항(金壽恒)·민정중(閔鼎重) 등 서인이 권력을 독점하고 있는 상황하에서 숙종의 총애를 받고 있던 후궁 장씨(張氏 : 禧嬪張氏)가 왕자(후의 경종)를 낳자 숙종은 생후 2개월 만에 원자(元子)로서의 명호(名號)를 정하게 하였다. 이에 서인들은 중궁(仁顯王后)의 나이가 어리므로 후일 왕자를 낳을 수 있다고 하며 장씨 소생의 왕자를 원자로 정하는 일을 미룰 것을 주장한다. 숙종은 서인들의 요구를 묵살하고 원자의 명호를 정하고 장씨를 희빈에 책봉하였다. 이에 서인의 영수인 송시열은 상소를 올려 원자 책봉을 철회할 것을 요구하였으나, 왕권강화를 위해 남인을 등용하려는 생각을 갖고 있던 숙종은 송시열의 상소를 빌미로 송시열·김수항·민정중 등 서인을 축출하고, 경신환국으로 축출되었던 목내선(睦來善)·김덕원(金德遠) 등의 남인을 등용하는 기사환국을 단행하였다. 남인 집권하에 희빈장씨가 왕비로 승격되고 인현왕후는 폐서인되었으며, 남인의 서인에 대한 보복이 자행되어 송시열이 사사되고 김수항·민정중 등 서인 100여 명이 파직 유배되었다. 기사환국으로 정권을 장악한 남인은 이후 갑술환국으로 정계에서 영향력이 약화되었다. ● 갑술환국

기우만(奇宇萬)

1846년(헌종 12)~1916년. 자는 회일(會一), 호는 송사(松沙). 본관은 행주. 근대에 호남지방에서 의병운동을 주도하였던 학자·의병장. 1881년(고종 18) 김평묵(金平默) 등과 함께 유생을 이끌고 〈만인소〉를 올렸다. 1894년 동학농민운동이 일어나자 유생들이 동학에 가담한 것을 수치스럽게 여겼으며, 1895년 나주에서 동학당토평비를 세우게 되자 그 비문을 썼다. 1895년 을미사변이 일어나자 의병을 일으켜 장성·나주 등지에서 일본군과 싸우던 중 고종의 해산령에 따라 해산하였다. 1896년 5월 다시 의병을 일으켰다가 체포되었으나, 1897년 석방되었다. 1908년 의병을 다시 일으킬 것을 계획하던 중 고종이 강제 퇴위되었다는 소식을 듣고 은둔하였다. 문집으로 《송사집》이 있다.

기유약조(己酉約條)

1609년(광해군 1)에 일본과의 통교 재개를 위하여 쓰시마도주(對馬島主)와 맺은 강화약조. 임진왜란으로 조선과 일본간에 국교가 단절된 상태에서 일본 에도막부(江戶幕府)의 도쿠가와(德川) 정권은 쓰시마도주를 대리인으로 내세워 여러 차례 통교허용을 간청해왔다. 이에 1609년 조선정부가 일본에 국서를 정식으로 보낼 것과 난중에 왕릉을 파헤친 범인을 압송할 것을 국교재개의 조건으로 제시하자 일본이 이를 이행함으로써 조선정부가 통교를 허용해주는 형식으로 약조를 체결하였다. 이 약조의 주요내용은, 쓰시마도주의 세견선수는 20척으로 한정하며, 모든 입국 왜선은 쓰시마도주의 문인(文引)을 소지해야만 하고, 문인이 없는 자와 부산포 외에 정박하는 자는 모두 도적으로 간주한다 등이다. 이 약조는 교역에서 생기는 조선측의 경제적 손실을 막기 위하여 무역에 관한 내용을 구체화하고 그 제한을 보다 엄격히 통제한 점이 특징이라 할 수 있다.

기인(其人)

고려 건국 후 지방세력의 자제를 인질로 서울에 머물게 하는 제도. 지방 호족세력의 견제를 위한 것으로 그 기원은 상수리(上守吏)에서 연유하였다. 1077년(문종 31) 기인선상법(其人選上法)이 채택되면서 다소 그 성격이 약화되었으며, 고려 후기에 기인은 농사일이나 각종 잡역에 종사하기도 하였다. 기인제도는 조선시대까지 존속되었으나 오히려 궁궐에서 소요되는 탄을 납부하는 공인으로 크게 변화하였다.

기정진(奇正鎭)

1798년(정조 22)~1879년(고종 16). 초명은 금사(金賜), 자는 대중(大中), 호는 노사(蘆沙), 시호는 문간(文簡). 본관은 행주. 조선 후기의 성리학자. 1831년

(순조 31) 진사가 되었고, 이듬해 강릉참봉을 거쳐 1835년(헌종 1) 현릉참봉이 되었다. 1837년 사옹원주부에 임명되었으나 사양하였으며, 1842년 전설사별제(典設司別提)에 임명되자 취임하였다가 곧 사직하였다. 1866년(고종 3) 병인양요가 일어나자 〈병인소(丙寅疏)〉를 올려 척화론을 주장하였다. 이후 동부승지·호조참의 등에 제수되었으나 역시 나아가지 않고 학문에 전념하였다. 그의 학문은 기호학파에 속하였으며, 그는 이일지리(理一之理)와 분수지리(分殊之理)를 분류하는 데서 인물성동이론(人物性同異論)이 생긴 것이라 보고, 이일과 분수를 분리시키지 않고 본다면 인성과 물성은 동이점을 동시에 가지게 된다는 이기일체관(理氣一體觀)에 입각하여 호락논쟁을 정리하였으며, 주리론과 주기론을 종합, 지양하려고 하였다. 그러나 그는 이기가 서로를 필연적인 존재로서 요구하여 분리되지 않는 것이기는 하나 이는 기의 존재와 생성, 운동의 근거이며, 기의 모든 현상적 작용은 이의 실현이라고 하여 이의 주재성을 극단적으로 강조하였다. 문인으로 기우만(奇宇萬)·기삼연(奇參衍)·정재규(鄭載圭) 등이 있으며, 시문집인 《노사집》이 있다.

▶ 담대헌 : 기정진이 말년에 문인들과 거처하던 장소

기해박해(己亥迫害)

1839년(헌종 5)에 일어난 천주교 박해. 기해박해의 표면적인 이유는 사학(邪學)인 천주교를 배척한다는 것이었지만 실질적인 이유는 시파와 벽파의 정치적 갈등에 있었다. 1837년(헌종 3)에 우의정이 된 이지연(李止淵)과 벽파인 풍양조씨 일파는 헌종 즉위 후 대왕대비로서 수렴청정을 하던 순원왕후(純元王后)를 비롯한 시파인 안동김씨의 세도를 빼앗기 위해 천주교 배척을 모의하였다. 1839년 3월 이지연이 순원왕후에게 올린 '사학토치령(邪學討治令)'이 받아들여짐으로써 박해가 공식화되었으며, 이로 인해 각처에서 천주교 신자들이 체포·투옥되었고, 일부는 배교(背敎)를 거부하여 참수되었다. 당시 조선에서는 제2대 조선교구장인 주교 앵베르(L.J.M.Imbert)와 신부 모방(P.P.Maubant)·샤스탕(J.H.Chastan) 등이 활동하고 있었는데, 이들은 지방에 있었기 때문에 당장은 체포되는 것을 면할 수 있었다. 앵베르는 7월에 이르러 박해가 계속되는 것을 막고자 스스로 체포되었으며, 모방과 샤스탕도 그 뒤를 따랐다. 이처럼 수개월간 계속되던 박해는 그해 10월 조인영(趙寅永)이 작성한 척사윤음(斥邪綸音)이 반포됨으로써 끝을 맺게 되었다. 기해박해로 인해 54명이 새남터(沙南基)와 서소문 밖 등지에서 참수되었고, 60여 명이 옥중에서 죽었다. 이들 중 69명은 한국천주교회의 노력에 의해 훗날 성인의 자리에 오르게 되었다.

기호학파(畿湖學派)

조선시대 경기와 충청도 일대를 중심으로 형성된 학파. 조선 초기 영남지방을 중심으로 형성된 사림세력은 15세기 말 16세기 초 전후에 중앙에 진출하면서 사림세력을 양성하였다. 선조대 동·서 붕당이 형성되면서 영남학파의 다수가 동인이 되면서 이에 대한 서인세력이 기호지역을 중심으로 결집하였으나 아직까지 학파로서의 성격이 공고해진 것은 아니었다. 이후 이이(李珥)·성혼(成渾) 등을 중심으로 많은 문인이 배출되고, 인조반정 이후 서인들이 정국의 주도권을 장악하면서 기호학파의 세력이 크게 확장되었다. 특히 이이의 문인인 김장생을 거쳐 송시열대에 이르러서는 충청도 연산이나 회덕 등 충청도 지역을 중심으로 세를 확장하였으며, 나아가 정계와 학계를 주도하였다. 17세기 후반에 이르러 기호학파 내부에서 분열이 일어나면서 회니시비(懷尼是非)와 노소론분당이 이루어졌다. ⟳ 영남학파

기호흥학회(畿湖興學會)

1908년 1월 서울에 설립된 민족교육운동학회. 1908년 1월 정영택(鄭永澤)·이광종(李光鍾) 등 기호지방의 인사 105명이 모여 설립하였다. 설립목적은 표면적으로는 기호지방의 교육진흥에 있었으나, 근본목적은 국민들에게 독립과 애국사상을 고취시키는 애국계몽운동에 있었다. 초대회장에 이용직(李容稙), 부회장에 지석영, 총무에 정영택 등이 선출되었다. 기호흥학회에서는 경기도와 충청남북도의 17개 군에 지회를 설립하였고, 1908년 서울 소격동에 교사양성을 겸한 기호학교를 설립하였으며, 회보로 〈기호흥학회월보〉를 발간하였다. 1910년 강제 해산되었다.

▶ 길재

길재(吉再)

1353년(공민왕 2)~1419년(세종 1). 자는 재보(再父), 호는 야은(冶隱)·금오산인(金烏山人), 시호는 충절(忠節). 본관은 해평. 고려 말 조선 초의 학자. 지금주사(知錦州事) 길원진(吉元進)의 아들로 이색(李穡)·정몽주(鄭夢周)·권근(權近)에게 학문을 배웠다. 1386년(우왕 12) 문과에 급제한 뒤 성균관 박사가 되었다. 1400년(정종 2) 후일 태종인 이방원이 불러 태상박사를 내렸으나 두

왕조를 섬길 수 없다 하여 고향인 선산에 숨어 살면서 후배들을 가르치는 데 힘썼다. 낙향 후 김숙자에게 성리학을 가르쳐, 그 학문의 계통은 김종직·김광필·조광조 등에게 계승되면서 조선 전기 사림의 주류를 형성하였다. 저서로 《야은집》, 《야은언행습유》 등이 있다.

김개남(金開南)

1853년(철종 4)~1895년(고종 32). 초명은 영주(永疇), 자는 기선(箕先)·기범(箕範). 전라북도 정읍출신. 1894년 동학농민운동 당시 남접농민군의 지도자로 활동한 동학접주. 1890년경 최시형을 만나 동학에 입교하였으며, 1891년 태인집강소의 접주에 임명되었다. 1892년 동학교도들이 삼례에 모여 교조신원운동을 벌일 때 호남지방의 접주들과 함께 참가하였다. 1893년 '척왜양창의(斥倭洋倡義)'의 기치아래 최시형이 주도한 보은집회에 참여하여 대접주에 임명되었다. 1894년 1월 고부민란이 시작되자 손화중(孫化中)과 함께 봉기하였으며, 4월 백산에서 농민운동본부인 호남창의대장소를 설치한 후, 전봉준을 대장에 추대하고 손화중과 함께 총관령(總管領)으로 활동하였다. 6월 전주화약 이후 동학농민군이 전라도 각 군현에 집강소를 설치하고 폐정개혁을 추진할 때 남원을 중심으로 한 전라좌도의 폐정개혁을 관할하였다. 9월 동학농민군의 제2차 봉기가 시작되자 남원에서 봉기하였으며, 이후 서울로 진격할 계획을 세우고 농민군을 인솔하여 금산·청주 등을 거쳐 북상하였다. 11월 12일 진잠·신탄진·회덕 등을 점령한 뒤, 13일 새벽 청주병영을 공격하였으나 관군과 일본군에게 패배하여 후퇴하였다. 그 뒤 태인에 피신해 있다가 12월 체포되었고, 서울로 압송도중 1895년 전주에서 참수되었다. ◑ 동학농민운동

김구(金九)

1876년(고종 13)~1949년. 아명은 창암(昌巖), 본명은 창수(昌洙), 자는 연상(蓮上), 호는 백범(白凡). 황해도 해주출신. 일제시대 대한민국임시정부주석을 지내고 광복 후 통일정부 수립을 위해 활동한 독립운동가·정치가. 1893년 동학당에 가담하여 황해도 도유사(都有司)가 되었다. 1895년 의병에 참여하여 활동하다가 명성황후가 살해된 것에 격분, 1896년 안악에서 일본군 중위를 살해하였다. 이에 체포되어 사형을 언도받고 복역중 고종의 특사로 사형집행이 중지되었다. 그러나 석방되지 않자 1898년 봄 탈옥하여 공주 마곡사(麻谷寺)에서 승려가 되었으며, 1899년 환속하여 교육계몽운동에 종사하였다. 1909년 신민회에 가입하여 활동하였고, 1911년 안악사건에 연루되어 17년형을 선고받고 복역중 1914년 가출옥하였다. 1919년 상하이로 망명, 대한민국임시정부 초대경무부장이 된 이래 내무총장·국무총리대리 등을 거쳐 1927년 국무위원 겸 주석이 되었다. 1928년 이동녕·이시영 등과 함께 한국독립

▶ 김구

당을 창당하였고, 1931년 한인애국단을 조직하여 이봉창과 윤봉길의 의거를 주도하였다. 1934년 국무위원직을 박탈당하였으나 1935년 한국국민당을 조직하고 국무위원에 재선되었다. 1939년 대한민국임시정부 주석에 취임한 이후 이듬해 한국국민당·한국독립당·조선혁명당을 한국독립당으로 통합하는 한편 한국광복군을 조직하였다. 1941년 12월 대한민국임시정부의 이름으로 대일선전포고를 하였으며, 1944년 4월 충칭(重慶)에서 중국 본토와 한반도 수복을 위한 국내진공작전을 추진하던 중 광복을 맞았다. 1945년 11월 귀국, 12월 모스크바삼상회의에서 한반도에 대한 신탁통치안이 결의되자 신탁통치반대운동에 앞장섰으며, 1946년 2월 비상국민회의 부총재에 취임하였다. 동년 6월 이승만이 남한 단독정부수립계획을 발표하자 이를 거부하고 1948년 4월 평양에서 열린 남북협상에 참석하여 통일정부 수립을 주장하였다. 8월 남북에 단독정부가 수립되자 이후 민족통일운동을 전개하였다. 1949년 6월 자택인 경교장(京橋莊)에서 육군소위 안두희(安斗熙)에게 암살당하였다. 저서로 《백범일지》가 있다.

유 묘소는 효창공원(서울 용산구 소재)

▶ 김규식

김규식(金奎植)

1881년(고종 18)~1950년. 아호는 우사(尤史). 부산출신. 일제시대에 대한민국임시정부 부주석을 지낸 독립운동가·정치인. 1897년 미국으로 건너가 1904년 프린스턴대학에서 문학석사학위를, 1923년 로노크대학에서 법학박사학위를 받았다. 1904년 귀국하여 1913년까지 미국인 선교사 언더우드(H.G.Underwood)의 비서, 경신학교학감·연희전문학교강사 등을 지냈다. 1913년 중국으로 망명, 1918년 상하이에서 여운형과 함께 신한청년당을 조직하여 대표가 되었으며, 같은 해 모스크바의 원동약소민족대회와 1919년 파리강화회의에 한국대표로 참석하였다. 1919년 대한민국임시정부 외무총장·구미위원부위원장 등을 지냈으며, 1920년 대한독립군단·고려혁명군 등에 참여하였다. 1935년 중국 난징(南京)에서 민족혁명당을 창당하여 주석이 되었고, 1942년 대한민국임시정부 국무위원, 1944년 대한민국임시정부 부주석을 지냈다. 1945년 11

월 귀국, 12월 모스크바삼상회의에서 신탁통치를 결정하자 반탁운동을 전개하였다. 1946년 2월 민주의원부의장, 3월 미소공동위원회 한국대표가 되었으며, 5월에는 좌우합작준비작업을 추진하여 6월부터 7월까지 미군정좌우합작위원회 예비회담에 참가하였고, 1947년 10월 민족자주연맹의장이 되었다. 1948년 유엔에 의한 남한 단독선거에 반대하여 통일정부 수립을 위해 4월 김구 등과 평양에 가서 남북협상을 시도하였으나 실패하자 정계에서 은퇴하였다. 6·25전쟁 때 납북되어 사망한 것으로 알려져 있다.

김기수(金綺秀)

1832년(순조 32)~? 자는 계지(季芝), 호는 창산(蒼山). 본관은 연안. 조선 고종 때 수신사(修信使)로 일본에 파견된 문신. 1875년(고종 12) 현감으로 별시 문과에 급제하여 홍문관응교가 되었다. 1876년 예조참의로서 수신사에 임명되어 일본에 파견되어 일본에 30여 일간 머물면서 일본의 군사·산업시설들을 시찰하고 돌아와 정부에 적극적인 개화정책을 추진할 것을 건의하였다. 1877년 곡산군수, 1879년 덕원부사, 1881년 대사성, 1883년 감리의주통상사무(監理義州通商事務) 등을 지냈다. 1893년 황간·청풍 등지에서 민란이 일어나자 그 원인을 조사하기 위해 안핵사로 파견되었다. 저서로 일본견문기인 《일동기유(日東記游)》·《수신사일기》 등이 있다.

김대문(金大問)

7세기 후반 ~ 8세기 전반. 신라 제33대 성덕왕 때 지방관이자 문장가. 귀족 출신으로 704년(성덕왕 3) 한산주총관(漢山州總管)을 지냈다. 저서로 《계림잡전(鷄林雜傳)》·《고승전(高僧傳)》·《화랑세기(花郎世紀)》·《한산기(漢山記)》 등이 있으나, 현재 모두 전하지 않는다. 《계림잡전》은 역대의 설화를 모아 놓은 책으로 《삼국사기》를 지을 때 많이 이용되었다. 《고승전》은 유명한 승려의 일생을, 《화랑세기》는 신라 화랑의 전기로, 《한산기》는 지방관으로 있으면서 지방에서 보고 들은 것을 정리하여 기록한 것이다. 김대문의 저술은 중국 것을 모방한 단계를 벗어나 신라의 독특한 문화전통과 생활경험을 토대로 하는 데까지 나아간 것으로 평가된다.

김동인(金東仁)

1900년~1951년. 호는 금동(琴童)·춘사(春士). 평양출신. 우리나라 최초의 문예동인지 《창조》를 출간하고 〈감자〉 등의 소설을 발표한 소설가. 일본의 메이지학원(明治學院) 중학부와 가와바타(川端)미술학교를 졸업하였다. 1919년 문예동인지인 《창조》를 출간하여 창간호에 처녀작 〈약한자의 슬픔〉을 발표하였다. 1924년 창작집 《목숨》을 출간하고, 동인지 《영대(靈臺)》를 간행하였다.

1926년 이후 신문·잡지 등에 수많은 소설과 사담(史譚)을 썼으며, 1935년 《야담(野談)》을 발간하였다. 광복 후 빈곤과 약물중독 등에 시달리다가 1951년 사망하였다. 그의 작품은 크게 단편·장편·평론으로 나뉘어지는데, 단편소설은 자연주의적 사실주의 계열에 속하는 〈배따라기〉·〈감자〉·〈발가락이 닮았다〉 등과, 탐미주의적 계열에 속하는 〈광염(狂炎) 소나타〉·〈광화사〉 등이, 그리고 민족주의적 색채를 보이는 〈붉은산〉 등이 있다. 장편소설들은 상업적·통속적 경향이 짙은 것으로 〈젊은그들〉·〈운현궁(雲峴宮)의 봄〉 등이 있다. 그는 문학에 있어 한국근대 단편소설의 한 전형을 이룩하였다는 평가를 받고 있다. 사후에 《동인전집》·《김동인전집》이 간행되었다.

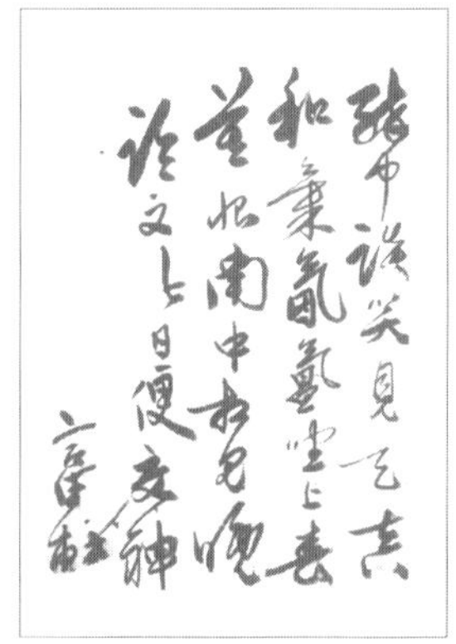

▶ 김부식의 글씨

김부식(金富軾)

1075년(문종 29)~1151년(의종 5). 자는 입지(立之), 호는 뇌천(雷天), 시호는 문열(文烈). 본관은 경주. 고려 전기 묘청의 난을 평정하고 《삼국사기》를 편찬한 문신. 신라 왕실의 후예로 아버지는 국자좨주를 역임한 김근(金覲)이었다. 1096년(숙종 1)에 과거에 급제하여 한림원에 들어갔고 이후 20여 년 동안 한림원 등의 문한직에 종사하면서 왕에게 경사를 강의하였다. 인종 즉위 직후 이자겸과 대립하다가 1126년(인종 4)에 이자겸이 제거된 이후 계속 승진, 평장사를 거쳐 수사공에 올랐다. 1134년(인종 12) 묘청이 도참설로써 왕을 설득시켜 서울을 서경으로 옮기려는 것을 반대하여 중지시켰으며, 묘청이 서경천도를 추진하자 원수로서 이 난을 평정하였다. 1138년(인종 16) 태학사 등을 지내고, 1142년(인종 20) 벼슬에서 물러났다. 박승중, 정극영과 함께 《예종실록》을 편찬했다. 1145년(인종 23) 우리나라 최초의 역사책인 《삼국사기》 50권을 편찬하였고, 이듬해 의종이 즉위하자 《인종실록》의 편찬을 맡았다. 문집 20여 권이 있었으나 전하지 않고 그가 지은 대각국사비문이 남아 있다. 인종묘정에 배향되었다.

○ 묘청, 삼국사기

김사미(金沙彌)의 난

1193년(명종 23) 김사미가 운문(雲門 : 청도)에서 일으킨 민란. 김사미는 1193년 7월 운문을 근거지로 유망농민들을 규합하여 강력한 반란군을 조직하여 봉기하였다. 조정에서는 반란군의 세력이 점차 강해지자 대장군 전존걸(全存傑)에게 장군 이지순(李至純)·이공정(李公靖)·김척후(金陟候)·김경부(金慶

夫)·노식(盧植) 등을 인솔케 하여 토벌하도록 했다. 그러나 당시 집권무신인 경주출신 이의민(李義旼)이 자신의 권력을 확대하기 위해 그 아들 이지순(李至純)으로 하여금 반란군에게 물자 정보 등을 제공케 하여 관군은 번번이 패하고 전존걸은 자살하였다. 이후 같은 해 11월 상장군 최인(崔仁)을 남로착적병마사(南路捉賊兵馬使), 대장군 고용지(高湧之)를 도지병마사(都知兵馬事)로 삼아 대규모 토벌을 단행, 그해 12월 김사미가 항복의사를 밝혔으며, 1194년 2월 항복하여 처형됨으로써 난은 평정되었다.

김병연(金炳淵)

1807년(순조 7)~1863년(철종 14). 자는 성심(性深), 호는 난고(蘭皐). 별호는 김삿갓 또는 김립(金笠), 본관은 안동. 조선 후기 헌종·철종 때의 방랑시인. 1811년(순조 11) 평안도민란 당시 조부 김익순(金益淳)이 선천부사로 있으면서 홍경래에게 투항한 죄로 멸족의 위기에 처해 있었으나, 그와 그의 형 김병하(金炳河)는 노복의 도움으로 황해도에 피신하여 목숨을 건질 수 있었다. 그 뒤 이러한 사실을 모른 채 과거에 응시하여 급제하였으나, 후에 집안의 일을 알게 되자 자책감으로 삿갓을 쓴 채 전국을 방랑하기 시작하였다. 이후 당시 부패되어 가던 세상을 개탄하면서 해학과 풍자를 담은 시를 지으며 전라도에서 객사할 때까지 방랑생활을 계속하였다.

김상옥(金相玉)

1890년(고종 27)~1923년. 아호는 한지(韓志). 서울출신. 1923년 종로경찰서에 폭탄을 투척한 독립운동가. 1910년경 동흥야학교(東興夜學校)를 설립하여 교육운동을 전개하였으며, 백영사(白英社)를 조직하여 금주·단연 운동을 전개하였다. 1919년 4월 혁신단(革新團)이라는 비밀결사를 조직하고 혁신공보(革新公報)를 발간하여 독립정신을 계몽하였다. 12월 암살단을 조직하여 적 기관을 파괴하고 일본고관을 암살하는 등의 계획을 세웠다. 1920년 8월 미국 의원단의 내한을 환영하기 위해 나오는 사이토(齋藤實) 총독의 암살을 추진하다가 실패하자 상하이로 망명하였다. 1920년 11월 의열단에 입단하여 활동하였으며, 1923년 1월 12일 종로경찰서에 폭탄을 투척한 후 10여 일간 은신하다가 일경과의 총격전 끝에 자결하였다.

김생(金生)

711년(성덕왕 10)~? 신라 중대의 서예가. 한미한 집안출신으로 나이 80세가 넘도록 붓을 쥐고 쉬지 않았으며, 예서(隷書)·초서(草書)·행서(行書) 모두에 정통하였다고 한다. 954년(광종 5) 승려 단목(端目)이 그의 행서를 집자(集字)하여 태자사낭공대사 백월서운탑비(太子寺朗空大師白月栖雲塔碑)의 글씨를 새겼다. 서첩으로 《전유암산가서(田遊岩山家序)》가 전한다.

김석문(金錫文)

1658년(효종 9)~1735년(영조 11). 자는 병여(炳如), 호는 대곡(大谷). 본관은 청풍. 조선 후기에 지전설을 주장한 성리학자. 숙종 때 유일(遺逸)로 천거되어 영소전참봉에 기용되었고, 통천군수 등 지방관을 지냈다. 어려서부터 성리학에 전념하였으며, 특히 역학에 밝아 《역학도해(易學圖解)》를 저술하였다. 새로운 과학기술에도 관심을 가져 자신의 천문·역학에 대한 관심과 서양신부 야콥(Jacques Rho 羅雅谷)의 영향으로 최초로 지전설을 주장하여 중국중심의 세계관을 극복하려 하였다. 그의 지전설을 비롯한 역사관은 안정복·이규경(李圭景)·홍대용 등의 실학자에게 영향을 미쳤다.

김소월(金素月)

1902년~1934년. 본명은 정식(廷湜), 호는 소월(素月). 평안북도 구성출신. 일제시대에 시집 《진달래꽃》을 비롯하여 많은 시를 발표한 시인. 오산학교에 다니다가 폐교되면서 배재고보에 편입, 졸업한 후 1923년 일본에 건너가 도쿄상과대학에 입학하였다가 중퇴하고 귀국하였다. 귀국 후 한때 동아일보지국을 경영하였으나 실패하였다. 1930년대 들어 작품활동이 저조해지고 생활고가 겹치자 아편을 먹고 자살하였다. 1920년 《창조》에 시 〈낭인(浪人)의 봄〉 등을 발표하면서 시작활동을 전개하였으며, 1922년에는 주로 《개벽》을 통하여 시작활동을 하였다. 이 당시 작품으로는 〈금잔디〉·〈엄마야 누나야〉·〈진달래꽃〉·〈강촌〉·〈접동〉 등이 있다. 이후 《영대(靈臺)》의 동인으로 참여하였으며, 이때 〈밭고랑 위에서〉·〈꽃촉불 켜는 밤〉·〈무신〉 등을 발표하였다. 1925년 그동안의 작품 126편을 수록한 시집 《진달래꽃》을 출간하였으며, 동년 《개벽》에 시론 〈시혼(詩魂)〉을 발표하면서 시작활동이 절정에 이르렀다. 시집 《진달래꽃》 이후의 후기 시에서는 현실인식과 민족주의적인 색채가 강하게 나타나 있는데, 〈상쾌한 아침〉·〈돈타령〉 등이 대표적이다. 서울 남산에 시비가 있다.

▶ 김소월의 초상

김시습(金時習)

1435년(세종 17)~1493년(성종 24). 자는 열경(悅卿), 호는 매월당(梅月堂)·청한자(淸寒子)·동봉(東峰)·벽산청은(碧山淸隱)·췌세옹(贅世翁), 법호는 설잠(雪岑). 본관은 강릉. 조선시대 학자이며 생육신의 한 사람. 아버지는 무반

직인 충순위(忠順衛)를 지낸 김일성(金日省)이다.
13세까지는 성균관 학자인 김반·이계전에게 사
서삼경 등을 배웠다. 이후 삼각산 중흥사에서 공
부하다가 수양대군이 단종을 내몰고 왕위에 올랐
다는 소식을 듣고는 중이 되어 전국을 떠돌았다.
9년간을 방랑하면서 《탕유관서록(宕遊關西錄)》·
《탕유관동록(宕遊關東錄)》·《탕유호남록(宕遊湖南
錄)》 등을 정리하여 그 후지를 썼다. 1463년(세조
9) 효령대군의 권유로 잠시 세조의 불경언해 사업

▶ 김시습

을 도와 내불당에서 교정 일을 보았다. 1465년(세조 11) 다시 경주 남산에 금
오산실을 짓고 입산하였다. 여러 번 세조의 소명을 받고도 나가지 않고, 금오
산실에서 한국 최초의 한문소설 《금오신화》를 지었고, 《산거백영(山居百詠)》
을 썼다. 이곳에서 6~7년을 보낸 후 다시 상경하여 성동에서 농사를 지으며
《산거백영후지》를 썼다. 1493년 다시 방랑의 길을 나섰다가 충남 부여의 무
량사에서 죽었다. 자신이 쓴 작품을 대부분 태워버려서 《금오신화》와 《매월
당집》만 전한다. **◑ 금오신화**

김옥균(金玉均)

1851년(철종 2)~1894년(고종 31). 자는 백온(伯
溫), 호는 고우(古愚)·고균(古筠), 시호는 충달
(忠達). 본관은 안동. 갑신정변을 주도한 정치
가·개화사상가. 1872년(고종 9) 문과에 급제하
고 지평·교리 등을 역임하였다. 1874년 이후
박규수·유홍기(劉鴻基) 등의 지도를 받으면서
개화사상가가 되었다. 1881년 일본에 건너가
일본의 문물과 정치제도 등을 살피고 그곳의
정치가들과 친분을 쌓았다. 1882년 9월 수신사
일행과 함께 일본에 다녀왔다. 1884년 12월 개
화당요인들과 함께 갑신정변을 일으켰으나 청
군의 개입으로 3일 만에 정변이 실패로 끝나자
박영효·서광범 등과 함께 일본으로 망명하였
다. 1886년 일본정부에 의해 홋카이도(北海島)

▶ 김옥균

로 추방되었다가 상하이로 건너갔다. 그러나 그곳에서 조선정부가 보낸 자객
홍종우(洪鐘宇)에게 암살당하고 시체는 서울 양화진에서 능지처참되었다. 그
뒤 사면되었으며, 1910년 규장각대제학에 추증되었다. 저술로 《갑신일록(甲
申日錄)》이 있다. **◑ 갑신정변·개화당**

김원봉(金元鳳)

1898년~? 호는 약산(若山). 경상남도 밀양출신. 일제시대에 의열단단장·조선의용대대장·대한민국임시정부 군무부장 등을 역임한 독립운동가. 1918년 중국으로 망명, 1919년 11월 길림성(吉林省) 파호문 밖에서 의열단을 조직, 단장에 추대되어 이후 6년간 일제요인암살, 일제식민지통치기관에 대한 폭탄공격 등을 지휘하는 등 대일투쟁을 전개하였다. 1926년 황포군관학교(黃浦軍官學校) 4기생으로 입교하였고 1927년 졸업 후 중국 북벌(北伐)에 참가하였다. 1929년 베이징에서 조선공산당재건동맹을 조직하고 레닌주의정치학교를 운영하였다. 1931년 만주사변 후 난징(南京)으로 이동하여 의열단활동을 재건하고, 1932년 말부터 한국대일전선통일동맹을 결성하여 대일항쟁을 전개하였다. 1935년 조선민족혁명당을, 1937년 조선민족전선연맹을, 1938년 조선의용대를 창설하였다. 1941년 김구의 제의를 받고 조선의용대를 이끌고 한국광복군에 합류, 1942년 한국광복군부사령, 1944년 대한민국임시정부 국무위원·군무부장 등에 선임되었다. 1945년 12월 귀국하여 민족협동전선에 입각한 통일정부수립운동에 참여하였다가, 1946년 2월 대한민국임시정부세력과 결별하고 민주주의민족전선 결성대회에 참여하여 공동의장에 선출되었다. 그 뒤 남한만의 단독정부 수립이 본격화되자 1948년 4월 월북하여 평양에서 개최된 전조선정당사회단체대표자연석회의 주석단에 선임되었다. 북한정권에 참여하여 최고인민회의대의원·국가검열상·조국통일민주주의전선중앙상무위원 등을 역임하다가 1958년 말 숙청되었다. ◐ 의열단

김유신(金庾信)

595년(진평왕 17)~673년(문무왕 13). 삼국통일의 위업을 완성한 신라의 장군. 증조부는 금관가야의 마지막 왕인 구해왕(仇亥王), 할아버지는 무력(武力), 아버지는 서현(舒玄)이다. 어머니는 만명부인(萬明夫人)이고, 부인은 태종무열왕의 셋째딸 지소부인(智夫人)이다. 15세에 화랑이 되어 많은 낭도를 이끌었다. 629년(진평왕 51) 8월 이찬 임영리 등이 고구려의 낭비성을 공격할 때 중당의 당주로서 출전하여 큰 공을 세웠다. 647년(진덕여왕 1) 1월 상대등 비담과 염종의 난을 토벌하였고, 654년 3월 진덕여왕이 후사 없이 죽자 김춘추를 왕으로 추대하였다. 660년 당군과 연합하여 백제를 멸망시키고 663년 8월에는 백제의 부흥군을 두솔성(주류성)에서 크게 이겼다. 667년(문무왕 7) 고구려 정벌에 나섰으나 실패하고 돌아왔으며, 이듬해인 668년 9월 나당 연합군의 연합군 대총관이 되어서 김인문·김흠순 등을 지휘하여 삼국통일의 기반을 다졌다. 고구려를 멸망시킨 공으로 고구려 정벌 직후 태대각간의 최고직위에 올랐다. 그 후 당나라 군사를 몰아내고 한강 이북의 고구려 땅을 다시 찾음으로써 삼국통일의 기반을 다져 놓았다. 673년(문무왕 13) 7월 병으로

세상을 떠났다. 김유신에 대해서는 그의 현손 김장청(金長淸)이 행록(行錄) 10권을 지은 것이 있어 고려시대까지 전해졌는데,《삼국사기》의 김유신전은 그것을 요약한 것이다. ㉤ 묘는 경상북도 경주시에 소재함.

김육(金堉)

1580년(선조 13)~1658년(효종 9). 자는 백후(伯厚), 호는 잠곡(潛谷)·회정당(晦靜堂), 시호는 문정(文貞). 본관은 청풍(淸風). 조선 후기의 문신·학자. 1605년(선조 38) 사마시에 합격하였으며, 1611년(광해군 4) 정인홍(鄭仁弘)을 비판하였다가 광해군의 노여움을 받아 경기도 가평에 은둔하였다. 인조반정 직후 의금부도사에 임명되고, 1624년 문과에 합격하여 정언·이조정랑·병조정랑·동부승지 등을 역임하였다. 1636년 동지사로 중국에 다녀왔으며, 1638년 충청감사로 있으면서 대동법의 시행을 주장하였다. 그 뒤 예조판서·우의정 등을 거쳐 1650년(효종 1) 영의정이 되었다. 영의정 재임시 충청도·전라도 등지에 대동법을 시행하였으며, 1655년에는 행전법(行錢法)을 주장하였다. 학문은 철학적인 면보다는 사회·경제적인 면을 중시하였으며, 특히 대동법·행전법 등 백성 중심의 안민책(安民策)과 국가재정 확충을 위한 경제정책의 시행에 적극적이었다. 시헌력의 도입 등 서양문물에 대해서도 긍정적이었으며, 수레·수차의 제작을 건의하기도 하였다. 저술로《유원총보(類苑叢寶)》 등이 있다.

㉤ 잠곡서원(潛谷書院 : 경기도 가평군 소재)에 배향됨.

김윤식(金允植)

1835년(헌종 1)~1922년. 자는 순경(洵卿), 호는 운양(雲養). 본관은 청풍. 한말 외무대신 등을 역임한 개화파관료. 유신환(俞莘煥)·박규수(朴珪壽) 등에게서 수학하였다. 1874년(고종 11) 문과에 급제한 후, 1876년 황해도암행어사에 제수되었고, 승지·순천부사 등을 역임하였다. 1881년 영선사에 임명되어 청나라에 가서 이홍장(李鴻章)과 대미관계에 대해 논의하였으며, 동년 임오군란이 일어나자 그 진압을 위해 청국에 군대파견을 요청하였다. 강화부유수·공조판서·병조판서·협판통리내무아문사무(協辦統理內務衙門事務) 등을 역임하였다. 1884년 갑신정변이 일어나자 위안스카이(袁世凱)에게

▶ 김윤식

구원을 요청, 정변을 진압하였다. 1886년 이후 한 때 정치적 어려움을 겪다가 1894년 김홍집내각에 등용되어 군국기무처회의원으로 갑오개혁에 참여하였고, 독판교섭통상사무·외무대신 등을 지냈다. 1896년 아관파천으로 외무대신직에서 면직되었으며 을미사변과 관련하여 탄핵을 받고 제주에 유배되었다가 1906년 석방되었다. 그 뒤 기호학회회장·흥사단단장 등을 역임하였다. 국권피탈 후 일제에 의해 중추원부의장에 임명되었으며, 자작의 작위가 내려졌으나 사퇴하였다가 고종과 순종의 권유로 받았다. 1919년 3·1운동이 일어나자 이용직(李容植)과 더불어 한국의 독립을 요구하는 〈대일본국장서(對日本國長書)〉를 제출하였다가 일본 헌병대에 붙잡혀 2개월간 투옥되었다. 저서로 《운양집》·《음청사(陰晴史)》·《속음청사(續陰晴史)》 등이 있다.

김익상(金益相)

1895년(고종 32)~1925년. 경기도 고양출신. 일제시대에 의열단에 가입하여 활동한 독립운동가. 평양 숭실학교를 졸업한 뒤 기독교학교의 교사로 근무하였다. 1920년 베이징으로 가서 의열단에 입단하였으며, 1921년 김원봉으로부터 총독암살의 밀령을 받고 국내로 들어와 조선총독부에 잠입, 2개의 폭탄을 던지고 현장을 빠져나와 중국으로 탈출하였다. 1922년 오성륜(吳成崙)과 함께 일본육군대장 다나카(田中義一) 암살의 임무를 맡아 3월 28일 황푸탄(黃浦灘)에 선편으로 도착한 다나카를 저격하였다. 그러나 오성륜의 저격이 실패하자 김익상이 다나카를 향하여 다시 폭탄을 던졌으나 폭탄이 불발되어 실패하였다. 저격실패 후 도망가다가 총상을 입고 체포되었다. 이후 사형을 언도받았으나 여러 차례 감형되어 출옥하였다가 일본형사에게 암살당하였다.

김인문(金仁問)

629년(진평왕 51)~694년(효소왕 3). 자는 인수(仁壽). 신라통일기의 장군·외교가. 제29대 태종무열왕의 둘째아들로 어머니는 문명왕후(文明王后)이다. 어려서부터 학문과 식견이 탁월하였으며, 당나라에서 숙위하면서 661년(문무왕 1) 당군의 고구려 공격계획을 신라에 전하려고 귀국하였고, 668년 고구려 침공시에는 신라측의 부사령관을 맡았다. 고구려를 멸망시킨 후에는 다시 당에 숙위하였다. 김인문은 7차례 입당(入唐)으로 22년간 당에서 숙위(宿衛)하면서 신라의 삼국통일 과정에서 당과의 긴밀한 연락관계를 맡았던 인물이다. 694년에 당에서 사망한 후 그의 유해는 신라로 옮겨졌다.
㉴ 묘는 경상북도 경주시 서악동 소재임.

김장생(金長生)

1548년(명종 3)~1631년(인조 9). 자는 희원(希元), 호는 사계(沙溪), 시호는 문원(文元). 본관은 광산. 조선 중기의 학자. 대사헌 김계휘(金繼輝)의 아들로, 김집(金集)의 아버지이다. 1578년(선조 11) 학행으로 천거되어 창릉참봉이 되었고, 임진왜란 때는 호조정랑으로 명나라 군사의 군량미 조달을 위해 힘썼다. 이후 여러 차례 군수 등의 벼슬이 내려지고 청백리에 뽑히기도 하였으나, 신병과 북인이 득세한 현실에 실망하여 향리인 연산(連山)으로 내려갔다. 광해군 초에는 회양부사 등 지방관을 지냈으나 1613년(광해군 5) 계축옥사(癸丑獄事)에 연루되었다가 무혐의로 풀려난 후 연산에 은둔하며 학문에 전념하였다. 인조반정 후 장령·성균관사업·공조참의 등을 역임하였으며, 1627년 정묘호란 때에는 양호호소사(兩湖號召使)로 의병을 모아 공주에 내려온 세자를 호위하였다. 1688년(숙종 14) 문묘에 배향되었다. 송익필(宋翼弼)과 이이(李珥)에게서 예학과 성리학을 배웠다. 주요저서로는 《상례비요(喪禮備要)》·《가례집람(家禮輯覽)》·《전례문답(典禮問答)》·《의례문해(疑禮問解)》 등이 있으며, 문집인 《사계선생전서(沙溪先生全書)》가 있다.

㊌ 돈암서원(충청남도 논산군 연산면 소재)에 배향됨.

김정호(金正浩)

19세기 중반. 자는 백원(伯元)·백온(伯溫), 호는 고산자(古山子). 본관은 청도. 조선 후기에 대동여지도(大東輿地圖) 등을 제작한 지리학자. 실학자인 최한기(崔漢綺)와 친교가 깊었다고 전하며, 대동여지도·대동지지(大東地志) 등의 간행연도로 보아 순조와 철종 때에 활동한 인물로 추정된다. 1834년(순조 34) 청구도(靑邱圖)를 편찬하고 지구도(地球圖)를 판각하였으며, 1861년(철종 12) 대동여지도를 판각하였다. 대동여지도는 목판본으로 청구도에 비해 훨씬 더 자세하고 사용하기에 편리하도록 되어 있다. 그 뒤 전국을 한 장의 지도로 쉽게 볼 수 있도록 90만분의 1로 축소한 대동여지전도를 목판본으로 간행하였다. 또한 《동국여지승람》의 착오를 정정하고 이를 보완하기 위해 수년간 전국을 답사한 끝에 대동지지를 완성하였다.

▶ 김정호

❖ 대동여지도·대동여지전도·대동지지

김정희(金正喜)

1786년(정조 10)~1856년(철종 7). 자는 원춘(元春), 호는 추사(秋史)·완당(阮堂)·시암(詩庵), 시호는 문정(文貞). 본관은 경주. 조선 후기에 금석고증학을

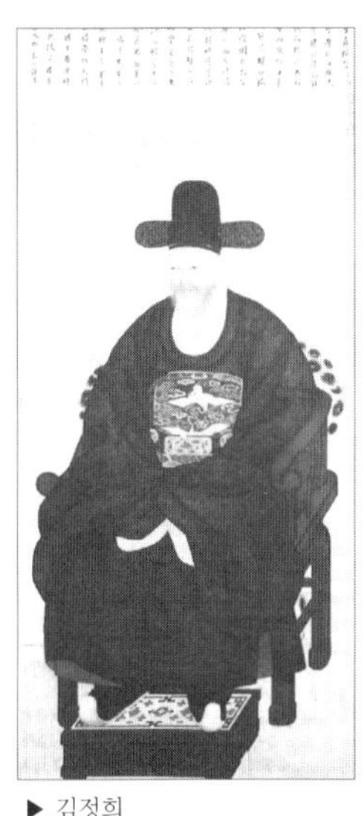

▶ 김정희

성립시킨 학자·서화가. 어려서부터 글씨에 뛰어났으며, 1800년(정조 24) 박제가의 문하에 들어가 수학하였다. 1809년(순조 9) 아버지 김노경(金魯敬)을 따라 청나라에 가서 옹방강(翁方綱)·완원(阮元) 등 청나라 고증학의 대가들과 교유하였다. 특히 옹방강은 금석고증학을 학문의 한 분야로 만든 사람으로 그에게서 커다란 영향을 받고 금석고증학에 많은 관심을 갖고 연구하여 조선금석학파를 성립시켰다. 1819년 문과에 급제한 후, 암행어사·예조참의·대사성·병조참판 등을 역임하였다. 1834년(헌종 즉위년) 윤상도(尹尙度)의 옥사에 연루되어 제주도로 유배되었다가 1849년 석방되었다. 1851년(철종 2) 권돈인(權敦仁)의 옥사에 연루되어 다시 북청으로 유배되었다가 이듬해 석방되었다. 그 뒤 과천에 은거하면서 학문에 전념하였다. 그의 학문은 금석고증학으로 대표되지만 불교학에도 조예가 깊었으며, 서화에도 뛰어나 추사체(秋史體)를 완성하였다. 문집으로 《완당집》이 있다.

㈜ 추사고택(충청남도 예산군 소재)

김조순(金祖淳)

1765년(영조 41)~1832년(순조 32). 초명은 낙순(洛淳), 자는 사원(士源), 호는 풍고(楓皐), 시호는 충문(忠文). 본관은 안동. 조선 후기에 이조판서 등을 역임한 문신. 1785년(정조 9) 문과에 급제하여 검열이 되고, 1786년 초계문신(抄啓文臣)에 선발되었다. 1792년 동지겸사은사(冬至兼謝恩使)의 서장관으로 청나라에 다녀온 뒤, 이조참의·승지 등을 역임하였다. 1800년(순조 즉위년) 순조 즉위 후 부제학·병조판서·이조판서 등을 역임하였고, 1802년 그의 딸이 순조의 비(純元王后)로 봉해지자 영돈녕부사로 영안부원군(永安府院君)에 봉해졌다. 1804년 정순왕후(貞純王后)의 수렴청정이 끝나고 순조의 친정이 이루어지자 국구(國舅)로서 정국의 운영을 주도하였다. 그 뒤 훈련대장·호위대장을 거쳐 1814년 금위대장, 1826년 대제학을 지냈다. 저서로 《풍고집》이 있다.

김종서(金宗瑞)

1390년(공양왕 2)~1453년(단종 1). 자는 국경(國卿), 호는 절재(節齋), 시호는 충익(忠翼). 본관은 순천. 조선 초 북방 육진을 개척하고 편찬사업을 주도한 재상. 도총제 김추(金錘)의 아들로 1405년(태종 5) 문과에 급제하였고, 1419년(세종 1) 정언이 되었다. 1420년 광주판관이 되었고 1426년에는 이조정랑으로 왜인의 포획상황을 조사, 보고하였다. 그해 12월 함길도 관찰사가 되어 1433년(세종 15) 여진족의 침입을 물리치고 6진을 설치하여 두만강을 경계로 국경선을 확정하였다. 그후 여러 요직을 거쳤다. 1449년(세종 31) 《고려사》를 고쳐 편찬, 1451년(문종 1)에 간행하였다. 1452년(문종 2) 세종실록의 총재관이 되었으며, 《고

▶ 김종서의 묘 : 충청남도 공주시 장기면 소재

려사절요》를 편찬·간행하였다. 그 해 어린 단종이 왕위에 오르자 좌의정이 되어 왕을 보살피다가 1453년(단종 1) 수양대군에게 살해되었다. 호방한 기개를 나타낸 시조 2수를 남겼다. 1746년(영조 22)에 복관되었다.

김종직(金宗直)

1431년(세종 13)~1492년(성종 23). 자는 계온(季昷)·효관(孝盥), 호는 점필재(佔畢齋), 시호는 문충(文忠). 본관은 선산. 조선 전기의 문신·학자. 김숙자(金叔滋)의 아들로, 1459년(세조 5) 식년문과에 급제하여 정자·교리·감찰·경상병마평사 등을 역임했다. 고려 말 정몽주, 길재의 학통을 이어받은 아버지 김숙자에게서 학문을 전수받은 그는 사림파의 정신적인 지주가 되어 정여창·김굉필·김일손·유호인·남효온 등 훌륭한 제자들을 많이 배출하였다. 1498년(연산군 4) 그가 생전에 지은 세조의 왕위찬탈을 비난하는 내용의 〈조의제문〉이 원인이 되어 무오사화가 일어나서, 이미 죽은 그는 부관참시를 당하였으며, 그의 문집은 모두 불태워졌고 많은 제자가 죽임을 당했다. 중종이 즉위한 후 그 죄가 풀리고 숙종 때는 영의정에 추증되었다. 저서로는 《점필재집》·《유두류록(遊頭流錄)》·《청구풍아(靑丘風雅)》·《당후일기(堂後日記)》 등이 있다.

㉴ 예림서원(경상남도 밀양)·금오서원(경상북도 구미) 등에 배향됨.

김좌진(金佐鎭)

1889년(고종 26)~1930년. 자는 명여(明汝), 호는 백야(白冶). 충청남도 홍성출신. 일제시대에 청산리전투를 승리로 이끈 독립운동가. 1905년 육군무관학교에 입학하였고, 1907년 고향에 호명학교(湖明學校)를 설립하여 교육계몽운동에 종사하였으며, 1909년 오성학교(五星學校) 교감을 지냈다. 1918년 만주로 망명하여 대종교에 입교하였으며, 대한정의단을 거쳐 북로군정서총사령관이

▶ 김좌진

되었다. 1920년 북로군정서군을 이끌고 청산리에서 일본군을 대파하였으며, 동년 대한독립군단부총재에 선임되었다. 1925년 신민부를 조직하고 군사위원장·총사령관으로 활동하였다. 이때 대한민국임시정부국무위원에 선임되었으나 취임하지 않고 민족유일당운동에 전념하였다. 1927년 신민부 중앙집행위원장이 되었고, 동년 무정부주의세력과 연합하여 한족총연합회를 조직하여 공산주의세력에 대항하였다. 1930년 공산주의자에 의해 피살되었다. ❍ 청산리전투
㋴ 생가(충청남도 홍성군 갈산면 소재)

김지섭(金祉燮)

1885년(고종 22)~1928년. 자는 위경(衛卿), 호는 추강(秋岡). 경상북도 안동 출신. 일제시대에 의열단에 참여하여 활동한 독립운동가. 일찍이 상주보통학교교원과 금산지방법원서기 등으로 재직하다가 국권피탈 후 공직을 사퇴하고 독립운동방략을 강구하였다. 1922년 상하이에서 의열단에 가입하였으며, 11월 모스크바에서 개최된 극동인민대표자대회에 참가하였다. 1923년 3월 국내에서 일제의 관공서 폭파와 요인암살 공작을 실행하고자 폭탄을 소지하고 서울로 잠입하여 조선총독부·동양척식주식회사 등을 파괴하려 하였으나 실패하자 상하이로 돌아왔다. 1924년 도쿄에서 열리는 제국의회에 일본총리대신·일본고관·조선총독 등이 참석한다는 말을 듣고 이들을 저격하기 위해 도쿄로 잠입하였다. 그러나 제국의회가 연기되자 1월 5일 궁성 정문 앞의 이중교(二重橋)에 폭탄을 던지고 체포되었다. 1925년 무기징역을 언도받고 복역중 1928년 옥사하였다.

김헌창(金憲昌)의 난

822년(헌덕왕 14) 김헌창이 웅진을 거점으로 일으킨 반란으로 김헌창의 아버지는 김주원(金周元)이 822년 왕위에 오르지 못했던 것을 이유로 반란을 일으켜 무진주·완산주(完山州)·청주·사벌주(沙伐州) 등 4주와 국원경(國原京)·서원경(西原京)·금관경(金官京) 등 3경을 세력하에 두고 국호를 '장안(長安)', 연호를 '경운(慶雲)'이라고 하였다. 그러나 일길찬 장웅(張雄)을 중심으로 한 귀족세력에 의해 도동현(道冬峴)과 삼년산성, 성산(星山 : 黃山)에서 패한 후 웅진을 거점으로 대항하다가 함락되어 자살하였다. 이를 계기로 반란진압에 사병을 이끌고 참여하였던 여러 귀족들은 이후 무력을 기반으로 치열한 왕위계승다툼을 전개하였으며 각 지방에서는 지방호족이 일어났다.

김홍도(金弘道)

1745년(영조 21)~? 자는 사능(士能), 호는 단원(檀園)·단구(丹邱)·서호(西湖)·고면거사(高眠居士). 본관은 김해. 조선 후기에 활동한 풍속화가. 강세황(姜世晃)의 천거를 받아 도화서화원이 되었다. 1771년(영조 47) 영조와 왕세손(정조)의 어안을, 1781년(정조 5)에는 어진화사(御眞畵師)의 일원으로 정조의 어진을 그리는 등 영조와 정조의 총애를 받았다. 1788년에는 정조의 명으로 김응환(金應煥)과 함께 금강산을 유람하며 그곳을 화

▶ 김홍도의 그림

폭에 담기도 하였다. 1791년 정조의 어진을 그리는 데 참여하였으며, 그 공으로 연풍현감에 제수되었다. 초기에는 주로 산수화를 즐겨 그렸으나 만년에는 풍속화에 전념하여 서민들의 생활을 주제로 한 작품을 많이 남겼다. 주요 작품으로 〈서원아집육곡병(西園雅集六曲屛)〉·〈군선도병(群仙圖屛)〉·〈금강사군첩(金剛四君帖)〉 등과 《단원풍속화첩》이 있다.

김홍집(金弘集)

1842년(헌종 8)~1896년. 초명은 굉집(宏集), 자는 경능(景能), 호는 도원(道園), 시호는 충헌(忠獻). 본관은 경주. 근대에 내각총리 등을 역임한 관료. 1868년(고종 5) 문과에 급제하여 승정원가주서, 1875년 부사과(副司果)·흥양현감, 1878년 호조·공조·병조·예조의 참의 등을 지냈다. 1880년 수신사에 임명되어 일본에 다녀왔는데, 이때 황쭌셴(黃遵憲)을 만나 《조선책략(朝鮮策略)》을 가지고 돌아와 고종에게 올리고 개화정책을 추진할 것을 건의하였다. 동년 예조참판·통리기무아문 통상당상경리사를 지냈다. 1882년 일본

▶ 김홍집

및 청나라와 〈제물포조약〉·〈상민수륙무역장정〉을 체결할 때 전권대신의 부관으로서 협상의 실무를 담당하였다. 1883년 직제학, 1884년 예조판서·독판교섭통상사무(督辦交涉通商事務) 등을 지냈으며, 동년 12월 갑신정변이 실패로 끝나자 좌의정에 임명되어 뒷수습을 담당하였다. 1885년 전권대신으로 일본과 〈한성조약〉을 체결하였으며, 수원부유수에 임명되었다. 1894년 동학농민운동과 청일전쟁의 발발 등으로 정세가 급

변하자 이를 수습하기 위해 총리교섭통상사무에 재등용되었다. 동년 일제의 내정간섭으로 군국기무처가 설치되자 총재관이 되어 제1차갑오개혁을 주도하였으며, 이후 박영효와의 연립내각이 수립되자 다시 제2차갑오개혁을 주도하였다. 1895년 일본이 을미사변을 일으킨 후 친일정부를 수립하자 이에 참여하여 단발령을 비롯한 각종 개혁정책을 실시하였다. 1896년 아관파천 당시 군중들에 의하여 살해되었다. 유고집으로 《김총리유고(金總理遺稿)》가 있다.

㊌ 묘소는 고양시 벽제읍에 소재함.

김활란(金活蘭)

1899년~1970년. 호는 우월(又月), 인천출신. 일제시대에 근우회 등을 조직하고 활동한 여성운동가·교육가. 이화학당과 이화학당 대학과를 졸업하고 모교에서 교사로 근무하였다. 1924년 미국 오하이오 웨슬리언대학을 졸업하고, 1925년 보스턴대학에서 석사학위를 받고 귀국, 동년 이화여전 교수 및 학감을 지냈다. 1926년 기독교계 여성운동의 대표자로 근우회에 참여하였으나 사회주의계 여성운동세력과의 대립으로 곧 탈퇴했다. 1930년 미국 컬럼비아대학 대학원에 입학, 1931년 우리나라 여성으로는 처음으로 철학박사학위를 받았다. 귀국 후 이화여전부교장, 1939년 이화여전교장 등을 지냈으며, 1941년 임영신(任永信)·노천명(盧天命)·모윤숙(毛允淑) 등과 함께 조선임전보국단 부인대를 조직하여 활동하였다. 광복 후 1945년부터 1961년까지 이화학당이사장 겸 이화여자대학교총장으로 재직하다가 1961년 정년퇴직하였다. 이외 공보처장·대한적십자사부총재 등을 역임하였다. 1963년 막사이사이상을 수상하였다.

나석주(羅錫疇)

1892년(고종 29)~1926년. 황해도 재령출신. 1926년 12월 동양척식주식회사에 폭탄을 투척한 독립운동가. 1913년 만주로 건너가 북간도에 있는 독립군 양성학교인 한인무관학교에 입학하여 군사훈련을 받고 귀국하였다. 1920년 동지를 규합하여 대한민국임시정부에 군자금을 조달하는 한편, 결사대를 조직하여 친일파 숙청공작을 전개하였으며, 동년 10월 상하이로 망명하여 대한민국임시정부 경무국경호원으로 활동하였다. 1923년 중국 허난성(河南省)에 있던 중국육군군관단강습소(中國陸軍軍官團講習所)에 입교하여 사관훈련을 수료한 후 중국군장교로 임관하여 복무하였다. 1925년 대한민국임시정부에 참여하여 활동하였으며, 1926년 의열단에 가입하였다. 동년 12월 폭탄과 권총을 휴대한 후 국내로 잠입하여 동양척식주식회사·조선식산은행 등에 폭탄을 투척하여 여러 명의 일본인을 사살하였다. 그 뒤 일경의 추격을 받자 권총으로 자결하였다.

나선정벌(羅禪征伐)

조선 중기 효종대 조총부대를 파견하여 청국과 공동으로 러시아를 공격하여 승리한 일. 나선이란 러시안(Russian : 러시아인)의 한자음이다. 17세기 중반 러시아가 남하정책을 취하면서 헤이룽강(黑龍江) 일대에서 청나라와 충돌, 1차 접전에서 패한 청나라가 조선에 조총수 1천 명의 지원을 요청, 조선에서는 함북병마우후 변급의 지휘하에 조총수 1백여 명과 초관·기고수(旗鼓手) 등 50여 명을 파견, 1654년 4월 청나라 군사 3천과 합세하여 헤이룽강을 거슬러 올라온 러시아군과 접전해서 대승을 거두었다. 이것이 제1차 나선정벌이었다. 이후 1658년 청은 다시 조선에 원병을 요청, 이에 함북병마우후 신류(申瀏)의 지휘하에 조총수 2백 명, 초관·기고수 등 60여 명을 파견, 같은 해 6월 쑹화강(松花江)과 헤이룽강이 합류하는 지점에서 러시아군을 크게 섬멸하였다. 이것이 제2차 나선정벌이었다. 두 차례의 나선정벌은 당시 조선의 군사력을 시험해보고 청나라의 군사력을 확인할 수 있는 기회를 제공하였다.

나운규(羅雲奎)

1902년~1937년. 호는 춘사(春史). 함경도 회령출신. 일제시대에 영화 아리랑을 제작한 영화인. 1912년 회령보통학교 졸업 후 1918년 간도의 명동중학에 입학하였으나 일제의 탄압으로 폐교되자 만주 등지에서 독립운동을 전개하였다. 1921년 귀국, 중동학교 재학중 독립운동 혐의로 체포되어 복역하였다. 1924년 부산에 설립된 조선키네마주식회사의 연구생으로 입사, 윤백남(尹白南) 감독의 〈운영전〉에 단역으로 데뷔하였다. 1926년 〈아리랑〉·〈풍운아〉를 직접 쓰고 감독 및 주연을 맡아 민족영화의 길을 개척하였다. 1927년 나운규프로덕션을 설립하여 〈옥녀〉·〈사나이〉·〈벙어리 삼룡이〉 등을 제작하였으며, 1930년 단성사 사장 박정현(朴晶鉉)의 지원하에 일본 영화사와 제휴하여 〈아리랑 후편〉을 만들었으나 흥행에 실패하였고, 그 뒤 〈개화당이문(開化黨異聞)〉·〈무화과〉·〈강건너 마을〉 등의 영화를 제작하였으나 역시 성공하지 못하였다. 1936년 발성영화가 등장하자 〈아리랑 삼편〉·〈오몽녀(五夢女)〉를 제작하였다.

나제동맹(羅濟同盟)

삼국시대 신라와 백제가 고구려의 남진에 대처하기 위해 맺은 동맹. 4세기 초 전연(前燕)의 공격을 받은 고구려가 남하하자 백제의 근초고왕은 366년(근초고왕 21)에 신라 내물왕에게 사신을 보내 우호를 도모하였고, 이를 바탕으로 근초고왕은 평양성 전투에서 고국원왕을 전사시키는 개가를 올리기도 하였다. 이후 5세기 중엽 고구려의 장수왕이 국내성에서 평양으로 천도한 후 적극적인 남진정책을 추진하자 이에 위기감을 느낀 신라와 백제는 433년(신라 눌지왕 17, 백제 비류왕 7)에 동맹을 맺었으나 이후에도 고구려의 공략이 계속되어 백제는 개로왕이 전사하고 수도 한성이 함락되기도 하였다. 그 결과 백제는 문주왕대에 웅진으로 천도하였으며, 동성왕대에는 기존의 관계를 보다 돈독하게 하고자 493년(백제 동성왕 15, 신라 소지왕 15)에 신라의 왕녀를 맞이하는 혼인동맹으로까지 발전하였다. 나제동맹을 통한 결속의 결과 신라는 고구려의 남진을 저지하는 데 성공하였으며 백제는 551년(성왕 29)에 빼앗겼던 한강 하류의 6개군을 탈환하는 데 성공하였다. 그러나 곧 동맹국인 신라에서 이 지역을 점령하자 양국간의 동맹관계는 깨져버리고, 백제 성왕은 친히 군사를 이끌고 신라를 공격하였으나 관산성전투에서 전사하였다.

나철(羅喆)

1863년(철종 14)~1916년. 본명은 인영(寅永), 호는 홍암(弘巖). 전라남도 보성출신. 일제시대에 대종교를 창시한 종교인·독립운동가. 1892년 문과에 급제하여 승정원가주서·승문원부정자 등을 역임하였다. 1904년 유신회(維新會)를 조직하여 구국운동을 전개하였으며, 1905년 오기호(吳基鎬)·홍필주(洪弼周) 등과 일본에 건너가 일본의 유력 정치인 및 천황에게 서한을 보내 한국의 독립을 요구하였다. 1907년 2월 오기호 등과 함께 자신회(自新會)를 조직하고 을사오적에 대한 암살을 기도하였다가 체포되어 10년 유배형을 언도받고 전라도 지도(智島)에 유배되었다가 고종의 특사로 풀려났다. 1909년 1월 단군교를 창시하고 초대교주인 도사교(都司教)에 취임하였다가, 1910년 8월 대종교로 개칭하였다. 1915년 일제가 대종교를 불법화하자 1916년 신도 6명과 함께 구월산 삼성사에 들어가 수행하던 중 국민들에게 유서를 남기고 자결하였다. ❑ 대종교

▶ 나철

남궁억(南宮檍)

1863년(철종 14)~1939년. 자는 치만(致萬), 호는 한서(翰西). 서울출신. 근대 및 일제시대에 애국계몽운동에 종사하였던 언론인·교육자. 1884년(고종 21) 동문학을 수료한 후 1886년 내부주사를 거쳐 칠곡군수·내부토목국장 등을 지냈다. 1896년 서재필 등과 함께 독립협회를 창립하여 중앙위원·사법위원 등을 지냈으며, 1898년 황성신문을 창간하였다. 1905년 성주목사에 임명되었으나 〈을사조약〉이 체결되자 사임하였다. 1907년 권동진(權東鎭)·윤효정(尹孝定)·장지연 등과 함께 대한협회를 창립하고 기관지인 〈대한협회월보〉와 대한민보를

▶ 남궁억

발간하였다. 1908년 강원도에 관동학회를 창립하고 교육잡지인 〈교육월보〉를 발행하였다. 그 뒤 배화학당교사와 상동청년학원원장을 지내면서 독립사상 고취에 주력하였다. 1919년 강원도 홍천에 모곡학교(牟谷學校)를 세우고 교내에 무궁화단지를 조성하여 무궁화보급운동을 전개하였다. 1933년 십자당(十字黨)을 조직, 활동하다가 일경에 체포되어 복역하였다. 저서로 《동사략(東史

略》등이 있다. 2000년 1월의 문화인물로 선정되었다.

㉤ 묘소는 강원도 홍천군 서면에 소재함.

남북조절위원회(南北調節委員會)

7·4남북공동성명에 따라 남북한 쌍방간의 합의사항을 추진하고, 조국의 통일문제를 협의·해결할 목적으로 설치한 남북한의 공식 대화기구. 1972년 11월 30일 〈남북조절위원회 구성 및 운영에 관한 합의서〉에 양측이 서명함으로써 정식으로 발족, 11월 30일과 12월 1일 양일간에 걸쳐 개최된 제1차회의를 시발로 구체적인 활동을 위한 토의에 들어갔다. 1973년 3월 15일과 16일 양일간 평양에서 개최된 제2차본회의에서 서울측은 각종 회의의 운영세칙 제정과 판문점 공동사무국 신축, 5개분과위원회 중 경제·문화 분과위원회 우선 발족 등을 제의하였으나, 평양측은 무력증강 및 군비경쟁중지, 쌍방군대의 10만 이하 감군, 평화협정체결 등 5개항의 군사제안을 제시하여 회의는 쌍방간 격렬한 의견대립으로 공전하였다. 6월 12일과 13일 양일간 서울에서 개최된 제3차본회의에서 서울측은 경제·사회 분과위원회의 우선 설치를 재강조하고 경제·문화·학술·체육·예술 등의 교류와 지하자원 공동개발 등을 통한 상호사회개방추진을 제의하였으나, 평양측은 군사 5개항의 우선 토의를 재강조하고 남북 정당·사회단체 연석회의의 별도개최를 주장함으로써 회의는 교착상태에 빠졌다. 이어 8월 28일 평양측 공동위원장 김영주(金英柱)가 '6·23선언'을 구실로 남북대화의 중단을 선언, 제3차회의를 마지막으로 남북조절위원회 본회담이 중단되었다. 그 뒤 본회담 재개를 위해 여러 차례 회의가 열렸으나, 평양측이 〈반공법〉 및 〈국가보안법〉 폐지, 주한미군의 철수 등을 요구함으로써 회의는 더 이상 진전되지 못하고 1975년 3월 제10차회의를 마지막으로 중단되었다.

남연군묘도굴사건(南延君墓盜掘事件) → 오페르트

▶ 남이 장군 묘

남이(南怡)

1441년(세종 23)~1468년(예종 즉위년) 시호는 충무(忠武), 본관은 의령. 조선 전기의 무신. 남휘(南暉)의 아들로, 1457년(세조 3) 무과에 장원급제한 후 세조의 총애를 받으면서 여러 무직을 거쳤고, 1467년 이시애 난이 발생하자 구성군 등과 함께 출전하여 토벌한 공으로 적개공신(敵愾功臣) 1등에 책록되었다. 이후 서북지방의 건주위 여진의 토벌에 참여하였고, 공조판서·오위도총부도총관·병조판서 등을 역임하였다. 1468년 유자광의 모함으로 능지처참되었다. 1818년(순조 18) 남공철의 요청으로 관직이 복구되었다.

㊀ 묘소는 경기도 화성군 비봉면 남전리에 소재함. 한편 함경남도 북청군에 남이장군의 비라고 전하는 것이 있음.

내사문하성(内史門下省)

고려 초기 국정을 관장하던 기관. 내사성과 문하성의 합칭으로, 982년(성종 1) 내의성(内議省)이 개칭된 것이다. 내사성은 국왕의 조칙에 관한 일을, 문하성은 왕명 하달과 중신들의 건의를 담당하였다. 1061년(문종 15)에 중서문하성이라 개칭되었다. ● 중서문하성

내상(萊商)

조선시대 부산 동래를 중심으로 활동하던 상인. 이들은 조선 전기부터 대일본무역에 종사하였는데, 이들이 행하는 무역형태는 정부의 허가를 받아 왜관에서 행하는 무역과 몰래 선박을 이용해 바다 가운데에서 행하는 잠무역(潛貿易)이 있었다. 17세기 이후 사무역이 발달하고 중계무역이 성행하면서 이들의 활동이 더욱 두드러졌으며, 국내 다른 지방상인과도 연계를 가지면서 활동하였다. 이들은 일본에서 은·구리·유황·후추 등을 수입하여 개성상인에게 넘기고, 개성상인에게서 넘겨받은 인삼, 경강상인에게서 구입한 쌀 등을 수출하였다. 18세기에는 밀무역에도 많이 참여하여 정부의 규제를 받기도 하였다.

내장전(內莊田)

고려시대 왕실 소속의 직할 토지. 공전(公田)으로, 왕실 재산의 기본이 되었다. 전국에 약 360여 개소에 이르렀으며, 장(莊) 또는 처(處)라 불리는 특수한 행정구획이 이 토지를 관리했다.

널무덤(土壙墓)

지하에 구덩이를 파고 시신을 묻는 초기 철기시대의 무덤. 형태는 사각형·직사각형·원형·타원형 등이 있다. 중기 구석기시대부터 전세계적으로 나타나며, 우리나라에서는 초기 철기시대에 나타나 삼국시대 전기까지 유행하였다. 대표적인 유적으로 평남 평양시 태성리(기원전 1세기 이후), 황해도 은율군 운성리, 경북 경주시 조양동(1~3세기), 경남 김해시 예안리(4세기) 등.

노론(老論)

조선 후기에 존재하였던 정치집단의 하나. 1680년(숙종 6)의 경신환국으로 집권하게 된 서인 가운데 김익훈(金益勳) 등이 남인을 정계에서 완전히 제거하고자 남인이 역모를 도모하였다고 고변하였는데, 추후 이것이 무고였음이 드러났다. 무고를 한 김익훈의 처벌을 놓고 김익훈을 옹호하는 훈신세력인 서인의 영수 송시열과 김익훈을 처벌해야 한다고 주장하는 젊은 사류들의 지지를 받고 있던 박세채·윤증 간에 의견대립이 일어났다. 그 뒤 이 고변문제는 해결되지 않다가 1684년 송시열의 문인이었던 최신(崔愼)의 윤증 비난상소를 시작으로 송시열·윤증의 사제간의 사사로운 시비문제가 비화되면서 조정은 송시열을 지지하는 세력과 윤증을 지지하는 세력으로 나뉘어 대립하게 되었다. 결국에는 1687년에 이르러 서인이 송시열·김수항(金壽恒)·민정중(閔鼎重)·김석주(金錫胄)·김익훈·이이명(李頤命) 등의 노론과 윤증·박세채·조지겸(趙持謙)·오도일(吳道一)·남구만(南九萬) 등의 소론으로 분열되었다. 그러나 1689년의 기사환국으로 남인이 정권을 장악하고 서인이 몰락함으로써 노소론의 분열은 심화되지 않았으나 1694년 갑술환국으로 서인이 재집권하게 되면서 남인에 대한 처벌문제로 다시 대립되었다. 그러다가 1715년의 《가례원류(家禮源類)》의 간행문제로 서인은 완전히 노론과 소론으로 양분되었다. 그후 노론은 사도세자의 죽음을 놓고 벽파(僻派 : 사도세자를 공격하던 세력)와 시파(時派 : 사도세자를 동정하던 세력)로 다시 분열되었다.

◐ 서인·소론

노비안검법(奴婢按檢法)

고려 전기 광종 때 양인으로서 노비가 된 자의 신분을 해방시키기 위해 시행한 법률. 호족세력의 약화를 위해 시행된 것이다. 당시 호족들은 후삼국의 혼란기에 전쟁포로가 된 자나, 빚을 갚지 못한 자 등을 노비로 소유하였고, 때로는 강제적인 방법으로 양인을 노비화하기도 하였다. 이러한 노비는 호족들의 군사적, 경제적 기반이 되어 왕권에 위협적인 요소가 되었으며 왕권의 입장에서는 이를 제한해야 하였다. 이에 956년(광종 7) 이 법을 시행해서 양인으로서 노비가 된 자를 조사하여 양인으로 회복시켰다. 그 결과 호족에게 귀속되던 세(稅)가 국가로 환원되었고 호족의 기반을 축소시켜 결과적으로 왕권이 강화되었다.

녹읍(祿邑)

신라시대 귀족들에게 지급된 토지. 통일전쟁과정에서 획득한 전쟁노비와 함께 귀족들의 주요한 경제적 기반이었다. 녹읍에서 조세뿐 아니라 백성들의 부역까지도 징발할 수 있었다. 그 실시 연대는 알 수 없으며, 삼국통일 이후 중대의 전제왕권이 귀족들을 견제하면서 687년(신문왕 7)에는 관료전을 지급하면서 689년에는 녹읍을 폐지하고 그 대신 세조(歲租)를 차등있게 지급하였다. 녹읍이 폐지되자 귀족들이 강력하게 반발하여 757년(경덕왕 16)에는 다시 녹읍이 복구되고 관료전이 폐지되었다. 이후 녹읍은 귀족들이 막대한 부를 축적할 수 있는 기반이 되었다. ➡ 관료전

농가집성(農家集成)

조선 중기 신속(申洬)이 편찬한 농서. 1책으로 1655년(효종 6)에 초간되었고, 1656년과 1686년(숙종 12)에 중간되었다. 《농사직설(農事直說)》·《금양잡록(衿陽雜錄)》·《사시찬요초(四時纂要抄)》·《구황촬요(救荒撮要)》 등의 책을 하나로 합한 것이나, 내용에 따라 개수와 보충을 해서 엮은 책이다. 이 책에는 도작(稻作)을 중심으로 한도(旱稻)·만도(晩稻) 등의 종류, 파종법, 건파법(乾播法) 등이 수록되어 있다. 여러 가지 작물의 품종명에는 이두와 한글의 표기가 있어 농업사연구 이외에 국어사연구에도 참고할 수 있다.

▶ 농가집성

ⓐ 신속(申洬) : 1600년(선조 33)~1661년(현종 3). 자는 호중(浩仲), 호는 이지당(二知堂). 본관은 고령. 조선 중기 《농가집성(農家集成)》을 편찬한 문신으로, 1624년(인조 2) 별제(別提)에 임명되었고, 이후 호조낭관·옥천현감 등을 거쳐 1644년 영천군수를 지냈다. 동년 문과에 급제한 뒤, 춘추관편수관을 거쳐 지평·필선·장령 등을 역임하였다. 그 뒤 외숙인 김자점(金自點)이 역모죄로 처형됨으로써 연안현감으로 좌천되었다. 이후 양주·공주·청주 등지의 목사를 지냈다. 1655년 공주목사로 재직 시 《농가집성》을 편찬하였다.

농사직설(農事直說)

조선 초기 세종의 명에 의해서 정초(鄭招)·변효문(卞孝文) 등이 편찬한 농서. 우리 풍토에 맞는 주곡작물의 경작법을 간결하게 기록한 농사 지침서로서, 각지 농부들의 경험담을 토대로 우리나라 실정에 맞게 편찬하여 1429년(세종 11)에 간행하고 이듬해 각 도에 반포하였다. 내용은 주로 곡식작물 재배에 중점을 두면서, 종자의 선택과 저장, 종자 처리, 논밭갈이, 삼(麻)의 파종과 재배, 수확, 벼·기장·조·수수·피(稷)·콩·팥·녹두·보리·밀

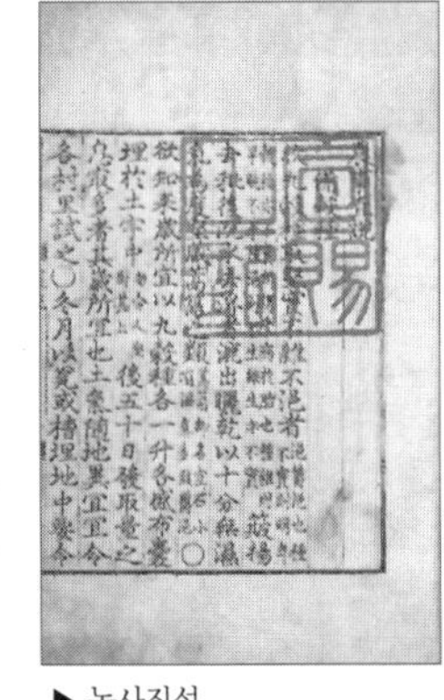

▶ 농사직설

등의 재배법 등이 소개되었다. 중국 농법의 의존에서 벗어나 우리 풍토에 맞는 농법을 개발하고 이를 책으로 완성하였다는 점에서 큰 의미가 있다. 1책으로 목판본이며, 현재 규장각에 소장된 《농가집성》에 포함되어 전한다.

농종법(壟種法)

밭갈이를 함에 있어 고랑과 두둑을 만들고 두둑에 씨를 뿌리는 밭농사 방법의 하나. 18세기 이후 고랑에 씨를 뿌리는 견종법(畎種法)이 보급되기 이전에 행해졌던 농사법으로 조ㆍ보리 농사에 널리 쓰였다. ➲ 견종법

능전(廩田)

조선시대 지방관청의 재정을 위해 설정된 토지. 《경국대전》에 규정된 능전의 지목은 각 주ㆍ현에 지급한 아록전ㆍ공수전, 각 역에 지급한 공수전ㆍ장전(長田)ㆍ부장전(副長田)ㆍ급주전(急走田)ㆍ마전(馬田), 수참에 지급한 아록전ㆍ수부전(水夫田), 각 원에 지급되었던 원전(院田), 각 도(渡)ㆍ진(津)에 지급된 아록전ㆍ진부전(津夫田), 각 릉의 수능군에 지급한 수능군전(守陵軍田), 빙고에 지급한 빙부전(氷夫田) 등이 있다. 고려시대의 외관공해전(外官公廨田)을 계승한 것으로, 고려 말 전제개혁 과정에서 외관직전(外官職田)과 늠급전(廩給田) 등으로 설정되었다가 《경국대전》에서 능전으로 법제화되었다. 조선 후기에는 대동법이 시행되면서부터 대동미 가운데 일부를 유치미(留置米)로 설정하여 지방관청의 재정에 충당하였다.

다보탑(多寶塔) → 불국사

단군(檀君)

고조선을 건국하였다고 하는 우리 민족의 시조 (始祖). 천제(天帝) 환인(桓因)의 손자, 환웅(桓雄)의 아들로, 기원전 2333년 아사달(阿斯達)에 조선을 건국했다고 한다. 단군에 대해서는 《삼국유사》·《제왕운기》·《응제시주》·《세종실록》〈지리지〉·《동국여지승람》 등에 실려 있는데, 우리나라 건국과정의 역사적 사실과 홍익인간의 건국이념을 밝혀주고 있으며, 고려·조선·근대를 거치면서 우리 민족의 전통과 문화의 정신적 지주가 되었다. 단군은 하늘을 의미하는 몽고어 텡그리(tengri)와 통하는 것으로 제사장을 뜻하며 정치적 군장(君長)을 뜻하는 임금의 의미인 왕검과 결합하여, 제정일치 사회의 군장을 의미한다고도 한다. ◐ 단군신화

▶ 단군 영정

㉾ 단군숭배 : 고려에 들어와 민족시조에 대한 숭배로 발전하였으며 조선 세종 때에는 평양에 사당을 짓고 국조(國祖)로 받들었다. 그리고 구월산(九月山)에는 환인·환웅·단군을 배향하는 삼성사(三聖祠)가 있고 강동(江東)에 단군의 무덤이 있다는 주장도 나왔다. 여기서 행하던 개천절이 광복 후에 정식 국경일로 지정되었다. 단기원년을 서기전 2333년으로 보아 1961년까지 단기를 사용하였다. 고려·조선시대에 단군은 국가적 위기가 있을 때 민족의 단결을 도모하고 민족의식을 북돋우는 구심점의 역할을 하였고 식민지시대에는 단군숭모가 탄압의 대상이 되기도 하였다. 한편 단군은 무속신앙에서 숭배의 대상이 되었으며 1909년 나철(羅喆)이 대종교(大倧敎)를 창시하여 종교적 교리를 갖추었다.

단군신화(檀君神話)

우리민족의 시조이자 고조선을 건국한 단군에 관한 설화.《삼국유사》·《제왕운기》·《응제시주》·《세종실록》〈지리지〉·《동국여지승람》 등에서 단군신화를 수록하고 있다. 그 내용은 다음과 같다. 오랜 옛날 환인(桓因 : 帝釋)의 서자(庶子) 환웅(桓雄)이 인간세상을 다스리고자 하였다. 이에 환인은 천부인(天符印) 세 개와 3천 명의 무리를 주며 인간세상으로 가게 했다. 태백산(太伯山 : 현 묘향산) 신단수 아래로 내려온 환웅은 그곳을 신시(神市)라 하고 풍백(風伯)·우사(雨師)·운사(雲師)와 함께 곡식·수명·질병·형벌·선악 등 인간의 360여 가지 일을 주관하며 세상을 다스리고 교화하니, 이가 곧 환웅천왕(桓雄天王)이다. 이때 범과 곰이 사람으로 바뀌고 싶어하므로 신령한 쑥과 마늘을 주고 1백 일을 굴 속에서 지내게 했더니, 범은 참지 못하고 뛰쳐나갔고 곰은 여자의 몸으로 변하였다. 웅녀가 신단수 아래에서 혼인하기를 기도하자 환웅이 잠시 변하여 잉태시키니 이로써 낳은 아들이 단군왕검이다. 단군은 평양성에 도읍하여 조선이라 했다. 또 도읍을 백악산(白岳山) 아사달(阿斯達)로 옮겼는데, 이곳을 궁홀산(弓忽山)·방홀산(方忽山)·금미달(今彌達)이라고도 한다. 그는 1,500년 동안 다스리다가 1,908세의 수(壽)를 누린 끝에 아사달산에 숨어 신선이 되었다. 이같은 단군신화의 해석에 대해서는 여러 가지 의견이 있다. 불함문화론(不咸文化論)의 관점으로 단군과 부루(夫婁)를 묶어 보는 시각이 있고, 천신족(天神族)인 환웅이 지신족(地神族)인 고마족의 여인과 결합하여 단군이 출생하였다는 것으로 보는 경우도 있으며, 민족 고유의 의식표현이라고 보는 해석도 있다. 또 단군신화에 나타나는 곰 숭배사상에 주목하여 우리 민족을 동북아시아지역에 분포하는 고아시아족(Paleo Asiatic)과 연결시키려는 견해도 있다.

단발령(斷髮令)

1895년(고종 32) 성년남자의 상투를 자르도록 한 명령. 1895년 11월 김홍집내각이 을미개혁을 추진하면서 개혁의 일환으로 전국에 단발령을 선포하였다. 단발령이 내려진 당일 고종은 태자와 함께 솔선하여 상투를 잘랐으며, 고시(告示)를 통해 전국 방방곡곡에 포고함과 동시에 당일부터 다음날 아침에 걸쳐 정부 각 부의 관료·군인·순검 등의 관인들에게 일제히 단발을 단행하였으며, 17일에는 전 백성들에게 단발의 실시를 강요하였다. 을미사변으로 일본에 대한 감정이 극도로 악화되어 있던 차에 강행된 단발령은 백성들의 항일의식을 더욱 고조시켰다. 이러한 반일 분위기 속에서 학부대신 이도재(李道宰)가 단발령에 대한 반대상소를 올렸으며, 유생들이 전국 각지에서 의병운동을 전개해 정부시책에 대항하였다. 이러한 가운데 고종의 아관파천이 일어나 친일내각이 붕괴되고 이범진(李範晋)·이완용 등을 중심으로 한 친러내각이 수립되면서 민심을 수습하고자 단발령을 철회하였다. 그 뒤 1902년 광무개혁의 일환으로 단발령문제가 다시 제기되어 군인·경찰·관원 등 제한된 범위 내에서 단발이 단행되었다.

단양 수양개유적

충청북도 단양군(丹陽郡) 적성면(赤城面) 애곡리(艾谷里) 수양개에 있는 구석기시대부터 신석기시대에 걸친 유적. 구석기문화층은 노란갈색흙층으로 땅갈라짐현상이 나타나는데, 이로써 따뜻한 기후를 가지는 빙간기에 해당함을 알 수 있다. 위문화층은 긁개·밀개·새기개·배밑모양의 돌날몸돌 등 격지연모가 많고, 아래문화층은 석기제작소 및 모루·망치·몸돌·격지 등 석기 제작방법의 복원자료가 발굴되었다.

단양적성비(丹陽赤城碑)

충청북도 단양군 소재 신라시대의 비. 1978년 1월 6일 단성면 하방리 뒷산인 성재산 적성 안에서 단국대학교박물관 조사단에 의해 발견되었다. 비의 상단부는 파손되었으나 좌우 양측면은 원형대로 보존하고 있으며 비문은 22행으로 전체 글자수는 430자 내외로 추정된다. 이 비는 진흥왕 때 신라가 죽령을 넘어 종전 고구려 영토를 차지한 후 이곳 백성들을 위로하고자 세운 것으로서, 비문에는 신라 영토확장을 돕고 충성을 바친 적성인 야이차(也尒次)의 공훈을 표창함과 동시에 장차 야이차와 같이 신라에 충성을 바치는 사람에게는 똑같은 포상을 내리겠다는 국가정책을 기록하고 있다. 이 비는 신라의 중앙정치나 지방통치조직에 대한 이해 혹은 촌락의 존재양상에 대한 이해에도 크게 활용되고 있다. 높이 93cm, 상폭 1.07m, 하폭 53cm의 크기로 국보 제198호로 지정되었다.

담로(檐魯)

백제의 지방통치조직. 담로는 본래 '다라'·'드르'의 음역(音譯)으로서 성(城)·읍(邑)을 의미하며, '벌(伐)=불(火)=벌'과도 통한다. 중국《양서》백제전에서는 당시 전국에는 22담로가 있었으며, 담로는 중국의 군현과 같은 기능을 가진 지방행정구역으로서 왕족출신의 자제나 종족이 파견되었다고 한다. 담로는 중국의 군현과 같은 기능을 가진 지방조직으로서, 기능은 지방통치에서 중심이 되는 경제적 수취와 노동력 동원 및 군사권의 장악이었다. 담로제가 시행된 시기에 대해서 담로가《양서》에 처음 나오는 것을 근거로 웅진시대에 처음으로 실시되었다고 보는 견해와 담로제의 연원을 웅진시대 이전으로 올려보는 견해가 있다.

담징(曇徵)

579년(평원왕 21)~631년(영류왕 14). 일본에 건너가 활약한 고구려 후기의 승려·화가. 609년(영양왕 20) 백제를 거쳐 일본에 건너가 채화와 공예, 종이·붓 등의 제작방법을 전했다고 한다. 일본 승려 호조(法定)와 함께 나라(奈良)의 호류사(法隆寺)에서 오경·불법 등을 강론하여 일본 고대문화발전에 크게 이바지하였다. 일본에서 고구려가 수나라를 크게 무찔렀다는 소식을 듣고 감격하여, 부처에게 감사하는 마음과 고국에 대한 사랑으로 일본의 옛 도읍지 나라 근처에 있는 호류사의 금당에 '4불정토도'를 그렸다. '금당벽화'로 알려진 이 그림은 1949년에 소실되어 현재는 모사화가 남아 있다.

당(唐)

중국에서 수를 이어 618년부터 907년까지 존속한 왕조. 수도는 장안(長安), 건국자는 고조(高祖) 이연(李淵)이다. 2대 태종(太宗) 이세민(李世民)대에 이르러 중앙집권체제를 확립하고 돌궐을 복속하여 왕조의 기초를 확립하니 그의 치세를 정관의 치(貞觀-治 : 627~649)라 한다. 특히 태종은 수나라의 고구려원정 실패를 만회하기 위해 원정을 친히 단행하였으나, 645년 안시성(安市城)의 싸움에서 패하여 회군하였다. 그러나 3대 고종(高宗) 때에 신라와 동맹하여 660년에 백제를, 668년에는 고구려를 정복하여 그곳에 각각 웅진도독부와 안동도호부를 설치하였다. 699년 세워진 발해와는 초기에 여러 차례의 충돌이 있다가, 2대 무왕 때부터는 발해에서 태도를 바꾸어 당나라의 관제와 문화 등을 적극적으로 받아들였다. 신라는 649년 처음으로 당의 의관을 사용하고, 650년 당의 연호를 사용하면서 당의 문화 및 제도를 적극적으로 받아들였다. 당은 907년에 절도사 주전충(朱全忠)에 의해 멸망하였다. 당의 문화는 신라·발해·일본·베트남 등 동아시아 각국으로 전파되어 동아시아문화권이 형성되었다.

당백전(當百錢)

조선 고종 때 정부 재정확보를 위해 주조·통용된 화폐. 1866년(고종 3) 11월 흥선대원군이 왕권강화를 목적으로 착수한 경복궁 중건사업과 서구 열강들의 통상요구에 대응하기 위한 군비강화에 필요한 재정조달 및 소전(小錢) 통용에 따른 불편해소를 목적으로 당백전을 주조하였다. 정부에서는 당백전의 통용을 위해 동년 12월부터 모든 공사거래에서의 당백전 사용을 지시하는 동시에 관청의 지출과 수납 및 1냥 이상의 거래에서의 당백전 사용을 강제하였다. 당백전은 당시 유통되던 상평통보와 비교할 때 그 실질가치는 5~6배였으나, 명목가치는 1백여 배에 달하는 악화(惡貨)였다. 이러한 당백전의 대량 주조와 유통으로 인해 화폐가치가 하락하고 물가의 등귀현상이 야기되는 등 유통질서에 혼란이 가중되자, 정부에서는 1867년 당백전 주조를 중단하는 대신 청전(淸錢)을 수입, 통용하게 하였으며, 1868년 당백전의 유통을 금지시켰다.

당악(唐樂)

통일신라 이후 유입된 중국의 음악. 고유의 향악(鄕樂)과 대칭되는 용어이다. 기록상 당악이 한국에 들어온 최초의 시기는 신라 664년(문무왕 4)이며, 이후 신라가 당의 음악의 영향을 받은 사례는 많지만 그 음악이 구체적으로 어떤 종류의 것이었는지 알 수 없다. 이어 고려에 당의 음악이 들어온 것은 제4대 광종(光宗)대에 중국에

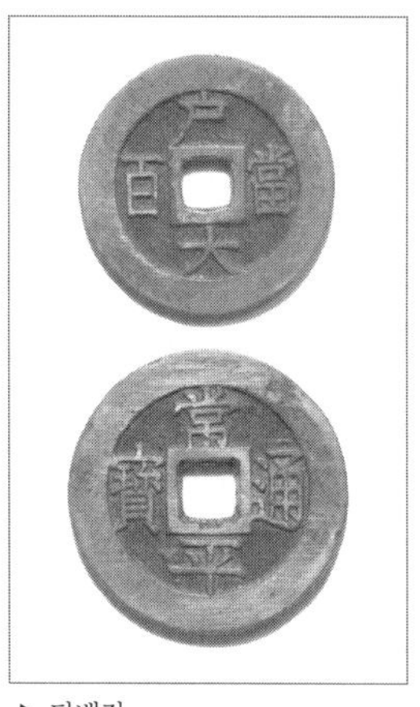

▶ 당백전

악기와 공인(工人)을 청하면서부터였다. 고려시대에는 향악을 우방악(右坊樂)이라 하고 당악을 좌방악(左坊樂)이라고 하였다. 《고려사》에 수록된 송나라의 사악으로는 석노교곡파(惜奴嬌曲破)·만년환만(萬年歡慢)·낙양춘(洛陽春)·감황은(感皇恩)·수룡음만(水龍吟慢)·금전락(金殿樂) 등 43편이 있다. 이 밖에도 당악정재(唐樂呈才)에 나오는 음악까지를 합하면 더 많은 숫자가 된다. 조선 건국 후 그 숫자는 점차 줄어들었으며, 특히 세종 때 박연(朴堧)을 중심으로 중국계 아악이 정비되면서 당악은 향악화의 과정을 걷게 되었다. 그 결과 1433년(세종 15)에는 30여 곡이 남았고, 1447년(세종 29)에는 12곡이, 1471년(성종 2)에 반포된 《경국대전》에는 오운개서조(五雲開瑞朝)·낙양춘(洛陽春) 등 29곡이 전한다. 조선 후기 1759년(영조 35)에는 보허자(步虛子)·전인자(前引子)·등 15곡이 남았고 그 뒤의 고종연간에 완성된 《속악원보(俗樂源譜)》에는 보허자와 낙양춘 2곡 만이 전한다. 그러나 이 2곡도 당악의 원형을 거의 찾기 어려울 정도로 향악화하여 오늘에 이르고 있다.

대가야(大加耶)

1세기에서 6세기까지 경상북도 고령지방에 있던 6가야의 하나. 원래는 반로국(半路國) 또는 반파국(伴跛國 : 叛波國)으로 불리다가 5세기 후반 이후 대가야라고 불렸다. 《신증동국여지승람》 고령현조에 수록된 신라 말 최치원(崔致遠)이 찬술한 〈석이정전(釋利貞傳)〉에서는 가야산신 정견모주(正見母主)가 천신 이비가지(夷毘詞之)에 감응하여 대가야 시조 이진아시왕(伊珍阿王)과 금관국 수로왕(首露王)을 낳았다고 하였으니, 이는 가야지역 연맹장 교체의 사실을 고령지역의 시조설화에 연결시킨 것으로 파악된다. 고령의 반파국은 5세기 후반에 대가야를 칭하며 대두하여 동일한 문화권 내에서 성장하던 13개

소국을 거느린 맹주국으로서 후기가야연맹을 형성하였다. 대가야는 479년에 가라왕(加羅王) 하지(荷知)의 이름으로 중국 남제(南齊)에 사신을 보내 보국장군본국왕(輔國將軍本國王)의 칭호를 받기도 하고, 481년에는 신라를 공격하는 고구려의 군대를 백제와 함께 막아주기도 하는 등 성장하였다. 554년 백제와 연합군을 구성하여 관산성전투에 나섰다가 신라에게 대패하였으며, 562년(진흥왕 23)에 신라 화랑 사다함(斯多含)과 장군 이사부(異斯夫)가 이끄는 군대의 기습적인 공격을 받아 멸망하였다.

⑧ 가라(加羅) · 대가야(大伽耶 : 大伽倻) ➡ 가야 · 금관가야

대간(臺諫)

관료를 감찰 탄핵하는 임무를 가진 대관(臺官)과 국왕에 대한 간쟁(諫諍)을 주 임무로 하는 간관(諫官)의 합칭. 우리나라에서는 신라 진흥왕 때 사정을 담당하는 관리를 두면서 처음 시행되었다. 이후 659년(무열왕 6)에 사정부(司正府), 673년(문무왕 13)에 외사정(外司正), 746년(경덕왕 5)에 내사정전(內司正典) 등이 설치되면서 대간의 기능을 담당하였다. 발해의 경우는 대관과 간관을 분리하여 감찰기관인 중정대(中正臺)와 언론기관인 선조성(宣詔省)을 두었다. 대간이 제 기능을 발휘하고 제도적으로 정비된 시기는 고려와 조선시대였다. 고려에서는 어사대(御史臺)를 설치하고 판사 1명, 대부 1명, 지사 1명, 중승 1명, 잡단(雜端) 1명, 시어사 2명, 전중시어사 2명, 감찰어사 10명을 두었다. 한편 서경과 양계 지역에도 분대(分臺)를 설치하고 분대어사(分臺御事)를 두었다. 간관은 성랑(省郎) · 낭사(郎舍)라고도 하는데, 중서문하성의 중 · 하급관료로서 좌우산기상시, 직문하(直門下), 좌우간의대부, 급사중, 중서사인, 기거랑 · 기거주 · 기거사인, 좌 · 우보궐(左右補闕), 좌 · 우습유(左右拾遺) 등을 두었다. 고려의 대관은 시정에 대한 논집(論執)과 풍속 교정, 관리에 대한 탄핵과 규찰을 담당하고, 간관은 주로 국왕을 대상으로 간쟁 봉박하는 일을 담당하였다. 그러나 실제로 이들은 관리 임명이나 법제 제정에 대한 서경권(署經權)을 가지고 함께 활동하였다. 조선이 건국된 뒤, 대관은 사헌부(司憲府)에 대사헌 1명, 집의 1명, 장령 2명, 지평 2명, 감찰 24명 등을 두었고, 지평 이상은 탄핵 · 서경을 위한 합좌회의에 참여한 데 비해, 감찰은 관료의 비리를 감찰하는 임무만을 담당하였다. 간관은 고려와는 달리 사간원(司諫院)을 따로 설치하고 대사간 1명, 사간 1명, 헌납 1명, 정언 2명을 두었다. 고려시대와는 달리 서경의 권한이 5품 이하로 한정되었으며, 풍문 탄핵이 금지되기도 하였다. 16세기 이후 사림세력이 중앙에 진출하면서 대간과 함께 홍문관이 삼사(三司)라 불리면서 언론을 담당하며 공론을 장악하는 정치적인 실세로 자리잡았다. 그 결과 17세기 후반 이중환은 당쟁의 요인을 이조전랑과 대간의 기능이 막강하기 때문이라고 보기도 하였다. 조선 후기 탕평정치가 실시되면

서 영조 때는 대간을 포함한 삼사의 권한을 약화시키기도 하였다.

대구십일폭동사건

1946년 10월 1일 대구에서 발생한 경찰과 공산세력들간의 대규모 유혈충돌 사건. 1946년 10월 1일 남로당 대구시 위원장인 손기영(孫基榮) 등이 조직한 남조선대구시투쟁위원회의 주도하에 좌익시민들과 파업노동자들이 합세하여 시위를 벌였다. 미군정의 식량정책에 반발한 것이었으며 요구조건은 식량배급과 임금인상 등이었다. 동일 밤 시위를 진압하기 위해 동원된 경찰의 발포로 시위군중 1명이 사망하자 시위는 급격히 폭력화되어 경찰서습격, 무기탈취, 경찰 및 경찰가족의 학살 등으로 확대되었다. 이에 미군정에서는 대구지역에 계엄령을 선포하고, 미군과 한국경찰을 동원하여 폭동주동자와 참가자에 대한 검거에 나섰다. 이로 인해 대구의 질서는 차차 회복되었으나, 폭동은 성주·고령·영천·경산·청도 등 경상북도내 22개 군으로 확산되었으며, 그 뒤 경상남도·전라남도·충청남도·경기도 등 전국으로 확산되었다. 폭동이 전국적으로 확산되자 미군정에서는 계엄을 전국적으로 확대하는 한편, 미군과 경찰 및 일부 우익청년단체 등을 동원하여 폭동참가자들을 검거한다는 명목하에 좌익세력 검거에 나서 11월에 완전 진압하였다.

대대로(大對盧)

고구려에서 국정을 총괄하던 관명. 고구려 후기의 관등제에서 제1위의 관등으로 국정을 총괄하는 수상직을 겸하였다. 6세기 후반 중국의 《주서(周書)》〈고구려전〉에 그 명칭이 처음 등장하며, 7세기 전반의 기록인 《한원(翰苑)》에 따르면, 3년마다 한 번 교체되었으나 임기의 연한에 구애받지 않았고, 귀족들끼리 군대를 동원하여 싸워 이긴 자가 취임하기도 하였다고 한다. 국가의 중요한 기밀을 관장하고 군사권·인사권을 장악하였으며, 최고 무관인 대모달(大模達)에 취임하였다. 대대로는 7세기 중반 연개소문(淵蓋蘇文)의 정변 이후 유명무실화되고 종신직인 막리지(莫離支)가 신설되었다.

대동법(大同法)

조선 후기에 기존의 현물로 바치던 공물제도를 대신해서 토지를 기준으로 미곡을 징수하던 제도. 조선 전기에는 토산물을 공물로 징수하였으나 이에 따른 방납의 폐단이 발생하면서 농민의 부담이 가중되었다. 그리하여 일부지역에서는 15세기 후반부터 이를 해결하기 위해 중앙에 상납하여야 할 공물만을 대상으로 하여 1결당 미곡 몇 두씩을 징수하여 공물을 마련하였다. 선조대에 이르러 중앙에 상납하는 공물뿐 아니라 지방 수요의 공물도 포함하여 현물로 징수하는 모든 공물제도를 폐지하고 미곡을 징수하여 충당하자고 하는 수미법(收米法)이 제기되어 논의되었다. 1594년(선조 27)에 유성룡의 건의에 따라 대공수미법(代貢收米法)이 실시되었으나 징수된 미곡의 양이 부족하여 1599년에 폐지되었다. 1608년(광해군 즉위년) 선혜법(宣惠法)이라는 명칭으로 대동법이 경기도에 처음 실시되었으며, 토지 1결에 미 16두씩이 징수되었다. 1623년(인조 1) 9월 대동법을 강원도·충청도·전라도로 확대 시행하였으나 계속되는 흉년과 대토지 소유자들의 반발로 1624년 12월 강원도를 제외한 다른 지방에서는 그 실시가 중단되었다. 1651년(효종 2) 충청도에서 재차 시행되면서 미 10두를 징수하였고, 1658년에는 전라도 해안지역에, 1662년(현종 3)에는 전라도 산간지역에 실시되면서 미 13두를 징수하였으며, 1677년(숙종 3)에는 경상도에서 시행되면서 미 13두를 징수하였다. 함경도는 1666년에 대동법의 한 형태인 상정법(詳定法 : 지역별로 징수액을 달리한 변형된 대동법의 일종)이 실시되었다. 강원도는 1624년부터 대동법을 시행하다가 1754년(영조 30)에 상정법으로 전환하였으며, 황해도는 1708년(숙종 34)부터 상정법이 시행되다가 1747년 결당 15두를 획일적으로 부과하는 대동법으로 전환되었다. 대동법은 약 1백여 년의 시일이 경과하여 전국적으로 시행되기에 이르렀으며, 현종대 이후에는 기존에 도별로 차등있게 징수되던 미곡의 양도 대체로 12두로 정착되어 갔다. 대동법의 그 부과대상은 수조안(收租案)의 토지를 대상으로 하며, 1결당 12두씩을 봄과 가을에 나누어서 징수하는 것을 원칙으로 하였으나 시간이 경과하면서 포(布)나 면포 및 전(錢)으로 대신 납부하도록 하였다. 징수된 대동미는 공물이나 진상물의 마련을 위한 상납미와 각 지방의 공용 및 잡역의 충당을 위한 유치미로 나누어져 사용되었으며, 상납미는 선혜청에서 각 관청이나 공인계(貢人契)에 지급하여 세폐(歲幣)나 방물 및 공물 등을 마련하는 데 충당하였고, 유치미는 관청의 일반재정 및 중앙에 상납하는 진상품의 마련 및 쇄마가(刷馬價) 등에 충당하였다. 대동법의 실시는 국가재정의 안정화와 농민들의 부담이 경감되는 효과와 함께 현물 대신에 미·포·전 등으로 징수함으로써 조세의 금납화가 추진되었고, 이는 연쇄적으로 상품화폐 경제의 발달을 촉진시켰다. 1894년 폐지되었다. ◗ 공인

대동상회(大同商會)

1883년(고종 20) 평양에 설립된 유통회사. 1883년 평안도 상인 20명이 자금을 출자하여 설립하였으며, 쌀·소가죽·목화 등의 상품을 전국을 대상으로 매매하였다. 1886년 인천에 지점을 설치하고 무역에도 관여하여 목화를 상하이에 수출하고 외국상인으로부터 수입품을 사들여 국내시장에 판매하기도 하였다. 대동상회는 정부의 상회사(商會社) 보호정책에 따라 영업활동을 보호받았다.

대동여지도(大東輿地圖)

1861년(철종 12) 김정호가 제작한 전국지도. 전국을 남북 22단, 동서 19편으로 나누어 목판인쇄하였고, 가로 약 20cm, 세로 약 30cm의 크기로 접어서 휴대할 수 있게 하였다. 특색은 축척을 나타내는 방안을 표시하였고, 지도의 기호를 설명하는 14

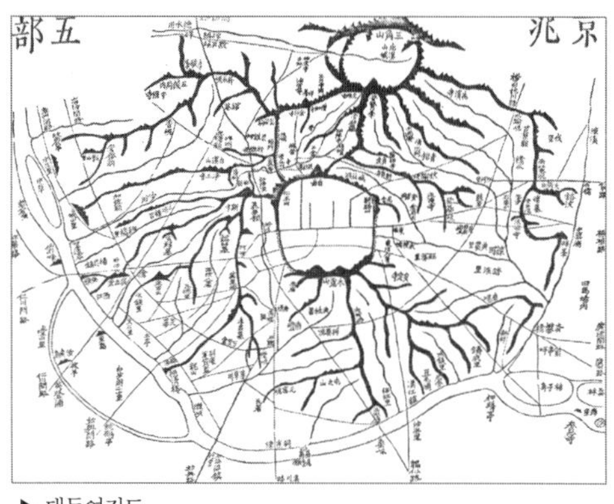

▶ 대동여지도

항목 22종에 해당하는 지도표를 실어 오늘날의 지도 제작기법과 별 차이가 없으며, 한반도의 윤곽이 오늘날의 것과 비교하여 백두산 부근을 제외하면 큰 차이가 없다는 점이다. 내용면에서 334개 군현의 경계선을 표시하였고, 역참·진보(鎭堡)·고현(古縣)·봉수의 위치와 함께 도로망에는 10리마다 방점을 찍어 거리를 알 수 있게 하였다. 또 산맥이나 하천의 주향(走向)이 오늘날에도 사용할 수 있을 만큼 정확하다는 점에서 높이 평가된다. 목판(木版 : 40×28cm)의 일부가 숭실대학교에 보존되어 있고, 목판으로 인쇄한 대동여지도가 성신여자대학교·국립중앙도서관·규장각 등에 소장되어 있으며, 성신여자대학교에 소장되어 있는 것이 보물 제850호로 지정되었다.

↪ 김정호 · 대동여지전도 · 대동지지

대동여지전도(大東輿地全圖)

조선 후기에 김정호가 제작한 전국지도. 간행연대가 표시되어 있지 않으나, 1866년(고종 3)에 부(府)로 복구한 풍덕(豊德)이 없는 점으로 보아 그 이전에 제작된 것으로 추정된다. 대동여지도와 표시기법이 흡사하나 내용상 약간의 차이가 있다. 대동여지도는 도로를 직선으로 표시하고 10리마다 방점을 찍은 데 비해, 이 지도는 도로를 지형에 맞게 곡선으로 나타냈고, 서울에서 각 도읍간의 거리를 표시하였다. 또한 하천은 끝까지 쌍선으로 나타냈고, 도별 경계선을 점선으로 표현하였다. 특히 각 도의 도읍이 구별될 수 있게 경상도의 것은 원으로, 전라도의 것은 사각형으로 하는 등 표현방법을 달리하였다. 여백에 우리나라의 연혁과 지형에 대해 기록하였다.

↪ 김정호 · 대동여지도 · 대동지지

대동운부군옥(大東韻府群玉)

1589년(선조 22)에 권문해(權文海)가 편찬한 일종의 백과사전. 20권 20책으

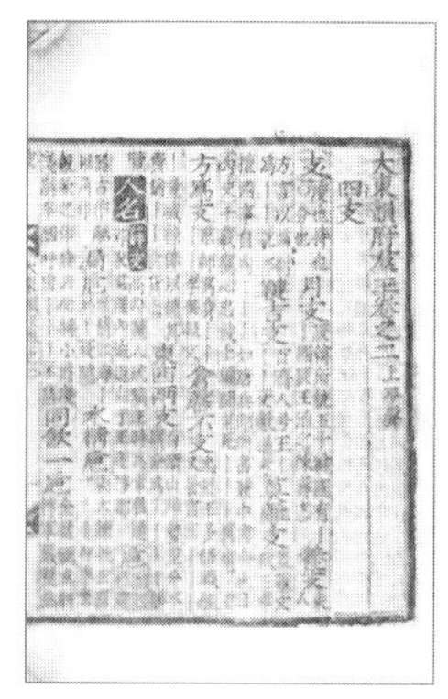

▶ 대동운부군옥

로, 1589년 편찬되었으나 임진왜란으로 간행되지 못하다가 1812년(순조 12)에서 1836년(헌종 2)에 걸쳐 후손 권진락(權進洛)이 간행하였다. 원나라 음시부(陰時夫)가 지은 《운부군옥》의 체재를 모방하여 저자가 우리나라의 많은 서적을 수집하고 또 중국의 서적 중에서 우리나라와 관계 있는 서적들을 모아 이들을 참고하여 편찬하였다. 인용된 문헌은 중국 서적인 《사기》·《삼국지》 등 15종과 우리나라 서적인 《삼국유사》·《계원필경(桂苑筆耕)》 등 174종이다. 내용은 지리·국호·성씨·인물·수령·목명(木名)·금명(禽名) 등 11항목을 전체 106운으로 나누어 각 운에는 이에 해당하는 동운자(同韻字)를 열거하였으며, 각 운자 아래에는 일정한 종류에 따라 끝에 동운(同韻)이 오는 2자·3자·4자 등으로 된 성어(成語)를 기록하였다. ➡ 권문해

대동지지(大東地志)

조선 후기에 김정호가 편찬한 지리서. 32권 15책으로, 1863년(철종 14)까지의 내용이 기록되어 있다. 이 책은 김정호가 〈대동여지도〉를 완성한 후 이 책의 편찬에 착수하여 1866년(고종 3)까지 추보하다가 미완으로 끝난 책으로 추정된다. 내용은 먼저 우리나라 8도의 연혁·방면(坊面)·영아(營衙)·진보(鎭堡)·봉수·창고 등을 기록하고, 이어 서울의 주요도로 조직과 서울에서 의주·경흥·동해·수원·해남·통영·제주 등에 이르는 주요 교통로와 역원(驛院) 등을 비롯하여 단군조선·기자조선·위씨조선·한사군·삼한·신라·가야·백제·고구려·발해국·고려 등 우리나라 역대 국가들의 역사지리적인 내용들을 기록하였다. 이 책에는 경제와 군사에 관련된 항목이 자세히 수록되어 있다. ➡ 김정호·대동여지도·대동여지전도

대모달(大牟達)

고구려 무관직의 하나. 무관 가운데 최고의 관직으로 조의두대형(皂衣頭大兄) 이상의 관등을 가져야만이 대모달이 될 수 있었다.

대비원(大悲院)

고려시대 백성의 의료와 구휼을 담당하던 관청. 정확한 설치 시기는 알 수 없으나, 1036년(정종 2) 11월에 동대비원을 수리하였다는 기록으로 보아 그 이전에 설립된 것으로 보인다. 개경의 동·서 두 곳에 설치하였으며, 그 임무는 환자의 치료가 위주였으나 굶주린 자, 무의탁자 등을 수용하여 이들에게 의

복과 음식을 나누어주며 돌봐주는 일을 담당하였다. 관원으로 사(使) 각 1인, 부사(副使) 각 1인, 녹사 각 1인, 기사(記事) 각 2인, 서자(書者) 각 2인 등을 두었다. 조선 건국 후 이를 계승하여 서울의 동서소문밖에 동서대비원을 두었으며, 1414년(태종 14)에 동서활인원(東西活人院)으로, 1466년(세조 12)에 활인서(活人署)로 개칭되었다. ▶ 활인서

대승기신론소(大乘起信論疏)

신라 때 원효가 《대승기신론》을 주석한 책. 활자본으로 2권 1책이다. 중국 현수(賢首)의 《기신론의기(起信論義記)》, 혜원(慧遠)의 《대승의장(大乘義章)》과 함께 3대소라 일컫는 명저로 우리나라는 물론 중국에서도 기신론 연구의 기본문헌으로 삼았다. 내용을 3문(門)으로 나누어 해석하였는데, ①은 종체(宗體)를 밝히고, ②는 제명(題名)을 해석하고, ③은 본문에 대한 구절(句節)을 풀이하고 있는데, 대의(大意)를 요약하면 부처의 광대무변한 설법(說法)을 총섭(總攝)하는 것이 이 논(論)의 요지가 되고, 일심(一心)이 만물의 중추가 된다고 하였다. 《금강삼매경론》과 함께 원효의 대표적인 저작이다.
동 해동소(海東疏) ▶ 금강삼매경론 · 원효

대전자령전투(大甸子嶺戰鬪)

1933년 7월 3일 한국독립군이 중국군과 연합하여 만주 대전자령에서 일본군을 전멸시킨 전투. 1930년 7월 홍진(洪震) · 지청천 · 신숙(申肅) 등이 한국독립당을 창당하고 산하에 한국독립군을 편성, 총사령관으로 지청천을 임명하고 독립군을 재편성하여 북만주지역을 그 활동영역으로 삼아 독립전쟁을 수행하였다. 그 뒤 일제가 만주사변을 일으켜 만주국을 수립하고 만주일대를 장악하자 이곳을 근거지로 활동하던 한국독립군은 큰 위협을 받게 되었다. 이에 한국독립군은 한중연합을 통해 위기를 극복하고자 1931년 중국 호로군(護路軍)과 한중연합군을 결성하여 연합작전을 전개하였다. 그 결과 1933년 7월 3일 한중연합군이 대전자령에서 일본군을 급습, 4시간여의 전투를 벌여 마차 2백여 대분의 군용물품, 소총 500여 정, 기관총 110여 자루, 대포 3문, 박격포 10문, 장갑차 2량 등 많은 군수물자를 노획하였다. 그러나 한중연합군은 이 전리품의 분배를 놓고 분쟁이 일어나 결국 한국독립군이 한중연합에 의한 항일전을 포기하고 단독노선으로 전환하게 되었다. ▶ 한국독립군

대전통편(大典通編)

1785년(정조 9)에 기존의 각종 법령 등을 통합하여 편찬한 법전. 조선시대에는 《경국대전》 · 《속대전》을 비롯하여 《국조오례의》 등 법전과 같은 효력이 있는 책들이 나누어져 있어 법률의 운용이 불편하였다. 이에 1784년 국왕의 명

으로 김치인(金致仁)의 주도하에 기존의 각종 법전의 통합에 착수, 1785년 9월 간행·반포되어 1786년부터 전국적으로 시행되었다. 6권 5책으로, 체재는 《경국대전》을 맨 앞에, 《속대전》을 그 다음에, 그 아래에 그 이후의 법령을 수집 정리하여 증보하였으며, 내용은 이전·호전·예전·병전·형전·공전 등 총 723조문으로 나뉘어져 있다.

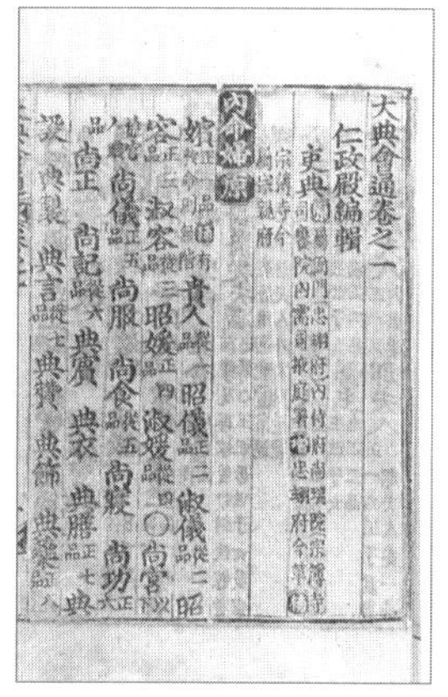

▶ 대전회통

대전회통(大典會通)

1865년(고종 2)에 《대전통편》을 저본으로 그 이후 반포된 각종 교명(敎命)·조례(條例) 등을 추가 보충하여 편찬한 법전. 1865년 조두순(趙斗淳) 등이 왕명에 의해 《경국대전》을 골격으로 한 역대 법전에다가 《대전통편》을 저본으로 그 이후 80여 년간의 각종 교명·조례 등을 추가 보충하여 편찬한 조선의 마지막 법전이다. 체재는 《경국대전》·《속대전》·《대전통편》의 내용을 먼저 수록한 뒤, 새로운 법전 내용을 보충 수록하였다. 6권 5책으로, 내용은 이전·호전·예전·병전·형전·공전 등 총 228개 조목으로 나뉘어져 있다.

대조영(大祚榮)

?~719년. 재위 698~719. 발해의 시조. 고구려 장수출신으로 698년 고구려 유민과 말갈족을 규합하여 오늘날 중국 지린성(吉林省) 둔화(敦化) 부근에서 발해국을 건립하였다. 고구려 멸망 후 요하 서쪽 영주지방으로 이주한 유민으로, 696년 이진충이 거란족을 이끌고 영주에서 반란을 일으키자 대조영은 말갈족의 지도자 걸사비우(乞四比羽)와 함께 고구려 유민과 말갈족을 이끌고 동쪽으로 탈출하여 당에 저항하였다. 699년 동모산에서 나라를 세워 국호를 진(震), 연호를 천통이라 하였다. 북방의 돌궐에 접근하여 당의 침략을 견제하기도 하였다. 이후 당나라는 유화정책으로 태도를 바꿔 705년 사신을 보내 양국간에 화해가 성립되었다. 713년 국호를 발해로 바꾸고 신라와도 국교를 열었다. 719년에 대조영이 사망하자 그 아들 대무예(大武藝 : 武王)가 왕위에 올라 부왕의 시호를 고왕(高王)이라 하였다. 대조영의 출신에 대해서는 근거가 되는 《구당서》와 《신당서》의 기록이 서로 달라 종래부터 적지 않은 논란이 있어 왔다. 남북한과 일본학계가 대조영의 고구려 유민설에 중점을 두는 반면, 중국과 러시아측에서는 대조영이 말갈족이라는 해석에 치중하고 있다.

대종교(大倧敎)

1910년 나철(羅喆)이 단군신앙을 바탕으로 창립한 종교. 1909년 1월 서울에서 나철은 오기호(吳基鎬)·이기(李沂) 등과 함께 단군교의 중광식(重光式 : 重光은 敎門을 다시 연다는 뜻)을 거행, 교주인 도사교(都司敎)에 추대되었다. 1910년 7월 교명을 대종교로 개칭하였는데, 이때 단군교의 명칭고수를 주장하던 정훈모 등은 대종교에서 따로 분립하였다. 동년 10월 북간도 산다오거우(三道溝)에 지사를 두었으며, 1914년 5월 백두산 북쪽 청파호(靑坡湖) 근방에 총본사를 설치하였다. 일제의 대종교 탄압으로 나철이 1916년 자결하자, 제2대교주가 된 김교헌(金敎獻)은 총본사를 동만주 허룽현(和龍縣)으로 옮긴 뒤 교세정비에 주력하였다. 이후 대종교의 주요 간부들이 중심이 되어 독립운동단체인 중광단(重光團)·북로군정서 등을 조직하여 대일항전에 참여하였다. 1923년 김교헌이 사망하자 윤세복(尹世復)이 제3대교주에 추대되었는데, 윤세복은 1934년 총본사를 닝안현(寧安縣)으로 옮겼으며, 이곳에서 대종학원(大倧學園)을 세웠다. 1942년 이른바 임오교변(壬午敎變) 등 일제의 탄압으로 교세가 위축되었다. 광복 후 1946년 2월 총본사를 서울로 옮겼으며, 1950년 5월 도통전수제를 폐지하고 선거에 의하여 선출하는 총전교제(總典敎制)를 채택하여 제1대 총전교에 윤세복이 취임하였다. 대종교의 교리는 삼일신사상(三一神思想 : 桓因·桓雄·桓儉(檀君)의 3신이 곧 1신의 삼위라는 뜻)에 근거하고 있으며, 경전은 《삼일신고(三一神誥)》·《천부경(天符經)》·《팔리훈(八理訓)》 등의 《계시경전(啓示經典)》과 《신리대전(神理大全)》·《회삼경(會三經)》·《신단실기(神檀實記)》 등의 도통경전(道通經典)으로 나누어진다. 1984년부터 개천절 봉축대제전을 국가적으로 실시하고 있다. ⊙ 나철

대한광복군정부(大韓光復軍政府)

1914년 권업회(勸業會) 주도로 블라디보스토크에서 수립된 망명정부. 1914년 이상설·이동휘·정재관(鄭在寬) 등의 주도아래 시베리아·만주·미주 등지의 항일운동자들을 규합하여 대한광복군정부를 조직하였으며, 이상설·이동휘가 정부통령에 취임하였다. 산하에 독립군부대인 광복군을 조직하였다. 그러나 제1차세계대전의 발발로 러시아정부가 노령지역 한인들의 정치·사회 활동을 금지시켰고, 9월에 권업회가 러시아정부에 의해 해산당하자 해체되었다.

대한광복회(大韓光復會)

1915년 대구에서 결성된 독립운동단체. 1913년 경상북도 풍기에서 채기중(蔡基中)을 중심으로 조직된 광복단과 1915년 1월 대구에서 박상진(朴尙鎭)을 중심으로 조직된 조선국권회복단의 일부가 1915년 7월 통합하여 결성되었다. 총사령에 박상진, 부사령에 이석대(李奭大)를 선임하고, 부사령을 만주에 파

견하여 독립군 양성을 계획하였다. 각 도에 지부를 두었는데, 경상도·충청
도·황해도 조직의 활동이 활발하였다. 대구의 상덕태상회(尙德泰商會)를 본
부로 영주의 대동상점(大同商店) 및 광주·삼척·서울·해주 등지에 설립한
곡물상점 등을 연락거점으로 삼았다. 대한광복회는 독립군을 양성, 혁명을
일으켜 공화주의정부를 건립할 계획하에 만주의 부민단(扶民團) 등과도 연락
하였다. '비밀·폭동·암살'이라는 행동강령하에 독립운동자금 모금과 친일
부호처단 등의 활동을 전개하였다. 1918년 초 조직이 일제에 발각됨으로써
해체되었다. ● 광복단

대한국국제(大韓國國制)

1899년에 반포된 대한제국의 국제(國制)로 우리나라 최초의 근대적 헌법. 독
립협회가 중심된 자주독립운동의 전개에 대응해 정부에서는 1897년 8월 '광
무(光武)'라는 연호를 정하고, 동년 10월에 국명을 '대한제국'이라 고쳐 대내
외적으로 자주독립국가임을 선포하였다. 이후 대한제국의 정체(政體)와 군권
(君權) 등의 국제를 제정하기 위해 1899년 6월 고종의 조서에 의해 법규교정
소(法規校正所)가 설치되어 이곳에서 전문 9개조로 된 국제를 기초, 고종의
재가를 받아 8월 17일 '대한국국제'를 반포하였다. '대한국국제'는 대한제국
이 자주독립국가임을 내외에 선포하고, 그 정체가 전제정치임과 황제의 통치
권이 무한함을 강조하였으며, 황제가 입법권·사법권·행정권과 선전·강화
등에 관한 권한을 가지고 있음을 규정하고 있다. 이는 우리나라 최초의 헌법
인 동시에 근대제국의 절대왕정체제를 도입하여 황제의 전제권을 법적으로
확립한 것이었다.

대한국민의회(大韓國民議會)

1919년 2월 노령 블라디보스토크에서 조직된 독립운동단체. 1917년 6월 조직
된 전로한족회중앙총회(全露韓族會中央總會)가 1919년 2월 대한국민의회로
확대 개편된 것이다. 의장에 문창범(文昌範), 부의장에 김철훈(金喆勳) 등이
선임되었고, 그 밖에 이동휘·원세훈(元世勳)·윤해(尹海) 등이 참여하였다.
대한국민의회는 평화적 시위운동, 무장투쟁, 파리강화회의 외교활동 등을 통
해 독자적인 정부로 기능하였으며, 11월 이동휘가 상하이의 대한민국임시정
부의 국무총리에 취임함으로써 대한민국임시정부의 위상을 강화시켰다. 그러
나 이후 일본군의 연해주 출병 등으로 인해 세력이 약화되면서 북간도지역
독립운동세력에 흡수되었다.

대한국민회(大韓國民會)

1919년 4월 만주 옌지현(延吉縣)에서 조직된 독립운동단체. 1919년 3월 조직

된 조선독립기성회(朝鮮獨立期成會)가 대한민국임시정부 수립 직후 대한국민회로 개칭된 것이다. 대한국민회는 본부를 옌지현에 두고, 그 밑에 5개의 지방총회 및 70여 개의 지회를 두었으며, 회장에 구춘선(具春先), 부회장에 서상용(徐相庸) 등이 선임되었다. 군사조직으로 독립군부대인 국민군(國民軍)을 조직하였다. 대한국민회는 공화주의 노선을 표방하였고, 한인사회에 부과한 의무금과 함경도지방에서 모금한 군자금을 주요재정기반으로 하였다. 홍범도의 대한독립군 등과 연합하여 옌지현에 사관학교를 설립하였으며, 국내 진공작전을 전개하기도 하였다. 1920년 5월 최진동(崔振東)의 군무도독부 및 대한독립군과 연합하여 대한북로독군부(大韓北路督軍府)를 결성하여 봉오동전투에 참전하였으며, 10월에는 대한독립군·대한신민단·북로군정서 등과 연합하여 청산리전투에 참전하였다.

대한독립군(大韓獨立軍)

1919년 만주 왕칭현(汪淸縣)에서 조직된 독립군부대. 1919년 홍범도(洪範圖 : 사령관)·주건(朱建 : 부사령)·박경철(朴景哲 : 참모장) 등 의병 및 포수 출신들이 중심이 되어 조직하였다. 동년 8월부터 갑산·혜산·만포·자성 등지의 일본군수비대를 공격하는 등 국내진공작전을 전개하였다. 1920년 5월 최진동(崔振東)의 군무도독부 및 안무(安武)의 대한국민회 국민군 등과 연합하여 대한북로독군부(大韓北路督軍府)를 결성하여 봉오동전투에 참전하여 승리하였으며, 10월에는 김좌진의 북로군정서 및 대한국민회 국민군 등과 연합하여 청산리전투에 참전하여 대승을 거두었다. 동년 12월 조직된 대한독립군단에 편입되었다.

대한독립군단(大韓獨立軍團)

1920년 만주 미산(密山)에서 조직된 독립군연합부대. 청산리전투 승리 후 일본군의 토벌을 피해 노령지역으로 이동하던 북로군정서·대한독립군·대한국민회·군무도독부·의군부 등의 독립군부대가 1920년 12월 미산에 집결하여 대한독립군단을 결성하였다. 총재에 서일(徐一), 부총재에 홍범도·김좌진·조성환(曹成煥), 총사령에 김규식(金奎植), 참모총장에 이장녕(李章寧), 여단장에 지청천 등이 선임되었다. 그 뒤 일제의 추격이 계속되자 대한독립군단은 문창범(文昌範) 등 노령지역 독립운동세력의 지원하에 노령 이남으로 이동하였다.

대한독립군비단(大韓獨立軍備團)

1919년 만주 창바이현(長白縣)에서 조직된 독립운동단체. 1919년 이동백(李東白)·이은향(李殷鄉) 등이 중심이 되어 조직하였으며, 창바이현에 본단과 지단을, 함경남도에 지단을 설치하였다. 단장에 이은향, 부단장에 이태걸(李泰杰), 군사부장에 이동백 등이 선임되었다. 이들은 함경도를 중심으로 군자금과 단원 모집에 주력하였다. 1921년 이희삼(李熙三)을 총단장으로 추대하고, 일제기관 파괴와 일본경찰 사살 등의 활동을 전개하였다. 동년 10월 태극단·광복단·흥업단 등과 통합하여 대한국민단(大韓國民團)으로 개편되었다.

대한독립단(大韓獨立團)

1919년 만주 류허현(柳河縣) 싼위안바오(三源堡)에서 조직된 독립운동단체. 1919년 4월 서간도지역에서 활동하던 독립운동단체들을 통합하여 결성하였다. 총재에 박장호(朴長浩), 부총재에 백삼규(白三圭), 총단장에 조맹선(趙孟善) 등이 선임되었다. 국내외 총 1백여 개소에 지단과 지부를 설치하였고, 만주지역에는 거류동포 1백 호 이상을 구(區)로 하여 구관(區管)을 두고 자치행정을 실시하도록 하였다. 대한독립단은 주로 일제기관의 파괴와 군자금모금 활동을 전개하였다. 이후 연호사용문제로 기원독립단(紀元獨立團)과 민국독립단(民國獨立團)으로 양분되었다가 1920년 7월 한족회·대한청년단연합회와 통합, 대한민국임시정부산하의 광복군총영으로 개편되었다.

대한매일신보(大韓每日申報)

1904년 7월 창간된 대한제국시기의 민족지. 1904년 7월 18일 창간되었으며, 편집 겸 발행인은 영국인 베델(E.T.Bethell), 총무는 양기탁, 주필은 박은식이었다. '국난을 타개하고 배일사상을 고취시켜 국가를 보존한다'는 목적아래 고종의 보조와 민족주의자들의 지원을 받아 창간하였으나 일본의 사전검열을 피하기 위해 베델 명의로 발행하였다. 창간 당시 순한글판과 영문판을 함께 발행하다가 1905년 8월 11일부터 국문판과 영문판을 분리하면서 한글판은 국한문을 혼용하였고 영문판은 'The Korea Daily News'라는 제호로 발간하였다. 1907년 5월 23일 한글판을 새로이 창간, 국한문·영문·순한글의 세 신문을 발행하게 되었는데, 그 발행부수가 1만 부를 넘었다. 1908년 5월 27일부터 영국인 만함(A.W.Marnham)이 발행인이 되었다가 1910년 6월 9일 이장훈(李章薰)이 인수하여 발행하였으나, 국권피탈 후 일제가 인수하여 매일신보로 제호를 바꾸어 총독부 기관지로 활용하였다.

참 베델(Ernest Thomas Bethell: 1872~1909) : 영국 프리스톨출신으로, 한국명은 배설(裵說)이다. 1904년 러일전쟁시 런던데일리뉴스(London Daily News) 특파원으로 입국하였으며, 1905년 한영합판회사(韓英合辦會社)를 설립, 양기탁과 함께 대한매일신보와 코리아 데일리 뉴스(Korea Daily News)를 창간하여 일제의 침략정책을 과감하게 비판하였다. 같은 해 〈을사조약〉이 체결되자 고종의 친서를 대한매일신보 등에 게재하는 한편, 미국·프랑스·독일 등지에 전달하여 일본의 침략행위를

▶ 대한매일신보

국내외에 폭로하였다. 1908년 일본은 그가 일본인 배척을 선동하고, 일본의 대한제국 보호제도의 전복을 기도하였다고 주한 영국총영사관에 공소, 재판 결과 유죄판결을 받고 상하이로 호송되어 3주일 동안 금고생활을 받았다. 1909년 서울에서 병사하였으며, 서울특별시 마포구 양화진의 외국인묘지에 안장되었다.

대한민국임시정부(大韓民國臨時政府)

1919년 4월 상하이에서 수립된 우리나라의 임시정부. 3·1운동이 전민족적으로 확산되는 가운데 독립운동의 효율적 수행을 위해 임시정부가 국내외에서 수립되었다. 노령의 대한국민의회, 서울의 대한민간정부·조선민국임시정부·한성임시정부, 평안도의 신한민국임시정부, 상하이의 대한민국임시정부, 만주의 고려공화국과 간도임시정부 등이 그것이다. 그러나 헌법·의회·정강·강령 등을 갖춘 것은 상하이·노령·서울(한성임시정부) 등 3개처의 임시정부뿐이었다. 이에 3개처 임시정부가 단일정부를 수립하여 보다 조직적이고 체계적인 독립운동을 전개하기 위해 통일운동을 전개하였다. 그리하여 서울의 한성임시정부를 계승하고, 대한국민의회를 흡수하여 상하이에 통합정부인 대한민국임시정부를 수립하였다. 대한민국임시정부는 대통령에 이승만, 국무총리에 이동휘 등을 선임하였다. 민주공화제를 표방하고, 정부형태는 대통령제와 의원내각제를 절충한 형태를 취하였으며, 헌정체제는 입법기관인 임시의정원과 사법기관인 법원, 행정기관인 국무원을 두어 삼권분립을 지향하였다. 대한민국임시정부의 초기활동은 교통국(交通局)과 연통제(聯通制)의 실시 및 외교활동을 중심으로 이루어졌다. 교통국은 통신기관으로 만주 안동

▶ 대한민국 임시정부

(安東)의 이륭양행(怡隆洋行)과 평안북도·함경남도 등에만 조직되었는데, 정보의 수집·검토·교환·연락 및 독립운동자금모금 등의 일을 담당하였다. 연통제는 대한민국임시정부의 지방행정기관으로 국내에 조직되어 법령 및 공문의 전달, 군인·군속의 모집, 군자금모금, 통신연락, 정보수집 등의 일을 담당하였다. 그러나 교통국과 연통제는 1920년 말부터 일제에 발각되어 1922년 모든 조직이 파괴되었다. 외교활동은 주로 국제연맹을 비롯하여 중국·미국·영국·소련 등 열강으로부터 한국의 독립을 보장받는 데 주력하였으며, 김규식 등을 파리강화회의·태평양회의·극동인민대표대회 등에 파견하여 외교활동을 펼쳤으나 큰 성과를 거두지는 못하였다. 또한 서로군정서·북로군정서·육군주만참의부·광복군총영 등의 독립군부대를 임시정부 직할부대로 편입하여 무장독립운동을 전개하였다. 이밖에 사료조사편찬부를 설치하여 《한일관계사료집》 등 각종 단행본을 발간하였고, 기관지인 독립신문을 간행하였다. 그 뒤 임시정부는 임시정부의 활동과 독립운동방략 등 독립운동노선상의 이념 차이로 파쟁이 발생하였다. 이를 해결하기 위하여 1923년 1월부터 6월까지 상하이에서 국민대표회의가 열렸으나 국민대표회의는 임시정부를 해산하고 새로운 조직을 건설하자는 신숙(申肅)·윤해(尹海) 등의 '창조파'와 임시정부를 유지하되 잘못된 점만을 개선하자는 여운형·안창호 등의 '개조파'로 양분 대립함으로써 별다른 성과를 거두지 못한 채 결렬되었고, 김구·이시영 등 몇몇 인사들에 의해 그 명맥만이 유지되었다. 1925년 3월 임시의정원은 이승만을 해임하고 박은식을 대통령으로 선임한 후 헌법개정안을 통과시켜 국무령(國務領)을 수반으로 하는 의원내각제를 채택하였으나, 국무령으로 선출된 이상룡(李相龍)·안창호 등이 잇달아 사퇴함으로써 정부조직이 마비되는 사태에 이르렀다. 1927년 2월 개헌을 단행하여 정부수반 없이 국무회의제로 운영되는 집단운영체제를 채택하였다. 대한민국임시정부는 1920년대 후반부터 일제의 집요한 감시와 탄압, 독립운동자금의 부족 등으로 인해 활동이 점차 침체되어 갔다. 이러한 난국을 타개하기 위해 김구는 한인애국단을 조직, 1932년 이봉창의거와 윤봉길의거를 단행하였다. 두 의거를 계기로 대한민국임시정부는 일제의 탄압을 피해 항저우(杭州)·전장(鎭江)·창사(長沙)·광저

우(廣州)·치장(綦江)·충칭(重慶) 등지로 옮겨 다니게 되었으나, 반면 한국독립운동에 대한 여론을 환기시켜 중국정부로부터 많은 지원을 받을 수 있게 되었다. 1940년 충칭에 정착한 대한민국임시정부는 한국광복군을 창설하였고 10월에는 개헌을 단행하여 집단지도체제를 폐지하고 주석제를 채택하였다. 1941년 11월에는 조소앙(趙素昻)의 정치·경제·교육 균등이라는 삼균주의(三均主義)를 반영한 〈대한민국건국강령〉을 발표하였다. 1945년 2월 대일선전포고를 하는 한편, 7월 국내진입작전을 결정하고 이를 준비하던 중 일제의 항복으로 광복을 맞이하였다.

⑧ 교통국(交通局) : 대한민국임시정부가 국내외 독립운동세력과의 통신연락 및 독립운동자금 모금활동을 위해 설치한 기관으로, 1919년 5월 만주 안동현(安東縣) 소재 이륭양행(怡隆洋行)을 교통국 안동지부로 지정한 이래, 평안도·함경도 일원과 서울에 지국을 설치하였다. 교통국은 국내외 독립운동세력과의 교통·통신연락을 비롯하여 독립운동자금 모금 및 무기운반 등의 활동을 전개하였다. 그러나 일제의 탄압과 주요 활동인물이 검거되자 1922년을 전후하여 조직이 와해되었다.

● 임시의정원·연통제·한국광복군

대한의원(大韓醫院)

1907년 3월 설립된 국립의료기관. 1907년 3월 광제원을 개편하여 설립하였다. 서양의학에 의한 의료 및 의학교육제도의 확충을 목적으로 하였다. 조직으로 치료부·교육부·위생부의 3부를 두었는데 치료부는 질병구료와 빈민시료(貧民施療), 교육부는 의사·약제사·산파·간호부 양성과 의학교과서 편찬, 위생부는 의사·약제사·산파의 업무와 약품의 제조매매에 관한 조사, 전염병 등의 예방, 종두 기타 공중위생에 관한 조사 등 각종 질병의 조사를 담당하였다. 1909년 부속의학교를 설립하여 의사·약제사·산파·간호부 양성에 관한 일을 관장하게 하였다. 1910년 총독부의원으로 개칭되었다.

대한인국민회(大韓人國民會)

1910년 2월 미국에서 조직된 독립운동단체. 1909년 2월 박용만(朴容萬)·이승만 등이 중심이 되어 미국 내 한인애국단체인 하와이의 한인합성협회(韓人合成協會)와 미국 본토의 공립협회(共立協會)를 통합하여 국민회(國民會)를 조직, 미주지역에서의 독립운동과 동포의 권위 확대 및 친목 도모를 위해 노력하였다. 한편 국민회는 재미교포들의 무장항일운동을 목적으로 네브래스카에 한인소년병학교를 설립하여 군사교육을 실시하였다. 1910년 2월 국민회는 대동보국회(大同保國會)와 합동하여 대한인국민회로 개편되었다. 대한인국민회는 샌프란시스코에 중앙총회를, 북미·하와이·시베리아·만주 등 4개 지역에 지방총회를, 멕시코·쿠바에 지방회를 설치하는 등 조직을 확대시켜

▶ 대한인국민회

1910년대 미주지역에서의 해외민족운동의 최고지도기관으로 자리잡았다. 1910년 〈한일합병조약〉이 체결되자 이를 부인하는 성명서를 발표하였다. 1919년 3·1운동이 일어나자 4월 14일부터 3일간 필라델피아에서 한인자유대회를 개최하여 독립선언식을 거행하였으며, 대한민국임시정부수립 이후에는 임시정부 지원에 노력하였다. 1922년 중앙총회를 해산하고 북미대한인국민회로 개편하였다. 1941년 재미 각 단체가 연합하여 재미한족연합위원회를 조직하자 이에 가입하였다.

▶ 대한자강회

대한자강회(大韓自强會)

1906년 조직된 애국계몽운동단체. 1906년 4월 윤효정(尹孝定)·장지연·김상범(金相範) 등이 헌정연구회를 확대 개편하여 조직하였으며, 초대회장에 윤치호, 고문에 오가키(大垣丈夫) 등이 선임되었다. 그 뒤 지방에 25개의 지회가 설립되었으며, 회원은 1,500여 명 정도였다. 대한자강회는 국민교육의 고양과 산업의 진흥을 통하여 부국강병을 이룩하고 독립의 기초를 마련하는 것을 목적으로 강연회를 개최하였다. 기관지인 《대한자강회월보》를 발행하였으며, 교과서편찬문제, 의무교육 실시, 사범학교 설립, 조혼금지 등을 정부에 건의하기도 하였다. 1907년 국채보상운동에 적극 참여하였으며, 고종의 양위를 반대하는 국민운동을 전개하기도 하였다. 동년 8월 강제 해산되었으나 많은 회원들이 이후에 조직된 대한협회에 참여하였다.

대한정의단(大韓正義團)

1919년 만주 왕칭현(汪淸縣)에서 조직된 독립운동단체. 1919년 4월 중광단(重光團)의 서일(徐一)이 중심이 되어 만주일대에서 활동하던 의병 및 공교회(孔敎會)를 통합하여 중광단을 대한정의단으로 확대 개편하였다. 단장에 서일이 취임하였으며, 1만5천여 명의 단원을 확보하고, 만주 각지에 5개 분단과 70여 개 지단을 설치하였으며, 기관지 일민보(一民報)·신국보(新國報) 등을 발간하였다. 동년 8월 산하에 독립군 무장조직인 대한군정회(大韓軍政會)를 조직하였다가 10월 대한정의단과 대한군정회를 통합하여 대한군정부(大韓軍政

府)로 개편하였다. 12월 대한민국임시정부의 지시로 대한민국임시정부산하의 독립군 군사조직인 대한군정서(大韓軍政署)로 개편되었는데, 이때부터 북로군정서(北路軍政署)라는 별칭으로 통용되었다.

대한통의부(大韓統義府)

1922년 만주 환런현(桓仁縣)에서 조직된 독립군단체. 1922년 8월 대한통군부(大韓統軍府)를 확대 개편하여 조직하였으며, 총장에 김동삼(金東三), 부총장에 채상덕(蔡相悳), 사령장에 김창환(金昌煥) 등이 선임되었다. 기관지 《경종보(警鐘報)》를 발간하였다. 통의부는 무력기반으로 산하에 의용군을 편성하고 사령관에 김창환(金昌煥), 부관에 김창훈(金昌勳)을 선임하였다. 그러나 지도이념과 조직인선 문제를 둘러싼 지도부의 갈등으로 1923년 2월 전덕원(全德元) 등 복벽주의(復辟主義) 계열이 통의부에서 이탈하여 대한의군부(大韓義軍府)를 결성함으로써 이후 양 세력의 대립은 유혈충돌사태에까지 이르게 되었다. 이후 이들의 무장활동은 침체에 빠지게 되었다. 1923년 통의부 의용군 1,2,3,5중대가 새로운 독립군단으로 대한민국임시정부산하의 참의부(參議府)로 개편되고, 의용군 6,7,8중대는 정의부(正義府)에 합류하였다.

대한협회(大韓協會)

1907년 11월 조직된 계몽운동단체. 1907년 11월 권동진(權東鎭) · 오세창 · 윤효정 · 장지연 등이 대한자강회회원 및 천도교도들을 규합하여 애국사상을 고취하고 국권회복을 이룩한다는 목표하에 조직하였다. 회장에 남궁억(南宮檍), 부회장에 오세창 등이 선임되었으며, 서울 탑동에 사무소를 두고, 전국에 53개의 지회를 설치하였다. 1908년 4월부터 기관지인 《대한협회회보》를 발간하였으나, 자금난으로 1909년 3월 제12호로 폐간하고, 6월부터 〈대한민보(大韓民報)〉를 발행하였다. 1908년 7월 남궁억의 사임으로 김가진(金嘉鎭)이 회장이 되고 일본인이 고문으로 선출되면서부터 협회의 성격이 변질, 통감부의 침략정책

▶ 대한협회

에 대해 미온적인 태도를 보이는 한편, 항일의병운동을 지방소요로 규정하며 진압이 급선무라 주장하였다. 그 뒤 지도층 일부가 일진회와 연합하는 등 친일화되다가 1910년 해체되었다.

대흥(大興) → 발해(渤海)

대흥임존성(大興任存城)

▶ 대흥임존성

충청남도 예산군 대흥면 상중리에 있는 삼국시대의 산성. 둘레 2,450m로, 봉수산과 그 주위의 봉우리를 둘러싸고 있어 봉수산성이라고도 한다. 이 산성은 주류성(周留城)으로 비정되는 한산면(韓山面)의 건지산성(乾芝山城)과 함께 백제 멸망 후 일어난 부흥운동의 거점이었다. 현재 성문 · 수구문(水口門) · 건물터 · 우물터 등이 남아 있다. 사적 제90호로 지정되었다.

덕대(德大)

· 조선 후기 광업경영에서 물주(物主)가 출연한 자금으로 노동자를 고용 · 관리하며 생산활동을 지휘하던 경영자. 덕대는 17세기 후반부터 나타나 보편화된 광산경영방식으로 유통과정에서 자본을 모은 상인들이 자신이 믿을 수 있는 사람을 덕대로 삼아 자본을 대주고 광산을 경영하게 하던 방식이다. 18세기 중엽 이후 덕대제는 널리 보급되어 갔는데, 이는 당시 민영광업이 크게 발달하였음을 나타내는 사례로서 주로 사금광업에서 덕대의 활동이 두드러졌다. 물주가 작업장을 설치, 덕대를 고용하여 생산과정을 지배하는 생산지배형이 널리 행해지고 있었으나, 물주가 덕대에게 자본을 빌려주어 덕대가 생산활동을 주관하는 생산비지배형도 평안도 등지에서 존재하였다. 생산비지배형은 덕대의 독립성이 강해서 일부 덕대는 자본을 모아 자본가로 성장하기도 했다.

덕수궁(德壽宮)

대한제국시기 고종이 거주하던 궁궐. 서울특별시 중구 정동에 소재한다. 조선 전기 성종의 형인 월산대군(月山大君)이 살던 곳으로 임진왜란 뒤 선조가 환도하여 임시궁궐로 사용하면서 정릉동행궁(貞陵洞行宮)이라 칭하였다. 1611년(광해군 3) 광해군이 창덕궁으로 이거하면서 이곳을 경운궁(慶運宮)이라 하였다. 그 뒤 대한제국시기 고종이 경복궁을 떠나 러시아공관에 머무르다가, 1897년 이곳으로 거처를 옮기면서 전각들이 신축되어 궁궐의 면모가 갖추어졌고 대한제국의 정궁이 되었다. 궁에는 역대임금의 영정을 모신 진전(眞殿), 정전인 중화전(中和殿), 왕의 침전인 함녕전(咸寧殿) 등의 전각들을 비롯하여 정관헌(靜觀軒) · 돈덕전(惇德殿) 등 서양식 건물들이 건립되었다. 1904년 궁에 큰 불이 일어나자 이듬해에 전각들을 복구하였으며, 1906년에는 정전이 새로 완성되었다. 1907년 고종으로부터 양위를 받은 순종이 창덕궁으로 옮긴 후, 고종의 만수무강을 기원하는 뜻으로 궁호를 덕수궁으로 바꾸었다. 1910

년 궁안에 서양식 순수 석조건물인 석조전(石造殿)이 건립되었다. 광복 후 석조전에서는 미소공동위원회가 열렸으며, 그후 석조전은 미술관 등으로 사용되었다. 사적 제124호로 지정되었다.

▶ 덕수궁

덧무늬토기(隆起文土器)

그릇의 표면에 띠 모양의 흙을 덧붙여 무늬를 낸 토기. 빗살무늬토기와 함께 신석기시대의 대표적인 토기이다. 현재까지 발견된 것은 주로 동해안과 남해안을 따라 집중적으로 분포되어 있는데, 넓게는 흑룡강유역과 일본열도에서도 다수 발견되었다. 이 토기는 신석기시대 전기에 주로 사용된 것으로 여겨진다. 덧무늬는 흙띠를 지그재그식으로 배열한 것과 평행선 바깥쪽에 팥알처럼 돋은 점열을 한 줄씩 배치한 것 등이 있다. 지그재그식 덧무늬가 붙은 토기는 일본 쓰시마섬(對馬島)의 고시다카(越高) 유적에서도 발견되어 양 지역 간의 문화교류를 연구하는 데 중요한 자료이다.

도고(都賈)

조선 후기 상품경제가 발달하면서 상품을 매점·독점하는 상업행위와 그러한 행위를 하는 상인들을 이르는 용어. 17세기 후반 이래 생산력의 증대, 상업인구의 증가, 금속화폐의 유통, 대동법의 실시 등으로 인해 상인간에 심한 경쟁이 일어났다. 이를 극복하려고 일부 상인이 관권과 결탁하거나 스스로의 자본력을 바탕으로 독점적 매점행위를 하면서 도고상업이 나타났다. 도고상업은 성격에 따라 관권을 배경으로 하는 관상도고(官商都賈)와 경제력을 바탕으로 매점상업을 벌인 사상도고(私商都賈)로 크게 나뉜다. 관상도고는 서울의 시전 등이 정부로부터 얻어낸 금난전권을 바탕으로 특권 상인화한 도고로서 관청 수요의 물품을 독점적으로 납부하면서 많은 이득을 취했다. 이들은 정부와의 관계를 구실로 사상의 활동을 제압하면서 상리를 독점하고 특정한 물품을 매점하여 폭리를 취했다. 사상도고는 경제적인 자본력을 바탕으로 상품의 유통과정과 밀착되어 형성되었다. 이들은 시전의 금난전권이 적용되지 않던 서울의 칠패·이현·경강·송파 등을 중심으로 미곡·어염·어물·포목 등의 상품을 매점하고 가격을 조정하며 시전의 상권에 도전하였다. 사상도고

들은 상품의 집산지 및 생산지에까지 진출하여 도고활동을 하는 등 관상도고
보다 상품구입에 있어 적극적이었는데, 이들 가운데 전국적인 도고활동은 개
성상인이 주도하였다. 도고자본의 특권성과 매점성은 자본 집적의 수단이 되
었지만 상업계 전반의 자유로운 발달을 저해하기도 하였다. 정부에서는 1791
년 신해통공(辛亥通共)을 실시, 육의전 이외 시전의 금난전권을 철폐하였다.

도교(道敎)

황제(黃帝)와 노자(老子)를 교조로 삼는 중국의 토착종교. 후한시대에 장도릉
(張道陵)이 창립하였다. 삼국시대에 우리나라에 전래되었는데, 고구려 때인
624년(영류왕 7) 당나라에 사신을 보내어 도교의 가르침을 청하자 당나라에
서는 도사로 하여금 천존상(天尊像)과 도법을 가지고 와서 《노자》를 강의한
것이 그 시작이다. 보장왕 때 정권을 장악한 연개소문(燕蓋蘇文)은 불교세력
을 누르기 위해 도교를 장려하기도 하였으며, 백제에서도 산수무늬의 벽돌,
사택지적비문 등을 통해서 도교가 전래되었음을 알 수 있다. 같은 시기 신라
에서도 도교가 전래되었을 것으로 추정되기는 하나 기록이 분명치 않다. 도
교는 고려시대에 이르러 성행하였는데, 특히 토속신앙과 결부되어 서낭신·
토지신 등 많은 신을 모시면서 재앙을 물리치고 복을 기원하는 의례를 중심
으로 보급되었다. 조선왕조는 고려시대에 잦았던 도교행사를 줄여 재정의 낭
비를 막으면서도 경복궁 북쪽에 소격서(昭格署)를 두어 제천행사를 주관하게
하였다. 특히 단군이 하늘에 제사를 지냈다는 마니산에서의 초제는, 도교신
앙이 민간신앙과 연결되어 민족의식을 높이는 기능을 하기도 했다. 그러나
16세기 이후 사림세력이 집권하면서 소격서가 혁파되고 도교가 탄압되면서,
이후에는 민간신앙으로 전승되었고, 17세기에는 도맥의 계보를 적은 《해동전
도록》과 《청학집》 등이 만들어졌다. 도인들은 도참사상이나 민간설화를 신봉
하여 명과 청의 교체를 예언하고, 조선왕조의 몰락을 점치면서 성리학에 대
해 매우 비판적이었다. 도교와 관련된 예언사상은 각종 비기·참서에 반영되
어 《정감록》·《토정비결》 등이 민간에 널리 유행하였다.

도당(都堂) → 도평의사사(都評議使司)

도독(都督)

신라의 지방조직의 하나인 주(州)의 장관. 주의 장관은 처음에는 군주(軍主)라
하다가 661년(문무왕 원년) 총관(摠管)으로 개칭되었으며, 785년(원성왕 원년)
에 다시 도독으로 변화하였다. 급찬(級湌)에서 이찬(伊湌)까지의 벼슬 중에서
임명되었다. 도독 밑에는 주조(州助)·주보(州補)나 장사(長史) 또는 사마(司
馬) 등의 관원을 두어 사무를 맡게 하였다. 이 당시 9도독 소관의 군·현은

415개에 이르렀다. 후기에 도독은 중앙에서 파견되는 경관(京官)이면서도 지방세력 형성과 밀접하게 결부되었다. 군주에서 총관, 총관에서 도독의 개칭에 대해 종래 군사적인 성격에서 민정장관의 성격으로 바뀐 것이라는 평가도 있다. 발해의 지방행정 단위인 부(府)의 장관도 도독이라 하였다.

도방(都房)

고려시대 무신정권기에 설치했던 사병집단. 1179년(명종 9)에 경대승(慶大升)이 정중부(鄭仲夫)를 살해하고 정권을 장악한 뒤 사사 수백인을 모아 처음 도방을 조직하였다가 1183년에 경대승이 죽자 곧 폐지되었다. 1200년(신종 3) 최충헌(崔忠獻)이 다시 설치하고 6번(番)으로 나누어 숙위하게 했으며, 최우(崔瑀)는 이를 자신의 사병인 내도방(內都房)과 최충헌이 물려준 외도방(外都房)으로 분리하였다. 최항(崔沆)은 이를 36번으로 확장하는 등 최씨 일문의 권력 유지를 위한 무력기반으로 작용하였다. 최씨정권이 몰락한 뒤 김준(金俊)이 정권을 장악하면서 다시 6번으로 개편되었다가 임유무(林惟茂)가 피살되고 무신정권이 몰락하면서 해체되었다.

도병마사(都兵馬使)

고려시대 국가의 군사문제를 결정하는 최고 관청. 989년(성종 8)에 동서북면병마사(東西北面兵馬使)를 설치하고 이를 중앙에서 지휘하기 위하여 판사(判事)를 둔 것에서 유래하였다. 문종 때에 관직의 품계와 정원을 정하여 시중(侍中)·평장사(平章事)·참지정사(參知政事)·정당문학(政堂文學)·지문하성사(知門下省事) 등 중서문하성의 재신(宰臣)은 판사, 6추밀(樞密)과 직사(職事) 3품 이상은 사(使), 정4품 이상 경(卿)·감(監)·시랑(侍郎)은 부사(副使) 6인, 소경(少卿) 이하는 판관(判官) 6인, 녹사(錄事 : 甲科權務) 8인과 이속으로 기사(記事) 12인, 기관(記官) 8인, 서자(書者) 4인, 산사(算士) 1인을 두었다. 국경지대의 축성이나 둔전(屯田), 군사에 대한 상벌 등 국방 및 군사문제를 주로 담당하였고, 때로는 주진민(州鎭民)의 진휼 등 민생문제를 회의하기도 하였다. 그러나 무신란 이후 무신들의 집권으로 제 기능을 발휘하지 못하다가 고종 말에 양부 재추의 상설적인 합좌기관으로 변질하였고, 1279년(충렬왕 5)에 도평의사사로 개편되었다. ⊙ **도평의사사**

도선(道詵)

827년(흥덕왕 2)~898년(효공왕 2). 성은 김씨(金氏), 호는 연기(烟起), 자는 옥룡자(玉龍子), 시호는 요공선사(了空禪師)·선각국사(先覺國師), 탑명은 징성혜등(澄聖慧燈). 신라 말 풍수지리설을 제창한 선종 승려. 841년(문성왕 3) 월유산(月遊山) 화엄사(華嚴寺)에서 출가하여 846년 동리산파(桐裏山派)의 개창자인 혜철(惠哲)의 문하로 들어가 선을 수업하였다. 849년 천도사(穿道寺)에서 구족계(具足戒)를 받았고, 863년(경문왕 3) 광양 백계산(白鷄山) 옥룡사(玉龍寺)를 중창하고 주석하였고 이곳에서 입적할 때까지 제자들을 양성하였다. 이후 고려 현종 때 대선사(大禪師)를, 숙종 때 왕사(王師)를 추증하였으며, 인종이 '선각국사'라는 시호를 추봉하였다. 옥룡사에 주석하기 전까지 전국을 편력하면서 인문지리적인 지식과 예언적인 도참신앙이 종합된 풍수지리설을 결부시켜 집대성하였다. 그의 풍수지리설은 송악지방의 왕건(王建)과 연결되어 고려개국의 이념적·실리적 바탕을 마련하였다. 저서로는 《도선비기(道詵秘記)》·《송악명당기(松嶽明堂記)》·《도선답산가(道詵踏山歌)》 등이 있다.

㊠ 옥룡사(전라남도 광양 소재) ➡ 풍수지리설

도조법(賭租法)

조선 후기 정액의 소작료를 징수하던 소작제도. 조선 후기 종래의 병작반수제를 대신하여 나타난 것으로 소작료를 미리 정하여 수확량에 관계없이 정해진 소작료를 징수하던 방법이다. 도조법은 전국적으로 실시되었으나, 특히 논이 많은 전라도·경상도·충청도 지역에서 널리 행해졌다. 도조법 아래에서의 소작료는 병작제보다 적은 약 3분의 1 정도였으며, 종자와 전세는 소작인이 부담하였다. 일제시대에는 도조법이 분화되어 정조법(定租法)과 집조법(執租法)으로 나타났다. 1950년 농지개혁이 실시되면서 폐지되었다.

도첩제도(度牒制度)

고려·조선시대에 도첩을 발급받아야만 승려가 될 수 있었던 제도. 도첩이란 일종의 출가 공인문서로, 도패(度牌)라고도 하였다. 중국 당(唐)나라에서 전래되어 고려시대부터 시행하였으며, 조선시대에는 억불책(抑佛策)으로 더욱 강화하였다. 조선시대의 경우 예조(禮曹)에서 발급하였으며, 송경시험(誦經試驗)에 합격한 자는 정포(正布) 20필, 양반 자제는 100필, 서인(庶人)은 150필, 천인(賤人)은 200필을 바쳐야 발급해 주었다. 그러나 이 규정은 제대로 지켜지지 않다가 세조 때 교종과 선종의 본산에서 실시하는 시험에 합격한 후 포 30필을 바치도록 개정되기도 하였다. 이후 몇 번의 치폐 과정을 겪으면서 제대로 시행되지 않았다. 도첩제도는 장정이 함부로 승려가 되는 것을 막아 군정(軍丁)을 비롯한 인적 자원을 확보하기 위하여 실시하였다. 일제강점기에는 1911년의 조선사찰령 및 사찰령시행규칙에 의하여 발급 사무가 관청에서 전국의 31본산(本山)으로 이관되었다.

도평의사사(都評議使司)

고려 후기 정무를 관장하던 최고 기관. 도병마사(都兵馬使)가 1279년(충렬왕

5)에 개칭된 것으로, 도병마사가 임시기구인 데 비해 상설기구로 설치되었으며, 양부의 재추뿐만 아니라 삼사(三司)의 관원과 상의(商議)까지 참여하는 기구로 확대되었다. 고려 말에는 중앙의 관청과 지방의 안렴사(按廉使)에게 하첩(下牒)하고 왕지(王旨)까지도 경유하게 하는 등의 행정 기능도 담당하여 명실상부한 최고정무기관이 되었다. 기능이 강화되면서 회의에 참여하는 인원도 증가하여 창왕 때는 개성부(開城府) · 후덕부(厚德府) · 자혜부(慈惠府)의 판사와 장관인 윤(尹)이 참여하였고, 예문관의 관원도 참여하여 고려 말에 참석인원이 약 70~80명에 이르렀다. 1390년(공양왕 2)에는 관제가 정비되면서 상부의 회의기구에는 문하부(門下府) · 삼사(三司) · 밀직사를 판사(判事) · 동판사(同判事) · 겸사(兼事)로 삼고 상의 및 개성부 · 예문관의 관리는 겸하지 못하게 하였다. 또한 경력사(經歷司)를 따로 설치하여 하부에서 실무를 담당하도록 하였는데, 6방(房)을 총괄하게 하고, 경력(經歷) 1명, 도사(都事) 1명을 두었고, 매년의 공거(貢擧)와 잡업(雜業) 가운데 관직이 없는 자를 7~8품의 전리(典吏)로 삼고 서사(書寫)를 맡겼다. 조선 건국 후 관제개편 때에도 존속하면서 개국공신들이 대거 포진하여 최고의 권력기관이었으나 1400년(정종 2)에 의정부로 개편되었다. ⑧ 도당(都堂) ◐ 도병마사

도화서(圖畵署)

조선시대 궁중에서 필요한 그림을 그리던 일을 관장하던 관청. 예조(禮曹)에 소속된 종6품 아문(衙門)으로, 1471년(성종 2) 도화원이 개칭된 명칭이다. 장관으로 제조(提調)를 두었고, 그 아래 별제(別提 : 종6품) 2명과 선화(善畫) 등 약간 명의 관원, 30명의 화원이 있었다. 도화서는 별도로 화원을 양성하기도 하면서 조선시대 궁중화풍을 형성하는 중추적인 기구로 기능하였다.

독립선언서(獨立宣言書)

1919년 3월 1일 독립만세운동 때 민족대표 33인이 한국의 독립을 내외에 선언한 글. 독립선언서는 〈선언서〉와 행동지침서인 〈공약 3장〉으로 되어 있으며, 〈선언서〉는 최남선이, 〈공약 3장〉은 한용운이 지었다. 1919년 2월 초 최남선 · 현상윤(玄相允) · 최린(崔麟) · 송진우(宋鎭禹) 등이 협의, 선언서 초안작성을 최남선에게 일임하되, 손병희가 세운 '동양평화를 위해 조선의 독립이 필요하며, 민족자결과 자주독립의 전통정신을 바탕으로 정의와 인도에 입각한 평화적인 운동'임을 강조한다는 선언서작성의 대원칙을 따르도록 했다. 최남선은 선언서를 약 3주 만에 완성하였으며, 최린이 이를 손병희 등에게 보여 동의를 얻었다. 2월 27일 2만1천 장을 인쇄해서 경운동의 천도교교당으로 옮겨 28일 아침부터 전국의 담당자에게 전달, 3월 1일 서울을 비롯한 전국 주요도시에서 일제히 살포하였다. 독립선언서에는 한국이 독립국임과 한

국인이 자주민임을 선언하였으며, 세계만방에 우리 민족의 독립을 주장하였다. 그리고 비폭력에 의한 최후의 1인까지 민족의 정당한 요구인 독립을 쟁취할 때까지 정정당당하게 투쟁할 것을 제시하였다.

동 삼일독립선언서(三一獨立宣言書) ● 삼일운동

독립신문(獨立新聞)

⑴ 1896년 4월 서재필이 중심이 되어 창간한 우리나라 최초의 민간신문. 1896년 4월 7일에 창간되어 1899년 12월 4일 제4권 제278호(총 776호)를 종간호로 폐간되었다. 창간시에는 격일간으로 주3회(화,목,토) 발행되다가 1898년 7월 1일부터 일간으로 발전하였다. 전체 4면 중 1면에는 논설을 싣고 2면에는 관보·잡보·외국통신을, 3면에는 물가·우체시간표 및 광고 등을 실었는데, 한글을 전용하고 띄어쓰기를 단행하였다. 4면은 '더 인디펜던트(The Independent)'라는 제호의 영문판으로 논설·관보·국내잡보외신을 비롯하여 국내외 소식, 외국언론 기사요약 등을 실었다. 1897년 1월 1일부터 한글판과 영문판을 분리하여 두 개의 신문으로 발행하였다. 서재필은 사장 겸 주필로서 국문판 논설과 영문판 사설을 맡았고, 주시경은 조필(助筆)로 국문판의 편집과 제작을 담당하였다. 그 뒤 주필은 윤치호를 거쳐 미국인 아펜젤러(H.G.Appenzeller) 및 영국인 엠벌리(H.Emberly)가 담당하였다. 독립신문은 주로 국민계몽, 자주독립과 애국심, 민주주의사상, 신교육의 필요성, 사회관습 개혁, 관료들의 부정부패 폭로, 외세에 대한 국민적 각성 등에 관한 내용을 기사화하였으며, 이를 통해 국민의 의식과 사상 변혁에 공헌하였다.

▶ 독립신문

1890년대의 개화운동이 대중적으로 발전하는 데 중요한 역할을 담당하였다.
○ 독립협회
2) 1919년 8월 창간된 대한민국임시정부의 기관지. 대한민국임시정부는 수립과 동시에 주 3회 '우리소식'이라는 등사판 신문을 발행하다가 1919년 8월 이를 확대하여 독립신문을 창간하였다. 창간시 사장 겸 주필에 이광수, 편집국장에 주요한 등이 선임되었으며, 그 뒤 주필은 박은식·윤해(尹海) 등으로 바뀌었다. 매호 4면을 발행하였으며, 창간 직후는 주 2~3회 부정기로 발행하다가 제9호부터는 특별한 사정이 없는 한 주 3회 발행을 원칙으로 하였으며, 국한문 혼용체에 띄어쓰기 없는 세로쓰기였다. 창간부터 제21호까지는 〈獨立(독립)〉이라는 제호로 발행되다가 제22호(1919.10.25)부터는 〈獨立新聞(독립신문)〉이라는 제호로 발행되었으며, 다시 제169호(1924.1)부터는 〈독립신문〉이라는 제호로 발행되었다. 대한민국임시정부의 활동상황 및 독립운동 관련 소식이 중심을 이루었고 국내신문들의 동향도 보도하였으며 친일언론을 비판하였다. 1925년 9월 25일 제189호를 끝으로 폐간되었다.
○ 대한민국임시정부

독립의군부(獨立義軍府)

1912년 조직된 항일 비밀결사단체. 1912년 임병찬(林炳瓚)이 고종의 밀칙을 받고 비밀리에 호남지방 의병과 유생들을 규합하여 조직하였다. 1913년 2월 고종으로부터 전라남북도 순무총장 겸 사령장관에 임명된 임병찬은 중앙원수부(中央元帥府)에 병마도총장(兵馬都總長)과 참모총약장(參謀總約長)을 두고, 서울·강화·개성·수원·광주에 5영(營)을 두었다. 일본 내각총리대신과 조선총독 및 주요관리들에게 국권반환요구서를 보내고 대규모 의병전쟁을 일으킬 준비를 하던 중 동년 5월 조직이 발각되어 해체되었다.

독립협회(獨立協會)

1896년 7월 서재필 등에 의해 조직된 우리나라 최초의 사회정치단체. 1896년 7월 서재필의 주도하에 윤치호·이상재·남궁억·정교(鄭喬) 등이 참여하여 열강에 의한 국권침탈이 자행되는 가운데 자주국권운동·자유민권운동·자강개혁운동 등을 전개하였다. 이들은 독립신문·〈독립협회회보〉를 발간하고, 토론회·강연회 등을 개최하여 민중을 계몽하고, 그들의 지지를 받아가며 독립협회를 민중단체로 발전시켰다. 초기에는 독립문·독립공원·독립관 등을 건립하여 자주독립의 의지를 표명하였으며, 1897년을 전후해서는 토론회·강연회 등을 수시로 열어 국권·민권·애국 사상을 고취시키는 등 민중계몽에 주력하였다. 1898년 2월 21일의 구국선언을 기점으로 만민공동회·관민공동회를 통해 민중의 정치활동을 행동화하며 외세의 이권침탈과 내정간섭을 배제하고자 하였고, 민권의 신장을 위해 의회설립을 추진하기도 하였다. 독립협회는 관민공동회를 개최하여 국권수호와 민권보장 및 정치개혁을 내용으로 하는 〈헌의6조〉를 결의하여 고종의 재가를 받기도 하였다. 그러나 독립협회의 의회설립운동은 황국협회를 비롯한 보수파들의 반발을 받게 되었으며, 그 결과 황국협회 회원들과 무력충돌까지 일어나게 되었다. 결국 1898년 12월 25일 독립협회가 왕정을 폐지하고 공화정을 실시하려 한다는 보수파들의 모함으로 고종에 의해 해산명령을 받고 해산되기에 이르렀다. 독립협회의 사상은 대한자강회 · 대한협회 등으로 이어져 국권회복을 위한 실력양성운동으로 나타나게 되었다.

참 독립문(獨立門) : 서울특별시 서대문구 현저동에 소재한, 1898년 독립협회에서 자주독립의 결의를 표방하고자 건립한 문이다. 1896년 서재필의 주도하에 독립협회에서 모화관(慕華館) 앞의 영은문(迎恩門)을 헐어버리고, 그 자리에 독립문을 건립하였다. 프랑스의 개선문을 모방하여 스위스인의 설계로 건립되었으며, 홍예문의 이맛돌 위의 앞뒤 현판석에는 ‘독립문’이란 글씨를 각기 한글과 한자로 새겼으며, 그 좌우에 태극기를 새겼다. 1979년 3월 원위치에서 서북쪽으로 70m 떨어진 지점으로 이전하였다가, 1990년 재차 현위치로 이전하였다. 사적 제32호로 지정되었다.

�» 독립신문

독사신론(讀史新論)

1908년 신채호가 쓴 한국고대사에 관한 글. 1908년 8월 27일부터 12월 13일까지 대한매일신보에 연재되었다. 체재는 서론과 상세(上世)로 구성되었으며, 서론에서는 인종과 지리를 논하여 그의 역사관을 피력하였으며, 상세에서는 단군에서부터 발해에 이르기까지의 역사를 서술하였다. 필자는 국가를 민족에 의한 유기체로서 민족사가 곧 국사라고 파악하여 민족주의 · 국가주의의 입장에서 역사를 파악하였다. 그리고 민족사의 주족(主族)을 부여족으로 인식하여 4천년간의 민족사를 부여족의 역사로 보았으며, 부여족이 활동하였던 만주지방을 우리나라의 영토로 파악하였다. 단군의 정통을 부여-고구려-백제-신라-가야로 계승되는 것으로 체계화하였으며, 기자 · 위만 · 한사군을 부여족의 역사에 부속시킴으로써 종래의 정통론에 입각한 고대사의 인식체계를 크게 바꾸어 놓았으며, 이에 따라 신라중심의 삼국통일을 비판하였다.

독서삼품과(讀書三品科)

신라시대 독서 성적에 따라 관리를 선발하는 제도. 788년(원성왕 4) 국학(國學) 내에 설치하여, 학생들의 독서능력에 따라 성적을 3등급으로 구분, 상품(上品)은 《춘추좌씨전》 · 《예기》 · 《문선(文選)》을 읽어 그 뜻에 능통하며 아울러 《논어》 · 《효경》에도 밝은 자, 중품(中品)은 《곡례(曲禮)》 · 《논어》 · 《효경》

을, 하품(下品)은 《곡례》·《논어》를 읽을 줄 아는 자가 되었다. 그 중에서도 특히 오경(五經 : 시경, 서경, 역경, 예기, 춘추)과 삼사(三史 : 사기, 한서, 후한서), 제자백가(諸子百家) 등에 모두 능통한 자는 특별히 발탁하여 관리로 등용하였다. 귀족들의 정치 참여를 제한하고 왕권을 강화하기 위한 것이었으나, 귀족들의 반대로 성공을 거두지 못하였다.

돌널무덤(石棺墓)

관벽을 한 장이나 여러 장의 판석으로 짜거나 할석으로 쌓은 청동기시대의 무덤. 기원전 9, 8세기에서부터 기원전 4, 3세기까지 중국의 동북지방과 한반도·일본에서 사용되던 묘제이다. 우리나라의 경우 강계 공귀리, 강서 태성리, 사리원 상매리, 춘천 대곡리, 공주 송국리, 부여 가증리 등지에서 발견되었다. 돌널무덤은 남방식고인돌의 하부구조로도 이용되고 있으며 삼국시대 돌덧널무덤(石槨墳)으로 발전하였다.

통 **석상분(石箱墳)**

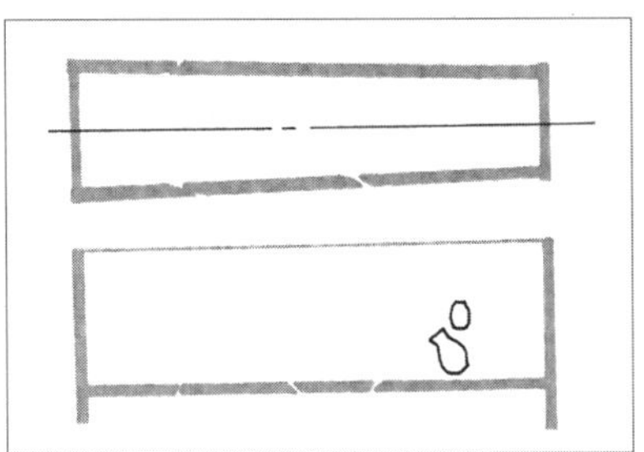

▶ 돌널무덤

돌덧널무덤(石槨墓)

막돌로서 벽을 만든 청동기시대에서 초기 철기시대에 걸친 무덤. 대전 괴정동, 아산 남성리 등의 돌덧널무덤에서는 칼·칼자루집장식·거울·청동방울·농경문청동기 등 이형동기(異形銅器) 등 각종의 청동기가 부장되어 있었다. 대구 대봉동의 남방식고인돌에서도 이러한 돌덧널이 돌널과 같이 발견되었고, 청동기시대의 돌덧널무덤이 원삼국시대를 거쳐 삼국시대까지 이어져 특히 가야지방에서 유행하였다. 구덩식(竪穴式) 무덤이 기본이며, 지배계급의 무덤에서는 부곽(副槨)을 가진 큰 돌곽이 쓰여지고 있다. 구덩식 돌덧널무덤은 규모가 커지면서 앞트기식

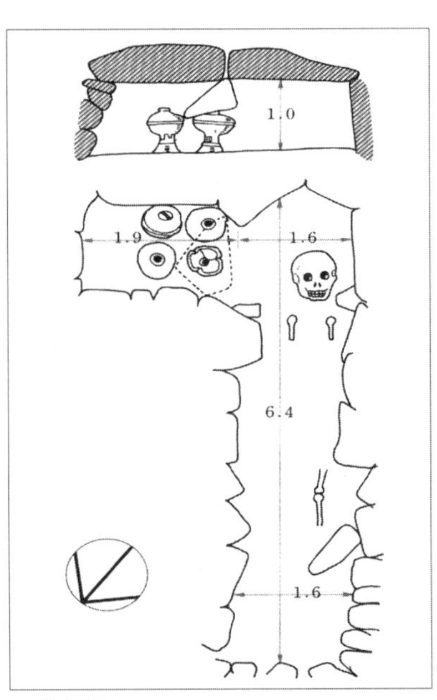

▶ 돌덧널무덤

(橫口式)으로 변하여 차차 널길(羨道)이 달린 돌방무덤으로 전환되었다.

Ⓒ 돌곽무덤

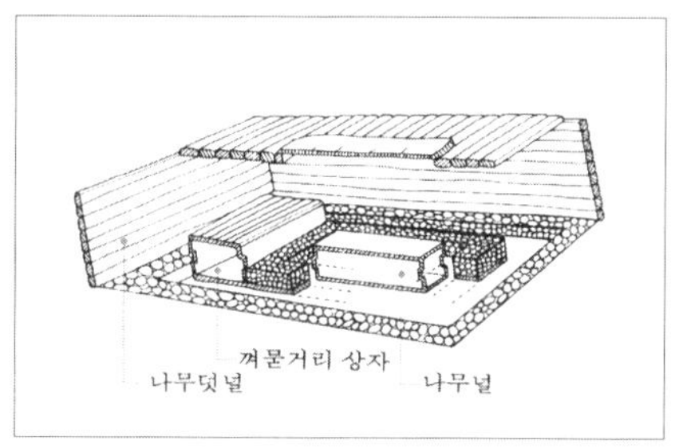

▶ 돌무지덧널무덤

돌무지덧널무덤(積石木槨墳)

경주를 중심으로 분포하는 신라 묘제. 돌무지덧널은 구덩이를 파거나 지상에 돌을 깔고 덧널을 만든 다음 그 안에 널을 넣어 덧널을 덮고 냇돌로 채워덮은 후 다시 봉토를 씌운 것으로, 봉토 주위에는 낮은 석축의 둘레돌(護石)이 돌려진다. 널의 위치에 따라 무덤의 규모가 결정되었다. 부곽의 유무와 부장품이 놓인 위치는 시간적인 차이를 반영하는데, 부곽이 있는 것이 없는 것보다 더 오래된 것이고, 부장품이 놓이는 위치는 머리나 발치 한쪽에 놓인 것과 머리와 발치 양쪽에 놓인 것이 있는데, 그중 머리쪽에 놓이는 것이 가장 오래된 형태이다. 머리쪽에 부장품을 놓는 습관은 돌무지덧널무덤이 소멸될 때까지 계속되었다.

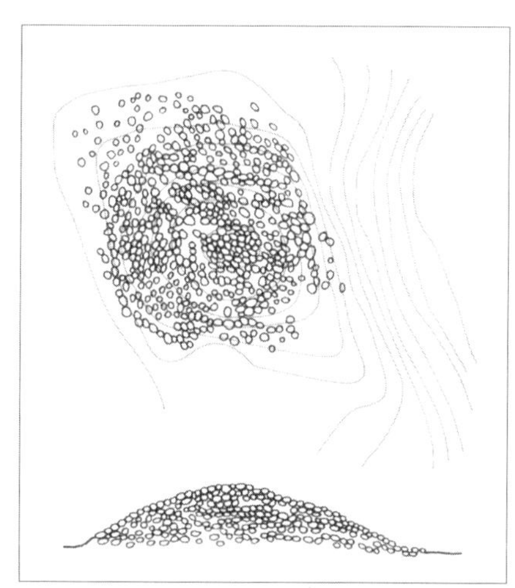

▶ 돌무지무덤

돌무지무덤(積石塚)

시신 위에 흙 대신 돌을 쌓아 만든 무덤양식으로 청동기시대부터 삼국시대까지 이용되었다. 주로 중국 지린성 지안현(吉林省集安縣), 랴오닝성 환런현(遼寧省桓仁縣) 및 한반도 북부의 자강도와 평안남북도, 그리고 남한의 한강유역에서 발견되었다. 장군총·태왕릉(太王陵)·천추총(千秋塚) 등의 돌무지무덤이 가장 규모가 큰 왕릉으로 추정되는 대표적인 무덤이다. 전형적인 돌무지무덤으로 파악되는 고구려양식은 초기에는 자갈돌을 네모지게 깔고 널(棺)을 넣은 후 다시 돌로 덮는 간단한 형태였다. 그러나 차차 자갈돌 대신 모난 할석을 써서 무너지지 않도록 계단식으로 일정한 높이까지 쌓은 후 그 위에 널을 놓고 그 주변과 위를 다시 돌로 쌓아올려 외형이 계단식의 피라미드 형을 하고 있다. 대체로 돌무지무덤은 무기단식에서 기단식으로, 구덩식에서 굴식으로 변화되었으며, 피장자의 사회적, 경제적 신분에 따라 무덤구조와 크기 및 부장품 등이 영향을 받게 되었다.

돌방무덤(石室墳)

널을 안치하는 방을 만든 고대의 무덤. 중국 돌방무덤의 영향을 받아 축조되기 시작한 것으로, 널방(玄室)을 마련하고 그 위에 흙을 쌓아 올려 원형을 마련한 것이나, 방대형(方臺形)의 봉분을 하고 있다. 돌방무덤은 구조와 묻는 방법에 따라 몇 가지로 나뉘는데, 시체를 넣는 방식에 따라 구덩식(竪穴式)과 굴식(橫穴式)으로 구분된다. 고구려에서 축조되기 시작하여 백제·가야로 전파되었고, 신라에서도 사용되어 통일신라까지 이어진다.

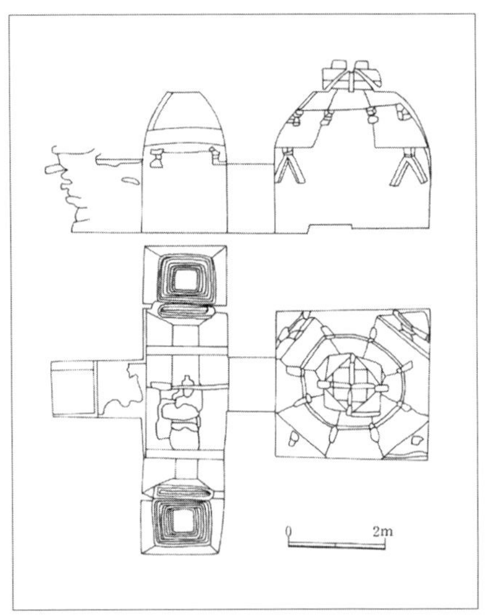

▶ 돌방무덤

동경성전투(東京城戰鬪)

1933년 6월 한국독립군과 중국군이 연합하여 만주 동경성(東京城)을 공격하여 탈환한 전투. 1932년 지청천 휘하의 한국독립군과 중국 호로군(護路軍)이 한중연합군을 결성, 항일전투에서 많은 전과를 올렸다. 1933년 4월 만주의 사도하자(四道河子)에서 일만연합군 1개 사단을 격파한 한중연합군은 이어 영안성(寧安城)을 공격할 계획을 세우고, 먼저 동경성을 공격하기로 하였다. 1933년 6월 3일 한중연합군은 부대를 3개대로 편성하고 기습작전을 개시하여 3시간의 격전을 벌였다. 한중연합군의 공격을 받은 일만연합군은 북문을 통해 퇴각하다가 오히려 한중연합군의 복병을 만나 일본군은 모두 전사하였고, 만주군은 전 부대가 항복하였다. ◑ 한국독립군

동국문헌비고(東國文獻備考)

1770년(영조 46) 왕명에 의해 우리나라 역대 문물제도의 전고(典故)를 모아 편찬된 유서(類書). 100권 40책으로 1769년 편찬에 착수하여 1770년에 간행

되었다. 편찬에 참여한 사람은 김지인(金致仁)·서명응(徐命膺)·채제공(蔡濟恭)·서호수(徐浩修) 등이다. 이 책은 1년여 만에 완성되었기 때문에 체재가 서로 틀리고 오류가 많으며, 빠진 부분이 많아 여러 차례 수정·증보하여 1908년에《증보문헌비고》라는 제명으로 다시 간행되었다. 내용은 여지(輿地)·예(禮)·악(樂)·병(兵)·형(刑)·전부(田賦)·선거(選擧)·재용(財用)·호구·학교·직관 등으로 분류 서술되었다.

▶ 동국병감

▶ 동국사략

동국병감(東國兵鑑)

조선 전기 문종대 왕명으로 편찬된 전쟁사. 목판본으로 2권 2책이다.《한서(漢書)》·《수서(隋書)》·《사기(史記)》·《당서(唐書)》·《삼국사기(三國史記)》와 고려시대의 여러 문헌 등이 참고자료로 사용되었다. 한무제(漢武帝)가 고조선을 침범하여 한사군(漢四郡)을 설치하였을 때부터 고려 말 이성계(李成桂)가 여진족(女眞族) 호발도(胡拔都)를 물리칠 때까지, 한국과 중국 사이에 일어난 30여 회에 걸친 전사(戰史)를 기록한 책이다. 내용은 37항목으로 되어 있는데, 제1항은 한무제의 침공으로 인한 고조선의 멸망과 한사군의 설치, 2~17항은 삼국시대 및 통일신라시대, 18~31항은 고려시대, 32~37항은 고려 말 이성계의 무공을 다루고 있다. 이 책은《진법(陣法)》과 함께 조선시대의 국방을 위한 기본적 병서(兵書)라 할 수 있으며, 한국과 이민족과 전쟁에 있어서의 전술·전략을 연구하는 데 귀중한 사료이다.

동국사략(東國史略)

조선 전기 권근(權近) 등이 편찬한 역사서. 1402년(태종 2) 왕명으로 권근·하륜(河崙)·이첨(李詹) 등이 편찬에 착수하여 이듬해 8월에 완성하였다. 성리학적 기준에 의한 편년체 형식이며, 동시에 사건의 경중에 따라 기록 형식을 달리하는 강목체(綱目體)를 따르고, 50여 편의 사론(史論)을 붙여 역사 사실에 대해 평가를 내리고 있다. 단군조선·기자조선·위만조선 · 한사군 · 이부(二府) · 삼한(三韓) · 삼국의 순으로 구성하여 《삼국유사》를 이어받은 고대사 체계를 세웠지만, 삼한까지는 '외기(外紀)'로 간략히 처리하고 삼국을 중심으로 서술하였다. 삼국의 서술에서는 가장 먼저 건국하고 가장 늦게 멸망하였다는 이유로 신라를 중심으로 서술하였다. 고대사의 주류를 기자 · 마한을 통하여 신라로 이어지는 것으로 체계화하였다. 전체적으로 성리학적 명분론에 입각한 명분론을 강하게 드러냈는데, 그것은 중국의 간섭을 피해 안정된 사회 질서를 수립해야 할 건국 초기의 정치 상황에 비롯하였기 때문이었다. 하지만 이 책의 신라 중심적 서술은 이후 편찬된 《동국통감》 등에서 삼국을 대등하게 서술하는 방식으로 극복되었다. 그 밖에 같은 이름의 책이 여러 권 있는데, 이우 · 박상(朴祥) · 유희령(柳希齡) · 민제인(閔齊仁) 등이 지은 4종과, 1906년에 현채(玄采)가 지은 교과서 등이다.

◎ 삼국사략(三國史略)

동국지도(東國地圖)

조선 후기 정상기(鄭尙驥)가 제작한 전국도와 도별도. 지방도는 각 도 1매씩을 원칙으로 하고 있으나, 지면관계로 함경도는 남 · 북 각 1매로 되어 있고 경기도와 충청도는 합하여 1매로 만들었으며, 도별도를 모두 합치면 전국지도가 되도록 제작하였다. 처음으로 축척의 개념을 사용하여 평탄한 곳은 1백 리를 1척으로, 산협(山峽)이나 수곡우회처(水曲迂廻處)는 120~130리를 1척으로 표시하였는데 전체적으로 42만분의 1 축척을 사용하였다.

동국통감(東國通鑑)

조선 전기 성종 때 왕명으로 서거정(徐居正) 등이 편찬한 고려 때까지의 역사서. 활자본으로 56권 28책이다. 세조 때 시작된 편찬작업은 1476년(성종 7) 《삼국사절요(三國史節要)》로 고대사 부분이 마무리되었고, 1484년에 《동국통감》이 편찬되었으며, 여기에 사론(史論)을 보충하여 다음해 57권의 《신편동국통감》이 완성되었다. 편년체(編年體)로 외기(外紀) · 삼국기(三國紀) · 신라기(新羅紀) · 고려기(高麗紀)로 나누어 서술하였는데, 외기는 단군조선에서 삼한까지의 상고사 부분이고, 삼국기는 삼국의 역사를 하나의 편년으로 묶고 무정통(無正統)의 시대로 서술하였다. 신라기는 669년(문무왕 9)부터 경순왕이 고려에 귀부하는 935년(태조 18)

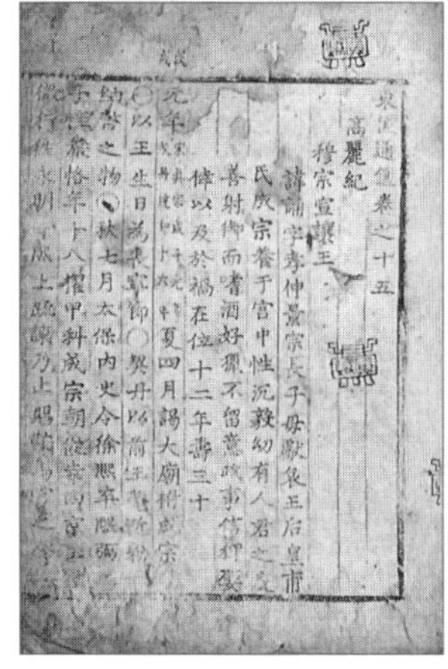

▶ 동국통감

까지의 역사이며, 고려기는 936년부터 고려 멸망까지를 다루고 있다. 이러한 시대구분은 정통사상에 입각한 것이지만 서술에 있어서는 명분론적인 관점도 보인다. 신화와 전설적인 것이 배제되고 역사적 교훈을 주는 사료들을 발췌하여 서술하였으며, 고려기에서 세가(世家)와 열전 부분이 강화된 것은 정치의 주체로서 국왕과 신하를 중시하였음을 말해준다. 엄격한 유교적 명분론에 입각해 역사적 사실을 준엄하게 평가한 것이 특색이다.

동녕부(東寧府)

고려 후기에 원나라가 서경에 설치했던 관청. 1269년(원종 10)에 서북면도병마사영(西北面都兵馬使營)의 기관(記官) 최탄(崔坦)과 한신(韓愼) 등이 원종폐립사건을 일으킨 임연(林衍)을 제거한다는 명분으로 서경을 비롯한 북계 54개 성(城)과 자비령 이북 6개 성이 모두 원나라에 항복하자, 원나라는 자비령 이북을 자신들의 영토로 삼고 서경에 동녕부를 설치하여 최탄을 동녕부총관으로 삼았다. 이에 원종은 원나라에 가서 반환을 요구했으나 받아들여지지 않았고, 1275년(충렬왕 1)에는 동녕부총관부(東寧府管府)로 승격하였다. 1290년에 고려의 계속된 요구에 따라 동녕부는 요동(遼東)으로 옮겨졌고, 서경을 비롯한 서북면 일대가 고려 영토로 회복되었다.

동도서기론(東道西器論)

유교적 윤리질서를 고수하면서 서양의 군사기술과 과학기술을 수용하자는 개화파의 논리. 동도서기론의 사상적 연원은 실학에서 시작되었는데, 당시 실학자들은 서양의 종교에 대해서는 부정적인 입장을 취하면서도 서양의 과학기술에 대해서는 긍정적인 입장을 취하였다. 그러나 동도서기론이 본격적으로 제기된 것은 근대에 들어와서이다. 점진적 개화론자였던 김윤식은 '서양의 교(敎)는 나쁘니 마땅히 멀리해야 한다. 그러나 그 기(器)는 이롭다. 서교(西敎)는 배척하되 이용후생을 위하여 서기(西器)는 배워야 한다'고 하였다. 1880년대 중반 이후에는 서기(西器)로부터 서법(西法)으로, 마침내는 서제(西制)의 채용 없이는 자강(自强)이 불가능하다는 급진적 개화론, 즉 서도서기론(西道西器論)까지 대두하게 되었다. 동도서기론은 채서의 범위에 상관없이 그 준거를 유교적 본말론(本末論)에서 찾는 전통적 의식성향을 가지고 있으면서도 동시에 도기일원론적(道器一元論的) 세계관을 탈피하여 도와 기를 분리시켜 인식하고 그 바탕 위에 현실에 대처하는 자강정책을 모색하려고 한 새로운 의식성향을 보여주었다.

동맹(東盟)

고구려의 제천행사. 동명(東明)으로도 표기되기도 한다. 해마다 추수 뒤인 10

월에 모든 부족이 나라의 동쪽에 있는 수혈(隧穴) 앞에 모여 시조신을 모시는 제사를 지내고 큰 잔치를 베풀었다. 전부족이 한자리에 모여 국정을 의논하고 시조인 주몽신, 즉 동명신과 생모 하백녀를 제사지낸 제천의식으로 이를 통해 각 부족 간의 전통을 재확인하고, 결속을 강화하는 구실을 하였다.

동명왕(東明王)

기원전 58~기원전 19. 재위 기간 기원전 37~기원전 19. 이름 주몽(朱蒙)·추모(鄒牟)·상해(象解)·도모(都慕). 고구려의 시조. 《삼국사기》에 의하면 동부여왕(東扶餘王) 해부루(解夫婁)가 죽고 금와(金蛙)가 즉위하였는데, 이때 금와왕은 태백산 남쪽 우발수(優渤水)에서 하백(河伯)의 딸 유화(柳花)를 만났다. 유화는 말하기를 천제의 아들 해모수(解慕漱)가 자기를 유인하여 사통(私通)하고는 돌아오지 않아 부모에게 쫓겨나 우발수에 살고 있다 하므로, 금와왕은 유화를 데려다 궁중에 유폐시켰다. 어느날 유화는 햇빛을 받고 임신하여 알 하나를 낳았다. 그 알에서 남아(男兒)가 나와 성장하니 이가 곧 주몽이다. 주몽이 7세 때 이미 활을 잘 쏘는 등 영특하고 총명하자 금와왕의 장자 대소(帶素) 등 일곱 왕자 및 여러 신하들이 시기하여 죽이려 하였다. 이에 유화부인의 뜻을 따라 화를 피하여 졸본부여(卒本扶餘)로 남하, 기원전 37년 나라를 세워 국호를 고구려라 칭하고, 성(姓)을 고(高)라 하였다. 기원전 36년에는 비류국(沸流國) 송양왕(松讓王)의 항복을 받았고, 기원전 34년에는 성곽과 궁실을 건립하였으며, 기원전 33년 행인국(荇人國)을 정복하고, 기원전 28년에는 북옥저(北沃沮)를 멸망시켰다. 기원전 24년에는 동부여에 사신을 보내 금와왕이 유화부인을 태후(太后)의 예로 장사지내 준 것에 대하여 감사의 뜻을 표하였다. 기원전 19년에는 동부여에서 첫번째 부인 예씨(禮氏)와 함께 아들 유리(類利)가 내려오니 태자로 삼았고, 같은 해 9월 왕이 40세의 나이로 죽으니 용산에 장사지내주고 시호를 동명성왕이라고 하였다.

㊒ 왕릉은 북한의 평양에 위치함.

동문선(東文選)

신라시대 이후 조선 초에 이르기까지의 한시 및 문장을 뽑아 만든 한문학작품 선집. 1478년(성종 9) 왕명에 의해 서거정(徐居正)·강희맹(姜希孟)·양성지(梁誠之) 등이 편찬한 것으로, 수록된 작품량이 방대하다는 점과 중국문학의 방계가 아닌 우리의 독자적인 유산임을 천명했다는 사실이 한문학 선집류와 구별되는 뚜렷한 특징이다. 편집은 사(辭)·부(賦)·고시(古詩)·조칙(詔勅)·교서(敎書)·비명(碑銘) 등 각 문체별로 종류를 나누어 수록하는 방식을 취하였다. 133권 45책으로 활자본, 목판본이 전한다.

동문학(同文學)

1883년(고종 20) 통리교섭통상사무아문(統理交涉通商事務衙門) 소속으로 설립된 외국어 교육기관. 1883년 당시 총세무사로 부임한 독일인 묄렌도르프(P.G.von Mollendorff)의 건의에 따라 서양과의 통역 및 세관(稅關) 관계의 실무자를 양성하기 위해서 설립하였다. 책임자는 김만식(金晚植)이었으며, 교사로는 영국인 헬리팩스(T.E.Hallifax), 중국인 당소위(唐紹威) 등이었다. 1886년 육영공원이 설립되면서 폐지되었다.

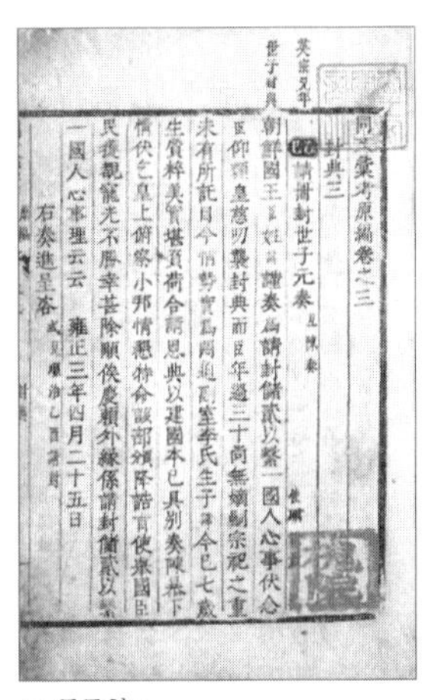

▶ 동문휘고

동문휘고(同文彙考)

조선 후기의 대청(對淸) 및 대일(對日) 관계의 외교문서를 수집 정리한 책. 129권 96책으로, 1784년(정조 8) 왕명에 의해 정창순(鄭昌順)·이숭우(李崇祐)·김윤서(金倫瑞) 등이 《승문원등록》 가운데에서 인조 이후의 사대와 교린에 관한 외교문서를 정리하여 1788년 간행하였다. 이후 여러 차례 수정과 보완을 거쳐 1881년(고종 18)까지의 문서를 정리한 속편이 편찬되었다. 내용은 봉전(封典)·진하(進賀)·문안(問安)·절사(節使)·역서(曆書)·일월식(日月食)·교역·강계·쇄환(刷還)·표민(漂民)·군무(軍務)·왜정(倭情) 등으로 구성되어 있다.

동사강목(東史綱目)

조선 후기에 안정복이 단군조선에서 고려까지의 통사적인 내용을 기록한 역사책. 20권 20책으로 1756년(영조 32)부터 편찬하기 시작하여 1759년에 초고를 완성하였으며, 1778년(정조 2)에 초고를 수정·보완하여 완성하였다. 주자의 《자치통감강목(資治通鑑綱目)》의 형식에 의하여 강(綱)과 목(目)으로 서술하는 방식을 취하였다. 이 책은 《삼국사기》·《고려사》·《해동제국기(海東諸國記)》 등 우리나라 서적 43종, 《사기》·《자치통감강목》 등 중국서적 17종을 인용하여 편찬하였다. 내용은 역사지도·역대관직연혁도 등으로 구성되었으며, 부록으로 잡설(雜說)·지리고·강역고·분야고 등을 수록하였다. 이 책은 종전의 중국 중심적인 역사인식에서 탈피하여 한국사의 독자적인 전통성을 내세우고 이에 입각하여 실증적인 역사를 연구하였다는 점에서 조선 후기의 대표적인 통사라고 할 수 있다. ◑ 안정복

동양척식주식회사(東洋拓殖株式會社)

1908년 12월 일본이 한국의 경제를 독점·착취하기 위해 설립한 한일합작의 국책회사. 1908년 12월 일본의 대장성·내무성·농무상성 등의 고위관리와 통감부 직원 및 한성거주 한국인 실업인과 귀족들이 한일합작으로 창립자본금 1천만 원을 투자하여 설립하였다. 1909년 1월 서울에 본점을 개설하면서 정식으로 사무를 시작하였으며, 초대총재에는 우사가와(宇佐川一正), 부총재에는 요시하라(吉原三郎)·민영기(閔泳綺) 등이 선임되었다. 동양척식주식회사는 설립과 동시에 토지매수에 힘써 한국정부로부터 토지 17,714정보를 인계받았으며, 1913년까지 매입한 토지가 논 30,534정보, 밭 12,563정보, 임야 1,968정보 등 총 47,148정보에 이르렀다. 1920년 말 소유지가 90,700여 정보에 달하였으나, 일본인 농업이민에게 대여한 관계로 동사 직영지는 60,000여 정보였다. 1920년대 이후에는 임야경영에 주력하여 1942년 말 현재 16,000여 정보의 임야를 소유하였다. 동양척식주식회사의 주요 사업목적인 농업이민의 경우 1910년 이후로 꾸준히 진행되어 1926년 말 현재 9,096호에 이르렀는데, 이들을 통해 농촌에 조선지배의 거점을 확보하고자 하였던 것으로 이해된다. 1921년 남만주철도주식회사와 합작하여 만주로 이민가는 한국민들을 지원한다는 명목으로 동아권업공사(東亞勸業公司)를 설립하였고, 1936년 동아권업공사를 모체로 하여 만선척식주식회사를 설립하였다. 1917년 7월 〈동양척식주식회사법〉 개정을 통해 부총재 2명을 1명으로 줄이면서 한국인부총재의 임명을 사실상 봉쇄하는 한편 영업지역을 확대하였다. 즉 종래 조선에만 한정하던 것을 다른 나라까지 확장하여 1917년 10월 서울에 두었던 본점을 도쿄로 이전하고 서울에는 지점을 두었으며, 1919년 하얼빈지점, 1925년 간도출장소, 1933년 신경지점(新京支店 : 현 長春)을 개설하였다. 일제의 대표적인 식민정책기구 가운데 하나였다.

▶ 동양척식주식회사

동예(東濊)

1세기를 전후하여 형성된 고대 부족국가. 부족명을 지칭하기도 한다. 오늘날의 원산·안변 일대에서부터 경상북도 영덕에 이르는 동해안지역과 강원도 북부지방에 위치하였다. 고구려와 풍속과 언어가 같았고 다만 의복만 약간 달랐을 뿐이다. 농업을 주로 하였으며, 삼베와 양잠 기술이 발달하였고, 풀솜

(명주)을 만들기도 하였다. 동예인은 별자리를 관찰하여 그해 농사의 풍흉을 예고하였고, 매년 10월에는 하늘에 제사지내면서 밤낮으로 음식과 술을 마시며 노래를 부르고 춤을 추는 제천행사를 행하였는데, 이를 무천이라 한다. 특산물은 단궁(활), 과하마(조랑말), 반어피(바다표범 가죽) 등이었다. 몇 개의 부족이 모여 크고 작은 읍락을 이루었고 같은 씨족끼리는 혼인하지 않았다. 또 읍락끼리는 서로 침범하지 않았는데, 이를 어기면 책화라 하여 소, 말 등으로 갚아야 했다. 당시의 생활이 씨족, 또는 몇 개의 씨족을 묶은 부족 단위로 이루어졌음을 보여준다. 동예는 고대 국가로 발전하지 못하고 고구려에 합쳐졌다.

동의보감(東醫寶鑑)

조선시대 왕명에 따라 허준(許浚)이 편찬한 동양 의학서. 1596년(선조 29)에 허준이 왕명을 받아 이명원(李命源)·양예수(楊禮壽) 등과 함께 편찬하다가 정유재란으로 일시 중단되었으나, 선조가 다시 허준에게 명하여 1610년(광해군 2)에 완성되었고, 1613년에 내의원에서 간행하여 전국에 반포하였다. 우리나라 의서 83종, 중국의 의서 70여 종을 참고하여, 내경편(內景篇)·외형편(外形篇)·잡병편(雜病篇)·탕액편(湯液篇)·침구편(鍼灸篇)의 5개 강목으로 구분하였으며, 그 아래에 주로 질병의 증상에 따라 항(項)·목(目)을 정하였다. 이 책은 여러 차례 중간되면서 중국과 일본 등에 널리 전파되어 우리나라 의약의 우수성을 알렸다. 보물 제1085호로 지정되었다. ● 허준

동의수세보원(東醫壽世保元)

1894년(고종 31)에 이제마가 편술한 사상의학서(四象醫學書). 4권 2책으로, 1894년 완성한 뒤, 1900년에 다시 성명론(性命論)에서 태음인론(太陰人論)까지 증보하였다. 내용은 성명론·사단론(四端論)·장부론(臟腑論)·의원론(醫源論)·사상인변증론(四象人辨證論) 등 17개 부분으로 되어 있다. 이 중 저자의 핵심이론은 사단론으로 사람을 소음인(少陰人)·소양인(少陽人)·태음인·태양인(太陽人)의 4가지 유형으로 나누어 여기에 따라 처방과 약의 선택이 달라진다고 하였다. 저자는 이 책에서 사상체질론을 내세워 원리(原理)·생리(生理)·병리(病理)·체질·감별·진단·사상체질에 맞는 약물선택과 치료방제 등을 수록함으로써 우리나라 임상의학(臨床醫學)의 새로운 분야를 개척하였다.

동학(東學)

1860년(철종 11) 최제우가 창시한 종교. 1860년 최제우가 서양으로부터 들어온 서학(천주교)에 대항하여 제세구민(濟世救民)의 뜻을 품고 예부터 내려오

던 하느님 숭배사상과 유·불·도의 가르침을 바탕으로 보국안민의 동학을 창시하였다. 동학의 기본사상은 종래의 풍수사상과 유·불·도의 교리를 토대로 한 '인내천(人乃天)'·'인심즉천심(人心卽天心)'의 원리를 사상의 기본으로 하고 있다. 동학은 창시와 함께 점차 신도들이 늘어나자 교도들을 보다 조직적이고 체계적으로 관리하고자 각 지역의 책임자로 접주(接主)를 두고 그 지역을 접소(接所)라고 하였다. 창시된 지 얼마되지 않아 동학의 교세는 경주를 비롯하여 경상도와 충청도 등지로 번져나갔다. 최시형이 교단을 이끌면서 교세가 더욱 확장되어 전라도·경상도·충청도·강원도 등으로 번져 접포(接包)의 교단조직이 생겼는데, 접주 위에 대접주(大接主)를 두고 여러 포를 통솔하게 하였다. 동학의 교세가 확장되고 그 성격이 반봉건적인 색채를 띠자 정부는 이를 위험세력으로 간주하여 1864년 최제우를 혹세무민(惑世誣民)의 죄로 처형하였다. 그러나 동학세력은 약화되지 않고 오히려 교조의 억울한 죽음을 풀어보려는 신원운동이 전개되기에 이르러 마침내 제2대교주 최시형을 비롯한 많은 동학교도들은 1890년대에 들어 본격적인 교조신원운동을 벌이기 시작하였다. 1894년 전라도 고부에서 일어난 농민봉기를 기점으로 전국적인 농민항쟁이 일어났는데, 이 봉기에서 동학교문이 중요한 역할을 담당했다. 즉 남접이 주장하던 부패정부의 타도를 통한 동학의 합법화와 사회개혁의 논리가 이 운동의 원동력이 되었다. 그러나 일본군의 지원을 받은 정부군에게 패함으로써 그후 동학은 지하에서 교단의 재건에 착수하여 1897년 손병희가 제3대교주에 올라 포교활동에 노력하다가 1905년 천도교로 개칭하였다.

⚑ 인내천사상(人乃天思想) : 천도교의 근본 교리로, 1905년 동학의 제3대교주 손병희가 동학을 천도교로 개칭하면서 내세운 사상으로 '사람이 곧 신이다'라는 뜻이다. 1905년경 간행된 《대종정의설(大宗正義說)》에서 공식적으로 나타난다. 인내천사상은 최제우의 '사람이 신을 모시고 있다'라는 시천주사상(侍天主思想), 최시형의 '사람을 신과 같이 섬긴다'라는 사인여천사상(事人如天思想)과 맥을 같이한다. ➡ 천도교

동학농민운동(東學農民運動)

1894년(고종 31) 전라도 고부에서 시작된 대규모의 농민항쟁. 개항 이후 조선의 농촌사회는 지배층의 수탈과 일본의 경제적 침투로 말미암아 파탄에 이르러 농민층의 불만이 고조되어 가고 있었다. 그러자 동학이 삼남지방을 중심으로 확대되었고 동학의 인간평등사상과 사회개혁사상은 새로운 사회로의 변화를 갈망하는 농민들의 요구에 부합되었으며, 동학의 포접제(包接制) 조직은 대규모 농민세력의 규합을 가능하게 하였다. 그리하여 종래의 산발적이고 분산적이던 민란형태의 농민운동은 조직적인 농민전쟁의 형태로 바뀌어갔다. 동학농민운동은 대체로 네 단계로 전개된다. 제1기는 이른바 고부민란의 시기이다. 1894년 1월 고부군수 조병갑의 학정에 항거하여 전봉준이 1천여 명

의 농민들과 함께 고부관아를 습격, 7일 동안 점령하면서 군수를 내쫓고 아전들을 징벌한 뒤 자진 해산하였다. 제2기는 농민전쟁기로서, 무장에서 다시 일어난 농민군이 전주감영에 입성하기까지이다. 고부민란 후 정부측은 폐해를 시정하기보다는 농민들을 치죄하고 탄압을 한층 강화하였다. 이에 전봉준은 동학의 지도자 김개남(金開南) 등과 함께 동년 3월 재봉기하여 13,000여 명의 농민군을 이끌고 보국안민(輔國安民)·광제창생(廣濟蒼生)·제폭구민(除暴救民)을 내세우면서 금구·부안을 거쳐 고부로 진격, 4월 6일 황토현에서 전주감영에서 파견한 관군을 크게 무찔렀다. 이어 정읍·고창·함평을 차례로 함락하고, 4월 23일 장성에서 서울에서 파견한 관군을 대파한 후 북상하여 4월 28일 전주성을 점령하였다. 제3기는 전주성을 점령한 농민군이 정부군과 화약(和約)을 맺고 그들의 정치적 이상을 펼치려 한 시기이다. 6월 11일 농민군은 정부와 전주화약을 맺은 후, 전라도 53개 고을과 충청도·경상도 일부 고을에 일종의 농민자치기구인 집강소(執綱所)를 설치하고 폐정을 개혁해 나갔다. 농민군이 제시한 〈폐정개혁 12조〉는 탐관오리와 횡포한 토호의 징계, 노비문서의 소각, 천인의 대우개선, 무명잡세의 폐지, 문벌의 타파, 왜와의 통교자 엄벌, 토지의 평균분작 등이다. 농민군을 무력으로 진압할 능력이 없던 정부는 화약을 맺기 10일 전부터 청국에 원병교섭을 벌이고 있었다. 청이 파병하자, 일본도 〈톈진조약(天津條約)〉을 구실로 군대를 파견하여 6월 22일 청일전쟁을 일으켰다. 제4기는 청일전쟁에서 승세를 잡은 일본이 조선의 내정을 간섭하며 침략을 노골적으로 드러내자, 이에 대항하여 농민군이 재봉기하여 일본군과 전투를 벌인 시기이다. 일본군이 경복궁을 점령하고 친일정권을 내세워 조선의 내정을 간섭하자 전봉준의 주도하에 농민군이 재봉기하였다. 농민군은 10월 15일 논산에 집결하여 10월 21일 공주로 진격하였다. 농민군은 공주 우금치에서 관군과 일본군을 상대로 격전을 벌였으나, 근대무기로 무장한 일본군을 당할 수 없어 마침내 11월 12일 결정적으로 패하였다. 농민군은 곧 전라도지역으로 후퇴하여 재기를 꾀하였으나 전봉준이 순창에서 체포됨으로써 동학농민운동은 실패로 끝나고 말았다. 그후에도 동학농민운동의 정신은 영학당(英學黨)·활빈당(活貧黨) 등으로 이어져 계속적으로 농민운동이 전개되었으나, 곧 진압되었다. 동학농민운동은 반봉건적 성격과 반침략적 성격 때문에 당시의 집권세력과 일본침략세력의 탄압을 동시에 받아 실패하였으나 그 영향은 매우 컸다. 동학농민운동은 개항 이후 한층 심화되고 있던 조선의 정치·경제·사회적 모순 위에서 밖으로 외세의 침략세력에 대항하면서 봉건체제를 전면적으로 거부한 아래로부터의 혁명운동이었다는 데 그 의의가 있다. 그러나 동학농민운동은 봉건체제를 완전히 청산하려 하지 못하고 봉건체제 안에서 개혁을 추진하려 했다는 점에서 한계가 있었다.

참 고부민란(古阜民亂) : 1894년(고종 31) 1월 전라도 고부에서 일어난 민란으로, 동학
농민운동의 발단이 되었다. 군수 조병갑(趙秉甲)이 민보(民洑) 아래에 만석보(萬石洑)
를 신축하면서 농민들을 강제로 동원하였으며, 보가 완성되자 수세(水稅)의 명목으
로 논 한마지기에 상답은 쌀 2두, 하답은 1두씩 총 7백여 석을 징수하였다. 또한 그
의 아버지 비각(碑閣)을 건립한다는 명목하에 1천여 냥을 징수하는 이외에 갖가지
탐학을 자행하였다. 1893년 전봉준의 주도하에 군민들이 관청에 호소하였으나 아무
런 성과가 없자, 1894년 1월 10일 전봉준의 지휘하에 군민들이 관아로 쳐들어갔다.
조병갑은 달아나고 고부읍을 점령한 농민군은 무기고를 열어 무장한 후, 불법을 자
행한 이서배들을 체포하여 문초하였으며, 불법으로 약탈해간 수세미 등을 환수하여
군민들에게 환급하고 만석보를 파괴하였다. 농민들은 관아의 폐정을 처리한 뒤, 백
산(白山)으로 이동하였다가 3월 초에 해산하였다. 안핵사의 조사과정에서 민란의 책
임을 동학교도와 농민들에게 전가하여 이들을 체포하도록 하였으며, 농민들의 집을
불태우는 등 악행을 자행하였다. 안핵사의 횡포는 고부군민들의 분노를 격화시켰으
며, 그 결과 3월 21일 전봉준의 지휘 아래 농민군이 재봉기하였다.

➡ 교조신원운동 · 고부민란 · 전주화약 · 우금치전투 · 폐정개혁안 · 집강소

떼석기(打製石器)

돌을 갈지 않고 떼기만으로 만든 석기. 그 역사는 2백만 년 이전으로 거슬러
올라가는데, 아프리카에 살았던 손쓴사람(Homo habilis)은 이미 떼석기를 만
들어 사용했다. 일정한 모습을 갖춘 석기가 체계있게 만들어지기 시작한 때
는 곧선사람(Homo ereotus) 단계부터이다. 우리나라에서는 경기도 연천군
전곡리와 평남 상원군 검은모루, 충남 공주군 석장리, 함북 웅기군 굴포리,
충북 제천군 점말 동굴과 청원군 두루봉 동굴 등 전국 여러 지역에서 고루 발
견되었는데, 사냥하는 데, 또는 나무 열매를 따거나 나무 뿌리 따위를 캐어
먹는 데 사용한 것들이 많다.

러·일전쟁(露日戰爭)

1904년~1905년에 조선과 만주의 지배권을 둘러싸고 일어난 러시아와 일본 간의 전쟁. 청일전쟁 후 삼국간섭에 의해 일본의 만주진출을 저지한 러시아는 청으로부터 1896년 동청철도(東淸鐵道) 부설권과 뤼순(旅順)·다롄(大連)의 조차권을 획득했고, 1900년에는 의화단사건을 구실로 만주에 출병, 점령한 후 조선을 일본과의 완충지대로 삼으려 했다. 러시아의 남하정책은 일본을 자극시켜 일본과 영국사이에 〈영일동맹〉을 맺게 하였으며, 일본은 미국·영국의 후원을 얻어 러시아의 만주철병을 교섭하였다. 그러나 러시아는 압록강 하류 용암포를 점령하는 등 남하정책을 노골적으로 추진했다. 이에 일본은 1904년 2월 뤼순항을 기습한 후 러시아에 대하여 선전포고 했다. 대한제국은 러일간에 전운이 감돌자 1904년 1월 국외중립을 선언했으나, 일본은 이

▶ 러일전쟁 때 피난 모습

를 무시하고 군대를 파견하여 서울에 진주한 후 〈한일의정서〉를 체결하여 한국침략의 발판을 마련하였다. 5월 초 일본군은 압록강연안에서 러시아군을 격파시키고 이어 요동반도에 상륙한 후 다롄을 점령하였으며, 1905년 1월 뤼순을 함락시킨 뒤, 3월 봉천(奉天)에서 러시아군을 대파하였다. 러시아는 열세를 만회하고자 러시아함대를 파견했으나, 5월 대한해협에서 일본해군에게 참패를 당했다. 양국은 미국 대통령 루스벨트(T.Roosevelt)의 중재로 8월 미국 대서양연안에 있는 포츠머스에서 회의를 열고 강화조약을 체결시켰다. 이 결과 조선은 러시아를 비롯한 제국주의 열강의 승인 내지 묵인하에 일본의 식민지로 전락하게 되었다.

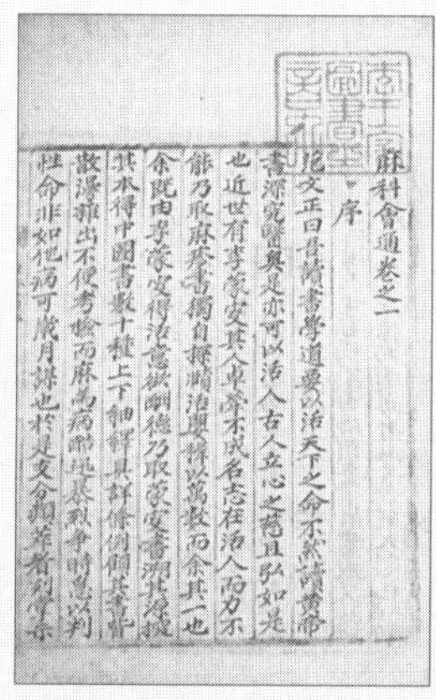
▶ 마과회통

마과회통(麻科會通)

1798년(정조 22)에 정약용이 저술한 홍역에 관한 의서. 《마진방(麻疹方)》·《임신진역방(壬申疹疫方)》·《벽역신방(酸疫神方)》 등 중국과 우리나라의 홍역에 관한 전문서적을 인용하여 저술하였다. 6권 3책이며, 내용은 원증편(原證篇)·인증편(因證篇)·변사편(辨似篇)·아속편(我俗篇)·오견편(吾見篇)·합제편(合劑篇) 등으로 구성되어 있는데, 특히 아속편과 합제편은 우리나라에서 유행한 홍역의 병증과 치료방법이 기록되어 있다. 이 책은 홍역에 관련된 최고의 의서로 평가되고 있다. ◑ 정약용

마립간(麻立干)

신라 초기의 왕호. 《삼국사기》에서 김대문은 '마립(麻立)이란 방언으로 궐(말뚝)을 말하는 것이고, 궐은 함조(操 : 標–말뚝표)의 뜻으로 자리를 정하여 두는 것이며, 왕궐(王)이 위가 되고 신궐(臣)은 아래에 두는 것을 말한다' 고 하였다. 즉 국사를 의논하기 위한 회의장에 말뚝을 꽂아 그 석차를 정하였고 그 최고석에 앉은 자가 마립간이다. 이러한 마립간의 마립은 '마루'(宗)·'마리'(廳)가 어원이며 마립간은 마루·고처의 지배자(干)라는 뜻으로 족장들 위에 군림하는 대수장을 말한다. 신라 초의 왕호는 거서간(居西干)·차차웅(次次雄)·이사금(尼師今)에서 마립간으로 변화하였고 지증왕대에 이르러 중국식 왕칭이 사용되었다.

마한(馬韓)

기원전 3세기~4세기까지 경기도·충청도·전라도 지역에 위치하였던 삼한

의 하나. 진수(陳壽)의 《삼국지》 위서 동이전에 의하면, 마한에는 54개 소국들이 분립하며, 큰 것은 1만여 가(家), 작은 것은 수천 가였다고 한다. 이들 54개 소국들은 기본적으로 몇 개의 읍락(邑落)으로 구성되었고 그 중에 중심되는 읍락이 국읍(國邑)으로서 정치적 중심지가 되었다. 54개 소국 가운데 규모가 큰 나라의 지배자는 신지(臣智), 작은 나라의 지배자는 읍차(邑借)라고 하였다. 이들의 관계는 병렬적인 관계로서 각각 중국 군현과 접촉을 통해 읍군(邑君)·귀의후(歸義侯) 등의 관직이 부여되었다. 마한은 대체로 기원전 2세기경 북방 유이민의 정착을 저지하면서 원거리 통교를 시도하는 등 대외적으로 통일된 기능을 발휘하는 구심체가 형성되고 있었으나, 마한 전역을 포괄하는 단일한 연맹체의 형태에는 미치지 못하였다. 다만 충청남도 지역을 중심으로 하는 일정범위 내의 정치집단들이 결속되어 마한지역의 주도세력으로 기능함에 따라 마한 소국연맹체의 토대를 이루고 있었다. 그러나 기원전 1세기 이후 위만조선 유민의 이동과 한군현의 설치로 인한 철기문화의 유입으로 마한 중심의 청동기 교역권이 붕괴되었고, 경상도지역을 중심으로 새로운 교역 중심체가 대두되면서 마한지역의 영향력이 상대적으로 위축되었다. 약화추세는 온조(溫祚) 집단의 한강유역 이주를 계기로 더욱 가속화되어, 2세기 이후에는 백제국(伯濟國)의 세력범위가 한강유역에서 충청남도지역까지 확대되어 토착맹주국의 국읍을 흡수하고 독자적인 세력권을 확립하였다. 3세기 전반에는 백제국 중심의 소국연맹체가 대방군을 공격하여 태수 궁준(弓遵)이 전사하고 3세기 후반에 진(晉) 본국에 마한의 이름으로 사신을 파견하는 등 마한의 주도세력으로 대두하였다. 그러나 백제국의 세력권에 포함되지 않은 남부지역의 소국들은 비록 세력은 위축되었으나 중심지를 이동하면서 4세기 후반 백제 근초고왕에 의하여 병합되기까지 종래의 기반을 토대로 독자적인 세력권을 유지하였다.

만민공동회(萬民共同會)

1898년 독립협회의 주최하에 자주국권수호와 자강운동을 전개하기 위해 개최되었던 민중대회. 최초의 만민공동회는 독립협회의 주최하에 1898년 3월 10일 종로네거리에서 1만여 명의 민중들이 참석한 가운데 개최, 러시아의 절영도 석탄고기지 조차요구 저지, 한로은행의 철거요구, 러시아인 재정고문과 군사교관의 해고 등의 결의문이 채택되었다. 정부에서는 만민공동회의 결의문을 받아들여 러시아공사관에게 재정고문과 군사교관의 철수를 요구하였다. 독립협회에서는 동년 10월 6∼7일 나륙법(拏戮法) 및 연좌법(連坐法) 부활저지운동을 위해, 10월 8일∼12일에는 7대신 규탄과 개혁파자강내각의 수립을 요구하는 만민공동회를 개최하였다. 만민공동회는 관민공동회의 형식으로 발전하였으며, 독립협회에서는 동년 10월 28일부터 11월 2일까지 종로에서 관민공동회를 개최하고, 정부의 매국적 행위에 대한 비판과 시국에 대한 개혁안인 〈헌의6조〉를 결의하였다. 이 〈헌의6조〉는 황제로부터 재가되고, 이를 보완하는 조칙 5개조까지 내려짐으로써 그 실시를 허락받게 되었다. 그러나 정권에서 밀려난 수구파들이 독립협회가 군주제를 폐지하고, 공화정치를 실시하려 한다고 황제에게 무고하여, 결국 고종의 명에 의해 독립협회 간부들이 체포되고 독립협회가 강제 해산됨으로써 그 실시를 보지 못하였다.

○ 헌의육조

만상(灣商)

조선 후기 평안북도 의주를 중심으로 대중국무역을 주도하던 상인. 의주를 만부(灣府)라고도 하였기에 이들 상인을 만상이라고 부른다. 17세기 중엽 우리나라와 중국·일본 사이에 중계무역이 이루어지면서 이들이 의주를 중심으로 대중국무역을 주도했다. 이들은 국내산지에서 직접 상품을 구입하여 판매하거나, 개성상인들을 중개로 하여 무역하기도 하였다. 중국에서는 비단·약재·문방구 등을 수입하여 개성상인에게 넘겨주었고, 개성상인에게서는 인삼을 받아 중국에 수출하였다.

만세보(萬歲報)

천도교에서 창간한 일간신문. 1906년 6월 창간되었으며, 사장에 오세창, 편집 겸 발행인에 신광희(申光熙) 등이 선임되었다. 창간호부터 한자 옆에 한글로 토를 달아 한자를 모르는 사람도 쉽게 읽을 수 있도록 하였으며, 친일단체인 일진회를 강경한 논설로 공격하는 등 반민족적 행위에 대하여 맹렬히 비판하였다. 만세보에는 이인직의 국내 최초의 신소설인 〈혈의 누〉·〈귀의 성〉이 연재되었다. 1907년 6월 29일까지 제293호를 발간하고 7월 18일 대한신문(大韓新聞)으로 개제, 친일내각의 기관지가 되었다.

▶ 만세보

만적(萬積)의 난

1198년(고려 신종 1) 만적이 중심이 되어 일으킨 노비해방운동. 1198년(신종 원년) 5월에 개경 송악산에서 나무를 하던 최충헌의 노비인 만적이 동료 노비들을 불러 모아 "무신 정변 이후 나라의 공경 대부가 천민에서 많이 나왔다. 어찌 왕후 장상의 씨가 따로 있겠는가? 때가 오면 누구나 할 수 있는 것이다. 우리 노비만 어찌 모진 채찍 밑에서 곤욕을 당할 수 있느냐?"라고 역설하면서 난을 일으킬 것을 의논했다. 이에 여러 노비가 찬동하여 관노는 관청에서, 사노는 성내에서 들고일어나 권신과 상전들을 죽이고, 노비 문서를 불살라 버린 뒤에 정권을 잡기로 계획했다. 그러나 약속한 날에 불과 수백 명밖에 모이지 않았으므로 다시 보제사(普濟寺)에 모이기로 약속하였으나, 율학박사 한충유(韓忠愈)의 가노 순정(順貞)의 고발로 계획이 누설되어 실패로 끝나고, 만적 등 1백여 명은 강에 던져져 죽음을 당하였다. 만적의 난은 비록 실패하였으나 신분해방을 목표로 노비들이 주체가 되어 봉기하였다는 데에 큰 의의가 있다.

만주사변(滿洲事變)

1931년 9월 시작된 일본의 만주침략전쟁. 1920년대 말 세계대공황의 영향과 일본내 사회주의운동의 확산 등으로 일본이 혼란에 빠지고, 중국의 장쉐량(張學良)이 국민당과 손을 잡고 일본에 저항하자 이에 자극받은 일본군부와 우익세력들 사이에 만주를 식민지화하려는 움직임이 일어났다. 1931년 9월 일본은 류타오거우사건(柳條溝事件)을 일으키고 만주침략을 단행하였다. 일본 관동군은 1932년 초까지 대부분의 만주 전역을 점령하였고, 1932년 3월에는 청나라 마지막 황제 푸이(溥儀)를 옹립, 일본 괴뢰국인 만주국을 수립하고 만주를 일본 침략전쟁의 병참기지화하였다. 국제연맹은 중국측의 제소에 따라 조사단을 파견하고 일본군의 철수를 권고하였으나, 일본은 이를 거부하고 1933년 3월 국제연맹을 탈퇴하였다. 만주사변을 계기로 일본은 본격적인 파시즘체제로 전환하였으며, 그 결과 1937년 중일전쟁, 1941년 태평양전쟁 등을 일으켰다.

말객(末客)

고구려 무관직의 하나. 고구려는 각 지방의 성(城)을 중심으로 군단(軍團)이 편성되어 무관이 배치되어 있었는데, 말객은 그 중에서 대모달(大模達) 다음 가는 벼슬이다. 말객은 고구려 12관등(官等) 중 제7위인 대형(大兄) 이상이어야 임명될 수 있는 무관직이다.

➍ 대모달　동 말약(末若) · 군두(郡頭)

망이·망소이(亡伊·亡所伊)의 난

고려시대 공주 명학소(鳴鶴所)의 천민 망이·망소이 등이 신분해방을 목적으로 일으킨 난. 1176년 1월 공주 명학소에서 망이·망소이는 산행병마사(山行兵馬使)를 자칭하며 봉기하여 공주를 함락하였다. 공주 점령 이후 1년 반 동안 청주와 아산 등 충청도 일대와 경기도 남부까지 휩쓸었다. 이에 조정에서는 1177년 5월 군대를 동원하여 토벌을 단행, 6월 망이가 항복을 청하고 7월에는 망이·망소이가 잡혀 청주옥에 수감됨으로써 난이 평정되었다. 이 난은 집단천민인 소민(所民)을 중심으로 일어났다는 점에서 일반농민의 난과 구별되며, 민란인 동시에 부곡민들의 신분해방운동이라는 두 가지 성격을 지니고 있다.

▶ 매일신문

매일신문(每日新聞)

1898년 4월 9일에 창간된 우리나라 최초의 일간신문. 1898년 배재학당에서 발간하던 〈협성회회보〉를 개제하여 창간하였으며, 사장에 양홍묵(梁弘默)이 선임되었다. 순한글체의 문장을 사용하여 1면에 논설, 2면에 내보·관보·잡보, 3면에 외국통신과 정보, 4면에 광고 등을 실었다. 재정난과 운영문제 및 독립협회사건 등으로 경영진이 구속되어 1899년 4월 4일자 제279호로 폐간되었다.

매일신보(每日申報)

1910년 8월 조선총독부의 기관지로 창간된 한국어 일간신문. 1904년 7월 영국인 베델(E.T.Bethell)이 창간하였던 '대한매일신보'를 강제 매수하여 1910년 8월 30일 창간하였다. 조선총독부의 기관지로서 일제의 한국통치를 합리화하는 한편 내선일체(內鮮一體)를 주장하는 논조를 전개하였다. 이 신문에는 이인직·조중환(趙重桓)·이해조 등의 신소설과 번안소설 및 이광수의 〈무정〉등이 연재되었다. 1938년 4월 16일 제호를 '매일신보(每日新報)'로 개제하였으며, 사장에 최린(崔麟)이 선임되었다. 1940년 8월 일제에 의해 민족지들이 강제 폐간된 후 광복 때까지 유일한 한국어 일간지로서 일제의 침략전쟁과 민족말살정책을 대변하였다. 광복 후 '서울신문'으로 제호를 바꾸었다.

명(明)

1368년에서 1644년까지의 중국 근세의 왕조. 원말의 대 동란기에 빈농출신주원장(朱元章 : 太祖 洪武帝)이 홍건군(紅巾軍)에 투신하여 세력을 확대해나가다가 양쯔강(揚子江) 하류의 경제력을 기반으로 군웅을 차례로 제압한 후, 명을 건국하고 원(元)의 세력을 북으로 구축한 후 중국을 통일하였다. 고려 말 건국 당시 공민왕은 원나라를 견제하기 위해 친명정책을 추진, 1369년 명으로부터 개국을 알리는 사신을 보내오자 이를 환영하고 성준(成准) 등을 명나라에 보냈으며, 1370년부터는 명의 홍무(洪武) 연호를 사용하였다. 공민왕 사후 우왕 때 친원세력의 집권으로 잠시 악화되어 요동정벌까지 감행되었으나 위화도회군 이후 고려와의 관계를 회복하였다. 1392년 조선왕조를 세운 이성계는 즉위 직후 명나라에 사신을 보내어 고려권지국사(高麗權知國事) 자격으로 새로운 왕조의 개창을 보고하여 승인을 받은 후 지속적인 관계를 유지하였다. 조선과 명은 대등한 관계는 아니었으나 종주·종속관계도 아니고, 명은 명목상 종주적 위치를 유지하였다고 할 수 있다. 외교에 있어서도 명나라는 특별한 일이 있을 때 수시로 사절(使節)을 보내왔으나 조선에서는 원단(元旦)에 보내는 정조사(正朝使), 황제부부의 탄일에 보내는 성절사(聖節使)와 천추사(千秋使), 동지에 보내는 동지사(冬至使) 등 정례적으로 연 4차 사행(使行)을 보냈다. 이 밖에 사은사(謝恩使)·주청사(奏請使)·진하사(進賀使)·진위사(陳慰使)·변무사(辨誣使) 등을 수시로 보냈다. 임진왜란이 발발하자 명나라에서는 3차의 원군(援軍)을 파병하여 조선을 도왔다. 명은 이 무렵 말기적 증세의 조짐이 보이기 시작하여 도처에서 반란이 일고 재정적으로도 어려운 형편이었으나 조선원정을 단행하여 경제적 부담이 막대하였다. 이 틈에 만주의 청세력은 더욱 커져 조선은 정묘호란·병자호란 등 국난을 겪게 되고 명나라는 청나라에 멸망되었다.

명경과(明經科)

고려시대 과거시험의 하나. 경전(經典)을 시험하던 것으로, 시험과목은 시(詩)·서(書)·역(易)·춘추(春秋)·예기(禮記) 등이며, 초시(初試)·회시(會試)·복시(覆試)의 3차에 걸친 시험을 보고 통과된 자에게는 합격을 허가하고 그 증거로 홍패(紅牌)를 주었다. 명경과도 다른 시험과 마찬가지로 등과전(登科田)을 주어 이를 장려하였다. 한편 조선시대 식년문과의 초시인 생원시도 명경과라고 하였다.

명동성당(明洞聖堂)

서울특별시 중구 명동에 소재한 우리나라에서 처음으로 건립된 고딕양식의 천주교 서울대교구 주교좌 성당. 1892년 천주교 조선교구장이던 주교 블랑(M.J.G.Blanc)의 계획하에 프랑스인 신부 코스트(E.Coste)의 설계로 중국인 기술자들에 의해 착공되었다가 1898년 완공되었다. 1939년 문화관을 준공하

▶ 명동성당

엿고, 광복 후 명동대성당으로 개칭되었다. 1947년과 1973년 두 차례 수리공사를 하였으며, 1981년부터 성당창립 200주년을 기념하는 복원공사를 시작하여 1984년에 완공하였다. 건물 중앙에 높이 약 47m의 종탑이 있고 양측에 측랑(側廊)이 있는 라틴십자형 삼랑식 평면구조를 가진 고딕양식의 건물이나, 전형적인 고딕양식인 석조구조가 아닌 벽돌구조로서 20여 종의 적색과 회색 벽돌을 사용하였다. 종탑의 좌우에는 팔각의 작은 탑이 있어 2층 회랑으로 연결되는 계단실 역할을 한다. 사적 제258호로 지정되었다.

명동학교(明東學校)

1908년 4월 만주 허룽현(和龍縣)에 설립된 민족교육기관. 1908년 4월 서전서숙(瑞甸書塾) 출신의 김약연(金躍淵) · 정재면(鄭載冕) · 박정서(朴禎瑞) 등이 서전서숙의 민족교육정신을 계승하여 조직하였다. 교육목표를 항일독립정신에 두어 입학시험 및 작문시험에는 애국과 독립의 내용을 반드시 포함시키도록 하였으며, 매주 토요일에는 주민들과 함께 토론회를 열어 민족독립사상을 교육하였다. 1910년 명동중학교를 병설하였으며, 황의돈(黃義敦) · 박태환(朴泰煥) · 장지영(張志暎) 등이 교사로 초빙되어 국사 · 윤리 · 국어 등을 가리켰다. 1925년 일제의 탄압과 재정난으로 폐교되었다.

명량대첩(鳴梁大捷)

1597년(선조 30) 정유재란 때 이순신(李舜臣)이 명량(울돌목)에서 왜군을 대파한 전투. 모함에 의해 하옥되었다가 1597년 7월 다시 수군통제사에 임명된 이순신은 남아 있는 병선과 수군을 정비하면서 일본과의 전투에 대비하였다. 이즈음 왜군의 대선단이 접근하고 있다는 통보를 접한 이순신은 9월 15일 우수영(右水營 : 해남군 문내면)으로 수군을 옮기고 명량의 좁은 목과 조류를 이용하여 적은 수의 전선으로 많은 수의 적선을 대적하고자 여기에서 대치하였다. 다음날 일본수군 133척이 명량으로 침입해오자 적을 향해 돌진하면서 현자(玄字) 총통을 발사하였고 거제현령 안위, 중군(中軍) 김응함 등을 독려하여 적진에 돌진시켜 왜군을 격파하였다. 때마침 조류도 조선군에 유리하게 되어 커다란 전과를 올렸다. 이 해전은 12척의 배로 133척의 일본수군을 패퇴시킨 전투로, 일본군의 서해 진출을 차단하고 정유재란의 대세를 조선에 유리하게 바꾼 결정적인 계기가 되었다.

명성황후(明成皇后)

1851년(철종 2)~1895년(고종 32). 성은 민씨(閔氏), 시호는 명성(明成). 본관은 여흥. 조선 제26대 왕인 고종의 비(妃). 흔히 민비(閔妃)라고도 한다. 민치록(閔致祿)의 딸로 8세에 부모를 여의고 서울 일가에서 성장하였으며, 1866년(고종 3) 16세 때 고종의 비에 책봉되었다. 1868년 고종의 총애를 받던 궁녀 이씨에게서 완화군(完和君)이 출생하게 되면서 완화군에 대한 흥선대원군의 편애와 세자책봉문제로 인해 흥선대원군과 반목하였다. 1871년 왕자를 낳았으나 3일 만에 죽는 불운을 맞았다. 1873년 10월 흥선대원군의 실정을 탄핵하고 고종의 친정을 요구하는 최익현의 상소를 계기로 흥선대원군을 양주 곧은골(直谷)로 물러나게 하였다. 고종의 친정이 시작되면서 명성황후는 민씨 척족세력들을 앞세워 정권을 장악, 1876년 〈강화도조약〉을 체결하는 등 일련의 개화정책을 시행하였다. 1882년 7월 임오군란이 일어나자 궁궐을 빠져나와 장호원을 거쳐 충주로 피신하였다가 청나라에 군대파견을 요청하여 흥선대원군을 청나라로 납치하게 한 뒤 환궁하여 정권을 다시 장악하였다. 명성황후를 비롯한 민씨척족세력들은 정치노선을 친청사대로 전환하면서 개화당의 활동을 탄압하였으며, 1884년 김옥균·박영효 등이 일으킨 갑신정변을 청나라의 도움을 받아 진압하였다. 1894년 청일전쟁에서 승리한 일본이 경복궁을 점령, 흥선대원군을 정부의 수반으로 하는 친일정부를 수립하고 조선의 내정을 간섭하자, 명성황후는 친러정책을 내세워 일본세력에 대항하였다. 1895년 10월 발생한 을미사변으로 일본인 낭인들에 의해 경복궁 내 옥호루에서 시해된 후, 왕궁 밖의 송림에서 시신이 불태워지는 불행한 최후를 맞았다. 1897년 명성황후로 추봉되었다. 1919년 고종이 죽은 뒤 고종과 함께 경기도 남양주시 금곡동 홍릉에 이장되었다. ○ 을미사변

▶ 명성황후

모스크바 삼상회의(三相會議)

1945년 12월 16일에서 26일까지 모스크바에서 열린 한반도 신탁통치안을 결

정한 회의. 루스벨트(T.Roosevelt) 미국대통령, 처칠(W.L.S.Churchill) 영국
수상, 스탈린(I.V.Stalin) 소련수상이 참석하였다. 회의의 주된 내용은 미소
양 대국의 관심사인 대일본정책에 관한 문제를 비롯해서 한국의 신탁통치문
제였다. 특히 한국과 관련된 문제로서는, 한국을 독립국으로서 재건 발전시
키기 위하여 전한국임시정부를 수립하며, 한국임시정부 수립을 돕기 위하여
미소 양군사령부의 대표로서 공동위원회를 구성하고, 공동위원회는 전한국임
시정부의 수립과 한국의 완전독립을 목적으로 한 미·소·영·중 4개국의 최
고 5년을 기한으로 하는 신탁통치협정을 작성한다 등이다. 모스크바삼상회의
의 내용이 한국에 전해지자 국내에서는 전국적으로 반탁운동이 전개되었다.

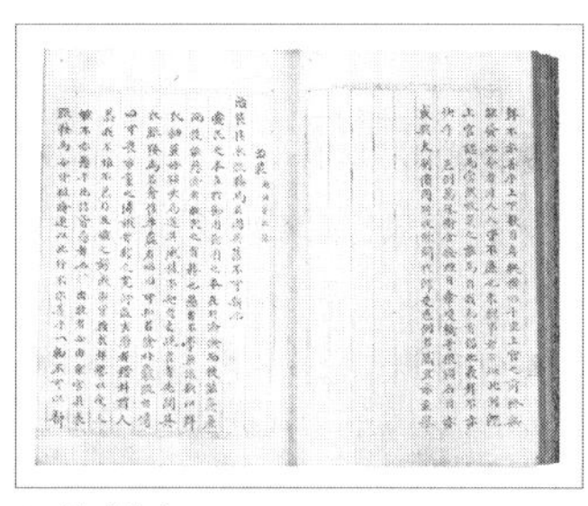

▶ 목민심서

목민심서(牧民心書)

조선 후기의 실학자 정약용이 지방관이
백성들을 다스리는 데 필요한 사항들을
정리한 책. 1801년(순조 1) 신유박해로
전라도 강진으로 귀양가 이곳에서 귀양
생활을 하는 동안에 저술하여 1818년에
완성하였다. 48권 16책으로, 우리나라의
역사책 및 문집과 중국의 각종 서책들을
참고하여 이 가운데에서 지방관이 백성
들을 다스리는 데 필요한 사항들을 선별하여 편집하였다. 제목을 지방관들이
백성을 잘 다스려야 한다는 의미에서 '목민' 이라 하였다. 구성은 부임편(赴任
篇)·율기편(律己篇)·봉공편(奉公篇)·애민편(愛民篇)·이전편·호전편·예
전편·병전편·형전편·공전편·진황편(賑荒篇)·해관편(解官篇) 등 모두 12
편으로 되어 있다. 제1편에서 제4편까지는 목민관 선임의 중요성과 수령의
기본임무에 대해, 제5편에서 제10편까지는 《경국대전》의 육전(六典)에 근거하
여 인재의 등용과 아전의 임명을 적절하고 신중히 할 것, 세법의 평등한 적용
과 부역을 균등하게 할 것, 풍속의 교화와 학교의 중흥에 힘쓸 것 등 목민관
의 실천정책을 자세히 밝히고 있다. 제11편에서는 빈민구제의 대책에 대한 내
용을, 제12편에서는 수령의 교체 등에 대해 기술하였다. 이 책에 나타난 정약
용의 목민사상은 애민·위민 정신이 바탕이 되고 있는데, 그의 이러한 사상
은 젊은 시절 지방관으로 나가 일하면서 축적된 경험과 강진에서의 귀양살이
동안 백성들이 각종 착취와 억압에 시달리는 모습과 관리들의 부패를 직접
목격하면서 형성된 것으로 볼 수 있다. ◐ 정약용

목지국(目支國)

마한 소국의 하나. '월지국(月支國)' 으로 기록되기도 하였다. 목지국은 청동기

문화단계 이래 충청남도와 전라도지역에서 형성·발전되어 온 토착 정치집단의 하나로 마한 소국연맹체(小國聯盟體)의 중심세력이었다. 목지국의 신지(臣智)인 진왕(辰王)은 진한·변한 소국의 일부에 대해 지배권을 행사하기도 했다. ➊ 마한·신지

몽유도원도(夢遊桃源圖)

조선 전기 안평대군(安平大君)이 꿈에서 본 도원경을 안견(安堅)이 그린 그림. 소재는 비단에 담채이며, 크기는 그림부분이 38.6×106.2cm이다. 안평대군이 발문(跋文)을 쓰고, 박팽년(朴彭年)·정인지(鄭麟趾)·성삼문(成三問)·신숙주(申叔舟) 등 20여 명의 문인(文人)들이 찬문을 지었다. 왼편 하단부에서 오른편 상단부로 화면의 구성이 전개되고 있는데, 왼편의 현실세계에서 점차적으로 오른편 상단에 위치한 환상적인 도원에로 접근해가면서, 현실세계와 도원세계가 시각적으로 큰 대조를 보인다. 중국 이곽파(李郭派) 화풍의 영향을 받았으면서도, 동시에 안견의 독자적 화풍을 드러내는 작품이다. 이후 한국의 산수화에 큰 영향을 미쳤으며, 현재 일본 덴리대학(天理大學) 중앙도서관에 소장되어 있다. ➊ 안견

▶ 〈몽유도원도〉

묘청(妙淸)

?~1135년(인종 13). 개명(改名)은 정심(淨心). 고려 전기 서경천도(西京遷都)와 금나라 정벌을 주장하면서 서경에서 반란을 일으킨 승려. 서경 출신으로 성(姓)과 본관 등은 알 수 없다. 승려이면서 음양비술(陰陽秘術) 등에 정통하였던 인물로, 서경출신인 정지상(鄭知常)·백수한(白壽翰) 등과 함께 서경천도를 주장하였다. 묘청 등은 "서경의 임원역(林原驛) 땅이 음양가들이 말하는 대화세(大華勢)라 궁궐을 세워 옮기면 천하를 합병할 것이요, 금나라가 폐백(幣帛)을 가지고 스스로 항복할 것이며 36국이 다 신하될 것이다"라고 주장하였으며, 인종은 이 말을 믿고 서경에 궁궐을 조성토록 하였다. 궁궐이 완성되자 왕에게 황제를 칭하고 연호를 세울 것을 청하였으며, 나아가 천도까지 주

장하였다. 그러나 개경세력의 반대와 인종이 서경천도에 회의를 갖게 되면서 신임을 잃게 되자 1135년 조광·유참 등과 함께 서경에서 반란을 일으킨 후 국호를 대위(大爲), 연호를 천개(天開), 군사를 천견충의(天遣忠義)라 하고 관속을 두어 양부(兩府)로부터 주현의 수령에 이르기까지 모두 서경인들로 임명하였다. 이후 개경의 조정과 1년여 동안 대치하다가 1136년 2월 김부식을 중심으로 한 관군의 기습 공격으로 성이 함락되어 조광 등은 스스로 목숨을 끊고 난은 평정되었다. ◑ 김부식

무구정광대다라니경(無垢淨光大陀羅尼經)

경주 불국사 석가탑에서 발견된 세계 최고(最古)의 불경인쇄 목판 권자본. 1966년 10월 탑신부 제2층에 봉안된 금동제 사리외함(舍利外函)에서 다른 여러 사리장엄구(舍利莊嚴具)와 함께 발견되었다. 전체 길이 약 620cm, 종이폭 6.5~6.7cm이고, 각 항의 글자 수는 7~9자이며, 필체는 해서(楷書)로 쓰였다. 내용은 죄를 소멸시키고 장수를 기원하는 법을 구하기 위해서는 옛 탑을 수리하거나 조그마한 탑을 많이 만들어 그 속에 공양하며 법에 의하여 신주(神呪)를 염송(念誦)하면 수복을 얻고 성불할 수 있다는 것이다. 간행연대는 석가탑이 조성시기인 751년(경덕왕 10) 무렵인 것으로 추정된다. 우리나라 옛 인쇄문화의 높은 수준을 증명할 수 있는 유물이다. 국보 제126호로 지정되었으며, 국립중앙박물관에 소장되어 있다.

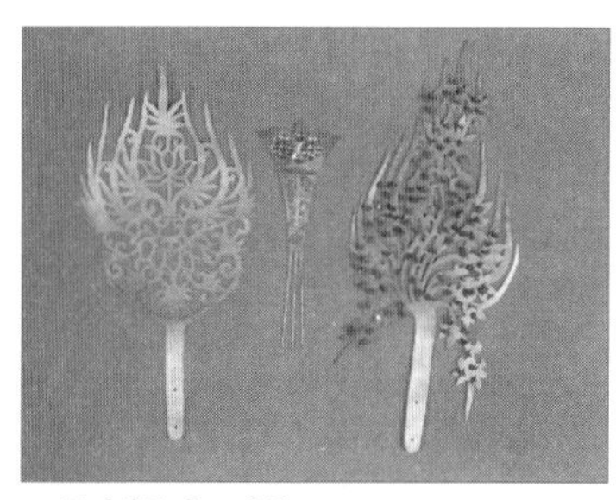

▶ 무령왕릉 출토 유물

무령왕릉(武寧王陵)

충청남도 공주시에 소재한 백제 제25대 무령왕과 왕비의 능. 1971년 충청남도 공주시 금성동 송산리고분군에서 송산리 6호분의 방수공사 중에 발견되었다. 무령왕릉은 터널형의 벽돌무덤으로 중국 남조의 영향을 받아서 축조된 매우 주목되는 묘제로서, 분구(墳丘)는 둥근 모양으로 지름이 약 20m에 이르며, 묘실 바닥에서 분의 꼭대기까지는 7.7m이다. 묘실은 연꽃무늬 또는 글자를 새긴 벽돌로 만들어져 있었는데, 묘실에서 왕과 왕비의 왕관, 금팔찌, 금귀걸이, 묘지석, 도자기, 청동 제품, 철기 등 88종 2,000여 점의 유물이 발굴되었다. 특히 중국 남조(양나라)와 문화적 교류가 있었음을 증명하는 양나라의 화폐, 산수문전 등이 출토되어 백제 역사 연구에 귀중한 자료가 되고 있다.

무신정변(武臣政變)

고려시대인 1170년(의종 24) 무신들에 의해 일어난 정변. 문신에 비해 상대적으로 열악한 지위가 낮은 무신들의 불만이 폭발한 것이다. 김부식의 아들 김돈중(金敦中)이 아버지의 권세를 믿고 견룡대정(牽龍隊正) 정중부(鄭仲夫)의 수염을 촛불로 태운 일과, 의종의 보현원(普賢院 : 장단) 행차 때 대장군 이소응(李紹應)이 젊은 문신 한뢰(韓賴)에게 뺨을 맞는 모욕적인 일이 생긴 것이 그 계기가 되었다. 이에 분노한 정중부는 1170년(의종 24) 이의방(李義方)·이고(李高) 등과 함께 문신들을 살해하고 의종을 폐하여 거제도로 귀양보내고, 태자는 진도로 귀양보냈으며, 왕의 동생 익양공(翼陽公) 호(皓)를 왕으로 맞이하였는데, 이가 곧 명종이다. 정중부가 집권하여 무신독재 정권을 확립하였으나, 무신간의 반목으로 정중부는 1179년(명종 9) 경대승(慶大升)에게 살해되고, 집권한 경대승은 1183년에 병사하였다. 이후 천민 출신 이의민(李義旼)이 집권 발호하다가, 1196년 최충헌(崔忠獻) 형제에게 살해되었다. 최충헌의 집권에 이어 최우(崔瑀)·최항(崔沆)·최의(崔竩)가 대를 이어 집권하였다. 1258년(고종 45) 유경(柳敬)·김준(金俊)에게 최의가 살해되면서, 4대 62년 만에 최씨 무단통치는 끝나고 왕정이 복고되었다.

무오사화(戊午士禍) → 사화(士禍)

무용총(舞踊塚)

중국 동북(東北) 지린성(吉林省) 지안현(集安縣) 퉁거우(通溝)에 있는 고구려의 고분벽화(古墳壁畵). 광개토왕릉비의 북서쪽 약 1km 지점에 위치하며 각저총(角抵塚)과 나란히 있다. 기저(基底)의 한 면이 약 15m인 방추형(方錐形) 분구(墳丘)이며 높이는 3m 내외이다. 널방(墓室)은 약 3m 사방의 널방(玄室)과 가로로 긴 앞방(前室), 이것들을 연결하는 통로 및 널길로 되어 있는데, 널방(玄

▶ 무용총

室)의 바닥면에는 오른쪽 벽에 치우쳐서 4장의 판석(板石)을 배열한 널받침(棺臺)시설이 있다. 널방(墓室)은 괴석(塊石)을 쌓았고, 모줄임천장(抹角藻井天障)이며 회반죽을 두껍게 칠한 벽면에 벽화가 그려져 있다. 주실 정벽(正壁)의 접객도(接客圖)는 이 무덤의 주인공인 듯한 인물이 상궤(床櫃)에 앉아 있고 그와 대화하듯 두 사람의 삭발한 승려가 역시 상궤에 앉아 있으며, 이 밖에 시동(侍童) 세 사람이 그려져 있다. 오른쪽 벽은 수렵도(狩獵圖)가 대부분의 면적을 차지하고, 왼쪽 벽에는 주인을 표현한 인물의 기마도(騎馬圖)와 주방 등의 가옥 2동 외에 5명의 남녀 군무상(群舞像), 9명의 합창대상(合唱隊像)이 그려져 있다. 이 장면의 특이함에서 무용총이라고 명명되었는데, 천장에는 연화문 등의 장식문, 사신도(四神圖)·일월상도(日月象圖)를 포함한 그림이 있다. 앞방의 벽화는 떨어져 나가고 있다.

무원록(無寃錄)

율학과 의학에 관한 내용을 수록한 책. 《무원록》은 원래 1341년 원나라의 왕여(王與)가 편찬한 법의학서이다. 우리나라에서는 1440년(세종 22)에 최치운(崔致雲) 등이 왕명을 받아 《무원록》을 주역한 《신주무원록》을 간행하였다. 1748년(영조 24)에 구택규(具宅奎)가 왕명으로 《신주무원록》을 첨삭·주역하고, 정조 때 그의 아들 구윤명(具允明)이 김취하(金就夏)와 함께 증보하여 《증수무원록》을 편찬하여 1796년(정조 20)에 재간행하였다. 한편 1790년에 서유린(徐有隣) 등이 왕명을 받아 《무원록》을 번역하여 1792년에 《증수무원록언해》를 간행하였다. 《무원록》은 조선시대 율과 시험과목의 하나이기도 했다.

무위영(武衛營)

1881년(고종 18)에 조직된 근위군적인 성격을 가진 군영. 1881년 11월 종래의 5군영 중 훈련도감·용호영(龍虎營)·호위청(扈衛廳)을 통합하여 설치하였다. 편제는 무위대장 밑에 중군(中軍), 중군 밑에 좌별군(左別軍)·우별군(右別軍)이 있고, 그 밑에 각 초관(哨官)을 두어 군병을 통솔하는 전통적인 방식을 답습하였다. 무위영은 왕궁을 지키는 친군(親軍) 내지 근위군적인 성격을 가지는 부대였다. 1882년 폐지되었다.

무정(無情)

1917년 이광수가 쓴 한국 최초의 근대 장편소설. 1917년 1월 1일부터 6월 14일까지 매일신보에 연재되었으며, 1918년 광익서관에서 단행본으로 출간하였다. 남녀간의 애정문제를 통해 새로운 결혼관과 문명개화의 찬양을 보여주고 있는 이 작품은 삼각관계에 의한 남녀이합형 구조를 지니고 있어, 신소설의 구도를 유지하고 있으면서 신소설보다는 등장인물의 내면심리를 자세히 묘사하여 근대소설의 요건을 갖추고 있다. 개화의 찬양이 일제의 식민지통치를 합리화하고 찬양하는 실제적인 의미를 지니고 있다는 평가를 받기도 한다. ❍ 이광수

무천(舞天)

동예(東濊)에서 해마다 음력 10월에 행하던 제천의식. 공동으로 하늘에 제사를 지내고 춤과 노래로 즐기던 일종의 추수감사제 성질을 띤다. 부락민 사이의 친목을 도모하기 위한 풍속으로, 《삼국지》 위지 동이전에는 그 풍속이 전한다. ❍ 동예

문무왕(文武王)

?~681년(문무왕 21), 재위 661~681. 성은 김씨, 이름은 법민(法敏), 시호는 문무. 신라 제30대왕으로 삼국통일을 완수한 군주. 제29대 태종무열왕의 맏아들이고, 어머니는 소판(蘇判) 김서현(金舒玄)의 작은딸이자 김유신(金庾信)의

▶ 해중릉(경상북도 경주시 감포 소재)

누이인 문명왕후(文明王后)이며, 부인은 파진찬(波珍) 선품(善品)의 딸인 자의왕후(慈儀王后)이다. 661년 즉위하여 부여풍(扶餘豊)·복신(福信) 등이 중심이 된 백제부흥운동을 진압하였고, 동시에 당과 연합하여 삼국통일을 완수하였다. 고구려 멸망 후 안승(安勝)·검모잠(劍牟岑)이 주축이 된 고구려 부흥운동을 제압한 후, 한반도에서 당세력을 축출시켰다. 삼국통일의 대업을 완수한 문무왕은 내치에도 주력하여 왕권을 강화하면서, 관직 정비와 9서당·10정과 같은 군사조직을 새롭게 편제하였다. 재위 21년 만에 죽자 유언에 따라 동해의 큰 바위 위에 화장하였다.

㉤ 장지는 경상북도 경주시 감포 앞바다에 있는 해중왕릉(海中王陵)인 대왕암(大王巖), 문무왕릉비(文武王陵碑)

문익점(文益漸)

1329년(충숙왕 16)~1398년(태조 7). 자는 일신(日新), 호는 삼우당(三憂堂), 시호는 충의(忠宜). 본관

▶ 문익점 면화 시배지

은 남평. 여말선초 목화씨를 가져와 면화를 보급한 재상. 1360년(공민왕 9) 과거에 급제하여 김해부녹사가 되었고 1363년 정언으로서 서장관(書狀官)이 되어 원나라에 갔다가 귀국하면서, 시종하던 김룡(金龍)이 구한 목화씨를 붓 두껍 속에 감춰 국경을 통과하고 고향에서 장인 정천익(鄭天益)에게 부탁하여 3년 만에 재배에 성공하였다. 창왕 때 좌사의대부로서 시학(侍學)에 임명되었다. 사후 조선 전기 태종 때 참지의정부사 강성군(參知議政府事江城君)에 추봉되었고 1440년(세종 22) 영의정과 부민후(富民候)로 증직되었다.

문일평(文一平)

1888년(고종 25)~1939년. 호는 호암(湖岩). 평안도 의주출신. 1930년대에 활동한 민족주의 사학자·언론인. 일본에 유학하였다가 1908년 귀국하여 대성학교(大成學校)·경신학교 등에서 교편을 잡았다. 1911년 재차 일본에 건너가 와세다대학(早稻田大學)에 입학하여 공부하면서 안재홍·김성수(金性洙) 등과 교유하였다. 1912년 중국으로 가 상하이 프랑스 조계에서 대공화보(大共和報)라는 신문사에서 근무하였으며, 동제사(同濟社)에 가입하여 활동하면서 홍명희(洪命熹)·조소앙(趙素昻)·정인보 등과 교유하였다. 1913년 박은식·신채호 등과 함께 박달학원(博達學院)을 세워 후진교육에 주력하였다. 1918년 귀국 후 중동·중앙·배재·송도 등의 학교에서 교직생활을 하면서 조선일보·중외일보 등에 글을 기고하였다. 이 시기부터 역사에 관심을 가지기 시작하여 1925년 일본에 건너가 역사를 공부하다가 일본의 식민사관에 회의를 느끼고 1년 만에 귀국하였다. 귀국 후 1927년 신간회에 참여하여 간사로 활동하였으며, 8월 조선물산장려회이사로 활동하였다. 1933년 조선일보사에 입사하여 편집고문으로 활동하면서 역사연구에 진력하였다. 그의 역사연구는 주로 1930년대에 이루어졌는데 우리나라의 자연·사적·예술·풍속 등 다양한 분야에 관심을 기울였고 역사를 쉽게 서술하는 데 힘썼다. 역사연구 중 가장 중점을 둔 것은 대외관계사로 그는 국제관계를 국제간의 아(我)와 비아(非我)와의 투쟁으로 보아 《한미관계오십년사》 등을 저술하였다. 또한 다른 민족주의 사학자들과 같이 역사발전의 원동력을 정신적인 것에서 찾았는데, '조선심(朝鮮心)'이 그것이다. 조선심의 결정을 한글로 보았고 조선심은 세종에 의하여 구체적으로 표현되었다고 하였으며, 실학의 실사구시(實事求是) 정신을 조선심의 재현이라고 하였다.

물산장려운동(物産獎勵運動) → 조선물산장려운동(朝鮮物産獎勵運動)

미륵사지석탑(彌勒寺址石塔)

전라북도 익산시에 소재한 목탑의 건립방식을 그대로 돌로 옮겨 세운 우리나라 현존 최고(最古)의 석탑. 동쪽 면의 북쪽과 북쪽면의 동쪽 일부가 6층까지 원형을 간직하고 있을 뿐이고 나머지는 붕괴 직전의 상태에 있었던 것을 1910년경 시멘트로 고정시켰다. 현재는 6층까지밖에 남아 있지 않으나 원래는 7층 이상이었을 것으로 추정된다. 《삼국유사》 무왕조(武王條)의 기록으로 미루어 7세기 전반에 이루어졌을 것으로 추정되는 이 석탑

▶ 미륵사지석탑

은 우리나라 목조건물의 특징인 배흘림이 있는 기둥, 목조건물의 가구를 모방한 옥개부, 낮은 단층 기단 등에서 석탑 발생 이전에 성행했던 목탑의 양식을 최대한 반영하여 돌로 바꾸어 만든 석탑이다. 우리나라 석탑발전의 초기 양상을 고찰할 수 있는 중요한 탑이면서 한편으로는 삼국통일 이후에도 충청도·전라도 지역에서 볼 수 있는 백제계 석탑양식의 모체가 되는 탑이다.

미소공동위원회(美蘇共同委員會)

모스크바삼상회의의 결정에 따라 한국의 임시정부 수립을 논의하기 위해 열린 미·소 양군의 대표 자회의. 1946년 1월 16일 덕수궁 석조전에서 미국측 대표 아놀드 (A.V.Arnord) 소장, 소련측 대표 스티코프(T.E.Shtikov) 중장이 참석한 예비회담에서 모스크바삼상회의의 결정에 따라 한국의 임시정부 수립을 논의하기 위한 미

▶ 미·소 공동위원회

소공동위원회의 설치를 결의하였다. 그 결과 제1차 미소공동위원회가 1946년 3월 20일 서울에서 개최되었다. 임시정부 수립을 위한 남북한 정당·사회단체의 참가문제를 둘러싸고 미·소 양국간에 의견대립이 일어났다. 임시정부의 수립은 기본적으로 모스크바삼상회의의 결정에 따라 5년간의 신탁통치안을 바탕으로 한 것이었는데, 당시 소련측은 삼상회의 결정을 반대하는 정당·사회단체는 임시정부 구성에 참여할 수 없다고 주장하였다. 이에 대해 미국측은 모든 정당·사회단체를 임시정부 수립에 참여시켜야 한다고 주장하는 한편, 임시정부 수립문제에 앞서 38°선 철폐문제, 남북한 경제적 통일문

제 등을 먼저 논의하자고 하였다. 그러나 소련측은 임시정부 수립 후에 38°
선문제를 다룰 것을 주장하며 맞섬으로써 제1차 위원회는 5월 6일 무기휴회
되었다. 1947년 5월 21일 제2차 미소공동위원회가 재개되었으나, 역시 임시
정부 참여단체문제를 두고 의견이 맞서 교착상태에 빠졌다. 이에 미국측은
보통선거에 의하여 남북 각각의 입법기관을 설치하고 이들 대표들로 구성되
는 통일임시정부가 미·소 양군의 철수문제와 완전한 독립국가수립문제를 협
의하게 할 것을 제의하였으나 소련측이 이를 거부하였다. 제2차 위원회도 10
월 20일 이후 무기휴회로 들어갔다. 결국 미국이 한국문제를 국제연합에 이
관함으로써 미소공동위원회는 아무런 결실없이 끝나고 말았다.

미쓰야협정(三矢協定)

1925년 6월 만주에서의 한국인 독립운동을 탄압할 목적으로 일본과 중국 사
이에 체결된 비밀협정. 당시 만주에서 한국인에 의한 항일독립운동이 활발하
자 일본은 중국중앙정부 및 만주의 실력자 장쭤린(張作霖)을 상대로 재만 한
국인 단속에 대한 교섭을 벌여 1925년 6월 본 협정을 체결하였다. 이 협정의
주요 내용은 '중국관헌은 한국인 호구를 엄중 조사하며, 한국인의 무장 월경
(越境)을 금지하고, 중국관헌은 불령선인단체(한국인 독립운동단체)를 해산시
키고 총기를 몰수하며, 조선총독부가 지명하는 불령단체의 수령을 체포 인도
한다' 등이다. 이 협정의 체결로 만주에서의 한국인 독립운동이 크게 위축되
었으며, 일반 한국인도 많은 피해를 입었다.

민립대학설립운동(民立大學設立運動)

1920년대 일제의 식민지교육정책에 대항하여 민족교육을 목적으로 민립대학
을 설립하고자 하였던 계몽운동. 1920년 6월 조직된 조선교육회(朝鮮敎育會)
에서 일제의 식민지교육정책에 대항하여 민족교육의 실현을 목적으로 조선민
립종합대학 건설을 결의하였다. 1922년 11월 이상재·현상윤(玄相允)·한용
운·이승훈(李昇薰)·김성수 등이 발기하여 조선민립대학기성준비회를 결성,
집행위원들을 선출한 후 집행위원들을 전국 각지에 파견하여 발기인 모집활
동을 벌였다. 1923년 3월 서울에서 조선민립대학기성회 창립총회를 개최, 의
장에 이상재를 선출하고 민립대학설립계획을 통과시켰다. 총회에서는 중앙집
행위원 30명과 상무위원 9명을 선출하여 본격적인 설립추진에 들어갔다. 우
선 지방순회선전위원을 각지에 파견, 지부를 설립하는 동시에 모금운동을 전
개하였다. 그러나 일제는 민립대학설립운동을 정치적 독립의도와 불온사상을
포함하고 있으며, 설립기금을 내라고 권고하는 강연이 배일사상을 고취시킨
다며 탄압하였다. 이러한 가운데 1924년 5월 일제가 한국에 경성제국대학 예
과를 설립함으로써 민립대학설립운동은 좌절되고 말았다.

민며느리제

여자 아이를 데려다 기른 후 며느리로 삼는 혼인풍속. 예부제(預婦制)라고도 한다. 《삼국지》 위지 동이전에 따르면 동옥저(東沃沮)에서는 여자가 10세가 되면 약혼하고 신랑집에서 맞아들여 양육하고, 성인이 된 후에 여가(女家)로 돌려보냈다가, 전폐(錢幣)를 바치고 나서 다시 맞아들였다는 기록이 있는데, 이로 보아 동옥저의 습속에서 기원한 것 같다.

민무늬토기(無文土器)

청동기시대에서 초기 철기 시대에 걸쳐 제작된 토기. 신석기시대의 빗살무늬토기 에 비해 상대적으로 무늬가 적거나 없어서 붙여진 이름 이다. 기원전 1000년을 전 후한 시기부터 본격적으로 만들어진 민무늬토기는 지

▶ 민무늬토기

역과 시기에 따라 그릇의 종류와 형태에 특색이 있어, 미송리형토기 · 공귀리 형토기 · 팽이형토기(角形土器) · 구멍무늬토기(孔列土器) 등으로 명명되었다. 남한지방의 민무늬토기는 4시기로 구분된다. 전기에는 두만강유역의 구멍무 늬토기, 적색간토기와 대동강유역의 팽이형토기가 한강을 중심으로 유입, 융 합되어 가락동 · 역삼동 · 흔암리 유형의 새로운 토기로 변화했다. 중기에는 금강유역에서 송국리형토기가 등장하여 남하하는 한편 두만강유역의 적색간 토기와 가지무늬토기가 계속 사용되었다. 후기는 아가리부분에 점토띠를 말 아붙인 덧띠토기와 검은간토기가 한국식동검(細形銅劍)과 함께 출토되어 초 기 철기시대 민무늬토기를 대표했다. 초기 철기시대 말기에는 쇠뿔손잡이토 기(牛角形 把手付土器)와 굽다리접시토기(高杯形土器)가 등장하며, 덧띠토기 의 덧띠 단면은 삼각형으로 변화했다. 기원후 4세기 이후 특수용도를 제외하 고는 민무늬토기는 제작되지 않았다.

민영환(閔泳煥)

1861년(철종 12)~1905년. 자는 문약(文若), 호는 계정(桂庭). 시호는 충정(忠 正). 본관은 여흥. 대한제국시기에 〈을사조약〉 체결에 통분하여 자결한 관료. 1878년(고종 15) 직부전시(直赴殿試)로 관계에 진출하여 동부승지를 거쳐 대 사성 · 직제학 · 협판내무부사 · 이조참판 · 개성유수 등을 역임하였다. 1886년 해방총관(海防摠管) · 친군기연해방영사(親軍畿沿海防營使) 등을 거쳐 형조판 서 · 예조판서 등을 역임하였다. 1894년 독판내무부사 · 이조판서 · 형조판서,

▶ 민영환

1895년 중추원일등의관·궁내부특진관 등을 역임하였으며, 동년 특명전권공사로서 미국에 파견되었다. 1896년 5월 러시아 황제 니콜라이 2세(Nikolay Ⅱ)의 대관식에 특명전권공사로 참석하여 러시아 외부대신과 경제 및 군사원조에 대한 밀약을 체결하였다. 1898년 군부대신·의정부참정, 1900년 법규교정소부총재·표훈원총재, 1904년 내부대신·학부대신·시종원무관장 등을 역임하였다. 1905년 11월 〈을사조약〉이 체결되자 이에 통분하는 상소를 올리고 자결하였다. 유저로 《민충정공유고(閔忠正公遺稿)》가 있다.

㉤ 묘소는 경기도 용인시 구성면 마북리에 소재함.

민종식(閔宗植)

1861년(철종 12)~1917년. 자는 윤조(允朝), 호는 퇴초자(退樵子). 경기도 여주 출신. 대한제국시기에 충청도일대에서 활약한 의병장. 1882년(고종 19) 문과에 급제하여 벼슬이 이조참판에 이르렀으나 1895년 을미사변이 일어나자 관직을 사임하고 충청남도 정산에 은거하였다. 〈을사조약〉이 체결되자 1906년 3월 채광묵(蔡光默)·이용규(李容珪) 등과 함께 홍산에서 의병을 일으켰다. 의병은 홍주성 점령을 목표로 행군, 5월 19일 홍주성을 점령하였고, 일제는 이를 진압하기 위해 토벌대를 급파하였다. 5월 31일 민종식이 이끄는 의병은 홍주성에서 일본군과 대혈전을 벌였으나, 무기 및 병력의 열세로 수백 명의 전사자를 내고 패배하고 말았다. 이후 민종식은 예산으로 피신하여 재기를 도모하다가 동년 11월 공주에서 일본군에 체포되었다. 1907년 사형선고를 받았으나 감형되어 진도에 유배되었다가 동년 12월 특사로 석방되었다.

민화(民畫)

생활공간의 장식 또는 민속적인 관습에 따라 제작된 그림. 조선 후기 서민층이 성장하면서 유행한 그림으로, 대부분이 본격적으로 그림공부를 받지 못한 무명화가나 떠돌이화가들이 그렸다. 민화는 서민들의 일상생활양식과 관습 등의 항상성(恒常性)에 바탕을 두고 발전하였기 때문에 창의성보다는 되풀이하여 그려져 형식화한 유형에 따라 인습적으로 계승되었다. 민화는 장식장소와 용도에 따라 종류를 달리하는데 이를 주제별로 보면, 화조영모도(花鳥翎毛圖)·어해도(魚蟹圖)·작호도(鵲虎圖)·십장생도(十長生圖)·산수도(山水圖)·풍속도(風俗圖)·고사도(故事圖)·문자도(文字圖)·책가도(冊架圖)·무속도(巫

俗圖) 등이 있으며, 이외에 백자천손(百子千孫)을 기원하는 백자용도(百子龍圖)라든지, 호피도(虎皮圖)·문양도(紋樣圖)·괴석도(怪石圖), 인두로 그리는 낙화(烙畫) 등이 있다. 생활형식의 오랜 역사와 밀착되어 형성된 민화는 정통 회화에 비해 묘사가 세련되지 못하지만 익살스럽고도 소박한 형태와 대담하고도 파격적인 구성, 아름다운 색채 등으로 특징지어지는 양식은 오히려 한국적 미의 특색을 강렬하게 드러내고 있다.

박규수(朴珪壽)

1807년(순조 7)~1876년(고종 13). 초명은 규학(珪鶴), 자는 환경(桓卿)·정경(鼎卿), 호는 환재(桓齋), 시호는 문익(文翼). 본관은 반남. 근대에 평안도관찰사·우의정 등을 지낸 문신·학자. 순조의 아들인 효명세자(孝明世子)와 가까이 지냈다. 1827년(순조 27) 세자가 대리서정하게 되자 《주역》을 진강(進講)하였으며, 1828년에는 세자의 명에 따라 《연암집》을 찬진하였다. 1830년 세자가 급서하자 칩거하여 독서에 전념하였다. 1848년(헌종 14) 과거에 급제한 뒤 정언·병조정랑을 거쳐 용강현령에 임명되었다. 1851년(철종 2) 지평·수찬 등을 지냈으며, 1854년 경상좌도암행어사에 임명되어 지방관들의 탐학을 바로잡아 동부승지에 특진되었다. 1858년 곡산부사를 거쳐 1861년 문안사의 부사로 청나라에 다녀왔다. 1862년 임술민란이 발생하자 안핵사로 진주에 파견되어 민란의 전말과 수습책을 건의하였고, 난이 수습되자 그 공으로 이조참의에 임명되었다. 도승지·대사헌·공조판서·예조판서·대사간 등을 역임하였다. 1866년 평안도관찰사로 부임, 미국의 제너럴셔먼호가 대동강에 불법 침입하자 군민들을 지휘하여 배를 불태워 버렸다. 1869년 한성부판윤, 1873년 형조판서·우의정 등을 지냈다. 이 무렵 일본이 우리나라와의 통교를 교섭해 오자 흥선대원군에게 대일개국(對日開國)의 필요성을 누차 진언하였으나 뜻을 이루지 못하자 1874년 사직하였다. 이후에도 대일개국의 필요성을 계속 역설, 1876년의 〈강화도조약〉 체결을 막후에서 추진하였다. 유저로 《환재집》이 있다.

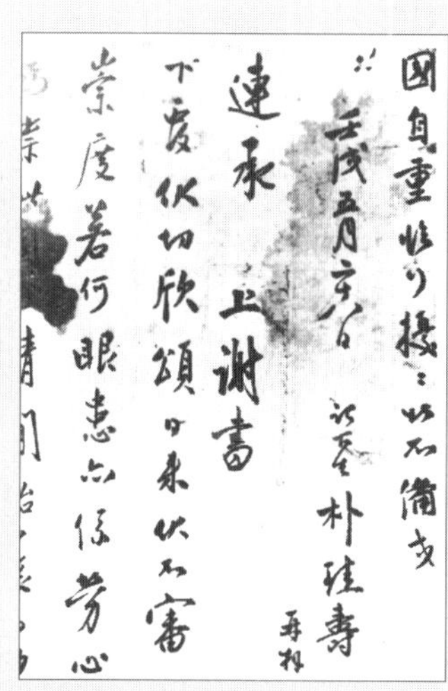

▶ 박규수의 글씨

박문국(博文局)

1883년(고종 20) 신문발간 및 정부 인쇄물의 출판을 위해 설립된 인쇄출판기관. 1883년 8월 박영효의 건의로 한성부 저동(苧洞 : 현재의 을지로 2가)에 설립되었으며, 총재에는 민영목(閔泳穆)이 임명되었다. 10월 1일부터 한성순보(漢城旬報)를 발행하였다. 1884년 12월 갑신정변으로 건물에 화재가 발생하자 건물을 교동으로 옮겼으며, 이때 한성순보를 한성주보로 이름을 바꾸어 발간하였다. 이때 총재에 김윤식, 주필에 장박(張博) 등이 선임되었다. 1887년 8월 통리교섭통상사무아문에 부속되었다.

박세당(朴世堂)

1629년(인조 7)~1703년(숙종 29). 자는 계긍(季肯), 호는 서계(西溪), 시호는 문정(文貞). 본관은 반남. 조선 후기 대사헌 · 이조판서 등을 역임한 학자. 1660년(현종 1) 문과에 급제하였으며, 1664년 황해도암행어사로 나가 민생의 피폐를 목격하고 이에 대한 개혁책을 제시하였다. 1680년(숙종 6) 경신대출척으로 서인이 득세함에 따라 동부승지가 되었다. 1689년 기사환국으로 아들 박태보(朴泰輔)를 잃자 사직하고 학문연구에 몰두하다가 1694년 갑술옥사로 중용되어 승지 · 대사헌 · 이조판서 등을 역임하였다. 1703년 저서인 《사변록(思辨錄)》이 주자의 전통적인 해석과 달라 물의를 빚은데다가, 이경석(李景奭)의 비문을 쓰면서 송시열을 공격한 것이 문제가 되어 노론의 공격을 받고 사문난적(斯文亂賊)으로 몰려 관직을 삭탈당하고 유배도중 죽었다. 사후에 신원되었다. 남구만(南九萬) · 윤증(尹拯) 등 소론계 학자들과 교유하며 학문상의 문제에 대해 자주 토론하였다. 주자학이 지나치게 그 뜻이 깊은 데 집착하여 공자와 맹자의 본래 뜻을 훼손하고 있다고 비판하며 육경에 대한 독자적인 연구를 통해 이를 극복하고자 하였다. 한편 국제정세에 대해서는 숭명사대의식의 허구성을 지적하고 실리적인 친청외교를 전개할 것을 주장하였다. 또한 사대부의 무위도식을 비판하고 역의 부담을 균등하게 해야 된다고 주장하였다. 특히 농업 등의 문제에 관심을 보여 많은 농서들을 저술하였다. 저서로 《사변록》 · 《색경(穡經)》 등이 있다. ➡ 색경

㉔ 묘소는 의정부시 장암동에 소재함.

박승환(朴昇煥)

1869년(고종 6)~1907년. 대한제국시기에 일제에 의해 한국군대가 해산되자 자결한 군인. 1907년 8월 일제가 대한제국군대의 해산통고를 위해 대대장 이상의 장교를 집합시키자, 당시 시위대 제1대대장이었던 박승환은 병을 핑계로 불참하였으며, 일제가 군대해산식을 강행하자 '군인이 나라를 지키지 못하고 신하가 충성을 다하지 못하면 만 번 죽어도 아깝지 않다' 는 유서를 남

기고 권총으로 자결하였다. 그의 자결은 군인들의 무장봉기의 도화선이 되어
일본군과 총격전이 벌어지기도 하였으며, 이후 상당수의 군인들이 의병으로
전환하였다.

▶ 박영효

박영효(朴泳孝)

1861년(철종 12)~1939년. 초명은 무량(無量), 자는 자순(子純), 호는 춘고(春皐). 경기도 수원출신. 근대에 개화운동을 주도하였던 개화파 관료·정치가. 1872년(고종 9) 4월 영혜옹주(永惠翁主)와 혼인하여 철종의 부마가 되면서 금릉위(錦陵尉)에 봉해졌다. 이후 형 박영교(朴泳敎)와 함께 박규수의 문하에서 개화사상을 익혔고, 1879년에는 김옥균·서광범·홍영식 등과 함께 개화당을 조직하였다. 1882년 수신사로 일본에 파견될 때 배 위에서 태극사괘(太極四卦)의 국기를 제정하였다. 1883년 한

성판윤을 지내면서 박문국(博文局)을 설립하였으며, 동년 광주유수 겸 수어사를 지내면서 연병대를 신설하고 일본식 군대훈련을 실시하였다. 1884년 12월 김옥균 등과 함께 갑신정변을 일으켰다가 청군의 개입으로 정변이 실패하자 일본으로 망명하였다. 1893년 도쿄에 교포학생을 위한 친린의숙(親隣義塾)을 설립하였다. 1894년 8월 귀국하여 일본공사의 추천으로 내부대신을 지냈고, 1895년 총리대신서리에 임명되어 정권을 장악하였으나 동년 7월 을미사변에 연루되어 재차 일본으로 망명하였다. 1907년 귀국하여 궁내부대신을 역임하였으며, 1910년 국권피탈 후 일제로부터 후작의 작위를 받았다. 1911년 조선귀족회회장, 1918년 조선식산은행이사, 1920년 동아일보사장, 1921년 중추원고문, 1922년 조선사편수회고문, 1932년 일본귀족원의원, 1934년 조선농회회장 등을 역임하였으며, 1939년 중추원부의장으로 재직중 사망하였다.

박은식(朴殷植)

1859년(철종 10)~1925년. 자는 성칠(聖七), 호는 겸곡(謙谷)·백암(白巖)·태백광노(太白狂奴). 황해도 황주출신. 일제시대에 민족주의 사학을 제창하고 대한민국임시정부 제2대 대통령을 지낸 역사학자·독립운동가. 일찍이 한문과 정통 성리학을 공부하였으며, 1885년(고종 22) 향시에 선발되어 숭인전참봉(崇仁殿參奉) 등을 지냈다. 1898년 9월 황성신문의 주필을 지내면서 애국계몽운동을 전개하였다. 1905년 장지연의 〈시일야방성대곡〉사건으로 황성신

문이 일시 정간되자 대한매일신보의 주필로 잠시 옮겼다가, 다시 황성신문으로 복귀하였다. 1906년 서우학회를 조직하고 평의원으로 활동하였으며, 1908년에는 서북학회를 조직하고 초대회장을 지냈다. 1909년 오성학교(五星學校)·서북협성학교(西北協成學校)를 설립하여 교육사업에 종사하였으며, 동년 최남선과 함께 조선광문회를 설립하여 고전의 출간과 연구에 힘썼다. 1910년 일제가 유림계를 친일화하려 하자 대동교(大同敎)를 창건하여 대항하였으며, 양명학에 입각하여 유교를 개혁하려고 하였다. 1911년 5월 만주 서간도로 망명,

▶ 박은식

1912년 동제사(同濟社)를 조직하고 총재에 추대되었다. 1913년 상하이에 박달학원(博達學院)을 세워 동포들의 교육에 힘썼으며, 1914년 《안중근의사전》·《한국통사》를 저술하였다. 1915년 신한혁명단을 조직하였으며, 동년 대동보국단(大東輔國團)을 조직, 단장으로 추대되었다. 1919년 블라디보스토크에서 노인단을 조직, 독립운동을 전개하였다. 동년 8월 상하이로 돌아와 대한민국임시정부에 참여하였으며, 독립신문사 사장을 거쳐 임시사료편찬회에 참여하여 《한일관계사료》 4권을 편찬하였다. 1920년 일제침략사를 민족주체사관에 입각하여 서술한 《한국독립운동지혈사》를 간행하였으며, 동년 대동단을 조직, 지도하였다. 1922년 국민대표회준비위원회 명예회장으로 추대되었고, 1924년 12월 대한민국임시정부 국무총리에 취임하여 대통령대리직을 겸직하였다. 1925년 3월 대한민국임시정부의 제2대대통령에 취임한 후 헌법을 개정, 대통령책임제를 국무령제로 개정하고 이상룡(李相龍)을 새 국무령으로 선출한 뒤 일선에서 물러났다. 1925년 11월 사망하였다. 1993년 8월 유해가 봉환되어 국립묘지 대한민국임시정부정부요인묘역에 안장되었다. ◐ 한국통사

박정양(朴定陽)

1841년(헌종 7)~1905년. 자는 치중(致中), 호는 죽천(竹泉), 시호는 문익(文翼). 본관은 반남. 근대에 온건개화정책을 주도하였던 정치가. 1866년(고종 3) 문과에 급제하였으며, 1874년 경상좌도암행어사를 거쳐 1879년 형조판서를 지냈다. 1881년 신사유람단으로 일본을 다녀왔으며, 귀국 후 통리기무아문의 이용사당상경리사(理用司堂上經理事)에 임명되었다. 대사성·이조참판·한성부좌윤 등을 거쳐 1883년 기기국총판이 되었다. 1887년 미국 워싱턴주재 초대공사에 임명되었다가 청의 압력으로 1889년 소환되었다. 1891년 형조판

서·호조판서, 1892년 전환국관리(典圜局管理), 1893년 내아문독판, 1894년 호조판서·교정청당상·한성부판윤·군국기무처회의원 등을 역임하였다. 1895년 내각총리대신·내부대신 등을 역임하였으며, 1896년 아관파천 이후 김홍집내각이 붕괴되자 내부대신으로서 총리대신서리와 궁내부대신서리를 겸임하였고, 9월 내각이 의정부로 개편되자 참정대신이 되었다. 1898년 독립협회가 개최한 만민공동회에 참석하여 시정의 개혁을 약속하였으나, 수구파의 반대로 좌절되었다. 1899년 양지아문총재관, 1900년 궁내부특진관, 1904년 학부대신, 1905년 중추원의장·표훈원총재 등을 역임하였다. 동년 '을사조약'이 체결되자 조약의 무효와 매국대신의 처형을 요청하는 상소를 올렸다.

박정희(朴正熙)

▶ 박정희

1917년~1979년. 호는 중수(中樹). 경상북도 구미출신. 대한민국 제5,6,7,8,9대 대통령을 역임한 정치가. 1937년 대구사범학교를 졸업한 뒤 문경소학교교사로 재직하였다. 1940년 만주 신경군관학교(新京軍官學校)에 입학, 최우등생으로 수료하고 일본 육군사관학교에 편입학, 1944년 졸업과 동시에 소위로 임관, 관동군에 배치되어 광복 때까지 일본군 장교로 복무했다. 1946년 귀국하여 조선경비사관학교를 제2기로 졸업, 육군대위로 임관되었다. 육군본부 정보국에 근무하던 1949년 여수순천 10·19사건에 연루되어 군법회의에서 무기징역을 언도받았다가 석방되었다. 6·25전쟁이 일어나면서 현역으로 복귀, 육군본부정보국에서 근무하였다. 1953년 준장으로 진급하였으며, 1954년 제2군포병사령관·육군포병학교장 등을 거쳐 1955년 제5사단장, 1957년 제7사단장을 지냈다. 1958년 소장으로 진급하였으며, 1960년 육군군수기지사령관·육군본부작전참모부장 등을 역임하였다. 1961년 제2군부사령관 재직중 5·16군사정변을 주도, 정권을 장악한 후 국가재건최고회의를 구성하여 그 의장으로 군정을 실시하였다. 1962년 3월 윤보선대통령의 사임으로 대통령권한대행을 겸임했다. 1963년 8월 대장으로 예편, 동년 10월 민주공화당총재로서 제5대대통령선거에 출마하여 당선되었다. 대통령재직시 '민족중흥'이라는 구호 아래 경제개발에 주력하였다. 1967년 5월 제6대대통령에 당선되자 재집권을 위한 3선개헌을 단행하였으며, 1971년 4월 제7대대통령에 당선되었다. 1972년 10월유신을 선포, 새로 구성된 통일주체국민회의에서 제8,9대 대통령으로 잇달아 선출되었다. 1971

년부터 ‘조국근대화’ 라는 기치아래 새마을운동을 추진하여 농촌의 근대화에 기여하였으나, 민주화를 요구하는 시민들을 〈대통령긴급조치〉를 이용하여 탄압하며 정권을 유지해 나갔다. 1979년 유신체제에 항거하는 민주화운동이 전국적으로 전개되던 가운데, 10월 26일 궁정동 만찬회석상에서 김재규(金載圭) 중앙정보부장에 의해 시해되어 국장으로 국립묘지에 안장되었다.

◑ 오일륙군사정변 · 삼선개헌 · 시월유신

박제가(朴齊家)

1750년(영조 26)~1805년(순조 5). 자는 차수(次修) · 재선(在先) · 수기(修其), 호는 초정(楚亭) · 정유(貞蕤). 본관은 밀양. 조선 후기의 실학자. 어려서부터 시문과 글씨에 뛰어났다. 박지원의 문인으로 이덕무 · 홍대용 · 유득공 등과 교유하였다. 1779년(정조 3) 이덕무 · 유득공 · 서이수(徐理修)와 함께 검서관(檢書官)에 임명되어 14년간 봉직하면서 어제(御製) · 어필(御筆) 및 《일성록》을 정리하는 한편, 규장각의 도서편찬에 참여하였다. 4차례에 걸쳐 청나라에 다녀왔으며, 1801년(순조 1) 발생한 흉서사건(凶書事件)의 주모자로 지목된 사돈 윤가기(尹可基)에 연루되어 경성(鏡城)으로 유배되었다가 1805년 3월 풀려나와 그해 4월 고향에서 죽었다. 그의 사상은 조선 신분사회의 구조적 모순에 대한 통찰과 4차에 걸친 연행(燕行)에서 얻어진 국제적 안목으로 형성되었다. 그는 1778년 1차 연행 이후 쓴 《북학의(北學議)》에서 ‘이용(利用)과 후생(厚生)이 한 가지라도 정비되지 않으면 위로 정덕(正德)을 해치게 된다’ 고 하여 북학파의 이용후생론에 대한 입장을 밝혔다.

그의 사회개혁론은 신분질서의 혁파, 민중들의 실질적 삶의 개선을 위한 이용후생론, 그리고 명분적 존명의식에서 비롯된 폐쇄적 국제관계를 탈피하여 부국강병으로 나아가기 위한 적극적인 개방정책과 국제통상론, 국내산업발전을 위한 상공업 진흥정책론으로 나타났다. 그의 북학론은 청조문화를 배우는 데서 한걸음 더 나아가 서양문물의 적극적 수용과 함께 서양선교사를 초빙하여 그들의 과학기술을 배우자는 혁신적인 단계에까지 도달하였다. 저서에 《건연집(巾衍集)》 · 《북학의》 · 《정유집》 · 《명농초고(明農草藁)》 등이 있다. ◑ 북학의

▶ 박제가의 《병오소회》

박중빈(朴重彬)

1891년(고종 28)~1943년. 자는 처화(處化), 호는 소태산(少太山). 전라남도

영광출신. 일제시대에 원불교를 창시한 원불교 교조(敎祖). 어려서 한학을 수학하였다. 일찍이 우주만물과 인간의 생사에 관심을 갖고 많은 수련과 고행 끝에 스스로 모든 것을 잊는 대정(大定)에 들어갔으며, 1916년 4월 우주의 진리를 크게 깨달았다고 한다. 원불교에서는 이날을 개교일(開敎日)로 정하고 있다. 동년 9명의 제자들과 함께 저축조합을 설립하고 허례폐지·미신타파·금주단연·근검저축 운동을 전개하였으며, 여기에서 모은 자금으로 1918년 간척사업을 착수하였다. 1919년 전라북도 부안에 있는 봉래산(蓬萊山)에 들어가 세계와 인류를 구원할 교법을 정하였으며, 1924년 전라북도 익산에서 불법연구회라는 임시교명을 내걸고 종교교화활동을 벌였다. 1935년 《조선불교혁신론》을 발간해 생활불교운동을 전개하였다. 1937년 자신이 깨달은 진리를 일원상(日圓相)으로 상징하여 신앙과 수행의 표본을 삼도록 하는 일원종지(一圓宗旨)를 선포하였고, 1943년 기본경전인 《불교정전(佛敎正典)》을 간행하였다. 1954년 그의 제자들이 원불교를 창시하여 그를 교주로 추앙하였다.

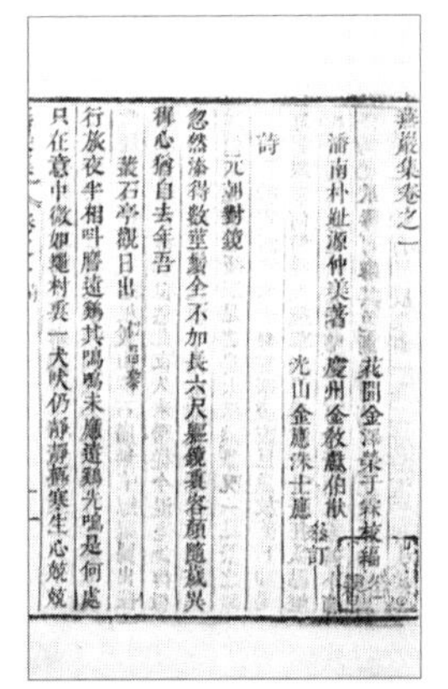

▶ 박지원의 연암집

박지원(朴趾源)

1737년(영조 13)~1805년(순조 5). 자는 미중(美仲), 호는 연암(燕巖), 시호는 문도(文度). 본관은 반남. 조선 후기의 실학자. 1776년(정조 1) 음서(蔭敍)로 벼슬에 올랐으나, 당시 세도가였던 홍국영(洪國榮)에 의해 벽파(僻派)로 몰리자 신변의 위협을 느끼고 황해도 연암협(燕巖峽)에 은거하여 학문에 전념하였다. 1780년 진하사 박명원(朴明源)을 따라 청나라에 가서 북경과 열하(熱河)를 여행하고 돌아왔는데, 이 당시의 견문을 토대로 《열하일기》를 저술하였다. 1786년 선공감감역(繕工監監役)을 시작으로 평시서주부(平市署主簿)·의금부도사·한성부판관·안의현감·면천군수 등을 역임하였다. 1910년(순종 4)에 좌찬성에 추증되었다. 일찍이 박제가·유득공·이서구(李書九)·홍대용·이덕무 등과 교유하면서 학문적 유대관계를 유지하였다. 특히 종래 주자학의 사변적 경향에 대해 반성하면서 이론적인 것을 현실에 적용하는 일, 즉 이용후생(利用厚生)에 대해 많은 관심을 가졌다. 저서인 《열하일기》·《과농소초(課農小抄)》 및 《한민명전의(限民名田議)》 등에는 그가 추구하던 현실개혁을 위한 이론들이 잘 나타나 있다. 또한 실학자 홍대용에게 지구의 자전설(自轉說)을 비롯한 서양의 신학문을 배운 이래로 서학(西學)에도 관심을 가지는 등 학문적 영역을 넓혔다. 18세기 후반의 실학자로서 상공업의 유통 및 생산기술면의 혁신을 지표로 삼은 이용후생학파의 중심적 인물로 평가되고 있다.

《허생전》·《양반전》·《민웅전》 등의 소설작품도 남기기도 하였다. ⊙ 과농소초

⊛ 열하일기(熱河日記) : 조선 후기의 실학자인 박지원이 저술한 연행기(燕行記)로, 26
권 10책이다. 1780년(정조 4) 저자가 청나라 건륭제(乾隆帝)의 칠순연(七旬宴)에 파
견된 삼종형인 박명원(朴明源)을 수행하여 청나라에 가는 도중 러허(熱河)에 이르러
그곳 문인들과 사귀고, 옌징(燕京)에 가서는 그곳의 명사들과 교유하면서 그곳의 문
물제도를 견문하고 돌아와 자신이 견문한 풍속·경제·병사·교통·도로·시사(市
肆)·천문·학문·종교·역법·제도·의술·인물·역사·지리·문학 등을 기록한
여행기이다. 이 책은 저자의 북학사상을 연구하는 데 귀중한 자료가 된다.

박혁거세(朴赫居世)

기원전69년~기원후4년. 재위는 기원전57년~기원후4년. 왕호는 거서간. 신
라의 건국시조. 왕비는 알영부인(閼英夫人) 김씨(金氏)이다. 《삼국사기》와 《삼
국유사》에 따르면 기원전 69년 사로 6촌의 촌장들이 알천 언덕 위에 모여 임
금을 모셔 나라를 세우고 도읍을 정할 것을 논의하고 있었다. 이때 양산(楊山)
기슭 나정(蘿井 : 경주 南川의 남쪽) 근처에서 신기한 빛이 비치고 흰말 한 마
리가 꿇어앉아 절하는 모습을 하고 있어, 가보니 큰 알이 하나 있었고 말은 하
늘로 올라갔다고 한다. 알을 깨어보니 어린 사내아이가 나왔는데 모양이 단정
하고 아름다웠다. 동천(東泉)에 목욕시켰더니 몸에서 광채가 나고 새와 짐승들
이 춤을 추었다. 알의 크기가 박(瓢)과 같다고 하여 성을 박(朴)이라 하였고,
광채가 났다고 해서 이름을 혁거세 혹은 불구내(弗矩內)라 하였는데, 광명(光
明)이라는 의미로 태양신숭배를 반
영한다. 6촌 촌장들에 의해 사로국의
왕으로 추대되었고, 기원전 53년(혁
거세거서간 5) 사량리(沙梁里) 알영
정(閼英井) 가에서 탄생한 용녀출신
의 알영을 왕비로 맞아들였다. 재위
동안 금성(金城)을 축성하고, 6부를
순행하는 등 내정을 닦는 한편 대외
적으로 마한, 동옥저 등과 교류하였
다. ㉴ 사릉(蛇陵 : 경주 남천 소재)

▶ 박혁거세의 능

반계수록(磻溪隧錄)

조선 중기 유형원이 국가의 전반적인 체제에 대한 개혁방안을 논한 책. 26권
13책으로 1653년(효종 4)부터 1670년(현종 11)까지 19년에 걸쳐 고금의 전적
을 읽다가 생각나는 것을 수시로 기록한 책이다. 이 책은 저자 생존시에 간행
되지 못하고, 1769년(영조 45)에 왕명에 의해 간행사업에 착수, 1770년에 목

▶ 반계수록

판으로 간행되었다가, 1783년(정조 7)에 재차 목판으로 간행되었다. 주된 내용은 토지제도에 있어서 공전제의 시행, 주조화폐의 유통, 전국민의 도덕교육을 위한 향약과 향음주례의 실시, 관료의 추천제인 공거제(貢擧制)의 시행과 관료의 임기제 실시, 병농일치의 군역제도, 노비세습제의 폐지 등이다. 이는 이상적인 개혁안으로 당시의 사회현실에서는 수용되기 어려운 측면이 많았으나, 이러한 그의 사상은 실학이란 새로운 학풍을 불러일으키면서 이이·안정복·정약용 등에게 많은 영향을 미쳤다. ⊙ 유형원

반민족행위특별조사위원회(反民族行爲特別調査委員會)

일제시대 반민족행위를 행한 친일파들을 조사·처벌하기 위해 1948년 10월 제헌국회 내에 설치된 특별위원회. 약칭 반민특위라고도 한다. 1948년 9월 제정, 공포된 〈반민족행위처벌법〉에 의거하여 10월 22일 제헌국회 내에 반민특위가 정식으로 발족되었다. 10월 23일 각 시·도 출신 제헌의원들이 추천한 임기 2년의 위원 10명이 모여서 위원장에 김상덕(金尙德), 부위원장에 김상돈(金相敦), 위원에 조중현(趙重顯)·박우경(朴愚京)·김명동(金明東)·오기열(吳基烈) 등 8인을 선임하였다. 반민특위는 특별재판부·특별검찰부·사무국 등으로 구성하고, 각 시·도에 지부를 설치하였다. 반민특위는 1949년 1월 화신재벌총수 박흥식(朴興植)의 검거를 시작으로 본격적인 활동에 들어갔으나, 이승만대통령의 비협조 등으로 인해 성과를 거두지 못하고 1949년 8월 〈반민족행위자특별조사위원회 폐지안〉이 국회에서 통과됨으로써 해체되었다.

발해(渤海)

698년~926년. 신라와 남북국(南北國)을 이루었던 나라. 국호는 처음에 진국(振國:震國)이라 하다가 713년(고왕 15) 당나라로부터 발해군왕(渤海郡王)으로 책봉되면서 발해라 하였으며, 도중에는 고려(高麗)라는 칭호도 사용하였음이 일본측의 역사서에서 확인된다. 중국에서는 발해말갈(渤海靺鞨) 또는 말갈발해(靺鞨渤海)로 낮추어 부르기도 하였다. 대조영에 이어 즉위한 제2대 무왕(武王)대에 대외정복이 활발하게 이루어졌으며, 이를 기반으로 제3대 문왕(文王)대부터 문치정책(文治政策)을 추진하여 내치에 힘씀으로써 발해의 기반을 완성시켰다. 제10대 선왕(宣王)이 즉위한 뒤로 전성기를 구가하여 중국으로부

터 해동성국(海東盛國)이란 말을 듣게 되었다. 전성기에 발해는 고왕대에 천통(天統), 무왕대에 인안(仁安), 문왕대에 대흥(大興), 성왕대에 중흥(中興), 선왕대에 건흥(建興) 등의 독자적인 연호를 사용하여, 왕권의 강화를 표시하는 동시에 당나라와는 대등한 의식을 표현하였다. 그 뒤의 기록은 자세하지 않지만 점차 쇠퇴기에 접어들어 926년(애왕 26) 1월에 거란에 멸망하였다. 거란이 발해를 멸망시키고 이곳에 동단국(東丹國)을 세웠다가 2년 뒤인 928년에 발해인들을 요동지방으로 강제 이주시켰다. 이에 따라 발해 유민의 활동은 주로 요동지방을 중심으로 나타나게 되었고, 금나라 초기까지 2백여 년간 이어졌다. 일부 유민들은 요(遼)·금(金)의 지배층으로 편입되어 활동하였고, 일부는 요·금에 저항하면서 정안국(定安國)·흥료국(興遼國)·대발해국(大渤海國) 등을 세워 부흥운동을 일으켰으며, 일부 유민들이 간헐적으로 고려로 들어왔다. 이러한 발해 영토는 전성기 때에는 지금의 만주 동부지역에 중심을 두면서 서쪽으로 압록강 하구에 이르는 만주 중부지역, 남쪽으로 대동강과 용흥강(龍興江)을 잇는 선, 동쪽으로 연해주 남부 일대, 북쪽으로 쑹화강(松花江)까지 포괄하였으며, 이를 5경(京), 15부(府), 62주(州), 1백여 개의 현(縣)으로 행정구역을 설정하였다. 발해사회는 고구려계와 말갈계로 구성되었는데, 왕족으로 대씨가 있으며, 중앙의 유력한 귀족으로서 고씨(高氏)·장씨(張氏)·양씨(楊氏)·하씨(賀氏)·오씨(烏氏)·이씨(李氏) 등이 있었다. 이외에도 왕씨(王氏)·모씨(慕氏)·해씨(解氏) 등과 같은 50개 가까운 성씨들이 보이는데, 전체적으로 보아 주로 고구려계가 지배층을 구성하였고, 말갈계가 피지배층을 구성하였다. 발해의 중앙통치기구는 선조성(宣詔省)·중대성(中臺省)·정당성(政堂省)의 3성과 정당성 아래에 충부(忠部)·인부(仁部)·의부(義部)·지부(智部)·예부(禮

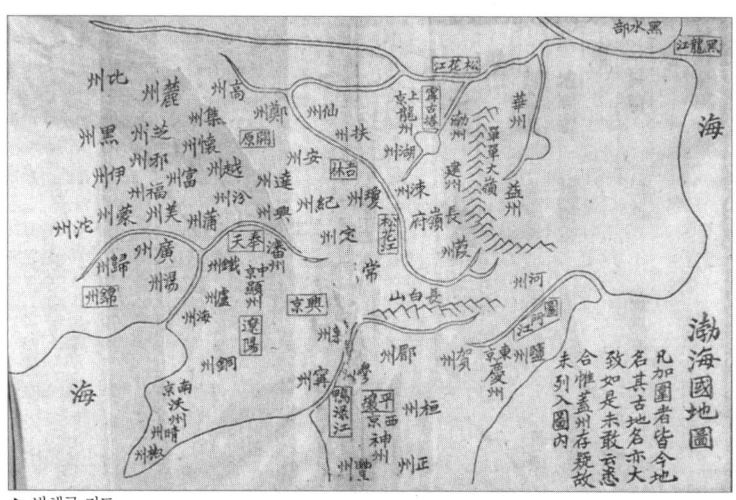

▶ 발해국 지도

部)·신부(信部)의 6부를 두었으며, 관리 규찰을 담당하는 중정대(中正臺), 도서를 관리하는 문적원(文籍院), 교육을 담당하는 주자감(冑子監) 등을 두었다. 지방에는 5경, 15부, 62주, 1백여 개의 현을 두어 부−주−현의 3단계 행정체계를 갖추었고, 62주 가운데에는 세 개의 독주주(獨奏州)가 있었는데, 중간에 있는 부를 거치지 않고 중앙에서 직접 관할하던 곳이다. 부에는 도독(都督)을 두었고, 주에는 자사(刺史)를 두었으며, 현에는 현승(縣丞)을 두어 책임자로 삼았다. 군사제도로는 중앙군대로서 좌·우 맹분위(猛분衛), 좌·우 웅위(熊衛)를 비롯한 10위가 있었고, 각각에 대장군(大將軍) 1인, 장군 1인을 두었다. 지방군대는 분명하지 않지만, 과의도위(果毅都尉)·별장(別將)과 같은 직책이 있었던 것으로 보아 당나라 부병제도와 비슷한 것이 실행되었을 것으로 추측된다. 발해는 건국기부터 당나라로부터 불교가 유입되어 성행하였으나, 축조된 불상들 대부분이 당나라의 영향을 받은 것이 아니라 고구려의 전통을 고수하고 있다. 현재 남아 있는 발해 불교의 자취로서는 절터와 탑터·불상·사리함 등이 있다. 절터는 대개 통치의 중심지였던 5경에 집중되어 있어서 불교는 지배자를 중심으로 전파되었던 것으로 추정되며, 탑으로는 영광탑(靈光塔)만이 완전한 형태로 남아 있다. 이밖에도 불상으로는 석불·철불·금동불 등이 있고, 벽화 조각도 남아 있다. 석불로서는 상경유지박물관(上京遺址博物館)에 남아 있는 것과 일본 오하라미술관에 소장되어 있는 함화4년명비상(咸和四年銘碑像)이 대표적이다.

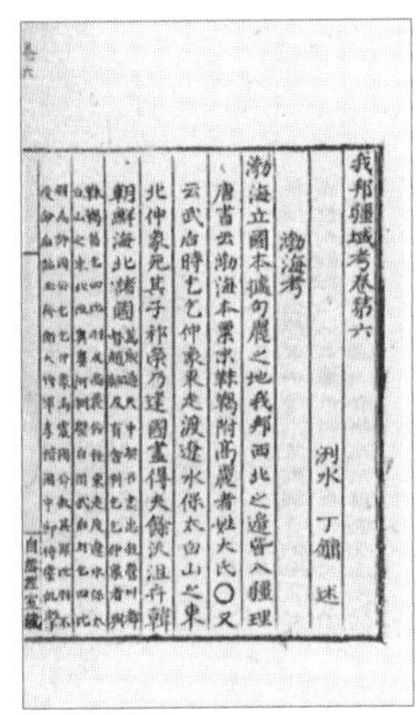

▶ 발해고

발해고(渤海考)

1784년(정조 8) 실학자 유득공이 저술한 발해사에 대한 역사서. 내용은 군고(君考)·신고(臣考)·지리고·직관고·의장고(儀章考)·물산고(物産考)·국어고(國語考)·국서고(國書考)·속국고(屬國考)로 구성되어 있다. 저자는 고려시대에 발해의 역사가 기록되지 않았음을 개탄하고 《삼국사기》·《고려사》 등 우리나라와 중국 및 일본의 주요서적 24종을 참고하여 이 책을 저술하였다. 저자는 이 책을 통해 발해를 고구려의 계승국으로 파악하고 통일신라와 함께 남북국으로 인식함으로써 발해를 우리나라 역사의 한 범주로 포함시켰다.

방곡령사건(防穀令事件)

1889년(고종 26) 이후 식량난 해결을 위해 황해도와 함경도에서 실시한 곡물수출금지령으로 인해 발생한 조일간의 외교분쟁. 개항 이후 일본상인들에 의

한 곡물반출로 인해 조선은 식량난이 가중되었다. 이러한 가운데 한발·수해 등으로 국내식량의 부족이 염려될 때 1개월 전에 사전통보로 방곡을 실시할 수 있다는 〈조일통상장정〉이 1883년 6월 체결되었다. 이로써 조선은 일본에 의한 곡물유출을 제한적이나마 저지할 수 있게 되었다. 방곡령실시로 인한 조일간의 최초의 외교분쟁은 1889년 5월 일본상인들이 황해도에서 구입한 곡물 2천여 석을 인천으로 반출하려 하자 당시 황해도관찰사 조병철(趙秉轍)이 방곡령을 시행함으로써 발생하였다. 일본은 방곡령이 사전에 아무런 통고 없이 시행되었다는 점을 들어 조선정부에 항의하였으며, 결국 조선정부가 일본의 압력에 굴복하여 방곡령을 해제함으로써 해결되었다. 동년 10월에는 함경도관찰사 조병식(趙秉式)이 원산항을 통해 해외로 반출되는 콩의 유출을 금지하는 방곡령을 실시하였다. 이때 역시 일본의 강력한 항의로 조선정부가 조병식을 강원도관찰사로 전출시키고 방곡령을 해제함으로써 해결되었다. 1890년 2월에도 황해도관찰사 오준영(吳俊泳)이 일본상인이 곡물을 다량 구입하여 황해도 밖으로 반출하려 하자 방곡령을 실시하였는데, 이때에도 일본이 조선정부에 방곡령해제를 요구하여 조선정부가 이를 받아들임으로써 해결되었다. 일본은 1892년 9월 그동안 함경도와 황해도에서 실시한 방곡령으로 일본상인이 입은 손해배상을 요구하였으며, 이 배상문제를 해결하기 위해 양국간에 조정을 시도하였으나 해결하지 못하였다. 1893년 일본은 재차 조선정부에 배상금과 그 이자를 요구하였으나 별 성과를 거두지 못하게 되자, 청국 이홍장(李鴻章)에게 중재를 의뢰하였다. 결국 조선정부가 청국의 권고를 받아들여 동년 4월 일본측과 협상하여 손해배상금을 지불하기로 합의함으로써 방곡령문제가 해결되었다. 이후에도 방곡령은 부분적으로 시행되다가, 1901년 전면 해제되었다.

방군수포(放軍收布)

조선시대 군역에 종사하는 대신 포(布)를 납부하고 군역(軍役)을 면제받던 관행. 조선시대에는 양인(良人)으로서 나이 16세에서 60세까지의 남자는 군역을 부담하는 것을 원칙으로 하였는데, 여기에는 여러 가지 병종이 있어 정군(正軍)·수병(水兵)과 정군의 임무수행에 필요한 재정적 부담을 지는 보인(保人:奉足), 잡색군(雜色軍) 등이 있었다. 15세기 후반 이후 정병(正兵)에 복무하는 대신 국가에 군포(軍布)를 납부하고 실역(實役)을 면제받는 방군수포제가 보편화되면서 군제가 허실화되었다. ◐ 군역

방정환(方定煥)

1899년~1931년. 호는 소파(小波). 서울출신. 일제시대에 색동회를 조직하고 순수아동잡지인 《어린이》를 창간하여 아동문화운동에 앞장선 아동문학가. 선

▶ 소파 방정환

린상업학교를 중퇴한 뒤, 1920년 일본 도요대학(東洋大學) 철학과에 입학, 아동예술과 아동심리학을 전공하였다. 1921년 김기전(金起田)·이정호(李定鎬) 등과 함께 천도교소년회를 조직하였으며, 1922년 5월 1일을 '어린이의 날'로 제정하였다. 1923년 색동회를 조직하는 한편, 우리나라 최초의 순수아동잡지인 《어린이》를 창간하였다. 그는 〈사랑의 선물〉 등 동화의 창작과 번안에 힘썼고, 구연동화가로도 활동하였으며, 윤석중(尹石重)·이원수(李元壽) 등 아동문학가의 발굴에 힘썼다. 1957년 소파상이 제정되었고, 1971년 서울 남산에 동상이 세워졌다가 1987년 서울어린이대공원 야외음악당으로 이전되었으며, 1983년 망우리묘소에 비가 건립되었다. 사후에 《소파전집》·《소파동화독본》·《소파아동문학전집》 등이 발간되었다.

▶ 용장산성 : 배중손을 포함한 삼별초의 최후 항쟁지

배중손(裵仲孫)

?~1271년(원종 12). 고려 후기 삼별초 항쟁을 주도했던 무신. 1270년(원종 11) 개경 환도가 결정될 때 삼별초가 응하지 않자 원종은 삼별초의 해산을 명하였는데, 이에 반대하면서 배중손은 야별초지유 노영희(盧永禧) 등과 함께 군사를 모아 반란을 일으켜 강화도를 차단하고 승화후 온(承化候 溫)을 추대하여 왕으로 삼았으며 관부를 설치하였다. 조정이 개경으로 환도하자 진도로 남하하여 산성을 쌓아 방어태세를 갖추었으며 전라도와 경상도의 조운로를 장악하였다. 다음 해 김방경(金方慶)과 몽고원수 흔도(欣都)가 이끄는 연합군의 공격을 받아 진도가 함락될 때 죽은 것으로 추정된다. 이후 삼별초군의 잔여세력은 제주로 후퇴하여 2년간 항쟁하였다.

백골징포(白骨徵布)

조선 후기 죽은 사람의 이름을 군적(軍籍) 등에 올리고 강제로 군포를 징수하던 폐단. 조선시대에는 16세 이상 60세 이하의 정남은 누구나 군포의 부담을 져야 했는데, 시간이 경과하면서 양반들이 역의 부담에서 제외되는 동시에 양인들 사이에서도 부담을 견디다 못해 피역(避役)하거나 유망하는 수가 많아졌다. 이에 군포의 수납과정에서 실무를 맡은 수령이나 아전들이 이를 충당하기 위하여 죽은 사람까지도 군적에 이름을 올려 군포를 징수하는 등 폐단이 심해졌다. 조선 후기 삼정문란 가운데 군역 폐단의 대표적 사례였다.

백두산정계비(白頭山定界碑)

1712년(숙종 38) 조선과 청나라 사이에 백두산의 경계를 분명히 하기 위하여 세운 비석. 조선 후기에 이르러 우리나라 사람들이 두만강을 건너 청나라지역으로 들어가 채삼(採蔘)·벌목 등을 하는 경우가 자주 발생하여 두 나라 사이에 자주 분쟁이 일어났다. 이에 청나라에서는 이러한 월경문제를 해결하기 위하여 조선에 대해 백두산 일대의 경계를 명백히 하자는 교섭을 해왔다. 그리하여

▶ 백두산 정계비

1712년 2월 조선과 청나라의 대표들이 백두산에 올라 회담을 하고 백두산 일대를 답사한 뒤, 백두산 산정에서 동남쪽으로 약 4km, 해발 2,200m 지점에 경계비를 세웠다. 이 비문에는 '서로는 압록강, 동으로는 토문강(土門江)의 분수령에 이 비문을 세운다'라고 명기되어 있다. 그 뒤 정계비는 간도의 귀속 문제를 놓고 그 비문에 적혀 있는 토문강의 위치가 송화강(松花江) 상류라는 조선측의 주장과 두만강이라는 청나라측의 주장이 맞서 다시 분쟁이 발생하였다. 이 정계비는 1931년 9월 만주사변이 일어난 직후에 없어졌다.

백산상회(白山商會)

1914~1915년경 곡물·면포 등의 판매를 목적으로 부산에 설립된 회사. 안희제·이유석(李有石) 등이 설립하였으며, 1917년 합자회사로 개편하였다. 1919년 5월 자본금을 1백만 원으로 증자하면서 백산무역주식회사로 명칭을 바꾸었으며, 사장에 최준(崔浚) 등이 선임되었다. 대구·서울·원산과 중국의 봉천 등지에 지점 또는 연락사무소를 설치하였다. 회사의 수지는 항상 적자였는데, 이는 이 회사의 설립목적이 이윤추구보다는 독립운동자금의 공급원으로서 운영되었기 때문이었다. 1927년 폐쇄되었다.

백오인사건(百五人事件)

1911년 9월 일제가 데라우치(寺內正毅) 총독 암살미수사건을 확대 조작하여 105명의 애국지사를 투옥한 사건. 1910년을 전후하여 서북지역에는 신민회(新民會)와 기독교도들을 중심으로 한 배일신문화운동이 활발히 전개되었다. 이러한 가운데 1910년 12월 27일 안명근(安明根)이 데라우치총독 암살혐의로 체포되자, 일제는 이를 신민회가 뒤에서 조종한 것처럼 조작하여 1911년 9월 윤치호·이승훈(李昇薰)·양기탁·유동열(柳東說) 등 6백여 명의 신민회회원을 검거하였다. 일제는 이들에게 고문을 가하여 허위자백을 강요케 하여 중심인물 105명을 기소했다. 1912년 9월 1심에서 이들은 징역 5년에서 10년까지의 징역형을 선고받았다. 그러나 이들은 재판에 불복하여 상고한 결과, 1913년 9월 최종심에서 99명은 무죄 석방되었으나, 윤치호·양기탁·안태국(安泰國)·이승훈 등 6명은 징역 5,6년형을 선고받았다. 이 사건으로 신민회는 큰 타격을 받고 해체되었다.

❱ 신민회 · 안악사건 · 윤치호 · 양기탁

▶ 백오인사건(관련인물 연행 장면)

백운동서원(白雲洞書院) → 소수서원(紹修書院)

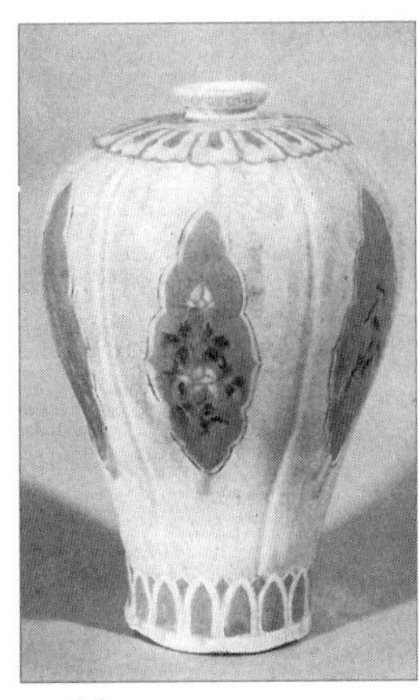

▶ 백자

백자(白磁)

하얀 바탕 위에 투명한 유약을 발라 만든 백색의 자기. 중국에서는 남북조시대부터 백자가 생산되기 시작하였으며 우리나라에서는 고려 초에 경기도 용인시 이동면 서리에서 백자를 생산하였으나 곧 생산이 중단되었다. 15세기 초 분청사기의 뒤를 이어 백자가 생산되었으며 16세기에 본격적으로 유행하였다. 초기에는 광주의 분원을 중심으로 생산되다가 점점 지방으로 확산되어 조선 후기에는 전국에 백자를 생산하는 가마터가 많이 있었다. 백자는 처음부터 다양한 기형과 문양표현이 있었지만 후기로 갈수록 기형도 더욱 다양해지고 문양표현도 그 범위가 확대되었다. 그러나 조선시대 전 기간을 통하여 백자에서 지향하고자 하였던 것은 기능성과 소박함 그리고 결백함이었다.

ⓐ 분원(分院) : 조선시대 관영 자기 제작소로 경기 광주에 설치하였으며, 이곳에서 제작되는 자기는 왕실이나 궁중에서 사용되었다.

백제금동용봉봉래산향로(百濟金銅龍鳳蓬萊山香爐)

부여 능산리 고분군에서 출토된 7세기 초 백제의 금동향로. 전체높이 64cm, 지름 20cm로, 1993년에 출토되었다. 봉황뚜껑장식, 봉래산이 양각된 뚜껑, 연꽃잎으로 장식된 몸통, 용받침의 4개 부분으로 나누어진다. 뚜껑의 꼭지 위에 있는 봉황은 꽁지를 쳐들고 날개를 활짝 펴고 있으며, 그 밑으로는 5인의 악사(樂士)가 둘러 있고, 다시 아래로는 74개의 산이 중첩되어 있다. 몸통에는 우아하고 정교한 연꽃 무늬가 새겨 있으며, 한 마리의 용이 입을 그릇바닥 중심에 붙이고 몸을 틀어내려서 받침을 이루고 있다. 이러한 형식은 중국 한(漢)나라 때부터 만들어진 박산향로(博山香爐)의 형식을 계승한 것이다. 신선사상과 연화화생(蓮華化生 : 극락세계의 연꽃에서 만물이 신비롭게 탄생된다는 불교의 생성사상) 사상, 음양설 등이 향로 조형의 사상적 배경이 된 것으로 평가된다. 이 향로는 중국향로의 형식을 따르면서 이를 초월한 예술적 감각과 독창성을 발휘한 백제의 대표적인 공예품이다.

백조(白潮)

1922년 1월 창간된 순문예동인지. 1922년 1월 홍사용(洪思容)·박종화(朴鍾和)·나도향(羅稻香) 등이 중심이 되어 창간하였으며, 편집인은 홍사용이었다. 일제의 검열을 피하기 위해 발행인은 아펜젤러(1호)·보인스부인(2호)·훼루훼로(3호) 등의 외국인으로 하였다. 일제의 검열로 통권3호(제1호(1922.1)·제2호(1922.5)·제3호(1923.9))를 끝으로 종간되었다. 여기에 실린 박영희(朴英熙)의 〈꿈의 나라로〉, 박종화의 〈흑방비곡〉, 이상화(李相和)의 〈나의 침실로〉 등의 시에는 3·1운동 실패 이후 젊은이들의 정신적 상황, 즉 비탄, 자포자기, 죽음의 동경 등 감상적인 경향이 나타나 있다. 흔히 《백조》의 문학적 경향을 낭만주의라고 하는데 소설분야에서는 자연주의적 성격이 강하다.

법상종(法相宗)

통일신라 때 성립된 불교 종파. 유식사상(唯識思想)과 미륵신앙(彌勒信仰)을 기반으로 하여 성립되었다. 법상종의 교의(敎義)가 되는 유식사상은 중국에서는 현장이 소개하고 그의 제자 규기(窺基)가 하나의 종파로 성립시킨 것으로, 인식의 대상이 되는 일체법의 사상(事相)에 대한 고찰과 분류 해명이 연구의 중심이라 하여 법상종이라 하였다. 우리나라에서는 통일신라 현장의 제자였던 원측(圓測)을 중심으로 유식사상이 연구되었고, 순경(順憬)·태현(太賢) 등에 의해 종파로 성립된 것으로 보인다. 고려시대에 법상종은 화엄종(華嚴宗)과 함께 교종(敎宗)의 2대 종파가 되었는데, 주로 귀족세력과 연결되어 교리면에서 관념화되고 불교의식 등의 형식적인 면을 강조하였다. 특히 고려 중기에는 이자겸으로 대표되는 인주이씨(仁州李氏)의 후원을 받아 왕실 및 기타 귀족들의 후원을 받은 화엄종과 대립하였다. ◐ 화엄종

법천사지광국사현묘탑(法泉寺智光國師玄妙塔)

고려시대의 화강석 묘탑(墓塔). 전체 높이 6.1m로 8각 원당(圓堂)이라는 기본형에서 벗어나 평면 사각형을 기본으로 하는 새로운 양식으로 제작되었다. 7층을 헤아리는 석재(石材) 각부에 조식(彫飾)이 가득 새겨져 있고, 지대석(地臺石)이 매우 넓으며, 층층의 높이와 넓이에 변화를 주고 있다. 탑신에는 전후면에 문비형(門扉形)과 좌우에 페르시아풍의 격자창을 조각하고 다시 영락(瓔珞)으로 장식하였다. 옥개(屋蓋)는 천개형(天蓋形)으로 장막을 드리우고 옥리(屋裏)에 해당하는 위치에 불(佛)·보살·봉황 등의 조각이 복잡하다. 상륜부(相輪部)도 앙화·복발(覆鉢)·보개(寶蓋)·보주(寶珠)가 층층이 올려져 있다. 국보 제101호로 지정되었으며, 경복궁에 소재한다.

▶ 법천사지광국사현묘탑

법흥왕(法興王)

?~540년(법흥왕 27). 재위 514~540. 성은 김씨, 이름은 원종(原宗). 시호는 법흥. 신라 제23대왕. 재위 당시 대내적으로는 516년(법흥왕 3)~517년 사이에 병부(兵部)를 설치하여 영토확장에 중추적인 역할을 하였을 뿐만 아니라 귀족세력의 권력을 분산하여 왕권을 강화하였다. 520년 율령을 반포하고 백관의 공복을 제정하여 중앙집권적인 국가체제를 운영할 수 있는 성문법적인 근거를 마련하였으며, 531년 귀족회의의 대표자인 상대등을 설치하였다. 대외적으로는 522년 대가야(고령)와 결혼동맹을 맺었고, 재위 기간인 532년에는 본가야(금관국)를 합병하여 낙동강 하류유역까지 영역을 확장하였다. 이밖에 군사 및 지방제도를 정비하여, 523년 감사지(監舍知)를, 524년 군사당주

(軍師幢主)를 설치하였고, 538년 지방관리가 가솔을 데리고 부임하는 것을 허가하였다. 이를 바탕으로 536년 처음으로 '건원(建元)'이라는 독자적인 연호를 사용하였다. 521년 종래의 외교노선에서 탈피하여 북조 대신 남조인 양(梁)에 사신을 파견하였다. 또한 527년 이차돈(異次頓)의 순교를 계기로 528년에 불교를 국가적으로 공인하였으며, 법흥왕 자신은 말년에 승려가 되어 법호를 법류(法流)라 하고 영흥사(永興寺)에 머물렀다.

ⓐ 병부(兵部) : 신라시대 군사에 관한 사무를 관장한 관청으로, 법흥왕대에 설치되었다. 최고관직으로 처음에는 영(令) 1명을 두었으나, 신라의 군사력이 확장되면서 병부도 확장되어 544년(진흥왕 5)과 659년(태종 무열왕 6) 각 1명씩을 더하여 3명을 두었으며, 관등은 대아찬(大阿湌)에서 태대각간(太大角干)까지를 임명하였다. 하대에는 상대등으로 진출하는 경로가 되었고 재상과 사신(私臣)을 겸할 수 있었다. 영 아래의 관원으로는 대감(大監) 3명, 제감(弟監) 2명, 노사지(弩舍知) 1명, 사(史) 17명, 노당(弩幢) 1명 등을 두었다.

벽골제(碧骨堤)

전라북도 김제시 부량면 월승리에 있는 관개용 저수지. 백제시대의 저수지로 330년(백제 비류왕 27, 신라 흘해왕 21)에 축조한 것으로 추정된다. 790년(원성왕 6) 시중(侍中) 김종기(金宗基)가 전주 등 7개 고을의 주민을 동원하여 저수지를 대대적으로 증축하였고,

▶ 벽골제(경북 김제 소재)

고려 때는 현종 때 보수하였으며 1143년(인종 21)에 증축한 적이 있다. 조선시대에도 1415년(태종 15) 장정 1만여 명을 동원하여 2개월간 수축공사를 하였다. 현재 저수지는 없어지고 모두 논으로 되어 있는 이곳은 1433년(세종 15)에 세워진 기념비를 사적 제111호로 지정했으며 관광지로 개발하였다.

벽란도(碧瀾渡)

고려시대 상인이나 중국 사신들이 개경으로 들어가는 상륙지로 이용된 항구. 예성강연안에 있다고 하여 예성항(禮成港)이라고도 했으며 개경에서 서쪽으로 30여리 떨어져 있다. 중국사신들은 이곳에 배를 정박시키고 벽란정이라는 곳에서 하루를 유숙한 다음 개경으로 들어왔다. 중국과 남양 및 서역의 상인들이 들어오는 국제항으로 기능하였다.

변한(弁韓)

현재의 경상남도 중서부에 위치하였던 삼한(三韓)의 하나. 변한(卞韓)이라고도 표기한다. 《삼국지》에 따르면 변한은 마한(馬韓)의 동쪽, 진한(辰韓)의 서쪽에 위치하며, 미리미동국(彌離彌凍國)·접도국(接塗國)·고자미동국(古資彌凍國)·고순시국(古淳是國)·반로국(半路國)·낙노국(樂奴國)·군미국(軍彌國)·미오야마국(彌烏邪馬國)·감로국(甘路國)·구야국(狗邪國)·주조마국(走漕馬國)·안야국(安邪國)·독로국(瀆盧國) 등으로 구성되었다. 이 가운데 대국은 4~5천가, 소국은 6~7백가이며, 이 밖에도 여러 소별읍(小別邑)이 있어 각각 거수(渠帥)가 있는데, 이 중 세력이 큰 것은 신지(臣智)라 하고 작은 것은 험측(險側)·부례(樊濊)·살해(殺奚)·읍차(邑借) 등으로 불렸다. 중요 산업은 농업과 양잠으로, 토지가 비옥하여 오곡과 벼를 심기에 적합하였으며 누에치기와 뽕나무 가꾸기를 알아 비단과 베를 짤 줄 알았다. 또한 철산지로도 유명하여 마한·낙랑군·대방군·동예·왜가 모두 이곳의 철을 가지고 갔다. 언어·주거·풍속·의복은 진한과 비슷하였으나, 제사는 독특한 양식을 갖고 있었다. 3세기경에 김해지역의 구야국이 철을 중심으로 한 대외무역을 통해 다른 변한 소국들을 통합하고 세력권을 형성하면서, 대등한 관계를 유지하는 가운데 독자적인 정치세력으로 존속하다가 각각 가야소국으로 분화 발전하였다.

별기군(別技軍)

1881년(고종 18)에 조직된 우리나라 최초의 근대적 신식군대. 조선정부는 무비자강(武備自強)의 일환으로 외국에서 교사를 초빙하여 군인들에게 신식군사기술을 가르치고자 하였다. 그 결과 1881년 4월 일본공사가 일본공사관에 있는 육군대위 호리모토(堀本禮造)를 교사로 추천하겠다고 제의하자 정부에서 이를 수락하였다. 그 뒤 5군영 병사 중에서 지원자 80여 명을 선발하여 무위영에 소속시키고 신식군사훈련을 시켰는데, 이를 별기군이라 하였다. 별기군의 총책임자에는 민영익(閔泳翊)이 임명되었으며, 군사훈련에 대한 실질적인 책임은 호리모토가 담당하였다. 별기군의 훈련은 동년 5월 9일부터 모화관을 임시교육장으로 하여 실시하다가, 이후 하도감(下都監) 자리로 옮겨 훈련을 본격화하였다. 별기군은 급료나 피복지급 등의 대우가 구식군대보다 월등하여 구식군대의 불평대상이 되었다. 이러한 차별대우는 1882년 6월에 일어난 임오군란의 발생원인이 되었으며, 임오군란을 계기로 해체되었다.

동 별기대(別技隊)·왜별기(倭別技)

별무반(別武班)

고려 전기 여진 정벌을 위해 설치된 군사조직. 윤관(尹瓘)의 건의에 따라 설치된 것으로, 기병인 신기군(神騎軍), 보병인 신보군(神步軍), 승병(僧兵)으로 구성된 항마군(降魔軍)을 비롯해 도탕군(跳盪軍) · 경궁군(梗弓軍) · 정노군(精弩軍) · 발화군(發火軍) 등의 특수부대로 편성하였다. 여기에는 양반과 일반농민인 백정(白丁)을 비롯한 승려 · 상인 · 노비 등이 충원되었다. 1107년(예종 2)에 윤관 · 오연총(吳延寵) 등은 별무반을 이끌고 여진을 정벌하여 9성을 개척하는 성과를 거두었다. ⬀ 윤관

병오박해(丙午迫害)

1846년(헌종 12)에 일어난 천주교 박해. 당시 조선에는 제3대 조선교구장인 주교 페레올(J.J.Ferreol)이 입국해 있었는데, 페레올은 김대건(金大建)에게 해로를 통한 선교사 잠입로를 탐색하게 하였다. 이에 김대건이 잠입로를 탐색하던 중 1846년 5월 옹진 근처 순위도(巡威島)에서 체포되었다. 김대건을 서울로 압송한 조정에서는 그의 활동과 관련된 천주교신자들을 색출하여 현석문(玄錫文) · 한이형(韓履亨) 등 10여 명을 체포토록 하였다. 그런데 이때 프랑스 동양함대사령관 세실(J.B.T.Cecil)이 군함 3척을 이끌고 조선해안에 나타나 1839년의 기해박해 때 참수된 3명의 프랑스선교사들에 대한 책임을 물었다. 이로 인해 민심이 흉흉해지자 조정에서는 체포된 천주교신자들에 대한 처형을 서둘렀다. 그 결과 9월 15일 김대건이 새남터(沙南基)에서 효수되고, 20일에는 나머지 9명이 같은 장소에서 참수됨으로써 박해가 끝나게 되었다.

병인박해(丙寅迫害)

1866년(고종 3)에 일어난 천주교 박해. 1864년 이후 러시아가 자주 조선에 월경하여 통상을 요구하자, 천주교신자였던 홍봉주(洪鳳周) · 남종삼(南鍾三) 등이 흥선대원군에게 '프랑스선교사들과 연결되어 있는 프랑스함대로 하여금 러시아를 제지토록 한다'는 방아책(防俄策)을 제안하였다. 그러나 러시아함대는 통상요구를 포기하고 스스로 물러갔다. 흥선대원군은 홍봉주 등의 제안을 거부하는 동시에 오히려 프랑스선교사들과 천주교세력을 말살하기 위한 탄압령을 내렸다. 그리하여 1866년 2월부터 10월까지 박해가 계속되었으며, 이때 제4대 조선교구장이던 주교 베르뇌(S.F.Berneux)와 제5대 조선교구장이던 주교 다블뤼(M.N.A.Daveluy)를 비롯한 8명의 선교사들과 홍봉주 · 남종삼 등 천주교신자 2,000명이 서울과 충청도에서 참수되었다. 한편 병인박해를 피해 중국으로 탈출한 신부 리델(F.C.Ridel)이 당시 텐진(天津)에 주둔하고 있던 프랑스극동함대사령관인 로즈(P.G.Roze)에게 박해사실을 알려 그 해 10월 프랑스군이 조선원정을 단행, 결국 병인양요가 발생하게 되었다.

병인양요(丙寅洋擾)

1866년(고종 3) 8월 흥선대원군의 천주교 탄압에 대한 보복으로 프랑스군이

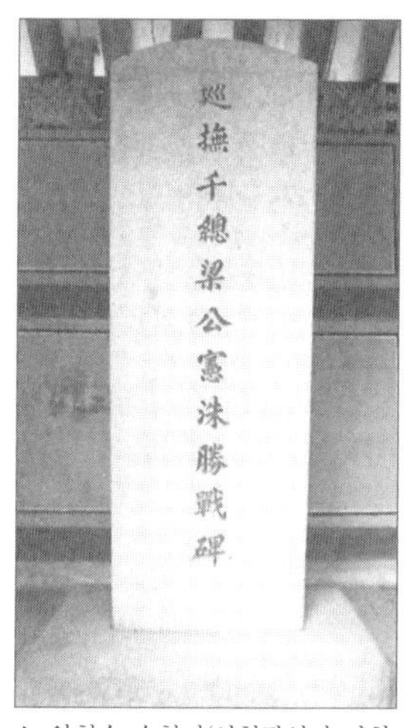

▶ 양헌수 승첩비(인천광역시 강화군 소재)

강화도를 침입하여 일어난 사건. 1866년 초 일어난 병인박해 때 탄압을 모면한 리델(F.C.Ridel) 신부가 동년 5월 톈진(天津)으로 탈출, 프랑스극동함대사령관인 로즈(P.G.Roze)에게 박해사실을 알리고 보복원정을 요청하였다. 이에 로즈는 군함 3척을 이끌고 조선으로 와 8월 12일부터 23일까지 강화해협을 중심으로 한 서울까지의 수로, 지형, 조선의 방비상황 등을 탐사한 후 귀환하였다. 로즈는 9월 3일 군함 7척을 이끌고 재차 조선원정을 단행하여 9월 5일 강화해협을 거쳐 물치도에 정박한 후 8일 강화부를 공격, 점령하였다. 이에 정부에서는 이경하(李景夏)·이용희(李容熙) 등을 통진부로 파견, 수비하게 하였으며, 이때 이용희는 강화도 수비군을 3대로 편성, 한성근(韓聖根)을 문수산성에, 양헌수(梁憲洙)를 정족산성에, 이기조(李基祖)를 광성진에 포진시켜 수비케 하였다. 강화부를 점령한 프랑스군은 18일 문수산성에 대한 공격을 감행, 산성을 점령하였으나, 한성근 휘하 수비군으로부터 공격을 받아 많은 피해를 보게 되었다. 프랑스군은 10월 3일 정족산성을 공격하였으나, 양헌수 휘하 수비군의 반격으로 프랑스군은 전사자 여섯 명을 포함 30여 명의 사상자를 남기고 퇴각, 갑곶진(甲串鎭)으로 철수하였다. 프랑스군은 조선에서의 철수를 결정, 10월 4일 퇴각하였다. 병인양요로 인해 흥선대원군의 쇄국양이정책과 천주교탄압은 더욱 강화되었다. 병인양요는 서양 제국주의세력의 침략을 최초로 격퇴한 사건이었다는 점에서 의의가 크다.

병자호란(丙子胡亂)

1636년(인조 14) 12월~1637년 1월까지 청나라의 조선 침입으로 일어난 전쟁. 1627년 정묘호란(丁卯胡亂)으로 조선과 형제관계를 정립하였던 후금은 중국 본토를 장악해가면서 조선에 '군신(君臣)의 의(義)'를 요구하는 동시에 황금·백금·전마(戰馬)와, 정병(精兵) 3만까지 요청해 왔다. 조선에서는 후금의 이러한 요구를 무시하고 항쟁의 의지를 보이면서 국교 단절을 통보하였다. 이에 분노한 청 태종은 같은 해 12월 9일 몸소 10만의 대군을 이끌고 압록강을 건너, 5일 만인 12월 14일에 개성에 진입하였다. 청나라의 침략소식을 접한 조선정부는 먼저 전왕들의 신주와 봉림대군(鳳林大君, 후일 효종)을 비롯한 왕자와 공주 등을 강화도로 피신시켰다. 오후에는 인조가 이들의 뒤를 따라 강화도로 들어가려 하였으나 이미 청나라 군사들이 강화도로 들어가는 통로를 봉쇄했기에 인조는 소현세자와 함께 남한산성으로 입성, 전투 태세를 갖추고 대항하였다. 조선군은 성을 나가 적군과 싸워 전과를 올리기도 하였으나 적의 기세를 꺾는 데는 역부족이었으며, 각 도의 관찰사와 병사가 거느리고 올라왔던 관군들도 목적지에 이르기 전에 모두 무너졌다. 완전히 고립된 남한산성 내에서는 강화론이 일어나기 시작, 주화파(主和派)는 주전파(主戰派)와의 여러 차례 논쟁을 거듭하였으나 주전파 역시 이 난국을 타개할 방도가 있었던 것은 아니어서 대세는 강화를 지지하는 쪽으로 기울었다. 이즈음 강화도가 함락되었다는 보고가 성안에 이르렀다. 이때 청군은 강화도에서 포로가 된 대군의 수서(手書)와 재신(宰臣) 윤방 등의 장계를 보이면서 인조의 출성을 독촉하였고 이를 확인한 인조도 출성을 결정하지 않을 수 없었다. 인조는 최명길이 작성한 국서를 청국 진영에 보내 항복 의사를 전달하였으며, 청국에서는 ① 조선은 청나라에 대하여 신하의 예를 행할 것, ② 명나라에서 받은 고명책인(誥命策印)을 바치고 명과의 관계를 끊으며 조선이 사용하는 명의 연호를 버릴 것, ③ 조선왕의 장자와 차자 그리고 대신의 아들을 볼모로 청에 보낼 것 등 11개 조항을 요구하였다. 인조는 1월 30일 세자와 함께 서문으로 출성하여 삼전도(三田渡)에서 '성하(城下)의 맹(盟)'을 행한 뒤 한강을 건너 도성으로 돌아왔으며, 청은 조선의 세자와 빈궁, 봉림대군을 볼모로 삼고 강력한 척화론자였던 오달제(吳達濟)·윤집(尹集)·홍익한(洪翼漢) 등의 삼학사(三學士)를 잡아 심양으로 돌아갔다. 한달 남짓한 싸움이었으나 그 피해는 임진왜란 버금가는 큰 것이었으며 조선으로서는 일찍이 당해보지 못한 큰 굴욕이었다. 이후 조정에서는 병자호란의 치욕을 씻어야 한다는 북벌론이 제기되었다. ◑ 정묘호란, 북벌론

㉤ 청태종공덕비(서울시 송파구 삼전동 소재, 일명 삼전도비), 남한산성

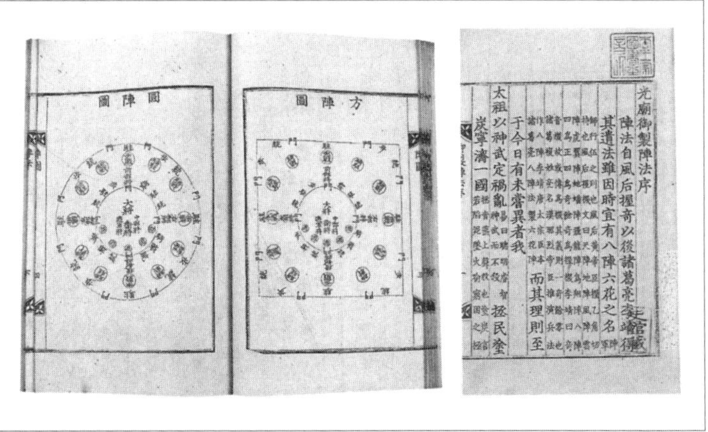

▶ 병장도설

병장도설(兵將圖說)

조선 후기에 편찬된 병서(兵書). 활자본으로 1책이다. 1492년(성종 23)에 편찬된 《진법(陣法)》을 1742년(영조 18)에 왕명으로 복간하면서 서명을 《병장도설》로 바꾸었다. 내용은 《진법》과 똑같으나, '광묘소찬 병장도설 임술 중간(光廟所纂兵將圖說壬戌重刊)'이란 표제지(標題紙)가 첨부되고, 《진법》에 서(序)라 한 것을 '광묘소찬 진법서'로 바꾸었으며, '어제 병장도설 후서(御製兵將圖說後序)'가 첨가되었다. 조선 전기의 진법을 새롭게 확립하려는 의도에서 편찬된 책이다. 국립중앙도서관과 규장각에 소장되어 있다.

보(寶)

기금을 만들어 그 이자 수입으로 사업 경비를 충당하는 재단. 불교의 삼보(三寶：佛·法·僧)에서 유래한 것으로, 주로 사찰에 기부된 토지와 미곡을 자산으로 하고 이를 대부하여 얻어지는 이자를 가지고 불교 행사를 치르거나 빈민구제 등 사업에 이용하였다. 삼국시대부터 유행한 것으로 고려시대에 가장 성행하였으며 조선 중기까지도 그 맥이 이어졌다. 그 종류는 매우 다양하여 점찰보(占察寶)·공덕보(功德寶)·불보(佛寶)·경보(經寶)·팔관보(八關寶)·반야경보(般若經寶)·학보(學寶)·제위보(濟危寶)·내장택보(內庄宅寶)·상평보(常平寶) 등이 있었다. ➡ 경보(經寶)·팔관보(八關寶)·제위보(濟危寶)

보안회(保安會)

1904년 일본의 황무지개척권 요구에 대항하기 위하여 조직된 배일운동단체. 1904년 6월 일본은 한국정부에 황무지개척권을 요구하는 공문과 10개조로 된 〈황무지개척위임계약안〉을 제시하였다. 이에 일본의 황무지개척요구에 대한 조직적이고 지속적인 반대운동을 전개하고자, 동년 7월 13일 원세성(元世性)·심상진(沈相震)·송수만(宋秀萬) 등이 보안회를 조직하고, 회장에 신기선(申箕善), 부회장에 이유인(李裕寅)을 추대하였다. 보안회에서는 매일 종로의 백목전(白木廛)에서 집회와 연설회를 개최하고, 황무지개척권요구에 대한 강력한 반대운동을 전개하였다. 이러한 보안회의 활동에 대해 일본은 치안상의 문제를 들어 보안회의 해산을 한국정부에 요구하는 한편, 보안회의 주요 간부진들을 납치하여 해산을 종용하였다. 그 뒤 보안회와 일본측간에 무력충돌이 계속되자 한국정부는 일본의 황무지개척권 요구를 거절하는 동시에 보안회의 해산을 요구하였다. 이에 보안회는 보안회 자체는 해체하지 않고, 황성용(黃性溶)을 새 회장으로 추대하여 유지하다가, 9월 11일 협동회(協同會)로 개칭하였다. ➡ 황무지개간권반대운동

보인(保人)

조선시대 번상(番上) 입역하는 정군(正軍)의 경제적 지원 담당자. 1464년(세조 10) 종래의 봉족제를 개편해서 보제(保制)를 시행함에 따라 정군(正軍)에게 보인이 포 2필씩을 지급토록 하였다. 성종 때 반포된 《경국대전》에는, 보인 1명이 군사활동 기간의 정군에게 1개월에 면포 2필을 넘지 못하게 하고, 정군이 직접 징수하도록 하였다. 그러나 이러한 법적 조치는 이후 제대로 시행되지 않고 대립제(代立制)나 방군수포(放軍收布)가 관행화되어 결국 군제의 허약화를 가속화시켰다. 임진왜란 후 모병제(募兵制)에 의해 군인을 직접 국가에서 양성하는 훈련도감·총융청·수어청·어영청·금위영 등의 5군영 체제가 갖추어지면서, 조선 전기의 정군·보인의 구별은 사실상 없어지고, 모든 양인은 국가에 일률적으로 1~3필 정도의 군포를 내는 보인의 입장이 되었다.

보학(譜學)

가문의 족보 또는 계보를 연구하는 학문. 우리나라 주요씨족들과 그들 각 씨족 내 주요계파들의 내력이라든지 각 씨족 내지 각 계파가 배출한 주요인물들의 가계적 배경 등에 관한 해박한 지식을 뜻한다. 16, 17세기 이래 족보가 보편화되면서 발전하기 시작하였는데, 이 시기에 사대부들은 족보에 깊은 관심을 갖게 되었으며, 자기 집안뿐만 아니라 다른 집안의 족보에 대해서도 해박한 지식을 가지고 있었다. 이로써 보학은 사대부의 기본교양의 하나가 되었다. 한편 조선 후기 하층민의 신분상승과 같이 신분제가 동요되면서 각종 족보의 위조를 비롯한 폐단이 드러나게 되자, 보학의 중요성은 갈수록 증대하여 당시 위정자를 비롯한 양반들은 족보의 간행을 통하여 족단의 결속을 강화하는 한편, 보학에 깊은 관심을 기울였다. 보학에 특별한 관심을 가진 사람들은 여러 가지 형태의 종합보를 만들었으며, 《잠영보(簪纓譜)》·《세가보(世家譜)》·《팔세보(八世譜)》·《동국세보(東國世譜)》 등이 그것이다.

보한집(補閑集)

고려시대 최자(崔滋)의 시문집(詩文集). 목판본으로 3권 1책이다. 주로 수필체의 시화들을 엮은 책으로, 무신집권기 권력자 최이(崔怡)의 권유로 1254년(고종 41)에 간행하였다. 아름다운 근체시(近體詩)와 시평(詩評), 거리에 떠도는 이야기, 흥미 있는 사실(史實), 부도(浮屠)와 부녀자들의 이야기를 수록한 것으로, 당시의 사회상

▶ 보한집

황을 살펴보는 데 좋은 참고가 된다. 이인로의 《파한집》, 이제현(李齊賢)의 《역옹패설(櫟翁稗說)》과 함께 고려시대 비평문학의 3대 걸작으로 꼽힌다.

참 최자(崔滋) : 1188(명종 18)~1260(원종 1). 본관은 해주(海州). 자는 수덕(樹德). 초명 종유(宗裕)·안(安). 시호 문청(文淸)으로, 문과에 급제후 상주사록(尙州司錄)·국자감 학유(國子監學諭) 등을 역임하였으며, 국자감 학유 재직시에는 문재를 인정받아 문한(文翰)을 맡았으며, 급전도감녹사(給田都監錄事) 때는 권신 최우(崔瑀)의 인정을 받았다. 상주목사·전중소감·보문각대제·국자감대사성·지어사대사(知御史臺事) 등을 거쳐 문하시랑 동중서문하평장사(門下侍郎同中書門下平章事)·판이부사(判吏部事) 등을 역임하였다. 저서로는 《최문충공가집(崔文忠公家集)》, 《보한집》, 《삼도부(三都賦)》 등이 있다.

보합단(普合團)

1920년 평안북도 의주에서 조직된 무장독립운동단체. 1920년 3월경 김동식(金東植)·김도원(金道源) 등이 조직하였다. 단장에 김중량(金仲亮), 총무에 김동식 등이 선임되었으며, 처음에는 의주군 비현면에 근거지를 두었다가 이후 의주군 동암산, 선천군 산면 내산동 등으로 옮겼다. 보합단은 의주·용천·철산·선천 등지를 중심으로 부호들로부터 군자금을 모금하여 대한민국임시정부의 활동지원금으로 전달하거나 식민통치기관에 대한 습격과 친일부일배 처단 등의 활동을 전개하였다. 10월 경찰의 습격을 받자 김중량이 일부 단원들을 이끌고 중국 콴뎬현(寬甸縣)으로 이동하였다가 대한독립단에 합류하여 활동하였으며, 1924년 대한통의부에 참여하면서 발전적으로 해체되었다.

보현십원가(普賢十願歌)

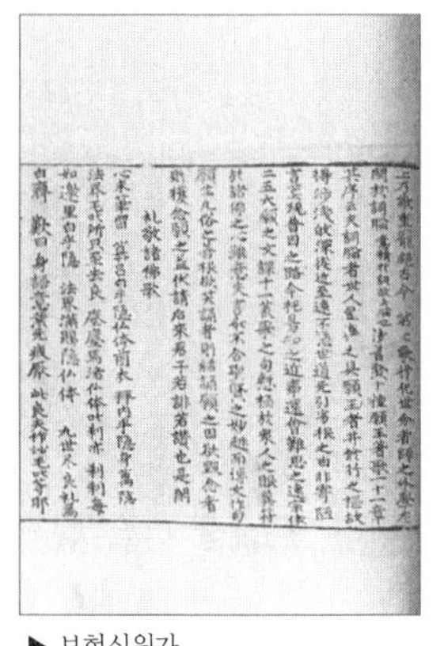

▶ 보현십원가

고려 초 균여(均如)가 지은 11수의 향가. 《화엄경》의 보현십행원(普賢十行願)의 하나하나에 향가 한 수씩을 지었는데, 그 제목을 보면, 예경제불가(禮敬諸佛歌)·칭찬여래가(稱讚如來歌)·광수공양가(廣修供養歌)·참회업장가(懺悔業障歌)·수희공덕가(隨喜功德歌)·청전법륜가(請轉法輪歌)·청불주세가(請佛住世歌)·상수불학가(常隨佛學歌)·항순중생가(恒順衆生歌)·보개회향가(普皆廻向歌) 등이며 마지막은 총결무진가(總結无盡歌)이다. 이는 불교의 대중화를 위해 지은 작품이며, 경남 합천(陜川) 해인사 장판(藏版)으로 전하는 《균여전》에 향찰(鄕札)로 기록되어 전한다. 보현십원가는 《삼국유사》에 수록된 14수의 향가와 함께 현재까지 발견된 향가의 전부로,

향가의 연구와 해석에 소중한 자료가 된다. ◑ 균여

동 보현십종원왕가(普賢十種願主歌)·원왕가(願主歌)

봉수(烽燧)

연기(燧)나 횃불(烽)을 이용해 국경의 정세를 중앙으로 전달하던 통신방법. 우리나라에서 봉수는 봉산(烽山) 등의 지명을 통해 삼국시대 초부터 이용되었을 것으로 추정된다. 기록상에 나타나는 봉수제의 명확한 시작은 고려시대 1149년(의종 3) 서북면병마사 조진약(曹晉若)의 건의에 따라 각 봉수에서 정세의 위급에 따라 올릴 거수(炬數)와 봉수를 지킬 요원의 배치 및 그들에 대한 경제적 뒷받침 등을 정한 봉수식 규정이 정비되면서부터였다. 조선시대에는 세종 즉위 후에 고려의 봉수제를 바탕으로 당의 제도를 참고하여 관계규정을 강화, 개혁하였고, 봉수의 시설·관장·요원 및 그들에 대한 상벌뿐 아니라, 전국의 봉수망을 정비하였다. 봉수는 병조의 무비사(武備司)에서 관장하였으며, 경봉수(京烽燧)·연변봉수(沿邊烽燧)·내지봉수(內地烽燧)의 세 종류로 구분되었다. 경봉수는 전국의 모든 봉수가 집결하는 중앙봉수로 서울의 목멱산(木覓山 : 남산)에 있어 목멱산봉수 또는 남산봉수라 불렸고, 연변봉수는 변경의 제1선에 설치된 것이었으며, 내지봉수는 연변봉수와 경봉수를 연결하는 중간봉수였다. 봉수대에 기거하면서 임무를 수행하는 요원으로는 감고(監考)와 봉수군(烽燧軍)이 있었는데, 봉수군은 신분적으로 신량역천(身良役賤)에 해당되고, 주야로 봉수를 관리하는 고역을 직접 담당하였으며 감고는 봉수군을 감시하는 임무를 맡았다. 봉수는 평상시에는 1거(炬), 적이 나타나면 2거, 적이 경계에 접근하면 3거, 적이 경계를 침범하면 4거, 적과 접전하면 5거를 올렸다. 만약 앞의 봉수에 봉화가 오르지 않거나 비·바람 등으로 연기와 불빛이 보이지 않을 때에는 봉수군이 즉시 다음 봉수로 달려가 직접 보고하여야 했다. 전국의 봉수는 크게 5로로 나뉘었으며, 이외에도 간봉(間烽)이라는 보조선이 있어 전국 5로의 주요노선인 직봉(直烽) 사이의 중간지역을 연결하거나, 국경방변의 전선초소로부터 본진(本鎭)·본읍(本邑)으로 보고하였다. 전국에는 약 670개의 봉수대가 설치되어 있었으며, 경봉수에서는 변방으로부터 전달된 정보를 병조에 보고하고 병조에서는 승정원에 보고하여 국왕에게 알렸다. 조선 초에 확립된 봉수제도는 세월의 흐름에 따라 봉수

▶ 수원 화성의 봉돈(경기도 수원시 소재)

군의 고역으로 인한 도주와 근무태만, 시설의 미비, 요원의 부족, 자연조건 때문에 기능이 제대로 발휘되지 못하여 파발(擺撥)·역참(驛站) 제도가 등장하거나 봉수의 개선 논의 등이 제기되면서 치폐(置廢)를 거듭하다가 1894년(고종 31) 근대적인 통신체제가 도입됨으로써 폐지되었다.

봉오동전투(鳳梧洞戰鬪)

1920년 6월 만주 허룽현(和龍縣) 봉오동에서 독립군이 일본군을 대파한 전투. 1920년 6월 4일 일본군 1개 중대가 독립군토벌을 위해 허룽현 산툰쯔(三屯子)로 진입하였으나, 매복 중이던 독립군에 의해 대파당하자 일본군은 추격대를 편성하여 봉오동으로 진격하였다. 이에 홍범도가 지휘하는 대한독립군과 최진동(崔振東)이 지휘하는 군무도독부군 및 안무(安武)가 지휘하는 대한국민회 독립군이 연합하여 대한북로독군부(大韓北路督軍府)를 조직한 뒤, 6월 7일 봉오동의 지리적 형세를 이용하여 매복하였다가 일본군 1개 대대병력을 대파하였다. 독군부는 이 전투에서 일본군 사살 157명, 중상 2백여 명, 경상 1백여 명의 전과를 거두었다. ◐ 대한독립군

▶ 봉정사 극락전

봉정사 극락전(鳳停寺極樂殿)

경상북도 안동시 서후면(西後面) 태장리(台庄里) 봉정사에 있는 고려 말기의 건축물. 정면 3칸, 측면 4칸의 단층 맞배지붕 주심포(柱心包) 건물로, 건물의 전면(前面)에만 다듬질된 석기단(石基壇)을 쌓고 그 위에 자연석 초석을 배열하여 주좌(柱座)만을 조각하였으며, 초석 위에는 배흘림 기둥을 세웠다. 극락전 전면과 측면 중앙칸에 판문(板門)을 달았고 전면 양협간(兩夾間)에는 살창을 달았는데, 전면의 판문과 살창은 수리할 때 복원된 것이며 수리하기 전에는 3칸 모두 띠살 4분(分) 합문(閤門)이 달려 있었다. 대개 12~13세기에 건축된 것으로 추정된다.

부곡(部曲)

신라시대부터 조선 전기까지 존속한 특수한 지방 하급 행정구역. 부곡이라는 말은 본래 중국에서 한(漢)나라 때는 군오(軍伍)의 뜻이었고, 위(魏)·진(晉)·남북조시대에는 공사의 병사를 가리키는 말이었다. 그 뒤 당나라 때는 천민(賤民)의 칭호로 변하여 양민과 노비와의 중간층을 이루었다가 명나라 때 이

르러 완전히 소멸되었다. 우리나라에서는 그러한 신분적 의미보다는 행정 구획 명칭으로 사용하였다. 부곡민은 매매·양도되지 않았으며, 국가에 대해 조세를 부담했던 점에서 노비와 달리 양인 신분이었다. 4~6세기 철기문화가 한반도에 보급·확산되어 농경지 개간이 활발하여 새로운 촌락이 많이 형성되었다. 통일신라시대에는 이러한 촌락을 지방행정제도 속에 편입하기 시작했다. 즉 토지나 인구의 규모가 군이나 현이 되지 못한 촌락을 향과 부곡으로 삼아 이들을 지방행정구역으로 편입시켰다. 고려시대 부곡 집단은 신라 말·고려 초에 후삼국 통합 전쟁이라는 사회변동과정 속에서 형성되었다. 후삼국 통합 전쟁시 고려는 왕조에 저항한 호족세력 지역의 주민들을 부곡민으로 편성하였고, 후삼국 통합 후에는 이 지역들을 법제적으로 부곡제라는 행정 구획으로 편성하여 군현제의 하부 기구로 예속시켜 지배하였다. 부곡의 주민은 부곡리와 부곡인으로 구성되었고 이들은 둔전(屯田)·공해전·학전(學田) 등을 경작하거나 군사요충지에서 성을 수축하는 역을 부담하였다. 부곡 중에는 현보다도 많은 호구를 갖는 예도 많았고, 또 반란 등이 있던 군현은 부곡으로 강등되거나 반대로 공로가 있는 부곡은 현으로 승격하는 수도 있었다. 향·소·부곡의 주민들 또한 국가에 조세와 역역을 부담한 공민(公民)이었다는 점에서 신분은 양인신분이었다. 그러나 일반 조세나 역역의 부담 외에 둔전이나 공해전 등을 추가적으로 경작하는 역을 부담했기 때문에 사회·경제적으로 군현민에 비해 어려운 처지에 있었다. 따라서 이들은 하층 양인신분이었다. 고려 중기 이후 생산력이 발달하여 하층민의 의식이 성장하였다. 그러나 여진 정벌, 무인정권의 등장, 몽고와의 전쟁으로 하층민의 부담이 크게 늘어났고, 권세가들이 하층민의 토지를 빼앗는 현상이 자주 일어났다. 이에 따라 부곡민 등 하층민의 불만이 쌓여 농민항쟁으로 발전하였다. 이 때문에 더이상 부곡제도를 유지할 수 없었으며 조선시대에는 부곡제도가 완전히 폐지되었다.

부민단(扶民團)

1912년 만주 통화현(通化縣)에서 조직된 재만 한인자치기관. 1911년 경학사(耕學社)가 해산되자, 1912년 이상룡(李相龍) 등이 중심이 되어 조직하였다. 초대단장은 허혁(許赫), 2대단장은 이상룡이었다. 재만 한인의 복리증진, 경제적 자립모색, 자녀교육, 독립군양성, 독립운동기지 창건 등을 목적으로 하였다. 1919년에 이르기까지 한인사회의 경제적 기반 확충과 독립군양성에 힘써 1920년대 서간도지역 독립군활동의 기초를 마련하였다. 1919년 한족회(韓族會)가 조직되자 발전적으로 해체하였다.

부석사(浮石寺)

신라시대인 676년(문무왕 16) 의상(義湘)이 창건한 화엄종 사찰. '부석'이란

▶ 부석사 무량수전

절의 명칭은 의상대사가 당나라 유학 중 만난 선묘(善妙)와의 설화에 나오는 선묘용이 후에 부석으로 변한 데서 붙여진 것이다. 창건 당시는 지금의 조사당(祖師堂) 위치에 있었던 취원루(聚遠樓)로 불리는 작은 당에 아미타불만 모신 데 불과하였으나, 그의 법손인 신림대덕(神林大德) 이후 점차 사찰의 규모가 커졌다. 고려시대에는 선달사(善達寺 : 鄕音의 선돌로 부석을 의미하는 명칭) 혹은 흥교사(興敎寺)라고도 했는데, 원융국사 결응(圓融國師決凝)은 대장경을 인사(印寫)하고, 진각국사 원응(眞覺國師圓應)은 무량수전(無量壽殿 : 1376)과 조사당(1377)을 짓는 등 크게 중창하였다. 조선시대에도 몇 차례 중건이 이루어졌다. 부석사에는 고려시대의 건물인 무량수전(국보 제18호)과 조사당(국보 제19호)이 있고, 조선 후기의 건물인 범종루(梵鐘樓)·원각전(圓覺殿)·안양루(安養樓)·선묘각(善妙閣) 등이 있다. 이 가운데 부석사의 본전인 무량수전은 정면 5칸, 측면 3칸의 팔작집으로 봉정사의 극락전과 함께 우리나라 목조건물로서 가장 오래된 건물이다. 이외에도 극락정토의 구품연대(九品蓮臺)를 상징하는 대석단(大石壇)이 있고, 부석사 무량수전 앞 석등(국보 제17호), 소조여래좌상(국보 제45호), 조사당벽화(국보 제46호), 영주북지리석조여래좌상(보물 제220호) 등이 있다. 특히 소조여래좌상은 현존하는 국내 최고 최대의 소조불(塑造佛)이다.

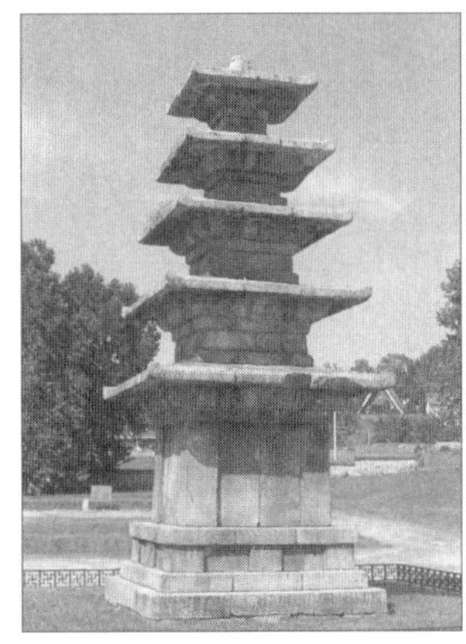

▶ 부여정림사지오층석탑

부여정림사지오층석탑(扶餘定林寺址五層石塔)

충청남도 부여군 부여읍 동남리에 있는 백제시대의 오층 석탑. 높이 8.33m인 석탑은 목조탑 형식으로 8매의 장대석으로 만든 지대석 위에 단층의 낮은 기단을 만들었는데 기단의 면석(面石)에는 양 우주(隅柱)와 한 개의 탱주(柱)를 표현하였다. 8매의 판석으로 이루어진 갑석(甲石)은 두꺼우며, 윗면에 굄대 없이 직접 탑신을 받치고 있다. 초층 옥신의 네 귀에 우주를 별석(別石)으로 세우고 그 사이에 2매씩의 긴 판석을 끼웠는데, 우주에는 목조건축의 기둥에서처럼 상협하광(上狹下廣)의 민흘림기법을 사용하였다. 2층의 옥신은 초층에 비해 급격히 체감되나 2층부터 5층까지는 완만하게 체감된다. 각 층의 옥신 위에는 하나의 판석을 얹고 다시 넓은 소로(小爐)모양의 판석을 얹어 옥개석을 받쳤는데 이러한 소로모양의 판석은 목조건축양식인 공포(栱包)를 변형시켜 적용한 것이다. 각 층의 옥개석은 여러 개의 판석으로 결구되었는데 추녀밑은 수평이고 낙수면은 약간의 경사를 이루다가 전각(轉角)에 이르러 추녀끝과 함께 살짝 반전되었고 네 모서리는 목조건축의 변형수법인 우동(隅棟) 마루형태를 띠고 있다. 이 석탑은 일층 탑신에 당의 소정방(蘇定方)이 백제를 평정한 후 각자(刻字)한 기공문(紀功文)이 있어 한때 '평제탑'(平濟塔)이라고 속칭되기도 하였다. 국보 제9호로 지정되었다.

부여(夫餘)

기원전 만주 송화강 유역을 중심으로 성장한 초기 국가. 기원전 2~1세기경에 연맹왕국의 국가형태를 갖추었을 것으로 추정된다. 기원후 49년에는 부여왕이 후한에 사신을 보내자 후한 광무제가 이에 보답하여 매년 사신을 보내기도 하였다. 부여는 토지가 광활하고 농업을 하기에 적합한 지금의 북만주 눙안(農安)·창춘(長春) 일대에서 농업을 주로 하면서 궁실(宮室)·성책(城柵)·창고·감옥 등 진보된 조직과 제도를 가졌던 나라이다. 정치는 세습적인 국왕이 존재하여 궁실을 짓고 있었으며 국왕의 장사에는 옥갑(玉匣)을 쓰고 많은 수의 인원을 순장할 만큼 강력한 왕권이 존재하였다. 왕의 예하에는 가축의 이름을 붙인 마가(馬加)·우가(牛加)·저가(猪加)·구가(狗加)와 대사(大使)·사자(使者) 등의 관직이 있었으며, 또 전국을 사출도(四出道) 혹은 사가도(四街道)라 칭하는 지역으로 나누어 마가·우가 등의 제가(諸加)가 각각 그 일부 지역을 맡아 다스렸다. 사출도 중의 큰 지역은 수천 호(戶), 작은 것은 수백 호가 되었다. 피지배계급인 하호(下戶)는 읍락에 거주하며 농업에 종사하면서 조세와 부역을 담당하였을 뿐 아니라 전쟁이 일어나면 제가들에게 인솔되어 출전하였다. 산업은 농경을 주로 하였고, 명마(名馬)·적옥(赤玉)·미주(美珠)·돈피(豚皮) 등이 산출되었다. 풍속 중에는 영고(迎鼓)라는 제천대회(祭天大會)가 있었고, 법률은 매우 엄격해 도둑질·간음(姦淫) 등에 대하여는 특히 엄벌하였다. 부여의 주위에는 서쪽으로 선비(鮮卑)·오환(烏桓), 동쪽에는 읍루(婁婁), 남쪽으로는 고구려와 한(漢)나라의 현도군(玄郡)이 인접해 있었다. 3세기경 선비족 모용외의 침략을 받아 국왕 의려가 자살하였고, 다시 모용황의 침입으로 국왕을 비롯해 5만 명이 포로로 잡혀가는 비운을 겪다가 494년에 고구려에 항복함으로써 멸망하였다.

북로군정서(北路軍政署)

1919년 12월 만주 왕칭현(汪淸縣)에서 조직된 독립군단체. 원명은 대한군정서(大韓軍政署)이다. 1911년 조직된 중광단(重光團)이 1919년 4월 대한정의단(大韓正義團)으로 확대 개편되었다가, 동년 10월 대한정의단과 정의단 산하 무장조직인 대한군정회(大韓軍政會)가 다시 통합하여 대한군정부(大韓軍政府)로 개편되었고, 동년 12월 대한민국임시정부의 지시로 대한민국임시정부 산하의 독립군 군사조직인 대한군정서로 개편되었다. 이때 대한군정서는 대한민국임시정부로부터 북로군정서라는 별칭을 받고 활동하게 되었다. 중앙조직은 총재부에 서일(徐一 : 총재)·현천묵(玄天默 : 부총재)·계화(桂和) 등이 참여하였고, 사령부에 김좌진(金佐鎭 : 총사령관)·이장녕(李章寧 : 참모장)·나중소(羅仲昭)·이범석(李範奭) 등이 참여하였다. 구성원 대부분이 대종교신도로 공화주의 이념을 지향하며, 대종교에 기초한 민족의식의 고양에 노력하였다. 재만 한인사회 및 함경북도·경기도·충청도 등지에서 군자금모금활동을 전개하였으며, 무장 확충을 위해 블라디보스토크·니콜스크 등지에서 무기를 구입하였다. 1920년 10월 대한독립군·대한국민회독립군 등과 연합하여 청산리전투에 주력부대로 참전하여 대승을 거두었다. 이후 노령지역으로 이동하면서 다른 독립군부대와 함께 대한독립군단을 결성하였으며, 1921년 6월 자유시참변을 겪고 다시 북만주로 이동, 신민부로 발전하였다.

북벌론(北伐論)

조선시대 호란을 겪은 후 제기된 청나라를 정벌하자는 논의. 두 차례 호란을 겪은 후 조선의 지배층들은 종래 야만시하던 청나라에 당한 치욕을 씻고, 나아가 임진왜란 때 원병을 파견한 명나라에 대한 의리를 지켜야 한다는 북벌론을 제기하였다. 이러한 주장은 현실적으로는 청나라에 비해 약하지만 문화적으로 우월하다는 의식의 소산이었다. 그리고 효종은 이를 추진하기 위해 국방을 강화하고, 노비추쇄사업 등을 통해 재정을 마련하였으며, 국정의 쇄신을 위해 송시열(宋時烈)·송준길(宋浚吉) 등을 등용하였다. 그러나 이를 추진해가는 과정에서 민원이 일어났으며, 그 방법을 둘러싸고 효종과 문신세력 간에 갈등이 발생하기도 하였다. 북벌론은 이를 주도한 효종 사후 점차 퇴색해가면서도 여전히 17세기 후반까지 지속적으로 제기되다가 18세기 이후 청나라 문물이 발달하면서 이를 수용하자는 북학론이 제기되었다.

북인(北人)

조선시대 붕당(朋黨)의 하나. 동인 내부에서 사적인 감정들이 복잡하게 얽혀 있다가 정철(鄭澈)의 건저의사건(建儲議事件)이 계기가 되어, 동인내에서 서인의 강경한 처벌을 주장하는 이발(李潑)을 중심으로 한 파가 북인으로, 온건론을 펴는 우성전(禹性傳)을 중심으로 한 파가 남인으로 분당하였다. 학통상으로 동인은 이황(李滉)과 조식(曺植) 및 서경덕(徐敬德)의 제자들이 중심이었는데, 이중 이황의 제자들이 주로 남인이 되었고, 북인은 조식 및 서경덕의 제자들을 중심으로 하였다. 북인은 몇 차례의 정치적 부침을 겪은 끝에, 광해군이 즉위 후 이이첨(李爾瞻)을 중심으로 정국을 주도하면서 임진왜란(壬辰倭亂)의 피해를 극복하는 데 많은 성과를 올렸다. 그러나 학통상의 열세를 만회하기 위해 정인홍이 시도한 이언적(李彦迪)과 이황 배격, 즉 회퇴변척(晦退辨斥)이 실패하였고, 선조의 적자(嫡子)이자 국왕의 동생인 영창대군(永昌大君)을 살해하고 선조비(宣祖妃)인 인목대비(仁穆大妃)의 폐비를 꾀하면서 서인과 남인을 배척하였다. 그것이 결국 자기 입지를 더욱 좁혀 무력을 동원한 서인 중심의 인조반정으로 대부분 사사되거나 축출되었다. 그 후 남이공(南以恭)·정온(鄭蘊) 등이 인조대 정치에 참여하였으나 정파로서의 의미는 소멸되었다. ◐ 붕당정치

북학의(北學議)

1778년(정조 2)에 박제가가 청나라의 풍속과 제도를 시찰하고 돌아와서 자신의 견해를 첨부하여 저술한 기행문. 2권 1책이며 내편 39항목, 외편 17항목으로 구성되어 있다. 내편에는 거선(車船)·성(城)·궁실(宮室)·도로·목축·시정(市井)·상고(商賈)·여복(女服) 등 일상생활에 필요한 기구와 시설 등에 대한 개선안을 제시하였으며, 외편에는 전제(田制)·농잠(農蠶)·과거(科擧)·병제 등 정치·사회제도의 모순점과 개혁방안을 제시하였다. ◐ 박제가

▶ 박제가의 《북학의》

북학파(北學派)

조선 후기 정조 때 청나라의 선진문물제도를 수용하자고 주장하던 실학의 한 학파. 대표적인 인물로는 유수원·박지원·박제가·이덕무·홍대용·유득공·서이수(徐理修)·이서구(李書九) 등이 있다. 북학파는 병자호란 이후 정치적으로는 청국에 사대의 예를 취하면서 내면적으로는 청국을 오랑캐라 멸시하는 숭명반청의 성리학적 사상이 팽배하던 시기에 대두하였다. 이때 조선은 명의 멸망과 함께 중국대륙에서 발원한 중화문명의 전통이 중국에서는 끊어지고, 오직 조선만이 그 전통을 잇고 있다고 믿었다. 이러한 때에 연행사신(燕行使臣)을 수행하여 청나라에 다녀온 지식인들이 청나라의 선진문물제도를 견문하고 돌아와 이를 수용하자고 주장하였던 것이다. 박제가가 '북학은

생활과 민중에 직결된 학문'이라고 정의한 것처럼 북학파의 주장은 선진과학 기술의 도입을 통한 경제의 활성화와 문물제도의 개혁이 그 요체이다. 영조 이후 청의 과학기술이 소개되면서 실용적인 학문에 더욱 눈을 뜨게 된 북학 파들은 생산과 유통을 원활히 하기 위한 수레와 선박의 이용, 농업생산력을 높이기 위한 농기구 및 영농기술의 개량, 각종 선진문물의 도입 등 구체적인 개혁안들을 제시하였다. 당시 대부분의 실학자들은 중농적 입장에서 상업을 억제하여야 한다고 주장하였으나, 북학파들은 부국강병을 위해서는 상공업을 진흥시켜야만 한다고 주장하였다. 특히 유수원은 상공업을 진흥시키기 위해 서는 사·농·공·상의 직업적 평등화와 전문화가 이루어져야 한다고 하면서 양반을 상업에 종사시켜야 한다고 주장하였다. 또 박제가는 상공업을 진흥시 키기 위해 청나라와의 통상강화, 수레와 선박의 이용 등을 주장하였다. 북학 파의 주장은 박제가의 《북학의》, 박지원의 《열하일기(熱河日記)》, 홍대용의 《담헌서(湛軒書)》, 이덕무의 《청장관전서(青莊館全書)》, 유득공의 《냉재집(冷 齋集)》 등의 저술을 통해서 소개되어 당시 사회에 큰 자극을 주었다. 그러나 이들의 개혁안이나 이념들은 당시 위정자들에 의해 정책에 반영되지는 못하 였다. 다만 이들의 개혁안은 명분론적인 북벌론이 시대적 풍조를 이루고 있 던 상황하에서 새로운 학문과 정책의 방향을 제시하였던 것에 그 의의가 있 다고 하겠다. ❍ 박제가 · 북학의 · 박지원 · 열하일기 · 홍대용 · 이덕무 · 유득공

분청사기(粉青沙器)

청자와 같은 회색 또는 회흑색의 바탕흙 위에 백토로 표면을 분장하고 그 위 에 회청색의 유약을 바른 자기. 고려 말 이후 상감청자를 계승하여 제작되기 시작한 것으로, 제작 초기에는 상감청자와 거의 구분하기 어려울 정도로 상 감청자의 양식을 답습하였다. 분청사기에는 관사명이 새겨져 있는 대접이나 접시들이 많은데 그릇에 새겨져 있는 관사명 가운데는 조선시대 말까지 존속 했던 관청도 있으나, 임시관청의 이름이 새겨진 경우에는 그 존속기간이 한 정되기 때문에 편년자료로 중요한 위치를 차지한다. 분청사기의 특징은 청자

▶ 분청사기

나 백자에서는 볼 수 없는 자유분방하고 활력에 넘치는 실용적인 형태와 다양한 분장기법(粉粧技法), 그리고 의미와 특성을 살리면서도 때로는 대담하게 생략, 변형시켜 재구성한 무늬 등에 있다.

분황사 석탑(芬皇寺石塔)

▶ 분황사 석탑

경상북도 경주시(慶州市) 보황동(普黃洞)에 소재한 신라 말의 석탑. 높이 9.3m로 돌을 벽돌(塼)모양으로 다듬어 쌓은 모전 석탑(模塼石塔)이다. 634년(선덕여왕 3)에 낙성된 분황사 창건 당시의 유구(遺構)로 추정되며, 현존하는 신라 석탑 중 가장 오래된 작품이다. 1단의 석축기단을 만든 다음, 그 중앙에는 1단의 화강암 판석(板石)을 밑에 깔고 안산암(安山岩)을 벽돌 모양으로 잘라서 탑신을 쌓아올렸다. 기단(基壇) 위에는 네 모퉁이에 화강암으로 조각한 사자 1마리씩을 배치하였는데, 2마리는 수컷, 다른 2마리는 암컷이다. 탑신부는 원래 7층이었던 것으로 추정되나 붕괴되어 현재는 3층만 남아 있다. 탑신 4면에는 입구가 뚫려져 있는 감실(龕室)을 개설하고, 입구 좌우에는 인왕입상(仁王立像)을 각각 1구(軀)씩 새긴 화강암을 끼웠다. 감실 안에는 머리 없는 불상이 안치되어 있다. 옥개석(屋蓋石)은 벽돌 1장의 두께로 처마를 삼고, 아래위에 탑신을 향하여 감축되는 받침과 낙수면(落水面) 층단이 있다. 현재의 모습은 1915년에 일본인들이 해체, 수리하고 복원한 것이다. 분황사 석탑은 그 모양이 전탑(塼塔)을 따르고 있어, 백제 석탑이 목탑(木塔) 양식을 따르고 있는 것과 대조를 이룬다. 국보 제30호로 지정되었다.

불교(佛敎)

석가모니(釋迦牟尼)를 교조(敎祖)로 삼고 그가 설한 교법을 종지(宗旨)로 하는 종교. 기원전 5세기부터 인도에서 석가모니가 말한 교법과 그로부터 심화되고 분파된 온갖 교리와 법문과 종지(宗旨)의 총칭이다. 우리나라에 불교가 전래된 것은 고구려 때인 372년(소수림왕 2) 전진(前秦)의 왕 부견(符堅)의 명으로 순도(順道)가 불경과 불상을 전한 이후이다. 374년에는 중국 동진의 아도(阿道)가 입국하였고, 그 다음 해에 성문사(省文寺)와 이불란사(伊佛蘭寺)를 세워 순도와 아도에게 그 절에서 불법을 가르치도록 하였고, 광개토대왕은 392년(광개토왕 2)에 평양에 아홉 개의 사찰을 지었다. 고구려 승려로서, 승랑(僧朗)은 장수왕 말년경에 중국에서 삼론학(三論學)을 공부한 뒤 중국 삼론종의 종주(宗主)가 되었을 뿐만 아니라 신삼론(新三論)을 학문적으로 체계화하여 확립시켰다. 이외에도 파야(波若)·보덕(普德)·혜량(惠亮) 등의 많은 승려들이 일본과 중국에서 활약하였으며, 특히 담징은 일본 호류사의 벽화를 그리기도 하였다. 한편 백제는 384년(침류왕 1) 인도의 고승 마라난타(摩羅難陀)가 동진으로부터 전래한 이후 왕은 마라난타를 궁 안에 머무르도록 한 뒤 이듬해 열 명을 출가시켜 승려로 만들었다. 526년(성왕 4)에 겸익(謙益)은 인도에서 범어(梵語)를 배우고 율부(律部)를 전공한 뒤 인도승 배달다삼장(倍達多三藏)과 함께 귀국하여 율종(律宗)을 시작하였는데, 백제불교의 종파는 계율주의적 경향을 띠면서 융성하였다. 무왕 때는 익산에 미륵사를 창건하였는데, 당시 백제는 승려와 불탑이 매우 많았고 불교문화가 대단히 성하였지만, 멸망과 함께 그 명맥은 끊어졌다. 백제의 불교는 일본에서 크게 꽃을 피웠는데, 성왕은 일본에 달솔(達率) 사치계(斯致契) 등을 보내는 한편, 금동석가상 1구와 미륵석불, 번개(幡蓋), 경론(經論) 약간 권을 함께 보냈고, 554년에는 담혜(曇惠)·도심(道深) 등 16명의 승려들을 일본에 보내어 교화활동을 하게 하였다. 많은 승려들이 일본인 신도들에게 직접 수계의식을 집행하여 일본승려의 탄생에 일익을 담당하였다. 신라는 527년(법흥왕 14)에 이차돈(異次頓)의 순교(殉敎)를 계기로 불교가 공인됨으로써 삼국에서 가장 늦게 불교가 공인되었다. 534년 천경림(天鏡林)에 신라 최초의 절인 흥륜사(興輪寺)가 창건되었고, 554년(진흥왕 15)에 흥륜사의 낙성과 더불어 백성들이 출가하여 승려가 되는 것을 국법으로 허락하였다. 549년에 양나라로 유학갔던 각덕(覺德)이 최초로 불사리를 가지고 귀국하였다. 589년(진평왕 11) 원광(圓光)이 중국에 가서 불법을 깊이 공부하고 교화활동 등으로 이름을 떨치다가 600년에 신라로 돌아왔으며, 643년(선덕여왕 12) 중국유학을 마치고 귀국한 자장(慈藏)은 신라불교를 발전시키는 데 크게 기여하였다. 통일신라 전기인 신라 중대(中代)는 불교의 황금시기로 원효(元曉)·의상(義湘)·원측(圓測)·경흥(憬興)·의적(義寂)·도증(道證)·승장(勝莊)·둔륜(遁倫)·태현(太賢) 등이 이 시기에 활동하였다. 이 시대의 불교는 독특한 한국불교를 형성하는 한편, 중국에 유학하고 귀국하였거나, 계속 중국에 머무르면서 중국의 학계나 교계에 큰 영향을 미친 고승들도 많았다. 그 일부는 《왕오천축국전》을 남긴 혜초(慧超)처럼 인도로 순례의 길에 올랐으나 신라로 돌아오지 못한 이들도 있었다. 또한 신라승의 도일(渡日)과 일본승의 신라 유학 등으로 일본의 불교문화발전에도 큰 도움을 주었다. 발해는 건국기부터 불교가 들어와 있었는데, 발해 불상들이 거의 대부분 당나라 이전의 양식을 취하고 있는데, 이것은 발해 불교가 고구려의 전통을 고수하였음을 보여준다. 발해에서 불교는 주로 왕실 중심으로 발전하였으며, 9세기 이후에 불교가 융성해지면서 승려들의 활동이 두드러졌다. 인정(仁貞 : ?~815)·정소(貞素 : ?~828)·살다라(薩多羅)·재웅(載雄) 등이 있으며, 이들 가운데 인정과 정소는 일본에 사신으로 파견되어 그곳 승려들과 교류하면서 많은 기록을 남겨놓았다. 발해 멸망 후 불교 전통은 금나라 황실에서 불교를 받아들이는 데에 결정적인 역할을 하기도 하였다. 고려시대에는 태조의 천명에 따라 불교를 국교로 정하고 국가의 지도이념을 삼은 이래 발전을 지속하였다. 교관병수(敎觀竝修), 즉 교와 선을 아울러 닦아야 함을 강조하며 새로이 천태종을 개립한 의천(義天)의 혁신운동과, 정혜쌍수(定慧雙修)·돈오점수(頓悟漸修)를 강조하며 조계종을 확립시킨 보조국사 지눌(知訥)의 활동이 있었다. 조계종은 고려 말의 보우(普愚)를 거쳐 우리나라 불교의 주류가 되었다. 불교의 융성과 함께 고려시대에는 몇 차례에 걸쳐 목판의 대장경이 만들어졌다. 지금까지 합천 해인사에 전해오는 팔만대장경은 그 하나로, 몽고군의 침입을 부처의 힘으로 물리치고자 하는 불심에서 만든 것이었다. 조선은 유교를 국교로 천명하면서 강력한 억불정책을 추진하여 불교가 쇠퇴하였다. 물론 조선 초기 역대 국왕들에 의해서 사찰이 조성되거나 불경이 간행되기는 하였으나, 세종대 당대까지 존속하던 종파를 대대적으로 정리하여 조계종·천태종·총남종을 선종으로, 화엄종·자은종·시흥종·중신종 등을 교종으로 통합하여 선교양종을 정립하였다. 16세기에는 문정왕후(文定王后 : 중종비)의 호불로 불교계가 일시 생기를 되찾기도 하였으며, 왜란에서 승려들의 활약이 돋보이기도 하였으나, 조선 후기에는 다시 사림들에게 배척되어 점차 산간 불교로 밀려났다. 일제 때 '사찰령'으로 31본사를 설치, 1200여 개의 말사를 두었다가 해방 후 교구제를 정하였으며, 1962년 단일종단을 출범시켰다.

불국사(佛國寺)

경상북도 경주시 진현동의 토함산에 있는 신라시대의 사찰. 불국사는 남향한 쌍탑식가람으로 대웅전 일대의 동쪽구역과 극락전 일대의 서쪽구역으로 구분된다. 대웅전 앞의 동서 양측에는 다보탑(국보 제20호)과 삼층석탑(국보 제21호. 일명 釋迦塔)이 마주 서 있다. 다보탑은 높이 10.4m로, 일반적인 석탑의 형식과는 다른 형태로 세워진 통일신라시대의 이형석탑(異形石塔)이며, 《법화경(法華經)》〈견보탑품(見寶塔品)〉에 근거하여 건립된 것으로 추정된다. 석가탑과 다보탑을 대웅전 앞에 나란히 건립한 것은 석가여래와 다보여래가 같다는 경전의 뜻을 상징적으로 조형화한 것으로 추측된다. 국보 제21호로 지정된 삼층석탑은 석가탑(釋迦塔) 혹은 무영탑(無影塔)으로 불리기도 하는데, 2층기단 위에 3층의 탑신과 상륜부(相輪部)를 세운 통일신라시대의 전형적인 탑이다. 삼층석탑은 창건 이후 원형대로 보존되어 왔으며 1966년의 해체 수리시에 발견된 유물 가운데 《무구정광대다라니경(無垢淨光大陀羅尼經)》은 세

▶ 불국사

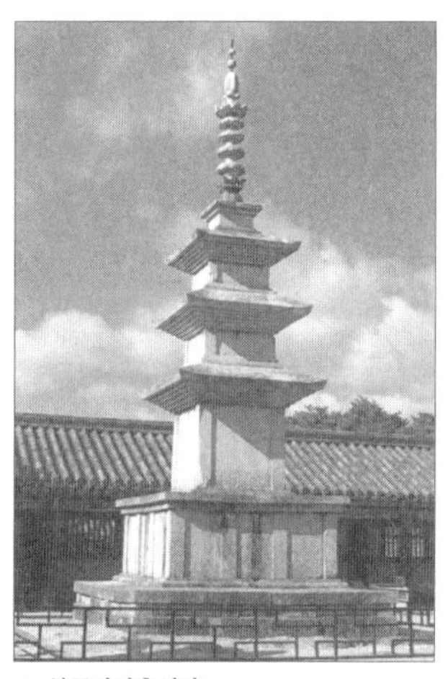

▶ 불국사삼층석탑

계 최고의 목판인쇄물로서 주목받고 있다. 이밖에도 불국사의 대웅전 뒤쪽에는 무설전이, 무설전 뒤편의 높은 지대에는 관음전·비로전이 배치되어 있다. 대웅전을 중심으로 무설전과 자하문을 연결하는 회랑을 돌렸는데, 대웅전 좌우 양측에도 익랑(翼廊)을 놓아 동서 회랑과 연결시킨 점이 특이하다. 회랑 동서 양측에는 좌경루(左經樓)와 범영루(泛影樓)를 두었고, 자하문 앞에는 청운교(靑雲橋 : 국보 제23호)와 백운교(白雲橋 : 국보 제23호)를 놓아 불국토와 속계를 구분하였다. 대웅전구역보다 한 단 낮게 극락전구역이 배치되었는데, 극락전 앞에는 탑은 없고 정면에 안양문(安養門)을 세웠고 안양문과 연결하여 회랑을 돌렸으며, 남쪽 정면에는 연화교(蓮華橋 : 국보 제22호)와 칠보교(七寶橋 : 국보 제22호)를 설치하였다. 이 밖에도 비로전에는 금동비로자나불좌상(국보 제26호)이, 극락전에는 금동아미타여래좌상(국보 제27호)이 봉안되어 있고, 강당 뒤쪽에 마련된 보호각 안에는 고려 초에 조성된 것으로 추정되는 사리탑(보물 제61호)이 보존되어 있다. 한편 불국사의 창건 시기에 대해서는 각 문헌에서 차이를 보인다. 《불국사고금창기(佛國寺古今創記)》에 의하면, 이차돈(異次頓)이 순교한 이듬해인 528년(신라 법흥왕 15) 왕의 어머니 영제부인(迎帝夫人)과 왕비 기윤부인(己尹夫人)이 '화엄불국사'(華嚴佛國寺)를 창건하고 비구니가 되었다고 하며, 574년(진흥왕 35) 왕의 어머니 지소부인(只召夫人)이 중건하고 왕비는 비로자나불(毘盧舍那佛)과 아미타불(阿彌陀佛)을 봉안했다고 한다. 또한 670년(문무왕 10) 강당인 무설전을 짓고 의상(義湘)의 제자인 신림(神琳)·표훈(表訓) 등이 《화엄경》을 강설했다고 하나, 이러한 기록은 신라불교의 역사와 모순되어 사료로서의 신빙성이 적다. 그러나 《불국사고금창기》에는 대웅전에 봉안된 5구의 불보살상이 681년(신문왕 1)에 조성되었다는 복장문(腹藏文)이 발견되었다고 기록되어 있다. 따라서 불상도 대웅전과 함께 이 시기에 건립되었을 것으로 추정하고 있다. 《삼국유사》에 의하면, 751년(경덕왕 10) 김대성(金大城)이 전세의 부모를 위해 '석굴암'을, 현세의 부모를 위해 '불국사'를 창건하기 시작했고, 그가 774년(혜공왕 10)에 죽자 국가사업이 되어 대사찰의 면모를 갖추게 되었다고 한다.

붕당정치(朋黨政治)

조선시대 16세기 이후 붕당의 상호비판과 견제를 통하여 공존을 도모하며 정책대결을 하던 정치운영형태. 15세기 후반 이후 중앙에 진출한 사림세력은 선조 즉위 이후 훈척세력들의 독주를 비판하면서 척신들을 축출하는 한편, 을사사화 때 화를 입은 인물들의 신원을 요구하였다. 이러는 사이에 사림세력 내부에서는 신진사류와 구사류 사이에 척신체제의 청산을 둘러싸고 갈등과 대립이 표면화되었다. 급기야 1575년(선조 8) 동인과 서인이 분열되었는데, 이는 심의겸(沈義謙)과 김효원(金孝元)의 반목에서 비롯되었다. 동인과 서인으로 나누어진 정국은 이이(李珥)가 서인으로 자정(自定)하는 것을 계기로 학연성을 띠게 되었고 이후 붕당간의 상호비판과 견제를 원리로 하는 붕당정치가 시작되었다. 초기에는 동인이 우세를 보였으나 1589년 동인인 정여립(鄭汝立)의 옥사 등으로 수세에 몰렸고, 급기야 서인 정철(鄭澈)의 건저의문제(建儲議問題)에 대한 처벌을 둘러싸고 남인과 북인으로 나누어졌다. 북인은 중벌을 주장하였고 남인은 이에 반대하면서 분열이 노골화되었다. 광해군의 즉위를 계기로 대북정권이 수립되었는데, 정권을 장악한 대북측에서 자신들의 학문적 정통성을 확립하기 위해서 조식을 높이고 이언적(李彦迪)과 이황을 폄하(貶下)시킨 소위 '회퇴변척'(晦退辨斥)을 제기하였다. 또 왕위의 안정을 위해 임해군(臨海君)과 영창대군(永昌大君)을 살해하고, 인목대비(仁穆大妃)를 유폐시키는 등 이른바 '폐모살제'(廢母殺弟)를 단행함으로써 인조반정의 명분을 제공하였다. 1623년 인조반정의 성공으로 정국은 반정에 결정적인 역할을 한 서인이 우세를 차지한 가운데 남인이 참여하는 양상으로 전개되었다. 인조 집권 후 이귀(李貴)를 중심으로 반정에 가담한 공신들은 공서파(功西派)로, 가담하지 않은 학자들은 청서파(淸西派)로 분열되었다. 공서파는 다시 노서(老西)와 소서(少西)로 분열되었으며, 인조 말년에는 서인 내에서 김자점(金自點)을 중심으로 한 낙당(洛黨)과, 원두표(元斗杓)를 중심으로 한 원당(原黨), 김육과 신면(申冕)을 중심으로 한 한당(漢黨), 김집(金集) 등 호서산림들을 중심으로 한 산당(山黨) 등으로의 분화가 일어났다. 효종 즉위 후 낙당과 원당은 정치권에서 배제되었고, 한당을 중심으로 정국이 운영되다가, 효종대 후반 산당계 인사인 송시열(宋時烈)과 송준길(宋浚吉) 등이 정계에 복귀하면서 산당이 이후의 정국을 주도하였다. 현종대에는 주도권을 잡고 있던 서인과 꾸준히 성장한 남인과의 사이에서 1659년(현종 즉위년)과 1674년 두 차례의 예송(禮訟)이 벌어졌다. 2차예송의 결과 집권한 남인은 상대당인 서인에 대한 처벌을 둘러싸고 강온의 대립이 있어 청남(淸南)과 탁남(濁南)으로 분열되었다. 이때 온건론을 주장한 허적(許積)을 수반으로 하는 탁남이 우세를 차지함으로써 서인에 대한 극단적인 탄압은 행해지지 않았고 따라서 서인의 일부는 정권에 잔류할 수 있었다. 그러나 1680년(숙종 6)에 남인이 역모의 혐의를 받아 실각하고 다시 서인정권이 수립되는 경신환국으로 붕당간의 대립양상은 크게 달라졌다. 이때 집권한 서인은 철저한 탄압으로 남인의 재기를 막으려하여 허적·윤휴 등 남인의 중심인물을 주살하였다. 이 과정에서 서인세력은 송시열 등이 중심이 된 노론(老論) 세력과 윤증(尹拯)·박세채(朴世采)가 중심이 된 소론(少論)으로 분화하였다. 이로부터 붕당정치의 기본원리는 무너지고 상대세력의 존재를 인정하지 않는 일당전제의 추세가 나타나 기사환국·갑술환국 등 일시적인 정권교체현상이 빈번하게 발생하였다. 이러한 가운데 박세채는 국왕에게 탕평론을 강조하였으며, 숙종 역시 탕평정치를 시행하고자 노력하였다. ❑ 남인·동인·북인·서인·예송

브 나로드운동

1930년대 동아일보사가 일으킨 농촌계몽운동. '브 나로드(vnarod)'라는 말은 원래 러시아어로 '민중 속으로'라는 뜻이다. 동아일보사는 민중의 생활 개선과 문화생활을 계몽하려는 의도에서 그 어원을 그대로 사용하였다. 동아일보사는 1931년부터 1934년까지 4회에 걸쳐 전국적 규모의 문맹퇴치운동을 전개하였는데, 제3회까지 이 운동을 '브 나로드'로 부르다가 대중이 이해하기 어려운 이름이라 하여 제4회 때에는 '계몽운동'으로 이름을 바꾸어 전개하였으나, 1935년 일제의 금지로 중단되었다. 이 운동은 고등보통학교 상급생과 학생계몽대·학생강연대·학생기자대에 의해 수행되었다. 조선어학회의 후원을 얻어 전국에서 조선어강습회를 열었으며, 야학을 개설하여 한글교육을 실시하였고, 이외에 미신타파, 구습제거, 근검절약 등 생활개선운동을 전개하였다. 1920년대의 문화운동을 계승한 브 나로드운동은 열심히 배우고, 일하고, 절약하면 잘 살 수 있을 뿐만 아니라 민족의 실력도 양성할 수 있다고 보는 개량주의적 농촌계몽운동이었다.

비변사(備邊司)

조선시대 국가의 중대사를 결정하고 처리하던 합의기관. 1482년(성종 13) 야인의 난을 진압하기 위해 설치된 지변사재상(知邊事宰相)을 연원으로, 이후 국경문제와 왜적의 침입 등이 발생할 때마다 임시적으로 설치되다가 1554년(명종 9) 비변사 당상관들이 비변사에 모여 변방의 군사문제를 논의하면서 독

립된 관청으로 정식 설치되었다. 그 뒤 1555년 을묘왜변으로 그 활동이 잦아지면서 권한이 확대되고, 청사도 따로 마련하는 등 관제상의 정식아문이 되면서, 변방에 관한 사무를 총괄하였다. 1592년(선조 25) 임진왜란이 발발하면서 전쟁수행을 위한 최고기관으로 그 기능이 확대되어, 군사는 물론 정치·경제·외교·문화 등 군국사무 전반을 처결하게 되었다. 임진왜란 후에는 전후 복구와 국방력 재건을 주도하면서 기구가 확대되고 권한도 강화되었다. 이후 비변사는 숙종대와 영조대에 이르러 인원과 관장업무가 더욱 확장되었으며, 세도정치하에서 벌열세력(閥閱勢力)에 의해 독점되면서 정무의 핵심사안을 처리하였다. 흥선대원군(興善大院君)은 국가기구의 재정비를 단행하는 과정에서 1865년 비변사를 폐지하여 그 담당업무를 의정부에 이관하고, 그 대신 국초의 삼군부를 부활시켜 군무를 처리하게 하였다. 비변사의 직제는 도제조·제조·부제조·낭청 등으로 구성되었으며, 부제조 이상은 모두 정3품 이상의 당상관으로 임명되었는데, 이들을 총칭해서 비변사당상이라고 칭하였으며, 정원은 정해 있지 않았다. 통 비국(備局), 주사(籌司)

비파형동검(琵琶形銅劍)

청동기시대 비파형의 작은 단검. 검의 몸체 중앙에 돌기가 있고, 비파 모양의 하반부가 합쳐진 특이한 형태이며, 밑에는 짧은 슴베가 달려 있다. 자루는 나무나 뼈, 청동으로 만들어서 묶도록 되어 있으며, 자루 끝에는 돌이나 청동으로 된 칼자루 끝장식이 달리게 된다. 형태상으로 보아 비실용적인 의기(儀器)로 추정된다. 이 동검은 주로 중국의 랴오닝성지방에서 출토되었으며, 우리나라에서는 1960년대 이후로 평양 형

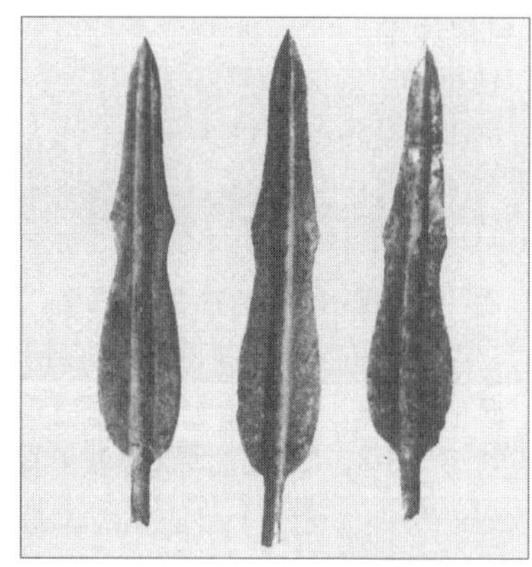

▶ 비파형동검

제산구역 서포동(西浦洞)을 비롯해 황해도 배천, 경상도 상주(尙州), 충청도 부여 송국리(松菊里) 등에서 출토되었고, 최근에는 전라남도 지방의 고인돌에서도 출토되었다.

빗살무늬토기(櫛文土器)

신석기시대에 사용되던 대표적인 토기. 토기 겉면에 빗살로 긋거나 새겨서 무늬를 장식한 것으로, 즐문토기(櫛文土器)라고도 한다. 또는 무늬가 있다 하여 유문토기(有文土器), 무늬의 특징을 딴 기하문토기(幾何文土器), 생선뼈무

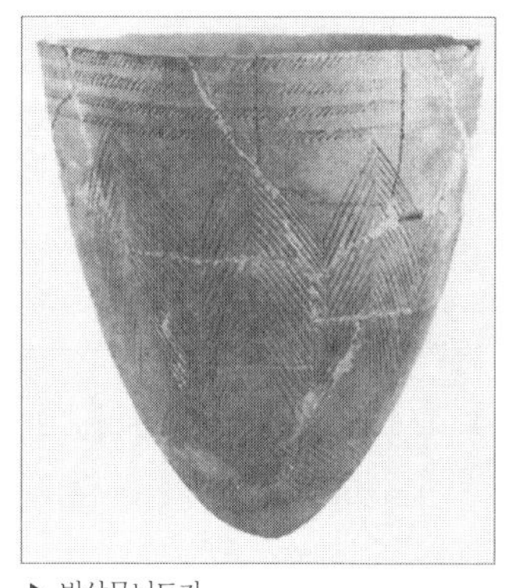

▶ 빗살무늬토기

늬토기(魚骨文土器) 등의 이름으로 불리기도 한다. 대나무칼이나 빗모양의 무늬새기개(施文具)로 겉면을 긋거나 누르거나 찍어서 점·줄·동그라미 등 각종의 무늬를 새겼다. 빗살무늬는 한반도 외에도 만주·일본을 비롯해 스웨덴·핀란드에까지 광범위하게 분포되어 있으며, 그릇의 형태와 무늬 등의 공통점으로 미루어 한반도 빗살무늬토기 문화는 북방문화권의 영향을 받아 발생한 것임을 알 수 있다. 한반도 안에서 출토되는 빗살무늬토기는 지역마다 차이를 보이는데, 청천강 이남의 서부지방과 한강 이남의 남부지방에서는 밑이 둥글거나 뾰족한 'Ⅴ'자모양의 토기(尖底土器)가, 청천강 이북의 압록강유역과 두만강유역에서는 밑이 편평한 납작바닥토기(平底土器)들이 만들어졌다. 현재까지 빗살무늬토기가 출토된 유적은 주로 큰 강가나 해안 및 도서지방에 위치하고 있어, 빗살무늬토기인들의 생활이 고기잡이를 주로 하면서 사냥이나 식물채집도 겸하여 행하였음을 알 수 있다. 한반도에서는 기원전 1,000년을 전후해 청동기시대의 민무늬토기인들에 의해 흡수 내지 동화되면서 그 사용이 거의 중단되었다.

사간원(司諫院)

조선시대 간쟁(諫諍)과 논박(論駁)을 담당하던 관청. 고려시대 문하부의 낭사 (郎舍)를 계승하여 1402년(태종 2) 설치된 후 1466년(세조 12) 관제를 정비하여 대사간(정3품), 사간(종3품), 헌납(종5품), 정언(정6품) 등을 두었다. 사간원에서는 간쟁·논박 이외에도 서경(署經)을 통해 5품 이하 관리에 대한 인사권에 관여하였고, 국정을 논의하는 상참(常參)·윤대(輪對) 등에 참여하였으며, 경연·서연의 강관 등으로 참석하기도 하였다. 사간원 소속 관리들은 간관(諫官)이라 하며 사헌부 소속의 대관(臺官)들과 함께 일반적으로 대간(臺諫)이라 하였고, 사헌부·홍문관과 더불어 3사를 이루는 언관으로 활동하였다. 1894년(고종 31) 갑오개혁 때 혁파되었다. ⑧ 간원(諫院)·미원(薇院)

사군(四郡)

조선 전기 세종 때 압록강 상류 요지에 설치한 4개의 군(郡). 여연군(閭延郡)·자성군(慈城郡)·무창군(茂昌郡)·우예군(虞芮郡) 등으로, 1416년부터 1443년에 이르는 시기에 걸쳐 설치되어 동북면의 6진(鎭)과 함께 북쪽 국경선이 두만강·압록강 상류까지 미치게 되었다. 그러나 지리적 불리함 등으로 1459년(세조 5)에 혁파되었다. 이후에는 폐사군(廢四郡)으로 불리면서 거주가 금지되었다. 조선 후기 숙종대 남구만 등이 폐사군 복설론을 주장하기도 하였으나 실행되지 않다가, 1788년(정조 12) 무창진이 설치되고 1813년(순조 13) 부로 승격하였으나 곧 폐지되었다. 1869년(고종 6)에는 김병학(金炳學)의 건의로 후주·무창을 합쳐 후창군이라 하고 평안도에 소속시켰으며 자성군을 설치하였다. ◐ 육진(六鎭)

사노비(私奴婢)

최하층 신분으로 개인에게 상속·매매·증여되면서 사역한 노비. 사노비는 주인의 재산으로 인정되어 주인의 호적에 이름·종교·나이·부모의 신분 등

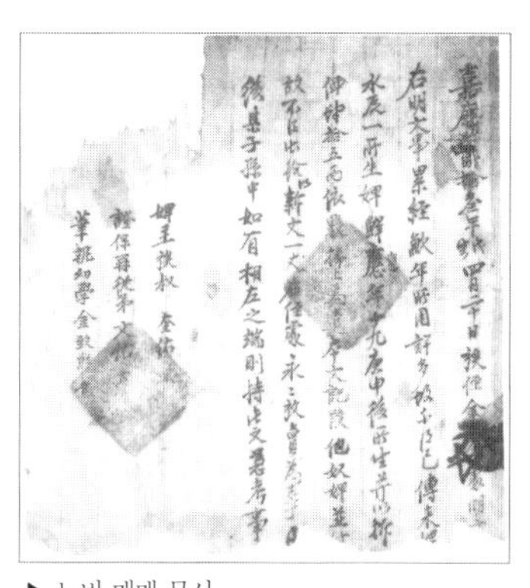

▶ 노비 매매 문서

이 기록되었고 상속·매매·증여가 가능하였다. 고조선에서 도둑질을 한 자는 그 집의 노비로 삼는다는 기록은 당시에 사노비가 있었음을 보여준다. 삼국시대 많은 전쟁을 겪으면서 전쟁노비들이 많이 발생하였으며, 이들은 전쟁 후 논공과정에서 귀족들의 사노비로 분배되어, 귀족들의 전장(田莊)에서 농경을 담당하였다. 후삼국 이후에 호족들은 많은 노비를 소유하고 이들을 경제적, 군사적 기반으로 삼아 독자적인 세력을 형성하였다. 고려 건국 후 호족세력의 억제를 위해 956년(광종 7)에 노비안검법(奴婢按檢法)을 시행하여 귀족들이 불법적으로 소유한 노비를 해방시켰으나, 호족의 반발로 987년(성종 6)에 다시 노비환천법을 실시하기도 하였다. 고려시대에는 노비들 부모 가운데 하나가 노비이면 노비가 되었으며, 소유권은 1039년(정종 5)에 제정한 종모법(從母法)에 따라 모(母)의 주인에게 있었으나 모가 양인(良人)일 경우에는 부(父)의 주인이 소유하였다. 사노비는 솔거노비와 외거노비로 구분되었는데, 솔거노비는 주인에게 의식주를 제공받으면서 무제한·무기한적 노동을 제공했다. 잡무를 담당하는 사령노비(使令奴婢)와 토지를 경작하는 농경노비(農耕奴婢)로 구분되었으며, 온전한 가정생활과 재산소유는 불가능하였다. 반면에 외거노비는 가정생활과 재산소유가 가능했을 뿐만 아니라 주인의 호적에 기재되는 것 외에 현 거주지에서 별도의 호적이 작성되었다. 이들은 전호(佃戶)로서 주인의 토지를 경작하여 수확의 절반 가량을 주인에게 바치고 나머지로 생활했으며, 다른 사람의 토지를 경작하기도 했다. 고려 말 신진사대부는 정권을 장악한 뒤 귀족의 경제 기반을 몰락시키기 위한 방편으로 사노비에 대한 국가의 지배를 강화하였고, 조선이 건국되자 국가 재정을 마련하기 위해 고려 왕실과 귀족 및 죄인의 노비를 정리하고 노비 쟁송의 기준을 정하였다. 1414년에는 고려시대 이래로 시행되던 종모법으로 군역 부담자가 감소되자 양인을 증가시키기 위해 종부법(從父法)을 시행하다가, 곧 양반들의 반대로 세조 때에 다시 종래의 법으로 환원하였다. 이후 국가재정이 악화되고 기근이 발생하면서 납속 면천이라든지, 전쟁시에는 군공에 대한 댓가로 면천하는 경우가 빈번하였다. 조선 후기에는 노비 가운데 부를 축적한 자가 납속 또는 관리와 결탁, 신분상승을 도모하는 경우가 많아졌다. 1801년(순조 1) 공노비가 해방되고, 이어서 1894년 갑오개혁 때 신분제가 폐지되면서 노비제 자체가 폐지되었다.

사대당(事大黨)

근대 청국에 의존하면서 온건정책을 실시하여 점진적인 개혁을 추진할 것을 주장하던 보수정치집단. 일명 온건개화파라고도 한다. 사대당은 개항 직후 청국의 양무운동을 본받아 온건정책을 실시하여 조선사회를 점진적으로 개혁해야 한다고 주장하였다. 사대당의 중심인물로는 민태호(閔台鎬)·민영익(閔泳翊)·윤태준(尹泰駿)·한규직(韓圭稷)·이조연(李祖淵)·조영하(趙寧夏)·김홍집·어윤중 등이 있었다. 이들의 대부분은 당시 집권세력인 민씨척족세력들로서 청국의 후원하에 정권을 전담하였다. 흥선대원군의 실각 이후 정권을 장악한 사대당은 1882년(고종 19)에 일어난 임오군란으로 실각위기에 처했으나 청국의 도움으로 이를 모면한 뒤, 적극적인 친청정책을 전개해나갔다. 사대당은 일본의 힘을 빌려 청국의 간섭에서 탈피, 자주독립국가를 건설하고자 하였던 김옥균·박영효 등의 개화당 인사들에 대한 탄압을 가함으로써 개화당과 대립하게 되었다. 사대당은 1884년 12월 개화당의 주도하에 일어난 갑신정변으로 정치적 타격을 입게 되나, 청군의 군사개입으로 개화당세력을 제거하고 다시 정권을 장악하게 되면서 더욱 보수화되어 체제유지에만 급급한 나머지 당시 시급한 정국의 쇄신과 내정의 개혁 및 외세의 경제침략에 따른 민생문제에 대한 개혁 등을 외면하였다. 1894년 7월 일본이 경복궁을 점령하여 민씨척족세력들을 중심으로 한 사대당을 타도하고, 김홍집을 수반으로 하는 친일파내각을 조직함으로써 붕괴되었다.

사도하자전투(四道河子戰鬪)

1933년 4월 한국독립군이 중국군과 연합하여 만주 즈리성(直隷省) 사도하자에서 일만연합군을 대파한 전투. 1932년 지청천이 지휘하는 한국독립군은 중국 호로군(護路軍)과 한중연합군을 결성, 일본군과 만주군을 공격하여 많은 전과를 올렸다. 그 뒤 한중연합군은 1933년 3월 사도하자에 주둔, 원종교(元宗敎) 신도 5백여 명을 포섭하여 부대를 정비하였다. 4월 14일 일만연합군 1개 사단이 사도하자로 진격해 오자, 15일 한중연합군은 전군을 4개 부대로 편성, 1개 부대는 유인작전을 감행하고 2개 부대는 매복 후 기습공격을 가하였으며, 나머지 1개 부대는 퇴각하는 적을 공격하여 적의 반수 이상을 사살하는 대승을 거두었다. 이어 5월 2일에는 주안툰(朱安屯)·황자툰(黃家屯) 등에 퇴각해 있던 일만연합군을 기습 공격하여 소탕하였다. ◐ 한국독립군

사림(士林)

유학을 공부하는 선비의 집단적 개념. 대체로 고려 후기 이래 향리의 후손들이, 여말선초의 사회변화와 이에 따른 신분 재편성 과정에서 일부는 이른바 사대부(士大夫)라는 이름으로 품관이 되고, 일부는 이족(吏族)이 되었다. 사대

부는 건국 초에 왕조의 개창을 둘러싸고 온건파와 혁명파로 나뉘어, 온건파는 혁명파가 조선을 건국함에 반대하고 지방으로 은거하면서 재지사족(在地士族)으로 자리잡았다. 그들은 조상 전래의 사회 경제적 기반과 성리학적 소양을 발판으로 향촌사회에서 기반을 구축해가다가 15세기 후반 중앙에 진출, 훈구파와 세력다툼을 벌였다. 이들의 학문적 성향은 춘추의리 정신의 구현을 정치적·사회적 지표로 삼아 도학정치론을 주장하였고, 강상(綱常) 윤리의 실현을 위해 향촌질서의 사회적 역할을 강조한 향약의 시행을 주장하였다. 성종대부터 중앙에 진출한 사림세력은 훈척계열의 비리에 대한 비판을 하면서 세력을 키워나갔다. 1498년(연산군 4)의 무오사화로 일단 정계진출이 좌절되었으나 중종이 즉위하자 조광조를 필두로 사림의 정계진출이 재개되었다. 당시의 사림은 영남뿐 아니라 기호출신도 포함되었다. 이들은 현량과(賢良科)를 실시하고, 소격서(昭格署)를 폐지하였으며, 향약을 보급함으로써 주자학적 사상체계에 의한 향촌질서의 확립을 꾀하게 되었다. 그러나 다시 한번 훈척계열의 저항에 부딪혀 1519년(중종 14)의 기묘사화로 타격을 받은 후 향촌에서 서원을 중심으로 학파 또는 정치적·사회적 결속을 강화하고, 향약을 주관하면서 그들의 사회적 기반을 굳혀갔다. 이들은 마침내 16세기 후반에는 중앙의 정치무대에서 주도권을 장악하였고, 지방에서는 유향소(留鄕所)를 차지하여 종래 향촌사회를 지배하던 이족을 배제하여 갔다. 이족을 배제하기 위해 향안(鄕案)·향규(鄕規)를 엄정하게 관리하고 향회를 자주 열어 사족의 결속을 다짐하였고, 그리하여 17세기에는 이들 주도의 향촌질서가 확립되었다. 그러나 18세기에 이르러 왕권이 강화되고 재지사족에 대한 견제가 심해지면서 재지사족들은 근거지를 유향소, 즉 향교나 서원으로 옮기고, 향청은 이 시기 새로이 대두하여 수령권의 지원을 받은 향족(鄕族)들이 차지하게 되어 사족들의 위세는 크게 위축되었다. ◑ 사화

⑧ 사대부(士大夫)·사류(士類)·사족(士族)

사문난적(斯文亂賊)

유교의 교리를 어지럽히고 유교사상에 어긋난다고 하여 비난하는 말. 사문(斯文)이란 《논어》에서 유래한 말로 유학을 지칭한다. 조선 후기 당쟁이 격렬해지면서 사문난적의 의미가 더욱 배타적으로 바뀌었다. 즉 노장사상이나 불교 등을 연구하는 사람뿐만 아니라 유교의 교리 자체를 반대하지 않더라도 경전의 해석에 있어서 정자나 주자의 주석과 조금이라도 다르게 해석하면 이를 사문난적이라 하여 배척한 것이다. 대표적인 예로는 숙종 때 남인인 윤휴(尹鑴)와 소론인 박세당(朴世堂)이 각각 〈중용설(中庸說)〉과 《사변록(思辨錄)》 등을 지어 독자적인 입장에서 경전을 해석하였다가 송시열 등의 노론으로부터 사문난적으로 비난을 받은 것이다.

사미인곡(思美人曲)

조선 중기 정철(鄭澈)이 지은 가사(歌辭). 작자가 50세 때인 1585년(선조 18) 창평(昌平)에 내려가 4년 동안을 지내면서 지은 작품으로 추정된다. 임금을 사모하는 정을, 한 여인이 그 남편을 생이별하고 연모(戀慕)하는 마음에 비유하여 읊은 작품이다. 2음보 1구로 계산하여 총 126구이며, 음수율은 3·4조가 주조를 이룬다. 후대에 사미인곡을 모방하여 동일한 주제와 내용을 가진 작품들이 나왔는데, 김춘택(金春澤)의 별사미인곡(別思美人曲), 이진유(李眞儒)의 속사미인곡(續思美人曲) 등이 있다. ◐ 정철

사부학당(四部學堂)

조선시대 관립 교육기관의 하나. 성균관(成均館)에 진학하기 위한 일종의 준비과정으로 지방의 향교(鄕校)에 대하여 서울의 동부·서부·남부·중부에 설치된 것이다. 사부학당의 제도는 중국에도 유례가 없는 것으로서, 고려 말 유학진흥을 위해 1261년(원종 2) 동서(東西) 두 학당을 설치한 것이 계기가 되었다. 이후 동·서·남·북·중 오부학당으로 정비·강화되어 조선시대에 이어졌으나 북부학당은 끝내 설치되지 못하고 1445년(세종 27) 폐지되어 동학(東學)·서학(西學)·중학(中學)·남학(南學) 등 4부학당만이 존속하게 되었다. 기재생(寄齋生)은 성균관 상재생(上齋生)과 똑같은 대우를 받았다. 입학자격은 양반과 서인의 자제로 8세가 되면 가능하였고 학생정원은 학당마다 각 100명이었으며, 재사(齋舍 : 기숙사)제도를 마련하여 학비 및 운영비용을 국가에서 부담하였다. 교관으로는 교수(敎授)와 훈도(訓導) 각 2명을 두고 성균관 관원으로 겸직하게 하였으나 뒤에는 1명씩을 감하고 겸직을 없앴다. 학생들은 입학하면 《소학(小學)》과 사서오경을 주로 공부하였으며, 예조(禮曹)에서는 매월 시험을 치르고 1년 동안의 성적을 임금에게 보고하였다. 또 성적이 우수한 학생으로 15세가 되어 승보시(陞補試)에 합격하면 성균관에 진학시켰다. 학생들은 성균관의 유생들과 마찬가지로 유소(儒疏)·권당(捲堂) 등의 학생활동을 하였다. 향교가 지방의 중등 교육을 담당한 것에 비하여, 사부학당은 중앙의 관학으로 중등교육을 담당한 교육제도라고 할 수 있다.

사비성(泗沘城)

백제 때의 성. 백제의 도읍이기도 하였던 성으로, 충청남도 부여시에 있었다. 백제가 사비성으로 천도한 것은 538년(성왕 16)으로, 이 성은 부소산(扶蘇山)을 감싸고 양쪽 머리가 낮게 둘러져 백마강을 향해 초승달의 형태를 보여 반월성(半月城)이라고도 하였다. 백제가 망한 뒤 백제의 유민들이 모여 부흥운동을 하였는데, 신라 664년(문무왕 4)에는 한때 사비성을 점령하여 신라군을 물리친 때도 있었다.

사사오입개헌(四捨五入改憲)

1954년 11월 제3대 국회에서 이승만대통령의 장기집권을 목적으로 대통령의 삼선금지 철폐를 내용으로 하는 헌법개정안을 통과시킨 제2차헌법개정. 1954년 5월 제3대 민의원선거에서 압도적 다수를 차지한 자유당은 이승만의 영구집권을 위해 국민투표제 신설, 초대대통령에 한해 삼선금지조항 삭제 등을 내용으로 하는 헌법개정안을 국회에 제출하였다. 이 개헌안은 11월 27일 비밀투표에 붙여졌는데, 결과는 재적인원 203명, 재석인원 202명, 찬성 135표, 반대 60표, 기권 7표로 의결정족수인 재적인원 3분의 2인 136표에 1표가 부족하여 부결되었다. 그러나 자유당은 재적인원 203명의 3분의 2는 135.333…인데, 영점 이하의 숫자는 1인이 되지 못하므로 사사오입하면 135명이 된다는 주장으로 29일 부결선언을 번복하여 개헌안가결을 선포하였다. 이 개헌안의 통과로 이승만의 자유당정권은 장기집권을 추구하면서 독재정치를 강화해 나갔다.

사심관제도(事審官制度)

고려시대 지방세력의 통제를 위해 중앙관리를 지방에 파견하던 제도. 935년(태조 18) 경순왕인 김부(金傅)를 경주의 사심(事審)으로 파견한 것이 계기가 되었다. 996년(성종 15) 사심관이란 명칭이 정식으로 제정되면서, 인구에 비례하여 정원을 정하여 5백정(丁) 이상은 4인, 3백정 이상은 3인, 3백정 이하는 2인을 두었다. 사심관은 지방 풍속을 바로잡고 부역을 균등하게 하는 등의 임무를 수행하였다. 한편 파견 대상 지역도 처음에는 본향(本鄕)에 그치다가 이후 처향(妻鄕)·외향(外鄕)·조모향·증조모향 등으로 확대되면서, 사심관이 지방의 유력자로 변신하여 공전을 탈점하고 향리들에게 형벌을 가하는 등의 폐단이 생겨 1318년(충숙왕 5)에 폐지되었다.

사씨남정기(謝氏南征記)

조선 후기 김만중(金萬重)이 한글로 지은 고대소설. 확실한 창작 연대는 미상이나, 1689년(숙종15) 기사환국 이후 남해도(南海島)에 유배되었을 때 흐려진 임금의 마음을 참회시키고자 이 작품을 썼다. 1689년(숙종 15)에서 작자가 사망한 1692년 사이에 저술된 것으로 추정된다. 내용은 다음과 같다. 중국 명(明)나라 때 유현(劉炫)의 아들 연수(延壽)는 15세에 장원급제하여 한림학사가 된다. 유한림은 그 후 숙덕(淑德)과 재학(才學)을 겸비한 사씨(謝氏)와 혼인하였으나, 9년이 지나도록 소생이 없자 교씨(喬氏)를 후실로 맞아들인다. 그러나 간악하고 시기심이 많은 교씨는 간계로써 사씨부인을 모함하여 그녀를 폐출시키고 자기가 정실이 된다. 그 후 교씨는 간부(姦夫)와 밀통하며 남편인 유한림을 모함하여 유배 보내게 한 다음 재산을 가지고 간부와 도망치다가 도둑을 만나 재물을 빼앗기고 궁지에 빠진다. 한편 유한림은 혐의가 풀려 배소에서 풀려나와 방황하는 사씨를 찾아 다시 맞아들이고 교씨와 간부를 잡아 처형한다. 즉, 작중인물 중의 사씨 부인은 인현왕후를, 유한림은 숙종을, 요첩(妖妾) 교씨는 장희빈을 각각 대비시킨 것으로, 궁녀가 이 작품을 숙종에게 읽도록 함으로써 인현왕후 민씨(閔氏)를 복위하게 했다는 일화가 있다. 소설을 천시하던 당시 분위기를 반전시키고 이후 고대소설의 양산을 가져온 작품으로 평가된다.

▶ 사씨남정기

사원전(寺院田)

사찰이 소유하였거나 수조권을 행사하던 토지. 976년(경종 1)부터 제정, 시행된 전시과(田柴科)에서 사찰에 토지를 분급하였으나, 뒤에는 왕·귀족 등이 사찰에 토지를 기증하거나 사원 스스로 토지를 취득하는 일이 증가하였다. 전시과의 규정에 따라 지급한 전지 외에 왕이 사찰에 토지를 기증하기도 하여 현종(顯宗)이 현화사(玄化寺)에 둔전(屯田) 1,240결(結)을 지급하였다. 더욱이 면세·면역의 특권이 부여되었다. 호부(戶部)에서는 늘어나는 사원전의 경계를 표시하기 위하여 장생표(長生標)라는 경계표를 세웠다. 고려 후기 이래 권문세족들의 원당(願堂) 설치가 확대되면서 사원전의 규모는 더욱 확대되어 국가의 존립기반을 위협하였다. 1391년(공양왕 3)부터 시행된 과전법에서도 개혁되지 않고 그대로 지급되다가, 조선 건국 후 태종대의 강력한 억불정책이 추진되면서 1406년(태종 6) 대대적인 사원전 개혁을 추진하여 상당수를 속공하였다. 이어 1424년(세종 6) 다시 사원전의 정리가 단행된 결과 선종·교종 각 18사에 약 7,760결의 토지만이 사원전으로 지급되었다. 1466년(세조 12) 직전법(職田法)이 실시되기 이전에는 사원전 가운데 일부를 국용전으로 흡수하여 직접 조세를 징수하는 방법으로 변하였다. 1566년(명종 21) 능침사(陵寢寺) 이외의 사원전은 모두 내수사 소관이 되어 왕실재정에 충당되었다. 동 사전(寺田)·사사전(社寺田)

사일구혁명

1960년 4월 학생들이 중심이 되어 일으킨 민주혁명. 1960년 3월 15일 이승만정권이 집권을 연장하기 위해 정부통령선거에서 부정·불법선거를 감행하자, 이에 격분한 학생들이 부정선거를 규탄하며 독재정권타도를 내세우고 시위를 벌였다. 4·19혁명은 3·15투표일 당일 경상남도 마산에서 부정선거를

▶ 사일구혁명

규탄하는 시위로 시작되어 서울·부산 등지로 확산되었다. 경찰은 시위 군중에 무차별 발포로 대응하였는데, 이 와중에서 4월 11일 마산에서 총에 맞아 죽은 고등학생 김주열(金朱烈)의 시신이 발견되면서 시위는 전국으로 번져나갔다. 15일 자유당정권은 마산사건의 배후에 공산주의세력이 개입하였다고 발표하여 사태를 수습하려 하였으나, 그 진상이 밝혀짐으로써 국민들의 항의가 더욱 거세게 확대되었다. 18일 서울에서 시위하고 있던 고려대학교 학생들을 경찰의 비호를 받고 있던 반공청년단의 폭력배들이 습격한 사건이 일어난 후 시위는 부정선거규탄에서 독재타도로 전환되었다. 19일 서울에서만도 약 3만 명의 대학생과 고등학생 및 시민들이 시위에 참가하였고, 그 가운데 수천 명이 대통령이 집무하고 있는 경무대로 몰려들었다. 이미 경찰이 시위대에 발포하기 시작, 이날 하루 서울에서만도 130명의 사망자와 1천여 명이 넘는 부상자가 발생함에 따라 학생들의 시위는 폭동으로 변해갔다. 주요도시에 계엄령이 선포되었지만, 시위와 폭동은 연일 계속되었다. 21일 내각이 이에 책임을 지고 물러났으나, 시위대들은 이승만대통령의 즉각적 사퇴를 요구하였다. 이승만과 자유당정권은 이기붕을 퇴진시키는 선에서 사태를 수습하고자 하였다. 그 뒤 시위는 더욱 거세게 일어나 25일에는 각 대학 3백여 명의 교수들이 학생들을 지지하면서 서울에서 평화적인 가두시위를 벌였다. 26일 이승만이 대통령직을 사임하는 하야성명을 발표함으로써 자유당정권은 무너지게 되었다. 4·19혁명 후 사태수습을 위하여 허정(許政)을 내각수반으로 하는 과도정부가 구성되었으며, 과도정부는 대통령중심제에서 의원내각제의 개헌을 단행하여 총선거를 실시하였다. 4·19혁명은 한국역사상 민중에 의하여 성공된 최초의 혁명으로서 우리나라 민주주의가 새롭게 발전할 수 있는 계기였다. 그러나 혁명세력의 조직화된 지도력 결여, 혁명 직후의 정치적·사회적 혼란 등으로 민주정치가 실현되기에 앞서 1961년 5월 16일 군사정변이 일어남으로써 민주주의가 시련을 겪게 되었다.

사창(社倉)

조선시대 재해시 농민들에게 곡식을 대여해 주던 향촌의 빈민구제기관. 주자의 사창론에서 연유한 것으로 조선 전기 한때 경상도를 중심으로 관주도로 설치되어 운영되기는 하였으나, 이것이 확산되기 시작한 것은 16세기 말에서 17세기로, 그 대표적인 것이 16세기 후반 이이(李珥)가 황해도 해주에서, 17세기 중반 윤선거(尹宣擧)가 충청도 이산에서, 송시열(宋時烈)이 회덕과 청주에서 각각 실시한 것이었다. 1674년(숙종 4) 정부에서 정책적으로 실시하기 위해 사창절목(社倉節目)까지 마련되었으나 정국의 변화 등으로 시행되지 못하였고, 1684년에는 이단하(李端夏)가 개인적으로 사창절목을 만들었으나 역시 실시되지 못하였다. 이후 대원군 집권기인 1867년(고종 4) 왕명에 따라 제정된 《사창절목》에 따라 환곡제도를 폐지하고, 전국에 각 면단위로 사창을 설치하여 자치적으로 운영케 하였으나 대원군이 실각하면서 유명무실화되었다.

사출도(四出道)

부여(夫餘)의 행정구획. 본래 수도를 중심으로 사방에 통하는 네 갈래의 길을 의미하는 것으로, 중앙에는 왕이 있고, 사가(四加 : 馬加, 牛加, 猪加, 狗加)가 사출도에 있어 각기 소속의 귀족과 서민들을 지배하였다. 이때 사가의 부여 관직은 사출도를 다스리는 부족장들에게 준 것으로 짐작된다. 부여가 비록 부족연맹체라고는 하나, 중앙의 군왕은 궁궐·창고·뇌옥(牢獄) 등이 있고, 사가 외에 견사(犬使)·견사자(犬使者)·사자(使者) 등의 관리를 두어, 중앙부족은 사출도에 대한 영도력·지배력이 상당히 강하였다. 부여 8만 호 중 사출도를 지배한 대가(大加)는 수천 호를 거느리고, 그 밑에는 수백 가(家)를 거느린 소가(小加)가 있었다.

사학십이도(私學十二徒)

고려시대 12개 사립교육기관. 이는 당시 국학(國學)이 시설·교육면으로 유명무실하여 학업 지망생이나 과거 응시자가 권위 있는 유학자가 세운 사학으로 모여들어 성황을 이룸으로써 다른 현관(顯官) 퇴직 유학자들도 사숙을 설립하게 된 것이다. 12도의 시초는 1055년(문종 9) 최충(崔冲)이 설립한 구재학당(九齋學堂)에서 비롯한 것으로, 이후 11개의 사숙이 세워졌다. 12도를 정리하면, 최충의 문헌공도(文憲公徒), 정배걸(鄭倍傑)의 홍문공도(弘文公徒), 노단(盧旦)의 광헌공도(匡憲公徒), 김상빈(金尚賓)의 남산도(南山徒), 김무체(金無滯)의 서원도(西園徒), 은정(殷鼎)의 문충공도(文忠公徒), 김의진(金義珍)의 양신공도(良愼公徒), 황영(黃瑩)의 정경공도(貞敬公徒), 유감(柳監)의 충평공도(忠平公徒), 문정(文正)의 정헌공도(貞憲公徒), 시랑 서석(徐碩)의 서시랑도(徐侍郎徒), 설립자 미상의 귀산도(龜山徒) 등이 있다.

사헌부(司憲府)

(1) 고려 후기 시정(時政)을 논하고 백관에 대한 규찰과 탄핵을 담당하던 관청. 1298년에 충선왕이 즉위하여 감찰사(監察司)를 개칭한 것으로, 같은 해 충렬왕이 복위하면서 다시 감찰사로 되었다가 1308년 충선왕에 의해서 다시 사헌부가 되었다. 설치 초창기에는 종2품의 대부(大夫) 1인, 종 3품의 중승(中丞) 2인, 종5품의 내시사(內侍史) 2인, 정6품의 전중내시사(殿中內侍史) 2인, 종6품의 감찰내사(監察內史) 6인, 정7품의 주부(主簿) 1인을 두었다. 이후 복설되면서 정2품의 대사헌 1인, 정3품의 집의(執義) 2인, 종4품의 장령(掌令) 2인, 정5품의 지평(持平) 2인, 종6품의 규정(糾正) 14인을 두었다. 몇 차례의 치폐와 관직 개정 등이 이루어지면서 조선시대로 계승되었다.

(2) 조선시대 백관에 대한 규찰과 탄핵 및 언론활동을 담당하던 관청. 1392년(태조 1) 고려의 제도를 계승하여 설치된 후 1401년(태종 1) 제도적으로 정비되었다. 간쟁, 탄핵하는 기능을 수행하였고, 경연과 서연에 참여하고 여기에서 논의되는 정사에 의견을 개진하는 일을 맡아보았으며, 왕의 궁외행차를 호종하기도 하였다. 5품 이하의 관직 임명 및 입법·개법 등의 일을 심사하고 동의하는 서경을 담당하였고, 법령의 집행, 백관에 대한 규찰, 죄인에 대한 국문, 결송(決訟) 등, 법사(法司)로서의 기능을 수행하였다. 관원은 대사헌(大司憲 : 종2품) 1인, 집의(執義 : 종3품) 1인, 장령(掌令 : 정4품) 2인, 지평(持平:정5품) 2인, 감찰(정6품) 24인이 있었다. 1894년(고종 31) 갑오개혁 때 의정부소속의 도찰원(都察院)으로 개편되면서 없어졌다. 사간원과 더불어 또는 양사(兩司)라고도 했으며, 사헌부의 민사·형사 소송을 재판하는 결송기능으로 형조·한성부(또는 의금부)와 더불어 3법사(三法司)라 하였고 사간원·홍문관과 함께 3사(三司)라고 했다.

⑧ 헌부(憲府)·백부(栢府)·상대(霜臺)·오대(烏臺)

사화(士禍)

조선 중기 사림세력이 화를 당한 연산군 때부터 명종 즉위년까지 발생한 4차례의 옥사. 1498년(연산군 4)의 무오사화, 1504년의 갑자사화, 1519년(중종 14)의 기묘사화, 1545년(명종 즉위년)의 을사사화를 가리킨다. 성종대부터 중앙에 진출하기 시작한 사림세력은 훈척세력의 비리를 규탄하면서 점차 정치적 영향력이 커졌다. 그러던 중 연산군이 즉위하면서 훈척세력의 불만이 폭발하였고, 양 세력간의 갈등이 최초로 표면화된 사건이 무오사화이다. 무오사화는 연산군 4년 이극돈 등 훈척세력이 김종직이 지은 조의제문(弔義帝文)이 세조의 즉위를 비난한 것이라는 이유로 대대적인 탄압을 가해 김일손 등 상당수의 사림세력이 화를 당한 사건이었다. 이로써 성종대 이후 중앙에 진출하던 사림세력의 진출이 크게 위축되었다. 이후 연산군 10년 무오사화를 통해 사림세력을 제거한 훈척세력 내부에서 연산군의 생모 윤씨의 폐비사사(廢妃賜死) 사건을 둘러싸고 대립, 그 결과 상당수의 훈척세력이 제거되니 이것이 갑자사화이다. 그후 재위 12년 만에 반정에 의해 연산군이 축출되고 중종이 즉위하면서, 중종은 정치 혁신을 위해 사림세력을 대거 중앙으로 불러 들였다. 이 당시 왕의 절대적 신임을 받던 조광조를 중심으로 한 사림들은 훈척세력들의 비리를 계속해서 비판하는 한편 유교적 도학정치의 구현을 위해 현량과를 설치하고, 지방에 향약을 실시하려 하였으며, 도교 기관인 소격서 등을 혁파하였다. 이같은 개혁정치를 추진하는 과정을 통해 사림세력이 성장하자, 훈척세력들은 자신들의 정치적 입지를 위해 일대 반격을 가하여 중종 14년 위훈삭제사건(僞勳削除事件)을 계기로 조광조를 비롯한 사림들을 축출하니 이것이 기묘사화이다. 명종 즉위년에도 한 차례의 사화가 있었다. 이것은 중종의 이복왕자를 둘러싼 외척간의 대립이었으나 여기에 일부 사림들이 피해를 본 을사사화이다. 소윤과 대윤의 대립으로 알려진 외척간의 대립은 중종의 뒤를 이어 인종이 즉위함으로써 일단 대윤이 승리를 거두는 듯하였으나 인종이 1년 만에 사거하고 명종이 즉위하자 그의 외척인 소윤측에 대대적인 보복을 가해 옥사를 일으켰으며, 여기에 사림세력들 일부가 화를 입게 되었던 것이다. 4차례의 사화는 사림세력의 역사적 성장이라는 추세에서 발생한 사건으로, 이를 통해서 사림들은 많은 피해를 입기는 하였으나 지방의 서원이 향약을 기반으로 지지기반을 확산하는 등 성장을 계속하여 명종 말 선조 초에 이르면서 중앙의 정치적 주도권을 장악하게 되며, 이후 사림정치를 주도하였다.

산미증식계획(産米增殖計劃)

일제가 1920년부터 1945년까지 3차에 걸친 토지조사사업을 통하여 한국을 일본의 식량공급기지로 삼으려 추진한 식민지미곡수탈정책. 제1차세계대전을 계기로 일본은 산업자본이 급속도로 성장한 반면, 농업발전의 정체로 인해 농업생산력이 급격히 떨어져 대규모의 쌀폭동이 일어났다. 일제는 한국에서의 식량증산을 통해 자국 내의 식량문제를 해결하고자 1920년부터 산미증식계획을 추진하였다. 제1차계획은 1920년부터 1925년까지 진행되었는데, 일제는 관개개선 · 개간 · 간척 등을 통한 토지개량사업과 시비증가 · 경종법개선 등 농사개량사업을 통해 약 9백만 석의 미곡을 징수하고 그 중 약 460만 석을 일본으로 이출하려고 하였다. 이를 위해 조선총독부는 토지개량사업의 청부, 개간, 간척사업 등을 목적으로 특수회사의 설립을 계획하고 농지개량을 위해 식산국에 토지개량과를 신설하여 농업수리 · 토지개량 · 국유미개간지개척 등의 사무를 관장하게 하였다. 제1차계획은 일본경제의 불황으로 인한 비용조달의 어려움 등으로 예정목표의 60% 밖에 달성하지 못하고 실패하였다. 제2차계획은 1926년부터 1935년까지 진행되었는데, 이때 일제는 토지 개량사업을 더 한층 강화하기 위해 식산국산하에 토지개량부를 신설하였고, 동양척식주식회사 내에 토지개량부를 설치하고 토지개량주식회사를 창설하여 정부원조하에 토지개량사업을 위한 측량, 설계, 자금의 알선과 조달 등을 담당하게 하였다. 제2차계획은 12개년 기한부로 35만 정보의 토지개량을 실시하고 농사개선을 병행하여 472만 석을 증산할 예정이었다. 제2차계획의 결과 조선미곡생산량은 상당히 증가하였으며, 이 기간에 대일미곡수출이 격증하였다. 그 결과 한국 내에서는 식량부족현상이 초래된 반면 일본은 조선미의 대일수출 격증으로 품질면·가격면에서 일본미를 앞지른 조선미 때문에 일본미가가 폭락하면서 일본농가에 큰 타격을 주었다. 일본은 자국내의 농업 불황타개를 위해 산미증식계획을 중단하였다. 제3차계획은 1940년부터 1945년까지 진행되었는데, 일제는 중일전쟁을 치르면서 일본군에 필요한 식량 등을 공급하기 위해 산미증식계획을 수립, 10년에 걸쳐 680만 석을 증산하는 계획을 세웠다. 제3차계획은 농사개선에 의한 단위면적당 수확량의 증산에 중점을 두었으나, 전쟁이 계속되자 인적자원, 비료부족 등으로 인해 성과를 거두지 못하였다. 그 뒤 조선총독부는 국내 미곡소비량을 절약하여 대륙주둔군의 식량을 공급하는 정책을 실시하였다.

살수대첩(薩水大捷)

고구려군이 수나라 양제가 이끄는 대군을 살수(청천강)에서 대파한 전투. 고구려는 중국의 남북조와 친선관계를 유지하고 있었으나, 589년 수나라가 중국을 통일하자 대립관계로 변하였으며, 598년(영양왕 9)에는 수나라의 전략적 요충지인 요서지방을 공격하기도 하였다. 이에 분노한 수나라 문제가 30만대군을 수륙 양면으로 보내 공격하였으나 홍수와 폭풍 등으로 고구려 정벌에 실패하였다. 문제의 뒤를 이어 즉위한 양제는 친히 100만대군을 이끌고 대대적인 침략을 감행하였다. 수나라의 침략 소식을 접한 고구려 영양왕은 대신 을지문덕을 파견하여 적정을 탐지하도록 하였다. 수나라 육군은 고구려 전방 요충지인 요동성(지금의 요양)을 공격하였으나 고구려군의 완강한 저항에 부딪쳐 실패하였고, 수군도 대동강을 거슬러 평양성을 공격하다가 실패하였다. 이에 수나라 양제는 30만의 정예병사를 선발, 이들로 하여금 직접 평양성을 공격하게 하였고, 고구려군은 거짓으로 패퇴하면서 수군을 유인하였다. 7월 초에 수군을 평양 교외에까지 끌어들이는 데 성공한 고구려군은 철군을 종용하였고, 이것이 받아들여져 수군은 7월 하순에 살수에서 도하 준비를 서둘렀다. 고구려군은 이미 강폭이 좁은 살수 상류에 임시로 제방을 급조하여 강물을 최대한 저수해두었다가 수군 대부대가 강심을 통과할 때 제방을 무너뜨려 급류를 내려보내 수공으로 주력군을 혼란에 빠뜨렸다. 동시에 후미부대를 공격하여 큰 타격을 가하고 다시 4백여 리를 추격하여 전과를 올렸다. 이 전투에서 수나라는 막대한 피해를 입었고 이로 말미암아 내란이 일어나 마침내 멸망하였다.

삼강행실도(三綱行實圖)

조선 전기에 유교적 윤리의 보급을 위해 편찬된 충신·효자·열녀의 행실을 모아 엮은 책. 1431년(세종 13)에 집현전 부제학 설순(薛循) 등이 왕명에 의해 편찬한 것으로, 우리나라와 중국의 충신·효자·열녀를 골라 편찬하였다. 내용은 효자도·충신도·열녀도로 구성되었고, 매 편마다 그림을 넣어 그 내용을 한 눈에 알아볼 수 있도록 하였다. 이 책은 조선시대의 윤리 및 가치관을 엿볼 수 있는 책으로, 세종은 훈민정음 반포 직전에 이를 한글로 번역하기도 하였다. 3권1책으로 활자본으로 간행되었다.

삼국사기(三國史記)

고려 중기 1145년(인종 23)에 기전체(紀傳體)로 기록된, 우리나라에서 현존하는 가장 오래된 역사책. 왕명에 따라 김부식(金富軾)을 최고 편찬관으로 하고 최산보(崔山甫)·이온문(李溫文) 등이 편찬하였다. 《삼국사기》를 편찬하게 된 동기는, 첫째 고려의 학자들이 중국의 것은 많이

▶ 《삼국사기》

알지만 자기나라의 것을 잘 모르므로 이를 시정하고자 한 것이고, 둘째 중국의 정사(正史)들에 삼국에 대한 열전(列傳)이 있고 우리나라의 고기(古記)도 있지만 모두 기록이 소략하고 거칠어서 보다 자세한 것이 필요했고, 셋째 이런 까닭으로 해서 이들 사적(史籍)이 후세의 거울이 될 만한 것이 못되므로 새로이 삼국에 관한 역사를 편찬할 필요가 있었다는 것이다. 이로 볼 때 《삼국사기》는 교훈을 위한 역사서로 편찬되었으며, 《삼국사기》 편찬자들의 입장은 유교적 도덕사관 혹은 유교적 합리주의사관이라 할 수 있다. 《삼국사기》 편찬은 묘청란(妙淸亂) 진압 후에 본격적으로 추진되었는데, 안으로는 문벌귀족간의 갈등과 묘청란 진압 후의 혼란된 사회를 수습하고, 밖으로는 여진의 위협에 직면한 고려왕조의 권위를 고양하려는 목적에서 편찬되었다고 할 수 있다. 《삼국사기》는 기전체 사서로 총 50권이며 본기 28권, 연표(年表) 3권, 지 9권, 열전 10권으로 구성되었으며, 본기와 열전에는 논찬(論贊)을 두었다. 이 논찬을 통해 명분과 예법, 군신(君臣)의 행동에 대한 김부식의 유교적인

윤리관과 역사인식을 알 수 있다. 동양의 전통사학이 갖고 있는 술이부작(述而不作)의 객관적 서술자세를 이 땅에 뿌리내리게 하였으며, 정부주도하의 관찬이라는 역사편찬의 모델을 정착시켰다. 이러한 역사서술은 한국의 전통사학을 크게 발전시켜 조선의 역사서술 특히 《고려사》·《동국통감》·《동사강목》 등 대표적인 사서들에 이르러 더욱 발전하고 철저화되었다.

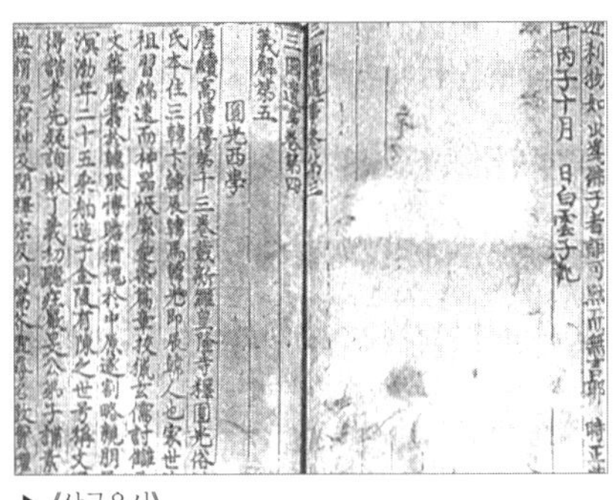

▶ 《삼국유사》

삼국유사(三國遺事)

고려후기 보각국사(普覺國師) 일연(一然)이 편찬한 사서. 모두 5권으로 구성되었는데, 권1은 왕력(王曆)으로, 중국의 제 왕조와 비교하여 신라·고구려·백제·가락(駕洛) 및 후고(구)려·후백제의 역대왕들의 왕명, 즉위년, 치세 기간, 국가의 중대사 등에 대한 내용을 수록하였다. 권2는 기이(紀異)편으로, 기이1편, 기이2편으로 나누어 기이1편은 우리 민족사의 시원을 단군의 조선에서부터 체계화하였으며, 기이 2편은 '문호(무)왕법민조'(文虎(武)王法敏條)부터 '가락국기'에 이르는 23개의 세목으로 구성되었다. 권3은 흥법(興法)·탑상(塔像)편으로, 흥법편에서는 순도(順道) 마라난타(摩羅難陀)·아도(阿道)·이차돈(異次頓)을 중심으로 삼국에 불교가 전래되고 공인되는 내용을 담고 있으며, 탑상편에서는 황룡사 구층탑을 비롯하여 불교미술에 관한 사항들이 실려 있다. 권4는 의해(義解)편으로, 원광(圓光)·자장(慈藏)·원효(元曉)·의상(義湘)·진표(眞表) 등의 입당구법 사실이나 불법을 국내에 포교하는 행적이 기록되어 있다. 권5는 신주(神呪)·감통(感通)·피은(避隱)·효선(孝善) 등으로 구성되었는데, 신주편에서는 혜통(惠通)·명랑(明朗) 등 밀교 승려들의 행적을 기록하였고, 감통편에서는 불교의 신이한 이적(異蹟)을, 피은편에서는 승려와 거사들이 속세를 떠나 은둔한 사실들을 추려 제시하였다. 효선편에서는 진정사(眞定師)·김대성(金大成) 등 효행과 선행을 행한 인물들의 행적을 기록하였다. 이밖에도 《삼국유사》에는 향가 14수가 기록되는 등 전통문화 유산의 중요한 자료를 풍부하게 보존하고 있다. 《삼국사기》가 중세 유교적·도덕적 합리주의 사관에 입각한 것인 데 반하여, 《삼국유사》는 우리 고대문화적 체질을 보다 진솔하게 전하는 기록들을 많이 남겨주었다는 점에서 그 장점을 들 수 있다.

삼군부(三軍府)

1865년(고종 2) 설치된 최고의 군사기관. 종래 군사와 정무에 관한 최고합의 기관으로 설치되었던 비변사의 기능이 비대화되어 의정부의 기능이 유명무실화되자, 비변사의 기능을 축소하고 의정부의 기능을 확대하기 위하여 국초의 정부와 군부를 분립한다는 원칙에 입각, 1865년 5월 비변사를 의정부에 통합시키고 군령의 최고기관으로 삼군부를 복설하였다. 훈련도감의 신영(新營)과 남영(南營), 마병소(馬兵所), 5영(五營)의 주사소(晝仕所)를 합설하여 삼군부라 칭하였다. 삼군부의 임무는 군무를 통솔하고 숙위(宿衛) 문제를 총괄하며 변방에 관한 일체 사항을 관장하는 것이었다. 1880년 12월 통리기무아문에 업무가 이관되면서 폐지되었다가, 1882년에 다시 복구되었으나, 동년 재차 통리군국사무아문에 편입되면서 혁파되었다.

삼대목(三代目)

통일신라시대에 왕명을 받아 편찬된 향가집(鄕歌集). 《삼국사기》에 의하면, 888년(진성여왕 2)에 왕명을 받아 각간(角干) 위홍(魏弘)과 대구화상(大矩和尙)이 편찬하였다고 기록되었으나, 현재 책은 전하지 않는다. 신라시대의 향가를 수집하고 분류하여 편찬한 책으로 찬가(讚歌)·기원가(祈願歌)·주가(呪歌)·제의가(祭儀歌) 등을 수록하였던 것으로 추정된다. 문헌상에 기록된 우리나라 최초의 가집(歌集)이다.

삼론종(三論宗)

《반야경(般若經)》의 공(空)을 논한 용수(龍樹)의 《중론(中論)》, 《십이문론(十二門論)》과 그의 제자 제바(提婆)의 《백론(百論)》의 삼론을 주요 경전으로 성립된 불교의 한 종파. 인도 대승 불교의 중관계(中觀系)·유가계(瑜伽系) 가운데 중관계에서 시작되어 중국에서 크게 번창하였다. 우리나라에서는 처음으로 불교를 전한 순도(順道)가 이 종파였으므로 고구려에서 크게 발달하였고, 뒤에 신라의 원효가 삼론학의 종요(宗要)를 지었으며, 백제에서는 혜현(慧顯)이 삼론을 강설하였다. 또 고구려의 혜관(慧灌), 혜자(惠子) 등은 일본에서 삼론을 강설하기도 하였다.

삼별초(三別抄)

고려 최씨 무신정권기에 편성된 부대. 좌별초(左別抄)·우별초(右別抄)·신의군(神義軍) 등 3개 부대의 총칭으로, 무신집권기 권력자인 최우가 조직한 야별초(夜別抄)가 확대되면서 인원이 늘어 좌·우별초로 분리되었다. 여기에 몽고와의 전쟁중 포로가 되었다가 탈출하여 돌아온 장정들로 조직된 신의군을 합하여 삼별초가 되었다. 삼별초는 포도(捕盜)·금포(禁暴) 및 도성수비와 친

▶ 삼별초 대몽항쟁

위대의 기능을 하였다. 강화도 천도 후 몽고침입군에 맞서 강화도수비는 물론, 본토에 파견되어 많은 전과를 올리는 등 상비군의 임무도 수행하였다. 1270년(원종 11) 개경으로 환도를 몽고에 대한 완전한 항복으로 여기고 배중손·노영희 등이 중심되어 봉기하였다. 이후 진도→제주도 등으로 옮기면서 대항하다가 1273년 1만여 명으로 편성된 고려와 몽고의 연합군에 의해 많은 사상자를 낸 후 해체되었다.

삼사(三司)

(1) 고려시대 국가 재정의 출납과 회계 등에 관한 사무를 관장하던 관청. 993년(성종 12) 3성 6부 등과 함께 설치된 것으로 보이며, 1014년(현종 5)에 일어난 김훈(金訓)과 최질(崔質)의 무신란으로 인해 혁파되면서 도정사(都正司)가 설치되었다가, 1023년에 다시 복구되었다. 1308년(충렬왕 34)에 민부(民部 : 戶部)가 설치되면서 병합되었다가 곧 환원되었다. 몇 차례 치폐를 거듭하다가 1391년(공양왕 3)에 삼사의 기능을 회복시키기 위한 조치로 삼사를 강화하여 국가 재정을 관장토록 하였다. 이때도 도평의사사의 일원이어서 그 역할에는 한계가 있었다. 조선 건국 초에 존재하다가 1401년(태종 1) 사평부(司平府)로 개칭되었으며, 사평부는 1405년에 호조에 병합되면서 폐지되었다. 소속 관원으로는 문종대 판사(判事) 1인(재신이 겸임), 사(使) 2인, 지사사(知司事) 1인, 부사(副使) 2인, 판관(判官) 4인 등을 두었다가, 고려 후기 공민왕 때에는 판사 1인, 좌우사(左右使) 각 1인, 좌우윤(左右尹) 각 2인, 부사 4인(1369년 少尹으로 개칭), 판관 2인, 도사 등으로 개정되었으며, 우왕 때 영삼사사(領三司事)를 신설하기도 하였다.

(2) 조선시대 언론(言論)의 기능을 담당하던 사헌부(司憲府)·사간원(司諫院)·홍문관(弘文館)의 통칭. ➲ 사헌부·사간원·홍문관

삼선개헌(三選改憲)

1969년 공화당이 박정희대통령의 삼선을 가능케 할 목적으로 단행한 제6차 개헌. 개헌안의 주요내용은 대통령의 삼선연임 허용, 국회의원의 국무총리 및 국무위원 겸직 허용, 대통령에 대한 탄핵소추발의를 의원 30인 이상에서 50인 이상으로 상향조정 등이다. 1969년 8월 7일 국회에 정식 제출된 개헌안은 공화당의원 108명, 유신정우회의원 11명, 신민당의원 3명이 서명하였다.

이에 신민당은 8월 17일 삼선개헌반대 범국민투쟁위원회를 열어 개헌반대투쟁을 전개하는 동시에 당을 해산했다가 20일 복원시켜 신민회라는 이름의 국회교섭단체로 등록하였다. 개헌지지 서명파의원들은 개헌을 저지하기 위해 국회본회의장에서 점거농성을 벌이던 신민회의원들을 피해, 9월 14일 새벽 2시 국회 제3별관에 모여 국회의장 사회로 찬성 122표(공화당 107명, 정우회 11명, 무소속 3명, 대중당 1명), 반대 0표로 개헌안을 통과시켰다. 개헌안은 10월 17일 국민투표에 붙여져 총유권자의 77.1% 참여에 65.1%의 찬성을 얻어 통과되었다. 이 개헌으로 박정희대통령은 1971년 4월 제7대대통령선거에 출마, 당선되었으며 유신체제로까지 연장되는 장기집권의 길에 들어섰다.

삼수병(三手兵) → 훈련도감(訓鍊都監)

삼일오부정선거

1960년 3월 15일 제4대정부통령을 선출하기 위해 실시된 선거. 1960년 5월 실시될 제4대정부통령선거에 대비하여 자유당은 대통령후보에 이승만, 부통령후보에 이기붕을 지명하였으며, 민주당은 신구파의 각축전 끝에 대통령후보에 구파인 조병옥을, 부통령후보에 신파인 장면을 지명하였다.

▶ 삼일오부정선거 규탄 모습

그 뒤 민주당의 조병옥이 신병치료차 미국에 건너가자 자유당은 5월 중에 실시하기로 되어 있는 선거를 3월 15일 실시한다고 발표하였다. 그러나 2월 15일 조병옥이 급서하자 자유당은 이승만의 대통령당선을 확신하고, 부통령후보인 이기붕의 당선을 위해 부정공작을 진행하였다. 내무부장관 최인규(崔仁圭)를 중심으로 공무원을 총동원한 자유당은 4할 사전투표, 3인조 또는 5인조 공개투표, 완장부대 동원으로 유권자 위협, 야당참관인 축출, 유령유권자의 조작과 기권강요, 기권자의 대리투표, 투표함 바꿔치기, 득표수 조작발표 등의 방법으로 선거부정을 자행하였으며, 선거가 막바지에 접어들어서는 경찰과 반공청년단원들을 동원하여 야당후보에 대한 테러와 폭력 등을 감행하였다. 선거 개표결과 총투표자 1천만여 명 중 이승만 960만여 표, 이기붕 830여만 표, 장면 184만여 표로 집계되었다. 대다수 국민들은 선거결과를 수긍하지 않았고, 3월 15일 저녁 마산에서 시작된 시위를 계기로 부정선거규탄

시위가 전국적으로 확산되어 결국 4·19혁명으로 자유당정권은 종말을 고하였다.

삼일운동

1919년 3월 1일 일본 식민통치에 항거하여 거족적으로 일어난 민족독립운동. 3·1운동이 일어나기 이전 당시 국제사회에서는 1917년 러시아혁명을 시발로 유럽 소수민족과 약소민족들이 독립운동을 전개하기 시작하였고, 미국의 윌슨(T.W.Wilson) 대통령이 제1차세계대전 강화원칙을 발표하면서 패전국가의 식민지처리에 민족자결주의를 적용하자고 주창하는 일이 있었다. 민족자결주의는 식민지 약소민족을 크게 고무시켜 민족해방운동을 고양시켰으며, 한국의 민족운동가들은 정의와 인도의 원칙에 기대를 걸고 독립의 꿈을 실현시키고자 하였다. 그 결과 1918년 11월 여운형·김규식·장덕수 등이 상하이에서 신한청년당을 조직하고 독립청원서을 작성, 1919년 1월 김규식을 파리강화회의에 대표로 파견하였다. 일본 도쿄에서는 1919년 2월 8일 조선인유학생학우회가 중심이 되어 조선독립청원단을 결성하고 민족대회소집청원서와 독립선언서를 발표했는데, 이것이 바로 2·8독립선언이다. 해외의 움직임을 알게 된 국내의 손병희·최린 등 천도교인사들과 이승훈 등 기독교계 인사 및 한용운 등 불교계 인사들이 국내에서의 독립만세운동을 계획하였다. 이들은 고종의 인산일인 3월 3일을 앞두고 전국 각지로부터 군중들이 서울로 모여들고 있는 기회를 이용하여 3월 1일을 거사일로 결정하였다. 이들은 독립선언서를 작성한 뒤 민족대표 33인의 이름으로 서명하여 2월 27일 비밀리에 인쇄하였으며, 28일부터 종교조직을 통해 전국 각지로 전달하였다. 드디어 3

▶ 일반 시민들의 만세시위

월 1일 정오 서울의 탑골공원을 비롯한 전국 곳곳에서 독립선언서가 낭독되고 뒤이어 만세시위가 전개되었다. 민족대표 33인은 태화관에서 독립선언서를 낭독한 다음 스스로 총독부에 자수하였으나, 탑골공원에 모인 학생들은 선언서를 낭독한 뒤, 공원에 모인 군중들과 함께 독립만세를 외치며 시위행진을 전개하였다. 독립선언식은 민중들의 반일감정을 자연발생적으로 폭발시켜 만세시위운동을 전국적으로 확산시키는 계기가 되었다. 3월 1일의 독립선언식 이후 만세시위운동은 전국 주요도시로 확산되어 갔다. 3월 상순 이후 주로 대도시에서 전개되었던 만세시위는 학교를 근거지로 활동한 학생과 젊은 지식인들의 역할이 컸다. 이들의 주도로 주요도시의 상인들이 철시(撤市)로 만세시위운동에 호응했으며, 노동자들은 시위·동맹파업 등으로 동참하였다. 이때의 만세시위운동은 기본적으로는 평화시위였으나 점차 격렬화하는 양상이 나타나기 시작하였다. 3월 중순에서 4월 상순 사이 만세시위운동은 주요도시로부터 전국의 중소도시 및 각 농촌으로 확산되어 갔다. 만세시위운동을 주도한 것은 농민들이었으며, 이 밖에 서당선생이나 학교졸업생 등 지식층과 일부 중소지주 등 유력자층이 중요역할을 담당하였다. 만세운동이 전국적으로 확산되자 일제는 만세운동을 탄압하고자 무력진압원칙에 의거하여 군대·헌병·경찰 등을 동원하여 비무장한 시위군중에게 발포하는가 하면 전국 각지에서 한국인들을 살육·체포·투옥하였다. 한편 3·1운동은 국내뿐아니라 간도·만주·연해주·하와이·미국 등 국외로 확산되었다. 3월 13일 북간도 용정(龍井)에서의 독립선언식을 시발로 3월 17일 연해주에서 대한국민의회주최로 독립선언과 시위가 전개되었으며, 그 밖에 미주지역에서는 샌프란시스코와 하와이 등지에서 주로 모금활동을 통한 자금지원이나 파리강화회의에서의 선전활동을 지원하였다. 3·1운동은 민족해방이라는 과제를 성취하지는 못했으나 민족해방운동사에 있어 몇 가지 중요한 역사적 의의를 남겼다. 첫째는 3·1운동이 각계 각층의 전민족이 각자의 계급적 이해관계를 넘어 일제 식민통치에 거족적으로 항거한 항일독립운동이었다는 점이며, 둘째는 3·1운동을 계기로 대한민국임시정부라는 우리나라 최초의 공화주의정부가 수립되었다는 점이고, 셋째는 3·1운동이 무장독립운동을 본격적으로 유발시켰다는 점이며, 넷째는 3·1운동이 대외적으로 아시아 식민지·반식민지의 민족해방운동을 촉발시켰다는 점 등이다.

삼포왜란(三浦倭亂)

조선시대 중종 때 삼포의 일본거류민이 일으킨 폭동. 조선은 1407년(태종 7) 부산포(富山浦 : 東萊)와 내이포(乃而浦 : 熊川), 1426년(세종 8) 염포(鹽浦 : 蔚山) 등 삼포를 개항하고 왜관(倭館)을 설치하여 왜인들의 교역과 접대의 장소로 삼았으며, 이후 이곳에 거주하는 왜인이 발생하였다. 이에 조정에서는 항거왜인(恒居倭人) 60여 명에 한하여 거주를 허락하였으나, 그 뒤에도 거주하는 왜인들의 숫자가 증가하여, 이에 대한 통제가 불가피하였다. 조선측의 통제에 불만을 품은 3포의 왜인들이 1510년(중종 5) 폭동을 일으키자 조선은 이를 진압하고 3포를 폐쇄하여 교역이 중단되었다. 이러한 상태는 1512년 대마도주의 간청으로 임신약조(壬申約條)를 체결하여 국교가 재개될 때까지 계속되었다. 통 **경오왜변(庚午倭變)**

삼한(三韓)

상고시대(上古時代)에 한반도 남부에 위치한 3개의 연맹 왕국. 마한(馬韓)·진한(辰韓)·변한(弁韓)을 지칭하는 것으로, 본래 이 지역에는 진국(辰國)이 성장하고 있었는데, 고조선 사회의 변화 과정에서 남하한 유민들에 의해 새로운 문화가 유입되면서 더욱 발전하여 마한·진한·변한 등이 형성되었다. 《삼국지》〈위지(魏志)〉 및 《후한서(後漢書)》에서는 진한은 동쪽에 있고 마한은 서쪽에 있다고 그 위치를 적고 있어, 마한은 오늘날의 충청남북도와 전라남북도, 진한은 지금의 경상남북도, 변한은 낙동강 유역에서 전라남도의 동부에 이르는 지방에 위치하였음을 알 수 있다. 삼한 지역 내에 분포된 소국들의 수와 그 위치 및 그들의 최고 맹주인 진왕과의 관계를 보면 《후한서》에는 마한에 54국, 진한에 12국, 변한에 12국이 있다고 하였다. 《삼국지》〈위지〉 마한조(馬韓條)를 보면 거기에 나오는 50여 개국은 진한·마한 두 지역의 국읍(國邑)을 한데 묶어 열거하고 있음을 알 수 있다. 결국 50여 국이라는 것은 목지국의 진왕을 최고 맹주로 하였음을 알 수 있고, 정치적으로 하나의 큰 연합체였다고 할 수 있다. 국(國)의 규모는 영역과 인구가 낙랑(樂浪)·대방(帶方) 등한 군현(郡縣)의 1현 정도에 불과하였다고 하며, 대국(大國)이 1만여 가(家), 소국이 수천 가(家)라 하고 이들 50여 국의 총 호수가 10여 만 호라 하였다. 삼한 소국들의 군장들은 《삼국지》〈위지〉 변진조(弁辰條)에서 격이 높은 것부터 열거하여 신지(臣智)·험측(險側)·부례(樊濊)·살해(殺奚)·읍차(邑借) 등으로 불렸다. 또한 천군(天君)이라 부르는 제사장(祭祀長)이 각 국읍(國邑)마다 1인씩 있어서 소도(蘇塗)라 부르는 제사 지역을 관할하였는데, 소도는 신성한 지역으로서 법률의 힘이 여기에 미치지 못하였고 범죄인이 이곳으로 도피하면 그를 돌려보내지도 않았으며, 이들을 잡아가지도 못하게 되어 있었다. 삼한의 산업은 농업과 양잠·길쌈 등이 널리 행하여졌다. 평야가 많은 삼한지역에는 벼농사가 일찍부터 행하여졌고 수리시설로 저수지도 많이 만들었던 것 같다. 그 한 예로 김제(金堤)의 벽골제(碧骨堤), 밀양의 수산제(守山堤), 제천(堤川)의 의림제(義林堤) 등은 이때의 저수지이다. 목축도 성했고 해안지대에는 어업도 성하였다. 특히 진한·변한에서는 철이 많이 산출되어 널리 쓰였다. 철은 물품매매에 화폐처럼 사용되고 낙랑 방면과 일본에까지 수출하였다고 한다. 농업이 그들 경제의 기본이었으므로 씨를 뿌리는 봄과 추수하는 가을에는 계절적인 제사가 성행하였다. 씨를 뿌리고 난 5월에는 부락 전체의 군중이 모여 신에게 제사하고 가무(歌舞)와 음주로 밤낮을 즐겁게 놀았고 추수가 끝난 10월에는 추수감사제를 행하기도 하였다. 집은 대개 평지에 움집, 산지에는 귀틀집이 많았는데, 의복은 삼베·모시·명주 등으로 만들어 입었다. 남자는 도포처럼 된 웃옷을 입고 상투를 틀고 가죽신 또는 짚신을 신었으며 이때부터 지게가 사용되었다. 구슬을 재보(財寶)로 삼았고, 그것을 치레로 옷에 달기도 하였으며 귀고리와 목걸이도 사용하였다. 진한·변한에서는 길 가던 사람들이 서로 길을 사양하였다 하니 풍속의 순후함을 말해 주고 있으며 혼인 등 예절에는 남녀의 구별이 있었고 법과 형벌은 일반적으로 엄하였다. 자연환경이 온화하고 곡식이 풍부하여 명랑하고 쾌활한 성격을 지니고 있어서 노래·춤·음주가 성행하였으며 특히 변한·마한 지역에는 비파와 같은 악기도 있었다고 한다. 문헌에 따르면 삼한의 묘제(墓制)는 유관무곽(有棺無槨)이라 하였으나 고고학상으로 발굴된 것을 보면 진한·변한의 중심 묘제는 널무덤(土壙木棺墓)과 덧널무덤(土壙木槨墓)임이 밝혀졌다. 마한의 경우는 진한·변한과 같은 것이었는지 아니면 독무덤(甕棺墓)이었는지 아직 불확실하다. 분묘의 규모와 부장품에서도 격차가 다양하여 사회·경제적으로 계층분화가 활발하게 진행되고 있음을 보여준다. 경상남도 창원시 동읍 다호리(茶戶里) 무덤에서 보이듯이 소수의 지배계층은 다량의 철기를 소유할 뿐 아니라 생활용기로 칠기(漆器)를 사용하기도 했으며, 문자 기록에는 붓을 사용하고 있었다.

상감청자(象嵌靑磁)

무늬를 음각한 후 백토(白土) 또는 철분이 섞인 자토(紫土)를 메우고 유약을 발라 구워낸 청자. 우리나라에서 상감기법이 처음 시도된 시기는 10세기경으로 추정되며, 12세기 전반에 이르러 상감기법과 양각기법이 함께 쓰이기 시작하면서 12세기 후반에 많은 기술적 발전이 이루어졌다. 13세기 후반에 이르러 도장을 이용한 시문방식이 주류를 이루고 자기면의 일부에 간지(干支)를 새겨넣는 풍습이 생겼다. 또 14세기 전반기에는 중국 원나라의 영향을 반영하는 새로운 기형이 나타나기도 하지만, 도자기의 수요가 증가하면서 전체적으로 간단하게 시문하고 대충 제작하려는 풍조가 나타나면서 쇠퇴하다가 15세기 분청사기로 이행되었다. ● 분청사기

상대등(上大等)

신라시대 귀족을 대표한 최고관직. 531년(법흥왕 18) 이찬(伊飡) 철부(哲夫)를 상대등으로 삼아 국사(國事)를 관장토록 한 것이 시초로, 행정적인 기능보다는

귀족회의를 주재하고, 귀족세력을 대변하였다. 시기에 따라 국왕에 추대되기도 하였고, 왕권에 도전하는 모습이 보이기도 한다. 《삼국사기》에 모두 43명의 상대등을 역임한 인물이 등장하며, 신라멸망까지 존속하였다. ⑧ 상신(上臣)

상민수륙무역장정(商民水陸貿易章程)

1882년(고종 19) 8월 조선과 청나라 사이에 맺은 통상조약. 1882년 8월 조선의 조영하(趙寧夏)와 청나라의 이홍장(李鴻章)이 톈진(天津)에서 체결한 조약으로 전문 8조로 된 불평등조약이다. 이 장정의 서문에 보면, '이 장정은 중국이 속방을 우대하는 뜻에서 작성한 것이므로 각국이 모두 균점할 수 없다'고 하여 종속관계를 명시하였다. 장정의 주요 내용은, 평안도·황해도 연안과 산둥(山東)·봉천(奉天) 연안 지방에서의 어채 허용, 베이징(北京)과 한성 양화진에서 무역 허용, 책문(柵門)·의주·훈춘(琿春)·회령에서의 시장개설, 중국윤선(中國輪船)의 운항 및 청나라 병선의 조선 연해 왕래정박의 보장 등이다. 이 장정의 체결로 청국상인들의 통상특권이 보장됨으로써 청국의 조선 내 경제침탈이 가중되었다.

상서성(尙書省)

고려시대 정무를 집행하던 관청. 중서문하성의 예하에서 행정을 집행하던 관청이었다. 상서도성(尙書都省)과 상서 6부(尙書六部)로 이루어졌는데, 995년(성종 14) 어사도성(御事都省)과 어사 6부(御事六部)를 개칭한 것이다. 1275년(충렬왕 1) 원나라의 간섭으로 관제를 개편할 때 상서도성을 폐지하고 상서 6부를 전리사(典理司) 등 4사(司)로 개편하였다. 1389년(공민왕 1)에 설치된 이조·호조·예조·병조·형조·공조 등 6조의 연원이 되었다.

⑧ 어사 6부(御事六部) : 선관(選官), 병관(兵官), 민관(民官), 형관(刑官), 예관(禮官), 공관(工官)

상수리(上守吏)

신라시대에 인질의 형태로 지방에서 경주로 올라와 경주의 사무를 맡아보던 향리. 기원은 확실하지 않으나 신라가 중앙집권 국가체제를 완비해나가던 내물마립간에서 법흥왕·진흥왕에 이르는 시기에 고구려와 왜(倭)에 여러 차례에 걸쳐 인질을 보낸 기록이 있는 것으로 보아, 이 시기에 실시하였던 인질제도를 모방하여 삼국통일 이후에 지방세력을 견제하기 위한 정책으로 실시된 것으로 추정된다. 통일 후 국토가 확대되자 지방통치와 지방세력의 견제에 많은 어려움을 느끼고 이를 효과적으로 극복하기 위한 방편이었다. 상수된 지방의 향리들은 지방행정의 주요한 사무와 고문 등의 업무를 담당하였다. 이후 고려시대에는 기인(其人)제도, 조선시대에는 경저리(京邸吏)제도 등으로 발전하였다.

상원사 동종(上院寺銅鐘)

강원도 평창군 진부면 상원사에 있는 통일신라 초기의 동종. 높이 167cm, 지름 91cm로 현존하는 동종 가운데 가장 오래된 범종(梵鐘)이다. 용뉴 좌우에 음각된 종명(鐘銘)에 따르면 신라 725년(성덕왕 24)에 주성되었음을 알 수 있다. 종신(鐘身)에는 견대(肩帶)와 구연대(口緣帶)가 있어, 상하가 긴박한 느낌을 준다. 또한 상하로 연주문대(聯珠文帶)를 둘린 다음 유려한 당초 무늬로 채우고, 드문드문 1인 내지 4인의 낙천(樂天)을 양각(陽刻)한 반원권(半圓圈)을 둘렸으며, 견대에 붙여서 당초문을 양각한 유곽(乳廓) 4구(區)를 두고, 그 안에 각각 연꽃 무늬를 새긴 유두(乳頭)가 9개씩 솟아 있다. 종신 공간에는 서로 마주 대하는 두 곳에 구름 위에서 무릎을 세워 하늘을 날면서 공후(箜篌)와 생(笙)을 주악하는 비천상(飛天像)이 양주(陽鑄)되어 있다. 국보 제36호로 지정되었다.

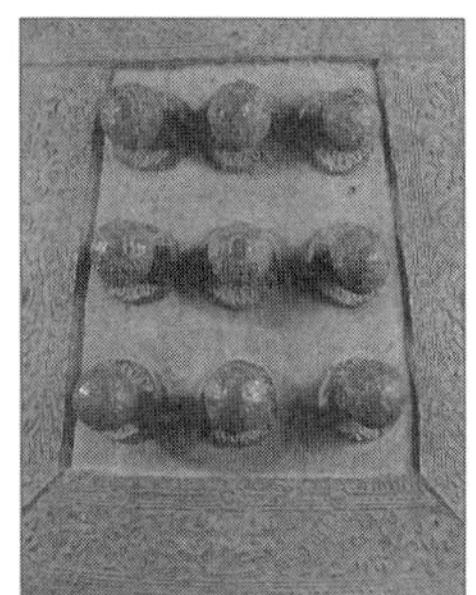

▶ 상원사 동종

상정고금예문(詳定古今禮文)

고려시대 최윤의(崔允儀) 등이 편찬한 오례(五禮) 관례 예서. 인종 때에 편찬된 것으로, 고려 사회에 오례 체제가 수용되고 유학교육이 발달하면서 이를 바탕으로 편찬되었다. 1234년(고종 21) 금속활자로 다시 복간되어 이규보(李奎報)가 서문을 썼으나, 이후 전란으로 인해 소실되어 조선 전기에는 이미 전체 내용의 10분의 1 내지 10분의 2 정도밖에 남지 않았다. 이 책은 고려의 정치질서가 유교적 예의질서인 오례에 의해서 새로이 편제되었으며, 왕실의 권위를 강조하기 위한 것으로 평가된다. 모두 50권으로 편찬되었다.

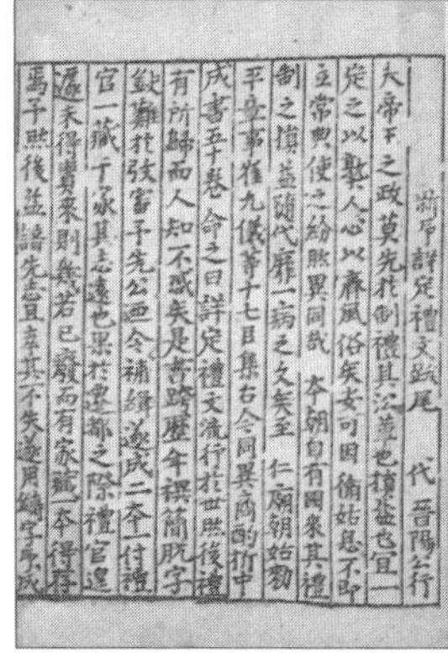

▶ 상정고금예문

상평창(常平倉)

고려·조선시대 물가 조절과 빈민구제를 담당하던 기관. 풍년에 물가가 하락하면 값을 올려 사들이고 흉년에 물가가 등귀(騰貴)하면 값을 내려 팔아 물가를 조절하던 기관이다. 고려시대인 993년(성종 12)에 처음 설치된 이후 계속 존속하다가 고려 후기에 이르러 기능이 거의 중단되면서 허설화(虛設化)되었다. 조선시대 1458년(세조 4) 한명회의 건의로 각 도 관찰사의 관할하에 한두 읍에서 시험적으로 시행되다가 이후 제도화되었다. 그러나 상인에게만 이익이 된다는 비판 등으로 인해 제대로 기능을 수행하지 못하였으며, 빈민구제 기능은 오히려 환곡이 그 기능을 대신하거나, 사림에 의해 설치된 사창(社倉)이 대신하였다. ➡ 사창

▶ 상평통보

상평통보(常平通寶)

조선 후기 통용된 구리로 주조된 금속화폐. 1633년(인조 11) 처음 발행되었으나 널리 통용되지 못하다가, 1678년(숙종 4) 이후 전국적으로 통용되었다. 처음에는 호조·상평청·진휼청·훈련도감·어영청 등에서 각기 주조하였는데, 관리가 제대로 되지 않자 1785년(정조 9)부터 호조로 하여금 주조와 발행의 전과정을 관리하게 하였다. 19세기 후반 당백전·당오전 등의 고액전이 주조·유통되면서 유통질서를 혼란시키자 1894년(고종 31) 주조·발행을 중단시켰다. 앞면에는 '常平通寶'라 새겼고, 뒷면에는 발행관청의 약자와 금액 표시가 새겨져 있다.

새마을운동

1971년부터 근면·자조·협동의 기치아래 환경개선·소득증대·정신개발 등을 통해 낙후된 농촌의 생활환경을 개선시킨다는 취지로 전개된 정부주도의 지역사회개발운동. 1970년 4월 지방장관회의에서 박정희대통령은 농민·관계기관·지도자간의 협조를 전제로 한 농촌자조노력방안을 연구하라는 지시를 내렸는데 이것이 새마을운동을 기획하게 된 발단이 되었으며, 동년 5월 새마을운동추진방안이 마련됨으로써 운동이 본격적으로 전개되었다. 이 운동은 개별적인 자연촌락을 대상으로 위에서 하달된 사업지침에 따라서 밀고나가는 방식으로 출발하였고, 도시지역의 개발로 목표대상이 확대되었다. 초기 새마을운동은 마을 환경개선사업과 지붕개량, 담장 바로잡기, 마을길 정비 등을 주된 사업내용으로 하였다. 1972년부터는 주민지도자의 발굴·훈련 및

그 활용에 역점을 두면서 사업내용도 정신계발사업, 그리고 생산소득사업 등을 포괄하는 종합적인 것으로 확대되었다. 도시새마을운동은 소비절약 실천, 준법질서 정착, 시민의식 계발, 새마을청소 일상화, 도시녹화, 생활오물 분리수거, 도시후진지역 개발 등을 주된 사업내용으로 하였다. 새마을운동의 성과로는 하천정비 · 교량건설 · 수리시설확충 · 농경지확장 등을 통한 식량자급기틀 마련, 농어촌 전화가설, 농가소득증대 등을 들 수 있다. 과거에 비해 농가소득이 상대적으로 증가한 것은 전통적으로 여당의 집권기반인 농촌에서 지역간 · 산업간 소득격차로 불만이 누적되자 이를 해소하기 위한 정책적 배려로 정부가 이중곡가제를 실시한 데 상당부분 기인하여 유신체제를 지탱하는 한 버팀목이 되기도 했다.

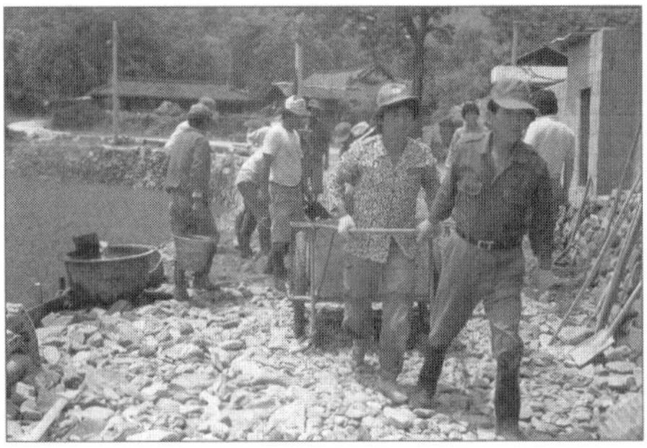

▶ 새마을운동

색경(穡經)

1676년(숙종 2) 박세당이 지방의 농경법을 연구하여 저술한 농서. 2권 2책으로, 내용은 구곡(九穀) · 백과(百果) · 과호(瓜瓠) · 소채(蔬菜) · 마시(麻枲) · 계돈(鷄豚) · 아압(鵝鴨) · 재목(材木) · 화약(花藥) · 양잠 · 점험(占驗) · 수한(水旱) · 한서(寒暑) · 과수(果樹) · 축산 · 원예 · 수리 · 기후 등으로 되어 있다. 내용은 광범위하지만 매우 체계화되어 있으며, 농업경제 전반에 대한 저자의 해박한 지식이 잘 나타나 있다. 저자의 문집인 《서계집(西溪集)》에 수록되어 있다. ➲ **박세당**

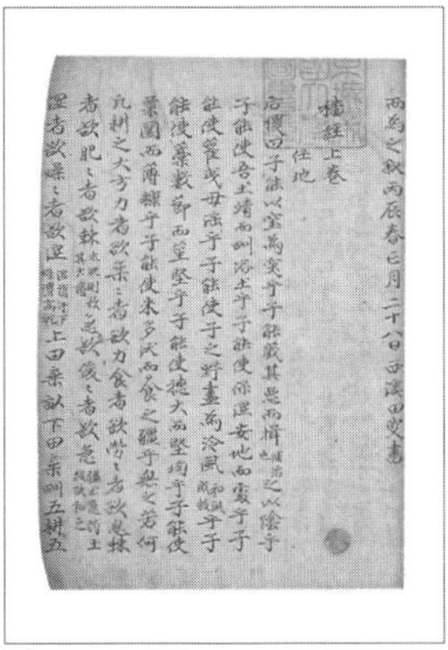

▶ 색경

서경덕(徐敬德)

1489년(성종 20)~1546년(명종 1). 자는 가구(可久), 호는 화담(花潭) · 복재(復齋), 시호는 문강(文康). 본관은 당성(唐城). 조선 전기 주기론(主氣論)을 주장한 유학자. 서호번(徐好蕃)의 아들로 독학으로 사마시에 합격했으나 이후 과거 응시를 중지하고 학문 연구에 몰두하였다. 그는 학문에 있어서 궁리(窮理)와 격치(格致)를 중시하였으며, 철학적으로는 〈태허설(太虛說)〉 · 〈귀신사생론

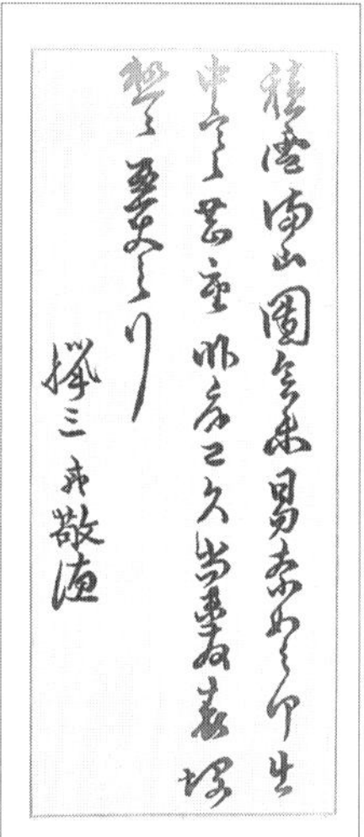

▶ 서경덕의 글씨

〈鬼神死生論〉 등을 통해 독자적인 기일원론(氣一元論)의 학설을 제창하였다. 당대 제일의 기녀 황진이의 유혹을 물리친 일화는 유명하다. 문인으로 이지함(李之函)·박순(朴淳)·허엽(許曄)·민순(閔純) 등이 유명하다. 문집으로는 《화담집》이 있다. 2000년 4월의 문화인물에 선정되었다.

서광범(徐光範)

1859년(철종 10)~1897년. 자는 서구(敍九), 호는 위산(緯山), 시호는 익헌(翼獻). 본관은 대구. 근대에 개화운동을 주도하였던 개화사상가·관료. 1879년(고종 16) 김옥균·박영효 등과 개화당을 조직하였다. 1880년 문과에 급제한 후 승지·참의군군사무(參議軍國事務) 등을 지냈다. 1882년 수신사의 일행으로 박영효를 수행하여 일본에 다녀왔다. 1883년 외아문참의를 지냈으며, 6월 민영익의 종사관으로 구미 각국을 순방하면서 근대문물을 시찰하였다. 1884년 12월 박영효·김옥균 등과 함께 갑신정변을 일으켰으나 청국의 개입으로 정변이 실패하자 일본으로 망명하였다. 그 뒤 서재필의 권유로 미국으로 건너가서 선교사 언더우드의 주선으로 뉴욕에서 생활하면서 미연방정부의 교육국 번역관으로 근무하였다. 1894년 청일전쟁이 발발하면서 일본정부의 주선으로 박영효와 함께 귀국하였다. 귀국 후 제2차김홍집내각에서 법무대신으로 입각하여 갑오개혁을 주도하였다. 1895년 학부대신·주미전권특명대사에 임명되었으나 1896년 아관파천 후 관직에서 물러나 미국으로 건너갔다.

▶ 서광범

서당(書堂)

고려·조선시대에 성행한 사설교육기관. 고려시대부터 등장한 것으로 보이나 당시의 실상을 알 수 없다. 다만 조선시대에 이르러 더욱 번창한 것으로 보인다. 서당은 훈장·접장(接長)·생도로 구성되며, 한 서당의 학생수는 4, 5명의 소규모에서 수십 명에 이르는 대규모의 것도 있었다. 서당의 운영은 개인의 희사나 공동 출자한 서당계(書堂契)를 통해서 마련되었다. 교육내용은 우선 《천자문》·《유합(類合)》·《계몽편》·《동몽선습》 등을 통하여 초보적인 구두와 문장을 해독하는 능력을 키우며, 그 뒤에는 《십팔사략(十八史略)》·《소학》 등을 배웠으며, 그 후에 4서5경을 배웠다. 서당

▶ 서당

은 근대식 학제가 시행된 후에도 계속 유지되었으며, 1929년 일제에 의해 인가제가 실시되어 감독을 받기도 하였다. 오늘날에도 일부 벽지에는 서당이 간혹 남아 있다.

서로군정서(西路軍政署)

1919년 11월 만주 류허현(柳河縣) 싼위안바오(三源堡)에서 조직된 대한민국임시정부산하의 무장독립운동단체. 1911년 조직된 경학사(耕學社)가 1912년 부민단(扶民團)으로 개편되었다가 1919년 3월 한족회(韓族會)로 확대 발전되었다. 이때 한족회는 그 산하에 서간도지역 독립운동세력들을 지도할 중앙정부의 건립을 추진, 동월 군정부(軍政府)를 조직하였다. 이후 한족회는 대한민국임시정부의 제의를 받아들여 동년 11월 군정부를 대한민국임시정부산하의 독립군으로 편입, 서로군정서라 개칭하고 무장독립항쟁을 전개하였다. 독판에 이상룡(李相龍), 부독판에 여준(呂準), 참모부장에 김동삼(金東三), 사령관에 지청천 등이 임명되었다. 서로군정서는 신흥학교를 신흥무관학교로 개편하여 독립군 양성에 주력하였으며, 1919년 중순경부터 국내에 들어와 주재소 및 친일단체 습격, 친일파 처단 등의 무장활동을 전개하였다. 1920년 2월 독립운동노선상의 차이로 현정경(玄正卿)·이시열(李時說) 등이 이탈하여 광한단(光韓團)을 조직하였다. 1922년 대한통군부(大韓統軍府)에 통합되었다.

서북학회(西北學會)

1908년 1월 조직된 애국계몽운동단체. 1908년 1월 안창호·이갑(李甲)·박은식·이동휘 등이 서우학회와 한북흥학회를 통합하여 조직하였으며, 회장에 오상규(吳相奎), 부회장에 정운복(鄭雲復) 등이 선임되었다. 학회의 목표는 표면적으로는 교육운동을 표방하였으나, 실제로는 국권을 회복하고 민권을 신장하여 근대적인 입헌공화국의 수립을 지향하면서 민중계몽운동·민족산업

진흥운동 · 구국교육운동 등을 추진하였다. 서북학회에서는 서북협성학교에 사범속성과를 두고 교육운동에 주력하였으며, 기관지로 〈서북학회월보〉를 발간하였다. 1909년 이후 일제의 탄압이 강화되자 지도부들이 만주 등지로 이동하여 독립운동기지 건설에 주력하였다. 1910년 9월 해산되었다.

서산마애삼존불상(瑞山磨崖三尊佛像)

충청남도 서산군 운산면 용현리에 위치한 삼국시대 말기의 마애석불상. 높이 2.8m로, 좌측에는 반가사유상(半迦思惟像)을 우측에는 봉지보주보살상(捧持寶珠菩薩像)을 협시로 특이한 형태의 삼존불을 이룬 불상이다. 중국과의 중요한 교통로가 위치하고 있었던 서산지방에 소재하고 있어서, 삼국시대 당시 불교를 비롯하여 중국의 발달한 선진문명이 서산을 통하여 부여로 수입되었음을 입증해주는 좋은 예라고 할 수 있다. 이 불상은 삼존형식으로서는 이례적인 것으로서, 중국의 남북조 말기의 양식을 엿볼 수 있다. 온유한 조각수법, 반가상의 배치 등 당대 신앙의 일면이 보인다. 소박한 옷차림을 한 불상은 흔히 '백제의 미소'라고 표현되는 잔잔한 미소를 띠며, 온화한 아름다움을 지니고 있다. 백제 말기의 석조불상 가운데서 가장 뛰어난 것으로 손꼽힌다. 국보 제84호로 지정되었다.

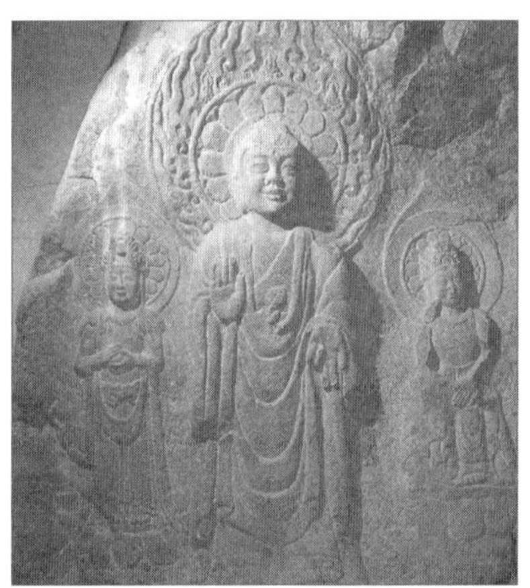

▶ 서산 마애삼존불

서얼(庶孼)

조선시대 첩의 자식이나 그 자손. '서'는 양첩(良妾)의 자손을, '얼'은 천첩의 자손을 말한다. 조선시대 이들은 양반신분에 속하였으나, 하나의 특수한 신분층으로 법적 차별을 받았다. 1415년(태종 15) 서선(徐選)의 건의로 비롯된 서얼금고법(庶孼禁錮法)은 문과, 생원 · 진사의 시험에 응시를 금지하였고, 문반 이외에 허용된 서반, 잡직 등도 진출하는 데에 일정한 한계가 있었다. 이러한 서얼의 신분적 차별에 대한 부당성이 지적되면서 선조대에는 지방수령이 되는 기회를 주었다. 조선 후기에 이르러 서얼들은 집단적인 통청운동을 전개하여, 숙종대 이후로는 서얼들의 집단상소가 자주 있었는데, 1695년(숙종 21)에 영남지방 서얼 988명, 1724년(영조 즉위년)에 정진교(鄭震僑) 등 5천 명이 각각 상소한 것이 유명하다. 결국 1772년 영조는 서얼을 청요직에 등용한다는 통청윤음(通淸綸音)을 내리는 한편, 학교에서 서얼들의 서열을 따로 두지 못하게 하는 서치법(序齒法)을 적용하고, 서얼도 일반 양반과 마찬가지로 향안(鄕案)에 이름을 올릴 수 있게 하는 등 이 문제를 해결하기 위해 부심하였다. 그러나 이러한 노력도 별다른 성과를 거두지 못하다가 정조대인 1777년(정조 1) 3월에는 요직의 진출까지 허용하기에 이르렀다. 1851년(철종 2)에 드디어 서얼 문과합격자의 승문원 분관(分館)이 허용되어 실질적인 통청이 이루어졌고, 1894년(고종 31) 갑오개혁으로 제도상의 신분차별은 폐지되었다.

서울 남대문

국보 제1호로 지정된 조선시대 서울 도성에 설치된 사대문(四大門) 중 남쪽 문. 서울특별시 중구 남대문로 4가에 있으며 정면 다섯 칸, 측면 두 칸의 중층 우진각지붕으로 석축기단의 중앙에 홍예문(虹霓門)이 있다. 1396년(태조 5) 축조되기 시작하여 1398년 2월에 완성되었고, 1448년(세종 30) 새로 석문을 쌓고 문루를 건축하는 등 대대적인 보수가 있었다. 1962년 문루와 홍예를 헐어 중수하였는데, 이때 원래의 지붕형태가 팔작지붕이었음이 밝혀졌고, 잘 보존된 상량문도 발견되었다. 다른 성문의 편액은 가로로 씌었으나 숭례문은 세로로 씌어 있는데 이는 숭례의 '예'(禮)자가 오행(五行)에 연결하면 불(火)이고 '숭례'의 두 글자는 불꽃(炎)을 의미하므로, 이로써 경복궁을 마주보는 관악산의 화기(火氣)를 누르고자 한 것이다. 현존하는 우리나라의 성문 중 가장 규모가 크며 조선 초기의 건축양식이 잘 나타나 있다.

서원(書院)

조선시대 선현의 봉사(奉祀)와 후진 양성을 위해 설치된 교육기관. 중국에서는 당나라 때부터 그 명칭이 보이다가 송나라 때 활성화되었고, 우리나라에서는 16세기 사림에 의해 본격적으로 건립되기 시작하였다. 최초의 서원은 1543년(중종 38) 풍기군수 주세붕(周世鵬)에 의해 세워진 백운동서원(白雲洞書院)으로 안향(安珦)을 배향하였다. 이 백운동서원은 이후 이황의 건의에 의해 국가로부터 소수(紹修)라는 편액과 노비 및 서적을 하사받아 국가가 공인하는 사액서원이 되었다. 16세기 이후 서원은 전국 곳곳에 세워졌으며, 붕당(朋黨)의 재지기반으로 기능하였다. 17세기 후반 숙종대에는 서인과 남인 사이의 정치적 대립이 치열해지면서 붕당간에 경쟁적으로 서원조직을 이용하면서 서원의 수가 급속도로 증가하였다. 더욱이 면역(免役)을 목적으로 한 일반 양인의 서원 입속으로 서원이 양인들의 피역처로 이용되기도 하였다. 이에 대해 숙종대에는 서원금령을 수시로 내리고 첩설(疊設)을 엄금하였으며, 1719년(숙종 45)부터는 왕이 하나하나 서원의 존폐를 결정하고 일부지역에 한하

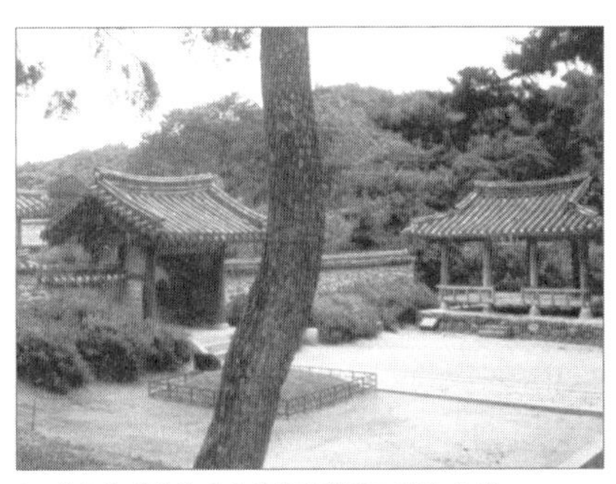

▶ 최초의 서원인 소수서원(경상북도 영주 소재)

여 서원의 훼철을 단행하기에 이르렀다. 서원에 대한 통제책은 숙종 사후 계속된 정쟁으로 큰 실효를 거두지 못하다가 영조대에 이르러 지방관의 책임 하에 서원금령을 강화하여 전국에 있는 19개의 서원을 포함한 173개소의 사우(祠宇) 및 기타 제향기구 등을 훼철하였다. 지방관을 통한 서원통제는 지방관의 서원에 대한 물질적 보조를 단절하게 함으로써 서원건립을 효과적으로 봉쇄할 수 있었으나, 서원재정을 약화시켜 재정을 메우기 위한 서원측의 대민작폐가 점차 확대되는 계기가 되었다. 19세기 이후 서원은 그 소유의 수세지를 통하여 향촌민을 압박하고 복주촌(福酒村)을 두어 지방재정을 악화시키는 등 그 폐단이 심각하였다. 1871년(고종 8) 흥선대원군 집권 후에는 서원에 대한 대대적인 철폐조치가 이루어져 당시 전국의 총 676개의 서원 및 사우 가운데 파산서원(坡山書院)·도산서원(陶山書院)·옥산서원(玉山書院) 등 전국에 27개의 서원과 20개의 사우만을 남기고 모든 서원에 대한 철폐를 단행하였다. 조선시대 서원의 가장 중요한 기능은 선현을 봉사하고 성리학의 연구 및 학습을 통해 후학을 양성하는 것이었으며, 그 인적구성은 크게 원생(院生)의 교육과 서원의 제반 대소사 및 제향을 관장하는 원임(院任)과 양반자제 가운데 유학을 배운 생원·진사·유학(幼學) 등의 원생으로 이루어졌다. 서원에서는 학덕이 있고 충절이 뛰어난 인물을 배향하여 향촌사림간의 결속을 강화하였고, 각종 서책들을 보관하여 향촌사회의 도서관기능을 했으며, 선현들의 문집을 직접 출판하여 교육과 문화를 보급하는 역할을 하였다. 서원은 정계에서 물러난 인사들이 재기를 다지는 정치적 후방기지의 기능도 하였다. 조선 후기에는사림들의 공론(公論)을 주도하는 주요한 역할을 했으며, 서원의 규모와 문인들의 수가 정치적·학문적 역량을 가늠하는 주요한 잣대가 되었다. 이러한 서원은 일제시대 일시적으로 일제가 지주층의 환심을 사기 위한 조처로서 조상숭배를 조장하면서 서원의 일부가 중건되기도 하였다.

서유견문(西遊見聞)

근대에 유길준이 저술한 국한문혼용의 기행문. 1883년(고종 20) 9월에서 1884년 11월까지 유럽 여러 나라를 순방하면서 느낀 점을 기록한 책이다. 내용은 지구상에 있는 인종·도시, 국가의 권리, 국민의 교육과 권리, 정부의 기원·종류·제도, 세금과 국채문제, 군대의 양성문제, 법률과 경찰의 역할과

규칙, 서양 각국의 정당문제, 서양의 학술, 군제 및 종교의 역사, 상인의 위치와 역할, 개화의 바른길, 세계 각국의 의식주, 사회복지제도, 서양 근대기술 등 외국문물을 소개하는 데 중점을 두었다. 저자는 서문에서 언문일치(言文一致)를 주장하였는데, 이는 그 후의 새로운 문체형성에 크게 기여하였다.

서인(西人)

조선시대 붕당(朋黨)의 하나. 1575년(선조 8) 외척(外戚) 심의겸(沈義謙;明宗妃 仁順王后의 아우)과 신진사류(新進士類) 김효원(金孝元)이 전랑직(銓郎職)의 추천을 둘러싸고 반목·질시한 것이 동서분당(東西分黨)의 동기가 되었다. 초기의 중심인물은 박순(朴淳)·윤두수(尹斗壽) 등으로 학맥으로 볼 때 이이(李珥)·성혼(成渾)의 계열이거나 그들과 교유관계의 인물들로서 대부분 기호학파에 속하였다. 이이가 생존했을 때에는 동인보다 다소 우세한 지위를 차지하였으나 그가 죽은 뒤 한동안 동인에 비해 열세에 있었다. 1589년 정여립(鄭汝立)의 모반사건을 계기로 서인은 그 세력을 만회하였으나, 1591년 정철(鄭澈)이 건저의(建儲議) 문제로 실각함으로써 인조반정(仁祖反正) 때까지 30여 년 동안 서인의 실세(失勢)가 계속되었다. 1623년(인조 1) 반정을 주도한 서인은 정권을 잡았으나, 내부에서 분열이 일어났다. 반정에 가담한 공신들을 중심으로 한 공서파(功西派)와 가담하지 않은 학자를 중심으로 한 청서파(淸西派)로 나뉘었으며, 공서는 다시 노서(老西)와 소서(少西), 청서는 산당(山黨)과 한당(漢黨)으로 나뉘었다. 현종 때부터 남인 세력이 서인 세력과 대립하더니(제1차 예송문제), 숙종 때는 양파가 치열하게 대립하여(제2차 예송문제) 마침내 남인에게 세력을 빼앗기게 되었다. 1680년(숙종 6) 경신환국(庚申換局)으로 세력을 만회한 서인은 송시열을 중심으로 한 노장파와 조지겸(趙持謙)·한태동(韓泰東) 등의 소장파 사이에 의견대립으로 다시 노론(老論)과 소론(少論)의 양파로 분열되었다. 1694년 갑술옥사(甲戌獄事) 이후 남인은 완전히 정치권 밖으로 제거되고 노·소론이 정치를 주도하였으며, 그것도 영조대 중반 이후에는 노론이 전권을 행사하였다. ❶ 기호학파·남인·노론·동인·북인·붕당정치·소론

서일(徐一)

1881년(고종 18)~1921년. 호는 백포(白圃). 함경북도 경원출신. 일제시대에 중광단·북로군정서·대한독립군단 등을 조직하여 활동한 독립운동가. 어려서 한학을 공부하였으며, 1903년 경성함일학교(鏡城咸一學校)를 졸업한 후 구국교육운동을 전개하였다. 1910년 만주로 망명, 1911년 중광단을 조직하고 단장에 취임하였다. 1912년 대종교에 입교, 제4대 종사(宗師)로 추앙되었고, 명동(明東)·동일(東一)·동신(東新) 학교 등을 설립, 민족교육을 실시하였다. 1918년 무오독립선언에 참여하였으며, 1919년 3·1운동 후 조선독립기성총회를 조

직하여 북간도지역에서의 만세운동을 주도하였다. 동년 5월 대한정의단을 조직하였으며, 7월에는 무장투쟁을 전개하기 위해 대한정의단산하에 군정회를 조직하였다. 동년 10월 대한정의단을 확대 개편하여 군정부(軍政府)를 조직하였으며, 12월 군정부를 대한민국임시정부산하 북로군정서로 개편, 총재에 취임하였다. 1920년 10월 청산리전투에 참여하여 일본군을 대파하였으며, 미산(密山)에서 대한독립군단을 조직하고 총재에 선임되었다. 1921년 8월 만주 토비(土匪)의 습격으로 독립군이 다수 희생되자 이에 책임을 통감하고 자결하였다. 저술로 《오대종지강연(五大宗旨講演)》·《삼일신고강의(三一神誥講義)》 등 대종교경전이 있다. ◆ 중광단 · 대한정의단 · 북로군정서

▶ 서재필

서재필(徐載弼)

1864년(고종 1)~1951년. 호는 송재(松齋). 전라남도 보성출신. 근대에 독립협회를 조직한 개화가이자 일제시대 미국 내에서 활동한 독립운동가. 미국명은 제이슨(Philip Jaisohn)이다. 1882년(고종 19) 과거에 합격한 후 교서관부정자(校書館副正字)를 지냈다. 이때 김옥균 · 서광범 · 박영효 등과 교유하면서 개화사상을 가지게 되었다. 1883년 일본의 도야마육군학교(戶山陸軍學校)에 유학하여 근대식 군사훈련을 받았다. 1884년 7월 귀국하여 사관학교인 조련국을 설립하고 사관장이 되었다. 동년 12월 갑신정변에 참여하였다가 정변이 실패하자 김옥균 등과 함께 일본으로 망명하였다가 1885년 다시 미국으로 망명하였다. 1889년 6월 펜실베니아의 해리힐맨아카데미(Harry Hillman Academy)를 졸업한 후, 1889년 컬럼비아의과대학 야간부에 입학하였으며, 1892년 졸업한 후 한국인 최초의 의사가 되었다. 1896년 귀국하여 중추원고문을 지내면서 우리나라 최초의 민간신문인 독립신문을 창간하였다. 동년 7월 독립협회를 조직하여 고문으로 활동하면서 독립문을 건립하였다. 1898년 일제에 의해 미국으로 추방되어 펜실베이니아에서 병원을 개업하여 활동하였다. 1919년 미국에서 한인친우회를 조직하여 재미동포의 결속과 독립운동의 후원에 진력하였다. 1921년 대한민국임시정부의 구미위원회부위원장에 선임되어 한국의 독립을 위한 외교활동에 종사하였으며, 1922년 워싱턴에서 개최된 군축회의에 독립운동단체들의 서명으로 한국의 독립을 요구하는 연판장을 제출하였다. 1925년 하와이에서 개최된 범태평양회의에 한국측대표로 참가하였다. 이후 미국 내 종합병원에서 병리학자로 근무하였다. 광복 후인 1947

년 7월 미군정청 최고의정관으로 귀국하였다가 1948년 대한민국정부가 수립되자 미국으로 돌아갔다. ❍ **독립협회**

서적포(書籍鋪)

고려시대의 국자감(國子監)에 부속되어 출판을 담당하던 부서. 1101년(숙종 6) 설치된 것으로 비서성(秘書省)에 소장되어 있던 모든 책판(冊板)을 이곳에 옮겨 널리 인쇄 보급하게 하였다. 사학(私學)의 번성으로 상대적으로 위축된 관학(官學)을 진작시키기 위해서 설치한 것이다.

서전서숙(瑞甸書塾)

1906년 북간도 룽징춘(龍井村)에 설립된 교육기관. 1906년 이상설·여준(呂準)·이동녕 등이 교육을 통한 독립사상고취를 목적으로 설립하였으며, 숙장은 이상설이 맡고, 김우용(金禹鏞)·여준 등이 교사로 참여하여 역사·지리·수학·정치학·국제공법 등을 가르쳤으며 철저한 항일민족교육에 초점을 맞추었다. 1907년 4월 이상설이 헤이그에서 열린 만국평화회의에 참석하기 위해 블라디보스토크로 떠나자 재정난 및 일제의 감시와 방해 등으로 인해 해산되었다.

서희(徐熙)

942년(태조 25)~998년(목종 1). 자는 염윤(廉允), 시호는 장위(章威). 본관은 이천. 고려 전기 거란의 침입을 물리치는 데 공헌한 재상. 내의령 서필(徐弼)의 아들로서 960년(광종 11) 과거에서 장원급제하여 광평원외랑(廣評員外郎)이 되었고, 이후 내의시랑·좌승(佐丞) 등을 역임하였다. 좌승 재직시인 993년 거란이 침입하자 북계에 주둔하면서 7일 동안의 담판을 통해 거란을 철군토록 하였다. 다음 해 군사를 거느리고 압록강 지역의 여진을 몰아낸 뒤 장흥성(長興城) 등을 축조하였고, 994년 선주(宣州) 등에 성을 쌓아 국토를 확

▶ 서희

장하였다. 뒤에 태보 내사령에 이르렀다. 1027년(현종 18) 성종묘정에 배향되었고 1033년(덕종 2) 태사로 추증되었다.

㉮ 설봉서원(雪峯書院:경기도 이천)

석굴암석굴(石窟庵石窟)

경상북도 경주시 진현동 소재한 석가여래좌상(釋迦如來坐像)을 비롯한 38구의 석불을 봉안한 통일신라시대의 인공석굴. 이 석굴은 751년(경덕왕 10) 김대성(金大城)이 발원하여 시공하였으나 774년 김대성이 죽자 신라왕실에서 완공하였다고 한다. 이 석굴은 전방후원(前方後圓)의 형태로 장방형의 앞방(前室)과 원형의 주실(主室), 그 사이를 연결하는 비도(扉道)로 구성되었다. 전실에는 좌우로 4구씩의 팔부신중(八部神衆)이 조각되어 있고 비도 입구의 좌우벽에는 인왕상(仁王像)이 조각되어 있다. 비도의 좌우에는 2구씩의 사천왕상(四天王像)이 조각되었고 윗부분은 아치형의 천장을 이루었다. 주실의 입구에는 좌우로 팔각형 연좌 위에 8각의 돌기둥을 세워 비도와 주실의 경계를 표시하였다. 주실의 좌우 지름은 6.8m, 앞뒤 지름은 6.58m로서 중앙에서 약간 뒤로 치우친 곳에 높이 약 1.6m, 지름 약 3.7m의 석련대좌를 놓고 그 위에 높이 약 2.72m의 본존불인 석가여래좌상을 안치하였다. 본존불의 뒷벽면에는 십일면(十一面) 관음보살입상을 조각하였으며 이를 중심으로 좌우의 벽면을 따라 굴실 입구까지 십대제자상 10구, 보살상 2구, 천부상(天部像) 2구가 조각되었다. 십일면관음보살입상의 위쪽으로는 복선단판(複線單瓣)의 광배가 새겨져 있고, 그 좌우로 각각 다섯 개씩의 작은 감실(龕室)이 조성되어 문수(文殊)·유마(維摩)·지장(地藏) 및 기타의 보살상이 안치되었다. 그러나 두 개의 감실은 비어 있는데 이는 이곳에 안치되었던 보살상이 일제시대에 일본으로 반출되었기 때문이다. 본존불상 바로 위에는 웅장하고 화려한 단선복판(單線複瓣)의 대연화문(大蓮花文)을 새겨놓았고 작은 석재들을 엇바꿔가

▶ 석굴암

며 교묘하게 구성한 아치형의 천장이 연화석에 집약되도록 하였다. 일제강점기에 몇 차례 걸친 보수과정에서 원래의 모습이 많이 훼손되었다. 1962년부터 1964년까지 정부의 지원아래 대대적으로 수리되어 석굴의 구조 및 불상들의 위치가 어느 정도 제자리를 찾게 되었다. 1995년 유네스코에 의해 고려대장경(팔만대장경), 종묘와 함께 세계문화유산으로 지정되었다.

석왕사(釋王寺)

함남 안변군 석왕사면(釋王寺面) 설봉산(雪峯山)에 있는 고려 말에 건립된 사찰. 휴정(休靜)의 《설봉산석왕사기(雪峯山釋王寺記)》에 따르면, 이 절은 고려 말 무학대사(無學大師)가 이 절 근처의 토굴에서 지내다가 이성계(李成桂)의 꿈을 해석해 준 것을 인연으로 이성계가 크게 절을 창건하도록 하였다고 기록하고 있다. 부속건물로는 응진전(應眞殿)·호지문(護持門)과 1732년(영조 7)에 개수한 대웅전·영월루(暎月樓)·흥복루(興福樓)·범종루(梵鐘樓)·용비루(龍飛樓)·조계문(曹溪門) 등이 있는데, 이 가운데 응진전은 다포양식으로서 이후 조선시대 건축양식에 많은 영향을 미쳤다.

선조성(宣詔省)

발해의 조서(詔書)를 심의하는 기능을 가진 중앙관청. 발해 3대 관청의 하나이다. 최고 책임자는 좌상(左相)이며, 좌평장사(左平章事)·시중(侍中)·좌상시(左常侍)·간의(諫議) 등의 관원이 있었다.

선종구산문(禪宗九山門)

신라 말 고려 초에 형성된 선종의 9개 산문(山門). 선종이란 석가가 영산(靈山) 설법에서 말없이 꽃을 들자, 제자인 가섭(迦葉)이 그 뜻을 알았다는 데서 연유한 불교 종파의 하나로 이심전심(以心傳心)·불립문자(不立文字)를 종지(宗旨)로 삼는다. 종파로 성립된 것은 개조(開祖)로 전해지는 달마(達磨)가 650년경 중국에 입국하면서 비롯되는데, 혜가(慧可)·홍인(弘忍)·혜능(慧能) 등으로 계승되면서 크게 발전하였다. 우리나라에 선종이 유입되기 시작한 것은 신라 하대로, 혜공왕 때 신행(新行)이 당나라에서 북종선(北宗禪)을 들여왔고, 그후 헌덕왕 때 도의(道義)가 역시 당나라에서 남종선을 전래하였다. 이후 신라 말까지 선종 9산문이 완성되었는데, 9산문이란 도의(道義)가 장흥의 보림사에 개창한 가지산문(迦智山門)을 비롯해 홍척(洪陟)의 실상산문(實相山門), 혜철(惠哲)의 동리산문(桐裏山門), 도윤(道允)의 사자산문(獅子山門), 낭혜(朗慧)의 성주산문(聖住山門), 범일(梵日)의 사굴산문, 지증(智證)의 희양산문(曦陽山門), 현욱(玄旭)의 봉림산문(鳳林山門), 이엄(利嚴)의 수미산문(須彌山門) 등을 지칭한다.

설총(薛聰)

7세기 중반~8세기 전반. 자는 총지(聰智), 시호는 홍유후(弘儒候). 신라시대 화왕계(花王戒)를 지어 국왕에게 올린 인물. 아버지는 원효이고 어머니는 요석공주이다. 6두품출신으로 태종무열왕 때 태어났는데, 향찰(鄕札)을 집대성하여 9경(九經)을 해독하고 후학을 가르쳤다고 한다. 신문왕에게 화왕(花王)과 장미, 백두옹(白頭翁)을 통해 인사에 있어서 올바른 사람을 등용하라는 '화왕계'를 올렸으며, 720년(성덕왕 19)에 '감산사아미타상조상기(甘山寺阿彌陀像造像記)'를 찬술하는 등 문한직을 담당하면서 강수(强首)와 함께 국학 설립에 참여하였다. 1022년(현종 13)에 우리나라 유학의 종조로 홍유후에 추증되었으며, 최치원(崔致遠)과 함께 문묘 동무(東廡)에 배향되었다.

▶ 《삼국사기》의 〈설총열전〉 부분

성골(聖骨)

신라 골품제도에서 최고의 신분계급. 엄격한 신분제인 골품제에서 성골은 가장 높은 신분으로 왕족 중에서도 일부만 차지하였다. 부계(父系)와 모계(母系)가 모두 순수한 왕족(朴 · 昔 · 金)이다. 《삼국사기》에서는 시조인 박혁거세(朴赫居世)로부터 진덕여왕(眞德女王)에 이르는 왕들이 모두 성골인데, 처음의 박씨 7왕, 석씨 8왕, 김씨 13왕으로 서로 혈족 결혼을 하며 순수한 성골을 지켜 왕위를 독점하였다고 기록되었고, 《삼국유사》에서는 23대 법흥왕(法興王)에서 28대 진덕여왕에 이르는 왕들만이 속한 것으로 되어 있다. 태종무열왕(太宗武烈王) 때부터는 성골 출신의 왕은 없어지고 마지막 경순왕(敬順王)까지 진골(眞骨) 출신에서 왕위를 계승하였다. ● 골품제도 · 육두품 · 진골

성균관(成均館)

고려 말과 조선시대의 최고교육기관. 고려시대 1298년(충렬왕 24) 국자감(國子監)을 성균감(成均監)으로 개칭하였다가 1308년(충선왕 즉위년) 성균관으로 개칭하였고, 1356년(공민왕 5)에 국자감으로 환원하였다가 1362년 다시 성균관으로 고쳐서 조선시대까지 계속 최고교육기관으로 존재하였다. 고려시대에 개성(開城)에 있었던 성균관을 이성계(李成桂)가 조선을 창업하여 한양(漢陽)으로 천도하면서 숭교방(崇敎坊)으로 이전하였다. 1398년(태조 7)에 성균관을 준공하였는데, 고려시대의 제도를 계승하여 유학을 강의하는 명륜당(明倫堂), 공자(孔子)와 역대 유현(儒賢)들을 모신 문묘(文廟), 유생들이 거처하는 동 · 서

재(東西齋)를 두었으며, 정록청(正錄廳)을 건립하여 시정의 중요사항을 기록하여 보관하였다. 또 양현고(養賢庫)를 설치하여 유생들의 식량을 공급하도록 하였는데, 그 재원은 학전(學田)이었다. 직제는 각 시대별로 다소 차이가 있으나, 총책임자로 지관사(知館事 : 홍문관 또는 예문관의 대제학이 겸직. 정2품)를 두고 그 아래에 동지관사(同知館事 : 겸직. 종2품) 1명을 두었다. 전임관원으로는 대사성(大司成 : 정3품) 1명, 좨주(祭酒 : 종3품) 2명, 사성(司成 : 종3품) 1명, 사예(司藝 : 정4품) 2명, 사업(司業 : 정4품) 1명, 직강(直講 : 정5품) 4명, 전적(典籍 : 정6품) 13명, 박사(博士 : 정7품) 3명, 학정(學正 : 정8품) 3명, 학록(學錄 : 정9품) 3명, 학유(學諭 : 종9품) 3명이 있었다. 성균관의 입학자격은 생원(生員)·진사(進士) 등 합격자에게 주어졌으며, 원래 정원은 150명이었으나, 1429년(세종 11)에 2백 명으로 증원되었다. 주요 교과과정은 4서 5경(四書五經)을 9재(九齋)로 나누어 가르치는 것이었다. 그 밖에 과문(科文 : 詩, 賦, 策, 義, 疑 등)의 제술(製述)도 하였고, 여러 가지 역사서도 독서하였다. 성균관은 임진왜란 이후 국가재정의 부족과 성균관 재원의 감소로 인원이 75명으로 대폭 줄어들었고, 1742년(영조 18)에 126명으로 다시 증원되기는 하였으나 조선 후기에 이르면서 그 기능을 제대로 수행하지 못하였다. ⑧ 학궁(學宮)·반궁(泮宮)

성덕대왕 신종(聖德大王神鐘)

국립경주박물관에 소장된 8세기 중엽의 통일신라 범종. 높이 3.33m, 입지름 2.27m로, 《삼국유사》에 의하면, 신라 제35대 경덕왕이 그 아버지 성덕왕을 위하여 종을 만들었으나 완성하지 못한 채 죽고, 뒤를 이은 혜공왕이 34년 만에 이를 완성하여 봉덕사(奉德寺)에 안치하였다고 한다. 이 종의 대표적인 조각인 비천상은 네 개의 유곽 아래부분에 각각 1구씩 배치되어 모두 4구가 있고, 비천의 주위에는 보상화문이 감싸듯이 배치되어 있으며, 비천은 옷자락을 휘날리면서 연화좌 위에 무릎을 꿇고 앉아서 하늘을 보며, 공양을 하고 있는 자세이다. 비천상 사이의 두 부분에는 한림랑급찬(翰林郎級) 김필계(金弼溪)라고도 하고 김필오(金弼奧)라고도 하는 이가 지은 성덕왕의 공덕을 기리고 종소리를 통해 국태민안(國泰民安)을 바란다는 내용의 1천여 자

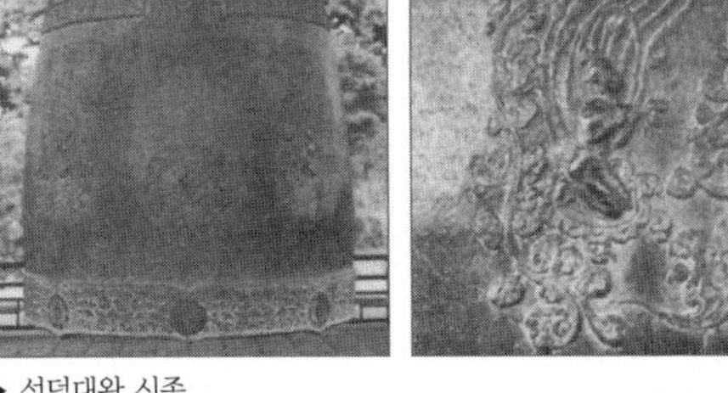

▶ 성덕대왕 신종

정도의 명문이 새겨져 있다. 현재 국립경주박물관 경내에서 보관 중이며, 국보 제29호로 지정되었다. ⑧ **봉덕사종(奉德寺鐘)** · **에밀레종**

성리학(性理學)

성명(性命)과 이기(理氣)에 관한 학문. 원래 유교의 경전은 일상생활과 밀접하게 관련된 실제적인 교훈들로 구성된 것이었는데, 송대(宋代)에 도교와 불교에 대하여도 깊은 조예를 지니고 있었던 유학자들은 도교와 불교의 형이상학적인 학문방법을 채택해 내용적으로는 유학의 진리를 천명하였으며, 주희에 의해서 학문적인 체계를 완성하였다. 성리학은 주희가 완성하였기 때문에 '주자학' 이라 하기도 하고, '정주학(程朱學)' 이라고도 한다. 성리학은 이기의 개념을 중심으로 우주와 인간을 해명하고 인간의 참된 도리에 관하여 깊이 사색함으로써 과거의 훈고학(訓詁學)이 이르지 못하였던 경지를 개척한 것이다. 우리나라에서는 고려 후기에 원나라로부터 수입되어 당시의 유학자들에게 새로운 학풍을 일으켰다. 이색(李穡) · 정몽주(鄭夢周) 등은 당시 불교의 폐단을 지적하고 유교를 숭상할 것을 주장하였으며, 정도전(鄭道傳) · 권근(權近) 등은 불교의 폐단을 비판하였을 뿐만 아니라 나아가 성리학적 입장에서 불교의 교리를 이론적으로 비판하였다. 16세기 이후 학문적으로 전성기를 맞이하여 이언적(李彦迪)은 태극의 이를 밝혔고 서경덕(徐敬德)은 태허(太虛)의 기를 밝혔다. 이황과 이이는 한국 성리학의 쌍벽으로서 이들은 각각 기대승(奇大升) · 성혼(成渾)과 함께 사단칠정(四端七情)에 관한 논쟁을 전개하였다. 이황은 이(理)와 기(氣)를 엄격히 구별하여 그 혼동을 경계하였으며, 항상 이의 우위성을 강조하였다. 이황은 사칠일원론(四七一元論)에 반대하고, 사단은 이가 발한 것이요 칠정은 기가 발한 것이라는 호발설을 주장하였으며, 칠정에 대한 사단의 우위를 주장하였다. 반면에 이이는 사단과 칠정이 모두 기가 발한 것이라는 기발이승일도설(氣發理乘一途說)을 주장하여 이황의 호발설을 반대하였다. 이이는 이와 기는 하나이면서 둘이요(一而二), 둘이면서 하나(二而一)라는 이기지묘(理氣之妙)를 주장하여 이기일물설(理氣一物說)이나 이기이물설(理氣二物說)을 모두 배척하였다. 또한 이이는 이통기국설(理洞氣局說)을 주창하여 보편과 특수를 일관되게 해명할 수 있는 독창적인 이론을 제시하였다. 이황과 이이의 사상은 각각 영남학파와 기호학파를 형성하여 계승되었다. 주리론적(主理論的)인 영남학파는 마침내 기정진(奇正鎭)의 유리론(唯理論)으로 귀결되고, 기의 의미를 부각시킨 기호학파는 마침내 임성주(任聖周)의 유기론(唯氣論)으로 귀결되어 양극화되었다. 이러한 학문적인 견해의 차이가 당쟁의 빌미로 작용하기도 하였다. 사단칠정논쟁 · 호락논쟁(湖洛論爭) 등을 통하여 정밀하게 발달한 한국의 성리학은 중국의 성리학이 미처 도달하지 못한 경지를 개척하였다.

성명회(聲明會)

1910년 8월 노령 블라디보스토크에서 조직된 항일운동단체. 1910년 8월 이상설·유인석 등이 조직하였다. 성명회는 국권피탈의 소식이 전해지자 '유혈적인 방법에 의하여 합병을 저지하자'는 결의문을 러시아와 만주 각지 한인사회에 배포하고 결사항쟁을 호소하였으며, 각국 정부에 합병무효를 선언하는 전문과 성명회의 선언서를 발송하였다. 성명회는 국내진공작전을 결의하는 한편, 청년 50여 명으로 결사대를 조직하여 일본인 거류지를 습격하였다. 동년 9월 일제가 성명회 활동에 대해 러시아정부에 항의하고 주요인물의 체포, 인도를 요구함으로써 러시아당국이 이상설·이범윤(李範允) 등 성명회와 십삼도의군(十三道義軍) 간부 20여 명을 체포하고 한인의 정치활동을 금지시켰는데, 이로 인해 성명회는 해체되었다.

성학십도(聖學十圖)

조선 중기 이황(李滉)이 1568년(선조 1) 12월에 선조에게 올린 상소문. 17세의 나이로 왕위에 오른 선조에게 성군이 되기를 바라는 뜻에서 즉위 원년에 경연에 입시하였을 때 올린 글이다. 내용은 군왕의 도(道)에 관한 학문의 요점을 도식으로 설명하였는데, 서론의 내용이 담긴 〈진성학십도차〉와 10개의 도표와 해설로 되어 있다. 십도(十圖)란 태극도(太極圖)·서명도(西銘圖)·소학도(小學圖)·대학도(大學圖)·백록동규도(白鹿洞規圖)·심통성정도(心統性情圖)·인설도(仁說圖)·심학도(心學圖)·경재잠도(敬齋箴圖)·숙흥야매잠도(夙興夜寐箴圖)의 10가지이다. 도표 가운데 5개는 천도에 근원하여 성학을 설명한 것이고 나머지 5개는 심성에 근원하여 성학을 설명한다. 7개는 옛 현인들이 작성한 것이고, 3개는 이황 자신이 작성하였다. 십도의 내용서술은 도표와 함께 앞부분에 경서(經書)와 주희(朱熹) 및 여러 성현의 글을 인용한 다음 자신의 학설을 전개하였다. ❍ 이황

성학집요(聖學輯要)

조선 중기 이이(李珥)가 1575년(선조 8) 제왕의 학문 내용을 정리해 바친 책. 8편으로 구성되었다. 서문에서 이이는 《성학집요》를 사서와 육경에 씌어 있는 도(道)의 개략을 추출하여 간략하게 정리한 것이라 밝히고 있다. 각 편의 내용을 보면 1편은 임금에게 이 책을 올리는 의미를 밝힌 '진차(進箚)'와 서문, 통설 등을 실었고, 2~4편은 '수기편(修己篇)'으로서 자기 몸의 수양에 대한 내용을, 5편은 '정가편(正家篇)'으로 가문을 바로하는 법을, 6~7편은 '위정편(爲政篇)'으로 올바른 정치의 방법을, 8편은 학문과 위정의 바른 줄기를 밝힌 성현도통(聖賢道統)을 담았다. 일반인 교육을 위한 《격몽요결(擊蒙要訣)》과 함께, 이이의 교육에 대한 대표적 저술이다. 이후 경연의 교재로 실제

국왕의 학문에 많이 이용되었지만, 일반 사족(士族)들의 학문에도 매우 중요한 저술이었다. ◆ 이이

성호사설(星湖僿說)

조선 후기의 학자 이익이 편찬한 학문과 사물의 이치를 기록한 유서(類書). 서명의 '사설'이란 아주 작은 논설이라는 뜻에서 저자가 붙인 것이다. 30권 30책의 이 책은 학문과 사물의 이치에 대해 제자들과 질의응답한 내용들을 모아 엮은 것이므로 일정한 체제를 갖추고 있지는 않다. 체제는 천지문(天地門)·만물문(萬物門)·인사문(人事門)·경사문(經史門)·시문문(詩文門) 등 5문으로 나누고 이를 다시 3천여 항목으로 세분하였다. 내용은 중국 고대에서 청대까지 내려오는 학술·사상·제도·풍속·지리·천문 등과 우리나라 고대에서 조선조까지의 정치·사회·경제·지리·풍속·언어·역사 등에 관한 사실들을 비롯하여 서양학의 유입에 대한 기록과 저자의 견해 등으로 되어 있다. ◆ 이익

세도정치(勢道政治)

조선 후기 왕실 외척을 중심으로 하는 특정 가문이 왕권을 대신해서 권력을 독점했던 정치형태. 세도정치란 처음에는 세도정치(世道政治)라 하였는데, 이때의 '세도'란 이상적 정치형인 왕도(王道)를 지칭하는 것으로 인격과 덕망을 갖춘 학자가 국왕의 신임을 얻어 통치권을 위임받아 나라를 다스린다는 것이다. 그러나 정조 사망으로 탕평책이 무너진 이후인 1800년(순조 즉위년)에서 1863년(철종 14) 사이의 정치는 선왕이나 왕후에 의한 권력위임은 있었을지 모르지만, 왕도정치와는 본질적으로 다른 특권적 문벌에 의한 귀족정치이며 독재정치의 성격을 가졌다. 이때의 '세도'를 정치권력을 독점하여 행사하였다 하여 '勢道(세도)'라고 한다. 세도정치는 1776년(정조 즉위년)에서 1779년까지의 홍국영(洪國榮)에 의한 세도가 그 효시라 할 수 있다. 홍국영은 정조가 왕위를 계승하는 데 세운 결정적인 공로로 누이동생을 원빈(元嬪)으로 들여보내는 한편, 정국운영의 전권을 위임받아 마음대로 권력을 휘둘렀다. 그러나 실질적인 세도정치는 1800년(순조 즉위년) 정조가 죽고 순조가 12세의 어린나이로 즉위하게 되자, 김조순(金祖淳)이 정조의 유훈을 받들고 자신의 딸을 왕비(純元王后)로 들이는 데 성공하면서 비롯되었다. 김조순은 1804년 정순왕대비(貞純王大妃)의 수렴청정 종식, 이듬해 사망을 계기로 정조의 측근인 시파계(時派系) 인물들을 결집하여 정순왕대비의 지원을 받은 벽파정권(僻派政權)을 뒤집었고, 1812년 이후 임금의 생모의 형제인 반남박씨세력을 약화시키는 데 성공하면서부터 안동김씨를 중심으로 하는 척신의 세도정권이 본격적으로 시작되었다. 그 뒤 효명세자(孝明世子 : 翼宗)의 빈으로 조만영(趙

萬永)의 딸이 간택되고 그 소생인 헌종이 8세의 나이로 등극하자, 헌종연간에는 헌종의 외척인 조인영(趙寅永)을 비롯한 풍양조씨가 세도정권을 주도하였다. 헌종이 후사없이 죽고 철종이 즉위하자 김문근(金汶根)의 딸이 왕비(哲仁王后)로 간택되면서 다시 안동김씨가 주도하는 세도정권이 지속되었는데, 철종연간은 중요관직을 안동김씨 일족이 독점하여 세도를 과시하는 방식으로 권력을 유지해갔다. 결국 순조·헌종·철종의 3대 60여 년간 계속된 세도정치로 왕실의 위신은 땅에 떨어졌고, 정치기강의 해이로 삼정이 문란해지면서 백성들의 생활은 도탄에 빠지게 되었다. 고종 초에 흥선대원군이 집권하면서 왕권강화 및 세도정치의 폐단을 시정하고자 안동김씨를 비롯한 외척세력들을 제거하는 한편, 각종 정치기구를 재정비하였으며, 과감한 인사등용책을 실시하였다.

세속오계(世俗五戒)

신라 진평왕 때 원광(圓光 : 555~638)이 화랑에게 준 다섯 가지의 교훈. 임금에게 충성할 것(事君以忠), 부모에게 효도할 것(事親以孝), 신의로써 벗을 사귈 것(交友以信), 전쟁터에 나아가 물러남이 없을 것(臨戰無退), 함부로 살생하지 말 것(殺生有擇) 등이다. 이 교훈은 화랑도의 신조로 추정되며 유교의 충·효·신 등과 상치되지 않도록 불교정신을 생활에 적용한 것이다.

세형동검(細形銅劍)

초기철기시대의 대표적인 청동단검. 검신(劍身)의 폭이 좁아 세형동검 혹은 좁은놋단검이라는 이름이 붙여졌으며, 한반도에서 집중적으로 출토되므로 한국식동검(韓國式銅劍)이라 부르기도 한다. 좁은 검신에 짧은 슴베(莖部 : 낫 등의 끝에 달려 자루 속에 끼워 고정시키는 부분)가 달려 있으며, 자루는 별도로 제작하여 달도록 고안되었다. 세형동검과 함께 동모(銅矛)·동과(銅戈) 등 무기류와 정교한 기하학무늬가 장식된 잔무늬거울(細文鏡)이 출토되고 있어서, 세형동검이 제작되던 시기에 청동주조기술이 절정에 이르렀음을 보여준다. 또한 남한지방에서는 세형동검과 함께 방패모양과 칼자루모양의 청동기 등 의식용 청동기가 있어 랴오닝지방 청동기문화와 밀접하며, 무구(巫具)로 보이는 각종 청동방울이 무덤의 부장품으로 같이 출토되었다. 세형동검은 기원전 1세기경에 중국 한나라에서 철기문화가 대량 보급되면서 사라지기 시작하는데, 한반도 남부지방에서는 기원후 1세기경에도 계속 사용되었음이 경상남도 창원 다호리 덧널무덤(土壙木棺墓) 유적에서 확인된다.

소(所)

고려시대 말단 행정구역 가운데 하나. 향(鄕)·부곡(部曲)·장(莊)·처(處)와 함께 부곡제(部曲制)를 구성하며, 왕실·관아에서 필요로 하는 수공업·광업·수산업 부문의 공물(貢物)을 생산하였다. 소의 주민들은 일반 양민과 달리 이러한 물품은 생산의 역을 부담했기 때문에 사회·경제적으로 어려운 처지에 놓여 있는 하층 양인신분 등이다. 발생 시기는 분명하지 않으나, 같은 부곡제에 포함되는 향과 부곡이 삼국시대부터 존재하였던 것과는 달리 고려시대에 들어와 공물의 확보를 위해 정책적으로 설정되었을 것으로 추정된다. 향·부곡이 농업 생산에 치중하였으나, 소는 중앙 정부에서 필요로 하는 각종 물품을 생산·공급하는 등 수공업 생산을 담당하였기에 금소(金所)·은소(銀所)·동소(銅所)·철소(鐵所) 등으로 불렸다. 소는 향·부곡이 호장 등 토착 관리가 통제하던 것과는 달리, 국왕의 권한 아래에서 소속 주·군·현의 기관을 통해 직접 장악되었다. 부담하는 공물(貢物)도 그 부과와 징수가 중앙 정부와 직결되었으며, 수취도 매우 가혹하였다. 소는 12세기 후반 이후 쇠퇴하였는데, 그 직접적인 원인은 국가의 수요가 소의 생산 능력을 초과하게 되자, 그 부담에 고생하던 소 주민들의 저항 운동이 격화되어 그 내부로부터 붕괴했다. 이후 사회적·정치적 변동, 즉 대토지 소유의 증가, 지배층의 갈등, 대외 전쟁 등으로 소에 대한 수탈이 크게 강화되었고, 이에 따라 소의 주민은 국가에 저항하거나 다른 지역으로 도망을 하였다. 이로써 고려 중기 이후 소 제도는 그 기능이 완전히 마비되었다. 고려말 조선초 군현제 정비과정을 통하여 군·현으로 승격하거나 소속 군·현에 흡수되어 완전 소멸하였다. ◐ 부곡

소도(蘇塗)

삼한시대에 제의가 행해지던 곳.《삼국지》에 "귀신을 믿어 국읍(國邑)에서는 각기 한 사람을 세워 천신(天神)에 대한 제사를 주관하게 했는데, 이를 천군(天君)이라 부른다. 또 여러 나라에는 각각 별읍이 있어 이를 소도라 부르며 큰 나무를 세워 방울과 북을 매달아놓고 귀신을 섬긴다. 다른 지역에서 그곳으로 도망온 자는 누구든 돌려보내지 않으므로 도적질하는 것을 좋아하게 되었다. 그들이 소도를 세운 뜻은 부도(浮屠)를 세운 뜻과 같으나 그 행해지는 바의 선악은 달랐다"라는 기록이 있다. 소도의 해석에 대해서는 그 견해차이가 상당하다. 민속학적 측면에서 소도는 마을의 원시 경계표였고 큰 나무를 세운 곳은 신성지역으로 간주되어 오늘날 민속의 솟대를 소도의 유풍으로 이해한다. 정치사적인 측면에서는 제정(祭政)이 분리되면서 소도는 청동기문화를 고수하는 토착세력이 종교적 제사권을 고수하면서 철기를 사용하는 부족이 통치하는 정치적 지배질서에 대해 대항하는 성격을 갖는다고 했다. 즉, 강력한 연맹왕국이 성립되지 않았던 삼한사회의 대국(大國)은 이웃의 작은 소국을 병합하여 소연맹국을 형성시켰는데, 이때 소연맹국 속에 복속되어 들어온 읍락이 별읍을 형성하여 소도라 불렸다는 것이다. ⑧ 별읍(別邑)

소론(少論)

조선 후기에 존재하였던 정치집단의 하나. 1680년(숙종 6)의 경신환국으로 집권하게 된 서인 가운데 김익훈(金益勳) 등이 남인을 정계에서 완전히 제거하고자 남인이 역모를 도모하였다고 고변하였는데, 추후 이것이 무고였음이 드러났다. 이에 무고를 한 김익훈의 처벌을 놓고 김익훈을 옹호하는 훈신세력인 서인의 영수 송시열과 김익훈을 처벌해야 한다고 주장하는 젊은 사류들의 지지를 받고 있던 박세채·윤증(尹拯) 간에 의견대립이 일어났다. 이 고변문제는 해결되지 않고 시간만 경과되었는데, 그 와중에 1684년 송시열의 문인이었던 최신(崔愼)의 윤증 비난상소를 시작으로 송시열·윤증 사제간의 사사로운 시비문제가 조정에까지 비화되면서 송시열을 지지하는 세력과 윤증을 지지하는 세력으로 나뉘어 대립하게 되었다. 결국에는 서인이 송시열·김수항(金壽恒)·민정중(閔鼎重)·김석주(金錫胄)·김익훈·이이명(李頤命) 등의 노론과 윤증·박세채를 비롯하여 조지겸(趙持謙)·오도일(吳道一)·박태보(朴泰輔)·남구만(南九萬) 등의 소론으로 분열되었다. 그러나 1689년의 기사환국으로 남인이 정권을 장악하고 서인이 몰락함으로써 노소론의 분열은 심화되지 않았다. 그후 노소론은 1694년 갑술환국으로 서인이 재집권하게 되면서 남인에 대한 처벌문제로 다시 대립되다가 1715년의 《가례원류(家禮源類)》의 간행문제로 서인은 완전히 노론과 소론으로 양분되었다. 이들의 분쟁이 심해지자 숙종은 1716년 윤증과 송시열의 시비문제에서 윤증이 잘못했다고 처분함으로써 정국은 노론중심으로 전개되었다. 1721년(경종 1) 소론이 지지하였던 경종이 즉위하자, 김일경(金一慶)·박필몽(朴弼夢) 등 소론은 신축환국과 임인옥사를 일으켜 노론을 축출하고 정권을 장악하였다. 그러나 경종이 재위 4년 만에 죽고 노론의 지지를 받던 영조가 즉위하면서 1725년(영조 1) 을사환국이 일어나 소론이 축출되고 새로이 집권한 노론의 보복으로 정국이 혼미를 거듭하게 되었다. 이에 영조는 1727년 노론을 축출하고 소론을 다시 등용하는 정미환국을 단행하여 정쟁을 중지시키고 정국의 안정을 도모하고자 하였다. 그후 정국은 영조의 탕평책으로 1740년의 경신처분(庚申處分)이 있기까지 소론 중심으로 유지되었다. 경신처분 후의 영조대에는 노론중심의 정국이었으나 소론 역시 탕평책 때문에 조정에 일부가 남아 있을 수 있었다. ● 노론·서인

소수서원(紹修書院)

1543년(중종 38) 경상북도 영주시 순흥면 내죽리에 설립된 우리나라 최초의 서원. 주세붕(周世鵬)이 풍기군수로 부임하여 백운동서원(白雲洞書院)을 설립한 것이 이 서원의 시초이다. 1544년 안축(安軸)과 안보(安輔)를 추가 배향하였으며, 1546년(명종 1) 안향의 후손인 안현이 경상도관찰사로 부임하여 서원의 경제적 기반을 확보하고 운영정책을 마련하면서 사학(私學)으로의 위치를

▶ 소수서원 강당

굳혀나갔다. 그 뒤 풍기군수로 부임한 이황은 백운동서원에 대한 사액을 요청하여 1550년 '소수서원'이라는 명종의 친필사액과 함께 4서5경·《성리대전(性理大全)》 등의 서적과 전답, 노비 등을 하사받았다. 최초의 사액서원이 된 후, 1633년(인조 11)에는 주세붕을 추가 배향하였으며 1868년(고종 5) 흥선대원군의 서원철폐 시에도 철폐되지 않고 존속하였다. 경내 건물 중 숙수사지당간지주(宿水寺址幢竿支柱)가 보물 제59호로 지정되었고, 그 밖에 국보 제111호인 회헌영정(晦軒影幀), 보물 제485호인 대성지성문선왕전좌도(大成至聖文宣王殿座圖), 보물 제717호인 주세붕영정 등이 소장되어 있다. 서원 전체가 사적 제55호로 지정되었다. ◐ 서원

속대전(續大典)

1746년(영조 22)에 《경국대전》 이후 공포된 법령 가운데에서 시행 가능한 법령만을 가려 편찬한 법전. 《경국대전》 이후 《대전속록》·《대전후속록》·《수교집록(受敎輯錄)》·《전록통고(典錄通考)》 등의 법령집이 간행되었으나, 이들 법전 사이에는 법령이 서로 모순되거나 이미 효력을 상실한 법령들이 나타나게 되었다. 이에 효력을 상실한 법령들을 버리고 시행 가능한 법령만을 가리기 위해 편찬한 법전이 《속대전》이다. 1740년 영조의 명으로 편찬작업이 시작되었으며, 1744년 11월 완성하여 1746년에 간행되었다. 6권 4책으로, 《경국대전》의 총 213항목 중에 76항목을 제외한 137항목을 개정·증보하고 호전·형전 등에 18항목을 새로 추가하였다.

속오군(束伍軍)

조선 후기에 편성된 지방군. 1592년(선조 25) 임진왜란이 발발하자 《기효신서(紀效新書)》의 속오법에 의해 편성된 지방군으로 양반·중인·양인·공사천 등으로 조직되었다. 1594년 황해도에서부터 편성되기 시작해서 1596년에 그 편성이 완료되었는데, 진관(鎭管)을 중심으로 각 이촌(里村)의 사정에 따라 편성되어 정유재란 때는 실전에 임하였다. 처음에는 병역을 지닌 양민이나 벼슬이 없는 16세 이상의 지방 양반 중에 조련을 감당할 자를 골라서 조직, 편성하였다. 그러나 전쟁이 끝나고 모든 것이 정비되어 가면서 이후에는 양

반계층은 빠진 양천혼성군(良賤混成軍)으로 변질되었으며, 1736년(영조 12) 이후에는 사천만으로 편성되었다. 속오군은 영장(營將)의 지휘아래 두었으며, 대(隊)-기(旗)-초(哨)-사(司)-영(營)의 속오법에 따라 편제하였다. 이들은 초관(哨官)의 지휘 아래 초 단위로 각 촌, 각 면마다 설치된 교련장에서 훈련을 하고, 유사시에는 영장의 인솔아래 전투에 참가하였다. 대는 대총(隊摠) 1명을 제외하고 10명으로 편성되었고, 3대가 1기, 3기가 1초, 5초가 1사, 5사가 1영으로 편제되어 약 2,500명이 1영에 속하도록 하였다. 속오군의 총수는 1636년(인조 14) 평안도를 제외하고 8만 6천여 명이었으나 1681년(숙종 7)에는 20여 만 명으로 급증하여 조선 후기 지방군의 주축이 되었다.

속오례의(續五禮儀)

1744년(영조 20) 《오례의(五禮儀 : 國朝五禮儀)》를 수정·보완한 의례서. 정식명칭은 《국조속오례의(國朝續五禮儀)》이다. 성종 때에 편찬된 《오례의》의 내용이 오랜 시간을 경과하는 동안 개정·폐지되어야 할 내용이 많이 나타나게 되자 1744년 영조의 명에 의해 수정·보완되어 편찬된 책이다. 5권 4책으로, 내용은 길례(吉禮)·가례(嘉禮)·군례(軍禮)·흉례(凶禮) 등으로 구성되어 있다. ➡ 국조오례의

속요(俗謠)

일반인 사이에서 생겨난 시가. 일반적으로 고려시대에 경기체가(景幾體歌)와 더불어 공존하던 고려속요를 말한다. 속요는 처음부터 어느 개인이 뚜렷한 창작의식을 가지고 만든 창작가요는 아니다. 형식과 주제는 연장체(聯章體)로 되어 있고, 3음보격이 중심으로 되어 있으며, 후렴구(또는 여음구)를 지닌다. 속요는 반복과 병치(竝置)와 후렴의 3가지 면에서 표현기교를 나타낸다. 《악학궤범》에 '정읍사'·'동동'·'처용가'·'정과정곡'이, 《악장가사》에 '서경별곡'·'청산별곡'·'정석가'·'사모곡'·'가시리'·'만전춘별사'가, 《시용향악보》에는 '상저가'·'유구곡' 등이 수록되어 있다. ⑧ 속가(俗歌)·잡가(雜歌)

속장경(續藏經)

고려시대 고려대장경(高麗大藏經)을 결집할 때 누락된 것을 모아 의천(義天)이 편집, 간행한 대장경. 의천은 송(宋)·요(遼)·일본 등지에서 대장경의 주석서인 장(章)·소(疏) 등을 구하여, 먼저 불서목록인 《신편제종교장총록(新編諸宗教藏總錄)》을 작성하고, 흥왕사(興王寺)에 교장도감(教藏都監)을 두어 1096년(숙종 1) 4,760여 권을 간행하였다. 초조대장경과 함께 대구(大邱) 부인사(符仁寺)에 보관되었다가 몽고 침입으로 소실되었으며, 일부만이 전한다. ➡ 초조대장경·팔만대장경

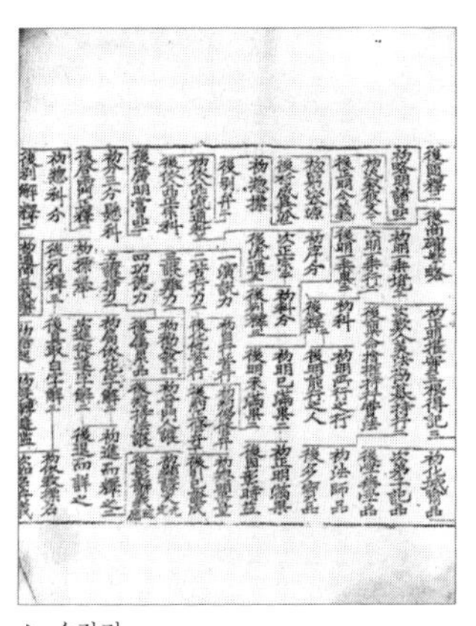

▶ 속장경

▶ 손병희

손병희(孫秉熙)

1861년(철종 12)~1922년. 초명은 응구(應九)·규동(奎東). 호는 소소거사(笑笑居士), 도호(道號)는 의암(義菴). 충청북도 청원출신. 근대에 동학 제3대교조를 지내고 3·1운동 당시 민족대표 33인의 한 사람으로 활동한 독립운동가·종교인. 1882년(고종 19) 동학에 입도하였으며, 1892년 교주 최제우의 신원운동에 참가하였다. 1894년 동학농민운동이 일어나자 북접군을 이끌고 농민운동에 참여하였으며, 이후 황해도·평안도 지역을 중심으로 포교활동에 전념하였다. 1897년 동학의 제3대교조에 추대되었다. 1901년 일본으로 망명, 이상헌(李祥憲)이라는 가명으로 권동진·오세창·박영효 등과 교유하면서 국내 동학교도들을 통솔하였다. 1904년 러일전쟁이 발발하자 일본과 합동하여 러시아를 축출하고 한국 정부를 개혁하여 정권을 장악할 목적으로 국내 교도들로 하여금 진보회를 조직하게 하였다. 그 뒤 진보회가 송병준의 일진회에 합류하여 친일화되자 손병희는 동학에서 일진회세력을 제거하고자 1905년 동학을 천도교로 개칭하였다. 1906년 1월 일본에서 귀국, 2월 서울 다동(茶洞)에 천도교 중앙본부를 설치하고 스스로 천도교 대도주(大道主)가 되어 정교분리를 표방하였으며, 9월에는 친일행위를 한 이용구(李容九) 등 62명에 대한 출교처분을 내렸다. 1907년 김연국(金演局)에게 대도주직을 물려주었다. 그는 종교활동 외에 교육활동에도 전력하였는데, 1910년 재정난에 빠진 동덕여자의숙을 지원하고 보성학원과 동덕여학교를 인수하여 교육활동에 종사하였다. 1910년 출판기관인 보성사(普成社)를 설립하여 〈천도교월보〉를 발행하였다. 이후 일제의 탄압 속에서도 천도교 교세 확장에 주력하였다. 1919년 3·1운동시 천도교측의 대표로 참가, 2월 27일 보성사에서 독립선언문을 인쇄하였고, 28일 자신의 집에 민족대표들을 모아 거사를 계획하였다. 3월 1일 기념식을 거행한 뒤 일본경찰에 자진 출두하여 1920년 징역 3년형을 언도받고 복역중 병보석으로 풀려났다가, 요양중 사망하였다.

255

손진태(孫晋泰)

1900~?. 호는 남창(南倉). 부산출신. 일제시대에 민속학연구에 힘쓰고 광복 후 신민족주의사관에 입각하여 한국사를 연구한 민속학자·사학자. 1927년 일본 와세다대학(早稻田大學) 문학부 사학과 졸업 후 민속학연구에 몰두하였다. 1932년 송석하(宋錫夏) 등과 함께 조선민속학회를 결성하였으며, 1933년 민속학회지인 《조선민속》을 창간하였다. 연희전문학교 및 보성전문학교 강사를 거쳐 1945년 서울대학교 교수가 되었다. 광복 후 신민족주의사관에 입각하여 한국사를 연구하다가 6·25전쟁시 납북되었다. 그는 민속학을 독자적 과학으로 인식하고 이를 학문으로 정립시키는 데 공헌하였으며, 민속학연구의 대상을 민간신앙·무속·생활민속·세시풍속·제도·전설 등으로 확대하였다. 저서로 《조선신가유편(朝鮮神歌遺篇)》·《조선민담집》·《조선민족설화의 연구》·《조선민족문화의 연구》·《조선민족사개론》·《국사대요》 등이 있다.

송(宋)

중국 역사상 960년에서 1279년까지 존속했던 왕조. 후주(後周)의 병마절도사 조광윤(趙匡胤 : 太祖)이 근위병의 추대를 받아 나라를 세우고 수도를 개봉(開封 : 京)에 정하였으며 강남지방의 10국을 평정하였다. 1127년 여진족이 세운 금나라의 침입으로 고종은 임안(臨安 : 杭州)으로 천도하여 이후에는 강남지방만을 다스렸는데, 1250년 칭기즈칸의 손자들이 이끄는 몽고군이 남송정벌에 나섰고 1276년 수도 임안이 함락되어 남송은 멸망했다. 그리하여 개봉시대를 북송(北宋)이라 하고 임안시대를 남송이라 한다. 송나라가 일어난 960년 전후의 고려는 제4대 광종의 치세로, 962년 광평시랑 이흥우를 송나라에 사신으로 보내 이로부터 양국의 교류가 시작되었다. 그러나 북방민족인 거란족과 여진족에 의해서 한때 단절된 적이 있다. 양국은 인적교류를 통해 사절과 예물 교환, 유학생 파견, 송상의 출입 등으로 정치적·문화적 관계가 밀접하였다. 고려와 송나라는 국교의 단속에 구애됨이 없이 무역을 통해 막대한 수량의 물물을 교류하였는데, 특히 고려는 송나라의 서적을 수집하는 데 많은 힘을 기울였다. 또한 송의 사악(詞樂)이 들어와 고려에서 송악이 떨쳤고, 1116년(예종 11)에는 휘종이 《대성아악》을 보내와 이로부터 우리의 음악은 종래의 향악·당악에 아악이 새로운 음악으로 첨가되어 국악에 큰 영향을 끼치게 되었다. 고려와 송은 요의 동태를 주시하며 국교관계를 유지하고 있었으나, 1115년(예종 15) 요군을 격파하고 쑹화강(松花江) 이동의 땅을 장악한 여진 완안부의 아구타(阿骨打)가 황제를 칭하고 금국을 세운 후 다시 그 관계가 흔들렸다. 송은 고려에 자국의 위급을 알리고 금을 협공하여 줄 것을 요청하였으나 금에 사대정책을 결정한 고려가 이를 거절, 양국 관계는 소원한 사이가 되었다. 송나라는 1142년 금에 세공을 바치고 신을 칭하게 되었고, 이후 고려도 주로 금나라와의 외교에 주력하게 되었다. 고려와 송나라는 주로 문화적인 교류를 하면서 서로 많은 귀화인을 맞이하였고 고려에서는 이들에게 벼슬을 주어 우대하였다. 이 중에는 문예·음률로써 이름을 떨친 사람도 많고, 남송이 멸망할 무렵에는 많은 송나라 사람이 고려에 귀화하였다.

송상(松商)

고려 및 조선시대에 개성(송도)을 중심으로 활동하면서 국내 상업과 대외 무역을 주도하던 상인. 개성은 고려의 도읍지로서 고려 초부터 시전(市廛)이 설치되어 국내 각지와는 물론 송·일본 등 외국과의 교역이 활발하였는데, 예성강 입구의 벽란도(碧瀾渡)는 대표적인 무역항이었다. 이 시기 상업활동을 주도하던 상인이 송상으로 이들은 조선시대에도 대표적인 사상(私商)으로서 국내 상업과 대외 무역을 주도하였다. 송상은 전국적인 행상 조직을 갖추면서 각 지방 상업 중심지에 송방(松房)이란 지점을 설치하고, 또 도고상업(都賈商業 : 매점 또는 독점상업)을 통해 상권을 장악하였다. 송상의 주된 상품은 인삼과 포목 등으로서 특히 인삼은 당시 국내외에서 수요가 많아 가장 많은 이윤을 내었다. 17,18세기에는 청·일과의 무역이 활발해지면서 동래의 내상(萊商), 의주의 만상(灣商)과 연계하여 중계무역을 주도하기도 하였다. 19세기에 이르러 전국적인 송방조직을 바탕으로 포목을 교역하였고, 목화밭을 입도선매하여 가격을 조종하기도 하였다. 송상이 조선 후기 상업계를 주도할 수 있었던 것은 개성이라는 입지조건과 아울러 지식층이 상업에 종사하여 지적 수준과 상술이 높았기 때문이었다. 이들은 투철한 상혼을 가지고 합리적인 경영방식을 개발해갔으며, 이로인해 서양보다 2세기나 앞선 사개송도치부법(四介松都治簿法)이란 복식부기를 고안하여 사용하기도 하였다. 그러나 개항 후 외국자본과의 경쟁에서 밀려 활동이 위축되었다.

송시열(宋時烈)

1607년(선조 40)~1689년(숙종 15). 자는 영보(英甫), 호는 우암(尤菴), 시호는 문정(文正). 본관은 은진. 조선 후기의 학자이며 정치가. 송갑조(宋甲祚)의 아들로, 김장생(金長生) 문하에 출입하였다. 1635년 29세 때에 봉림대군(뒤에 효종)의 사부로 발탁되었다가 병자호란으로 낙향한 후 학문에 전념하였다. 1649년 효종 즉위 직후 효종의 부름을 받고 상경하여 존주대의(尊周大義)와 복수설치(復讐雪恥)로 요약되는 그의 정치적 소신을 피력한 봉사(封事)를 제출하였다. 제1차 예송에서 송시열은 효종이 둘째아들이라는 이유로 기년설(朞年說)을 주장, 윤휴·허목 등 효종의 왕통계승을 강조하는 남인의 삼년상과 대립하였다. 현종대에는 우의정, 좌의정 등에 임명되어 잠시 조정에 나왔으나 대체로 산림에 머물며 학문에 전념하였다. 1674년(현종 14) 효종비 인선왕후(仁宣王后)의 죽음으로 예송이 일자 이번에는 남인의 견해가 채택되어 그는 국례를 어지럽힌 죄로 파직되고 이어 덕원·장기·거제 등으로 유배되었다. 1680년(숙종 6) 서인의 집권으로 유배에서 풀려난 후 1682년 김익훈(金益勳)의 징계에 소극적인 입장을 취한 일로 서인 소장층의 반발을 초래하였고, 묘비명의 일로 윤선거(尹宣擧)의 아들인 윤증(尹拯)과의 불화가 생겨 노·소 분당의 한 원인이 되었다. 1689년 숙종의 왕세자 책봉을 반대하는 상소를 올렸다가 제주에 유배당하였고 다시 국

▶ 송시열

문을 받기 위하여 서울로 압송되던 중 정읍에 이르러 사약을 받았다. 1694년 갑술환국으로 서인이 집권하면서 그의 관작은 회복되고 이듬해 시호가 내려졌다. 방대한 문집을 남겼는데 《송자대전(宋子大全)》(215권 102책)과 《송서습유(宋書拾遺)》(9권) 등이 있다.

㊨ 묘소는 충청북도 괴산군 청천면에 소재함. 이외에도 괴산군 내에 화양서원지·만동묘지·임서재 등

수덕사 대웅전(修德寺大雄殿)

충청남도 예산군 덕산면에 소재한 고려 후기의 목조불전(佛殿). 정면 3칸, 측면 4칸의 주심포계(柱心包系) 단층 겹처마 맞배지붕 건물이다. 건물의 정면에 3짝 빗살문을 달았고, 내부에는 우물마루가 덮여 있으며, 3개의 불단이 있다. 내부는 모두 연등천장이다. 1937년 건물을 수리할 때 나온 묵서명(墨書銘)에 의하여 1308년(충렬왕 34)에 지은, 건립연대가 확실한 한국 최고의 목조건물이다. 국보 제49호로 지정되었다.

▶ 수덕사 대웅전

수령(守令)

고려·조선시대 지방 군현에 파견된 지방관의 총칭. 삼국을 통일한 신라가

한 때 지방판을 파견하기도 하였으나, 고려 초기에 지방은 호족들의 자치에 맡겨졌다가 983년에 최초로 12목이 설치되고 지방관이 파견되었으며, 1018년에 지방제도가 정비되면서 4도호부사(都護府使)·8목사(牧使)·56지주군사(知州郡事)·28진장(鎭將)·20현령을 파견하였다. 수령이 파견된 곳은 주현(主縣)이라 하여 130여 개였으며, 나머지 370여 개의 속현은 수령이 파견되지 않고 주현의 수령이 이를 겸하였다. 시간이 경과하면서 수령이 파견되는 지역이 증가하였으며, 또 현에는 감무(監務)를 설치하여 속현을 줄였다. 조선시대의 수령은 부윤(府尹)·대도호부사(大都護府使)·목사·도호부사·군수·현령·현감 등으로, 그 품계는 종2품에서 종6품에 이르렀다. 수령은 행정상으로는 모두 관찰사의 관할 밑에 있었다. 수령은 수령칠사라는 덕목이 강조되었는데, 수령칠사는 농상을 성하게 하고(農桑盛), 호구를 늘리고(戶口增), 학교를 일으키고(學校興), 군령을 닦고(軍政修), 부역을 고르게 하고(賦役均), 사송을 간명하게 하고(詞訟簡), 간활을 그치게 하는 것(奸猾息)으로 이는 관찰사가 수령을 고과하는 기준이 되었다. 수령의 하부행정체계로는 향리와 면리임(面里任)이 있고 자문 및 보좌기관으로 유향소(留鄕所)가 있었다.

⑧ 사또 · 원님

수산제(守山堤)

서력 기원을 전후하여 조성된 경상남도 밀양(密陽)에 있었던 관개용 저수지. 벽골제·의림지와 함께 3대저수지로 꼽힌다. 수산제 주위 양동리·귀명리·동촌마을의 산등성이에서는 고인돌·돌덧널무덤·조개더미 등이 발견되었다.

▶ 수신사

수신사(修信使)

근대에 조선에서 일본에 파견하였던 외교사절. 종전까지는 통신사라 하였다. 수신사파견은 1876년 (고종 13) 〈강화도조약〉 체결 직후 부속조약의 협상을 원활히 하기 위해 일본이 초대외교의 형식을 취하여 조선에 사신을 파견해줄 것을 요청하자, 조선에서 김기수(金綺秀)를 정사(正使)로 파견한 것이 처음이다. 김기수·현석운(玄昔運) 등 수신사 일행 75명은 동년 4월 4일 서울을 출발하여 4월 30일 일본 시모노세키(下關)에 도착한 뒤, 약 2개월간에 걸쳐 일본의 근대시설인 군관학교 · 병영 · 병기창 · 조폐소 · 학교 · 공장 등을 시찰하고 윤5월 27일 귀국하였다. 1880년에는 원산 · 인천 등지의 개항장 개설문제, 무관세조항 개정문제, 미곡금수문제 등을 일본과 협의하기 위해 제2차수신사로 김홍집을 일본에 파견하였다. 일행 58명은 동년 5월 28일 서울을 출발하여 동년 11월 귀국하였다. 수신사일행은 귀국하여 일본의 근대화된 제도를 모방하여 조선의 제도를 개혁할 것을 주장하였다.

수신전(守信田)

조선 전기 과전(科田)을 지급받은 관리가 사망한 후 그 처에게 지급된 토지. 관리들의 사후 유족에 대한 생계유지를 위해 지급된 토지로 고려시대 전시과 체제의 구분전(口分田)을 계승한 것이며, 그 처에게 자식이 있을 때는 남편이 지급받은 과전의 전부를, 자식이 없으면 그 과전의 반을 지급하였다. 수신전을 받은 사람이 사망하거나 개가하는 등 신상에 변동이 생길 경우는 모두 속공하였다. 1466년(세조 12) 직전법이 시행되면서 이 지목은 폐지되었다.

수양개 → 단양 수양개유적

수어청(守禦廳)

조선 후기 인조 때 남한산성을 중심으로 도성 남쪽을 방어하기 위해 설치된 5군영(五軍營)의 하나. 《속대전》에 의하면, 1626년(인조 4) 남한산성을 개축하고 수어청을 설치하여 광주(廣州) 등의 진(鎭)을 통제한다고 되어 있으나 축성시의 기록에는 수어청을 설치한 기록은 없다. 초기에는 경기병마절도사 겸 총융사의 관할이었고, 1632년경부터 수어사(守禦使)를 임명했으나 총융사의 지휘를 받다가 1634년부터 수어사가 중심이 되어 모든 군사행정업무를 담당하게 되었다. 수어청은 1704년(숙종 30) 군제변통으로 3영 2부 체제가 완성되었는데, 광주에 전영(前營), 죽산에 후영, 양주에 중영을 설치하였다. 수어청 역시 다른 군영과 마찬가지로 경기도의 속오군을 중심으로 사(使)-중군(中軍)-별장(別將)-천총(千摠)-파총(把摠)-초관(哨官) 등의 지휘계통으로 통솔되었고, 유사시에는 3영의 속오군이 산성에 들어가 수비하였다. 2부는 수어청이 도성(都城)에 있을 때는 별장의 지휘아래 도성방어에 투입되었고, 남한산성에 있을 때는 좌별장인 여주목사와 우별장인 이천부사의 지휘를 받아 산성을 수비하였다. 수어청은 남한산성을 유사시의 집결지로 했으나 도성에 본청을 두어 경청(京廳)이라 하고 수어사가 집무하였고, 광주부윤을 부사로 임명하여 산성을 관할하게 하는 이원체계로 운영되었다. 1795년(정조 19) 경청을 폐지시켜 남한산성으로 옮기고 광주부윤을 유수(留守)로 올려 수어사를 겸하게 하였다. 1881년(고종 18) 장어영(壯禦營)이 설치되면서 폐지되었다.

순수비(巡狩碑)

왕이 순수(巡狩)한 곳을 기념하기 위해 세운 비석(碑石). 순수는 고대 중국에서 천자(天子)가 천하를 돌아다니며 천지산천에 제사하고, 지방의 정치·민정을 시찰하던 데서 유래하였으며, 진시황(秦始皇) 때부터는 순수 후 이를 기념하는 비석을 남겨 놓았다. 우리나라의 경우 현재까지 발견된 순수비로는 신라 제24대 왕 진흥왕(眞興王)에 세운 것으로 창녕(昌寧) 순수비(경남 창녕군 소재), 북한산(北漢山) 순수비(서울 소재), 황초령(黃草嶺) 순수비(함남 함주군 소재), 마운령(摩雲嶺) 순수비(함남 이원군 소재) 등이 있으며 이들은 대개 모두 진흥왕이 확장한 영토, 곧 당시 신라의 확장된 국경을 표시한다는 점에서 순경비(巡境碑) 또는 척경비(拓境碑)의 의미도 나타낸다.

승정원(承政院)

조선시대 왕명의 출납을 관장하던 기관. 1400년(정종 2)에 설치되었다가 한때 승추부(承樞府)에 통합된 적이 있으나 1405년(태종 5)부터 줄곧 독립관청으로 존속하였다. 국왕의 측근에서 왕명을 해당 관서나 관원에게 하달하거나 각 관서에서 올리는 진언을 왕에게 보고하는 일을 담당하였고, 6조의 업무를 분장하고 이와 관련한 국왕의 자문에 응하였으며, 그 밖에 중국사신의 접대와 관련된 일과 지방 민정시찰의 임무도 수행하였다. 관원으로 처음에는 정3품 당상관인 도·좌·우·좌부·우부·동부 승지 각 1인과 정7품 주서 2인을 두었는데 후기에는 정7품의 사변가주서(事變假注書) 1인을 더 두었다. 6승지는 분방(分房)하여 도승지는 이방, 좌승지는 호방, 우승지는 예방, 좌부승지는 병방, 우부승지는 형방, 동부승지는 공방을 각각 맡아 업무를 관장하였고, 주서는 《승정원일기》의 작성, 서적과 문서관리, 다른 관청과의 연락 등 행정사무를 담당하였다. 1894년(고종 31) 갑오개혁 때 승선원(承宣院)으로 개편되고 그 권한도 대폭 축소되었다. 동 정원(政院)·후원(喉院)·은대(銀臺)·대언사(代言司)

시사(詩社)

시를 짓고 즐기기 위하여 모인 모임. 중국 진(晉)나라 때 왕희지(王羲之)가 난정시사(蘭亭詩社)를 만든 데서 그 기원을 찾을 수 있는데, 우리나라에서는 고려시대의 기로회(耆老會)·죽림고회(竹林高會) 등이 이러한 성격의 모임이라 할 수 있다. 시사가 발달된 것은 조선시대로, 16세기경 낙송루시사(洛誦樓詩社)·자각시사(紫閣詩社) 등이 성립되었는데, 대체로 모임의 주도층은 양반들이었다. 조선 후기에 이르면 중인층이 주도하는 시사가 형성되기 시작하여, 천수경(千壽慶)과 장혼(張混)을 중심으로 결성된 송석원시사(松石園詩社:일명 玉溪詩社)가 대표적인 중인들의 위항시사이며, 기타 서원시사(西園詩社)·비연시사(斐然詩社)·직하시사(稷下詩社) 등이 성립되었다. 이같은 중인층 시사의 형성은 문화 향유층의 확산이라는 점에서 중요한 의미를 갖는다. 이들 중인층의 시사에서는 《소대풍요(昭代風謠)》·《풍요속선(風謠續選)》 등의 위항시집들이 간행하기도 하였다. ◐ 옥계시사·직하시사

시월유신(十月維新)

1972년 10월 17일 단행된 통치체제. 박정희대통령은 장기집권의 길을 마련하기 위하여 1972년 10월 17일 오후 7시를 기하여 전국에 비상계엄령을 선포하고, 4개항의 비상조치를 포함한 특별선언을 발표하였는데, 이를 10월유신이라 한다. 이 비상조치의 내용은 국회를 해산하고 정당 등의 정치활동을 중지시키며, 새로운 헌법개정안을 공고하여 국민투표로써 확정한다는 것이다. 이 비상조치에 따라 국회가 해산되고, 정부는 10월 27일 대통령선거제도를 직선제에서 통일주체국민회의대의원들이 선출하는 간선제로 개정하며, 대통령에게 긴급조치권·국회해산권 등 초헌법적 권한을 부여하고, 대통령의 임기를 4년에서 6년으로 연장한다 등을 내용으로 하는 헌법개정안(유신헌법)을 공고하였다. 11월 21일 국민투표에 붙인 결과, 91.9%의 높은 투표율과 91.5%의 찬성을 얻었으며, 이같이 확정된 유신헌법에 따라 11월 25일 〈통일주체국민회의 대의원선거법〉이 공포되고, 12월 15일 2,359명의 통일주체국민회의 대의원이 선출되었다. 12월 23일 통일주체국민회의 제1차회의에서 제8대대통령에 박정희를 선출함으로써 유신체제가 출범하였다. 유신체제는 의회주의와 삼권분립이라는 헌정체제와는 달리 강력한 통치권을 대통령에게 부여하는 권위주의적인 통치체제로서 박정희의 장기집권을 가능하게 하였다. 유신체제는 1979년 10월 26일 박정희가 시해됨으로써 종말을 고하였다. ◐ 박정희

시일야방성대곡(是日也放聲大哭)

1905년 11월 20일 장지연이 〈을사조약〉 체결에 분개하여 그 통분함을 토로한 논설. 1905년 11월 18일 〈을사조약〉이 체결되자 당시 황성신문의 주필이었던 장지연이 20일자 신문에 실은 국한문 혼용체로 된 논설이다. '이날에 목놓아 통곡하노라'라는 제목의 이 글에서 장지연은 〈을사조약〉에 서명한 대한제국의 매국대신들을 비난하는 동시에 이 조약의 체결로 2천만 국민이 노예가 되었다고 통분하고 동포들의 분기를 촉구하였다. 이 논설로 인하여 황성신문은 3개월간 정간되었고, 장지연은 90여 일간 투옥되었다.

시중(侍中)

(1) → 집사부(執事部)

(2) 고려시대 최고 정무기관인 중서문하성의 종1품 관직. 982년(성종 1)에 내사문하성(內史門下省)을 설치하면서 처음 두었으며, 1061년(문종 15)에 중서

문하성으로 개편할 때 정원과 품계를 정했다. 중서문하성의 실질적인 최고 관직으로서 수상의 지위를 차지하였으며, 정사당(政事堂)에서 정치를 의논하고 재추회의를 주관하는 등 국사를 주도하였다. 그 뒤 중서문하성이 첨의부(僉議府)·도첨의사사(都僉議使司) 등으로 개편되면서 시중의 명칭도 중찬(中贊)·정승(政丞) 등으로 바뀌었으며, 정원이 좌우 각 1인으로 늘어나기도 했다. 1356년(공민왕 5) 중서문하성이 복구될 때 다시 그 명칭이 회복되었으나 이후 몇 차례의 치폐를 반복하였다. 조선 건국 후 1401년(태종 1)에 의정부(議政府)가 설치되면서 정승(좌·우), 후에 의정(좌·우)으로 개칭되었다.

식년시(式年試) → 과거(科擧)

식목도감(式目都監)

고려시대 국가의 중요한 제도와 격식을 의정(議定)하던 기관. 도병마사와 함께 고려의 독자적 정치기구로 성종 말과 현종 초에 걸쳐 설치되었다. 주요 안건들은 합좌회의로 결정하고 결정된 사항은 식목도감사(式目都監使)를 통해 국왕에게 아뢰었다. 식목도감은 정무를 집행하지는 않고 단순히 의논하는 기능만 있었으며, 제정한 제도와 격식은 《식목편수록(式目編修錄)》에 수록하였다. 1310년(충선왕 2) 도평의사사(都評議使司)를 폐지하고, 식목도감을 강화하여 도평의사사의 기능을 대신하게 함으로써 최고 관청의 지위를 얻게 되었으나, 충혜왕 이후 도평의사사가 복구되면서 식목도감은 무력하게 되었다. 이후 조선 초까지 지속되다가 1412년(태종 12) 식목녹사가 의정부 안독녹사(案牘錄事)가 되면서 의정부에 흡수되었다.

신간회(新幹會)

1927년 2월 민족주의진영과 사회주의진영이 민족해방운동의 전개를 목적으로 결성한 단체. 1920년대 중반 민족주의진영과 사회주의진영 내에서 효율적인 민족해방운동의 전개를 위한 민족협동전선의 필요성이 제기되는 가운데, 1927년 1월 19일 홍명희(洪命熹)·권동진(權東鎭)·신석우(申錫雨) 등 27명이 신간회창립을 발기한 후, 2월 15일 서울의 기독교청년회회관에서 창립대회를 거행하였다. 강령으로 '정치적·경제적 각성을 촉진하며, 단결을 공고히 하고, 기회주의를 일체 부인한다'를 채택하였다. 창립시 회장에 이상재, 부회장에 권동진이 선임되었다. 신간회는 안재홍·신석우 등의 조선일보계와 권동진·이종린 등의 천도교 구파를 중심으로, 기독교계·불교계·유림계와 정우회(正友會) 등 사회주의계열이 참여하였다. 창립 후 신간회는 지회설립운동을 추진하여 동년 12월 말까지 104개의 지회를 설립하였다. 신간회의 활동은 사회적 활동과 정치적 활동으로 구분되는데, 사회적 활동이란 전국 순회강연을 통한 계몽운동, 생활권·생존권 수호운동, 반봉건운동 등이며, 정치적 활동이란 언론·출판·집회·결사의 자유에 대한 요구, 각종 악법의 철폐, 단결권과 파업권 보장 등에 관한 활동 등이다. 대표적인 것이 광주학생항일운동으로 이때 신간회에서는 진상조사단을 파견하여 일경의 부당한 조치를 비난하는 한편 이 운동을 전국적 차원의 민족운동으로 확산시키려 하였다. 그러나 신간회는 일제의 탄압과 내부의 이념 대립, 1928년 12월 발표된 코민테른의 〈12월테제〉에 영향을 받은 사회주의진영의 탈퇴 등으로 인해 결국 1931년 해산되고 말았다.

신기군(神騎軍)

고려시대 별무반(別武班) 부대의 하나. 신보군(神步軍)·항마군(降魔軍)과 더불어 별무반을 구성하였으며, 신기군은 기병부대(騎兵部隊)였다. 특수군대의 하나로 문무산관(文武散官)으로부터 서리(胥吏)·상인·복례(僕隷) 및 주·부·군·현에 있는 사람에 이르기까지 말을 가진 자는 이에 소속되었다.

○ 별무반

신돈(辛旽)

?~1371년(공민왕 20). 법명은 편조(遍照), 자는 요공(耀空), 호는 청한거사(清閑居士). 본관은 영산. 고려 후기 공민왕 때 개혁정치를 주도한 승려. 어머니는 계성현(桂城縣) 옥천사(玉川寺)의 비(婢)로서 어려서 중이 되었으나 어머니가 천하여 항상 산방(山房)에 거처하였다. 1358년(공민왕 7) 김원명(金元命)의 도움으로 왕을 만났고, 1364년 머리를 기르고 두타(頭陀)가 되어 궁궐을 출입하며 국정을 자문하였다. 1365년 최영을 계림윤(鷄林尹)으로 좌천시키고 이어 이구수(李龜壽)·양백익(梁伯益)·박춘(朴椿) 등 반대세력을 숙청하였다. 7월에 진평후(眞平候)로 봉해졌고 12월에는 취성부원군(鷲城府院君)에 제수되어 권력을 장악하였으며 이름을 돈으로 고쳤다. 1366년 전민변정도감(田民辨整都監)을 설치하여 권세가들이 불법으로 강탈한 전민(田民)을 돌려주었고, 다음 해 성균관 중수를 후원하여 성리학을 보급하였고 정도전·조준 등 신진사대부들을 정치세력화하는 계기를 마련하였다. 이후 개혁정치에 한계가 드러나자, 권문세족의 기반을 약화시키기 위해 평양으로 천도할 것을 추진했으나 실패하였다. 1370년 공민왕의 친정이 시작되면서 그의 권한이 약화되자, 1371년 반역을 도모하였으나 내통자가 있어 체포되었고 수원에 유배되었다가 곧 처형되었다.

신돌석(申乭石)

1878년(고종 15)~1908년. 본명은 태호(泰浩), 자는 순경(舜卿). 경상북도 영해출신. 근대에 경상도일대에서 활약한 평민출신의 의병장. 1896년 영해에서

▶ 신돌석 기념비

의병을 일으켜 활동하였다. 1905년 〈을사조약〉이 체결되자 재차 의병을 일으켜 경상북도와 강원도의 동해안 일대를 중심으로 활약하였다. 1907년 12월 관동의병장 이인영(李麟榮)을 중심으로 13도 의병이 연합하여 서울진공작전을 세우자, 경상도 의병을 대표하여 의병 1천여 명을 이끌고 합류하였다. 이후 울진·영해·안동·영양 등지에서 많은 전과를 올렸다. 1908년 10월 의병을 모집하던 중 부하에 의해 암살당하였다. 근대에 활약한 의병장 가운데 홍범도·김수민(金秀民) 등과 함께 대표적인 평민출신의 의병장이다.

신라관(新羅館)

신라인들이 거처하던 중국 산둥(山東)반도 등주부(登州府)에 있던 숙소. 등주는 신라의 사신이나 상인 및 유학생들이 삼국시대부터 황해를 건너 당나라의 수도인 장안(長安 : 西安)으로 들어가던 교통의 요충지였다. 이에 당나라에서는 장안으로 들어오는 신라의 사신·상인·유학생에게 숙소 제공과 접대 등의 편의 제공을 위해 등주와 등주에서 장안에 이르는 도로 연변에 신라관을 설치하였다.

신라방(新羅坊)

통일신라시대 당(唐)에 있었던 신라인의 거주지역. 당의 해안지방에 신라인이 이주하여 신라인의 집단거주지가 생기면서 등주(登州)·양저우(楊州)·자오저우(趙州)·쑤저우(蘇州)·항저우(杭州) 등에 신라방이 생겼다. 특히 등주에는 신라인을 관리하기 위한 총관(摠管)까지 두었고, 장보고(張保皐)의 해상활동으로 이곳이 더욱 번성하였다.

신라소(新羅所)

통일신라시대 당(唐)에 살고 있는 신라인이 설치한 자치기구. 신라방(新羅坊)에 거주하는 신라인은 해안지방의 등주(登州)·항저우(杭州)·쑤저우(蘇州)·양저우(楊州)에 신라소를 설치했다.

신라원(新羅院)

신라사람이 당나라에 세운 사찰의 총칭. 통일신라시기에 당나라와의 교역이 왕성해짐에 따라 신라인의 왕래가 많은 산둥반도나 장쑤성(江蘇省) 등에 신라인의 집단거주지인 신라방(新羅坊)이 생겼다. 이곳의 거류민들이 절을 세웠으며, 장보고(張保皐)의 법화원(法華院) 등 여러 사찰이 있었다.

신문고(申聞鼓)

조선시대 왕이 백성들의 억울한 사정을 직접 들어주고 무질서한 소송의 폐단을 방지하기 위해 대궐 밖 문루 위에 달았던 북. 1401년(태종 1) 7월 등문고(登聞鼓)를 설치, 백성들의 억울한 사정을 들어줌과 동시에 관리들의 부정한 관행을 사전에 예방하고자 한 것이 기원으로, 한 달 뒤에 신문고로 개칭되었다. 신문고는 국왕 직속기관인 의금부의 당직청(當直廳)에서 관장하였다. 신문고를 치기 위해서는 일정한 절차가 있었는데, 억울함을 호소하려는 자는 먼저 중앙에서는 주장관(主掌官), 지방에서는 관찰사에게 신고하고 2차로 사헌부에 신고하여 이를 해결하도록 하였으며, 여기서도 해결이 안 되는 경우에 최종적으로 신문고를 치도록 하였다. 이후 신문고 남용 현상이 일어나자 그 사용에 제한을 두어 형벌이 자기 자신에게 미치는 일, 부자(父子)를 분간하는 일, 적첩(嫡妾)을 분간하는 일, 양천(良賤)을 분간하는 일 등의 이른바 4건사(四件事)와, 자손이 조상을 위하는 일, 아내가 남편을 위하는 일, 아우가 형을 위하는 일, 노비가 주인을 위하는 일 및 기타 지극히 원통한 내용에 대해서만 신문고를 사용하도록 규정하였다. 태종대 설치된 신문고는 시간이 경과하면서 일시 폐지되었던 적도 있으며, 1560년(명종 15)~1658년(효종 9)에는 징이나 꽹과리를 치는 격쟁제(擊錚制)를 실시하여 신문고의 기능을 대행하도록 하였다. 1771년(영조 47) 신문고를 다시 부활시키고 병조에서 주관하게 하였으나 격쟁이 이용된 이후로는 유명무실해졌다.

신미양요(辛未洋擾)

1871년(고종 8) 미국 아시아함대가 제너럴 셔먼호(General Sherman號)사건을 계기로 강화도에 침입하여 발생한 사건. 미국은 1866년 제너럴 셔먼호가 평양에서 침몰한 사건을 계기로 조선의 개항문제에 적극적인 관심을 가지기 시작하였다. 1871년 미국은 아시아함대 사령관 로저스(J.Rodgers)에게 조선원정을 명하였으며, 로저스는 조선이 평화적 협상을 거부할 경우 군사작전에 의한 통상조약체결을 이루겠다는 계획을 수립하였다. 그 뒤 군함 5척을 이끌고 3월 27일 조선원정을 단행하여 4월 3일 남양만 앞바다에 이르렀다. 조선정부에서는 어재연(魚在淵)을 진무중군(鎭撫中軍)에 임명, 강화도로 파견하는 동시에 각 진영에서 차출한 6백여 명의 군사를 파견하여 대비하였다. 미국함대가 4월 14일 강화해협과 손돌목(孫項)을 거쳐 광성진(廣城鎭)에 이르자, 강화포대는 이를 내침으로 간주하고 포격하였다. 이에 미군은 미국함대 포격에

▶ 신미순의총 : 신미양요 때 전사한 장병 51인의 유해를 7기의 분묘에 합장한 것(인천시 강화군 소재)

대한 사죄와 손해배상 및 조선대표를 파견하여 협상할 것 등을 요구하였으나, 조선정부는 미국함대가 허가없이 강화해협을 항행한 것은 영토침략행위라고 비난하면서 미국의 협상요구를 거부하였다. 협상이 결렬되자 미군은 23일과 24일 초지진(草芝鎭)·덕진진(德津鎭)·광성진 등에 대해 함포사격을 가해 초토화시킨 뒤 상륙작전을 단행, 점령하였다. 당시 광성진에는 어재연이 수비병 6백여 명을 거느리고 수비하고 있었는데, 공격해오는 미군에 맞서 치열한 공방전을 전개한 끝에 어재연·어재순(魚在淳) 등 53명이 전사하였다. 미군은 초지진에서 광성진에 이르는 포대를 점령한 것으로 당초의 목표가 달성되었다고 판단하고 조선정부의 태도를 관망하였으나, 조선정부의 태도가 오히려 미국의 침공을 비난하는 등 강경하게 나오자 조선과의 통상조약체결을 단념, 5월 16일 철수하였다. 대원군은 미국함대의 철수를 미군의 패배로 간주하고, 보다 강력한 쇄국정책을 추진하겠다는 의지표명으로 전국 각지에 척화비를 세웠다.

신민부(新民府)

1925년 3월 만주 닝안현(寧安縣)에서 조직된 독립군단체. 1925년 3월 10일 대한독립군단·북로군정서 등이 통합하여 신민부를 조직하였다. 임원으로는 중앙집행위원회위원장에 김혁(金爀), 중앙집행위원회위원에 조성환(曹成煥)·김좌진 등이, 참의원의장에 이범윤(李範允), 군사부위원장 겸 총사령관에 김좌진이 선임되었다. 신민부의 조직은 중앙집행위원회·검사원·참의원으로 구성되는 삼권분립제도를 채택하였다. 또한 신민부는 항일전에 대항할 독립군의 편성과 훈련에 주력하여 500여 명으로 별동대와 보안대를 조직하였다. 신민부의 활동은 크게 민정과 군정으로 대별되는데, 둔전제(屯田制)를 실시하여 독립군의 인적 수요를 충당하였고, 50여 개의 소학교와 노동강습소를 설립하였으며, 수신·지리·역사 교재를 편찬하여 민족교육을 실시하는 한편,

기관지인 〈신민보〉를 간행하였다. 또한 순회강연 등을 통한 계몽활동을 전개하고, 공농제(公農制) 실시, 식산조합·소비조합의 설치, 공판제 실시 등을 통해 한인사회의 경제적 자립을 도모하였다. 군자금조달을 위해서는 의무금을 부과하였으며, 성동사관학교(城東士官學校)를 설립, 5백여 명의 독립간부를 양성하였고, 이와 함께 군구제(軍區制)를 실시하여 17~40세의 남자를 대상으로 군적을 작성, 비상시 정규군으로 동원하였다. 이외 별동대 등의 독립군을 국내에 파견하여 부일배 처단 및 친일단체 습격 등의 활동을 전개하였다. 신민부는 1927년 12월 열린 총회를 계기로 보다 적극적인 무장투쟁을 전개해야 한다는 김좌진 등의 군정파(軍政派)와 무장투쟁보다는 교육과 산업을 발전시켜야 한다는 최호(崔灝) 등의 민정파(民政派)로 양분되었다. 군정파는 참의부의 김승학(金承學) 및 정의부의 김동삼(金東三)·지청천 등과 함께 혁신의회를 조직하였고, 민정파는 참의부의 심용준(沈龍俊) 및 정의부의 현익철(玄益哲) 등과 함께 국민부를 결성하였다.

신민회(新民會)

1907년 4월 조직된 전국 규모의 항일비밀결사. 1907년 4월 안창호·양기탁·전덕기(全德基)·이동휘·이동녕·이갑(李甲)·유동열(柳東說) 등이 중심이 되어 조직하였다. 중앙에 회장·부회장·총감독·의사원(議事員)·재무원·집행원·감찰원을 두었고, 도에는 도총감과 의결기관인 평의원(評議員)을, 군에는 군감(郡監)과 평의원, 군감 밑에는 반(班)을 편성하였다. 신민회의 창립목적은 국권회복을 통한 자유독립국건설이었으며, 이를 위하여 국민에게 민족의식과 독립사상을 고취할 것, 동지를 규합하고 단합하여 국민운동의 역량을 축적할 것, 교육기관을 각지에 설치하여 청소년교육을 진흥할 것, 각종 상공업기관을 만들어 단체 재정과 국민의 부력을 증진할 것 등을 추진하였다. 신민회의 활동 가운데 가장 두드러진 것은 학교교육을 통한 구국운동의 전개였다. 이를 위해 신민회는 정주에 오산학교(五山學校), 평양의 대성학교(大成學校), 강화에 보창학교(普昌學校), 의주에 양실학교(養實學校), 선천에 신흥학교(新興學校), 경성에 경성학교(鏡城學校), 안악에 양산학교(楊山學校), 서울에 협성학교(協成學校) 등을 설립하였으며, 해서교육총회(海西教育總會)·연학회(練學會)·동제회(同濟會) 등의 학회활동과 계몽강연 등도 활발히 전개하였다. 또한 민족산업진흥운동을 전개하여 평양자기제조주식회사, 협성동사(協成同事), 상무동사(商務同事), 조선실업회사, 연초공장 등을 설립하였으나 큰 성과는 거두지 못하였다. 이외 합법적 외곽단체로서 청년학우회(靑年學友會)를 결성하여 청년운동도 전개하였으며, 태극서관(太極書館) 등을 통하여 출판운동도 전개하였다. 국외에 무관학교를 설립하여 독립군을 양성하는 동시에 독립군기지를 건설한다는 계획하에 1911년 만주의 류허현(柳河縣) 싼위안바오(三源堡)에 신흥무관학교를 설립하였다. 1911년 이른바 105인사건으로 회원들이 대거 검거되면서 조직이 드러나 해체되었다. ◑ 안악사건 · 백오인사건

신사유람단(紳士遊覽團)

1881년(고종 18) 일본의 근대문물과 국정을 시찰하기 위하여 파견되었던 시찰단. 흥선대원군 실각 이후 정권을 장악한 민씨척족세력은 제한적이나마 문호개방과 일련의 개화정책을 전개하여 외국으로부터의 선진문물을 수입하기 위한 구체적인 대책들을 강구하게 되었다. 그 결과 1880년 12월 선진문물제도를 수용하기 위하여 통리기무아문을 설치하였으며, 1881년에는 일본의 선진문물을 수입하기 위하여 일본에 시찰단을 파견하였는데, 이를 신사유람단이라 한다. 시찰단은 책임자인 조사(朝士) 12명, 각 조사 밑에 수원(隨員) 2명, 통사(通士) 1명, 하인 1명을 배치하여 1개반을 5명으로 구성하였으며, 전체 12개 반 총 62명으로 이루어졌다. 조사에는 조준영(趙準永) · 박정양 · 조병직(趙秉稷) · 민종묵(閔種默) · 홍영식 · 어윤중 등이 임명되었다. 시찰단은 1881년 1월 서울을 출발, 3월 하순 부산에 집결, 4월 10일 부산을 출발, 4월 28일 도쿄에 도착하였다. 시찰단은 74일간 도쿄에 체재하면서 요코하마(橫濱) · 오사카(大阪) 등지의 내무성 · 외무성 · 대장성 · 육군 및 기타 산업시설과 각종 학교 등을 시찰한 뒤, 윤7월 3일 부산에 도착, 9월 초 귀경하여 각 방면에 걸친 보고서를 고종에게 제출하여 개화정책추진에 기여하였다.

신사임당(申師任堂)

▶ 신사임당

1504(연산군 10)~1551(명종 6). 호는 사임당 · 시임당(媤任堂). 본관은 평산. 조선 전기 시 · 서 · 화에 뛰어났던 여인. 신명화(申命和)의 딸로 이원수(李元秀)의 아내이며 이이의 어머니이다. 외가인 강릉에서 태어났으며, 18세에 혼인하였으나 시집에서 살지 않고 강릉의 친정에서 머무르다가 38세 때 시집인 서울로 이사하였다. 시 · 그림 · 글씨에 모두 뛰어났는데, 그림은 풀벌레 · 포도 · 매화 · 난초 · 산수 등을 주 소재로 하여 섬세하게 그렸다. 작품으로는 여섯 폭짜리 초서와 한 폭짜리 해서가 있고, 그림으로는 〈자리도(紫鯉圖)〉 · 〈산수도(山水圖)〉 · 〈초충도(草蟲圖)〉 등이 있다. ㉤ 묘소는 파주시에 소재함.

신소설(新小說)

19세기 말에서 20세기 초에 걸쳐서 등장한 문학의 한 장르. 개화기소설이라고도 한다. 신소설은 근대적 자각의 징후를 드러낸 것이 대부분으로서 개화사상이나 자주독립의 의지, 신학문과 신교육, 신결혼관, 미신타파, 개화기의 정치적 부조리와 모순에 대한 비판 등을 주제로 삼고 있다. 한편 신소설은 이면적으로는 개화와 혁신에 대한 진지성보다 오락적 감각이나 사건 자체의 흥미에 치우쳐 통속화됨으로써 오히려 전시대의 판소리 소설류보다 후퇴된 것으로 평가받기도 한다. 그러나 신소설은 권선징악형 주제나 해피엔딩, 우연성과 비합리성 등 고대소설의 구조양식을 지니면서도 삶의 세부적인 면모를 다양하게 묘사하고, 사건을 시간의 흐름에 역행하여 짜내거나 개성적 인물의 창조, 구어체 한글 문장을 적절히 이용하였다는 점 등에서 그 성격이 고대소설과 근대적 사실주의 소설과의 중간형태라고 할 수 있다. 이인직의 《혈의 누》·《귀의 성》·《은세계》, 이해조의 《화의 혈》·《자유종》, 최찬식의 《추월색》·《안의 성》, 안국선의 《금수회의록》 등이 대표적이다.

신유박해(辛酉迫害)

1801년(순조 1)에 일어난 천주교박해사건. 1800년 순조 즉위 후, 섭정을 하게 된 노론벽파에 속한 대왕대비(貞純王后)가 남인과 시파세력(信西派, 천주교를 묵인하던 세력)을 제거하고자 천주교 배척이라는 표면적인 이유를 내세웠다. 1801년 1월 대왕대비가 오가작통법에 의거하여 전국의 천주교세력을 엄금·근절시키도록 하는 박해령을 내렸고, 이 박해령으로 최필공(崔必恭)·이가환(李家煥)·홍낙민(洪樂敏)·이승훈·권철신(權哲身)·정약종(丁若鍾) 등 주요 간부들이 옥사하거나 참수되었다. 충청도와 경기도 등에서도 천주교신자들이 참수되었고, 정약전(丁若銓)·정약용 형제가 귀양갔다. 그 뒤 3월 12일 중국인 신부 주문모(周文謨)가 자수하였다가 함께 활동하였던 강완숙(姜完淑)·이희영(李喜英) 등과 함께 참수되었으며, 강화도에 있던 은언군(恩彦君)과 그의 가족들도 주문모와 연루됨으로써 사약을 받았다. 이후 9월에 이르러 황사영(黃嗣永)의 백서(帛書)가 발각됨으로써 천주교신자들에 대한 박해가 더욱 심해졌는데, 백서 안에 담겨져 있던 5흉조(五凶條)가 정부를 자극하였기 때문이었다. 이에 황사영과 그의 동료들이 대역부도죄로 참수되었으며, 당시 옥에 갇혀 있던 신자들 대부분이 참수되었다. 신유박해는 동년 12월 대왕대비의 명으로 척사윤음이 반포되면서 끝을 맺게 되었다. 이때의 박해로 인해 1백여 명이 참수되었으며, 4백여 명이 유배되었다.

신윤복(申潤福)

1758년(영조 34)~?. 자는 입부(笠夫), 호는 혜원(蕙園). 본관은 고령. 조선 후

▶ 신윤복의 미인도

기에 활동한 풍속화가. 도화서(圖畵署)의 화원(畵員)으로 벼슬이 첨절제사(僉節制使)에 이르렀다. 김홍도로부터 많은 영향을 받았으나 자신만의 독특한 화풍을 완성하였다. 그는 무속이나 주막의 정경 등 일반 서민들의 생활상과 한량 및 기녀들을 중심으로 한 남녀간의 애정 등을 주요소재로 다루었다. 그의 표현기법은 남녀간의 낭만적인 분위기를 효과적으로 나타내기 위하여 배경의 설정을 중시하였으며, 한국적 미의식이 짙게 밴 곱고 산뜻한 색조와 가늘고 섬세하며 곡선적인 필선을 구사하였다. 특히 풍속화는 도시의 풍취와 시정 잡사 등을 배경으로 묘사하고 있어 당시 서울의 유흥적 생활상과 복식 및 풍물 등을 살필 수 있다. 한편 산수화는 담묵(淡墨)과 담채(淡彩)를 주로 사용하여 참신한 감각적 분위기를 표현하였는데, 이는 조선 후기 이색화풍(異色畵風)의 대두에 선구적 역할을 했던 윤제홍(尹濟弘)의 화풍과 유사하다. 그의 화풍은 조선 후기 화단에 많은 영향을 미쳐 작가 미상의 풍속화나 민화 등에서 그의 화풍을 따른 작품들이 많이 나타났다. 대표작으로는 〈미인도〉와 《혜원풍속화첩》에 수록된 〈단오도〉·〈무녀신무(巫女神舞)〉·〈선유도(船遊圖)〉·〈주막도〉·〈검무도(劍舞圖)〉 등이 있다.

신재효(申在孝)

1812년(순조 12)~1884년(고종 21). 자는 백원(百源), 호는 동리(桐里)·호장(戶長). 본관은 평산. 근대에 판소리를 이론적으로 정리한 관리·작가. 1850년(철종 1)까지 가사에 종사하다가 가산이 넉넉해지자 판소리연구에 전념하였다. 1876년(고종 13) 기민(饑民)을 구제한 공으로 통정대부(通政大夫)에 임명되었으며, 이어 가선대부(嘉善大夫)에 가자(加資)되고, 호조참판으로 동지중추부사를 겸직했다. 판소리를 집중적으로 연구하기 시작하여 판소리의 이론을 정립하였고, 종래 계통 없이 불려오던 광대소리를 춘향가·심청가·박타령·가루지기타령·토끼타령·적벽가 등 여섯 마당으로 정리 체계화하였으며, 그 대문과 어구도 개작하여 판소리 사설문학을 대성하였다. 특히 춘향전·박타령·토끼타령·심청전 등을 창극화하였으며, 이외 치산가(治産歌)·

십보가(十步歌)·오섬가(烏蟾歌) 등의 노래를 작곡하였다.

신증동국여지승람(新增東國輿地勝覽)

조선 전기 관찬으로 편찬된 인문지리서. 《동국여지승람》을 증보하여 수정한 책으로, 왕명에 의해 이행·윤은보·신공제·홍언필 등이 1530년(중종 25)에 완성하였다. 책머리에는 전국의 지도, 이행의 진전문(進箋文)·서문·교수관 원직명과, 노사신(盧思愼)의 〈동국여지승람〉 진전문, 서거정(徐居正)의 서문·찬수관직명 등이 수록되었다. 책 끝에는 홍언필·임사홍·김종직의 발문을 수록하였다. 경도·한성부·개성부·경기도·충청도·경상도·전라도·황해도·강원도·함경도·평안도 등으로 구성되었다. 각 도의 첫머리에는 그 도의 전도(全圖)를 싣고, 도의 연혁·관원·군명·풍속·묘사(廟社)·능침(陵寢)·궁궐·관부(官府)·학교·성씨·토산(土産)·효자 등을 실었다. 조선 전기 사회의 여러 측면을 엿볼 수 있다. 이 책은 일본 교토대학 소장본이 유일본이며, 1611년(광해군 3)에 복간한 목판본이 규장각 등에 소장되어 있다. 55권 25책이다.

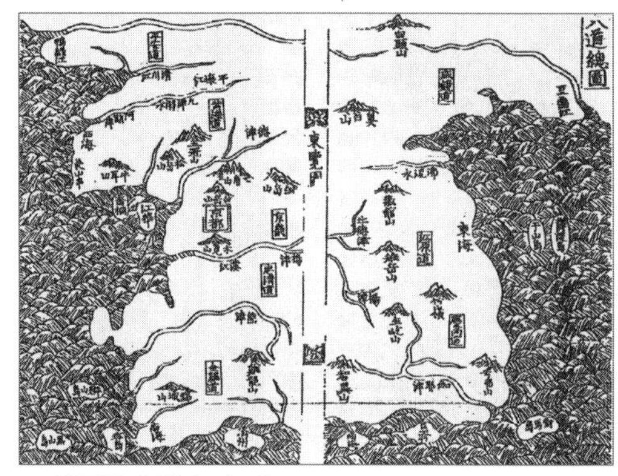

▶ 신증동국여지승람–팔도총도

신지(臣智)

삼한시대 군장(君長)에 대한 칭호. 국읍(國邑)에 거주하면서 군현과의 교역을 주관하고 다수의 소규모 집단을 통할하였다. 신(臣)은 진(秦, 辰)과 공통되는 음(音)이며, 지(智)는 치·지(支)와 마찬가지로 수장이나 족장을 뜻하는 '치'라는 토착어를 한자로 옮겨 쓴 것으로 이해된다.

신집(新集)

고구려 600년(영양왕 11) 태학박사(太學博士) 이문진(李文眞)이 왕명을 받아 편찬한 역사서. 국초부터 전해내려오던 《유기(留記)》 1백 권을 간추려서 편찬한 것으로, 고구려사의 발전에 따라 건국 이후의 역사를 재정리할 필요성이 제기되자 《신집》을 편찬하였던 것으로 추정된다. 모두 5권이었으나 전하지 않는다.

▶ 신채호

신채호(申采浩)

1880년(고종 17)~1939년. 호는 단재(丹齋)·일편단생(一片丹生). 초명은 채호(寀浩), 필명은 무애생(無涯生)·금협산인(錦頰山人)·연시몽인(嚥市夢人), 가명은 유맹원(劉孟源)·박철(朴鐵). 충청북도 청원출신. 일제시대에 활동한 언론인·민족주의 역사학자·독립운동가. 어려서부터 할아버지로부터 한학을 배웠고, 1897년 신기선(申箕善) 문하에서 학문을 배웠으며, 1898년 신기선의 추천으로 성균관에 입교하였다. 1901년 고향에 문동학원(文東學院)을 설립하여 애국계몽운동을 전개하였으며, 1905년 성균관박사가 되었고, 동년 장지연의 권유로 황성신문 주필로, 1906년에는 대한매일신보의 주필로 활동하였다. 1907년 9월 양기탁·이회영·안창호 등과 함께 신민회를 조직하는 한편 국채보상운동에 참여하였다. 1908년 대한매일신보에 〈독사신론〉 등을 연재하였으며, 동년 8월에는 기호흥학회에 가입하여 활동하였다. 1909년 청년학우회를 조직하였으며, 1910년 4월 안창호 등과 함께 중국에 망명하여 청도회의를 개최하고 한국의 독립운동방략을 논의하였다. 동년 무관학교의 설립을 위한 자금마련을 목적으로 러시아 블라디보스토크로 갔다가 그곳에서 해조신문(海潮新聞)·청구신문(靑丘新聞)·권업신문(勸業新聞) 등을 발행하였다. 1913년 신규식(申圭植)의 주선으로 상하이로 와서 동제사(同濟社)에 참여하였으며, 박은식·문일평 등과 함께 박달학원(博達學院)을 설립하고 교육운동에 종사하였다. 1915년 베이징에서 신한청년회를 조직하였고, 동년 《조선사》를 발간하였으며, 1916년 3월에는 중편소설인 〈꿈하늘〉을 집필하고, 8월부터는 대종교운동에 참여하였다. 1919년 4월 상하이에서 대한민국임시정부 수립에 참여하여 의정원의원에 선출되었으며, 7월 전원위원회(全院委員會) 위원장으로 임명되었다. 동년 10월 대한민국임시정부의 노선에 반발하여 모든 직책을 사임하였으며, 임시정부의 기관지인 독립신문에 대립되는 〈신대한(新大韓)〉을 창간, 주필로 활동하고, 대동청년단과 신대한동맹단을 조직하여 단장과 부단주(副團主)로 활동하였다. 1920년 4월 베이징에서 보합단(普合團)을, 9월에는 만주일대의 무장독립운동단체의 통합을 목적으로 군사통일주비회를 조직하였다. 1921년 4월 김창숙(金昌淑) 등과 함께 이승만의 위임통치청원을 규탄하는 성토문을 발표하였으며, 1923년 의열단장 김원봉의 요청으로 〈조선혁명선언〉을 발표하였고, 상하이에서 개최된 국민대표자회의에서 대한민국임시정부의 창조파일원으로 활동하였다. 1924년 베이징에서 다물단(多勿

團)의 선언문을 집필하였으며, 1925년부터 무정부주의운동에 참여하였고, 1927년 1월에는 신간회결성에, 9월에는 동방무정부주의연맹에 참여하였다. 1928년 5월 타이완에서 외국위체위조사건(外國爲替僞造事件)에 연루되어 다롄(大連)으로 이송되었다가 1930년 다롄지방법원에서 10년형을 선고받고 복역하던 중 사망하였다. 저서로 《조선상고사》·《조선사연구초》·《조선상고문화사》 등이 있다. ● 독사신론 · 대한민국임시정부

㉴ 생가(대전시 중구에 소재), 단재영각(충청북도 청원군에 소재)

신탁통치(信託統治)

1945년 12월 28일 모스크바삼상회의에서 결정된 한반도에 대한 미·소·영·중 4개국의 분할통치에 대한 결정. 한반도에 대한 신탁통치문제가 공식적으로 제기된 것은 1943년에 열린 워싱턴회담에서였으며, 그 뒤 카이로·테헤란·얄타·포츠담 회담 등을 거치면서 구체화되었다. 그러나 일본의 패망이 예상외로 빨리 다가오자 한반도를 미소 양국이 분할점령하게 되었고, 이러한 상황하에서 한반도문제를 다루기 위해 1945년 12월 16일부터 26일까지 모스크바에서 미·소·영 등 3국의 외상회의가 열렸다. 이 회의에서는 한

▶ 신탁통치반대운동

국에 임시민주정부를 수립하기 위하여 미소공동위원회를 설치하고, 한국을 5년간 미·소·영·중 등 4개국의 신탁통치하에 두기로 결정하였다. 이같은 모스크바삼상회의의 내용이 12월 28일 국내에 전해지자 국내 정치세력은 이에 대해 찬반 양론으로 분열되어 공산주의계열은 신탁통치찬성운동을, 민족주의계열은 신탁통치반대운동을 전개하였다. 특히 김구 등 대한민국임시정부계열에서는 반탁운동을 제2의 독립운동으로 규정하고 전국민궐기대회를 개최하는 등 적극적인 활동을 벌였다.

신한민국정부(新韓民國政府)

1919년 평안도일대에서 수립이 추진되었던 임시정부. 1919년 4월 17일 평안도 철산·선천·의주·평양 등지에 살포된 전단을 통해서만 확인될 뿐 수립인물이나 과정 등은 밝혀지지 않았다. 이 전단에 따르면, 신한민국정부는 민

주공화제를 지향하였으며, 각료는 집정관에 이동휘, 국무총리에 이승만, 외무부장에 박용만(朴容萬), 재무부장에 이시영, 교통부장에 문창범(文昌範), 노동부장에 안창호 등으로 구성되어 있다.

신한촌(新韓村)

1910년대 국외독립운동의 기지역할을 수행하던 러시아 연해주의 블라디보스토크에 있던 한인집단거주지. 연해주에는 1870년대 후반부터 한인이 집중되기 시작하여 1893년에 이르러 한인들만이 거주하는 전용거주구역이 설정되면서 이를 한인촌 또는 개척리(開拓里)라 하였다. 그 뒤 1911년에 러시아당국이 한인들의 거주지를 강제로 철거하자 한인들이 이곳에서 북쪽으로 2km 정도 떨어진 곳에 다시 정착하여 신개척지를 건설하고 이를 신한촌이라 하였다. 신한촌은 점차 한인 이주자가 늘어 1915년에는 약 1만 명에 달하였고, 항일민족운동가들의 집결지가 되었으며, 나아가 당시 국외독립운동의 기지로 발전하였다. 당시 이곳에서 활동하던 인물로는 이범윤·홍범도·유인석(柳麟錫)·이상설·이동녕·안창호·박은식·신채호·이동휘·문창범(文昌範) 등이 있다. 이때 일제는 약 1km 떨어진 지점에 영사관을 두고 신한촌을 감시하였다. 당시 이 지역에서는 권업회·대한광복군정부 등의 독립운동단체가 조직되어 한인사회의 정치적 지위향상을 위해 노력하였으며, 한인학교인 계동학교(啓東學校)가 설립되어 연해주지역 한인들에 대한 민족교육을 실시하기도 하였다. 그러나 1914년 제1차세계대전이 발발하여 러시아가 전시체제를 갖추게 되면서 신한촌에서의 민족운동은 침체되고 대신 그 중심지가 북간도로 옮겨가게 되었다. 그 뒤 1937년 극동한인의 중앙아시아로의 강제이주가 단행되면서 신한촌은 폐쇄되었다.

신흥무관학교(新興武官學校)

1919년 5월 만주 류허현(柳河縣)에 설립된 독립군 양성기관. 1911년 남만주 류허현 싼위안바오(三源堡)에 정착한 신민회의 이동녕·이회영 등이 자치기관인 경학사(耕學社)와 독립군 간부양성 기관인 신흥강습소(新興講習所)를 설치하였고, 이후 1913년 신흥학교로 개칭하였다. 1919년 5월 다시 신흥무관학교로 개편하였는데, 이때의 교직원으로는 교장에 이세영(李世永), 교감에 윤기섭(尹琦燮), 훈련감에 이장녕(李章寧), 교관에 박두희(朴斗熙)·성준용(成駿用) 등이 선임되었으며, 통화현·린장현(臨江縣)·하이룽현(海龍縣) 등에 분교를 설치하였다. 하사관반 3개월, 특별훈련반 1개월, 장교반 6개월과정 등 3개 교육과정을 두었고, 폐교될 때까지 2,100여 명의 독립군을 배출하여 이들이 청산리전투 등에 참여하였다. 1920년 폐교되었다.

실학(實學)

조선 후기에 대두되어 사회개혁에 새로운 방향을 전개시킨 일련의 개혁사상. 실학은 성리학의 공리공담을 반대하고 실정(實正)·실용·실증 정신을 학문의 요체로 하여 16세기부터 나타나 18세기에 전성을 이룬 유학의 한 학풍으로, 근대적 의식이 싹트면서 형성되었다. 실학은 현실적인 입장에서 실리를 중시하는 경세치용(經世致用)의 실천유학이다. 16세기 이후 성리학이 피폐된 사회를 바로잡지 못한 데 대한 반동의 내재적 요인과 중국을 통하여 유입된 서학의 영향으로 당시의 성리학체계에서 소홀하였던 사회의 현실문제에 대한 해결책을 추구하고자 하는 새로운 기풍에 의해 형성되었다. 이러한 실학사상의 학풍은 이이(李珥)에서부터 일기 시작하여 이수광·김육을 거쳐 17세기에 활동한 유형원에 이르러 본격적인 학문으로서의 성격을 띠게 되었다. 18세기의 실학사상은 이익을 대종으로 하여 제도개혁론을 주장하는 성호학파(星湖學派)와 홍대용·박지원·박제가 등 이용후생론(利用厚生論)을 주장하는 북학파(北學派)로 대별되는 새로운 학맥을 등장시켰다. 성호학파의 대종인 이익은 〈사칠신편(四七新編)〉을 저술하여 성리학에 대한 깊은 이해를 도모하였고, 청조를 통하여 들어온 서구의 자연과학사상을 비판적으로 흡수하여 천문·지리·역사·제도·풍속에 이르기까지 광범위한 문제를 취급한 《성호사설》을 저술하여 개혁론을 피력하였다. 이익을 비롯하여 성호학파를 형성한 사람들은 대부분이 권력에서 소외된 남인계층으로서 농촌에 한거하여 직접 생산에 종사한 탓으로, 주로 제도개혁면에 치중하는 경향을 보였다. 북학파는 그 당시 지배계층인 노론계열에 속할 뿐 아니라 도시적 분위기에서 성장하였기 때문에 자연히 그들의 관심도 이용후생론에 치중하였다. 그들은 직접 연행(燕行)을 통하여 청조의 선진문물을 목격한 후, 이를 적극적으로 수용하자는 북학론을 제기하였다. 북학파의 지도적 인물인 홍대용은 《임하경륜》·《의산문답》 등을 저술하여 농업문제를 비롯하여 선진기술문화의 장려, 신분제도의 철폐 등을 주장하였으며, 중국중심의 화이론(華夷論)을 거부하고 역외춘추론(域外春秋論)을 주장하여 국가의 상대적 자기 중심성을 인정함으로써 민족 주체성을 확립하고자 하였다. 박지원은 《열하일기》를 통해 청조의 수레·선박·기와·벽돌 등의 제도까지 세심히 관찰하여 우리 생활에 유용하게 이용할 방법을 강구하였으며, 상공업의 진흥에 커다란 관심을 가졌다. 박제가는 북학파에 있어서 공통의 학문태도를 이루는 청조문물의 수용론을 체계화시켰는데, 수레·배 등 교통수단을 비롯하여 우마(牛馬)·시정(市井) 등 청조의 견문으로 이용과 후생에 유용한 것들을 수록한 《북학의》를 저술하여 북학파 실학자 중에서도 가장 철저한 북학론을 주장하였다. 이러한 실학사상은 19세기 초반 정약용에 의해서 집대성되었다. 정약용은 과학·기술을 도입하는 것이 부국강병을 위하는 최선책이라 하며 선진기술의 도입을 적극 주장하였으며,

토지에 대한 사적 지주제를 철폐하고 공전제 원칙에 입각한 공동경작과 노동량에 의한 생산물의 공동분배를 내용으로 하는 여전제(閭田制)를 주장하였다. 실학은 천주교박해를 계기로 위축되었다가 김정희에 의해 실사구시(實事求是)학파가 등장하면서 큰 변화를 맞이한다. 김정희는 고증학이나 금석학 등의 실증을 통해 경학의 진의를 밝히고 이를 실천하고자 하는 실사구시론을 주장하였다. 그러나 김정희의 고증학적 경학연구는 단편적인 부분에 머무르고 체계화하지 못한 약점을 가지고 있다. 한편 최한기(崔漢綺)는 조선 후기 실학파의 마지막 인물로서 기(氣)의 개념을 통해 실학의 철학적 근거를 밝히려고 노력하였으며, 개국론을 적극적으로 주장하여 실학사상에서 개화사상에로의 전환에 있어 가교적 역할을 수행하였다. ⊙ 북학파

심훈(沈熏)

1901년~1936년. 본명은 대섭(大燮). 호는 해풍(海風)·백랑(白浪). 서울출신. 일제시대에 《상록수》 등의 장편소설을 발표한 소설가·시인·영화인. 1915년 경성제일고등보통학교에 입학하였으나 1919년 3·1운동에 가담하여 퇴학당하였다. 1920년 중국으로 망명하였다가, 1923년 귀국하여 프롤레타리아문학운동을 지향한 염군사(焰郡社)의 연극부에 가입하여 활동하였으며, 신극 연구단체인 극문회(劇文會)를 조직하였다. 1924년 동아일보사에 입사하였고, 1925년 영화 '장한몽(長恨夢)'에 이수일역으로 출연하였다. 1926년 우리나라 최초의 영화소설 〈탈춤〉을 동아일보에 연재하였으며, 동년 철필구락부사건(鐵筆俱樂部事件)으로 해직당한 후 일본으로 가서 영화수업을 받았다. 1927년 귀국 후 영화 '먼동이 틀 때'를 원작·각색·감독하여 공연하였다. 1928년 조선일보사에 입사하였으며, 1931년 경성방송국으로 옮겼으나 사상문제로 곧 퇴직하였다. 1932년 충청남도 당진으로 낙향하여 집필에 전념, 시집 《그날이 오면》을 출간하려 하였으나 검열로 무산되었다(1949년 유고집으로 출간됨). 1933년 장편소설 《영원의 미소》와 1934년 장편소설 《직녀성》을 조선중앙일보에 연재하였으며, 1935년 장편소설 《상록수》가 동아일보에 당선되었다. 본격적인 농민문학의 장을 개척한 작가로 평가되고 있다.

㉴ 필경사(상록수 집필장소, 충청남도 송악면 소재), 상록수 문학비(경기도 안산시 소재)

십삼도의군(十三道義軍)

1910년 6월 노령 블라디보스토크에서 조직된 항일의병군단. 당시 블라디보스토크는 한국에서 망명한 여러 의병세력들이 각각 독립된 상태로 활동하고 있어 효과적인 항일투쟁을 전개할 수 없었다. 이에 1910년 6월 유인석·이상설·이범윤 등이 중심이 되어 국내진공작전의 전개를 목적으로 십삼도의군을 조직하였다. 도총재에 유인석, 창의총재(彰義總裁)에 이범윤, 장의총재(壯義

總裁)에 이남기(李南基), 도총소참모(都總所參謀)에 우병렬(禹炳烈), 도총소의원에 홍범도·이진룡(李鎭龍)·안창호 등이 선임되었다. 십삼도의군은 의병운동계열과 애국계몽운동계열이 공동전선을 구축한 조직체였다. 십삼도의군은 조직 결성 후 국내진공작전을 전개하려 하였으나, 8월에 한국이 일제에 병합됨으로써 계획이 무산되었다. 이에 십삼도의군은 조직과 형태를 달리하는 항일투쟁을 모색, 동년 8월 23일 성명회로 확대되면서 해체하였다.

십이륙사태

1979년 10월 26일 박정희대통령이 중앙정보부장 김재규의 총탄에 맞아 시해된 사건. 1979년 10월 26일 밤 7시경 궁정동 안가에서 만찬 도중 김재규(金載圭)가 부하들과 함께 박정희대통령을 비롯하여 차지철(車智澈) 경호실장과 경호요원 4명을 살해하였다. 사건 당시 궁정동 별채에는 김재규의 초대로 정승화(鄭昇和) 육군참모총장이 와 있었는데, 총격 후 박정희의 사망을 알게 된 정승화는 전군에 비상태세를 발령하는 등 긴급조치를 취했다. 이후 국무위원과 군수뇌부가 모인 자리에서 김계원(金桂元) 대통령비서실장이 정승화에게 김재규가 범인임을 알려주자, 정승화는 보안사령관과 헌병감에게 김재규를 체포하도록 지시했다. 10월 27일 새벽에 열린 국무회의는 박정희의 시신을 확인하고서 새벽 4시를 기해 제주도를 제외한 전 지역에 비상계엄을 선포했다. 정승화가 계엄사령관으로 임명되었고 최규하(崔圭夏) 총리가 대통령권한대행을 맡았다. 11월 6일에 발표된 10·26사건의 전모는 다음과 같다. 당시 대통령으로부터 신임을 받던 김재규는 이 무렵 업무수행과정에서의 무능을 이유로 몇 차례 힐책을 받았고, 대통령에게 올리는 보고나 건의가 차지철에 의해 번번이 제재를 당하여 박정희대통령과 차지철경호실장에 대해 불만을 갖고 있던 중, 궁정동에서 만찬할 기회가 생기자 암살을 결심하고 암살 직후 쿠데타를 일으킬 것을 계획하였다. 그리하여 사건 당일 박대통령이 부마사태를 중앙정보부의 정보부재 탓으로 돌려 김재규를 힐난하자 이에 격분하여 박정희와 차지철에게 각각 두 발씩 쏘아 절명시켰다는 것이다. 대법원은 1980년 5월 20일 김재규·박선호(朴善浩)·이기주(李基柱) 등 5명에게 사형을 선고하고, 나흘 뒤 서울구치소에서 처형하였다.

십이사(十二司) → 통리기무아문(統理機務衙門)

십정(十停)

통일신라시대 군부대. 중앙의 9서당(誓幢)과 더불어 통일신라의 중핵을 이룬 군대로, 지방의 각 주에 배치하였다. 음리화정(音里火停 : 尙州)·고량부리정(古良夫里停 : 熊州)·거사물정(居斯勿停 : 全州)·삼량화정(參良火停 : 良

州)·소삼정(召參停 : 康州)·미다부리정(未多夫里停 : 武州)·남천정(南川停
: 漢州)·골내근정(骨乃斤停 : 漢州)·벌력천정(伐力川停 : 朔州)·이화혜정
(伊火兮停 : 溟州) 등이다. 10정은 8주에 1정씩 두고, 2정은 한주(漢州)에 두었
는데, 이는 한주의 지역이 넓은 데도 있지만 국방상 가장 중요한 지역이었기
때문으로 보인다. 정에는 대대감영기병(隊大監領騎兵 : 나마~아찬) 각 1명,
소감영기병(小監領騎兵 : 대사~기하) 각 2명, 대척 영기병(大尺領騎兵 : 대사
~기하) 각 2명, 삼천당주(三千幢主 : 사지~사찬) 각 6명, 삼천감(三千監 : 사
지~대나마) 각 6명 등 군관을 두어 군졸을 통솔하였다.

쌍성보전투(雙城堡戰鬪)

1932년 9월 한국독립군이 중국군과 연합하여 만주 쌍성보에서 일본군과 벌인
전투. 1931년 일본이 만주사변을 일으켜 만주국을 수립하고, 만주일대에서 활
동 중이던 한국의 독립군과 중국군을 공격하였다. 이에 지청천이 이끄는 한국
독립군은 중국 호로군과 연합전선을 결성하여 1932년 9월 19일 만주일대의
전략적 요충지이며, 물산의 집결지인 쌍성보를 공격하여 점령하였고, 3만 명
의 병력이 3개월간 지탱할 수 있는 물자를 노획하는 등 큰 성과를 올렸다. 그
러나 중국군 내부의 반란으로 인해 쌍성보를 곧바로 일본군에게 빼앗기게 되
었다. 이에 11월 17일 연합군은 재차 쌍성보를 공격하여 일본군과 만주군 1개
중대를 완전히 섬멸하는 대승을 거두었다. 그러나 11월 20일 연합군은 일본군
과 만주군 지원부대의 대반격을 받고 치
열한 공방전을 벌였고, 중국군이 일본군
에 투항하자 한국독립군은 쌍성보를 포
기하고 퇴각하였다. ◐ 한국독립군

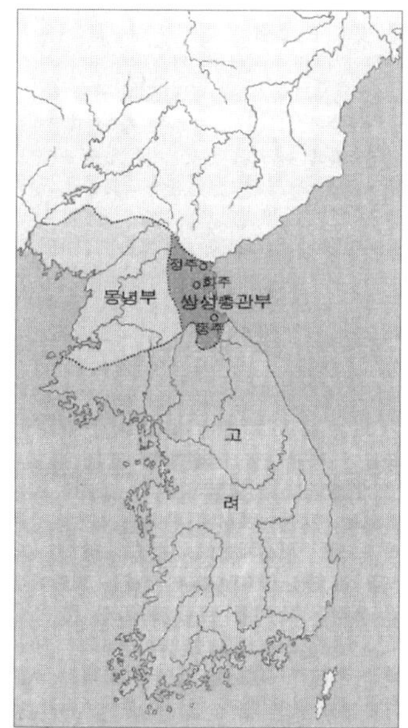

▶ 쌍성총관부 위치도

쌍성총관부(雙城摠管府)

원 간섭기인 1258년(고종 45)에 설치되
어 원나라가 동북면지역을 통치하던 기
관. 치소는 화주(和州 : 영흥)에 있었고
관할지역은 등주(登州 : 안변)·정주(定
州 : 정평)·장주(長州 : 장곡)·예주(豫
州 : 예원)·고주(高州 : 고원)·문주(文
州 : 문천)·의주(宜州 : 덕원)·선덕진
(宣德鎭)·원흥진(元興鎭 : 정평)·정변진
(靜邊鎭 : 영흥) 등이었다. 1258년 12월
조휘·탁청 등이 화주 이북을 몽고에 귀
부하면서 설치된 것으로, 조휘를 총관,

탁청을 천호(千戶)로 임명하여 관장토록 하였다. 1356년(공민왕 5) 5월에 동북면병마사 유인우(柳仁雨)를 중심으로, 쌍성 일대의 토착세력 조돈·이자춘 등의 협조를 얻어 쌍성총관부를 정벌하고 이 일대의 영토를 회복하였다.

한 국 역 사 사 전

아관파천(俄館播遷)

1896년 친러파와 러시아공사가 공모하여 고종과 황태자를 러시아공사관으로 모신 사건. 1895년 을미사변 이후 일본세력을 배경으로 집권하게 된 김홍집 내각이 단발령을 비롯한 각종 개혁을 단행하자 백성들이 단발령을 계기로 전국 각지에서 의병을 일으켰다. 이러한 가운데 이범진(李範晋)·이완용 등 친러파가 러시아공사 베베르(Waber)와 공모하여 고종을 러시아공사관으로 옮기고자 계획하였다. 1896년 2월 11일 친러파는 러시아군을 동원하여 고종과 황태자를 보호하여 정동의 러시아공사관으로 옮겨 모셨다. 러시아공사관에 도착한 고종은 즉시 김홍집·유길준·정병하(鄭秉夏) 등을 역적으로 규정하고 사살할 것을 명하였으며, 이에 김홍집·정병하·어윤중이 군중에게 피살되고, 유길준·장박(張博) 등은 일본으로 망명하였다. 이후 박정양·이범진·이완용·윤치호 등을 중심으로 한 친러파정부가 수립되었으며, 러시아는 조선의 내정을 간섭하며 각종 이권을 차지하였다. 그 뒤 독립협회를 중심으로

▶ 아관파천

고종의 환궁을 요구하는 여론이 제기되자, 고종은 아관파천 1년 만인 1897년 2월 경운궁으로 환궁하였으며, 8월에는 연호를 '광무(光武)'로, 국호를 '대한제국(大韓帝國)'으로 개칭하고 대한제국이 자주독립국가임을 내외에 천명하였다.

아방강역고(我邦疆域考)

1811년(순조 11)에 정약용이 우리나라 강역에 관하여 편찬한 역사지리서. 10권 2책의 아방강역고는 기자조선에서 발해에 이르는 우리나라 강역의 역사에 대하여 고증한 책으로 내용의 대부분은 한사군·발해·북로(함경도)·서북로(평안도) 등 북방의 강계에 관한 것이다. 1903년 장지연이 증보하여 《대한강역고》라는 책명으로 간행하였다. ◐ 정약용

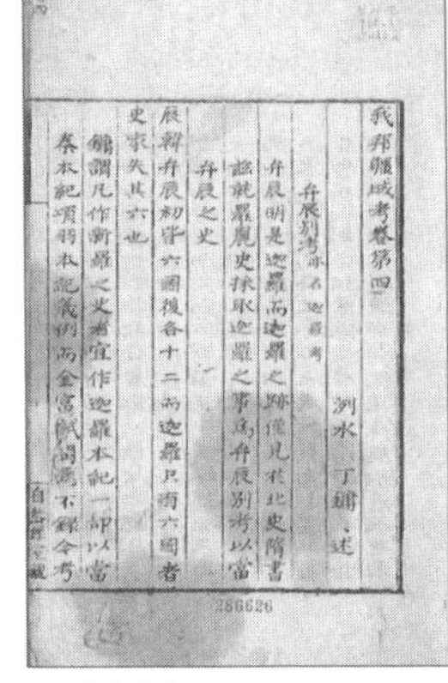

▶ 아방강역고

아비지(阿非知)

7세기. 백제의 장인(匠人)으로 황룡사 9층탑의 건립에 참여했던 공장(工匠). 자장(慈藏)이 황룡사 9층탑을 세울 때 선덕여왕의 초청으로 신라에 가서 탑을 완성하였다. 《삼국유사》에 의하면 탑을 세울 때 백제가 망하는 꿈을 꾸고 중단하려다가, 뇌성이 울리면서 노승과 장사가 나타나 절의 기둥을 세우는 것을 보고 백제의 시운이 다하였음을 알고 탑 건립을 계속하였다고 한다.

아악(雅樂)

의례나 제례 등에서 사용되던 궁중 음악. 고대 중국을 기원으로 하여 한국·일본·베트남 등에 널리 전해진 음악으로, '아정(雅正)의 악(樂)'이란 뜻이며, 국가의 장엄함을 나타내기 위하여 연주되었다. 대규모의 악기 편성으로 연주되고, 가무(歌舞)가 따르는 수가 많다. 우리나라에는 1114년에 송나라에서 중국의 속악(궁정악)인 신악(新樂)의 악기·곡보 및 지결도(指訣圖)를 보내온 데 이어, 1116년에는 다시 대성아악(大晟雅樂)을 보내 준 것이 아악 도입의 시초이다. 고려 명종(明宗) 때부터 악기와 악식을 제대로 구비하지 못하고 아악의 본모습을 상실했다가 조선시대 세종(世宗)대에

▶ 아악의 재현 모습

이르러 대대적으로 정비되었다. 그러나 연산군에 이르러 회례연(會禮宴) 등에도 기악(妓樂)이 등장하여 아악은 급격히 기울기 시작하였고, 임진왜란 및 병자호란 등 전란을 겪는 동안 악인(樂人)과 악기가 산실되었다가 1647년(인조 25) 이후에야 겨우 종묘·사직·문묘 기타 다른 제향에 아악을 다시 쓰게 되었다. 지금은 공자의 제향시 사용되는 문묘제례악 중 석전악(釋奠樂)의 일부와 팔일무(八佾舞)가 연주되고 있다.

아직기(阿直岐)

4세기 후반 ~ 5세기 전반. 백제 근초고왕대에서 아신왕 사이에 문화와 학술을 일본에 전파한 학자. 일본측 문헌인 《일본서기(日本書記)》와 《고사기(古事記)》 등에 보이며, 아직기 이외에도 아지길사(阿知吉師)라는 이름으로 나온다. 일본에서 목마술과 유교경전을 가르쳤다고 한다. 아직기는 야마토(大和) 조정에서 기록을 담당한 아치키기노후미히토(阿直史)의 시조가 되었다.

악학궤범(樂學軌範)

조선 전기 의궤(儀軌)와 악보를 정리하여 편찬된 음악서적. 1493년(성종 24)에 성현(成俔)·유자광(柳子光) 등이 왕명을 받아 편찬하였다. 내용은 권1에 60조도(調圖), 권2에 아악진설도설(雅樂陳設圖說)과 속악진설도설(俗樂陳設圖說), 권3에 고려시대의 당악정재(唐樂呈才)와 속악정재(俗樂呈才), 권4에 성종조의 당악정재도의(唐樂呈才圖儀), 권5에 성종조의 향악정재도의(鄕樂呈才圖儀), 권6에 아부악기도설(雅部樂器圖說), 권7에 당부악기도설(唐部樂器圖說), 권8에 당악정재의물도설(唐樂呈才儀物圖說)과 향악정재악기도설(鄕樂呈才樂器圖說), 권9에 관복도설(冠服圖說) 등으로 구성되었다. 임진왜란 이후인 1610년(광해군 2)에 복각되었으며, 1655년(효종 6)과 1743년(영조 19)에 다시 복각되었다. 현재 1610년의 복각본이 규장각에 소장되어 있고, 임진왜란 이전본은 일본의 호사(蓬佐)문고에 있다. 9권3책으로 활자본이다.

안견(安堅)

15세기. 자는 가도(可度)·득수(得守), 호는 현동자(玄洞子)·주경(朱耕). 본관은 지곡(池谷). 조선 전기 독자적인 화풍을 완성한 도화원 소속 화가. 세종연간에 도화원 화원으로 종6품인 선화(善畵)를 거쳐 정4품인 호군(護軍)에 이르렀는데, 안평대군의 후원을 받으며 활동하였다. 그의 작품으로는 안평대군의 초상화를 비롯해 이사마산수도(李司馬山水圖), 팔준도(八駿圖), 몽유도원도(夢遊桃源圖), 대소가의장도(大小駕儀仗圖), 동궁의장도(東宮儀仗圖) 등이 있다. 안견화풍이라고도 하는 그의 화풍은 특히 산수화에서 북송대의 곽희파(郭熙派)와 남송대의 마하파(馬夏派) 등 다양한 화풍을 토대로 하여 자신의 조선적인 화풍을 완성한 것이다. 경물(景物)들이 흩어져 있으면서도 서로 조화를 이루는 구도상의 특색을 비롯하여 공간개념과 필법 등에서 조선적인 특징을 나타내고 있다. 그의 화풍은 조선 전기 및 중기의 조선화단은 물론, 일본 무로마치시대(室町時代)의 수묵산수화의 발전에 큰 영향을 미쳤다. 1447년에 그린 몽유도원도(日本 天現大學 소장)가 그의 유일한 진작으로 전한다.

◐ 몽유도원도

㉠ 곽희파(郭熙派)화풍 : 곽희가 이성(李成)의 제자이기에 이곽파(李郭派)라고 하며, 고원(高遠)·평원(平遠)·심원(深遠) 등 삼원법(三遠法)을 채용한 화풍이다. 11세기 고려에 유입되어 불화의 배경 산수로도 통용되었으며, 안견의 몽유도원도는 그 화풍이 채용된 대표적인 작품이다.

㉠ 마하파(馬夏派)화풍 : 마원(馬遠)과 하규(夏珪)의 화풍으로, 화면의 한쪽 구석에 무게가 주어지는 일각구도(一角構圖)를 채용한 화풍이다. 근경(近景) 중심의 구성으로 보이며, 경물(景物)의 생략으로 과도한 정도의 여백을 증대시켜 서정성을 강조한다.

안동도호부(安東都隱雙府)

삼국통일과정에서 당(唐)나라가 고구려의 옛 땅에 설치한 최고 군정기관(軍政機關). 668년(문무왕 8) 고구려를 멸망시킨 뒤 당나라에서는 영토를 9도독부(都督府)·42주(州)·100현(縣)으로 나누고, 이를 관장하기 위하여 평양에 2만 명의 군대를 배치하고 안동도호부를 설치하여 당나라 장수 설인귀(薛仁貴)를 도호부사로 삼아 통치하도록 하였다. 그러나 신라 및 고구려 유민들의 저항으로, 당은 676년 평양을 버리고 도호부를 랴오둥(遼東)의 고군성(故郡城 : 瀋陽省 遼陽)으로 옮겼다가 677년에는 신성(新城 : 瀋陽省), 705년에는 평주(平州)·요서(遼西)군 등으로 옮겼으며 안녹산(安祿山)의 난을 계기로 756년(경덕왕 15)에 폐지되었다. **◑ 계림도독부·웅진도독부**

안병찬(安炳瓚)

1854년(철종 5)~1921년. 일명 병찬(秉瓚·炳璨), 자는 치규(穉圭), 호는 규당(規堂). 충청남도 청양출신. 대한제국시기에 홍주일대에서 활약한 의병장이자 일제시대에 대한민국임시정부 법무차장 등을 지낸 독립운동가. 1894년(고종 31) 홍주향교의 교임(校任)을 지냈으며. 1895년 을미사변과 단발령이 시행되자 김복한(金福漢) 등과 함께 홍주에서 의병을 일으켰으나, 관찰사 이승우(李勝宇)의 배반으로 일본군에 붙잡혔고, 10년 유배형을 받았다가 특사로 풀려났다. 1905년 법부주사로 재직중 〈을사조약〉이 체결되자 조약의 폐기와 을사오적의 처단을 요구하는 상소를 올렸다. 1906년 홍주에서 재차 의병을 일으켜 민종식(閔宗植)과 연합하여 참모로서 활동하다가 홍주성전투에서 패배하여 피신하였으나, 1907년 체포되어 제주도로 유배되었다. 1919년 만주로 망명, 4월 안둥현(安東縣)에서 대한독립청년단을 조직하고 총재에 취임하여 항일투쟁을 주도하다가 일본군에 체포되어 복역중 병보석으로 풀려났다. 동년 11월 콴뎬현(寬甸縣)으로 가서 대한청년단연합회를 조직하고 총재로 활동하였다. 1920년 대한민국임시정부에 참여하여 법무차장·임시법률기초위원회 위원장에 선임되었다. 1921년 5월 고려공산당에 가입하여 중앙위원으로 활동하였으며, 동월 이르쿠츠크에서 개최된 제1회한인공산주의자대회에 참석하여 중앙집행위원에 선임되었다. 7월 상하이로 돌아와 고려공산당 상하이지부를 조직하고 활동하였으나, 1922년 반대파 공산당원에게 암살당하였다.

안승(安勝)

7세기. 고구려 말기의 왕족. 보장왕의 서자로 고구려 멸망 후 검모잠(劍牟岑)에 의해 왕으로 추대되었다. 이후 신라에 의해 금마저(金馬渚)에 있으면서 고구려왕, 보덕왕(報德王) 등에 봉해졌다. 당나라 고간(高侃)이 이끄는 군대에 대한 대처방법을 놓고 검모잠과 대립하다가 그를 살해하였다. ● 검모잠(劍牟岑)

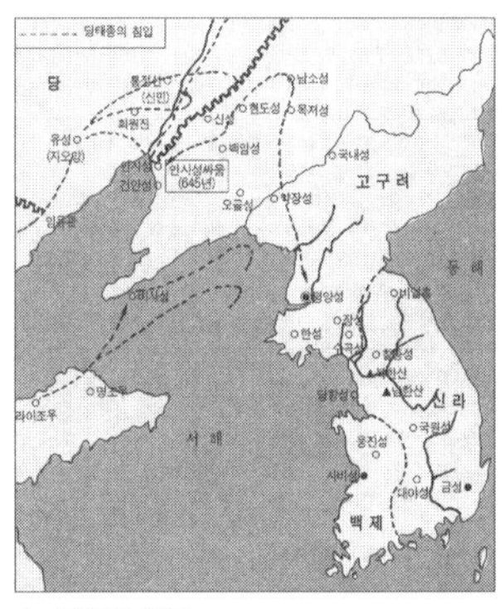

▶ 안시성 전투

안시성전투(安市城戰鬪)

645년(보장왕 4) 고구려군이 당나라 군대를 안시성에서 물리친 전투. 안시성은 요동반도에 위치한 성이다. 수의 뒤를 이은 당나라가 세계제국을 목표로 여러 나라를 침략하던 시기 고구려에서는 연개소문이 정변을 일으켜 집권하고, 그에 따라 대외정책도 강경일변도로 진행되었다. 이에 당나라 태종은 연개소문의 국왕 살해를 문책한다는 구실을 내세워, 645년(보장왕 4) 공격을 감행, 요동성 등을 점령하였다. 이후 안시성에 도착한 당나라 군사는 이를 함락시키고자 하루 5∼6회씩 60여 일에 걸쳐서 포위, 공격하였으나, 안시성 성주와 성 주민의 완강한 저항에 부딪혀 실패하였다. 당군이 철군하던 날 안시성 성주는 성루에서 당 태종에게 송별의 뜻을 고했고, 당 태종은 비단 100필을 보내 예를 표했다고 한다.

안악사건(安岳事件)

1910년 12월 안명근(安明根)이 데라우치(寺內正毅) 조선총독을 암살하려다 실패한 사건. 1910년 국권피탈 후 서간도로 망명하여 무관학교설립을 계획하던 안명근은 11월 입국하여 황해도지역을 중심으로 모금운동을 전개하다가 밀고를 받아 수배되자 은신하였다. 그러던 중 데라우치총독이 압록강철교 준공식에 참석한다는 소식이 전해지자 데라우치총독을 암살하기로 결심하고 12월 27일 신천역에서 잠복하고 있다가 사전에 발각되어 체포되었는데, 이를 안악사건이라고 한다. 이 사건과 관련하여 황해도일대에서 활동 중이던 애국지사 160여 명이 검거되었다. 그런데 일제는 이 사건을 당시 황해도일대에서 배일운동을 전개하고 있던 신민회가 조정한 것이라고 사건을 조작하여 신민회회원 600여 명을 검거하였고, 이 가운데 105인에게 실형을 선고하였으니 이것이 이른바 105인 사건이다. ● 백오인사건

안압지(雁鴨池)

신라의 수도 경주의 궁성 안에 조성한 연못. 《삼국사기》 문무왕 14년(674) 조(條)를 보면 궁성 안에 못을 파고 산을 만들어 화초(花草)를 기르고 진금이수(珍禽異獸)를 길렀다고 하며, 안압지는 바로 그때 판 연못으로 임해전(臨海殿)에 딸린 것으로 추정된다. 동서 200m, 남북 180m의 구형(鉤形)으로 조성되었는데, 크고 작은 3개의 섬이 배치되었다. 연못 기슭과 섬에 실시된 호안공사(護岸工事)는 정교하고 도수로(導水路)와 배수로의 시설도 또한 교묘하다.

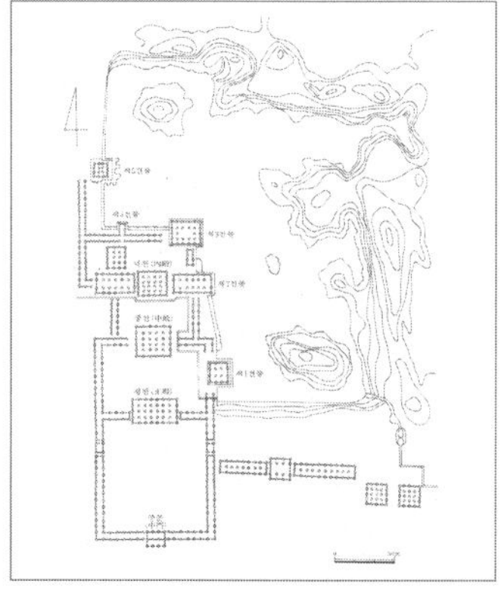

▶ 안압지

안용복(安龍福)

17세기 후반. 조선 후기에 울릉도가 조선의 영토임을 일본에 확인시킨 어부. 동래부출신으로 동래수군의 능로군(能櫓軍)으로 복무하였다. 1693년(숙종 19) 울릉도 근해에서 고기잡이를 하던 중 일본어부들을 발견하고 이들을 문책하려다가 이들에게 잡혀 일본으로 끌려갔다. 이때 에도막부(江戸幕府)에게 울릉도가 조선의 영토임을 주장하고 이를 확인한 서계(書啓)를 받았으나, 귀국 도중 쓰시마도주에게 서계를 강탈당하였다. 1696년 다시 울릉도 근해에서 고기잡이를 하던 중 일본어선을 발견하고 마쓰시마(松島)까지 추격하여 이들을 문책한 후 울릉우산양도감세관(鬱陵于山兩島監稅官)이라 칭하면서 일본 하쿠슈태수(伯州太守)에게 일본어선의 침입을 항의하고 사과를 받은 후 귀국하였다. 한편 정부에서는 그가 허락없이 문제를 일으켰다는 이유로 사형에 처하고자 하였으나 영의정 남구만(南九萬)의 변론으로 귀양에 그쳤다. 1697년 쓰시마도주가 자신들의 영토침입을 사과

하고 울릉도가 조선의 영토임을 확인하는 서계를 보내왔다.

안익태(安益泰)

▶ 안익태

1906년~1965년. 평양출신. 일제시대에 애국가를 작곡한 음악가. 1919년 9월 평양숭실중학교에 재학중 무능교사배척운동에 참여하였다가 퇴학당하였다. 1921년 일본으로 건너가 도쿄국립음악학교를 졸업한 후 1932년 다시 미국으로 건너가 필라델피아커티스음악학원·신시내티음악학교에서 첼로를 전공하였다. 미국 유학시절 〈코리아환상곡〉을 작곡하여 뉴욕 카네기홀에서 독주회를 가졌다. 1934년 유럽으로 유학하여 작곡을 수업하였으며, 1936년 베를린에서 〈애국가〉를 작곡하였다. 1937년 빈에서 슈트라우스에게 작곡과 지휘를 사사받았으며, 그 뒤 스페인으로 가서 마요르카교향악단 상임지휘자로 활약하였다. 1959년 일시 귀국하였다가 다시 스페인으로 돌아가 살았고 그곳에서 죽었다. 주요작품으로 〈애국가〉·〈코리아환상곡〉·〈논개〉 등이 있다.

참 애국가(愛國歌) : 1936년 안익태(安益泰)가 작곡한 우리나라의 국가로, 작사가는 알 수 없다. 일제시대에 한국에서는 10여 종류에 이르는 애국가가 불리어졌는데, 특히 스코틀랜드 민요인 〈올드 랭 사인(Auld lang syne)〉의 곡조에 가사를 붙인 애국가가 오랫동안 불렸다. 1936년 안익태가 외국 민요에 가사를 붙여 부르는 것을 안타깝게 여겨 애국가를 작곡하였다고 한다. 1948년 8월 15일 대한민국 정부수립 후 대한민국국가로 채택되었다.

안재홍(安在鴻)

1891년(고종 28)~1965년. 호는 민세(民世). 경기도 평택출신. 일제시대에 신간회 등에 참여하여 활동하고 광복 후 민정장관 등을 역임한 독립운동가·정치인·사학자·언론인. 1907년 황성기독교청년회 중학부에 입학하여 공부하였고, 1911년 일본으로 건너가 조선인유학생학우회를 조직하고 활동하였으며, 1914년 와세다대학(早稻田大學) 정치경제학부를 졸업하였다. 1915년 귀국하여 중앙학교학감을 지냈으며, 동년 3월 조선산직장려계에 참여하여 실력양성운동에 종사하였다. 1917년 중앙기독교청년회 교육부간사 등을 지내며 교육계몽운동에 종사하였다. 1919년 대한청년외교단에 가입하여 대한민국임시정부의 지원을 위해 노력하다가 일경에 발각되어 징역 3년형을 선고받고 복역하다가 1922년 출옥하였다. 1924년 시대일보 이사 겸 논설위원을 지냈으며, 동년 조선일보에 입사하여 주필 겸 이사로 재직하였다. 1925년 조선사정연구회·태평양문제연구회에 참여하였으며, 1927년 신간회에 참여하여 총무간사로 활동하였고, 1929년 광주학생운동사건의 진상보고를 위한 민중대회를 개최하였다가 체포되어 구속되었다. 1930년 조선일보에 〈조선상고사관견(朝鮮上古史管見)〉을 연재하면서 한국고대사연구에 전념하였다. 1931년 조선일보사장에 취임하였다가 1932년 사임하였으며, 1934년부터 조선학운동을 주창하였다. 1936년 중국 난징(南京)에 있는 조선민족혁명당의 김두봉과 상호연락하며 독립운동을 전개한 혐의로 체포되어 복역하다가 출옥하였으며, 1938년 흥업구락부사건으로, 1942년 조선어학회사건으로 재차 복역하였다. 광복 후, 1945년 8월 15일 여운형과 함께 조선건국준비위원회를 조직하고 부위원장으로 활동하다가 9월 국민당을 결성하여 당수로 활동하였으며, 한국독립당에 참여하여 중앙위원을 지냈다. 동년 12월 모스코바삼상회의의 신탁통치안이 전해지자 반탁운동을 전개하였다. 1946년 한성일보를 창간하고 사장에 취임하였으며, 좌우합작위원회우파대표·과도입법의원 등을 역임하였고, 1947년 미군정의 민정장관에 취임하였다. 1950년 5월 제2대국회의원에 당선(평택, 무소속)되었으나, 6·25전쟁 중 납북되었으며, 1956년 재북평화통일추진협의회 최고위원을 지내다 1965년 평양에서 사망하였다. 저서로 《신민족주의와 신민주주의》·《조선상고사감(朝鮮上古史鑑)》 등이 있다.

안정복(安鼎福)

1712년(숙종 38)~1791년(정조 15). 자는 백순(百順), 호는 순암(順菴)·한산병은(漢山病隱)·우이자(虞夷子)·상헌(橡軒), 시호는 문숙(文肅). 본관은 광주. 조선 후기에 《동사강목(東史綱目)》을 저술한 학자. 이익(李瀷)의 문인으로 고향인 광주(廣州) 덕곡리(德谷里)에서 '순암'이라는 소옥(小屋)을 짓고 평생을 학문에 전념하였다. 그는 경학(經學)을 비롯하여 사학·예설·음양·의약·복서(卜筮)·성력(星曆)·손오병법(孫吳兵法)·패관소설 등의 학문을 섭렵하였는데, 특히 경학과 사학에 조예가 깊었다.

▶ 안정복 글씨

1746년(영조 22)경 이익을 찾아가 경사에 관한 여러 문제를 토론하는 등 가르침을 받았다. 1749년 문음으로 헌릉참봉에 임명되었으며, 1752년 정릉직장(靖陵直長)을 거쳐 사헌부감찰을 지냈다. 1756년 《동사강목》의 저술에 착수하여 1758년 초고를 탈고하였다. 1772년 세자익위사익찬, 1776년(정조 즉위년) 목천현감이 되어 향약과 향사례를 실시하였다. 1778년 《동사강목》을 수정하여 완성하였다. 한편 그는 천주교에 대해 비판적인 입장을 취하면서 자신의 입장을 정리하여 《천학고(天學考)》·《천학문답(天學問答)》을 저술하였다. 만년에 저술과 후진양성으로 여생을 보냈다. 주요저서로 《임관정요(臨官政要)》·《동사강목》·《이자수어(李子粹語)》·《순암집》 등이 있다. ◐ 동사강목

⑪ 묘소는 경기도 광주군에 소재함.

▶ 안중근

안중근(安重根)

1879년(고종 16)~1910년. 아명은 응칠(應七). 황해도 해주출신. 1909년 이토 히로부미(伊藤博文)를 사살한 의사(義士)·의병장. 1894년 동학농민운동이 일어나자 황해도일대에서 농민군 토벌에 앞장섰다. 1906년 교육구국운동의 전개를 위해 서우학회에 가입하였으며, 평안남도 진남포에 삼흥학교(三興學校)·돈의학교(敦義學校) 등을 설립하고 교장에 취임하였다. 1907년 국채보상기성회 관서지부장에 선임되어 국채보상운동을 전개하였으며, 동년 7월 〈한일신협약〉이 체결되자 강원도에서 의병을 일으켰다가 블라디보스토크로 망명하였다. 블라디보스토크에서 의병부대의 창설에 주력하여 이범윤·최재형(崔在亨) 등과 함께 동의회(同義會)를 조직한 뒤 동의회를 토대로 의병부대를 편성하고 참모중장에 선임되었다. 1908년 국내진공작전을 계획하여 4월과 7월 두 차례에 걸쳐 두만강을 건너 함경북도 경흥에 주둔하고 있던 일본군수비대를 기습 공격하여 격파하였으나, 회령에서 일본군과 전투를 벌어 패하게 되자 블라디보스토크로 철수하였다. 재기를 도모하다가 1909년 3월 노브키에프스크에서 단지회(斷指會)라는 비밀결사를 조직하고 이토(伊藤博文)와 을사오적의 암살을 맹세하였다. 동년 9월 이토가 러시아 재무대신과 러일관계의 조정을 위해 하얼빈에서 회견하기 위하여 만주에 온다는 사실을 듣고 우덕순(禹德淳) 등과 함께 이토의 암살을 계획, 10월 26일 이토가 하얼빈에 도착하자 저격하여 3발을 명중시켜 이토를 사살하고 자신은 현장에서 체포되었다. 1910년 2월 사형을 언도받고 3월 뤼순감옥에서 순국하였다. 옥중에서 《동양평화론》을 저술하였다.

안중식(安中植)

1861년(철종 12)~1919년. 초명은 종식(鐘植), 자는 공립(公立), 호는 심전(心田)·자당(資堂). 서울출신. 근대에 활동한 화가. 장승업에게서 그림을 배운

것으로 추정되며, 도화서화원(圖畵署畵員)을 거쳐 양천군수·통진군수 등을 지냈다. 1881년(고종 18) 영선사의 일행으로 청나라에 가서 약 1년간 근대문물을 익히고 돌아왔다. 1902년 조석진(趙錫晉)과 함께 고종의 어진을 그렸다. 그 뒤 경묵당(耕墨堂)이라는 화실을 차려 제자양성에 주력하였다. 1911년 서화미술원이 창설되자 조석진 등과 함께 교수로 재직하였으며, 1918년 서화협회를 조직하고 회장을 역임하였다. 그는 산수·인물·화초를 잘 그렸으며, 서화에도 뛰어났다. 대표작으로 〈천보구여도(天保九如圖)〉·〈성재임간도(聲在林間圖)〉·〈수성도(壽星圖)〉 등이 있다.

안창남(安昌男)

1900년~1930년. 서울출신. 우리나라 최초의 비행사. 휘문고등보통학교를 중퇴한 뒤 1918년 일본으로 건너가 오사카자동차학교(大阪自動車學校)를 거쳐 도쿄의 아카바네비행기제작소(赤羽飛行機製作所)에서 비행기제조법을 배우고, 오쿠리비행학교(小栗飛行學校)에서 조종술을 배웠다. 1921년 비행사면허를 획득한 뒤, 도쿄~오사카간 우편비행기조종사가 되었다. 1922년 12월 동아일보사 초청으로 고국방문 비행을 하였다. 1925년 상하이로 망명하여 산시성(山西省)에 있던 타이위안비행학교(太原飛行學校) 교관으로 활동하다가 중국혁명전선에 참가하여 비행기사고로 사망했다.

▶ 안창남의 신문기사

안창호(安昌浩)

1878년(고종 15)~1938년. 호는 도산(島山). 평안도 강서출신. 일제시대에 신민회·흥사단·대한민국임시정부 등에 참여하여 활동한 독립운동가. 1894년 구세학당(救世學堂)에 입학하여 수학하면서 기독교인이 되었다. 1897년 독립협회에 가입하여 활동하였으며, 1898년 서울 종로에서 이상재·윤치호 등과 함께 만민공동회를 개최하고 개혁안을 건의하였다. 1899년 고향에 점진학교(漸進學校)를 설립하고 교육사업에 종사하였다. 1902년 미국으로 건너가 1903년 샌프란시스코에서 한인친목회를 조직하고 회장으로 선임되어 재미동포를 대상으로 계몽운동을 전개하였으며, 1905년 공립협회(共立協會)를 조직하고 회장에 선임되었다. 1905년 〈을사조약〉이 체결되자 국내에서 구국운동을 전개할 목적으로 귀국하였다. 1907년 4월 신민회를 조직하고 평양에 대성

▶ 안창호

학교(大成學校)를 설립하였다. 1909년 청년학우회를 조직하고 청년운동을 전개하였으며, 10월 안중근의 이토 히로부미(伊藤博文) 암살사건에 연루되어 수감되었다가 석방되었다. 1910년 4월 중국으로 망명하여 독립운동가들과 독립운동방향을 모색하기 위해 청도회의(靑島會議)를 개최하였으나 성과를 거두지 못하였다. 1911년 재차 미국으로 건너가 1912년 11월 샌프란시스코에서 대한민국민회중앙총회를 조직하였으며, 1913년 로스엔젤레스에서 흥사단을 창립하였다. 1919년 상하이로 가서 대한민국임시정부 내무총장 겸 국무총리대리 등에 선임되어 활동하였으며, 독립신문을 창간하였다. 1920년 상하이에 흥사단의 원동위원부(遠東委員部)를 설치하였으며, 1923년 대한민국임시정부가 독립운동상의 노선차이로 분열되자 이를 수습하고자 상하이에서 국민대표회의를 개최하였으나 실패하였다. 1924년 난징(南京)에 동명학원(東明學院)을 설립하고 교육운동을 전개하다가 다시 미국으로 건너갔다. 1926년 만주 지린성(吉林省) 일대를 답사하고 이상촌건설사업을 추진하였다. 1928년 상하이에서 김구·이동녕 등과 함께 한국독립당을 결성하고 '대공주의(大公主義)'를 제창하였다. 1932년 4월 윤봉길의 상하이 훙커우공원(虹口公園) 폭탄투척의거에 연루되어 일경에 체포되어 서울로 압송되어 4년형을 선고받고 복역중 1935년 가출옥하였다. 1937년 6월 수양동우회사건으로 일경에 체포되어 복역중 12월 병보석으로 석방되었다가 1938년 사망하였다. ➔ 신민회·대한민국임시정부·한국독립당
㊤ 묘소는 서울시 강남구 신사동에 소재함.

안평대군(安平大君)

1418년(세종 즉위년)~1453년(단종 1). 이름은 용(瑢), 자는 청지(淸之), 호는 비해당(匪懈堂)·매죽헌(梅竹軒). 시호는 장소(章昭). 조선 전기 시·서·화에 능했던 왕자. 조선 세종의 8왕자 중 셋째아들로 어머니는 소헌왕후(昭憲王后)이다. 1430년(세종 12) 여러 왕자들과 함께 성균관에 입학하여 학문을 닦았고, 1438년 함경도에 진(鎭)이 신설되자 왕자들과 함께 야인(野人) 토벌에 참가하였다. 세종 사후 김종서(金宗瑞)·황보인(皇甫仁) 등과 함께 실권을 장악하였으나, 계유정난(癸酉靖難)으로 김종서·황보인 등이 살해된 뒤 강화(江華)로 유배되었다. 이후 교동(喬桐)으로 이배된 뒤 사사(賜死)되어 35년간의 짧은 생을 마쳤다. 어려서부터 학문을 좋아하고 시·서·화에 모두 능하여 삼절(三絶)이라 불리었고 음악과 잡기에도 통하였다. 특히 당대 제일의 서예

▶ 안평대군의 글씨

가로 중국사신들이 그의 필적을 얻어 가기
도 하였으며, 많은 중국화를 소장한 수집가
이기도 하였다. 저서로 《비해당집》·《팔가
시선(八家詩選)》 등이 있으며, 여주의 〈영
릉신도비(英陵神道碑)〉, 용인의 〈청천부원
군심온묘표(靑川府院君沈溫墓表)〉, 과천의
〈임영대군구묘표(臨瀛大君璆墓表)〉 등이 있
다. 영조 때(1747) 김재로(金在魯)의 상소로
복호(復號)되었다.

안향(安珦)

1243년(고종 30)~1306년(충렬왕 32). 초명
은 안유(安裕), 자는 사온(士蘊), 호는 회헌
(晦軒), 시호는 문성(文成). 본관은 순흥. 고
려 후기의 학자·재상. 밀직부사 안부의 아
들로, 1260년(원종 1) 과거에 급제하여 교서
랑(校書郞)에 보임되었고 직한림원으로 옮
겨 내시에 속하였다. 1288년 좌부승지로서
원의 관직인 정동행성원외랑에 제수되었고
얼마 후 정동행성낭중 고려유학제거(征東行
省郎中高麗儒學提擧)가 더해졌다. 안향은
원나라를 왕래하면서 성리학을 들여왔으며,
1289년 충렬왕을 따라 원나라에 가서 공자
(孔子)·주자(朱子)의 진상(眞像)과 주자서를
가져오기도 하였다. 이후 동지밀직사사·지
밀직사사·밀직사·삼사좌사·찬성사 등을
역임하였다. 1304년 학교의 부흥을 위해 섬
학전(贍學錢)을 설치하였다. 만년에는 주자
의 모습을 그려놓고 추앙하였으므로 주자의
호인 회암(晦庵)을 본떠 자신의 호를 회헌으
로 하였다. 1319년(충숙왕 6) 문묘에 종사되었다.
㉯ 소수서원에 배향됨.

▶ 안향

알성시(謁聖試)

조선시대 국왕이 봄·가을로 성균관에 행차하여 문묘 제례를 행한 후 실시된
비정규 문과·무과 시험. 1414년(태종 14)에 처음 실시하였으며, 문과·무과

만 치렀다. 알성시는 왕이 친히 참가한 친림과(親臨科)로, 당일 합격자를 발표하였으므로 시관(試官)의 수도 많았다. 또 친림하므로 상피제(相避制)가 없어 시관의 아들이나 친척도 응시할 수 있었다. ▣ 과거

▶ 마패

암행어사(暗行御史)

조선시대 국왕의 특명을 받고 지방에 파견되어 지방관의 통치행위에 대한 감찰과 민정시찰 등을 수행하던 관직. 암행어사는 1507년(중종 5) 1월 권홍(權弘) 등 6명이 파견된 것을 시초로 지방관의 통치행위에 대한 감찰과 민정시찰 등을 위해 자주 파견되었으며, 1892년(고종 29) 전라도암행어사로 이면상(李冕相)이 파견된 것을 끝으로 폐지되었다. 암행어사는 일반적으로 당하관(堂下官 : 정3품 통훈대부 이하의 관원)인 시종신 가운데에서 선발하였는데, 선발방법은 국왕이 직접 임명하거나 국왕의 명에 따라 의정부에서 시종관안(侍從官案)을 참고하여 어사로 파견하기에 적당한 인원을 선발하여 후보자로 추천하면 국왕이 낙점하여 결정하였다. 어사에 임명된 자는 승정원을 통하여 임명장인 동시에 임무를 규정한 봉서(封書)와, 마패(馬牌) 및 유척(鍮尺) 등을 지급받는데, 봉서의 표면에는 '도남대문외개탁(到南大門外開坼)'이라든가 '도동대문외개탁(到東大門外開坼)'이라고 표기되어 있어 어사는 남대문이나 동대문 밖에 나아가서 봉서를 뜯어보고 그 임무와 목적지를 확인하였다. 마패는 역마를 사용할 수 있는 증명서였으나 실제에는 신분증으로 이용되거나 지방관청의 창고를 봉인하는 직인으로 사용되었다. 유척은 지방의 도량형이나 형구(刑具)의 규격을 측정하는 데 사용되었다. 한편 암행어사는 중앙 각 사의 서리나 역졸들을 뽑아 수행하도록 하였다. 암행어사는 관찰사를 비롯한 지방관의 업무감찰, 문무의 인재나 효행에 탁월한 자, 패악부도한 죄를 저지른 자, 탐학을 자행한 향리, 유언비어를 퍼뜨리는 자 등을 추천 적발하여 보고하는 일 등을 수행하였다. 암행어사는 임무를 마치고 돌아오면 서계(書啓 : 봉서에서 지시한 사항에 대한 사찰결과를 기록한 글)와 별단(別單 : 서계에서 보충이 필요한 사항 등을 기록한 글)을 작성하여 국왕에게 제출하였다. ⑧ 수의(繡衣) · 직지(直指) · 추생어사(抽柱御史)

애국계몽운동(愛國啓蒙運動)

대한제국시기 일제침략에 대항하여 민족의 실력을 양성하여 국권을 회복하려던 구국운동. 〈을사조약〉의 체결을 전후하여 지식인 · 관료들을 중심으로 학교설립 · 신문발간 · 산업진흥 등을 통해 경제적 · 문화적 실력을 양성함으로

써 점진적으로 국권을 회복하려는 애국계몽운동이 전개되었다. 애국계몽운동은 1904년에 발족한 보안회의 활동에서부터 시작되었다. 보안회는 토지약탈을 목적으로 한 일본의 황무지개간권요구에 대해 반대운동을 전개하여 이를 저지하는 데 성공했으나 일본의 압력으로 해산되었다. 1905년에는 헌정연구회가 조직되어 근대적인 정치체제로의 개혁을 내세워 입헌의회제도의 실시를 주장하는 등 대중계몽운동을 전개하고 〈을사조약〉 체결을 반대하는 등 정치활동을 전개하였으며, 일본은 이를 구실로 일체의 정치활동을 금지시켰다. 따라서 1906년 이후 애국계몽운동은 정치운동적인 성격이 약화되고 교육·언론·종교 등 문화부문에서의 운동으로 전환되었다. 1906년 4월 대한자강회가 조직되어 전국에 25개의 지회를 두고 교육의 개발, 산업의 진흥 등을 표방하고 국권회복을 위한 실력양성운동을 전개하였으나 대한자강회는 헤이그특사사건을 구실로 일제가 고종의 퇴위를 강요하자 이를 반대하는 운동을 주도하다가 강제 해산되었다. 대한자강회를 계승하여 대한협회가 조직되어 교육의 보급, 산업의 개발, 민권의 신장 등을 내걸고 실력양성운동을 전개하였으나 일제의 통제가 강화되면서 점차 그 활동이 약화되었다. 일제에 의해 정치활동이 금지되어 있는 상황에서 애국계몽운동은 학교설립을 통한 신교육운동, 실력양성을 위한 산업진흥운동을 중심으로 전개되었다. 애국계몽운동가들은 서북학회·호남학회·호서학회·기호흥학회·관동학회·흥사단·대동학회 등을 조직하여 기관지를 발행하고 각종 사립학교를 설립하는 등 교육문화운동을 전개하였다. 한편 대한매일신보·황성신문·제국신문·만세보 등의 언론기관도 국민계몽과 애국심 고취에 주력하는 동시에 일제의 식민통치에 대항하였다. 대한매일신보는 양기탁·신채호 등을 필진으로 하여 일본의 침략상을 폭로하는 동시에 적극적인 대중계몽운동을 전개하였다. 애국계몽운동가들은 《조선문전》(유길준)·《국문정리》(이봉운)·《국문정리》(주시경) 등의 국어에 관한 책, 《동국사략》(현채)·《독사신론》(신채호) 등의 국사에 관한 책, 《을지문덕전》·《강감찬전》·《이순신전》 등의 우리나라 역대 명장들의 전기 등을 출판하여 애국심을 고취하는 한편, 역사학·국어국문학 등을 근대적인 학문으로 발전시키는 데 노력하였다. 산업진흥을 통한 경제자립운동으로서의 애국계몽운동도 활발히 전개되었는데, 대표적인 것이 대한직조공장과 김덕창직조공장의 근대적 공장의 설립이다. 또한 일제의 금융독점에 대항하기 위해 조선은행·대한천일은행·한성은행 등 민족계 은행이 설립되었다. 이외에 경제자립운동의 대표적인 것이 국채보상운동이었다. 일제가 통감부를 설치한 뒤 식민정책의 수행에 필요한 비용을 한국정부에서 지출토록 하고 이를 위해 차관을 제공하였는데 이때의 외채가 약 1,300만원 가량이었다. 국채보상운동은 이때의 외채를 상환하여 일제로부터 경제적 독립을 이룩하자는 취지하에서 전개된 운동으로 1907년 대구에서 국채보상기성회가 조직되면서 시작되어 전국적으로 확대되었으나 일제의 방해로 중단되었다. 한편 일제의 감시와 탄압이 강화되고 정치활동이 금지된 가운데 합법운동에 한계를 느낀 일부 애국계몽운동가들은 1907년 신민회라는 비밀결사를 조직하였다. 신민회는 활동목표를 민족의식과 독립사상의 고취, 청소년교육을 위한 교육기관의 설치, 상공업체의 운영을 통한 국민재력의 증진 등에 두고 활발한 활동을 전개하였다. 신민회는 점차 운동노선상의 대립으로 안창호 중심의 실력양성론과 양기탁 중심의 독립전쟁론으로 분화되었고, 독립전쟁론을 주장하던 세력은 민족의 독립역량을 키워 주권을 회복하기 위한 준비로서 간도와 연해주 등지에 해외독립운동기지를 설립하고 항일무장투쟁을 준비하였다. 그러나 신민회는 1911년 일제가 날조한 105인사건으로 해체되고 말았다. 애국계몽운동은 민족의 실력양성을 통해 외세의 침략에 대항, 민족의 자주독립을 이룩하여 근대적 국민국가를 건설하려고 하였던 운동이라고 할 수 있다.

양계(兩界) → 오도양계(五道兩界)

▶ 양기탁

양기탁(梁起鐸)

1871년(고종 8)~1938년. 아명은 의종(宜鍾). 자는 자명(子明), 호는 우강(雩崗). 평양 출신. 대한제국시기에 대한매일신보를 창간하고 일제시대에 대한민국임시정부주석 등을 지낸 언론인·독립운동가. 1885년(고종 22) 한성외국어학교에 입학하여 영어를 배웠다. 1898년 독립협회에 참여하여 총무급 직책을 맡아 활동하다가 황국협회와의 충돌사건으로 체포되었다가 석방되었다. 1900년 일본으로 건너가 나가사키(長崎) 상업학교에서 한국어를 가르치다가 귀국하여 1902년 이상재 등이 조직한 개혁당에 참여하였다. 1904년 3월 예식원 통역관으로 근무하였으며, 7월 영국인 베델(E.T.Bethell)과 함께 대한매일신보와 영자신문인 코리아 데일리 뉴스(Korea Daily News)를 창간하고 항일언론활동에 종사하였다. 1905년 3월 예식원주사로 승진하였다가 12월 사임하고 대한매일신보의 운영에 전념하였다. 1906년 대한자강회·서우학회·한북학회 등에 참여하여 활동하였으며, 1907년 3월 국채보상기성회에 참여하여 국채보상운동을 전개하였다. 4월 안창호 등과 함께 신민회를 조직하고 애국계몽운동을 전개하였으며, 1908년 7월 국채보상운동기금 횡령혐의로 기소되었다가 무죄로 석방되었다. 1910년 12월 만주 류허현(柳河縣) 싼위안바오(三源堡)에 경학사(耕學社)와 신흥강습소(新興講習所)를 설립하였다. 1911년 1월 보안법위반 사건으로 검거되어 구속되었다가 9월 105인사건으로 재차 검거되어 6년형을 선고받고 복역중 1915년 특별사면으로 석방되었다. 1916년 만주로 탈출하였다가 1918년 11월 중국 톈진에서 일경에게 체포되어 거금도로 유배되었고, 1919년 형기만료 후 서울로 돌아왔다. 1920년 5월 통천교(統天敎)를 창시한 후 종교운동을 가장하여 독립운동을 전개하였으며, 8월 미국의원단이 내한하자 독립진정서를 제출하였다가 투옥되었다. 1921년 만주로 망명, 1922년 대한통의부를, 1923년 의성단(義成團)을, 1924년 정의부를 조직하고 활동하였다. 1926년 고려혁명당을 조직하고 위원장에 선임되었으며, 12월 대한민국임시정부에서 국무령취임을 요청하였으나 거절하였고, 1927년에는 농민호조사를 조직하였다. 1932년 난징(南京)에서 한국대일전선통일동맹을 조직하였으며, 1934년 대한민국임시정부 국무위원과 주석에 선출되어 활동하였다. 1935년 조선민족혁명당을 결성하고 감찰부장에 선임되었다. 1938년 장쑤성(江蘇省)에서 선(仙)을 연구하던 중 사망하였다. 1998년 5월 8일 중국에서 유해를 봉안해 국립현충원 영현 봉안관에 안치했다.

◐ 대한매일신보 · 신민회 · 백오인사건 · 대한민국임시정부

양류관음도(楊柳觀音圖)

고려시대 혜허(慧虛)가 그린 불화. 세로 144cm. 가로 62.6cm의 비단 바탕에 채색한 그림이다. 화면의 중심에 관음 보살이 서있는데 이 보살을 버들잎 형태의 광배가 둘러싸고 있으며 발 아래에는 평평한 암반과 연이어 연못이 길게 놓여 있고 반대쪽 왼쪽 모서리에는 보살을 바라보는 선재동자가 배치된 대각선 구도로 매우 특징적인 것으로 평가된다. 1300년에서 1310년 사이에 그려진 작품으로 추정되며 일본 센소사(淺草寺)에 소장되어 있다. 한편 동일한 명칭으로 김우문(金祐文:1310년 작) · 서구방(徐九方:1323년 작) 등이 그린 불화가 일본에 소장되어 전한다.

▶ 양류관음도

양명학(陽明學)

명나라의 학자 왕수인(王守仁)이 주창한 지행합일(知行合一)의 실천성을 중시한 학문. 왕수인이 주자학의 성즉리(性卽理)에 반대하여 육구연(陸九淵)의 심즉리설(心卽理說)을 계승하고, 여기에 치양지설(致良知說) · 지행합일설(知行合一說)을 더하여 완성하였다. 양명학에 의하면 천리(天理)는 밖에 따로 있는

것이 아니고 자신의 마음에 있으며, 사람마다 양지(良知 : 선악을 깨닫는 마음)를 타고났으므로 따로 학문할 필요 없이 이 양지를 완전하게 발휘하면 천리를 깨달을 수 있는데, 양지는 실천을 통해서만 실현된다고 하였다. 양명학이 우리나라에 전래된 시기는 왕수인의 제자인 서애(徐愛)의 《전습록(傳習錄)》이 초간된 해인 1518년(중종 13)경으로 추정된다. 그러나 양명학은 당시 주자학자들에 의해 많은 비판을 받고 있었기에 널리 전파되지 못하였다. 그 후 17세기에 이르러 장유(張維)·최명길(崔鳴吉) 등에 의해 연구되다가 18세기에 들어와 정제두(鄭齊斗)에 의해 본격적으로 연구되기 시작하였는데, 그는 평생을 양명학 연구에 진력하여 《학변(學辨)》·《존언(存言)》 등 양명학에 관련된 많은 저술을 남겼으며, 그의 영향하에 이광사(李匡師)·이충익(李忠翊)·이건창(李建昌) 등으로 이어지는 이른바 강화학파가 형성되기도 하였다. 한편 박은식은 《유교구신론》을 저술하여 유교개혁을 주장하면서 사변적인 주자학 대신 실천철학인 양명학을 진흥할 것을 주장하였다. 정인보는 《양명학연론(陽明學演論)》을 저술하여 수백년간의 조선 역사가 허위와 가식으로 점철된 원인이 주자학의 허위의식 때문이라고 주장하고 이를 극복하기 위해서는 실천을 중시하는 양명학을 받아들여야 한다고 주장하였다.

양반(兩班)

고려·조선시대의 지배신분. 처음에는 관제상의 문관과 무관을 지칭하는 개념으로 사용되었는데, 국왕의 조회시, 남향한 국왕에 대해 동쪽에 서는 반열(班列)을 동반(東班 : 문반), 서쪽에 서는 반열을 서반(西班 : 무반)이라 하고, 이 두 반열을 통칭하여 양반이라 하였다. 이러한 관제상의 문반·무반이라는 의미의 양반개념은 995년(성종 14)에 문산계(文散階) 29계, 무산계(武散階) 29계가 성립됨으로써 양반관계의 분화가 시작되었고, 이후 문반이 우위였다. 이와같은 고려의 불균형한 문·무 양반체계는 조선 초에 이르러 어느 정도 균형을 찾게 되었다. 고려에서는 양반이 문관·무관의 관직을 가진 사람을 표시하고 이들 문관·무관은 중앙관직에 한정되었으나, 조선시대에 양반은 문반·무반 관직자뿐 아니라 그 가족·가문까지도 양반으로 불리게 되었고, 또한 이들은 경관뿐 아니라 지방에 거주하는 사람도 포함되었다. 이러한 변화는 이미 고려 후기에 관직에서 떠난 유향품관(留鄕品官)이 지방에 거주하고 있었는데 이들이 조선에 들어와서도 광범위하게 존재하게 된 것이다. 그리하여 관제상의 문반·무반을 뜻하는 본래의 양반개념은 조선시대의 지배신분층을 뜻하는 양반개념으로 바뀌게 되었다. 조선 후기의 공명첩(空名帖)·관직매매 등을 통하여 양반의 수는 극도로 늘어났으며, 양반 중에는 문벌가문이 있는가 하면 비정상적인 방법으로 양반임을 모칭(冒稱)하는 사람들이 늘어났다. 그리하여 같은 양반이라도 대가(大家)·세가(世家)·향반(鄕班)·잔반(殘班)의 구분이 생겼다. 1894년 갑오개혁으로 양반·상민의 신분상의 법제적 구별은 소멸되었다.

양반전(兩班傳)

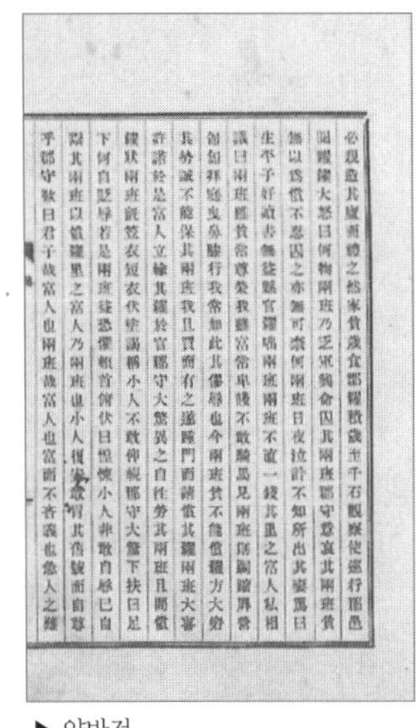

▶ 양반전

조선 후기 실학자 박지원(朴趾源)의 한문소설. 양반의 위선을 고발한 작품으로, 그 내용은 다음과 같다. 예전에 강원도 정선(旌善)에 한 가난한 양반이 있었는데, 그는 현명하고 정직하며 책 읽기를 즐기고 손님 접대를 잘하며 신임 군수에게 인사 잘하는 인물이었다. 그러나 능력이 없으므로, 관가에서 쌀을 빌려 먹으며 살아가는 처지였는데, 그 환곡이 어느덧 천여 석이나 되어 갚을 길이 없자 마침내 관찰사의 투옥 명령이 내렸다. 군수가 난처하여 망설일 때 이웃에 살던 지체 낮은 부자가 그 빚을 대신 갚아주고 양반의 신분을 샀다. 한숨 돌린 군수가 증인이 되어 양반문서를 만들어 주었는데, 거기에는 양반으로서 지켜야 될 온갖 형식적인 행동절차와 권리 등이 기록되어 있었다. 부자는 그것을 보니 겉치레일 뿐, 구속이 많고 거추장스럽기만 하며, 그 월권(越權)이 도둑과 다를 바 없으므로 양반되기를 포기하고 달아난 후 다시는 양반 소리를 하지 않았다는 이야기이다. 몰락하는 양반계급의 위선과 무능력을 주제로 하여 상민계급에 대한 양반들의 착취와 상민들의 양반에 대한 선망을 나타낸 작품이다. ◑ 박지원

양사(兩司) → 대간(臺諫)

양세봉(梁世奉)

1896년~1934년. 본명은 서봉(瑞鳳), 호는 벽해(碧海). 평안북도 철산출신. 일제시대에 조선혁명군 총사령으로 활동한 독립운동가. 1916년 중국 랴오닝성 싱징현(興京縣)으로 이주하였다. 1920년 대한독립단 싱징현지부에 참여하여 활동하였으며, 동년 평안북도 천마산을 중심으로 활동한 천마산대(天摩山隊)에 참여하여 창성군일대에서 일제경찰서와 주재소 및 일제통치기관 등을 습격, 파괴하는 등 무장투쟁을 전개하였다. 1922년 대한통의부, 1923년 참의부, 1924년 정의부 등에 참여하여 소대장·중대장 등에 선임되어 무장활동을 전개하였다. 1929년 4월 국민부에 참여하여 군사정치위원에 선임되었고, 국민부산하의 독립군부대인 조선혁명군의 제3대장에 선임되었다. 동년 12월 국민

부의 유일당으로 조선혁명당이 설립되자 중앙위원에 선임되었고, 조선혁명군이 조선혁명당산하로 편입되자 조선혁명군 부사령에 임명되었다. 1932년 3월 조선혁명군총사령에 임명되어 중국의용군과 한중연합군을 편성하여 흥경성(興京省)과 영릉가(永陵街) 전투에 참여하여 일만연합군을 대파하였다. 1934년 9월 타이라쯔거우(太拉子溝)에서 일본군의 습격을 받고 전사하였다.

🔁 조선혁명군

㊀ 조각상–중국 랴오닝성(遼寧省) 신빈현(新賓縣)에 소재

양인(良人)

국민의 대부분을 차지하는 일반민. 삼국시대에는 국가의 경작지에서 일하며 조(租) · 용(庸) · 조(調)를 부담하였다. 고려시대에는 국가에 조(租) · 세(稅) · 부(賦) · 역(役) · 공(貢)을 부담하였다. 조선시대에는 양인계급이 더욱 분화되었고, 서민 · 백성 · 민인 · 군정(軍丁) · 보인(保人) 등의 명칭이 있었다. 고려 이래 양인과 천인의 혼인은 금지되고 양인 · 천인 사이의 자식은 천인이 되는 등의 제도로 인해 양인의 감소현상이 일어, 고려 말 조선 초기에 비노비자는 일률적으로 양인으로 간주되었다. 양천미변자(良賤未辨者)의 종량(從良), 종부위량법(從父爲良法)과 같은 양인확대정책이 실시되었으며, 조선 후기에는 아버지가 천인이라도 어머니가 양인이면 자식은 양인인 종모법(從母法)이 실시되었다.

양전(量田)

세금 부과를 목적으로 농지를 조사하여 측량하던 제도. 조선시대에는 20년에 한 번씩 실시하고 그 결과를 양안으로 만들어 호조와 본도, 본읍에 각각 비치하였다. 조선 초기 양전시 토지의 등급을 상 · 중 · 하로 분류하다가 1444년(세종 26) 공법(貢法)이 제정되면서 6등급으로 나누고 기준척을 달리하여 측량하였다. 1653년(효종 4) 이를 개정하여 기준척을 1등전척으로 동일하게 하면서 각 등급의 토지마다 면적을 달리하였으며, 토지의 모양도 방전(方田) · 직전(直田) · 제전(梯田) · 규전(圭田) · 구고전(勾股田) 등으로 나누어 양안에 등재하였다. 양전시 중앙에서 균전사(均田使)를 파견하여 양전 진행상황의 감독과 수령 및 실무자의 위법행위를 처리하도록 하였고, 이 과정에서 부정이 발견되어 파면된 수령은 5년이 지나야 복직시키는 엄정한 규정을 두었으나 잘 준수되지 않았다. 그 결과 토지제도가 문란해지고 양전도 제대로 이루어지지 않을 뿐 아니라, 양전시 뇌물수수로 인해서 발생하는 전답 등급의 자의적인 조작이라든가 진기(陳起 : 휴한과 경작), 또는 정전(正田)과 속전(續田)이 잘못 기록되는 등 전정의 문란이 야기되면서 조선 후기 농민항쟁의 원인이 되기도 하였다.

양헌수(梁憲洙)

1816년(순조 16)~1888년(고종 25). 자는 경보(敬甫), 시호는 충장(忠莊). 본관은 남원. 1866년(고종 3) 병인양요 때 강화도 정족산성에서 프랑스군대를 격파하는 데 공을 세운 무신. 이항로(李恒老)의 문인으로 1848년(헌종 14) 무과에 급제하여 선전관을 지냈다. 1865년(고종 2) 제주목사를 거쳐 1866년 어영청 천총(千摠)을 지냈다. 동년 병인양요가 일어나자 강화도 정족산성의 수성장에 임명되어 강화도에 침입한 프랑스군을 격파하는 데 공을 세워 한성부좌윤에 임명되었다. 1869년 황해도병마절도사를 거쳐 어영대장·좌변포도대장·형조판서·금위대장 등을 역임하였다. 1876년 〈강화도조약〉 체결당시 김병학(金炳學) 등과 함께 조약체결을 반대하는 상소를 올렸다. 1882년 삼군부(三軍府)가 설치되면서 지삼군부사에 임명되었으며, 1884년 공조판서, 1887년 독련사(督鍊使) 등을 지냈다. ○ 병인양요

양현고(養賢庫)

고려시대의 국학(國學)에 설치한 장학재단(獎學財團). 1119년(예종 14) 관학(官學)의 진흥을 위해 국자감(國子監)을 국학으로 고치면서 설치한 것으로 재정적 뒷받침을 위해서였다. 당시의 유학생(儒學生) 60명과 무학생(武學生) 17명의 학비를 지원하였다. 처음에는 2명의 판관(判官)을 두었으나, 1243년(고종 30)에는 4명을 더 두어 2명은 양현고에 딸린 전지(田地)로 파견하여 수세(收稅)와 양곡의 운반을 맡게 하였고, 2명은 양현고에 남아 있으면서 이를 받아들이고 관리하도록 하였다. 고려 말 양현고의 재정이 고갈되자 안향은 섬학전(贍學錢)을 조성해 귀속시키기도 하였다. 고려시대의 이러한 전통을 이어받아 조선시대에는 성균관 유생의 식량과 물품 지원을 위해 양현고를 두기도 하였다.

어몽룡(魚夢龍)

1566년(명종 21)~? 자는 견보(見甫), 호는 설곡(雪谷)·설천(雪川), 본관은 함종(咸從), 조선 중기의 문인 화가. 1604년에 진천 현감을 역임하기도 한 어몽룡은 묵매를 잘 그려 이정(李霆)의 묵죽과 황집중(黃執中)의 묵포도와 함께 당대의 삼절(三絶)로 일컬어졌다. 그의 묵매는 가지들이 하늘을 향해 곧게 솟아 있는 중앙직립식의 구도와, 비백으로 처리된 부러진 굵은 가지와 새롭게 돋아나는 가지와의 대조적인 모습, 그리고 성글고 고담한 분위기 등을 특징으로 한다. 이러한 특색들은 조선 초기 묵매의 전통을 토대로 형성된 것으로 후대 묵매의 한 전형을 형성하였다. 유작으로 〈월매도(月梅圖)〉·〈묵매도(墨梅圖)〉 등이 있다.

어사대(御史臺)

고려시대 정치의 잘잘못을 논하고 풍속을 교정하며 백관을 규찰하고 탄핵하는 일을 맡은 관청. 995년(성종 14) 건국 초에 설치된 사헌대(司憲臺)를 개편한 것이며, 1014년(현종 5)에 금오대(金吾臺)로 개칭되었다가 그 뒤 어사대·사헌대로 바꾸었고, 1023년에 다시 어사대로 개칭하였다. 1275년(충렬왕 1)에 원나라의 압력으로 감찰사(監察司)로 개편되었고, 1308년에 다시 사헌부로 개칭하고 대부는 대사헌(大司憲:정2품), 중승은 집의(執義:정3품), 시어사는 장령(掌令:종4품), 전중시어사는 지평(持平:정5품)으로 고치고 정원은 그대로 두었다. 어사대의 관원은 간쟁과 봉박(封駁), 서경(署經) 등의 임무를 수행하였고, 불체포·불가범(不加犯) 등의 특권이 있었으며, 청요직으로 인식되어 선발 자격도 매우 엄격하였다. ◑ 대간

어영청(御營廳)

조선 후기에 국왕의 호위를 위해 설치된 5군영의 하나. 1623년(인조 1) 인조는 후금에 대한 친정(親征)을 계획하면서 국왕의 경호를 위해 개성유수 이귀(李貴)를 어융사(御戎使)에 임명하고 모군(募軍)에 의거하여 화포군(火砲軍) 260여 명을 선발하여 훈련시켰다. 그러나 친정이 실행되지 않자 1624년 이의 명칭을 어영군이라 하고, 이귀를 어영사(御營使)에 임명하여 국왕의 호위를 담당케 하였는데 이것이 어영청의 시초이다. 동년 이괄(李适)의 난으로 인조가 공주로 피신하자 국왕의 호위를 강화하기 위해 포수를 선발하여 어영군의 규모를 약 6백 명으로 확대하였고, 환도 후 어영군을 총융청에 예속시켰다가, 1628년 다시 복설하고 어영사를 어영대장이라 하였다. 1652년(효종 3) 이완(李浣)을 어영대장에 임명하면서 공식적으로 군영을 설치하여 어영청이라 하였으며, 이때 병력은 21,000명으로 증강되었다. 숙종 초에 모군에 의한 군사체제를 평안도와 함경도를 제외한 6도 향군의 번상체제(番上體制)로 바꾸었다. 1881년(고종 18) 총융청·금위영과 함께 통합되어 장어영(壯禦營)이 설치되면서 혁파되었으나, 1882년 장어영을 혁파하고 어영청을 다시 두었으며, 1888년 총어영(摠禦營)으로 개칭되었다가 1894년 폐지되었다. ◑ 오군영

어윤중(魚允中)

1848년(헌종 14)~1896년. 자는 성집(聖執), 호는 일재(一齋), 시호는 충숙(忠肅). 본관은 함종. 근대에 탁지부대신 등을 역임한 문신. 1869년(고종 6) 문과에 급제하여 승정원주서를 거쳐 헌납·교리·지평·필선·양산군수 등을 역임하였다. 1881년 1월 신사유람단의 조사(朝士)로 일본에 건너가 근대 문물·제도 등을 시찰한 후, 고종의 특명을 받고 청나라로 가서 김윤식과 함께 청나라의 문물을 살피고 귀국하였다. 1882년 통리기무아문주사에 임명되었으며,

동년 〈조미수호통상조약〉 체결에 관한 문제를 협의하기 위해 문의관(問議官)으로 청나라에 가서 이홍장(李鴻章)과 협의하였다. 청나라에 있던 중 본국에서 임오군란이 일어나자 청군과 함께 귀국하여 이를 평정한 뒤, 재차 문의관으로 청나라로 가서 〈상민수륙무역장정〉을 체결하였다. 1883년 서북경략사(西北經略使)에 임명되어 토문강(土門江)과 두만강 유역의 국경문제를 조사하였으며, 청나라와 〈중강무역장정〉·〈회령통상장정〉 등을 체결하였다. 1893년 동학교도들이 보은에서 집회를 열자 양호순무사에 임명되어 교도들을 해

▶ 어윤중

산시켰다. 1894년 한성부윤·선혜청당상을 거쳐 탁지부대신에 임명되어 갑오개혁을 추진하였고, 1895년 탁지부대신·군부대신서리 등을 역임하였으며, 1896년 아관파천이 발생하자 고향인 보은으로 피신하던 중 용인에서 난민들에게 피살되었다. 1910년 대제학에 추증되었다. 저서로 《종정연표(從政年表)》 등이 있다.

어재연(魚在淵)

1823년(순조 23)~1871년(고종 8). 자는 성우(性于), 시호는 충장(忠莊). 본관은 함종. 1871년(고종 8) 신미양요 때 강화도의 광성보에서 미군과 전투를 벌이다 전사한 무신. 1841년(헌종 7) 무과에 급제한 후 공충도병마절도사에 임명되었다. 1866년(고종 3) 병인양요가 일어나 프랑스군이 강화도를 침입해오자 우선봉장에 임명되어 광성보(廣城堡)를 수비하였으며, 그 뒤 회령부사를 역임하였다. 1871년 미군이 강화도를 침입하면서 신미양요가 일어나자 진무중군(鎭撫中軍)에 임명되어 6백여 명의 군사를 이끌고 광성보를 수비하다가 미군과의 전투 중 전사하였다. 사후에 병조판서·지삼군부사(知三軍府事)에 추증되었다. ◑ 신미양요

㉔ 묘소는 충청북도 음성군에 소재함.

언문지(諺文志)

1824년(순조 24)에 유희(柳僖)가 저술한 한글연구서. 훈민정음을 초성·중성·종성 등 3성으로 나누어 그 원리 및 중국음과의 관계를 설명하였다. 한글 전반에 걸친 최초의 연구서이다. 저자의 문집인 《문통(文通)》에 수록되어 있으며, 1958년 유창돈(劉昌惇)이 《언문지주해(諺文志註解)》로 간행하였다.

여수순천사건

1948년 10월 19일 전라남도 여수에 주둔하고 있던 국군 제14연대소속의 일부 군인들이 일으킨 반란사건. 1948년 4월 3일 제주도에서 무장폭동이 발생하자 정부는 이를 진압하기 위해 10월 19일 여수주둔 국군 제14연대를 제주도에 급파하기로 하였다. 이에 김지회(金智會) 중위 등 좌익계 군인들을 중심으로 한 일부 군인들이 제주도 출동을 거부하고 경찰타도·남북통일 등을 내걸고 반란을 일으켰다. 이들은 곧바로 여수시내를 장악하고 제주도출동거부병사위원회를 설치한 뒤, 순천·광양·보성·하동·구례·남원 등지를 장악하였다. 정부에서는 미군의 협조하에 이들에 대한 진압작전을 전개하여 사건 발생 1주일 만에 여수·순천 등 반란군이 점령하였던 지역을 회복하였다. 이 사건으로 관민 1,600여 명이 사망하고 9,800여 명에 이르는 이재민이 발생하였다. 이 사건을 계기로 국군은 3차에 걸친 대대적인 숙군작업이 이루어져 군내부의 좌익계열이 제거되었으며, 일부 반란군들은 지리산 일대로 들어가 유격대로 전환하였다.

여운형(呂運亨)

▶ 여운형

1886년(고종 23)~1947년. 호는 몽양(夢陽). 경기도 양평출신. 일제시대 대한민국임시정부 등에 참여하고 광복 후 조선건국준비위원회·조선인민당 등을 조직하여 활동한 독립운동가·정치인. 1911년 평양장로교신학교를 중퇴하고 1913년 중국으로 건너가 난징(南京)의 진링대학(金陵大學)에 입학하여 영문학을 전공하였다. 1918년 상하이에서 신한청년당을 조직하여 김규식을 파리강화회의에 대표로 보냈으며, 자신은 노령으로 건너가 독립운동을 추진하였다. 1919년 상하이 거주 청년들을 규합하여 대한인거류민단을 조직하고 단장으로 활동하였으며, 대한민국임시정부수립에 참여하여 임시의정원 의원과 외무부차장을 지냈다. 1920년 고려공산당에 가입하여 활동하였으며, 1921년 모스크바에서 열린 극동인민대표대회에 참석하였다. 동년 상하이에서 고려공산당 상하이지부와 한중호조사(韓中互助社)를, 1922년 한국노병회(韓國勞兵會)를 조직하였다. 1929년 영국의 식민정책을 비난하였다가 영국경찰에 체포, 일본에 인도되어 3년간 복역한 후 출옥하였다. 1933년 조선중앙일보사사장에 취임하였다가 1936년 일장기말소사건으로 사장직에서 물러났다. 1944년 조선건국동맹을 조직하고 위원장으로 활동 중 광복을 맞았다. 1945

년 8월 15일 조선건국준비위원회를 조직하고 위원장으로 활동하였으며, 9월 조선인민공화국을 선포하고 부주석에 취임하였고, 12월 조선인민당을 창당하여 당수에 취임하였다. 1946년 2월 민주주의민족전선을, 11월 사회노동당을 결성하였다. 1947년 5월 근로인민당을 조직하고 당수로서 좌파세력을 규합하여 좌우합작운동을 추진하던 중 7월 암살당하였다.

○ 대한민국임시정부 · 조선건국동맹 · 조선건국준비위원회

여전론(閭田論)

조선 후기의 실학자 정약용이 주장한 토지개혁론. 저서인 《여유당전서》〈전론(田論)〉에 수록되어 있다. 여전론은 종래의 정전론 · 한전론 · 균전론 등을 비판하고 그 대안으로 제시한 토지개혁론으로 전국의 토지를 국유화한 후 산천의 지세를 기준으로 구역을 확정하고 그 구역을 다시 최소의 행정단위인 여(閭 : 3여를 1리(里)로, 5리를 1방(坊)으로, 5방을 1읍으로 조직)로 재편성한 다음 여에 여장(閭長)을 두어 여장의 명령에 따라 여민들이 1여의 토지를 공동경작하게 하고 여장은 농사에 종사한 개개인의 노동량을 기록해 둔다. 그 뒤 추수를 하게 되면 수확물은 모두 여장의 집으로 가져와 수확물 중 국가에 바치는 세금(세금은 토지의 비옥도를 조사하여 여러 해 동안의 수확평균치를 계산하여 세금으로 정하는데, 대개 수확량의 10분의 1을 원칙으로 함)과 여장의 봉급을 제한 나머지를 가지고 여민들의 노동량에 따라 분배하도록 한다는 것이다. 그는 농민 이외의 상공인들은 각자 자신들의 화폐나 제품을 가지고 곡물과 교환해야 한다고 주장하였으며, 사대부들의 무위도식을 비판하면서 사대부들도 농사에 종사하던가 아니면 교육사업이나 실생활에 필요한 기술직업으로 전환하여 그 공로에 의하여 곡물을 분배받아야 한다고 주장하였다. ○ 정약용

여진(女眞)

만주 동부지역 일대에 주로 살았던 퉁구스계 종족. 여진의 명칭은 시대마다 달라 선진대(先秦代)에는 숙신(肅愼), 중국의 한(漢) · 삼국시대에는 읍루(婁), 후위(後魏) 때는 물길(勿吉), 수 · 당 때는 말갈(靺鞨), 발해 멸망 뒤에는 여진으로 통칭되다가 청대에는 만주족이라 불렸다. 12세기에 만주 하얼빈(哈爾濱)에서 일어난 완안부를 중심으로 여진을 재통일한 아구다(阿骨打)는 1115년 국호를 금(金)이라 하고 여진문자도 만들어 사용하였으며, 중국 본토를 점령하였으나 1234년(고종 21) 몽고에게 망하였다. 그 뒤 여진은 부족단위로 만주지방에 할거하면서 원 · 명의 지배를 받다가 1616년(광해군 8)에는 건주여진의 추장 누르하치(奴兒哈赤)가 심양(瀋陽 : 그후 奉天)에 후금(後金)을 세운 뒤 1636년(인조 14) 청(淸)이라 개칭하고 중국대륙을 통일하였다. 여진족은 한국사의 전개와 밀접한 관련이 있는데, 삼국시대에는 고구려에 예속되었다가 그

뒤 발해의 지배를 받았다. 고려시대에는 고려를 상국(上國), 부모의 나라로 섬겨 말·활·모피 등을 조공하고 의류·식량·농기구 등을 수입해갔으며, 귀화인은 관직도 받았으나 때로는 북변을 침략하기도 했다. 1104년(숙종 9)에는 우야소(烏雅束)가 남하하여 고려에 복속한 여진마을을 경략하며 함경남도 정주(定州 : 정평)까지 이르렀다. 이에 고려에서는 1107년(예종 2) 윤관이 함경도 일대의 여진족을 토벌하고 9성(九城)을 쌓았다가 일년 만에 되돌려 주었다. 1115년에는 금(金)이 건국되면서 고려에 사대관계를 강요하기도 하였다. 조선시대에는 여진에 대해 회유와 무력의 양면정책을 취하여 1406년(태종 6)에는 경성·경원 등에 무역소를 두고 조공무역과 국경무역을 허용하는 한편, 국경지역에는 성보(城堡)를 설치하여 여진의 침입에 대비하였다. 세종 때는 사군육진(四郡六鎭)을 개척하여 압록강에서 두만강에 이르는 연안선을 확보하였고, 세조 때 남이(南怡)·어유소(魚有沼)·신숙주(申叔舟) 등은 여진의 근거지를 토벌하기도 했다. 그러나 1627년(인조 5) 정묘호란과 1636년 병자호란을 겪은 이후 조선은 청에 대한 사대관계를 지속하였다. ⑧ **여직(女直)**

역(役)

한국 전근대사회의 수취체계의 하나. 조세(租稅)·공부(貢賦)와 함께 3대 수취체계의 하나로, 역은 크게 노역(勞役)과 신역(身役)으로 나눌 수 있다. 노역은 인간의 노동력이 국가권력에 의해 무상으로 수탈되는 강제노동을 의미하는 것으로, 요역 또는 역역(力役)이라고도 하였다. 신역은 일정한 신분계층의 사람들에게 세습적으로 부과된 역으로 서리(胥吏)·향리(鄕吏)의 이역(吏役)과 부병(府兵)의 병역 등이 그 대표적인 것이다. 삼국시대 이후 일반 백성은 원칙적으로 일정한 연령(고구려·백제의 경우 15세 이상)에 달하면 국가적인 토목공사, 기타 노역에 동원되었다. 통일신라시대 요역의 수취와 관련해서 매우 주목되는 것은 녹읍(祿邑)이다. 본래 관료들에게는 복무에 대한 보수로 녹읍이 지급되었는데 689년(신문왕 9)에 폐지되어 관료전이 지급되었다가 그 뒤 다시 녹읍제로 환원되었다. 관료전은 토지 자체에 대한 지배이며, 녹읍제는 소유자가 녹읍 내에 거주하는 주민들에 대하여 인신적 수탈, 즉 노동력의 수탈까지 할 수 있음을 의미한다. 고려시대에는 16~60세 사이의 모든 정남(丁男)을 요역부과의 대상으로 삼았고, 인정(人丁)의 다과에 따라서 편성된 9등호제(九等戶制)에 입각하여 각 호에 부과되었다. 이러한 방법은 고려 말기까지 계속되었다. 반면에 양반 품관(品官)과 등과자(登科者)는 요역이 면제되었고, 군인·향리·역정 등 신역의 부담자들도 원칙적으로 요역의 부담이 없었다. 고려시대의 조세·공부·요역 중 가장 비중이 무거운 것은 요역이었다. 신역·직역의 부담자를 정호(丁戶)라 하였는데(일반 농민은 白丁이라고 함), 이들에게는 입역의 대가로 일정한 면적의 토지가 지급되었고, 역과 함께 토지가 세습되었다. 군역은 군반씨족(軍班氏族)에 속하는 특수한 계층이 부담하였는데, 결원이 생긴 경우에는 일반 민간에서 보충하였다. 조선 초기에는 각 호(戶)의 소경전(호가 소유하는 民田)의 다과에 따라 차등있게 정(丁)을 내는 소경지역(所耕之役)과 소경지역 외의 잡다한 요역인 잡역이 있었으며, 지방관부의 필요에 따라서 수시로 읍내의 민정을 징발하였다. 정남의 해당 연령은 고려와 마찬가지로 16~60세까지였다. 그 부과기준은 조선 전기에 와서는 토지 소유량에 따르는 것으로 바뀌어 "전(田) 8결마다 1인의 인부를 내되 1년에 역(役) 6일을 초과하지 못한다"고 규정하였다. 17세기 이후 대동법의 실시에 따라 공납 진상 등과 관련된 많은 요역 종목이 새로운 전결세(田結稅) 가운데 흡수되거나 군현별로 시행된 잡역세의 형식으로 물납화되었고, 요역제는 국민의 노동력을 직접 징발하는 방식에서 국민에게 세금을 거두어 임노동자를 고용하여 노동하게 하는 방식으로 전환하였다. 국역(國役)의 범주 안에서 가장 중요한 것의 하나는 군역(軍役)이었다. 조선 전기의 군역은 공·사노(公·私奴)를 제외한 일반 양민들은 모두 복무해야 하는 국민개병제(國民皆兵制)였다. 이것은 특정한 신분계층에게 세습적으로 부과된 신역이라기보다는 일반요역과 비슷한 것으로 양반계층도 군역을 면할 수는 없었다. 그러나 양반계층은 신분적 특권을 내세우면서 군역을 피하여 실제로는 군역부과가 이루어지지 않았다. 성종 이후에는 군역의 포납화(布納化)가 이루어져 과거의 의무 병역이 포(布)라는 현물화폐를 매개로 하여 용병제(傭兵制)로 전환되었다.

역과(譯科) → 잡과(雜科)

역박사(易博士)

백제 때 음양도(陰陽道)의 전문학자. 백제 때 설치된 박사의 하나로, 백제는 513년(무령왕 13)과 516년에 오경박사(五經博士)를 일본에 파견하였고, 553년(성왕 31)에 오경박사·역박사 등의 파견을 요청받자 복서(卜筮) 전문가로 역박사인 시덕(施德) 왕도량(王道良)을 파견하였으며 복서(卜書)도 전하였다.

○ 오경박사

역분전(役分田)

고려 초에 실시된 토지분급제도. 940년(태조 23) 개국공신들에게 토지를 나누어준 것으로, 나누어준 액수는 알 수 없다. 후삼국(後三國) 통일에 공을 세운 관리나 군사 등에게 관계(官階)의 고하에 관계없이, 인품과 공로에 기준을 두어 지급한 수조지(收租地)를 말한다. 전시과(田柴科) 제도가 마련될 때까지 존속하였다.

역옹패설(櫟翁稗說)

고려시대 3대 비평문학서로 손꼽히는 이제현 (李齊賢)의 시화문학서. 4권 1책으로, 전집(前集)·후집(後集)·습유(拾遺) 등으로 되었으며, 역사책에 보이지 않는 이문(異聞)·기사(奇事)와 경전(經典)·인물·시문(詩文)·서화(書畵) 등을 비평한 글을 실었다. 또한 자신의 시문 약간과 책 끝에 이색(李穡)의 묘지명(墓誌銘)도 실었다. 이인로(李仁老)의 《파한집(破閑集)》 및 최자(崔滋)의 《보한집(補閑集)》과 아울러 고려시대의 3대 비평문학서로 꼽히는 이 저서는 뒤에 조선시대 문학비평의 길잡이 구실을 한 고전적인 저작이다. ● 이제현

▶ 역옹패설

역원제도(驛院制度)

공문서의 전달과 공무여행자들에게 편의를 제공하기 위한 제도. 역원제의 유래는 확실히 알 수 없으나 《삼국사기》에 따르면 신라 487년(소지마립간 9) 역(郵驛)을 설치하였다고 기록하고 있어 삼국시대에 역이 설치, 운영되고 있었음을 알 수 있다. 역제가 전국적인 규모로 설치된 것은 고려시대로, 고려 전기인 문종대에 전국적으로 22역도(驛道)와 525개의 역이 설치되었는데, 역도에는 역승(驛丞)을, 각 역에는 역장(驛長)과 역리(驛吏)·역졸(驛卒)·역정(驛丁) 등을 두었다. 각 역에는 역마를 두어 공문전달에 이용하였는데, 그 전달 방법은 가죽부대에 문첩(文貼)을 넣어서 전달하는 현령전송(懸鈴傳送 : 일의 완급에 따라 방울의 숫자를 달리하는 방법)과 가죽이나 뿔에 넣어서 전달하는 피각전송(皮角傳送)이 있었다. 무신란 이후 몽고의 간섭을 받으면서 몽고식 역참조직으로 개편되었으며, 역마의 남승(濫乘)에 따른 폐단과 역호(驛戶)의 조잔(凋殘) 등으로 인해 역로가 제 기능을 수행하지 못하였다. 조선이 건국되면서 대대적인 재정비가 이루어져 41역도 537개의 역로망이 갖추어졌다. 역에 비치된 말을 사용할 때는 '마패'라는 증명이 필요하였으며, 마필은 상·중·하 3등으로 나누어 지급하였는데 관원의 관품에 따라 발급한 마필의 수는 《경국대전》 급마규정에 따라 지급했다. 그리고 역에는 역사의 수리비용이나 사행·출장관원의 내방시에 소요되는 경비, 사무용물품 등을 구입하기 위한 역전이 지급되었다. 16세기 이후 역리·역졸들이 유망하고 토호에게 투탁하면서, 마위전이나 공수전 등 역전이 사사로이 전매되거나 세도가에게 침탈되면서 기능이 약화되어 갔다. 한편 교통편의를 주던 시설로는 원(院)·관(館)의 제도가 있었다. 즉 공용여행자의 숙식을 위해서 각 주요 도로상에 원

을 두었고, 빈객을 접대하기 위해 각 주현에 객사(客舍)인 관을 두었다. 이 원 역시 역과 함께 고려 때부터 많이 설치되었고 또 정부에서는 원위전(院位田)이라고 하여 토지를 주어 원의 경비로 충당하게 하였다. 또 원은 역과 동일한 장소에 많이 있어서 역과 원을 합하여 '역원'이라고도 하였다. 조선 초에 원이 폐지되기도 하고 관리가 철저하지 못하여 여행자들이 불편을 느끼게 되자, 1445년에는 이를 정비·보완하여 인근 주민 중 유능한 사람에게 원주(院主)의 책임을 맡기고 원위전을 주었다. 원주에게 급여되었던 원주전은 대로에 속한 경우에는 1결 35부, 중로 90부, 소로 45부였다. 그러나 원은 그 사용자가 국한되어 있어 점차 폐지된 것이 많았고 공용여행자의 공궤(供饋)는 각 관(官), 각 역 혹은 민간업자가 담당하는 일이 많았다. 공용여행자는 초료(草料)라 하여 여행 중에 관으로부터 종인(從人)·마필의 숙식을 포함하는 소정의 공급을 받게 되어 있고, 이 증명은 병조·감사·병사·수사 등이 내어주었으며 변장(邊將)·군관 등도 그 특전을 받았다. 그리고 개인적인 일로 여행하는 자는 사설의 점(店)에서 방화전(房火錢)을 내고 숙식하는 것이 보통이었다. 또 임진왜란 후에는 참(站)마다 참점(站店)이 설치되기도 하였는데 이는 후에 주막·주점으로 부르던 거릿집으로 바뀌게 되고, 이에 따라 원은 자취를 감추어 여러 곳에 원이란 글자가 붙은 지명만을 남겨 전하게 되었다. 서울에도 동대문 밖의 보제원(普濟院), 서대문 밖의 홍제원(弘濟院), 남대문 밖의 이태원(梨泰院), 광희문 밖의 전곶원(箭串院)이 있었다.

연가7년명금동여래입상(延嘉七年銘金銅如來立像)

고구려시대의 금동불 입상. 전체 높이 16.2cm, 입상 높이 9.1cm, 광배 높이 12.1cm, 대좌 높이 4.1cm로, 고구려 평양(平壤) 동사(東寺)에서 만들어 유포한 연가(延嘉) 7년의 명(銘)이 있다. 광배(光背)는 일부 손상되었으나 각명(刻明)한 수법, 찬란한 금색, 조상명기(造像銘記)가 있는 점으로 고구려의 대표적인 불상이다. 이 불상의 조각 수법은 중국 북방 양식과 직결된 것으로 앞 시대의 인도적(印度的)인 양식이 후퇴하고 새로운 북방적 특징이 대두된 것으로 볼 수 있다. 한편, 이 연가명 불상은 중국 북위불(北魏佛)과는 달리 띠 매듭끈인 이른바 신(紳)을 길게 내리지 않고 있다. 이것은 고구려적인 특징이며 특히 얼굴 묘사에서 위엄있는 미소에는 강인한 정신력이 명료하게 나

▶ 연가7년명금동여래입상

타난다. 1963년 7월 경상남도 의령군 대의면 하촌리에서 발견되었으며, 여러 작은 금동 불상 가운데 당당하고 큼직한 불상이다. 고구려에 속하는 재명상(在銘像)이 남한(南韓)에서 출토되었다는 점이 주목된다. 이 불상은 평양 동사의 승려들이 천불(千佛)을 조성하여 세상에 유포하고자 만든 것으로, 고구려의 국력과 불력(佛力)의 유포, 통일 의지를 주위 모든 나라에 천명한 의의있는 불상이다. 국보 제119호로 지정되어 국립중앙박물관에 소장되어 있다.

▶ 연개소문

연개소문(淵蓋蘇文)

?~666년(보장왕 25). 고구려 말기의 집권자. 일명 연개금(淵蓋金)이라고도 한다. 15세 때 아버지의 뒤를 이어 동부 대인(부족장)이 되었으나, 귀족들의 견제를 받아 장성 축조의 감독을 맡았다. 642년 군사를 이끌고 평양으로 들어가 영류왕(榮留王)과 자신을 반대한 대신들을 살해하고 보장왕을 옹립하는 동시에 대막리지(大莫離支)가 되어 정권을 장악한 후 전제정치를 행하였다. 집권 초기에는 당나라와 화친을 맺고 당으로부터 도교(道敎)를 수용하기도 하였으나, 이후 신라와 당에 대해 강경책으로 일관하는 외교정책을 추진하였다. 그리하여 백제의 공격에 대해 원병을 요청하기 위해 파견된 김춘추를 억류하는 한편 오히려 신라에게 한강유역의 반환을 요구하였으며, 신라에 대한 공격을 중지하라는 당의 요구를 거절하였다. 645년 당 태종은 연개소문의 국왕살해를 문책한다는 구실을 내세워 고구려를 침공하였으나, 안시성전투에서 대패하여 물러갔다. 그 뒤 당나라는 신라와 군사동맹을 맺어 660년에 백제를 멸망시킨 후 고구려를 협공하였고, 연개소문은 고구려군을 직접 지휘하면서 맞서다가 666년에 사망하였다. 연개소문 사후 자식들간의 정권다툼이 격화되는 등 지배층의 내분이 심화되고 민심이 동요되면서 668년 고구려는 멸망하였다. ◐ 안시성전투

㈜ 천남생묘지(泉男生墓誌)

연등회(燃燈會)

불교의례의 하나. 연등회의 종류에는 상원(上元) 연등과 초파일(初八日) 연등이 있다. 상원연등은 551년(진흥왕 12)에 팔관회(八關會)와 더불어 국가적인 행사로 시작되어 고려시대에 성행하였다. 가을에 열리는 팔관회가 왕도(王都)에서만 행해진 것과 달리 연등회는 지방에 이르기까지 전국적으로 거행되었

다. 고려 태조는 훈요10조(訓要十條)에서 후손들에게 연등회와 팔관회를 계속 개최토록 명했으며, 거국적인 행사로 매년 정월에 행해졌다. 성종 때는 유학자들의 반대로 일시 중단되기도 하였으며, 1010년(현종 1)부터는 음력 2월로 변경되었다. 초파일연등은 석가탄생을 축하하는 연등으로, 현재 인도를 비롯하여 불교문화권에서 널리 행해지고 있는 행사이다. 이 연등에 대한 최초의 기록은 의종 때 백선연이 4월 8일에 점등했다고 하는 《고려사》의 기록이다. 당시에는 초파일연등회를 열면 3일낮 3일밤 동안 등을 밝히고 미륵보살회(彌勒菩薩會)를 행했다고 한다. 1352년(공민왕 1)에는 4월 8일에 궁중에서 연등회를 열어 궐내에서 1백 명의 스님에게 공양하였고, 그 뒤 서민층에까지 실시되었다고 한다. 조선시대에는 억불책이 추진되어 1415년(태종 15)에 초파일연등을 금지시켰고, 1416년 이후의 조선왕조실록에는 상원연등에 관한 기록이 없다. 그러나 1414년 이후 봄과 가을에 베풀어진 수륙재(水陸齋)를 통해 연등회와 팔관회의 풍습이 계승되었다. 이 불사(佛事)는 현재까지도 이어져, 매년 부처님오신날에는 전국 각 처에서 연등회가 벌어진다. 연등회 행사는 원래 부처에게 바치는 공양 중 등공양(燈供養)에서 비롯된 것으로, 등은 어두운 무명(無明)을 제거하여 지혜의 밝은 광명을 비추고자 하는 염원이다. 부처 앞에 등을 밝혀서 자신의 마음을 맑고 바르게 하여 부처의 덕을 찬양하고, 부처에게 귀의한다는 의미가 있다.

연려실기술(燃藜室記述)

조선 후기에 이긍익(李肯翊)이 역대 사실 가운데 중요한 것만을 여러 책에서 뽑아 기사본말체(記事本末體)로 정리한 야사총서. 59권 42책이며, 원집·속집·별집 등 3편으로 구성되어 있는데, 원집은 조선 태조에서 현종까지 각 왕대의 중요 사건을 왕대별로 수록하고 각 왕대 기사 끝에 그 왕대의 상신·문신·명신들의 전기를 부기하였다. 속집은 숙종대의 사실을 원집의 형식과 같이 수록하였으며, 별집은 조선시대의 관직을 비롯하여 전례·문예·천문·지리·대외관계·역대고전 등의 연혁을 수록하고 인용문헌을 부기하였다. 이 책에서 인용한 문헌은 조선시대의

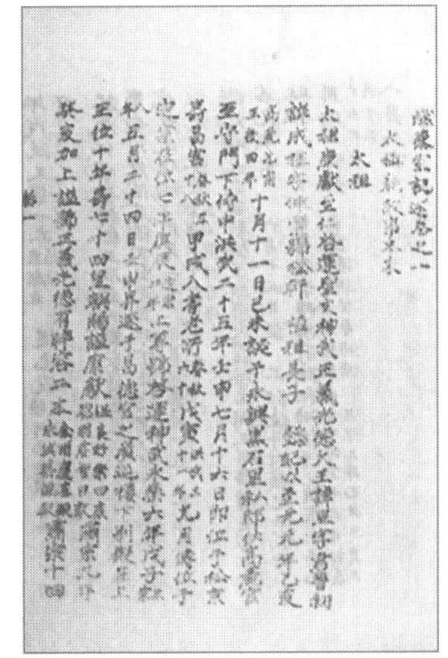

▶ 연려실기술

야사·일기·문집류 등 총 4백여 종에 이른다. 1911년 최남선에 의해 조선광문회에서 총34권으로 간행하였으며, 1913년 조선고서간행회에서 총59권으로 간행하였다. 1966년 민족문화추진회에서 국역 간행하였다.

연통제(聯通制)

1919년 11월 대한민국임시정부가 국내외 독립운동을 지휘·감독하기 위해 설치한 비밀 지방행정조직. 1919년 11월 대한민국임시정부 내무부산하의 비밀 지방행정조직으로 서울에 임시총판부(臨時總辦府)가 설치되면서 연통제의 각급 조직이 설치되었는데, 서울에는 총판(總辦), 각 도에는 독판(督辦), 각 군과 부에는 군감(郡監)과 부장(府長), 각 면에는 면감(面監)을 두어 연통부의 일을 담당하게 하였다. 1920년 10월에는 간도에도 3곳에 총판부를 설치하였다. 연통제는 대한민국임시정부에 대한 선전업무 및 통신업무, 독립운동자금모금 등을 담당하였다. 그러나 일본의 철저한 감시로 경상도·충청남도·제주도에는 연통제가 조직되지 못하였으며, 그 밖의 지역도 면단위까지는 조직되지 못하였다. 1921년 조직이 발각되어 붕괴되었다. ◐ 대한민국임시정부

열반종(涅槃宗)

대승 불교의 《대반열반경(大般涅槃經)》을 근본 경전으로서 연구하는 불교 종파의 하나. 421년 북량(北梁)의 담무참(曇無讖)이 《대반열반경》(40권)을 번역하여 근본 경전으로 삼은 데서 비롯되었다. 이후 남북조시대(南北朝時代)부터 수대(隋代)에 이르기까지 남북 각지에서 강경·연구가 추진되어, 육조시대의 불교에 큰 영향을 끼쳤다. 지의가 《법화경(法華經)》을 근거로 새로이 천태종(天台宗)을 일으켜 열반의 교지(敎旨)를 천태종에 흡수한 후, 당나라의 법상종(法相宗)·화엄종(華嚴宗) 등 여러 종파의 확장에 밀려 점차 소멸하였다. 우리나라에서는 고구려 때 보덕이 연개소문의 도교 장려책에 대응하여 열반종을 개창하기도 하였다.

염상섭(廉想涉)

▶ 염상섭

1897년~1963년. 본명은 상섭(尙燮), 호는 제월(霽月)·횡보(橫步). 서울출신. 일제시대에 〈표본실의 청개구리〉 등의 소설을 발표한 사실주의계열의 소설가. 보성중학교를 거쳐 1918년 일본 게이오대학(慶應大學) 예과에 입학하였으나 재학중 3·1운동에 참여한 혐의로 체포되어 중퇴하였다. 1920년 동아일보·매일신보 등의 기자로 근무하였다. 1920년 《폐허(廢墟)》의 동인으로 참여하면서 문단활동을 시작하였으며, 1921년 《개벽(開闢)》에 〈표본실의 청개구리〉를 발표하였다. 1922년 〈만세전〉을 발표하였으며, 1930년 이후 〈삼대(三代)〉·〈무화과(無花果)〉·〈백구(白

鳩〉·〈제야(除夜)〉·〈고독〉 등 장편 및 단편 소설들을 발표하였다. 1936년 만주 신징(新京)에서 만선일보 편집국장·홍보담당관 등을 지냈다. 광복 후 귀국, 1946년 경향신문 편집국장을 지냈으며, 1954년 예술원 종신회원이 되었다. 1955년 서라벌예술대학학장을 지냈으며, 1956년 자유아시아문학상, 1962년 삼일문학상을 수상하였다.

영고(迎鼓)

부여에서 행해지던 제천행사(祭天行事). 3세기 전반의 중국측 기록인 《삼국지》 동이전 부여조에 의하면, 부여에서는 은정월(殷正月)에 하늘에 제사지내고 나라의 수도에서 큰 대회를 열어(國中大會) 날마다 마시고 먹고 노래하고 춤추었는데, 이를 '영고'라고 불렀으며, 이때에 형옥을 중단하고 죄수들을 풀어주었다고 한다. 부여에서는 이같은 제천행사를 통해 제가(諸加)들이 다스리던 각 집단(四出道)간의 통합을 증진시키고 이들에 대한 중앙의 영향력을 강화하여 부여국 전체의 통합을 이루었으며, 또 죄수들을 방면함으로써 개개인의 국가에 대한 소속감을 북돋았으나, 족장선임과 같은 정치적 참여행위는 배제되었다.

영남만인소(嶺南萬人疏)

1881년(고종 18) 2월 영남유생 이만손(李晩孫)이 소두(疏頭)가 되어 1만 명의 연서를 받아 김홍집일파를 탄핵한 상소문. 1880년 수신사로 일본에 파견되었던 김홍집은 황쭌셴(黃遵憲)으로부터 조선에서의 러시아세력을 막기 위해서 조·청·일 3국이 수호하고, 미국과는 연합해야 하며, 조선은 서양의 제도와 기술을 배워야 한다는 내용이 수록된 《조선책략》을 받아 귀국하였다. 이 책을 받은 고종은 이를 복사하여 전국 유생들에게 배포, 식견을 넓히도록 하였다. 그러나 이 책은 당시 위정척사론을 주장하며 정부의 개화정책을 반대하던 보수유생들로부터 많은 반발을 받았다. 이러한 가운데 1881년 2월 영남유생 이만손이 1만여 명의 연서를 받아 상소를 올렸다. 그들은 이 상소를 통해 청·일·미와 연합하여 러시아를 막는다는 주장의 불합리성을 지적하고, 또한 우리에게는 고래로부터 양법(良法)·선규(善規)가 있으므로 서학(西學)에 종사할 필요가 없다고 주장하였으며, 이와 같은 사서(邪書)를 가져온 김홍집을 처벌하고 이 책자를 불태워 위정척사의 큰 뜻을 밝히라고 요구하였다. 이 상소문은 표면적으로 김홍집을 탄핵한 글이지만 실제로는 정부의 개화정책을 비판하는 글이기도 하였다. 결국 영남만인소로 인해 이만손은 전라남도 강진의 신지도로 유배되고 나머지 유생들은 교외로 축출되었다.

⊙ 조선책략·위정척사운동

영남학파(嶺南學派)

조선시대 영남지방을 중심으로 형성되었던 학문상의 한 유파. 주로 이황(李滉)에 의해 제기된 이기이원론(理氣二元論)·이기호발설(理氣互發說) 등의 성리사상을 계승, 발전시킨 학파를 가리키며, 퇴계학파(退溪學派)라고도 한다. 이황과 조식은 각각 영남좌도와 우도에서 영남학파의 영수로 추앙되었으며, 그들의 문하에 출입하며 학문을 연마하는 많은 문도를 거느렸고, 저명한 학자를 많이 배출하였다. 조식의 문인들은 광해군 때 정계에 다수 진출하여 주도권을 잡았으나, 인조반정(仁祖反正)으로 결정적인 타격을 입었다. 조식학파는 점차 그 학맥이 쇠잔하여지고 퇴계학파는 그 학맥이 성해지면서 좌도·우도의 구별이 사라지고 영남의 학자들이 퇴계학파에 흡수되어 마침내 퇴계학파가 영남학파의 대명사가 되었다. 대표적인 인물로는 조목(趙穆)·김성일(金誠一)·유성룡(柳成龍)·정구(鄭逑)·장현광(張顯光)·정경세(鄭經世)·허목(許穆)·이현일(李玄逸)·이상정(李象靖)·이진상(李震相)·곽종석(郭鍾錫) 등이 있다. 한편 영남학파에서는 1620년(광해군 12) 이황 문하의 양대고족(兩大高足)인 유성룡과 김성일을 호계서원(虎溪書院)에 추향(追享)함에 있어, 위차(位次)의 선후를 놓고 양현(兩賢)의 자손과 후학들 사이에서 다툼이 일어나 오랫동안 시비가 분분하였다. 이 사건을 병호시비(屛虎是非) 또는 애학시비(厓鶴是非)라고 한다. 이로 인한 두 계열의 대립은 해소되지 않고 계속되었는데, 유성룡 계열에서는 병산서원(屛山書院)을 근거지로 하고 김성일 계열에서는 호계서원을 독점하여 서로 대치함으로써, 마침내 병파와 호파로 갈리게 되었다. 병파나 호파 모두 이황의 주리설(主理說)에 귀일하고 있는 점은 같다. 한편 이황과 조식의 문하에서 수학하였던 정구의 학통은 근기지방(近畿地方)으로 전해져 근기남인을 형성하였다. 정구는 성리학과 예학에 뛰어났을 뿐 아니라, 역사·지리·의학 등 방대한 저술을 통해 '응용구시(應用救時)'의 측면에 크게 유의함으로써, 후일 허목을 통해 근기학파의 학자들에게 발전적으로 계승되어, 이익·안정복(安鼎福)·정약용(丁若鏞) 등의 경세치용(經世致用)사상 형성에 큰 영향을 끼쳤다. ➲ 남인

영선사(領選使)

1881년(고종 18) 청나라의 선진문물 및 신무기도입과 신무기제조법의 학습을 위해 청나라에 파견한 유학생의 영솔사행(領率使行). 1881년 윤7월 군비 강화의 일환으로 청나라로부터의 선진문물 및 신무기도입과 신무기제조법의 학습을 위해 영선사를 파견하였다. 당시 영선사일행은 영선사에 김윤식, 종사관에 윤태준(尹泰駿) 등 12명, 유학생으로 학도(學徒 : 양반계급출신) 20명 및 공장(工匠 : 중인계급출신) 18명 등 총 83명으로 구성되었고, 1881년 11월에 베이징에 도착하였다. 이들 중 유학생들은 1882년 2월 톈진기기국(天津機器局) 동

남국(東南局)에 배속되어 학습을 시작, 학도들은 화약·탄약의 제조법 및 이와 관련된 화학·전기·제도(製圖) 등의 이론분야를, 공장들은 제련·기계조작법·기계모형제조 등 실험분야를 중심으로 학습하였다. 그러나 유학생들의 학습은 본국정부의 재정지원부족으로 제대로 이루어지지 못하였으며, 이와 함께 국내에서 발생한 임오군란으로 인해 조기 귀국이 결정되었다. 그리하여 영선사일행은 국내에 설치될 기기창(機器廠)에 필요한 기기를 구입한 뒤 11월 귀국하였다. 영선사 및 유학생들의 귀국과 함께 각종 근대 기기와 기술서적들이 대량 들어옴으로써 1883년 3월 국내 최초의 근대병기공장인 기기창이 설립되는 기초가 되었다.

영정법(永定法)

조선 후기 전세를 풍흉에 관계없이 매년 토지 1결당 미곡 4두씩 징수하던 세법. 1444년(세종 25)에 제정된 공법은 전세를 전분육등법과 연분구등법으로 나누어 각기 20두에서 4두까지 차등있게 징수하였다. 그러다가 1635년(인조 13)에 이르러 풍흉에 관계없이 토지의 비옥도를 기준으로 토지를 3등급으로 나누어 상하전은 16두를, 중중전은 12두를, 하하전은 4~6두를 징수하다가 얼마 후 모두 4두씩으로 고정하였다. 영정법의 시행으로 농민들의 전세부담은 어느 정도 경감되었으나 농민들은 이 밖에도 대동미·삼수미 등을 납부해야 했으므로 그 부담은 여전히 무거워 세금징수가 제대로 이루어지지 않았다.

예송(禮訟)

조선시대 현종 때 궁중의 복상(服喪) 문제를 두고 벌어진 두 차례의 논쟁. 인조의 첫째아들인 소현세자(昭顯世子)가 죽은 뒤 그의 아들이 있었음에도, 차자인 봉림대군(鳳林大君)이 세자로 책봉되어 왕통을 계승하였다. 이를 정통으로 보느냐, 비정통으로 보느냐 하는 문제에서 논쟁이 발생하였다. 기해예송이라고도 하는 1차 예송은 효종이 죽은 뒤 그의 계모인 자의대비(慈懿大妃 : 趙大妃)가 효종의 상(喪)에 어떤 옷을 입을 것인가를 두고 일어난 논란이다. 이때 송시열(宋時烈)을 중심으로 한 서인 계열에서는 효종은 왕통상으로는 인조의 적통을 이었지만 종법상으로는 인조의 둘째아들이므로 효종의 계모인 자의대비는 당연히 종법에 따라 1년상을 입어야 한다고 주장하였다. 반면 남인 계열의 윤휴(尹鑴)·허목(許穆)·윤선도(尹善道) 등은 차자로 출생하였더라도 왕위에 오르면 장자가 될 수 있다는 허목의 차장자설에 근거해 이를 반박하고 3년상을 주장하였다. 1차 예송은 결국 《경국대전》에 장자와 차자의 구분 없이 1년복을 입게 한 규정(國制朞年服)에 따라 결말지어졌다. 결과적으로는 서인의 예론이 승리를 거두었으므로 서인정권은 현종 연간에 계속 유지될 수 있었다. 그러나 종법질서에 있어서 효종의 위상에 대한 논란은 결론을 보지 못하였으며, 이 문제는 결국 2차 예송의 빌미가 되었다. 갑인예송이라고도 하는 2차 예송은 효종의 비인 인선왕후(仁宣王后) 사후 조대비(趙大妃 : 자의대비)가 어떤 상복을 입을 것인가 하는 문제를 놓고 벌어졌다. 1차예송에서 효종의 장자·차자 문제가 애매하게 처리되었기에, 인선대비 사후 이 문제가 다시 논쟁이 되었던 것이다. 이때 예조에서는 처음에 기년복으로 정하였다가, 다시 대공복(9개월)으로 복제를 바꾸어 올렸다. 현종은 예조에서 대공복을 채택한 것은 결국 효종을 차자로 보고 있음을 의미하는 것이라 하여 잘못 적용된 예제로 판정하였다. 이후 송시열계의 서인세력이 대대적으로 정계에서 축출되면서 결국에는 남인정권이 들어서는 계기를 이루었다. 이 시기 예송은 사상적으로 서인과 남인 사이의 예학적 전통의 차이가 내재되었으며, 정치적으로는 정국의 변동을 가져오는 등, 예 자체의 문제를 넘어서는 중요한 사건이었다.

예학(禮學)

예(禮)의 본질과 의의, 내용의 옳고 그름을 탐구하는 유학(儒學)의 한 분야. 예는 주대(周代)에 와서 인간행위의 규범이자 사회질서의 근간으로 정형화되면서 고대문화 전반을 의미하였다. 춘추시대(春秋時代) 유학을 창시한 공자(孔子)는 예에 정통했던 인물로 예치(禮治)를 행함으로써 당시 혼란했던 사회를 바로잡으려고 하였으며, 예의 형식뿐만 아니라 본질을 강조하였다. 한대(漢代)에 이르러 유학이 공식적인 국가이념으로 정착되면서 편찬되었던 《예기(禮記)》·《주례(周禮)》·《의례(儀禮)》는 예에 관한 이론과 시행내용을 종합한 것이었는데, 이는 곧 예학의 성립을 의미하였다. 우리나라 예학의 도입시기에 대해서는 자세하지 않으나 《예기》가 국학(國學)의 교수과목인 것으로 보아 이미 삼국시대부터 들어왔던 것으로 보인다. 그러나 예가 본격적으로 수용된 것은 고려 말에 《주자가례》가 도입되고 조선시대에 들어와 성리학이 지배이념으로 되면서부터였다. 그리하여 중앙집권체제를 강화하고 부국강병(富國强兵)을 추구하였던 전기에는 제도적 성격이 강한 《주례》와 왕실의 예인 오례가 강조되었으며, 성종대(成宗代)에 이를 집대성한 《국조오례의(國朝五禮儀)》가 편찬되기도 하였다. 사림(士林)이 등장하고 성리학에 대한 이해가 심화되면서 예에 대한 학문적인 연구가 본격적으로 이루어졌다. 그 결과 김장생(金長生)의 《가례집람(家禮輯覽)》·《상례비요(喪禮備要)》 등과 정구(鄭逑)의 《오선생예설분류(五先生禮說分類)》·《오복연혁도(五服沿革圖)》 등 수준 높은 예서(禮書)들이 많이 저술되었으며, 학파에 따라 예론이나 예설에서 차이를 보이기도 하였다. 나아가 이러한 차이는 17세기 예송(禮訟)에서 절정을 이루었다.

오가작통법(五家作統法)

조선시대 대민통제 방법의 하나. 다섯 집을 1통으로 묶은 호적의 보조조직으로, 1485년(성종 16) 한명회(韓明澮)의 건의가 채택되어 제도화되었다. 호구조사와 범죄자 색출, 세금징수와 부역의 동원을 용이하게 할 목적으로 만들어진 인보(隣保)의 자치조직이었으나, 시대에 따라 운영실적이 한결같지 않았다. 후기에 이르러 역(役)을 피하여 호구의 등록 없이 이사·유리(流離)하는 등의 만성화된 유민(流民)이 많이 늘어났는데, 오가작통은 호패(戶牌)와 더불어 호적의 보조수단이 되어 이들 유민과 도적의 은닉을 방지하는 데 기여하였다. 헌종 때에는 통의 연대책임을 강화하여 가톨릭교도를 적발하는 데 크게 이용되었다.

오경박사(五經博士)

백제에서 유교경전을 관장하던 관직. 처음에는 박사가 유교경전 등 학문 전반을 관장하다가 점차 직능이 세분화되면서 유교경전만을 전담하는 오경박사가 설치되었다. 5경인 《주역》·《시경》·《예기》·《서경》·《춘추》 등을 가르치던 관직이다. ○ 역박사

오경석(吳慶錫)

1831년(순조 31)~1879년(고종 16). 자는 원거(元秬), 호는 역매(亦梅)·진재(鎭齋)·천죽재(天竹齋). 본관은 해주. 근대에 활약한 역관·개화사상가. 오세창(吳世昌)의 아버지로 이상적(李尙迪)의 문하에서 한어와 서화를 공부하였다. 1846년(헌종 12) 역과에 합격한 후 10여 차례에 걸쳐 역관으로서 사신을 수행하여 청나라를 왕래하였는데 《해국도지(海國圖志)》·《영환지략(瀛環志略)》 등의 서적을 가지고와 연구하여 개화사상을 형성하였다. 그 뒤 유홍기(劉鴻基)·박규수 등에게 개화사상을 고취시키고, 1870년(고종 7)부터

▶ 오경석

는 박규수의 집에서 박영교·김윤식·김옥균·박영효·유길준 등에게 개화사상을 교육하였으며, 정부에 적극적인 개화정책을 시행할 것을 건의하였다. 1872년 박규수를 수행하여 청나라에 다녀왔으며, 1876년 일본이 통상을 요구하자 문정관(問情官)에 임명되어 일본의 요구를 거부하고 정부에 일본과 교섭하지 말 것을 요구하였다. 관직은 지중추부사에 이르렀다. 한편 그는 서화와 금석학에도 뛰어나 중국에서 희귀한 서화들을 구입하여 소장하였으며, 전국 각지를 돌아다니며 비석과 유적들을 답사하여 이를 토대로 《삼한금석록(三韓

金石錄)》을 저술하기도 하였다.

오군영(五軍營)

조선 후기에 설치된 훈련도감(訓鍊都監)·어영청(御營廳)·총융청(摠戎廳)·수어청(守禦廳)·금위영(禁衛營) 등 다섯 군영을 이르는 용어. 조선 전기의 중앙군사조직인 5위(五衛)가 임진왜란을 계기로 유명무실해지자 1593년(선조 26) 훈련도감, 1623년(인조 1) 어영청, 1624년 총융청, 1626년 수어청, 1682년(숙종 8) 금위영 등을 설치함으로써 5군영이 완성되었다. 훈련도감·어영청·금위영은 수도방어와 국왕호위를 담당하는 군영이었고, 총융청·수어청은 수도 외곽을 방어하는 군영이었다. 1881년(고종 18) 장어영(壯禦營)과 무위영(武衛營)으로 통합되면서 2군영체제로 바뀌었다.

➲ 훈련도감·어영청·총융청·수어청·금위영

오기호(吳基鎬)

1863년(철종 14)~? 호는 손암(巽菴). 전라남도 강진출신. 일제시대에 을사오적(乙巳五賊)에 대한 암살을 기도하였던 독립운동가. 1905년 6월과 10월 두 차례에 걸쳐 일본에 건너가 일본의 유력 정치인 및 천황에게 서한을 보내 한국의 독립을 요구하는 등 국권회복을 위해 노력하였다. 1907년 2월 나철(羅喆) 등과 함께 자신회(自新會)를 조직하고 4월 을사오적에 대한 암살을 기도하였으나 실패하였다. 이에 동지들이 체포되자 자수하여 7월 5년 유배형을 받고 진도로 유배되었다가 12월 특사로 석방되었다. 1909년 1월 나철 등과 함께 단군교(대종교)를 창도하고 독립운동에 종사하였다.

오도양계(五道兩界)

고려시대의 지방행정구역의 하나. 고려시대에는 남부의 일반행정구역을 5도로, 동북의 군사지역을 양계로 설정하였으며 개경 주위를 경기(京畿)라 하였다. 오도는 안찰사(按察使), 양계는 병마사(兵馬使)가 다스리며 경기는 개성부에서 통치케 하였다. 양광충청주도(陽廣忠淸州道)·경상진주도(慶尙晉州道)·전라주도(全羅州道)·서해도(西海道)·교주도(交州道 : 처음엔 春州道) 등이 오도이며, 동계(東界 : 東北面)·북계(北界 : 西北面)를 가리켜 양계라 하였다.

참 안찰사(按察使) : 고려시대 5도(道)의 지방행정기구 또는 그 장관. 문종대를 거치면서 서해도에 설치된 것을 계기로 이후 예종대 정비과정을 거쳐 1163년(의종 17) 오도 안찰사로 완전히 정착되었다. 이후 안렴사·제찰사·도관찰출척사 등으로 그 명칭이 변경되었다. 지방에 상주하는 전임 지방관이 아니라 봄·가을에 파견되어 주현을 순찰하는 직임으로, 대체로 5, 6품의 경관직(京官職)에 재직 중인 인물로 임명되었으며, 수령의 고과나 민간의 폐단, 형옥의 심사, 부세의 수납 등의 일을 담당하였다.

오부(五部)

⑴ 고구려의 행정구역. 고구려 초기부터 오부의 존재가 보인다. 오부의 구체적 명칭에 대해서는 중국의 역사책에서는 계루부(桂婁部)·소노부(消奴部；涓奴部)·절노부(絕奴部)·순노부(順奴部)·관노부(灌奴部) 등이, 《삼국사기》에는 비류부(沸流部)·제나부(堤那部)·환나부(桓那部)·관나부(貫那部) 등으로 나타난다. 고구려 초에 5부 이외에 다수의 부(部)가 존재하다가 중앙집권적 국가체제로 전환되면서 그 명칭도 방위명으로 변화되어, 계루부는 내부(內部：黃部)로, 소노부는 서부(西部：右部)로, 절노부는 북부(北部：後部)로, 순노부는 동부(東部：左部)로, 관노부는 남부(南部：前部)로 개칭되었다.
⑵ 백제 수도의 행정구역. 수도 오부제는 수도를 상부(上部)·전부(前部)·중부(中部)·하부(下部)·후부(後部)의 오부로 나누고 각 부를 다시 5항(巷)으로 나눈 체제이다. 한편 백제의 경우 《삼국사기》〈백제본기〉 온조왕 31년조와 33년조에 남북부와 동서부의 설치 기사가 보이는데, 왕족인 부여씨(扶餘氏) 집단이 직접 지배하는 지역이 중부가 되고, 나머지는 방위명을 따라서 동·서·남·북의 4부가 되어 전체적으로는 5부가 되었다. 이는 부여(扶餘)의 4출도(四出道)와 같은 관념에서 나온 것으로, 귀족들의 거주지로서 의미를 갖는 것으로 추정된다.
⑶ 고려시대 수도인 개경(開京)의 행정구역. 중부(中部)·동부(東部)·서부(西部)·남부(南部)·북부(北部)를 총칭하는 것으로, 919년(태조 2)에 처음 5부방리(五部坊里)의 체제가 마련되었고 문종 때에는 5부의 관제가 마련되었다.
⑷ 조선시대 한성부(漢城府)의 행정구역. 고려시대의 제도를 계승하여 1396년(태조 5)에 처음으로 5부의 아래에 52개의 방을 두었다. 오부에는 종6품의 주부(注簿) 1인과 종9품의 참봉(參奉) 2인이 있었으며, 이들은 주민의 범법행위의 통제, 시설물의 관리 및 통행제한 등의 치안업무를 담당하였다. 1894년(고종 31) 5부의 명칭을 5서(署)로 고쳤으나 이듬해 폐지되었고, 1911년 경성부에 5부가 설치되었다가 1914년 5부의 제도는 완전히 폐지되었다.

오소경(五小京)

통일신라시대의 지방 행정구역. 삼국통일 후인 685년(신문왕 5) 전국의 행정구역을 9주 5소경으로 재조직하면서 제도화된 것이다. 이미 통일 전에 있었던 국원소경(國原小京)을 비롯해 문무왕 때 북원소경(北原小京)·금관소경(金官小京)이 설치되었으며, 신문왕 때에 서원소경(西原小京)과 남원소경(南原小京)이 설치되었다. 경덕왕 때에는 종래의 국원소경이 중원소경으로 개칭되면서 5소경이 완성되었다. 이러한 소경에는 정복한 국가의 귀족들을 강제로 이주시켜 살게 하였으며, 이들의 통제를 위해 중앙에서 귀족을 파견하여 감시하였다. 소경의 장(長)은 사신(仕臣) 또는 사대(仕大)라 하였다. ◗ 구주

오십총선거

1948년 5월 10일 제헌국회를 구성하기 위해 실시된 우리나라 최초의 국회의
원선거. 1947년 5월 열린 제2차미소공동위원회의 결렬로 통일정부수립이 무
산되자 미국은 유엔에 한국문제를 상정하였고, 1948년 3월 유엔이 유엔임시
위원단의 감시하에 남북한의 총선거를 결의하였으나 소련이 이를 거부함으로
써 남한만의 단독선거가 이루어지게 되었다. 5월 10일 선거가 실시되어 입후
보한 942명 중 무소속 85명, 대한독립촉성국민회 53명, 한국민주당 29명, 대
동청년당 14명, 조선민족청년당 6명, 대한독립촉성농민총동맹 2명, 기타 단
체 11명 등 총 200명이 당선되었다. 동월 31일 제헌국회가 개원되었으며, 의
장에 이승만, 부의장에 신익희(申翼熙)·김동원(金東元)이 선출되었다.

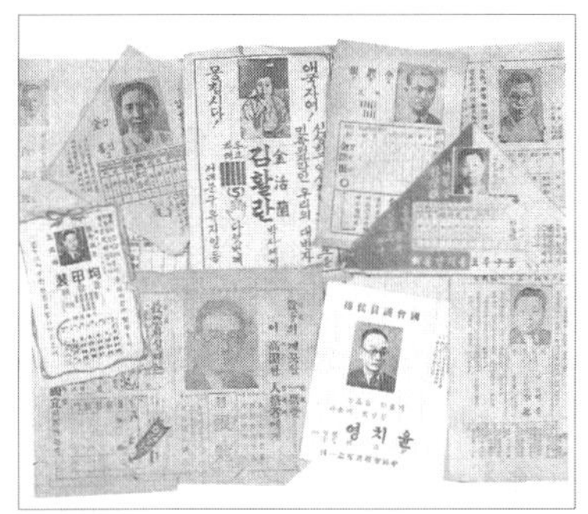

▶ 오십총선거

오위(五衛)

조선 전기의 중앙 군제(軍制). 1393년(태조 2) 고려 때의 삼군총제부(三軍摠制
府)를 의흥삼군부(義興三軍府)로 개칭하면서 종래의 10위군(衛軍)을 중·좌·
우군의 3군으로 나누어 귀속시켰다가 그 후 3군에 속한 10위는 10사(司)로
개편되어 12사로 되었다. 문종 1년(1451) 12사는 5사로 다시 개편되었고,
1457년(세조 3) 3월 5위제도로 개편하였으며, 동시에 3군을 통제하던 3군진
무소(三軍鎭撫所)를 5위진무소로 개편하여 5위를 지휘 감독하는 최고 군령기
관(軍令機關)으로 삼았다. 그 후 5위진무소는 1466년 5위도총부(五衛都摠府)
로 개칭하여 중위(中衛)인 의흥위(義興衛), 좌위(左衛)인 용양위(龍驤衛), 우위
(右衛)인 호분위(虎賁衛), 전위(前衛)인 충좌위(忠佐衛), 후위(後衛)인 충무위
(忠武衛) 등 5위를 관장하였다. 5위에는 장(將:종2품, 타관이 겸임) 12명, 상
호군(上護軍:정3품) 9명, 대호군(大護軍:종3품) 14명, 호군(護軍:정4품) 12명,
부호군(副護軍:종4품) 54명, 사직(司直:정5품) 14명, 부사직(副司直:종5품)
125명, 사과(司果:정6품) 15명, 부장(部將:종6품) 25명, 부사과(副司果:종6품)
176명, 사정(司正:정7품) 5명, 부사정(副司正:종7품) 309명, 사맹(司猛:정8품)

16명, 부사맹(副司猛:종8품) 483명, 사용(司勇:정9품) 42명, 부사용(副司勇:종9품) 1,939명을 두었다. 이러한 5위체제는 중앙에서의 수도경비(首都警備) 임무를 맡는 동시에 유사시에는 가장 강력한 군사력으로써 활동이 가능한 조직체였다. 내금위(內禁衛)·겸사복(兼司僕)·우림위(羽林衛) 등 왕의 친병(親兵) 계열을 제외하고는 서울에 있는 거의 모든 병종(兵種)이 이에 속하여 중앙군의 단일 체계가 처음으로 완성되었다. 조선시대 중앙군의 기간(基幹)을 이루던 5위제도는 성종 말기 이후 서서이 해이해지다가 임진왜란을 계기로 그 무력함이 드러나, 임진왜란 이후에는 훈련도감·수어청·총융청·어영청·금위영 등의 5군영(五軍營)으로 대체되었다. ➲ 오군영

오일륙 군사정변(軍事政變)

1961년 5월 16일 박정희 육군소장을 비롯한 일부의 군인들이 장면내각을 무너뜨리고 정권을 장악한 군사정변. 4·19혁명으로 수립된 민주당정권의 정치력의 부재로 인해 정치·사회적으로 혼란이 가중되고 있던 가운데 민주당정권하에서 정군운동을 주도하던 박정희 육군소장을 중심으로 한 김종필 등 육사8기생들이 사회적인 무질서와 혼란을 구실로 정변을 일으켰다. 이들은 1961년 5월 16일 새벽 서울로 진입하여 정부의 주요기관들을 장악한 후 전국에 계엄령을 선포하여 전권을 장악하였다. 이후 군사혁명위원회를 조직하고 '반공을 국시(國是)로 삼고 반공태세를 재정비·강화할 것, 부패와 구악을 일소할 것, 민생고를 해결하여 국가 자주경제를 재건할 것, 과업 성취 후 정권을 이양할 것' 등을 내용으로 하는 혁명공약을 발표하였다. 18일 장면 총리는 내각총사퇴를 결의하고 정부를 이양하였으며, 같은 날 미국은 한국의 군사정부를 지지한다고 밝혔다. 이어 정변주체세력은 군사혁명위원회를 국가재건최고회의로 개칭하고 군정에 착수하여 대대적인 정치·사회개혁을 실시하였다. 우선 모든 정당·사회단체의 해산을 명하고 장면내각의 지도자들을 체포하였으며, 〈국가재건비상조치법〉을 제정하여 모든 정부권한을 장악하였다. 그리고 사회질서를 회복시키기 위해 정치깡패의 소탕과 부정축재자의 숙청을 단행하였다. 그러나 민정의 재개를 요구하는 국민들의 여론과 미국의 압력이 강화되자 박정희는 민정이양을 1963년경에 할 것임을 발표하였다. 그 뒤 민정이양에 있어서 주체세력들 사이에 민정참여를 둘러싸고 이견이 일어나자 박정희는 총선거에 출마할 것을 선언하고 선거에 나서 1963년 10월, 11월 양대선거에 승리하여 박정희정부를 출범시켰다. 5·16군사정변은 4·19혁명을 계기로 심화되고 있던 반공 분단국가의 혼란과 위기를 틈타 일단의 권력지향적인 군부세력이 합법정부를 전복하고 권력을 장악한 정변이었다.

➲ 박정희

오일팔 광주 민주화운동(光州民主化運動)

1980년 5월 18일부터 27일까지 광주를 중심으로 전개되었던 민주화운동. 1979년 발생한 10·26사태로 정치·사회적으로 혼란이 가중되던 가운데 전두환을 비롯한 신군부세력이 12·12사태를 일으켜 정치적 실권을 장악하였다. 이에 1980년 5월 민주화를 요구하는 시민과 학생들의 시위가 전국적으로 일어나자 신군부는 5월 17일 비상계엄을 전국으로 확대시키는 한편, 김대중을 비롯한 정치인들을 연행·구속하였다. 이러한 일련의 조치가 취해지는 가운데 17일 계엄군이 광주를 비롯한 전라도일원에 투입되었고, 18일 전남대생을 중심으로 한 학생들이 계엄군과 대치하며 민주화를 요구하는 시위를 전개하자 계엄군이 무차별 진압을 가해 부상자가 속출하였다. 19일 학생들의 시위에 광주시민들이 합세하여 계엄령철폐·김대중석방·전두환처단 등을 주장하였고, 20일 시위가 확대되는 가운데 계엄군이 시위대에 무차별 발포를 가해 수많은 사상자가 발생하였다. 이에 분노한 시민들이 계엄군의 발포에 맞서 파출소 등에서 무기를 탈취하여 무장하고 광주전역을 장악하였다. 21일에는 무장한 시민군이 전면적인 시가전에 돌입하였고, 항쟁은 광주주변의 전남지역으로 확대되었으며, 22일 시민군이 도청을 장악하였다. 그 뒤 시민들이 대책위원회를 조직하고 사태수습을 위해 노력하던 중 27일 계엄군이 광주시내에 재투입되어 이른바 ‘충정작전’을 통해 시민군을 무력으로 진압함으로써 항쟁은 수많은 희생자를 내고 종결되었다.

▶ 오주연문장전산고

오주연문장전산고(五洲衍文長箋散稿)

조선 후기에 이규경(李圭景)이 편찬한 일종의 백과사전인 유서(類書). 이 책은 많은 서적으로부터 우리나라와 중국 및 기타 외국의 사물(事物)과 전고(典故)를 뽑아 그 연혁과 내용을 고증하여 기록한 것이다. 60권 60책이며, 내용은 천문·역법·종족·지리·역사·붕당·문학·전적·종교·의학·음양·오행·제도·습속·복식·야금(冶金)·초목·조수(鳥獸)·금속·광물·고전 등 1,400여 항목이 실려 있다.

◐ 이규경

오지영(吳知永)

?~1950년. 전라북도 익산출신. 일제시대에 천도교 지도자로 활동한 종교인. 어린시절에 동학에 입교하였으며, 1894년(고종 31) 동학농민운동 당시에 양호도찰(兩湖都察)로서 북접과 남접의 노선통일 임무를 맡아 남북접농민연합

군을 편성하는 데 기여하였다. 1905년 손병희가 동학을 천도교로 개칭한 후 총부(總部)에 임명되어 천도교의 교세확장에 주력하였다. 1920년 천도교의사원 의장으로서 천도교의 혁신운동을 전개하였으며, 1922년 손병희의 사망 후 교계가 혁신을 둘러싸고 구파와 신파로 분열되자 신파인 천도교연합회에 속하여 혁신운동을 주도하였다. 그 뒤 천도교사 집필에 주력하여 《동학사(東學史)》를 저술하였다. ● 폐정개혁안

오페르트(Ernst Jacob Oppert)

1832년~?. 1868년(고종 5) 흥선대원군의 아버지인 남연군(南延君)의 묘를 도굴한 독일상인. 1851년(철종 2)부터 중국 상하이에서 상업에 종사하다가 1866년 2차에 걸쳐 조선에 내항하여 조선정부에 통상을 요구하였다. 그는 병인박해를 피해 조선을 탈출하여 중국에 머물고 있던 프랑스선교사 페롱(Feron)의 제안에 따라 남연군의 묘를 도굴하여 이를 이용해 조선정부에 통상교섭을 요구하기로 하였다. 1868년 4월 초 도굴단을 구성, 상하이를 출발하여 충청남도 홍주군 행담도(行擔島)에 정박하였고, 덕산군 구만포에 상륙하여 러시아인이라고 사칭하고 덕산관아를 습격, 약탈한 뒤, 덕산군에 있는 남연군의 묘를 도굴하였다. 퇴조시간을 이용해 철수, 서해안을 따라 북상하다가 인천 영종진에 이르러 조선정부에 통상교섭을 요구하였으나 조선수비군과 충돌하여 2명의 사상자를 내고 퇴각, 상하이로 돌아갔다. 이 사건으로 흥선대원군은 쇄국양이정책과 천주교탄압을 한층 강화하게 되었다. 저서로 《금단의 나라 조선기행(A Forbidden Land : Voyage to the Corea)》이 있다.

옥계시사(玉溪詩社)

1786년(정조 10) 천수경(千壽慶) 등이 중심이 되어 조직한 시모임. 1786년 천수경·장혼(張混)·김낙서(金洛瑞)·박윤묵(朴允默) 등의 이서(吏胥)들이 중심이 되어 조직한 시모임으로 활발한 시문학운동을 전개하여 당시 위항문학(委巷文學)의 중심이 되었다.

⚐ 천수경(千壽慶) : ?~1818년(순조 18). 자는 군선(君善), 호는 희헌(義軒)·송석원(松石園). 본관은 금계. 가난한 집안출신으로 시를 잘 지었다. 인왕산 옥류천(玉流泉) 근처에 초가를 짓고 스스로 송석도인이라 자처하고 동인들을 모아 시를 지었다. 1786년(정조 10) 장혼(張混)·차좌일(車佐一)·조수삼(趙秀三) 등과 함께 옥계시사(玉溪詩社)를 결성하고 활동하였으며, 1791년에는 이 시사에서 읊은 시를 모아 《옥류아집첩(玉流雅集帖)》을 편찬하였다. 1797년에는 333명의 시인이 지은 작품을 정리한 《풍요속선(風謠續選)》을 간행하였다. ● 시사

옥저(沃沮)

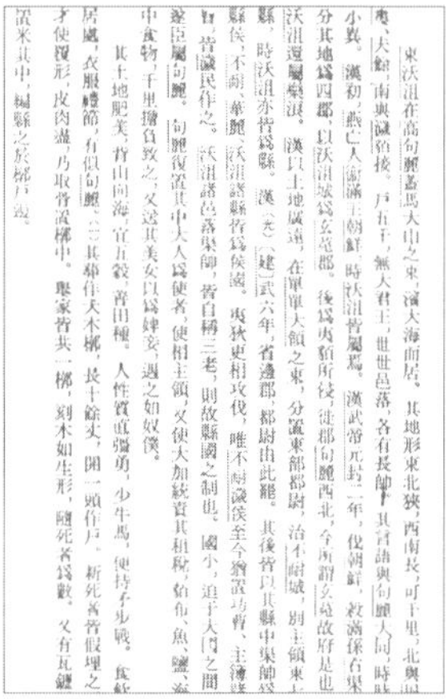
東沃沮在高句麗蓋馬大山之東，濱大海而居。其地形東北狹，西南長，可千里，北與挹婁、夫餘，南與濊貊接。戶五千，無大君王，世世邑落，各有長帥。其言語與句麗大同，時時小異。漢初，燕亡人衛滿王朝鮮，時沃沮皆屬焉。漢武帝元封二年，伐朝鮮，殺滿孫右渠，分其地為四郡，以沃沮城為玄菟郡。後為夷貊所侵，徙郡句麗西北，今所謂玄菟故府是也。沃沮還屬樂浪。漢以土地廣遠，在單單大領之東，分置東部都尉，治不耐城，別主領東七縣，時沃沮亦皆為縣。漢（光）〔建〕武六年，省邊郡，都尉由此罷。其後皆以其縣中渠帥為縣侯，不耐、華麗、沃沮諸縣皆為侯國。夷狄更相攻伐，唯不耐濊侯至今猶置功曹、主簿諸曹，皆濊民作之。沃沮諸邑落渠帥，皆自稱三老，則故縣國之制也。國小，迫于大國之間，遂臣屬句麗。句麗復置其中大人為使者，使相主領，又使大加統責其租稅，貊布、魚、鹽、海中食物，千里擔負致之，又送其美女以為婢妾，遇之如奴僕。

其土地肥美，背山向海，宜五穀，善田種。人性質直彊勇，少牛馬，便持矛步戰。食飲居處，衣服禮節，有似句麗。(三)其葬作大木槨，長十餘丈，開一頭作戶。新死者皆假埋之，才使覆形，皮肉盡，乃取骨置槨中。舉家皆共一槨，刻木如生形，隨死者為數。又有瓦鑩，置米其中，編縣之於槨戶邊。

▶ 옥저

부여 계열 예맥족의 부족국가. 지금의 함흥 일대를 중심으로 한 옥저는 30년 한사군의 일원인 임둔군의 낙랑동부도위가 철폐되면서 56년경 고구려에 신속(臣屬)하였다. 정치 형태는 《삼국지》〈위지〉 동이전에 따르면 대군왕(大君王)이 없고 총 5,000에 이르는 호(戶)를 여러 읍락으로 나누어 각 읍락에서 스스로 삼로(三老)라 일컫는 거수(渠帥)가 있어 하호(下戶)를 다스렸고 각 삼로 위에는 맹주(盟主)인 현후(縣侯)가 군림하였다고 한다. 고구려가 옥저를 복속시킨 다음에는 토착대인(土着大人)을 두고 사자(使者:고구려 官職)로 삼아서 주관하게 하고, 본국의 대가(大加)로 하여금 조부(租賦)를 징수하는 총책임을 맡게 하였다. 토지가 비옥하여 농경이 발달되어 오곡이 풍부하고 어염 등 해산물이 많아 생활조건이 좋았다. 성품은 강직하고 용맹하여 보전(步戰)에 능하였다고 하며 음식 · 의복 · 주거와 예절이 고구려와 비슷하였으나 혼인풍속은 고구려와 정반대여서 민며느리제가 통용되었다. 옥저는 장법(葬法)도 특이하여 길이 10여 장(丈)이 되는 큰 목곽(木槨)을 만들어 문을 달아 놓고, 사람이 죽으면 다른 곳에 가매장하였다가 완전히 육탈(肉脫)이 되면 그 뼈를 거두어 목곽에 안치하였다. 이와 같은 방식으로 한 가족을 모두 같은 목곽 속에 안치하여, 목곽은 가족공동묘의 구실을 하였는데 목곽에는 죽은 사람의 수대로 그 사람의 형상을 목각(木刻)하여 안치하였으며, 토기(土器)에 쌀을 담아 문 입구에 매달았다.

온건개화파(穩健開化派) → 사대당(事大黨)

온조왕(溫祚王)

?~기원후 28년(온조왕 46). 재위 기원전 18~기원후 28. 백제의 건국시조. 《삼국사기》의 온조설화에 따르면 아버지는 고구려의 시조 주몽(朱蒙)이며 어머니는 졸본부여 왕의 둘째딸이고, 비류설화(沸流說話)에 따르면 아버지는 북부여왕 해부루(解扶婁)의 서손인 우태(優台)이고, 어머니는 졸본인 연타발(延拕勃)의 딸 소서노(召西奴)라고 한다. 이를 종합해 보면 온조왕은 고구려방면에서 이주한 부여계 유이민집단을 대표하는 존재로 파악된다. 《삼국사기》의 온조설화에 따르면 온조왕은 처음 하남위례성에 도읍을 정하고 10신(十臣)의 도움을 받아 건국하였기 때문에 국호를 십제(十濟)라 하였다가, 미추홀에 자

리잡았던 비류계집단이 투항해 오자 국호를 백제로 고치고 부여를 성씨로 삼았다고 한다. 또한 동명왕묘를 세우고, 낙랑과 수교하고, 말갈의 침입을 여러 차례 물리쳤으며, 처음에 영토를 동은 주양(走壤 : 춘천), 북은 패하(河 : 임진강), 서는 서해, 남은 웅천(熊川 : 안성천)으로 정하였다가 마한(馬韓)을 병탄하여 영

▶ 온조왕 묘

토를 크게 넓히고, 국내를 동·서·남·북의 4개 부(部)로 나누어 다스렸다고 한다. 그렇지만 이러한 사실들은 대체로 후대 사실의 부회(傅會)로 파악된다.

왕건(王建)

877년(헌강왕 3)~943년(태조 26). 재위 918~943. 자는 약천(若天), 시호는 응운(應運)·원명(元明)·광렬(光烈)·대정(大定)·예덕(睿德)·장효(章孝)·위목(威穆)·신성(神聖). 본관은 개성. 능은 현릉(顯陵). 고려왕조의 창업자. 아버지는 개성지방의 호족 왕륭(王隆)이며 어머니는 위숙왕후 한씨(威肅王后韓氏)이다. 895년(진덕여왕 9) 아버지를 따라 궁예(弓裔)의 휘하에 들어가 새로 축성한 발어참성(勃禦塹城)의 성주가 되었다. 이어 궁예의 부장이 되어 900년(효공왕 4) 광주(廣州)·충주 등의 지역을 공략하여 아찬(阿湌)으로 승진하였다. 903년에는 수군을 거느리고 후백제의 후방지역이었던 금성(錦城)·진

元年夏六月丙辰即位于布政殿國號高麗改元天授丁巳詔曰前主當四郡土崩之時劇除寇賊漸拓封疆未及兼并海內俄以酷暴御衆以姦回爲至道以威侮爲要術徭煩賦重人耗土虛而猶宮室宏壯不遵制度勞役不止怨讟逐興於是竊號稱尊殺妻戮子天地不容神人共怨荒隊厥緒可不戒乎朕資群公推戴之心登九五統臨之極移風

▶ 고려사에 실린 왕건의 기록

도 등을 점령하였다. 이로써 태봉은 후백제의 중국·일본과의 교통로를 차단하는 동시에 북방에 대한 정면공격을 견제할 수 있게 되었다. 906년 상주에서 견훤(甄萱)의 군사를 격파하는 등의 공을 세워 알찬이 되었고, 913년(신덕왕 2) 파진찬(波珍湌)으로서 시중에 올랐으나 궁예의 의심을 받게 되자 외직을 청하여 다음 해 백강장군이 되어 나주를 지켰다. 궁예의 휘하에 있으면서 기근이 든 지역에 구휼을 실시하는 등 민심안정책을 강구하였고 항상 근신하여 내외의 신망을 쌓은 결과 918년 왕건은 홍유(洪儒)·배현경(裵玄慶)·신숭겸(申崇謙)·복지겸(卜智謙) 등과 함께 정변을 일으켜 궁예를 몰아내고 왕으로 추대되었다. 이에 왕건은 국호를 고려, 연호를 천수(天授)라 하고 민심을 안정시키기 위하여 신라 말부터 문란해진 토지지배관계를 바로잡고 조세를

경감하는 조치를 취하였다. 이어 각지의 호족들을 혼인정책이나 사성(賜姓)정책 등을 통해 회유하였다. 왕실의 독자적 세력기반을 마련하기 위하여 고구려의 옛 수도 평양에 서경을 설치하여, 종제 왕식렴(王式廉)을 파견하여 지키게 하고 서경지역에 사민정책(徙民政策)을 실시하였으며, 919년 철원에서 개성으로 천도하여 태봉의 구세력을 약화시키면서 분위기를 쇄신하고자 하였다. 920년부터 고려와 후백제가 한반도의 주도권을 둘러싸고 본격적으로 대립하게 되는데, 초기에는 후백제와 한편으로 전투를 하면서 인질을 교환하는 화전양면정책을 폈으나, 927년 견훤이 신라의 수도 경주를 침범하여 경애왕을 죽인 뒤 경순왕을 옹립하자 후백제와 적대관계로 바뀌었다. 신라에 구원병을 보내 신라를 위로하고 친화정책을 시행하면서 후백제에 대한 공세를 강화하였고, 927년 공산(公山)전투에서는 고려군이 완전히 포위되어 신숭겸 등 장수를 잃고 태조만 간신히 살아남는 대패를 당하기도 하였다. 930년 고려는 고창군(古昌郡 : 안동)에서 이 지역 호족세력이던 김선평(金宣平)·권행(權幸)·장길(張吉) 등의 도움을 받아 후백제 견훤의 주력군을 대파함으로써 우위를 점하게 되었다. 935년 후백제의 왕위계승을 둘러싼 내분으로 인해 왕위에서 쫓겨난 견훤이 망명하자 극진한 대우로 포용하였고, 10월 신라의 경순왕이 고려에 귀부하였으며 936년 일선군(一善郡 : 선산)의 일리천(一利川)에서 후백제군과 최후의 결전을 벌여 승리함으로써 마침내 후삼국을 통일하였다. 통일한 직후에 신하들이 준수해야 할 정치도의와 절의 등을 담은 《정계(政誡)》1권과 《계백료서(誡百寮書)》8편 등을 저술하여 반포하였다. 943년 죽기 전에 〈훈요십조〉를 남겼는데 여기에는 불교를 존중할 것 등 후대왕들의 정책방향이 제시되어 있다. ● 훈요십조

왕규(王規)의 난

고려 전기 혜종 때 왕규가 혜종을 해치고 외손 광주원군(廣州院君)을 옹립하려던 사건. 왕규는 광주(廣州)의 호족으로 태조를 섬겨 최고관직인 대광(大匡)까지 올랐던 인물로, 딸들을 태조와 혜종의 후궁으로 들여 왕실과 중첩되는 외척관계를 맺었다. 왕규는 혜종이 즉위한 뒤 태조의 제16비인 후광주원부인의 소생인 광주원군을 옹립하기 위해, 혜종의 동생 왕요(王堯 : 定宗)와 왕소(王昭 : 光宗)를 무고하였으며, 심지어 자객을 보내 혜종을 해치고자 하였으나 모두 실패하였다. 이후 혜종이 재위 2년 만에 병사하고 동생인 왕요가 즉위하였는데, 왕요는 서경의 왕식렴(王式廉) 세력을 기반으로, 즉위 즉시 왕규를 귀양보냈다가 죽이고 그 무리 3백여 명도 처단했다.

왕산악(王山岳)

4세기 후반 ～ 5세기 전반. 거문고를 제작한 고구려의 재상. 제이상(第二相)

을 역임한 인물로, 진(晉)나라에서 고구려에 칠현금(七絃琴)을 보냈는데, 연주할 수 있는 사람이 없자, 왕산악이 칠현금을 개량하여 새 악기를 만든 후 1백여 곡을 지어 연주하였더니 검은 학이 내려와 춤을 추었다고 한다. 이에 사람들은 새 악기를 현학금(玄鶴琴)이라고 불렀으며 나중에는 현금(玄琴 : 거문고)으로 불렀다고 한다.

왕오천축국전(往五天竺國傳)

통일신라 때의 승려 혜초(慧超)가 고대 인도(印度)의 오천축국(五天竺國)을 순례한 뒤 서역(西域)의 여러 나라를 답사하고 저술한 여행기. 현존본은 중국의 광저우(廣州)에서 배를 타고 동인도에 들어가서 나체의 나라를 구경하는 데서부터 기행이 시작되며, 이후 석가모니가 입멸(入滅)한 곳인 쿠시나가라, 석가모니의 최초 설법지인 바라나시, 불교 최초의 사원 죽림정사(竹林精舍)와 《법화경》의 설법지 영축산(靈鷲山)이 있는 라자그라하, 세존이 대각(大覺)을 이룬 부다가야 등을 동서로 종횡하며 답사한 것이 기록되어 있다. 이어서 서북쪽의 사대영탑(四大靈塔)이 있는 중천축국(中天竺國)과 석가의 탄생지인 룸비니(Lumbini)를, 다음으로 남천축국과 북천축국을, 다시 현재의 카슈미르 · 파키스탄 · 아프가니스탄 · 이란 · 터키에 해당하는 여러 나라를 방문한 기록이 실려 있다. 이 기록은 1908년 3월에 프랑스의 탐험가였던 펠리오(P. Pelliot)가 중국 둔황(敦煌)의 천불동(千佛洞)에서 발견하였고, 1909년 중국의 뤄전위(羅振玉)가 《돈황석실유서(敦煌石室遺書)》 1집에 수록하여 학계에 알려졌다. 원래는 3권이었으나 현재 전해지는 것은 파손이 심한 1권뿐이다. 당시의 인도와 서역 등의 각국 종교와 풍속, 기타 여러 가지 문화에 관한 기록이 많다. 원본은 프랑스의 파리국립도서관에 보관되어 있으며, 1928년에 독일어로 번역되었다. ⊃ 혜초

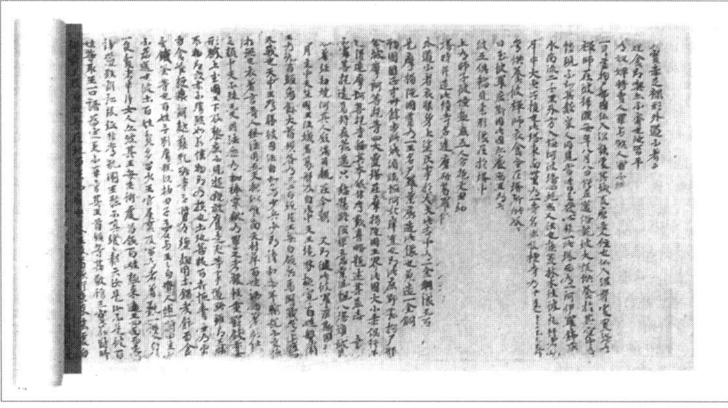

▶ 왕오천축국전

왕인(王仁)

4세기 후반~5세기 전반. 백제의 문화와 학술을 일본에 전파한 학자.《일본서기》·《고사기》 등에 보이는 왕인은 기록에 따라 입국시기 등에 차이는 있으나,《일본서기》에 따르면 아신왕 말년경 아직기(阿直岐)의 추천으로 일본에 건너가 유교경전 등을 가르쳤다고 한다. 왕인은 그 뒤 야마토(大和) 조정에서 기록을 담당한 후미노오비토(書首 : 文首)의 시조가 되었다.

㉴ 왕인책굴(王人册屈 : 전라남도 영암군), 묘는 일본 오사카(大阪)와 교토(京都)의 중간 지점인 히라카타(枚方)에 위치함.

왜관개시(倭館開市)

조선시대 일본과 행하던 공무역. 일본과의 개시무역은 개항장인 부산의 왜관과 서울의 동평관 및 경상북도 화원현의 왜물고에서 행해졌다. 개시일은 본래 3일 개시로 매월 3일·13일·23일의 3회였다가, 광해군 때부터 매월 3일·8일·13일·18일·23일·28일의 6회로 늘어났다. 조선에서는 쌀·콩·잣·차·인삼·약재·마포 등을 수출하였고, 일본으로부터 은·구리·유황·향료·염료 등 동아시아지역의 물산을 수입하였다. 그 뒤 왜관에서 밀무역이 행해지기도 하였다. 근대에 이르러 주거래 품목인 인삼의 산출이 적어지고 일본과 청나라간의 무역이 활발해지면서 소금이나 채소 등이 매매되었다.

왜구(倭寇)

우리나라와 중국의 연안에 침입하여 약탈을 자행하던 일본인 해적. 원래 "왜인들이 ○○를 구략(寇掠)하였다"라는 말에서 유래된 말로, 고려 말에 이르러 왜인들의 약탈행위가 잦아지면서 술어화되어 우리나라와 중국 연안에서 구적행위를 하던 일본인 해적집단의 총칭이 되었다. 근거지는 쓰시마섬(對馬島)·마쓰라(松浦)·이키도(壹岐島) 등이었고 규모는 20여 척에서 5백여 척까지 다양하였다. 왜구의 활동이 가장 심하던 여말선초에는 이에 대처하기 위해 각지에 성을 쌓고 수소(戍所)의 증가, 수군의 확장, 전함건조, 화약·화포의 제조 등으로 방비에 힘쓰는 한편, 무력진압에도 나서 1376년(우왕 2) 최영(崔瑩)의 홍산대첩(鴻山大捷), 1380년 최무선(崔茂宣)의 진포대첩(鎭浦大捷), 이성계의 황산대첩(荒山大捷) 등의 전과를 거두었고, 1389년(창왕 1) 1월에는 박위(朴葳)를 보내 쓰시마섬을 정벌하기도 했다. 조선 초에는 사절을 파견하여 왜구의 금지를 요청하는 한편 향화왜인(向化倭人) 및 평화적인 사절의 왕래를 장려하며 곡물이나 대장경 등 원하는 것을 후히 주어 왜구의 규모는 줄었으나, 침입은 계속되어 1393년(태조 2)부터 1397년까지 5년 동안 53회나 침략하였다. 1396년 120척의 왜선이 경상도 동래·기장 등을 침입한 것을 계기로 김사형(金士衡) 등을 보내 쓰시마섬과 이키도를 점령하였다. 그 뒤 왜구의 침입은 점차 줄고 무역을 하는 흥리왜인(興利倭人)이 증가하였으므로, 태종 때는 부산포(富山浦)·내이포(乃而浦)·염포(鹽浦)·가배량(加背梁) 등의 4개포구를 개항하였다. 그럼에도 여전히 왜구의 침구가 계속되자 1419년(세종 1) 이종무(李從茂) 등을 보내 다시 쓰시마섬을 정벌하였으나, 왕래를 금할 경우 왜구가 재발할 염려가 있으므로 다시 부산포·내이포·염포 등을 개항하고 왜관을 설치하여 무역을 허락하였다. 그 뒤 1510년(중종 5) 삼포왜란, 1544년 사량진왜변(蛇梁鎭倭變), 1555년(명종 10) 달량왜변(達梁倭變) 등 왜변이 있었으나, 피해가 심하지 않았으므로 임진왜란 때까지 회유책으로 일관하였다.

외사정(外司正)

신라시대 지방에 주둔하며 관리들의 비행을 감찰하던 관직. 673년(문무왕 13)에 설치한 것으로, 각 주(州)와 군(郡)에 각 2명씩 모두 133명을 두었다.

요동정벌(遼東征伐) → 위화도회군(威化島回軍)

요역(徭役)

노동력을 무상으로 징발하는 수취제도. 삼국시대에는 성(城)이나 제방을 쌓을 때 백성을 동원한 사례가 있으나, 요역 운영의 구체적인 내용은 알 수 없다. 고려시대에는 16~60세의 남자인 '정(丁)'을 대상으로 그 의무를 지우고, 인정(人丁)의 수를 기준으로 한 호의 등급에 따라 노동력을 징발하였다. 조선시대 요역은 그것이 적용되는 일의 내용에 따라 전세미(田稅米)의 수송, 공물(貢物)·진상물·잡물(雜物)의 조달, 토목공사, 지대(支待)·영접(迎接) 등 크게 네 종류로 구분되었다. 초기에는 인정의 수에 따라 일꾼을 내도록 했으나, 1428년(세종 10)부터 토지소유 면적을 기준으로 하여 호를 5등급으로 나누어 일꾼을 내게 하는 계전법(計田法)으로 바뀌었다. 1471년(성종 2) 역민식(役民式)을 제정하여 토지 8결을 단위로 한 사람의 일꾼을 내도록 하는 팔결출일부제(八結出一夫制)를 법제화하였다. 17세기 이후 공물을 현물 대신 쌀이나 포(布)로 거두는 대동법(大同法)이 실시되면서, 요역은 역을 지는 대신 현물을 냄으로써 그 의무를 다하게 되는 대동세(大同稅)·잡역세(雜役稅)로 개편되어 갔다. 다른 한편에서는 중앙정부나 지방관아에서 일이 있을 때마다 인부를 모집해서 일을 시키고 임금을 지불하는 고립제(雇立制)가 발전하였다.

⑧ 요부(徭賦)·잡역(雜役)·호역(戶役)·역역(力役)·부역(賦役)

용비어천가(龍飛御天歌)

조선 전기 세종 때 왕조의 창업을 중국 고사에 비유하여 찬송한 국문시가. 세종의 명으로 권제(權踶)·정인지(鄭麟趾) 등이 지은 것으로, 모두 10권에, 125

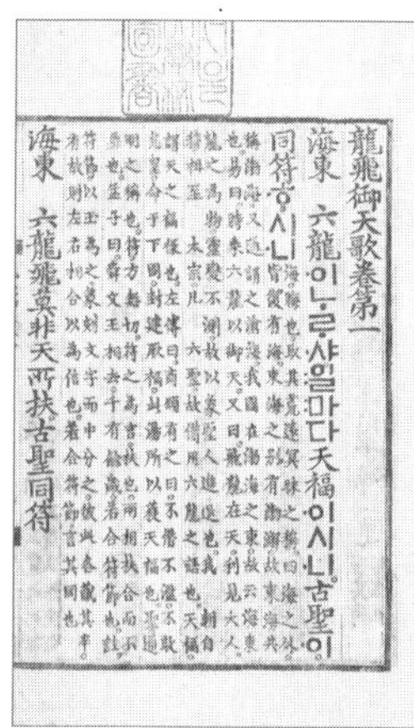

▶ 용비어천가

장의 노래로 구성되었다. 제1장은 서론격으로 해동의 6룡(六龍)이 날아와 일마다 천복(天福)이니 옛 성인들의 고사와 부합한다는 내용을 싣고 있다. 이어서 제2장은 모든 일은 반드시 그렇게 될 만한 까닭이 있음을 물과 나무에 비유하여 설명하고 있고, 이후의 노래에서는 조선 건국이 천명이라는 점, 태조의 위화도회군에서 한양 천도의 과정, 태조의 범상치 않은 행적, 태종의 용모와 인품 등을 수록하였다. 110장에서 125장까지는 과거조상들의 공적을 후세의 임금들은 잊어서는 안 되며, 조상들의 이러한 공덕을 믿고 정치를 게을리해서는 안 된다고 경계하면서 태평과 사치, 교만과 간사, 백성 수탈은 모두 잘못된 정치라 언급하여 통치자가 지켜야 할 행동규범을 제시하였다. 우리나라 최초의 국문시가로서 의의가 있을 뿐 아니라 여말선초 역사에 대한 사실적인 기록으로서 가치가 있다. 주석에 나타나는 땅이름에 대한 설명은 매우 상세하여 땅이름 연구에도 좋은 자료로 평가된다.

우금치전투(牛金峙戰鬪)

1894년(고종 31) 12월 충청남도 공주의 우금치에서 동학농민군이 정부군 및 일본군과 벌인 전투. 1894년 6월 정부와 전주화약을 체결하고 집강소를 설치하여 폐정개혁을 추진하던 전봉준은 일본군이 경복궁을 점령하고 친일정권을 내세워 조선의 내정을 간섭하자 10월 전라도 삼례에서 재봉기하였다. 전봉준은 농민군을 이끌고 논산에 집결하였다가 손병희가 지휘하는 북접군과 연합전선을 펼치며 공주로 진격하였다. 한편 농민군의 논산집결소식을 전해들은 정부에서는 양호순무사 신정희(申正熙)로 하여금 병력을 인솔하여 출동케 하였으며, 일본군도 농민군을 진압하기 위해 병력을 파견하였다. 11월 27일 조일연합군은 공주로 진격하여 정부군은 이인역(利仁驛)과 효포(孝浦)에, 일본군은 우금치에 주둔하였다. 29일 농민군은 이인역에 주둔하고 있던 조일연합군을 공격하여 대파하였으나 정부군의 반격을 받고 정부군과 대치하였다. 12월 11일 농민군은 웅치(熊峙)에 대한 총공격을 감행하였으나 일본군의 반격을 받고 후퇴, 전열을 재정비한 후 18일경 공주로 재진격하여 판치(板峙)와 이인역에 주둔하고 있던 정부군을 공격하였다. 정부군은 농민군에 쫓겨 일본군이 주둔하고 있던 우금치로 후퇴하였으며, 농민군은 정부군을 추격하여 우금치로 진격하여 우금치에서 조일연합군과 6,7일간에 걸쳐 40여 회의 공방전을 전개하였다. 그러나 농민군은 근대식 무기로 무장한 일본군에게 많은 사상자만을 내고 참패하였다. 이후 농민군은 추격해오는 일본군과 접전을 계속하다가 전주·태인을 거쳐 금구·원평에 이르러 해산하였다. 우금치전투의 패배는 동학농민운동이 실패하는 결정적인 계기가 되었다.

○ 동학농민운동·전봉준

우륵(于勒)

6세기 중반 신라 진흥왕 때 가야금의 명인. 본래 가야국 사람이나 가야금을 가지고 신라에 망명하여 계고(階古)와 법지(法知) 등에게 가야금 음악을 전하였다. 그가 지은 가야금 연주곡으로는 하가라도·상가라도·보기·달기·사물·물혜·하기물·사사기·거열·사팔혜·이사·상기물 등 12곡이 있었다고 한다.

㉴ 탄금대(彈琴臺 : 충청북도 충주시 소재)

우서(迂書)

조선 후기의 실학자 유수원(柳壽垣)이 부국안민(富國安民)의 개혁안을 제시한 책. 이 책은 부국안민을 위한 개혁안을 77개의 항목에 걸쳐 문답(問答)의 형식으로 서술하였다. 그 구성은 체계정연한 한 편의 논문형태를 이루고 있다. 10권 9책이며, 구성은 처음 6개 항목은 서론에 해당하는 것으로 기론찬본지(記論贊本旨)·논동속(論東俗)·논여제(論閭制)·논본조정폐(論本朝政幣)·논비국(論備局)·총론사민(總論四民) 등으로 구성되어 있고, 다음 69개 항목은 본론에 해당하는 것으로 문벌·학교·과거·선거(選擧)·관제·호구·전정(田政)·요역·진휼·군제·노비공(奴婢貢)·향리·화폐·속오(束伍)·서원·공장(工匠) 등으로 구성되어 있다. 마지막 2개 항목은 자신이 제시한 개혁안의 이해와 시행여부를 스스로 살피는 내용으로 구성되어 있다. 저자는 이 책을 통해 신분제의 폐지, 사농공상의 4민을 계급이 아닌 전문화된 분업으로 발전시킬 것, 부국안민을 위해서 행정 및 재정상의 여러 과제와 농업·공업·상업의 발전을 위한 각종 정책을 수립할 것, 화폐의 유통을 추진할 것 등을 주장하였다. ○ 유수원

▶ 우정총국

우정국(郵政(征)局)

1884년(고종 21) 4월 우편사무를 관장하기 위해 설치된 우리나라 최초의 우편행정기관. 일명 우정총국(郵

政總局)이라고도 한다. 1884년 4월 군국사무아문(軍國事務衙門) 산하에 우편 사무를 관장하는 기관으로 설치되었으며, 초대 우정총판(郵政總辦)에 홍영식 이 임명되었다. 우정국은 서울에 총국을, 인천에 분국을 설치하였으나 동년 12월 발생한 갑신정변으로 폐지되었다. 1893년 전우총국(電郵總局)으로 복설 되었다가, 1894년 역체국, 1895년 통신국, 1900년 통신원으로 계승되었다. ㉤ 우정국은 현재의 서울시 종로구 견지동에 위치하였으며, 사적 제213호로 지정됨.

운요호사건(雲揚號事件)

▶ 운요호

1875년(고종 12) 9월 일본군함 운 요호의 강화해협 불법침입으로 발 생한 조일간의 충돌사건. 1868년 메이지유신(明治維新)을 단행하여 근대화를 이룬 일본은 자국 내에 서 제기되던 정한론을 기반으로 조선에 대한 국교재개를 모색하였 다. 그 결과 일본은 무력시위를 통한 국교교섭을 벌이고자 1875년 4월 운요호를 비롯한 군함 3척을 조선에 파견, 부산에 입항하였다. 조선측의 항의에도 불구하고 이들은 부산·동래 일대에서 시위포격을 감행한 후 부산항을 떠나 동해안을 북상하여 영흥만까 지 올라와 해안측량과 시위를 마치고 일본으로 돌아갔다. 일본은 8월 재차 항로를 연구한다는 구실하에 운요호를 조선에 파견, 제물포 월미도 앞바다에 정박한 후 보트에 분승하여 해로를 탐측하면서 강화도 초지진포대로 접근하 였다. 이때 조선의 초지진수비병들이 예고없이 침입해오는 선박을 향해 포격 을 가하자, 일본군은 모함인 운요호로 철수한 후, 즉각 초지진에 포격을 가하 는 동시에 영종진에 대한 보복포격을 감행하였으며, 일본군 20여 명이 영종 진에 상륙하여 살육·방화·약탈 등을 자행한 뒤 일본으로 철수하였다. 이후 일본은 운요호사건을 빌미로 조선정부에 무력적 위협을 가하며 통상을 요구 하였고, 1876년 2월 불평등조약인 〈강화도조약〉을 체결하였다. ◐ 강화도조약

웅진도독부(熊津都督府)

삼국통일 과정에서 당나라가 백제를 멸망시킨 뒤 영토를 다스리기 위해 설치 한 행정관청. 660년(의자왕 20) 백제 멸망후 5도독부(五都督府)를 두었다가, 그 뒤 이를 개편하여 웅진도독부를 최고통치부로 하고, 7주(州)와 52현(縣)을 두어, 백제 왕자 부여 융(扶餘隆)을 도독으로 임명하여 백제 유민을 무마하려 하였다. 그러나 신라의 강력한 저항에 부딪쳐 통치의 실효를 거두지 못하고, 677년(문무왕 17)에 폐지되었다.

원(元)

1271년부터 1368년까지 중국 통일제국으로 존속한 몽고족 국가. 12세기에 이르러 몽고부의 테무친(Temuchin : 鐵木眞)이 몽고 전역을 통합하고 1206년 부족연합의 군장 칭기즈칸(Chinghiz Khan : 成吉思汗, 太祖)으로 추대되면서 대몽고국이 성립되었다. 이후 쿠빌라이(Khubilai : 忽必烈. 世祖)대에 수도를 대도(大都 : 北京)로 옮기고(1264) 1271년 국호를 대원(大元)이라 개칭하고, 중국식 천자가 되었다. 고려와의 관계를 보면, 고려는 한때 몽고군의 협력을 받아 거란족을 물리친 적도 있지만 1231년부터 본격적인 몽고의 침략을 받기 시작하였다. 고려는 도읍을 강화로 옮기고 항전하기도 했으나 1259년(고종 46) 태자가 몽고에 입조하게 되고 이후 약 1백년 동안 원의 간섭하에 들어가게 되었다. 고려 국왕은 원의 공주와 혼인을 했으며, 원은 고려 국왕을 통해 고려를 지배하고자 했다. 원 간섭기에 성리학이 고려에 수용되었으며, 성리학으로 무장한 신진사대부라는 새로운 정치세력이 대두했다. 이들은 뒤에 조선왕조 건국의 주역이 되었다. 쿠빌라이 사후 국정이 해이해지고 사회적 모순들이 심화되어 크고 작은 내란이 일어났으며, 이후 한족(漢族)에 의한 민족적 반란으로 확대되어 1364년 주원장(朱元章 : 洪武帝)이 세운 명(明)나라에 의해 1368년 수도인 대도를 빼앗기고 중국 본토에서 밀려난 뒤 내분으로 멸망하였다.

원각사(圓覺社)

1908년 7월 설립된 우리나라 최초의 사설극장. 서울특별시 종로구 신문로에 있는 새문안교회자리에 있었다. 1908년 11월 이인직의 신소설 《은세계》를 신극화하여 공연함으로써 신극운동의 요람이 되었다. 그러나 ‘은세계’가 성공을 거두지 못하자 그 뒤부터는 ‘춘향가’·‘천인봉’ 등의 창극을 공연하였다. 1909년 11월 ‘수궁가’ 공연을 끝으로 폐쇄되었고, 건물은 1914년 봄 화재로 소실되었다.

▶ 원각사

원각사지십층석탑(圓覺寺址十層石塔)

서울특별시 종로구 종로2가 탑골공원에 소재한 조선 전기 석탑. 높이 12m로 목조건축양식을 모방한 탑신부, 표면에 장식된 화려한 의장(意匠) 등 매우 희귀한 탑파양식으로, 1465년(세조 11) 원각사 창건시 고려시대의 경천사십층석탑(敬天寺十層石塔 : 국보 제86호)을 모방하여 세워진 것으로 추정된다. 현재는 10층 옥개석까지만 남아 있고 상륜부는 모두 결실되었다. 전체를 대리석으로 건조하였으며 3층으로 구성된 기단부는 면석(面石)과 갑석(甲石)으로 구성되었다. 1층 면석에는 용·사자·모란·연화문을, 2, 3층에는 인물·조수(鳥獸)·초목·건축물 등을 표현하였고, 모서리에는 장식적인 원기둥을 모각하였다. 1층부터 3층까지의 탑신부는 기단과 같은 '亞(아)' 자형을, 4층부터는 방형을 이루고 있고, 각 층의 옥신 밑에는 높직한 괴대를 마련하고 측면에는 난간을 조각하였다. 전체적인 형태와 세부구조, 표면에 장식된 불상조각 등에서 화려한 조각이 돋보이는 이 탑은 경천사십층석탑과 매우 흡사할 뿐 아니라 수법이 세련되고 의장이 풍부하여, 조선시대뿐 아니라 우리나라 탑파사상 손꼽히는 걸작으로 평가받고 있다. 국보 제2호로 지정되었다.

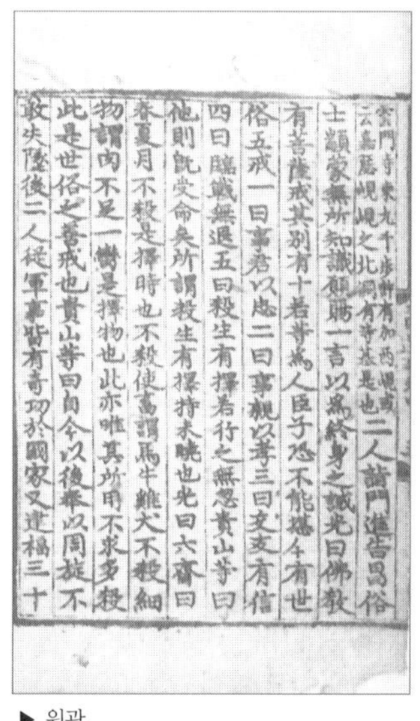

▶ 원광

원광(圓光)

6세기 후반~7세기 전반. 성은 박씨(朴氏)·설씨(薛氏). 신라 진평왕 때의 승려. 《삼국사기》 열전에 따르면 귀산과 추항이 가르침을 청하자 세속오계(世俗五戒)를 말해주었고, 613년에 황룡사(皇龍寺)의 인왕백고좌회(仁王百高座會)에서 가장 윗자리에 앉아 설경(說經)하였다고 한다. 또한 우매한 사람을 불교의 법에 귀의하여 번뇌를 없애고 참회하게 하기 위한 법으로 가서사(嘉栖寺)에 점찰보(占察寶)를 두었다고 한다. 그의 저술로는 《여래장경사기(如來藏經私記)》 3권, 《대방등여래장경소(方等如來藏經疏)》 1권이 있었다고 하나 현존하지 않는다. 원광은 유학뿐 아니라 여래장사상에 조예가 깊었고, 불교의 수계(受戒)와 멸참(滅懺)의 법을 주술(呪術)과 대치시켜 불교토착화에 힘썼던 대승승려로 평가된다. ◐ 세속오계

원납전(願納錢)

1865년(고종 2) 흥선대원군이 경복궁 중건에 필요한 경비 충당을 위해 징수한 기부금. 1865년 흥선대원군이 왕권강화책의 일환으로 경복궁 중건을 계획하고, 그 경비충당방법으로 재상(宰相) 이하 관리들은 능력에 따라 기부금을

납부하게 하고, 백성들도 자진 납부하되 그 액수에 따라 벼슬(1만냥일 경우 일반 관직을, 10만냥일 경우 수령직을)을 주었으며, 왕실에서는 솔선하여 기부하도록 하여 10개월 만에 496만 4,000여 냥이 거두어졌다. 원납전은 그 폐단이 매우 심해 원납전(怨納錢)이라고도 하였다. 1873년 폐지되었다.

원불교(圓佛敎)

1916년 박중빈(朴重彬)이 창시한 불교계통의 신종교. 우주현상에 대한 의문을 갖고 수련에 들어갔다가 우주의 진리를 깨달았다는 박중빈은 1916년 4월, '물질이 개벽되니 정신을 개벽하자'는 기치아래 불법을 대중화·생활화하며 이치와 일을 병행하고, 정신과 육신을 모두 온전케 하자는 새로운 생활종교를 창시하였다. 그 뒤 전라북도 부안에서 교리강령과 기본경전을 편수하였고, 1924년 전라북도 익산시 신용동에 임시교명인 불법연구회중앙총부를 설치, 교화·교육·자선이라는 교단삼대목표를 정하고 생활종교운동을 전개하였다. 1947년 불법연구회를 원불교로 개칭하여 정식교명으로 삼았다. 원불교는 우주의 근본원리인 일원상(一圓相 : ○으로 표현)의 진리를 신앙의 대상과 수행의 표본으로 삼고, 진리적 신앙과 사실적 도덕의 훈련을 통하여 낙원의 세계를 실현하고자 하는 이상을 내세웠다. 원불교의 경전으로는 《정전(正典)》·《대종경(大宗經)》·《불조요경(佛祖要經)》·《세전(世典)》·《정산종사법어(鼎山宗師法語)》·《예전(禮典)》·《성가(聖歌)》·《교헌(敎憲)》·《교사(敎史)》 등이 있다. 현재 원불교에서는 원불교신문과 기관지 《원광》 등을 발행하고 있으며, 원광대학교를 비롯한 각종 교육기관·유년교육시설·의료기관·복지기관 등을 운영하고 있다. ◐ 박중빈

원산학사(元山學舍)

1883년(고종 20) 원산주민들이 설립한 우리나라 최초의 사립학교. 1883년 원산주민들이 정부관리들의 협조하에 자제들에게 신학문을 가르쳐 일본에 대항하고자 기금을 모아 설립하였다. 원산학사는 문예반과 무예반으로 편성되었으며, 입학자격은 신분이나 지역의 제한을 받지 않았다. 교육내용은 수학·물리·지리·양잠·외국어·법률·국제법 등 신학문을 공통과목으로 하였다. 1895년 근대적인 학교제도가 실시되면서 원산소학교와 중등학교에 해당하는 역학당(譯學堂)으로 분리되어 운영되다가 1904년경부터 원산학교로 개칭되었다.

원효(元曉)

617년(진평왕 39)~686년(신문왕 6). 속명은 설서당(薛誓幢) 또는 설신당(薛新幢). 신라시대의 승려. 소성거사(小性居士) 또는 복성거사(卜性居士)라고도 했

▶ 원효대사

다. 신분은 6두품으로, 압량(押梁 : 지금의 경상북도 경산시 압량면)부 출신이다. 일찍이 출가하여 승려가 되었으며, 자기 집을 희사하여 초개사(初開寺)라는 절을 세웠다. 650년(진덕왕 4)에 현장(玄奬)의 유식학(唯識學)을 배우고자 의상(義湘)과 함께 중국 유학을 시도하였다가 실패한 후 10년간 국내에서 수행에 전념하였다. 이후 661년(문무왕 1) 다시 의상과 중국유학을 시도하였을 때 무덤에서 하룻밤을 보내다가 해골에 괸 물을 마시고, "모든 것은 마음먹기에 달렸다"(一切唯心造)는 진리를 깨달은 뒤, 의상과 헤어져 신라로 돌아와 본격적인 대중교화에 힘썼다. 654년에서 661년 사이에는 태종무열왕의 둘째딸인 요석공주(瑤石公主)와 결혼하여 설총(薛聰)을 낳았고, 이 일로 환속하였다. 662년에는 김유신(金庾信)이 인솔한 고구려원정군에 동행하여 당나라 소정방(蘇定方)이 보낸 암호문을 해독함으로써 군공을 세우기도 하였다. 만년에는 분황사(芬皇寺)에서 교화와 저술에 몰두하다가 70세를 일기로 입적하였다. 평생에 걸쳐 불교교리를 연구하고 이를 다시 대중화하는 데 진력한 원효는 종파주의적인 방향으로 달리던 불교이론을 고차원적인 입장에서 회통(會通)시키려 한 화쟁(和諍)이었으며, 이것은 그의 일심사상(一心思想)·무애사상(無碍思想)과 함께 원효사상을 가장 특징짓는 것으로 평가된다. 또한 일반민의 경우에 신앙을 통한 구제를 강조하였는데, 그 중에서도 아미타정토신앙(阿彌陀淨土信仰)이 대표적이었다. 원효는 통칭 1백여 부 240여 권에 달하는 방대한 저술을 남겼는데, 내용을 보면 열반(涅槃)·삼론(三論)·천태(天台)·유식(唯識)·화엄(華嚴)·계율(戒律)·선(禪)·정토(淨土) 등의 대승불교는 말할 것도 없고, 성실(成實) 등의 소승불교까지 망라되어 있다. 현존하는 《대승기신론소(大乘起信論疏)》와 일부만 전하는 《화엄경소(華嚴經疏)》는 해동소(海東疏)라고 하여 중국승려들에 널리 인용되었으며, 이밖에도 《금강삼매경론》 등이 있다. 고려시대에 이르러 숙종대에 의천(義天)이 원효의 화쟁사상을 재인식하면서 화쟁국사로 추증되었다. ❍ 《대승기신론소》·《금강삼매경론》

월인천강지곡(月印千江之曲)

조선시대 세종이 지었다는 악장체의 찬불가(讚佛歌). 원래 상·중·하 3권이었으나 지금은 상권만이 온전히 전하며, 이 밖에 상권과 중권의 낙장(落張)

일부가 전하고 있다. 1446년(세종 28)에 만들어진 《석보상절(釋譜詳節)》을 기초로, 1447년 이것에 맞추어 석가모니의 일대기를 시의 형식으로 읊은 《월인천강지곡》을 지었다고 한다. 내용은 석가의 전생으로부터 도솔천에서 하강하여 왕자로 생장하고, 화려한 생활 가운데에서 인생에 대한 번민으로 출가, 수도하여 불도를 깨치고 장엄한 권능으로 중생을 교화, 제도하다가 열반하여 그 전신사리를 신중들이 봉안, 신앙하기까지의 전생애를 소설적으로 서사화하였다. 현재 보물 제398호로 지정된 것은 1960년 초 광주에서 진기홍이 발견하여 서울특별시 서초구의 대한교과서주식회사에 소장되어 있는 상권인데 이는 초주갑인자로 인쇄한 한글자본(활자본)이다.

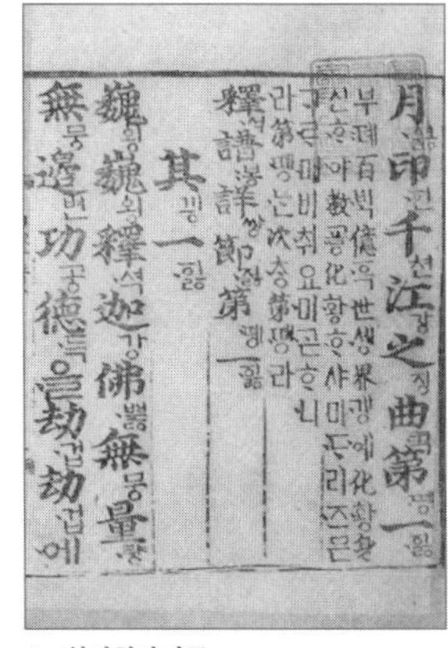
▶ 월인천강지곡

참 월인석보(月印釋譜) : 1459년(세조 5)에 세조가 세종의 《월인천강지곡》을 본문으로, 자신의 《석보상절》을 설명부분으로 하여 합편한 석가의 일대기로, 죽은 부모와 아들을 기린다는 표면적인 동기보다, 단종을 죽이고 왕위에 오른 뒤 겪는 정신적 고통에서 벗어나려는 내적 동기가 강했다고 추정된다.

월정사팔각구층석탑(月精寺八角九層石塔)

강원도 평창군 진부면 동산리 월정사에 있는 고려 초기에 건립된 것으로 추정되는 석탑. 높이 15.2m의 2중 기단으로 지대석은 1단의 받침이 있어 하층 중석(中石)을 받치고 있다. 각 면에는 1면 2개씩의 안상(眼象)이 조각되었으며 갑석(甲石)은 복련(覆蓮)으로 덮고, 그 위의 상층 면석을 받치는 받침돌이 있다. 면석(面石)에는 우주(隅柱)가 새겨져 있고, 갑석 위에 탑신을 괴는 받침돌이 1매 있어 첫층 옥신(屋身)을 받치는 데 8면에 1면씩을 건너뛰어 4개면에 직사각형 홈이 패어져 있다. 옥개의 각 구석에는 풍탁(風鐸)이 달려 있고 상륜부도 완전히 보존되어 있다. 탑 앞에는 보살좌상 1구가 탑을 향해 안치되어 있다. 국보 제48호로 지정되었다.

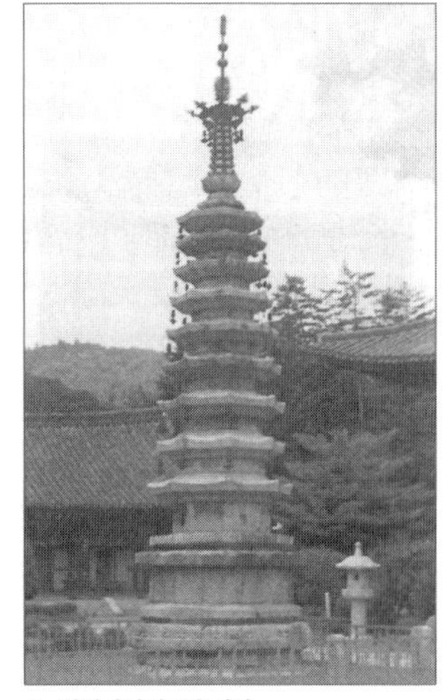
▶ 월정사팔각구층석탑

위만조선(衛滿朝鮮)

위만(衛滿)이 집권한 이후 멸망할 때까지의 고조선(古朝鮮). 중국 사마천의 《사기(史記)》와 반고의 《한서(漢書)》 등에 전하는 내용에 따르면 조선왕 위만은 옛날 연나라 사람으로, 연왕 노관(盧綰)이 흉노로 망명할 때 요동 일대로 망명하였다가 다시 무리 천여 명을 모아 동쪽으로 도망하여 준왕(準王)의 외신(外臣)으로 있었다고 한다. 이를 놓고 중국인의 식민정권으로 이해하는 경우가 있기는 하지만 그가 입국할 때의 모습이 상투를 틀고 조선인의 옷을 입은 것으로 보아 연나라에 거주하던 조선인이었다고 한다. 이후 차츰 세력을 확장하여 왕이 되었으며 국호를 그대로 '조선'으로 하고, 위만을 중심으로 하는 유이민 집단과 토착 고조선인 세력을 함께 지배체제에 참여시켜 양측 간의 갈등을 줄이고 정치적 안정을 도모하였다. 위만은 중국 국경 밖의 오랑캐를 지켜 변경을 침략하지 못하게 하는 외신(外臣)의 임무에 대한 대가로 군사적 위세와 재물을 얻어 주변지역을 침략하고, 진번과 임둔 등도 모두 복속하여 그 영역이 사방 수천 리가 되었다고 한다. 고조선의 마지막 왕인 우거왕(右渠王) 때에 이르러서는 더욱 강성해져 남쪽의 진국(辰國)을 비롯한 여러 나라가 한과 직접 통교하는 것을 가로막고 중계무역의 이익을 독점하였다. 이러한 고조선의 세력확장에 대한 불만과 고조선이 더 이상 흉노(匈奴)와 연결되는 것을 막기 위해 한나라는 기원전 108년 마침내 고조선을 침략하였다. 이때 위만조선은 한의 대군과 맞서 1년 가까이 버틸 수 있을 정도로 철기문화와 이를 기반으로 한 군사력이 강하였다. 위만 집권기에는 철기문화의 보급이 한층 진전되면서 농업과 수공업이 더욱 발전하였고, 대외교역도 확대되었다. 이러한 경제적 발전을 기반으로 정치적 통합도 한 단계 진전되어 나갔다. 한편 위만조선은 사회발전에 따른 국가적 성장과 여러 사회구성원을 통치하기 위하여 어느 정도 지배체제를 갖추고 있었다. 사료에는 상(相)·대신(大臣)·장군(將軍)·비왕(裨王) 등의 관직을 지닌 관료들이 존재하였음이 보인다. 즉 중앙에는 세습적 지위를 누리던 왕(王)을 정점으로 하여 그 밑에는 각 지역공동체에 상당한 기반을 유지하고 있는 수장(首長)들을 중앙 관직체계에 편입시켜, 문관직인 상직(相職)과 무관직인 장군직(將軍職)으로 편제하여 국가적 체제를 갖추어 나갔다. 정치적 지배체제를 갖춘 고조선은 국가적 통치를 위해 일정 지역들을 구분하여 두고 통치하는 체계를 가지고 있었음도 확인된다. 결국 위만조선은 수장인 국왕을 정점으로 한 국가형태였다. 그러나 위만조선 단계에는 충분한 관직 및 통치체제는 발전되지 못하였다. 다만 우세한 병기와 군사력을 바탕으로 주변지역에 대한 정복을 통해 광역의 영토를 가졌고, 정복지역에 대해 공납적 지배관계를 실현하는 국가형태를 띠고 있었다.

위정척사운동(衛正斥邪運動)

개항 전후 시기에 보수 유생들이 제국주의 침략에 대항하여 정부의 개화정책을 반대하며 전개한 운동. 개항 이후 개화사상이 고조되고 정부의 개화정책이 추진되는 과정에서 외세의 침략에 대한 위기의식을 바탕으로 존왕양이적(尊王攘夷的)인 위정척사운동이 전개되었다. 1866년(고종 3) 병인양요 당시 이항로(李恒老)는 척화주전론(斥和主戰論)을 내세우며 양이(洋夷)의 침범은 국가 존망의 위기를 초래한다고 하면서 통상을 반대하고, 그 대응책으로 언로를 넓히고 무비(武備)를 강화하고 덕이 있는 사람을 등용해야 한다고 하면서 국가의 내면적 단결을 강조하였다. 1876년 일본과 개항을 둘러싸고 협상이 진행되자 최익현은 왜양일체론(倭洋一體論)을 내세우면서 일본을 서양과 다름없다고 규정하고 일본과 통상하면 정치적인 자주권의 상실과 경제적인 파멸을 초래할 것이라고 하면서 개항과 일본과의 통상을 반대하였다. 이후 정부에 의해 개항이 이루어지면서 운동의 양상은 달라지게 되었다. 1880년 김홍집이 《조선책략》을 고종에게 올리고 개화의 필요성을 주장하자 고종이 개화정책을 추진하면서 이를 유생들에게 배포하여 읽도록 하였는데, 이것이 유생들의 반발을 야기시켜 1881년부터 격렬한 위정척사운동이 일어나게 되었다. 경상도유생 이만손(李晩孫)을 소두로 한 〈영남만인소〉가 올려져 《조선책략》을 비난할 뿐만 아니라 이를 가지고 온 김홍집의 처벌을 요구한 것을 시작으로 전국의 유생들이 비슷한 내용의 상소를 올렸다. 특히 강원도유생 홍재학(洪在鶴)은 〈만언척사소(萬言斥邪疏)〉를 올려 정부의 개화정책을 비판하는 동시에 국왕까지도 비난하였다. 1881년의 위정척사운동은 종래 외세의 침입을 경계하던 모습에서 벗어나 당시 개화정책을 추진하던 고종과 정부에 대한 비판으로까지 확대되었다. 위정척사운동은 당시 정부의 개화정책이 외세의 침투에 직면하여 주체적으로 대처하지 못하는 것에 대한 비판에서 비롯되어 외세의 본질을 정확히 파악하여 외세의 침략을 막아야 한다는 애국적 성격을 가지는 것이었다. ❯ 조선책략 · 영남만인소

위화도회군(威化島回軍)

1388년(우왕 14) 요동정벌에 나섰던 이성계 등이 위화도에서 회군한 사건. 명나라가 철령위(鐵嶺衛) 설치를 통고해오자 우왕과 최영은 이에 반발하여 요동정벌을 추진하였다. 이때 이성계는 이른바 4불가론(一不可論)을 제기하며 반대하였다. 그러나 4월 왕과 최영이 철령위설치의 중간지점인 정료위(定遼衛 : 요동)를 정벌키로 결정하고, 팔도도통사(八道都統使)에 최영, 좌군도통사에 조민수(曺敏修), 우군도통사에 이성계 등을 임명하고, 좌우군 38,860여 명과 겸속 11,600명 등 5만여 명의 정벌군을 파견하였다. 평양을 출발한 정벌군은 5월 압록강 가운데에 있는 위화도에 이르렀으나, 큰 비를 만나 강이 넘

치고 군사 중에 환자가 생겨 더 이상 전진하지 못하였다. 이성계가 회군을 요청하였으나 받아들여지지 않았다. 이에 이성계는 조민수 등을 설득하여 회군을 결정하고, 군사를 돌이켜 압록강을 건넜다. 개경에 도착한 이성계를 중심으로 회군측 군사들은 최영을 체포하여 고봉현(高峯縣 : 고양)에 유배하고 조민수가 좌시중, 이성계는 우시중이 되었다. 이성계가 새로이 정권을 장악함으로써 역성혁명을 일으키고 신왕조를 개창할 수 있는 발판이 마련되었다.

유관순(柳寬順)

▶ 유관순

1904년~1920년. 충청남도 천안출신. 1919년 3·1운동 당시 천안시 아오내(竝川) 장터에서 독립만세운동을 주도한 독립운동가. 1919년 이화학당에 재학 중 3·1운동이 일어나자, 3월 5일 동료학생들과 함께 만세운동을 벌이다가 학교가 휴교에 들어가자 귀향하였다. 귀향 후 천안·연기·청주 등지의 교회와 학교 등을 방문하여 아오내장날을 기해 만세운동을 전개할 것을 추진하였다. 4월 1일 아오내장터에서 군중들에게 태극기를 나누어주며 만세운동을 주도하다가 체포되어 징역 3년형을 선고받았다. 이에 불복 항소하여 경성복심법원에서 재판을 받을 때 독립만세를 부르고 일본인 재판관에게 재판받는 것이 부당하다고 주장하다가 법정모독죄가 추가되어 징역 7년형을 선고받았다. 그 뒤 서대문감옥에서 복역중 독립만세를 부르다가 갖은 고문을 받은 끝에 1920년 옥사하였다.

유교구신론(儒敎求新論)

1909년 박은식이 발표한 유교의 혁신을 주장한 논설. 1909년 〈서북학회월보〉 제1권 제10호에 게재되었다. 그는 이 글을 통해 공자의 대동주의(大同主義)와 맹자의 민본주의에 의거하여 군주 중심의 유교에서 민중 중심의 유교로 개혁할 것, 공자의 구세주의적 실천정신을 회복하여 적극적인 포교 중심의 유교로 개혁할 것, 사변적인 주자학 대신 실천철학적인 양명학에 의거한 실천적인 유교로 개혁할 것 등을 주장하였다.

유기(留記)

고구려 초기에 편찬된 역사서. 문자를 사용하던 국초에 편찬된 것인데, 600년(영양왕 11) 태학박사(太學博士) 이문진(李文眞)이 이것을 간추려 《신집(新

集)》을 편찬하였다. 고구려 초의 여러 가지 신화·전설 및 왕실계보 등을 주요자료로 삼은 설화체 역사서로 추론된다.

유길준(俞吉濬)

1856년(철종 7)~1914년. 자는 성무(聖武), 호는 구당(矩堂). 서울출신. 대한제국시기의 개화사상가·정치가. 1870년(고종 7) 박규수의 문하에 들어가 개화사상을 배우면서 김옥균·박영효 등과 교유하였다. 1881년 신사유람단의 일원으로 일본에 파견되었다가 후쿠자와(福澤諭吉)가 설립한 게이오의숙(慶應義塾)에서 수학하였다. 1883년 귀국하여 통리교섭통상사무아문주사에 임명되었으며, 이때 한성순보 발간에 참여하였다. 7월 보

▶ 유길준

빙사 민영익(閔泳翊)을 수행하여 미국에 건너갔다가 그곳에서 생물학자인 모스(E.S.Morse)를 만나 그의 개인지도를 받고, 1884년 매사추세츠주 셀럼시에 있는 덤머학원(Dummer Academy)에 입학하여 수학하였다. 국내에서 갑신정변이 일어났다는 소식이 전해지자 귀국을 결심하고 유럽을 순방한 후 1885년 12월 귀국하였다. 귀국 후 개화당인사들과 관련이 있다는 혐의로 체포되었으나 한규설(韓圭卨)의 도움으로 사형을 면한 후, 한규설의 집에서 연금생활을 하면서 《서유견문》을 저술하였다. 1892년 연금에서 해제되었으며, 1894년 외아문참의·군국기무처회의원·의정부도헌, 1895년 내각총서·내부협판·내부대신서리 등을 역임하였다. 1896년 아관파천이 일어나자 일본으로 망명하였고, 1901년 일심회(一心會)를 조직하여 국내에서 혁신정부를 세울 것을 결의하고 쿠데타를 계획하였으나 사전에 발각되어 실패하였다. 1907년 특사로 귀국, 흥사단을 조직하여 부단장으로 활동하였으며, 근대적인 지방자치를 실시하고자 한성부민회를 조직하여 회장을 역임하였다. 또 국민경제회·호남철도주식회사·한성직물주식회사 등을 설립하여 민족산업의 발전에 노력하였다. 1910년 한일합병이 되자 합병반대운동을 벌이려다 사전에 발각되어 연금되었으며, 일제가 그를 회유하기 위해 남작의 작위를 주었으나 거부하였다. 저서로 《서유견문》·《대한문전》·《노동야학독본》 등이 있다.

유득공(柳得恭)

1749년(영조 25)~? 자는 혜보(惠甫)·혜풍(惠風), 호는 냉재(泠齋)·냉암(泠庵)·고운당(古芸堂). 본관은 문화. 조선 후기에 《발해고(渤海考)》를 저술한 실

학자. 서자출신으로 시문과 학문에 뛰어났다. 1779년(정조 3) 이덕무·박제가·서이수(徐理修) 등과 함께 규장각검서에 발탁되어 4검서(四檢書)로 불렸다. 그 뒤 포천군수·제천군수·양근군수·첨지중추부사·풍천부사 등을 역임하였다. 북학파 실학자로서 이용후생(利用厚生)을 위해 중국의 선전문물을 들여와 산업의 진흥에 힘써야 한다고 주장하였다. 한편 그는 역사연구에 진력하여 많은 저술들을 남겼는데, 특히 《발해고》는 발해를 고구려의 계승국으로 파악하고 통일신라와 함께 남북국으로 인식함으로써 그동안 잊혀졌던 발해를 우리나라 역사의 한 범주로 포함시켰다는 데 그 의의가 있다. 저서로 《발해고》·《경도잡지(京都雜志)》·《냉재집》·《고운당필기》 등이 있다. ● 발해고

유성룡(柳成龍)

1542년(중종 37)~1607년(선조 40). 자는 이현(而見), 호는 서애(西厓), 시호는 문충(文忠). 본관은 풍산(豊山). 조선 후기의 성리학자이자 영의정을 역임한 문신. 유중영(柳仲郢)의 아들로 이황의 문인이다. 1566년(명종 21) 문과에 합격하였고, 부제학·대사간·대사헌 등을 거쳐 예조판서 겸 홍문관제학 등을 지냈다. 1590년 우의정이 되고 광국공신(光國功臣)으로 풍원부원군(豊原夫院君)에 봉해졌다. 이듬해에는 좌의정에 임명되었으며, 임진왜란이 일어나자 선조를 호종하여 의주로 피란하였으며, 영의정에 임명되었으나 곧 파직되었다. 1593년 다시 영의정이 되고 도체찰사(都體察使)로 일본과의 전쟁을 수행하였다. 1598년 북인(北人)에 의해 '주화오국'(主和誤國)의 죄명으로 관직을 삭탈당하였으나 1604년 복직되고 호성공신(扈聖功臣)에 봉해졌다. 학문에서는 이황의 이기호발설(理氣互發說)을 계승하여 이생기설(理生氣說)을 주장하였으며, 양명학의 변척(辨斥)에도 힘을 쏟았다. 《서애문집》 및 《징비록》·《상례고증(喪禮考證)》 등의 저술이 있다.

유수원(柳壽垣)

1694년(숙종 20)~1755년(영조 31). 자는 남로(南老), 호는 농암(聾菴)·농객(聾客). 본관은 문화. 조선 후기에 《우서(迂書)》를 저술한 실학자. 일찍이 아버지를 여의고 서울의 친척집에서 자랐다. 1714년(숙종 40) 진사시에, 1718년 문과에 급제하였으며, 1722년(경종 2) 정언이 되었다. 1723년 2월 조정의 혁신을 요구하는 상소를 올려 파직되었다가 7월 낭천현감에 임명되었다. 1725년(영조 1) 지평에 임명되었으나 종숙인 유봉휘(柳鳳輝)가 신임사화에 연루되어 삭출되면서 단양군수 등 외직을 전전하였다. 외직으로 재임시 연구와 저술에 힘써 《우서》를 저술하였는데, 이 책은 부국안민에 관한 개혁안을 제시한 것으로 그는 신분제의 철폐와 상공업의 진흥 및 화폐의 유통을 주장하였다. 1737년 다시 지평·정언을 거쳐 1739년 장령, 1741년 부호군을 역임하였다. 동년

왕명을 받아 〈관제서승도설(官制序陞圖說)〉을 지어 올린 뒤, 《속오례의》의 편찬에 종사하다가 1744년 관직에서 물러나 은거하며 학문에 진력하였다. 1755년 변서사건(變書事件)에 연루되어 대역부도죄로 처형당하였다. ◗ 우서

유인석(柳麟錫)

1842년(헌종 8)~1915년. 자는 여성(汝聖), 호는 의암(毅菴). 강원도 춘천출신. 근대 및 대한제국시기에 십삼도의군(十三道義軍) 등을 조직하여 활약한 의병장. 이항로(李恒老)의 문하에서 수학하면서 위정척사사상을 익혔으며, 김평묵(金平默)·유중교(柳重敎) 등에게서 학문을 배웠다. 1866년(고종 3) 병인양요가 일어나자 이항로와 함께 척사운동을 전개하였으며, 1876년 〈강화도조약〉이 체결되자 일본과의 수교를 반대하는 상소문을 올렸다. 1896년 2월 영월에서 의병을 일으켜 호좌창의진(湖左倡義陣)을 결성하고 창의대장에 추대되어 〈격고팔도열읍(檄告八道列邑)〉이라는 격문을 발표하여 의병봉기를 촉구하였다. 충주·제천·단양·

▶ 유인석

영월·낭천·청도·초산 등지에서 일본군과 전투를 벌였다. 그 뒤 일본군과 관군의 탄압이 가중되자 서간도로의 망명을 결심하고 8월 망명길을 떠나 9월 서간도 화이런현(懷仁縣)에 이르러 의병을 해산한 후 통화현(通化縣)에 정착하였다. 1900년 7월 귀국하여 황해도·평안도 일대에서 학문연구에 힘쓰는 한편, 후진양성과 지역주민에 대한 항일의식 고취에 노력하였다. 1907년 〈한일신협약〉이 체결되자 의병봉기를 촉구하는 격문을 각지에 발송하였다. 1908년 7월 국외에서 독립운동기지를 개척한다는 계획아래 블라디보스토크로 망명, 이범윤(李範允)이 조직한 의병부대에 합류하여 활동하였다. 1910년 6월 이상설·이범윤 등과 함께 십삼도의군을 조직하고 도총재(都總裁)에 추대되어 전국민의 대일항전을 촉구하는 등 항일운동을 전개하였다. 동년 한일합병 소식이 전해지자 8월 성명회를 조직하고 회장에 추대되어 합병반대운동을 전개하였으며, 1911년 12월 권업회 수총재(首總裁)에 추대되었다. 일제의 탄압이 가중되자 1914년 싱징현(興京縣)으로 이동하여 저술활동에 전념하다가 1915년 사망하였다. 유고로 《소의신편(昭義新編)》·《의암집》 등이 있다.

유적(遺蹟)

과거의 인류가 남긴 물질적 잔존물로, 보통 유물이 발견된 장소를 지칭하는 개념. 일반적으로 유적은 형태가 크며 위치를 변경시킬 수 없는 것으로, 패총·분묘·집자리·거석기념물·궁전지(宮殿址)·취락지·도성지·도로 등을 가리킨다. 지상에 드러나 있거나 수중에 잠겨 있기도 하지만, 일반적으로 지하에 존재하는 것이 상례이기 때문에 고고학상의 발굴이 필요하게 된다. 유적의 공간적 규모에 대해서는 개인과 국가에 따라 의견 차이가 있을 수 있는데, 예를 들어 토기 파편 몇 조각만 발견된 지점을 유적으로 부를 수 있는가에 대한 의견은 서로 다르다. 마찬가지로 고고학에 있어서 유적의 시간적 하한에 대한 법적 정의도 국가에 따라 서로 다를 수 있다.

유학(儒學)

공자(孔子)의 가르침을 근본으로 하는 학문. 인(仁)을 모든 도덕규범의 기본으로 하여, 이를 생활화함으로써 수신(修身)·제가(齊家)·치국(治國)·평천하(平天下) 할 수 있다는 일종의 윤리학이요 정치학이다. 공자에 의해 처음으로 연구되고, 맹자(孟子)·순자(荀子) 등에 의해 계승, 발전되었다. 유학이 한국에 전래된 시기는 분명치 않으나, 삼국시대에 이미 보급되어, 고구려에서는 태학이나 경당 등에서 유학을 교육하였고, 백제에서는 경서에 능통한 사람에게 오경박사(五經博士)의 지위를 주었으며, 일본에 《논어》와 《천자문》을 전하기도 했다. 신라에도 강수(强首)·설총(薛聰)·최치원(崔致遠) 등은 유학자로 유명했고, 국립대학인 국학(國學)이 설치되어 유교 경전을 교육하였다. 고려시대에 이르러 유학은 광종 때 과거제가 실시되면서 발전의 토대를 마련하였고, 성종 때에는 최승로(崔承老)가 '시무28조'를 올려 유학의 진흥을 강력히 요구하기도 하였다. 무신정권이 계속되면서 유학은 한동안 침체되었다가, 원나라에서 신유학인 성리학이 전해져 이를 깊이 연구하고 교육하면서 유학이 다시 한번 발전의 기회를 맞았다. 조선왕조는 유교적 정치이념에 입각한 통치체제를 확립하여 성리학이 크게 발달하였다. 조선 건국 초에는 왕권강화와 집권체제의 정비를 위해 성리학의 순수성보다도 불교·도교·풍수지리사상 등을 탄력적으로 포섭하였고, 유학도 사장(詞章)의 기능이 강조되어 학문적 연구는 미흡하였다. 성리학이 발달한 것은 사림들이 정계와 학계를 주도하는 16세기 이후로, 이 시기의 유학은 관념적 이기론 중심으로 발달하였다. 당시 유학의 조류는 원리적 문제를 중요시하는 주리론을 강조하는 계열과 경험적 세계를 중시하는 주기론을 강조하는 두 계열의 흐름이 있었다. 전자는 이언적을 시작으로 이황에 의해서 집성되었으며, 후자는 이이에 의해서 집성되었다. 이런 학계의 흐름 속에, 이황을 중심으로 하는 퇴계학파는 16세기 후반 학연을 기반으로 한 붕당이 형성되면서 동인(東人) 세력을 형성하였다. 이후 동인에서 남인과 북인이 분당될 때에는 퇴계의 정통학풍을 계승한 이들이 남인의 주류를 형성하였으며, 북인은 조식을 중심으로 하는 남명학파가 그 주류가 되었다. 또한 이이와 성혼을 중심으로 형성된 기호학파는 서인의 주류가 되었다. 성리학은 한때 봉건적 지배체제의 유지를 위해 나름대로 이바지하였지만, 양란을 겪으면서 17세기에는 변화하는 현실의 문제를 해결할 수 있는 능력을 잃어갔다. 성리학계의 움직임에 대한 반성에서 18세기에는 이간과 한원진을 중심으로 한 호락논쟁이 제기되었고 탐구의 대상이 인간에서 자연계까지 확산되었으며, 유기론(唯氣論)과 유리론(唯理論)까지 제기하며 그 철학적 깊이를 더했다. 그러나 일부 학자들에 의해 학문의 사회적 기능이 강조되어 양명학이 수용되고 실학(實學)이 연구되었다. 19세기 최한기는 유기론에 토대하여 독특한 경험철학을 내세웠는데, 이것이 후일 개화사상가들의 사상적 바탕이 되었고, 유리론은 후에 이항로·최익현 등에 의해 위정척사운동의 철학적 배경이 되었다. 이러한 유학의 연구는 개화의 물결 속에서 비판과 탄압을 받아 침체되었고, 20세기 초 전우(田愚)·이병헌(李炳憲) 등이 새로운 방식으로 그 학맥을 지키고자 힘썼으나, 일제의 강압으로 뜻과 같이 되지 않았다. 1945년 광복 이후 전국 유림의 조직체인 유도회(儒道會)가 조직되었다.

유향소(留鄕所)

조선시대 지방 군·현의 수령을 보좌하던 자문기관. 고려 때의 사심관(事審官) 제도에서 유래된 것으로, 초기에는 덕망이 높고 문벌이 좋은 사람을 사심관으로 삼다가 말기에는 지방의 유력자나 전함(前銜 : 전직) 품관(品官)들을 사심관에 임명하면서 유향품관(留鄕品官)·한량관(閑良官)이라 하였다. 조선 초기 유향품관들의 권한이 강해져 수령을 견제하는 일이 빈번해지자 1406년(태종 6) 수령권을 강화하면서 이를 폐지하였고, 그 뒤 수령의 불법행위, 향리들의 폐단 등이 향촌사회의 새로운 문제로 나타나자 1428년(세종 10) 다시 복구하였다. 1435년에 경재소(京在所)제도를 정비하여 유향소를 견제하자, 유향품관들은 자기보호를 위해 관권과 타협, 순종하게 되었다. 1467년(세조 13) 이시애(李施愛)의 난에 유향소의 일부가 참가한 일로 제도적으로 폐지되었으나, 이미 뿌리를 내린 유향소는 쉽게 없어지지 않고, 꾸준한 복설(復設)운동의 결과 1488년(성종 19) 다시 부활되어 향임(鄕任), 혹은 감관(監官)·향정(鄕正)의 임원을 두었다. 향중 인사 중에서 나이가 많고 인망이 있는 자를 좌수, 그 다음을 별감으로 선거에 의해 수령이 임명하였으며 임기는 대개 2년이었으나 수령이 바뀌면 다시 뽑기도 하였다. 교활한 아전과 간교한 백성을 규제하거나 중앙집권체제의 보조적 기구로서의 소임보다 향사례(鄕射禮)·향음주례(鄕飮酒禮)를 맡은 기구였으며, 향촌 내의 불효·불제(不悌)·불목·불인·불임휼(不任恤)한 자 등 향촌질서를 파괴하는 자들을 통제하여 향촌교화의 목적을 달성하는 데 중점을 두었다. 그러나 점차 그 성격도 변질되어, 처음에는 관아와 멀리 떨어져 있어 이아(貳衙)라 하였던 청사가 19세기에는 관아 구내에 있게 되었으며, 초기 수령에 대한 규제력을 가졌던 유향소는 수령 보좌역의 기능밖에 하지 못하였다. ◐ 경재소 · 향약 ⑧ 향사당(鄕射堂) · 유향청 · 향소청 · 향당

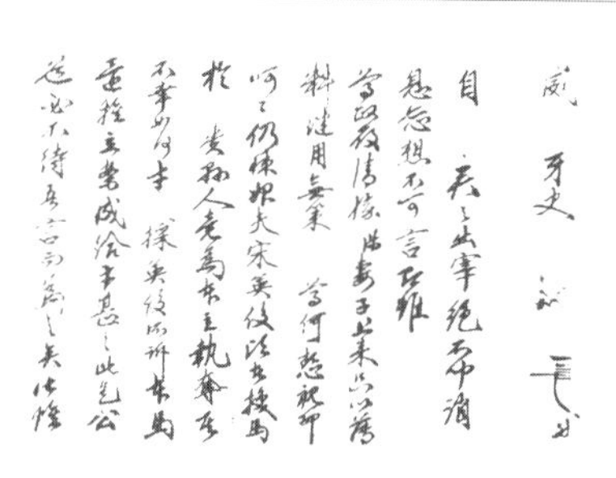

▶ 유형원 글씨

유형원(柳馨遠)

1622년(광해군 14)~1673년(현종 14). 자는 덕부(德夫), 호는 반계(磻溪). 본관은 문화. 조선 후기에 《반계수록(磻溪隨錄)》을 저술한 실학자. 고모부인 김세렴(金世濂)과 외숙인 이원진(李元鎭)에게서 수학하였다. 1653년(효종 4) 가족과 함께 전라북도 부안의 우반동으로 이주하여 정착하였으며, 1654년 진사시에 합격하고 1655년 학행으로 천거되었으나 사퇴하고 평생을 학문연구에 전념하였다. 그는 어려서부터 재주가 영민하여 백가(百家)의 서적을 두루 섭렵하여 철학 · 역사 · 법률 · 지리 · 서학 등 다방면에 걸쳐 조예가 깊었다. 그의 학문은 농촌생활에서 겪은 경험을 토대로 불합리한 사회제도와 경제제도의 개혁에 초점을 두었으며, 우리나라와 중국의 옛 문헌에서 고증한 내용을 토대로 성리학적 윤리와 정치의 시정을 통하여 사회를 개혁하고자 하였다. 그의 이러한 개혁안은 그의 저술인 《반계수록》에 수록되어 있으며, 그의 경세치용적(經世致用的) 학문은 이후 이익 · 홍대용 · 정약용 등에게 영향을 미쳤다. 사후에 집의 · 호조참의 등에 추증되었다. 저서로 《반계수록》 · 《속강목의보(續綱目疑補)》 · 《정음지남(正音指南)》 등이 있다. ◐ 반계수록

㉤ 묘소는 경기도 용인시에 소재함

유홍기(劉鴻基)

1831년(순조 31)~? 자는 성규(聖逵), 호는 대치(大致 · 大癡). 근대의 개화사상가. 중인출신으로 한의업(漢醫業)에 종사하였다. 친구 오경석(吳慶錫)이 청나라에서 가져온 《해국도지(海國圖志)》 · 《영환지략(瀛環志略)》 등의 서적을 읽고 개화사상을 가지게 되었으며, 박규수 · 김옥균 · 박영효 · 유길준 · 이동인(李東仁) · 탁정식(卓挺植) 등에게 개화사상을 교육하였다. 1882년(고종 19) 정부에서 개화정책을 실시하기 위해 감생청(減省廳)을 설치하자 직원에 발탁되어 제도개혁에 앞장섰으며, 그 공으로 사용(司勇)에 임명되었다. 1882년 임오

군란을 계기로 청나라가 조선의 내정을 간섭하자 개화당요인들에게 일본의 협조를 받아 친청 사대당을 몰아내고 혁신정부를 수립할 것을 권고하였다. 이에 김옥균을 비롯한 개화당이 1884년 12월 갑신정변을 일으켜 사대당을 몰아내고 신정부를 수립하였으나 청나라의 개입으로 3일 만에 정변이 실패로 끝나자 집을 나가 행방불명되었는데, 사대당에 의해 피살된 것으로 추정된다. 1910년 부제학에 추증되었다.

유희(柳僖)

1773년(영조 49)~1837년(헌종 3). 자는 계신(戒伸), 호는 서파(西波)·방편자(方便子)·남악(南嶽). 본관은 진주. 조선 후기에 한글연구에 힘쓴 학자. 1825년(순조 25) 생원시를 거쳐 1829년 황감제(黃柑製)에 급제하였으나 관직에 나아가지 않았다. 그는 천문·지리·의약·농정·풍수 등 다방면에 걸쳐 박식하였으며, 특히 한글연구를 중심으로 문자음운학에 뛰어났다. 저서로 《문통(文通)》·《언문지(諺文志)》·《시물명고(詩物名考)》·《물명유고(物名類考)》 등이 있는데, 《언문지》는 한글의 원리 및 중국음과의 관계를 설명한 책이며, 《물명유고》는 당시 국어어휘 7천여 개를 수집하여 주석한 책이다. ◐ 언문지

육군주만참의부(陸軍駐滿參議府)

1923년 8월 만주 지안현(集安縣)에서 조직된 대한민국임시정부 직할의 독립군단체. 정식명칭은 대한민국임시정부 육군주만참의부이며, 약칭하여 참의부라고도 한다. 1922년 8월 독립운동단체의 통합운동에 의해 조직된 대한통의부(大韓統義府)가 간부들 사이의 이념분쟁과 권력분배로 인해 분열되자, 12월 통의부내의 일부세력이 이탈하여 의군부(義軍府)를 조직하였고, 1923년 8월에는 통의부의 의용군 1,2,3,5중대가 대한민국임시정부 직할의 독립군단을 조직하여 활동할 것을 결의하고 임시정부에 대표를 파견하여 이를 협의하였다. 그 결과 대한민국임시정부의 협력하에 1923년 8월 말 지안현을 중심으로 푸쑹(撫松)·창바이(長白)·안투(安圖)·퉁화(通化)·류허(柳河) 등지를 관할구역으로 하는 참의부가 조직되었다. 참의장에 김승학(金承學), 군사위원장에 마덕창(馬德昌), 민사위원장에 김소하(金筱厦), 중앙의회의장에 백시관(白時觀) 등이 선임되었다. 참의부는 한인사회를 13개 행정구역으로 나누어 민정을 실시하면서 동포들에 대한 자치활동을 전개하였다. 또한 무장투쟁에 주력하여 1924년 5월 압록강에서의 사이토(齋藤實) 총독 습격사건을 비롯하여 활발한 국내진공작전을 수행하였다. 또한 황포군관학교·운남강무당(雲南講武堂) 등의 군사교육기관에서 교사를 초빙하여 독립군양성에 주력하였으며, 각 지역에 소학교를 설립하여 동포자제들에 대한 교육을 실시하였다. 1928년 참의부·정의부·신민부 등의 3부통합운동이 일어나자 김승학계열이 혁신의회

(革新議會)로, 심용준(沈龍俊) 계열이 국민부(國民府)로 합류하면서 1929년 말 해체되었다.

육두품(六頭品)

신라의 신분제도인 골품제(骨品制)에서 진골(眞骨) 아래에 위치한 신분. 6두품이 되기 어렵다는 의미에서 득난(得難)이라고 별칭되기도 하였다. 골품제하에서 육두품은 진골과 같은 최고의 신분층은 아니지만, 신라의 상층 지배층에 해당한다. 6두품은 6성(六姓)으로 대표되는 신라 육부(六部)의 유력 가문들과 멸망한 고구려·백제·가야의 귀족층, 그리고 진골에서 신분이 하락한 부류들을 연원으로 하고 있다. 이들 6두품은 관등으로는 아찬(阿湌), 관직으로는 차관급까지만 오를 수 있었으며, 대체로 정책결정의 자리보다는 실무행정을 맡아보는 직책에서 일하였고, 종교나 학문 분야에서 자신의 능력을 통해 국왕의 총애를 받아 출세하는 경우가 많았다. 6두품의 상당수는 도당유학(渡唐留學)을 정치적 진출의 발판으로 삼았으며, 자신의 신분적 한계를 극복하는 방편으로 유교정치이념을 적극적으로 수용하였다. 신라 말 6두품세력들은 유교정치이념에 입각한 정치개혁을 강력히 주장하면서 반신라적인 성향을 보이기도 하였다. ➡ 골품제도 · 성골 · 진골

육십만세운동

1926년 6월 10일 순종의 인산일(因山日)을 기해 전개된 항일독립운동. 1920년대 들어와 일제의 식민통치가 강화되는 상황하에 사회주의사상 유입 등으로 인해 많은 사상단체가 조직되면서 대중운동이 활성화되어 갔다. 1926년 4월 26일 순종의 죽음을 계기로 반일감정이 고조되었고, 조선공산당은 순종의 인산일인 6월 10일을 기해 만세운동을 전개할 것을 계획하였다. 조선공산당에서는 권오설(權五卨)을 총책임자로 하여 6·10운동투쟁지도특별위원회를 구성한 후 격문을 인쇄하고 지방과의 연락을 취하는 한편, 조선학생과학연구회의 회원들을 중심으로 학생들을 조직하여 격문살포를 담당하도록 하였다. 이 계획은 사전에 일경에 발각됨으로써 실패하였으나 조선학생과학연구회의 간부인 연희전문학교 학생 이병립(李炳立) 등이 중심이 되어 6·10만세운동을 계속 추진하여 격문인쇄와 선전작업을 진행하였다. 이와는 별도로 이동환(李東煥)·김재문(金載文)·이선호(李先鎬) 등을 중심으로 중동고등보통학교와 중앙고등보통학교 학생들이 독자적으로 만세운동을 준비하였다. 6월 10일 인산일 당일 2만 4천여 명에 이르는 학생들이 돈화문에서 홍릉까지 도열한 후, 순종의 상여가 종로3가를 지나자 그 가운데 중앙고등보통학교생 3백여 명이 중심이 되어 독립만세를 부르며 격문을 뿌리고 시위를 전개하였으며, 서울 시내 곳곳에서 학생들이 중심이 되어 수차례의 만세시위가 전개되었다.

만세시위운동은 10일을 전후하여 인천·개성·강경·공주·당진·전주·고창·순창·통영·마산·하동·원산·평양·신천 등지로 확산되어 갔다. 6·10 만세운동은 한국민들에게 일본제국주의의 폭

▶ 육십만세운동 관련 보도

력성과 본질을 더욱 명확히 인식할 수 있게 하는 계기가 되었다. 일제의 탄압으로 인해 실패로 끝나기는 했으나 그 준비과정에서 나타난 사회주의자와 민족주의자의 협력은 이후 신간회를 발족시키는 데 커다란 영향을 미쳤다.

육영공원(育英公院)

1886년(고종 23) 정부에서 설립한 우리나라 최초의 근대적 교육기관. 1886년 신식교육의 실시를 목적으로 설립되었으며, 길모어(G.W.Gilmore)·벙커(D.A.Bunker)·헐버트(H.B.Hulbert) 등 3명의 미국인 교사가 초빙하여 교육을 담당하였다. 육영공원은 좌원과 우원으로 구성되었고 입학자격은 양반으로 제한되었다. 좌원에는 문무관리의 자제로서 과거합격자 10명, 우원에는 15세에서 20여세까지의 양반 20명이 입학하여 영어·수학·역사·지리·정치 등을 영어로 수업받았다. 교사(校舍)는 처음에는 서울 정동에 있다가 1891년 전동으로 이전하였다. 1895년 한성영어학교가 설립되면서 폐지되었다.

육위(六衛)

고려 전기 중앙군 조직. 《고려사》에서는 태조 때 6위(六衛)가 설치되었다고 하나, 그 형성시기에 대해서는 995년(성종 14)으로 추정하고 있다. 고려 초기 병권(兵權)이 지방의 호족(豪族)들에게 분산되어 있는 상황에서 호족들의 사병을 해체하여 국가의 공병(公兵) 조직으로 재편성한 것이다. 6위는 좌우위(左右衛)·신호위(神虎衛)·흥위위(興威衛)·금오위(金吾衛)·천우위(千牛衛)·감문위(監門衛) 등으로 구성되었는데, 가장 핵심을 이룬 것은 좌우위·신호위·흥위위 등 3위로 국왕의 행차에 대한 호가(扈駕), 외국 사신의 송영(送迎) 등을 비롯하여 국가의 중요행사에 참여하는 동시에 출정(出征)과 방수(防戍)의 임무를 띠고, 전쟁이 일어나면 전군을 지휘할 사령부가 설치되기도 하였다. 이들 3위 외에 금오위는 수도의 치안을 담당하였고 천우위는 국왕을 시종하는 의장대였으며, 감문위는 궁궐 안팎의 여러 문을 지키는 수문군(守門軍)이었다. 현종대를 전후해서는 국왕 친위부대의 강화를 목적으로 상위부대

인 이군(二軍)을 설치하였다. 6위는 그 휘하 조직으로 영(領) 이하의 단위부대를 편성하였는데, 1영은 1000명을 단위로 한 부대로서, 6위는 총 42영으로 구성되어 총 4만 2000명의 군사력을 보유하였다. 편제는 각 군에 상장군(上將軍)·대장군(大將軍)이 1명씩이며, 그 아래에 각 영의 실질적 지휘관인 장군이 1명씩 배치되어 있었고, 다시 그 밑에 중랑장(中郞將)·낭장·별장(別將)·산원(散員)·오위(伍尉)·대정(隊正)을 두었다. ➲ 이군

육의전(六矣廛)

조선시대 서울의 시전 중 여섯 개의 커다란 시전. 조선 후기 청나라에 보내는 물품의 부담이 커지자 시전 가운데 이익이 많은 6개의 시전을 골라 그들에게 일정하게 국역을 담당케 하면서 육의전이라는 용어가 생겨났다. 육의전의 종류는 기록에 따라서 다소 다른데, 《만기요람》에는 비단을 파는 선전(線廛), 무명을 파는 면포전(綿布廛), 명주를 파는 면주전(綿紬廛), 종이를 파는 지전(紙廛), 모시·베를 파는 저포전(苧布廛), 생선을 파는 내외어물전(內外魚物廛)을, 《증보문헌비고》에서는 주전(紬廛)·면포전·면주전·내어물전·지전·저포전을, 《청구시장(靑丘示掌)》에서는 선전·면주전·면선전·내어물전·지전·저포전을 들고 있다. 육의전은 정부의 필요에 의해 그 수효가 늘어나 7의전·8의전이 되기도 했다. 국가는 이들에게 국역을 부담시키면서 상업상의 특권인 금난전권을 부여하였으며, 1791년(정조 15) 신해통공으로 다른 시전들의 특권은 폐지되는 상황 속에서도 육의전의 금난전권은 그대로 유지되어 조선 후기 관상도고(官商都賈)로서 자본을 크게 집적하였다. 각 점포들은 도가(都家)라는 사무실과 도중(都中)이라는 동업조합을 가지고 있었다.

ⓔ 육주비전(六注比廛)·육분전(六分廛)·육부전(六部廛)·육조비전(六調比廛)

육이구 민주화선언(民主化宣言)

1987년 6월 29일 당시 민주정의당대통령후보인 노태우가 발표한 시국수습 특별선언. 1987년 4월 13일 전두환대통령이 발표한 4·13호헌조치에 대한 반발로 6월부터 국민들이 전개한 일련의 민주화운동의 결과, 6월 29일 노태우대통령후보가 국민들의 요구를 받아들여 발표한 시국수습을 위한 특별선언이다. 8개항으로 된 이 선언의 주요내용은, 여야 합의 아래 조속히 대통령직선제 개헌을 하고, 새 헌법에 의한 대통령선거를 통해 평화적 정부이양을 실현하며, 국사범의 사면복권 및 시국관련 구속자를 대폭 석방하고, 인권의 제도적 보장을 도모하며, 언론의 자유를 활성화한다 등이다. 7월 1일 전두환대통령이 특별담화를 발표하여 '여야가 조속한 시일 내에 대통령직선제에 합의하여 개헌이 확정되면 임기중에 새 헌법에 따라서 대통령선거를 실시하겠다'고 밝힘으로써 선언을 승인하였다.

육이삼 평화통일선언(平和統一宣言)

1973년 6월 23일 대통령 박정희(朴正熙)가 발표한 평화통일외교정책에 관한 특별성명. 총 7개 항으로 구성되었는데, 남북한은 서로 내정에 간섭하지 않으며, 남북한의 유엔동시가입 및 북한의 국제기구 참여에 반대하지 않고, 호혜평등(互惠平等)의 원칙 아래 모든 국가에게 문호를 개방한다는 것이다. 이 선언은 기존의 적대적이고 폐쇄적인 통일정책을 탈피한다는 정부의 적극적인 평화통일의지를 표방하였다는 점에서 긍정성을 가진다. 그러나 북한에서는 이 선언을 한반도에 2개의 정부를 인정함으로써 분단을 영구화시키는 것이라고 비난하면서 모든 남북대화 중단의 구실로 삼았다.

육이오 전쟁

1950년 6월 25일 북한의 남침으로 야기된 한반도에서의 전쟁. 북한은 해방 직후부터 소련의 적극적인 군사지원을 받아 인민군을 창설하고 군사력을 강화시켜 나갔다. 이러한 때에 미국 국무장관 애치슨이 미국의 태평양지역방위선에서 대만과 한국을 제외한다는 이른바 애치슨라인을 발표하자 북한의 김일성은 이러한 국제정세를 이용하여 비밀리에 소련과 중국을 방문하여 지원을 약속받고 전쟁을 준비하였다. 마침내 북한은 1950년 6월 25일 남침을 감행하여 3일 만에 서울을 점령하고 3개월 만에 경상도 일부를 제외한 남한의 전지역을 점령하였다. 이에 미국은 즉시 유엔안전보장이사회를 소집하여 북한의 남침을 침략행위로 규정하고 이를 규탄하는 한편, 유엔군의 파병을 결정하였다. 이 결정에 따라 미국을 비롯한 16개국이 참전하였으며, 9월 15일 유엔군과 국군이 합동으로 전개한 인천상륙작전을 계기로 전세가 역전되었다. 28일 국군과 유엔군이 서울을 탈환하였고, 10월 1일 국군이, 7일 유엔군이 38선을 돌파하고 북진을 계속하여 압록강까지 진격하였다. 그러나 10월 19일 중공군이 개입함으로써 전쟁은 국제전의 양상을 띠

▶ 육이오전쟁

게 되었다. 중공군의 개입으로 12월 16일 평양이 북한군에 재점령되었고, 유엔군은 흥남을 통해 철수하였다. 1951년 1월 4일 서울이 다시 북한군에게 점령당하였으며, 1월 초 북한군은 단양과 제천까지 진격해 왔다. 그러나 유엔군이 반격하여 서울을 다시 탈환하였고, 전선은 다시 38선을 중심으로 소모전이 전개되면서 교착상태에 빠지게 되었다. 전쟁이 장기화되자 소련은 유엔을 통하여 휴전을 제의하기에 이르렀다. 1951년 7월 개성에서 처음으로 휴전회담이 개최되어 협상이 진행된 결과, 1953년 7월 27일 당시의 전선을 휴전선으로 하는 휴전협정이 체결됨으로써 전쟁은 종결되었다. 6·25전쟁으로 남북한은 막대한 인적·물적 피해를 보았는데, 남북한에서 약 150만 명의 사망자와 360만 명의 부상자가 발생하였고, 공장·발전소 등의 산업시설을 비롯하여 건물·도로·교량 등이 거의 모두 파괴되어 전국토가 초토화되었다. 6·25전쟁의 결과 동북아 냉전체제 및 남북한의 분단체제가 고착되었다.

육전조례(六典條例)

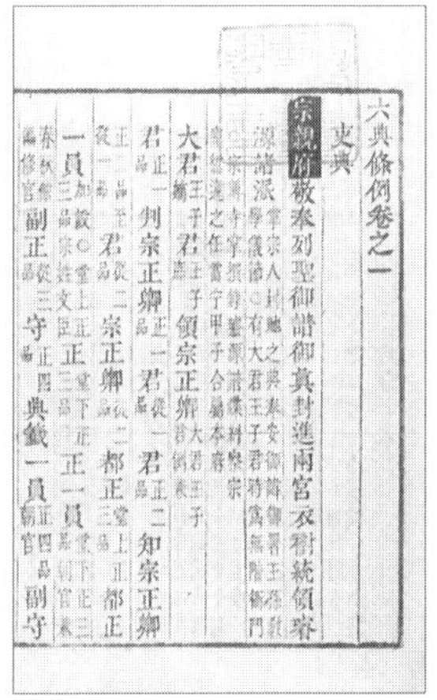

▶ 육전조례

근대에 6조 각 관아의 사무처리에 관한 법령 및 시행규칙들을 분류·정리한 법령사례집. 1865년(고종 2) 9월 반포된 《대전회통》에 행정 전반에 걸친 여러 가지 행정사례들이 많이 빠져 있자 이를 보완하고자 동년 12월 이의 편찬에 착수, 1866년 12월 편찬을 완료하고 1867년 5월 반포하였다. 10권 10책이며, 내용은 이·호·예·병·형·공의 6전(六典) 체제에 따라 각 전에 속하는 관청·관직·인원수·직무권한·임면절차·경비 등의 제도운영과 행정절차 등을 수록하고 있다. 이 법령집은 행정 법령사례집이라고 할 수 있다.

육조(六曹)

고려 말과 조선시대에 국가의 정무를 관장하던 6개 관청의 총칭. 이조·호조·예조·병조·형조·공조의 통칭으로, 1389년(공양왕 1)에 전리사를 이조로, 군부사를 병조 등으로 6개의 관청 명칭을 개칭하면서 성립되었다. 1405년(태종 5)에 재상아문으로 격상되고 서무를 분장하는 국정 기관으로 발전되었다. 기능은 《경국대전》에 의하면, 이조·호조·예조·병조·형조·공조가 각각 그에 속한 속사(屬司)와 속아문(屬衙門)을 거느리고, 그 관장한 일을 국왕에게 직접 보고하고 지시를 받으면서 국정을 담당하도록 규정되었다. 이조에서 관장한 일은 문선(文選)·훈봉(勳封)·고과(考課), 호조는 호구(戶口)·공직(貢職)·전량(錢糧)·식화(食貨), 예조는 예악·제사·연향(宴享)·조빙(朝聘)·학교·과거, 병조는 무선(武選)·군무(軍務)·의위(儀衛)·우역(郵驛)·병갑(兵甲)·기장(器仗)·문호(門戸)·관약(管鑰), 형조는 법률·상헌·사송(詞訟)·노비(奴婢), 공조는 산택(山澤)·공장(工匠)·영선(營繕)·도야(陶冶)에 관한 일을 맡았다. 육조는 이후 왕권의 강약이나 의정부서사제(議政府署事制)의 운영, 비변사의 대두 등과 관련되어 기능이 변화되었고 직제가 부분적으로 개편되면서 근대까지 계승되었다. 1894년(고종 31) 갑오개혁에 수반되어 내무아문·외무아문·탁지아문·군무아문·법무아문·학무아문·공무아문·농상아문의 8아문으로 개편되고 의정부에 예속됨에 따라 폐지되었다. 관원은 시대에 따라 다소 변화가 있기는 하였으나, 1416년(태종 16)에 정비된 판서(정2품)–참판(종2품)–참의(정3품 당상관)–정랑(정5품)–좌랑(정6품) 체제가 오랫동안 유지되었다. 각 조의 운영은 일상적인 일은 정랑·좌랑이 주관하였고, 중대사나 돌발적인 일에 대해서는 판서·참판·참의가 각각 중심이 되어 처리하였다. 한편, 6조의 서열은 의례적으로 고려 초에서 1418년(태종 18)까지는 이조·병조·호조·형조·예조·공조의 순서였고, 그 후는 주관(周官)의 순서로 복귀하면서 이조·호조·예조·병조·형조·공조로 고쳐졌다. 그러나 실제의 서열은 1418년 이전은 물론 그 이후에도 병조의 기능이 중시되면서 병조가 이조 다음의 지위를 누렸다. 동 6부(六部)·6관(六官)

육진(六鎭)

조선 초 세종 때에 함경도 두만강 연안 5곳에 설치한 국방 요새. 경원(慶源)·온성(穩城)·종성(鍾城)·회령(會寧)·부령(富寧)·경흥(慶興)의 여섯 군(郡)에 설치한 것으로, 세종의 적극적인 북진책에 따라 1432년(세종 14) 회령에 영북진(寧北鎭)을 설치하여 동북경 개척을 본격적으로 착수, 이듬해 김종서(金宗瑞)·이징옥(李澄玉) 등에게 함경도 북변을 개척하게 하였다. 그리하여 1434년 종성의 설치를 시작으로 1449년 부령을 설치함으로써 이른바 6진의 설치를 완성하였다. 그 뒤 6진설치에 압력을 느낀 여진족은 그 대부분이 서방으로 이주하여 파저강(婆猪江 : 지금의 渾河) 부근의 건주위(建州衛)와 합류하였다. 한편 6진에는 각 도호부사(都護府使) 밑에 토관(土官)을 두고 남방 각 도의 백성을 이주시켜 개척하였으며, 이로 두만강 이남의 대부분이 조선의 영역으로 편입되어 현재 우리 국토의 원형을 이루었다. ○ 4군

윤관(尹瓘)

?~1111(예종 6). 자는 동현(同玄), 시호는 문숙(文肅). 본관은 파평. 고려 전기 여진을 정벌하고 9성을 완성한 재상. 윤집형(尹執衡)의 아들로, 1073년(문종 23) 과거에 급제하여 습유와 보궐, 좌사낭중, 동궁시강학사, 이부상서, 동지

▶ 윤관

추밀원사 등을 역임하였다. 1107년(예종 2)에 이루어진 여진정벌시 원수로 임명되어 17만 명의 군사를 이끌고 출전, 이를 성공적으로 수행한 후 영주·길주·웅주·복주·공험진 등 일대에 9성을 완성하고 남쪽 백성을 이주해 살도록 하였다. 그러나 여진의 계속된 9성 환부 요청에 따라 이를 폐쇄한 것이 당시 관리들에게 탄핵을 받아 벼슬이 삭직되기도 하였다.

㉴ 묘는 경기도 파주시에 위치함.

㉤ 구성(九城) : 고려전기 윤관(尹瓘)이 고려 동북변에 산거하던 여진을 정벌하고 쌓은 9개 성으로, 다소 견해 차이는 있으나, 일반적으로 함주(咸州)·웅주(雄州)·영주(英州)·복주(福州)·길주(吉州)·공험진(公嶮鎭)·통태진(通泰鎭)·진양진(眞陽鎭)·숭녕진(崇寧鎭) 등을 일컫는다. 1107년(예종 2) 12월 고려에서는 윤관을 원수, 오연총(吳延寵)을 부원수로 하는 17만 여진정벌군을 파견, 갈라전 일대의 여진족을 소탕하고 축성하였으며, 이후 남쪽으로부터 병사와 일반민을 옮겨 살게 했다. 그러나 실지를 회복하기 위하여 빈번하게 여진족이 침략하고, 또 조정 안에서도 윤관의 공로를 시기하는 사람들이 있어 1109년 9월 9성을 여진에게 돌려주고 철수하였다.

윤극영(尹克榮)

1903년~1988년. 서울출신. 일제시대에 색동회를 조직하고 동요 〈반달〉 등을 작곡한 작곡가. 경기고등보통학교를 거쳐 도쿄음악사범학교를 졸업하였다. 1922년 방정환(方定煥) 등과 함께 색동회를 조직하였으며, 1923년 조선소년운동협회를 조직하고 5월 1일을 어린이날로 제정하였다. 1924년 동요 〈반달〉을 작곡하였으며, 합창단 달리아회를 조직하여 동요보급에 노력하였다. 1926년 〈반달〉·〈설날〉·〈따오기〉·〈고드름〉·〈파랑새를 찾아서〉 등 10편의 동요가 수록된 《반달》이라는 동요집과 레코드집을 펴냈다. 일제시대부터 광복 후까지 총 4백여 편의 동요를 남겼다.

윤동주(尹東柱)

1917년~1945년, 아명은 해환(海煥). 북간도 밍둥춘(明東村)출신. 일제시대에 〈서시〉 등의 저항시를 발표한 시인. 1935년 평양의 숭실중학교에 편입하여 공부하다가 1936년 룽징(龍井)으로 건너가 광명학원(光明學院) 중학부에 편입·졸업하였다. 1941년 연희전문학교 문과를 졸업하고, 1942년 일본으로 건너가 릿쿄대학(立敎大學), 1943년 도시샤대학(同志社大學)에서 공부하였다.

1943년 7월 사상범으로 체포되어 2년형을 선고받고 후쿠오카(福岡) 형무소에서 복역중 1945년 2월 옥사하였다. 1936년경부터 시작 활동을 벌였으며, 대표작으로 〈겨울〉·〈조개껍질〉·〈서시〉·〈자화상〉·〈별헤는 밤〉·〈새벽이 올 때까지〉 등이 있다. 1948년 미발표 유작을 포함하여 시집 《하늘과 바람과 별과 시》가 간행되었다. 연세대학교 교정에 시비가 세워져 있다.

▶ 윤동주

윤보선(尹潽善)

1897년~1990년. 호는 해위(海葦). 충청남도 아산출신. 대한민국 제4대대통령을 지낸 정치인. 1912년 일본 게이오의숙(慶應義塾) 중등부에 입학하였다가 1913년 세이소쿠영어학교(正則英語學校)로 전학하여 공부한 뒤 1915년 귀국하였다. 1919년 상하이로 건너가 대한민국임시정부 임시의정원에 선임되어 활동하였다. 1921년 6월 영국으로 건너가 영국 에딘버러대학에서 고고학을 전공한 후 1927년 귀국하여 은둔하였다. 1945년 9월 4일 한국국민당을 발기하였으며, 10일 창당된 한국민주당에 참여하여 활동하였고, 10월 미군정청 농상국고문에 선임되어 활동하였다. 1946년 민중일보사장, 1948년 12월 초대 서울시장, 1949년 상공부장관, 1950년 대한적십자사총재 등을 지냈다. 1954년 제3대국회의원에 당선(서울 종로, 민주국민당)되었으며, 1955년 민주당을 창당하였고, 1957년 민주당 중앙위원회의장이 되었다. 1958년 제4대국회의원에 재선되었으며, 1959년 민주당최고위원이 되었다. 1960년 7월 제5대국회의원에 당선되었고, 8월 제4대대통령에 취임하였다가 5·16군사정변으로 1962년 3월 대통령직을 사임하였다. 1963년 5월 민정당을 창당하고 10월 제5대대통령선거에 출마하였으나 박정희후보에게 근소한 차로 패하였다. 11월 제6대국회의원(전국구, 민정당), 1965년 민중당고문을 지냈다. 1966년 신한당을 창당하고 총재에 취임하였으며, 1967년 2월 신민당을 창당하고 5월 제6대대통령선거에 출마하였으나 낙선하였다. 1971년 국민당총재가 되었으며, 1972년 유신체제가 수립되자 반체제운동과 민주화투쟁에 앞장섰다. 1976년 3월 명동성당에서 김대중 등과 함께 〈3·1민주구국선언〉을 발표하여 긴급조치9호 위반으로 불구속 기소되었다. 1979년 신민당 총재·상임고문 등을 역임하였다. 저서로 《구국의 가시밭길》 등이 있다.

윤봉길(尹奉吉)

1908년~1932년. 본명은 우의(禹儀). 호는 매헌(梅軒). 충청남도 예산출신.

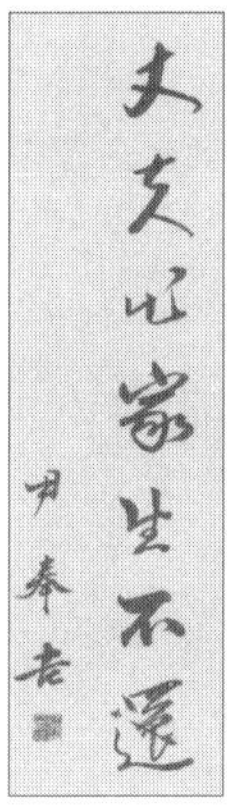

▶ 윤봉길

1932년 상하이 홍커우공원(虹口公園)에서 일본군 수뇌부를 폭살한 독립운동가. 사설서당인 오치서숙(烏峙書塾)에서 수학하였으며, 1926년부터 고향에서 야학을 설치하여 농촌계몽운동을 전개하였다. 1927년 《농민독본(農民讀本)》을 저술하였으며, 1929년 월진회(月進會)를 조직하고 회장으로 농촌진흥운동을 전개하였다. 1930년 독립운동에 투신할 것을 결심하고 중국 청도(靑島)로 망명하여 세탁소노동자로 일하다가 1931년 상하이로 가서 모자제조공장에 취업하여 일하면서 한국인 직공을 모아 공우침목회(工友親睦會)를 조직하여 회장으로 활동하였다. 1932년 김구를 찾아가 독립운동에 헌신할 것을 다짐하고 한인애국단에 입단하여 4월 29일에 열리는 천장절(天長節) 겸 전승축하기념식에 폭탄을 투척하기로 하였다. 4월 29일 김구로부터 물통과 도시락 모양으로 만든 폭탄을 받아 가지고 신문기자로 위장하여 경축식장에 참석, 경축식이 끝날 무렵 단상의 일본군 수뇌부를 향해 폭탄을 투척하였다. 폭탄 투척으로 상하이 파견군사령관과 상하이 일본거류민단장이 즉사하였으며, 일본군 제3함대사령관·제9사단장·주중공사 등이 중상을 입었다. 윤봉길은 거사 직후 현장에서 체포되어 5월 일본군법회의에서 사형을 언도받고 오사카(大阪) 형무소에서 옥고를 치르다 12월 총살형에 처해졌다.

㉨ 생가(충청남도 예산군 소재)

윤선도(尹善道)

1587년(선조 20)~1671년(현종 12). 자는 약이(約而), 호는 고산(孤山)·해옹(海翁), 시호는 충헌(忠憲). 본관은 해남. 조선 중기 남인계 문신으로 어부사시사 등의 시조 작가. 광해군대에 성균관 유생으로서 이이첨(李爾瞻) 등의 전횡을 논변하다가 경원(慶源)으로 유배되었으나 인조반정 후 석방되었다. 1628년(인조 6)에 별시문과에 장원급제하여 왕자사부가 되어 봉림대군(鳳林大君 : 효종)을 가르쳤다. 1633년 증광문과에 병과로 급제하였으나 서인 강석기(姜碩期)의 탄핵을 받아 성산현감으로 좌천되었다. 병자호란 때 왕을 호종하지 않고 고향으로 되돌아간 것과 난이 끝난 뒤에도 왕에게 문안을 드리지 않은 것이 문제되어 화의가 성립된 뒤 영덕(盈德)으로 유배되었다. 10여 년간 보길도 등지에서 은거하다가 1652년(효종 3) 효종의 명으로 예조참의에 이르

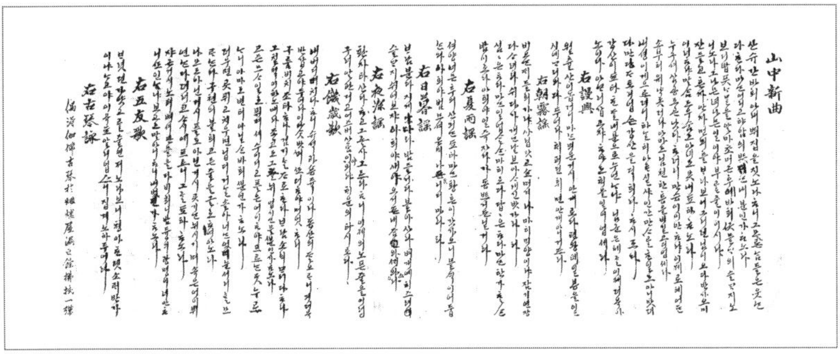

▶ 윤선도의 〈산중신곡〉

렀으나 서인의 탄핵을 받아 양주 고산으로 물러났다. 현종 즉위 후 효종의 국상에 자의대비(慈懿大妃)의 복제로 예송이 일자 3년설을 주장하고 송시열을 비난하여 삼수로 유배되었다가 1667년(현종 8)에 풀려났다. 1675년에 신원되고 이조판서에 추증되었다. 예학에 밝아 《예설》·《예론소》 등을 남겼으며 자연을 서정적으로 노래한 《견회요(遣懷謠)》·《산중신곡(山中新曲)》·《어부사시사》 등의 시조를 지었다. 저서로는 시문집 《고산유고》가 있다.

㉴ 고산 윤선도고택(전라남도 해남군 소재), 보길도

㉞ 어부사시사(漁父四時詞) : 1651년(효종 2) 윤선도가 보길도(甫吉島)에 은거해 있을 때 지은 40수의 시조로, 세상을 초월해 은거한 선비의 어부생활을 사계절에 따라 각각 10수씩 읊었다.

윤증(尹拯)

1629년(인조 7)~1714년(숙종 40). 자는 자인(子仁), 호는 명재(明齋)·유봉(酉峯), 시호는 문성(文成). 본관은 파평. 조선 후기에 소론의 영수를 지낸 학자. 윤선거(尹宣擧)의 아들로 송시열에게서 학문을 배웠으며, 평생 벼슬에 뜻을 두지 않고 성리학 연구에 전념하였다. 학행으로 효종에서 숙종연간에 지평·이조참판·대사성·이조판서·우의정 등에 임명되었으나 나아가지 않았다. 그는 송시열의 수제자로 뽑혔으나, 아버지 윤선거의 묘지명을 둘러싸고 송시열과 논쟁을 벌인 이후 관계가 멀어졌다. 특히 1680년(숙종 6) 일어난 경신대출척을 계기로 서인이 남인의 처벌을 둘러싸고 강경파인 노론과 온건파인 소론으로 분열될 때 소론의 영수에 추대되어 송시열을 비판하였다가 노론으로부터 스승을 배신했다는 비난을 받았다. 1716년 유계(俞棨)와 윤선거의 공동저작인 《가례원류(家禮源流)》의 발문을 둘러싸고 다시 노론과 대립하기도 하였다. 그후 이산(泥山)에 머물면서 학문연구와 후진교육에 힘썼다. 그는 학문의 실천성을 강조하였으며 예학에 밝았다. 저서로 《명재의례문답(明齋疑禮問答)》·《명재유고》 등이 있다.

㉧ 윤증고택(충청남도 논산시 노성면 소재)·노강서원(魯岡書院, 충청남도 논산시 광석면 소재) 등

▶ 윤치호

윤치호(尹致昊)

1865년(고종 2)~1945년. 호는 좌옹(佐翁). 충청남도 아산출신. 대한제국시기에 독립협회·대한자강회 등을 조직하고 활동한 정치가. 1881년(고종 18) 신사유람단의 일원인 일본에 가서 도닌샤(同人社)에 입학하여 영어와 신학문을 공부하였으며, 일본인 후쿠자와(福澤諭吉)를 비롯하여 김옥균·서광범·박영효 등과 교유하였다. 1883년 초대주한미국공사 푸트(L.H.Foote)의 통역관으로 귀국, 통리교섭통상사무아문주사에 임명되었다. 1884년 갑신정변이 실패로 끝나자 1885년 1월 상하이로 망명, 중서학원(中西學院)에 입학하여 공부하다가 1888년 미국으로 건너가 밴더빌트신학대와 에모리대학에서 수학하였다. 1893년 상하이로 가서 중서학원에서 영문법을 강의하다가 1895년 귀국하여 의정부참의·학부협판·외부협판 등을 지냈다. 1898년 중추원부의장에 임명되었고, 2월 독립협회에 참여하여 부회장, 5월 독립신문 사장, 8월 독립협회 회장 등에 추대되어 구국운동을 전개하였다. 동년 12월 독립협회가 강제 해산된 후, 1899년부터 1904년까지 덕원감리·천안군수·무안감리·외무협판 등을 역임하였으며, 1905년 〈을사조약〉이 체결되자 관직을 사퇴하였다. 1906년 대한자강회를 조직하고 회장으로 구국운동을 전개하였으며, 개성에 한영서원(韓英書院)을 세워 교육사업에 종사하였다. 동년 대한기독교청년회연맹(YMCA) 부회장에 임명되었고, 1907년 신민회에 가입하여 활동하였으며, 1911년 105인사건에 연루되어 6년형을 언도받고 복역중 1915년 사면되었다. 1916년 대한기독교청년회연맹총무에 선임되어 활동하였다. 1920년대 이후 교풍회(矯風會)·조선인산업대회 등 친일단체에 참여하여 활동하였으며, 1937년 중일전쟁으로 일제의 전시체제가 강화되자 국민정신총동원조선연맹상무이사·국민총력조선연맹이사 등을 지내며 친일활동을 자행하였다. 1941년 조선임전보국단고문, 1945년 귀족원의원 등을 지냈다. 광복 후 친일파로 규탄받자 자살하였다. 저서로 《영어문법첩경》·《우스운 소리》 등이 있다.

윤휴(尹鑴)

1617년(광해군 9)~1680년(숙종 6). 자는 희중(希仲), 호는 백호(白湖)·하헌

(夏軒). 본관은 남원. 서인들로부터 사문난적으로 지목된 남인계 문신·학자. 1635년(인조 13) 속리산으로 송시열을 찾아가 학문을 토론하여 큰 칭찬을 받았다. 그 뒤 권시(權諰)·송준길(宋浚吉)·이유태(李惟泰) 등과 교유하였다. 1659년(현종 즉위년) 기해예송 때 자의대비(慈懿大妃)의 복제문제를 둘러싸고 남인인 허묵(許穆)과 함께 송시열의 예론을 반박하여 송시열과 멀어지면서 서인들로부터 사문난적(斯文亂賊)으로 지목받았다. 1674년(현종 15) 갑인예송 때에도 자의대비의 복제문제를 놓고 송시열 등 서인의 예론을 반박하였다. 동년 중국에서 일어난 오삼계(吳三桂)의 반란으로 반청의식이 고조되자 북벌을 청하였으며, 호패법의 실시, 조세제도의 개혁, 비변사의 폐지 등 각종 개혁정책들을 주장하였다. 1676년(숙종 2) 유일(遺逸)로 천거되어 성균관 사업(司業)을 거쳐 동부승지·이조참의·대사헌·좨주(祭酒)·우참찬 등을 역임하였으며, 1679년 우찬성에 재임중 복제문제와 관련하여 송시열의 처벌문제로 남인이 강경파와 온건파로 분열되자 허묵과 함께 청남의 영수가 되어 송시열에 대한 강경한 처벌을 주장하였다. 1680년 경신환국으로 서인이 집권하자 갑산에 유배되었다가 허견(許堅)의 옥사에 연루되어 사사되었다. 1689년 신원되어 영의정에 추증되었다. 그는 주자학이 지배하던 당시의 사상계에서 주자의 학설과 사상을 비판하고 독자적인 경전해석을 시도하여 독자적인 학풍을 이루기도 하였다. 저서로 《백호독서기》·《백호문집》 등이 있다.

율과(律科) → 잡과(雜科)

율종(律宗)

율장(律藏)을 근본 종지(宗旨)로 하고 있는 불교 종파. 율(律)이란 비나야(毘奈耶 : 산스크리트 vinaya의 음역)라고 하며 비구(比丘)·비구니(比丘尼)가 지켜야 할 규범을 말한다. 율장(律藏)이란 출가자의 교단을 규정하는 집성서(集成書)를 말하는데 석가 1대(代)의 설법 중에서 제자가 부정한 행위를 하였을 때마다 낱낱이 그 근기(根機)에 따라 다스려 바로잡은 것이다. 중국에서는 남산율종(南山律宗)·상부종(相部宗)·동탑종(東塔宗) 등의 율종이 당대(唐代)에 성립했다. 우리나라에서는 백제의 겸익(謙益)이 인도에 가서 율을 연구하고 돌아와 율문을 번역하였으나 개종(開宗)한 일은 없고, 636년(선덕여왕 5) 자장(慈藏)이 당나라 종남산 운제사(終南山雲際寺)에 가서 남산율종을 배우고 귀국하여 양산(梁山) 통도사(通度寺)에서 계(戒)를 설함으로써 그 개조가 되었다.

은세계(銀世界)

1908년에 발표된 이인직(李人稙)의 신소설. 1908년(융희 2) 11월 동문사(同文社)에서 간행되었고, 같은 해 11월 원각사(圓覺社)에서 공연되었다. 은세계는 정치적으로 부패한 봉건 지배층의 가렴주구와 이에 항거하는 민중의 반항의식 및 고루한 봉건체제를 개혁하기 위한 개화사상을 고취한 내용 등이 주제를 이루고 있다. 그 내용을 보면 강릉(江陵) 경금 동리에 사는 농민 최병도(崔秉陶)는 개화당 김옥균(金玉均)의 감화를 받아 구국의 일념으로 재산 모으기에 힘쓴다. 그러나 돈으로 벼슬을 산 강원관찰사에게 죄없이 잡혀가서 항거하다 죽고, 그 부인은 정신이상이 된다. 최병도의 딸 옥순(玉順)과 유복자 옥남(玉男)은 선친(先親)의 친구이며 재산관리인인 김정수와 함께 도미 유학을 하여 갖은 고생 끝에 공부를 마치고 10여 년 만에 귀국, 어머니와 재회한다. 이때 거의 폐인이 되었던 어머니는 정신을 되찾게 되고 이튿날 이들 세 가족이 부친의 명복을 빌러 절에 갔다가, 정부의 개혁에 반대하여 일어난 의병들에게 붙잡혀 간다는 것이다. 신소설 중에서도 주제의식이 가장 뚜렷한 작품의 하나로 평가된다. ○ 이인직

을미개혁(乙未改革)

1895년(고종 32) 을미사변 직후 수립된 친일내각에 의해 추진된 일련의 개혁. 청일전쟁 승리 후 조선에서의 세력확장에 주력하던 일본은 러시아가 주도한 삼국간섭으로 조선에서의 정치적 영향력이 약화되자 이를 만회하기 위해 1895년 10월 8일 경복궁으로 침입하여 명성황후(明成皇后)를 비롯한 친러파를 제거하고 고종을 협박하여 유길준·서광범 등 친일파를 중심으로 한 제4차김홍집내각을 수립하였다. 이에 김홍집내각은 을미사변으로 중단되었던 개혁을 재개하여 급진적으로 추진하였다. 정치면에서는 1896년 1월 1일부터 건양(建陽)이라는 연호를 사용하도록 하였으며, 군사면에서는 종래의 훈련대와 시위대를 해산하고, 중앙에 친위대를, 평양과 전주에 진위대를 설치하였다. 사회면에서는 종래 사용하던 음력 대신 양력을 사용하도록 하여 개국 504년 11월 17일을 개국 505년 1월 1일로 정하였으며, 종두법을 시행하였고, 개성·수원·안동·대구·동래 등지에 우체사(郵遞司)를 설치하여 우편사무를 취급하게 하였다. 단발령(斷髮令)을 공포하여 상투를 자르게 하고 망건의 착용을 금지시켰다. 을미사변으로 반일감정이 고조되고 있던 가운데 추진된 을미개혁은 단발령을 계기로 백성들로부터 강력한 반발을 받게 되어 전국 각지에서 의병이 일어나게 되었다. 이러한 상황하에 친러파가 고종을 러시아공사관으로 모시는 아관파천을 일으킴으로써 친일내각인 김홍집내각은 붕괴되고 을미개혁은 중단되었다.

을미사변(乙未事變)

1895년(고종 32) 일본공사 미우라(三浦梧樓)의 지휘 아래 일본군과 낭인들이 명성황후(明成皇后)를 시해한 사건. 청일전쟁 승리 후 조선에서의 세력확장에

주력하던 일본은 러시아가 주도한 삼국간섭으로 조선에서의 정치적 영향력이 약화되자 이를 만회하기 위해 흥선대원군을 추대하고, 친러파의 실세인 명성황후를 비롯한 민씨일파를 제거하고자 하였다. 1895년 10월 8일 새벽 미우라가 흥선대원군을 앞세우고 일본인 낭인 및 훈련대와 일본수비대 병력을 지휘, 경복궁으로 침입하였다. 이때 궁성에서는 훈련대연대장 홍계훈(洪啓薰)이 시위대병력을 이끌고 대항하다가 총격을 받고 전사하였다. 미우라의 지시를 받은 일본인 낭인들은 곧바로 건청궁(乾淸宮)으로 쳐들어가 명성황후의 침실인 옥호루(玉壺樓)에 난입하여 명성왕후를 살해하고 시체에 석유를 뿌려 불태운 후에 뒷산에 묻었다. 이때 궁내부대신 이경식(李耕植)이 명성황후를 보호하려다가 낭인들에게 살해당하였다. 미우라는 고종을 위협하여 친러내각을 몰아내고, 유길준 · 서광범 등 친일파를 중심으로 한 제4차김홍집내각을 수립하였다. 이 사건이 국내외에서 크게 여론화되자 일본정부는 미우라와 그 일당 48명을 본국으로 소환하여 히로시마(廣島) 감옥에 가두고, 형식적인 재판을 거친 후에 증거불충분이라는 이유로 모두 석방시켰다.

을미의병(乙未義兵) → 의병전쟁(義兵戰爭)

을사사화(乙巳士禍) → 사화(士禍)

을사오적(乙巳五賊)

1905년 11월 〈을사조약〉 체결 당시 조약체결에 찬성한 5명의 대신. 내부대신 이지용(李址鎔), 군부대신 이근택(李根澤), 외부대신 박제순(朴齊純), 학부대신 이완용(李完用), 농상공부대신 권중현(權重顯) 등이다. 이후 이들은 국권피탈 후 일제로부터 친일의 대가로 백작과 자작의 작위를 수여받았다. ◐ 을사조약

▶ 을사오적(좌로부터 이지용, 이근택, 박지순, 이완용, 권중현)

을사조약(乙巳條約)

1905년 11월 일본이 한국의 외교권을 박탈하기 위해 강제로 체결한 조약. 정식명칭은 〈한일협상조약〉이며, 일명 〈제2차 한일협약〉이라고도 한다. 러일전

쟁을 전후하여 미국(가쓰라태프트밀약)·영국(제2차영일동맹)·러시아(포츠머스조약) 등으로부터 한국의 독점적 지배권을 인정받은 일제는 한국을 보호국화하기 위해 1905년 11월 특파대신 이토(伊藤博文)를 한국에 파견하여 고종에게 〈협상안〉을 제시하고 체결을 강요하였다. 그 결과 고종의 강력한 반대에도 불구하고 일제의 강압에 의해 17일 이완용·이근택(李根澤)·이지용(李址鎔)·박제순(朴齊純)·권중현(權重顯) 등 을사오적의 찬성을 받아 박제순과 일본특명전권공사 하야시(林權助) 사이에 조약이 체결되었다. 5개조로 이루어진 이 조약의 주요내용은, 일본정부가 이후 한국의 외국에 대한 관계 및 사무를 지휘하며, 한국정부는 이후 일본정부를 거치지 않고는 국제적 성질을 가진 어떠한 조약이나 약속을 하지 못하며, 일본정부가 한국에 통감(統監) 1명을 두어 한국의 외교에 관한 사항을 관리하며, 일본정부는 한국의 각 개항장 및 일본정부가 필요하다고 인정하는 지역에 이사관(理事官)을 둘 수 있다는 것 등이다. 이 조약에 의거하여 일제는 한국의 외교권을 박탈하고 서울에 통감부를 설치하여 한국의 내정을 간섭하였다. 조약 체결 직후 고종은 국내외에 조약의 무효를 선언하였으며, 전국 각지에서 조약체결반대운동과 함께 의병의 봉기가 잇달았다.

을지문덕(乙支文德) → 살수대첩(薩水大捷)

음서(蔭敍)

고려·조선시대 부조(父祖) 또는 다른 친족의 음덕으로 자손이 관직에 제수되는 제도. 신라시대 이후 국가에 특별한 공로가 있는 자손을 서용한 사례에서 그 연원을 찾을 수는 있으나 이것이 제도적으로 정착된 것은 고려 성종 때이다. 왕실의 후예와 공신의 후손 및 5품 이상 상위관료의 자손을 대상으로 하는 경우가 있는데, 이 가운데 앞의 두 경우는 특별한 사례에 해당되는 것으로 그 음서의 범위도 내외의 먼 친족에까지 미쳤다. 일반적으로 음서라 할 때는 5품 이상의 고위관료들에 대한 음서를 지칭하며, 그 범위는 자·손·외손·제(弟)·질(姪) 등에까지 미쳤고, 3품 이상관일 때는 수양자까지도 그 혜택이 미쳤지만 그 이하의 관리는 자·손에 한정되었다. 공음의 경우에는 탁음자(托蔭者)의 관품보다 공훈이 더욱 중시되었던 것으로 추정되며, 6품 이하의 관리도 5품 이상의 관직에 제수하거나 추증시켜 주어 그 자손에게 음서의 혜택을 주기도 하였다. 음서로 관직이 제수되는 자의 초음직(初蔭職)은 실무와 관계없는 동정직(同正職)이었으며, 관품은 정8품과 정9품 및 이속직(吏屬職)에 한정되었다. 한편 과거급제자가 문한직(文翰職)에 출사할 수 있었던 반면에 음서출신자들에게는 이 직종이 제한되었는데, 이러한 약점 때문에 음서출신자들은 과거의 급제에 노력하여 과거로의 진출을 꾀하였던 것이다. 조선시대에는 그 기능이 축소되어 고려시대에 존재하던 공음의 특전이 폐지되고 일반적인 음서도 공신 및 2품 이상 자제와 실직 3품관의 자손, 이조·병조·도총부·사헌부·사간원·홍문관·선전관 등에서 관직을 지낸 자의 아들로 20세 이상된 자로 축소되었으며, 초입사직도 취재합격자의 녹사입속(錄事入屬)을 허락함으로써 품관에서 결국 서리(胥吏)로 입사자의 지위가 격하되었다. 조선시대에는 고려시대에 비해 음서제도가 다소 축소되었으나 그 대신에 성균관 입학의 특전이나 충순위(忠順衛)·충찬위(忠贊衛) 등 양반들의 병종이라 할 수 있는 특수병종에 별도로 편성하는 등 여러 특전을 주었으며, 친족들에게는 대가제(代加制)라는 제도를 통해 그들의 특권은 계속적으로 유지할 수 있게 하였다. 통 문음(門蔭)·음자(蔭資 : 蔭子)·음보(蔭補)

음양과(陰陽科) → 잡과(雜科)

읍차(邑借)

삼한 부족장의 칭호. 읍차는 신지보다 격이 낮은 작은 나라의 군장(君長)에 대한 칭호였으며, 정치적 지배자보다는 족장적 권위를 표시하는 의미가 더 짙었다.

의과(醫科) → 잡과(雜科)

의군부(義軍府)

1919년 4월 만주 엔지현(延吉縣)에서 의병들을 중심으로 조직된 무장독립운동단체. 1919년 4월 이범윤(李範允)·진학신(秦學新) 등이 만주일대에서 활동 중이던 의병들을 규합하여 조직하였으며, 총재에 이범윤, 총사령관에 김현규(金鉉圭), 참모장에 진학신 등이 선임되었다. 의군부는 일제 식민통치기관 및 경찰서 등의 파괴에 주력하였다. 1920년 10월 북로군정서와 연합하여 청산리전투에 참여하여 일본군을 대파한 뒤, 일본군의 독립군 토벌을 피해 다른 독립군부대와 함께 북만국경지대로 이동하여 1922년 북로군정서 등 10개 독립군부대와 통합하여 대한독립군단으로 개편되었다.

의금부(義禁府)

조선시대 왕명을 받들어 죄인을 심문하던 특별 사법기관. 의용순금사 등으로 불리다가 1414년(태종 14) 의금부로 개편된 것으로, 왕권의 확립과 유지에 필요한 일체의 반란 및 음모, 난언(亂言)이나 요언(妖言)을 처단하였고, 왕권에 도전하거나 왕명을 거역하는 죄를 다스렸다. 또한 유교윤리를 문란하게 하는 강상죄(綱常罪)를 다스리고 왕의 교지를 받들어 추국하는 일을 맡았으며, 신문고(申聞鼓)를 주관했고, 대외관계 범죄의 전담기관으로 외국공관의 감시, 밀무역사범의 단속, 외국인의 무례한 행위, 외국인의 범죄 등을 취급했으며, 양반관료의 범죄를 전담하였다. 판사(判事 : 종1품)·지사(知事 : 정2품)·동지사(同知事 : 종2품) 등의 당상관 4인을 두었으나 모두 다른 관직의 관리가 겸임하였고, 당하관은 10인으로 경력(經歷 : 종4품)·도사(都事 : 종5품)를 두었다. 1894년(고종 31) 갑오개혁 때에 의금사(義禁司)로 개칭되어 법무아문에 속하다가 다음해에 고등재판소로 되었으며 1899년에 평리원(評理院)으로 개편되었다. 동 조옥(詔獄)·금부(禁府)·왕부(王府)·금오(金吾)
유 위치는 중부 견평방(堅平坊 : 현 서울특별시 종로구 일대)

의민단(義民團)

1919년 말 만주 왕칭현(汪淸縣)에서 천주교인들이 중심이 되어 조직한 무장독립운동단체. 1919년 말 방우룡(方雨龍)·김종헌(金鍾憲) 등의 천주교인들이 중심이 되어 조직하였으며, 단장에 방우룡, 부단장에 김연군(金演君), 참모장에 김종헌 등이 선임되었다. 의민단은 천주교인들로부터 헌금을 받아 재정에 충당하였으며, 대원 300여 명을 이끌고 국내진공작전 등을 감행하였다. 1920년 6월 이후 국민회·북로군정서·광복단·의군단·신민단 등과 연합활동을 전개하였으며, 10월 청산리전투에 참여하였다. 그 뒤 일제의 독립군 토벌을 피해 노령 자유시로 이동하였다가 1921년 6월 자유시참변을 겪고 해산되었다.

의박사(醫博士)

백제 때 의학의 전문학자. 백제 때 설치된 박사의 하나로, 백제는 513년(무령왕 13)과 516년에 오경박사(五經博士)를 일본에 파견하였고, 553년(성왕 31)에는 오경박사·역박사·의박사 등의 파견을 요청받고 이에 의박사를 보내 의학을 전수하였다.

의방유취(醫方類聚)

조선 전기에 왕명으로 편찬된 의학 백과사전. 266권 264책으로, 세종은 조선의 자주적 의학을 발전시키기 위하여 1433년(세종 15)《향약집성방(鄕藥集成方)》을 완성한 후, 다시 한방 의서들의 유취(類聚)를 수집토록 하여 안평대군 용(瑢)과 도승지 김사철(金思哲) 등의 감수로 1445년에 완성하였다. 내용을 보면 모든 병증(病症)들을 91종의 대강문(大綱門)으로 나누고, 각 문에는 먼저 그 문에 해당되는 병론(病論)을 들고, 모든 약방(藥方)들을 그 출전(出典) 연대순에 따라 열기하였다. 여기에 분류된 병문들은 분류 방법에 있어 병증을 중심으로 한 것과 신체의 부위를 본위로 한 것이 섞여 있어 각 분과별로 계통적인 지식을 밝히기는 어려운 점도 있으나, 근세 임상의학의 각 분과들이 거의 포괄되었다. 1477년(성종 8) 5월 한계희(韓繼禧)·임원준(任元濬) 등이 30질을 인쇄 출판하여, 내의원(內醫院)·전의감(典醫監)·혜민서(惠民署)·활인서(活人署) 등 관계 관청에 반포하였다. 그러나 이 30질은 임진왜란 이후 대부분 없어지고, 임진왜란 때 가토 기요마사(加藤淸正)가 약탈해 간 12책이 없는 252책 1질(帙)이 일본에서 재간되었으며, 이 가운데 2질은 1876년(고종 13) 강화도조약이 성립될 때 일본으로부터 예물의 하나로 받았는데 2질 중 한 질은 장서각도서에 보관되었으나 낙질(落帙)이 되었고, 또 한 질은 전의감(典醫監) 홍철보(洪哲普)에게 하사되었는데 현재 연세대학교 도서관에 소장되었다.

▶ 의방유취

의병(義兵)

국가가 위급할 때 백성들 스스로의 의사에 따라 기의(起義)한 구국 민병. 한국은 역사적으로 외세의 침략을 많이 받아, 고구려와 백제유민(遺民)의 국가부흥을 위한 의병투쟁에서, 가까이는 중국에서 투쟁한 항일의병에 이르기까지 많은 의병운동이 있었다. 특히 임진왜란(1592) 때와 1895년(고종 32)의 을미사변(乙未事變) 이후 1910년 국권피탈 전후의 의병운동이 가장 활발하였다.

▶ 의병활동

의병전쟁(義兵戰爭)

1894년(고종 31)부터 1915년까지 일본제국주의의 조선침략에 대항하여 의병들이 전개한 일련의 무력항쟁. 근대 및 대한제국시기에 전개된 의병전쟁은 전개양상의 특징에 따라 4시기로 구분할 수 있다. 첫째는 일제의 조선침략과 의병전쟁 발단시기(1894~1896.10)의 전기의병, 둘째는 일제의 반식민지적 강요와 의병전쟁 전개기(1905~1907.7)의 중기의병, 셋째는 대한제국군대의 해산과 의병전쟁 발전기(1907.8~1909.9)의 후기의병, 넷째는 대한제국의 멸망과 독립군으로의 전환기(1909.11~1915.7)의 전환기의병 등으로 나눌 수 있다. 전기의병은 1894년 동학농민운동을 구실로 한국을 침략한 일본군이 경복궁을 침입한 뒤 고종을 위협하여 한국의 내정을 간섭하자, 이에 대항하여 8월에 경상도 안동에서 서상철(徐相轍)이, 9월에 평안도 상원에서 김원교(金元喬)가 의병을 일으킨 것이 시초이다. 항일의병은 1895년 일제에 의해 자행된 을미사변과 친일내각에 의해 단행된 단발령을 계기로 전국 각지에서 일어났는데, 이때의 의병활동으로는 보은과 회덕의 문석봉(文錫鳳), 강계의 김이언(金利彦), 이천의 김하락(金河洛), 강릉의 민용호(閔龍鎬), 안동·영양의 김도현(金道鉉)·권세연(權世淵), 충주·제천의 유인석, 홍주의 김복한(金福漢), 진주의 노응규(盧應奎), 광주의 기우만 등의 활동이 대표적이다. 전기의병은 주로 위정척사사상을 가진 유생들이 주도하였고, 일반 농민과 동학농민군의 잔여세력들이 가담하였다. 전기의병은 1896년 아관파천으로 친일내각이 무너지고 단발령이 취소되면서 대부분 자진 해산하였으나, 유인석·민용호·김도현 등은 러시아의 내정간섭에 대항하여 해산을 거부하고 계속 항전하였다. 중기의병은, 1904년 러일전쟁 발발과 동시에 국외중립을 선언한 한국을 일제가 강압하여 〈한일의정서〉를 체결한 후 1905년에 재차 한국을 강압하여 〈을사조약〉을 체결, 한국의 외교권을 박탈하고 통감부를 설치하여 한국의 내정을 간섭하자 이에 대항하여 일어난 의병전쟁을 말한다. 중기의병 때에는 전기의병을 주도하였던 유생들을 비롯하여, 전기의병 해산 후 영학당·활빈당 등의 농민운동조직을 조직하여 반봉건운동을 전개하던 농민들 및 관리들이 합류하여 의병전쟁을 전개하였다. 특히 신돌석을 비롯한 평민출신의 의병장들이 많이 활동하였다. 이때의 의병활동으로는 원주·영월의 원용팔(元容八), 영해·영덕·울진의 신돌석, 홍주의 민종식(閔宗植), 영천의 정환직(鄭煥直)·정용기(鄭鏞基), 태인의 최익현·임병찬, 광양·순천의 백낙구(白樂九), 남원의 양한규(梁漢奎), 평산의 조맹선(趙孟善) 등의 활동이 대표적이다. 후기의병은 1907년의 고종황제의 강제 퇴위, 〈한일신협약〉에 의한 통감정치의 실시, 군대해산 등을 계기로 전국 각지에서 일어난 의병전쟁을 말한다. 후기의병은 중기의병을 주도하였던 유생·관료·농민들을 비롯하여 소상인·해산군인들이 의병에 합류함으로써 국민전쟁으로 발전하게 되었다. 특히 해산군인들이 의병대열에 합류함으로써 의병들은 전술·전력면에서 크게 발전하였으며 보다 조직화되었다. 이때의 의병활동으로는 영해의 신돌석, 충주·제천의 이강년(李康秊), 원주의 민긍호(閔肯鎬), 경기도의 연기우(延基羽)·이인영·허위, 영남의 정용기, 전라남도의 기삼연(奇參衍)·심남일(沈南一)·안규홍(安圭洪), 전라북도의 김동신(金東臣)·전해산(全海山) 등의 활동이 대표적이다. 신돌석·안규홍 등은 농민중심의 의병진을, 허위·이강년 등은 유생 및 관료 중심의 의병진을, 민긍호·연기우 등은 해산군인중심의 의병진을 지휘하였다. 이인영·허위·이강년 등은 경기도 양주에서 연합의병진인 13도창의대(十三道倡義隊)를 결성하고 서울진공작전을 단행하였으나, 일본군과의 전투에서 패하여 실패하고 말았다. 한편 후기의병은 함경도·평안도·황해도를 비롯하여 만주와 연해주 등 해외에서도 활발히 전개되었는데, 함경도의 홍범도·차도선(車道善), 연해주의 유인석·이범윤·안중근 등이 대표적이다. 특히 연해주에서 의병장으로 활동하던 안중근은 1909년 10월 만주 하얼빈에서 이토(伊藤博文)를 사살하는 전과를 올리기도 하였다. 전환기의병은 1909년 일본군이 의병들을 초토화하기 위해 감행한 남한대토벌작전과 1910년 단행된 한일합병 및 헌병경찰을 통한 무단통치 등을 계기로 의병들이 해외로 망명, 독립군으로 전환하여 대일항전을 전개한 것을 말한다. 홍범도·박장호(朴長浩)·전덕원(全德元) 등의 활동이 대표적이며, 유인석·이범윤·홍범도 등이 연해주에서 13도의군(十三道義軍)을 조직하여 무장투쟁을 전개하였는데, 이는 독립군조직의 근간이 되었다. 그러나 전환기의병은 1915년 평안도에서 활약하던 채응언(蔡應彦) 의병진이 일경에 의해 해산됨으로써 막을 내렸다. 근대 및 대한제국시기에 걸쳐 전개되었던 의병전쟁은 일본제국주의의 한국침략에 대항하여 국권을 회복하고자 전 국민이 자발적으로 봉기하여 지속적으로 전개한 대일항전으로 이후 독립군으로 전환하여 한국독립운동의 기초가 되었다는 점에서 역사적 의의가 크다고 하겠다.

의산문답(毉山問答)

조선 후기의 실학자 홍대용이 천문학에 대한 견해를 수록한 글. 저자의 저술인 《담헌서(湛軒書)》에 수록되어 있다. 이 글은 저자가 1765년(영조 41) 청나라 연경을 방문하여 독일인 흠천감정(欽天監正) 할러슈타인(A. von Hallerstein)을 만나 서양의 과학지식과 서양 문물 등에 대해 토론한 후 귀국하여 저술한 글로서 남만주의 명산 의무려산(毉巫閭山)에 숨어사는 실옹(實翁)과 당시의 유학적 학문세계를 모두 체득한 조선의 학자 허자(虛子) 두 사람이 만나 학문을 토론하는 문답형식으로 되어 있다. 저자는 이 글을 통해 지구가 지축의 둘레를 하루에 한 바퀴씩 공전한다는 지동설(地動說)과 지구가 둥글다는 지구설(地球說)을 주장하였다. ○ 홍대용

▶ 의산문답

의상(義湘)

625년(진평왕 47)~702년(효소왕 11). 속성은 김씨. 신라시대 화엄종을 일으킨 승려. 문헌에 따라 義想(의상)·義相(의상) 등으로 표기되고 있다. 한신(韓

▶ 의상대사

信)의 아들로, 청소년기에 출가하여 650년(진덕왕 4) 중국의 최신 불교를 공부하기 위해 육로로 중국을 향했다가 실패한 후 다시 661년(문무왕 1) 해로를 통해 중국에 건너가는 데 성공하였다. 당나라에서 종남산 지상사(至相寺)의 지엄(智儼 : 중국 화엄종의 제2조)을 찾아가 그 문하에서 중국 화엄종을 대성하는 법장(法藏 : 賢首)과 동문 수학하면서, 668년에 《화엄일승법계도(華嚴一乘法界圖)》를 지었다. 《삼국유사》에 의하면, 의상은 670년(문무왕 10) 당(唐) 고종(高宗)의 신라침입에 대한 정보를 알리고자 귀국, 그에 대한 대비를 하여 국난을 면하게 하였다. 귀국 후 낙산사·황복사(皇福寺)를 중심으로 화엄교학을 강론하였고, 676년에는 태백산에 부석사(浮石寺)를 창건, 대승교(大乘敎)를 포교하였다. 이후 부석사를 중심으로 제자들을 양성하고 화엄사상을 연마하여 화엄종단을 형성하였으며 후대에 해동의 화엄초조(華嚴初祖)라 불렸다. 그는 3천여 명의 제자를 양성했으며 특히, 진정(眞定)·지통(智通)·표훈(表訓)·도신(道身)·오진(悟眞)·진장(眞藏)·도융(道融)·양원(良圓)·상원(相源)·능인(能仁) 등 십대 제자가 있어 화엄종단을 계승해 갔고, 이들에 의해 부석사를 비롯하여, 팔공산 미리사(美里寺), 지리산 화엄사(華嚴寺) 등 화엄십찰(華嚴十刹)이 전국에 개창되었다. 저서로는 《화엄일승법계도》 외에, 《입법계품초기(立法界品抄記)》·《아미타경의기(阿彌陀經義記)》·《십문간법관(十門看法觀)》 등이 있었으나 전해지지 않고, 《백화도량발원문(白花道場發願文)》·《일승발원문(一乘發願文)》 등의 발원문이 그의 저술로 일컬어진다. ◐ 화엄일승법계도

의열단(義烈團)

1919년 11월 중국 지린성(吉林省)에서 조직된 독립운동단체. 1919년 11월 지린성 파호문(把虎門) 밖에서 김원봉(金元鳳)·윤세주(尹世冑)·곽재기(郭在驥)·이종암(李鍾岩) 등 13인이 조직하고, 단장에 김원봉을 추대하였다. 의열단은 구축왜노(驅逐倭奴)·광복조국·계급타파·평균지권(平均地權) 등을 최고 이상으로 삼았으며, 천하의 정의(正義)의 일을 맹렬히 실행하고, 조선의 독립과 세계의 평등을 위하여 신명을 희생할 것 등 10개조를 공약으로 채택하였다. 암살대상으로 조선총독 이하 고관, 군부수뇌, 대만총독, 매국노, 친일파 거두, 적의 밀정 등을 지목하고, 파괴대상으로 조선총독부, 동양척식주식

회사, 매일신보사, 각 경찰서, 기타 일제의 중요기관 등을 설정하였다. 의열단은 창단 직후부터 대대적인 암살과 파괴활동을 전개하였는데, 그 대표적인 활동으로는 1920년 3월 곽재기의 밀양폭탄반입의거, 9월 박재혁(朴載赫)의 부산경찰서폭탄투척의거, 12월 최수봉(崔壽鳳)의 밀양경찰서폭탄투척의거, 1921년 9월 김익상(金益

▶ 의열단

相)의 조선총독부폭탄투척의거, 1922년 3월 김익상·오성륜(吳成崙)·이종암의 다나까(田中義一) 육군대장저격의거, 1923년 1월 김상옥(金相玉)의 종로경찰서폭탄투척의거, 1924년 1월 김지섭(金祉燮)의 도쿄니주바시(東京二重橋)폭탄투척의거, 1926년 12월 나석주(羅錫疇)의 동양척식주식회사 및 식산은행폭탄투척의거 등이 있다. 의열단에서는 단원들의 무장투쟁역량을 강화하기 위하여 1932년부터 1935년까지 조선혁명군사정치간부학교를 설립하여 130여 명의 항일청년투사들을 양성하였다. 또한 민족협동전선운동의 일환으로 한국대일전선통일동맹에 적극 가담하였으며, 1935년 7월에는 조선민족혁명당을 창당하면서 발전적으로 해체하였다. ❍ 김원봉·조선민족혁명당

의정부(議政府)

조선시대 국정을 총괄하던 최고 정치기관. 1400년(정종 2)에 이방원(李芳遠)의 주도하에 도평의사사(都評議使司)를 의정부로 개편하면서 성립되었다. 기능은 법제적으로 1401년경에 도평의사사의 최고 국정·의결기관으로서의 기능, 문하부의 백관의 서무를 관장하는 기능이 융합되면서 시기에 따라 차이가 있으나 형정(刑政)·노비·경제·군사·의례·복제·입법·시무(時務)·인사·교육·과거·사행(使行) 등 모든 국정에 참여하였다. 관원은 태종대 몇 차례 개정을 통해 영의정·좌의정·우의정(이상 정1품), 좌찬성·우찬성(이상 종1품), 좌참찬·우참찬(이상 정2품), 사인(舍人 : 정4품), 검상(檢詳 : 정5품), 사록(司錄 : 정7품)으로 정비되어 《경국대전》에 법제화되었다. 의정부는 왕권의 강약이나 육조중심의 국정운영, 비변사의 대두 등과 관련되어 기능이 신축되고 직제가 부분적으로 개편되면서 대한제국시기까지 계승되었다. 1895년(고종 32) 의정부는 내각으로 개편되면서 일시 폐지되었다가 이듬해 내각이 의정부로 개칭됨에 따라 복설되었고 1907년(순종 1) 내각제 개편과 함께 소멸되었다. ❁ 도당(都堂)·묘당(廟堂)·정부·황각(黃閣)

의창(義倉)

고려 · 조선시대 대표적인 관설 구휼기관(救恤機關). 고려시대에 진대제가 시행되면서 이를 담당하는 기관으로 설립된 의창은 현종대까지 주 · 부 · 군 · 현에 설치되었다. 춘궁기에 식량과 종자를 빈민에게 나누어 주었는데, 그 방식은 중앙의 통제아래 무상분급과 가을에 환납할 것을 전제로 한 유상분급(還上)으로 나누어졌다. 무상분급의 경우는 대개 진제장(賑濟場)을 설치하여 죽이나 밥 등의 음식물을 나누어주었으며, 유상분급인 경우는 가을에 이식없이 원본만 환납하였다. 의창은 이후 국가 재정의 취약과 정치적인 이유 등으로 산발적으로 운영되었으나 조선시대에도 고려의 제도를 계승하여 의창을 설치하였다. 한편 세조대부터는 지방에 사창을 설치하여 의창의 부족함을 해결하고자 하였으나 별 효과가 없었다. 오히려 의창 원곡의 부족으로 무상분배는 거의 이루어지지 않고 유상분배가 중심이 되어 이루어졌으며, 16세기 중반 이후에는 유상분배의 경우도 원곡의 부족을 보충하기 위해서 원곡의 10분의 1에 해당하는 모곡(耗穀)을 거두고 1분을 회록(會錄)하는 방식으로 전환되면서 국가재정을 위한 부세의 의미로 변화하였다. ● 진대법 · 환곡

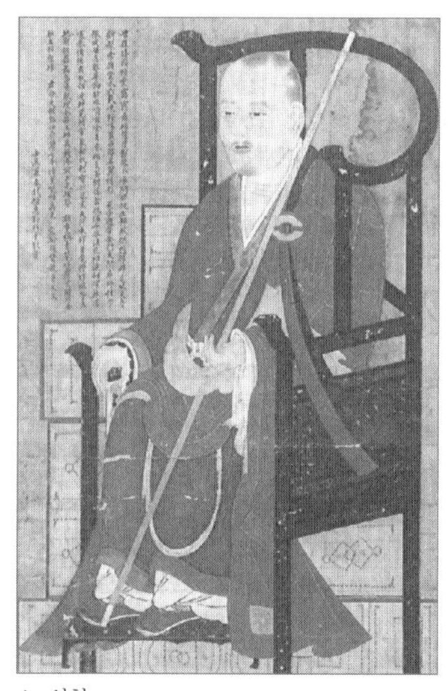

▶ 의천

의천(義天)

1055년(문종 9)~1101년(숙종 6). 속명은 왕후(王煦), 자는 의천, 호는 우세(祐世), 시호는 대각국사(大覺國師). 고려시대 천태종(天台宗)을 개창한 승려. 고려 문종의 넷째아들로 1065년(문종 19) 경덕국사(景德國師) 난원(爛圓)의 제자로 출가하여 영통사(靈通寺)에서 수행하였고, 1067년 최고승직인 승통(僧統)에 책봉되고 문종으로부터 우세라는 호를 하사받았다. 1085년(선종 2) 송으로 건너가 당시 활동하고 있던 거의 모든 종파의 고승들을 만나 불교에 대한 토론을 하였으며, 1086년 불교전적 3천여 권을 가지고 귀국하였다. 귀국 후 문종이 창건한 흥왕사(興王寺)의 주지로 있으면서 교장도감(敎藏都監)을 설치한 후, 1090년 불서목록인 《신편제종교장총록(新編諸宗敎藏總錄)》 3권을 간행하고 1091년 《속장경》 간행에 착수하였다. 1097년(숙종 2)에 국청사(國淸寺)가 완공되자 초대주지가 되어 화엄종의 입장에서 선종을 통합한 해동천태종을 개창하였다. 1101년 국사로 책봉되었으며 책봉된 후 이틀 만에 입적하였다.

의천은 당시 불교계의 종파간 대립 등 불교계에 산적한 모순을 극복하고 사상적인 통합을 추진하고자 천태종을 개창하였는데, 그는 원효의 화쟁사상(和諍思想)을 계승하여 천태의 근본사상 속에 화엄사상을 비롯한 여타의 불교사상을 포용함으로써 통합적인 불교관을 확립한 것이다. 저서로 《신편제종교장총록》 3권, 《대각국사문집》 23권, 《대각국사외집》 13권, 《신집원종문류(新集圓宗文類)》 22권 등 다수가 있다.

참 교관겸수(敎觀兼修) : 교상(敎相)과 관심(觀心)을 함께 닦아야 한다는 주장으로, 교상은 불교의 교리 체계이고, 관심은 실천수행법을 지칭한다. 고려 중기 의천이 당시 불교계의 선종과 교종이 각각 자기의 것만을 주장하는 폐단을 타파하고 모든 종파를 통합할 수 있는 이론체계로 제시한 것으로, 의천이 개창한 천태종의 중심사상이 되었다.

이강년(李康秊)

1858년(철종 9)~1908년. 자는 낙인(樂仁), 호는 운강(雲崗). 경상북도 문경출신. 근대 및 대한제국시기에 강원도 · 충청도 · 경상북도 일대에서 활약한 의병장. 1880년(고종 17) 무과에 급제하여 절충장군 행용양위 부사과(折衝將軍行龍衛副司果)로 선전관에 임명되었다가 1884년 갑신정변 후 사직하고 낙향하였다. 1895년 을미사변이 일어나자 1896년 문경에서 의병을 일으킨 뒤, 유인석과 합류하여 유격장으로 문경 · 평천 · 조령 등지에서 활약하였다. 5월 제천에서 관군에게 패하자 단양으로 피신하여 은신하였다. 1897년 5월 서간도로 망명하여 유인석과 약 2개월간 항일투쟁을 벌이다가 7월 귀국하여 학문에 전념하였다. 〈을사조약〉 체결 이후 일제의 침략이 노골화되자 1907년 4월 제천에서 다시 의병을 일으켜 1908년 7월까지 단양 · 제천 · 영월 · 강릉 · 문경 · 영주 · 안동 등 강원도 · 충청도 · 경상북도 일대에서 일본군과 치열한 전투를 벌여 대승을 거두었다. 1907년 12월 전국의 의병들이 13도연합의병부대를 편성하자 호서창의대장에 선임되어 서울진공작전을 추진하였으나 실패하였다. 1908년 7월 작성에서 일본군과 전투중 부상을 당하고 체포되어 10월 순국하였다. 저서로 《운강문집》이 있으며, 제자들이 편집한 《운강선생창의일록》이 있다.

유 생가터(경상북도 문경시 소재)

이광수(李光洙)

1892년(고종 29)~1950년. 호는 춘원(春園) · 장백산인(長白山人) · 고주(孤舟) · 외배. 평안북도 정주출신. 일제시대에 〈무정〉 · 〈흙〉 등의 소설을 발표한 시인 · 소설가 · 언론인. 1902년 동학에 입교하여 천도교 박찬명대령의 집에 기숙하면서 서기일을 맡아보았다. 1906년 일본에 건너가 메이지학원(明治學

▶ 이광수

院) 중학부 3학년에 편입하여 홍명희(洪命熹)·문일평(文一平) 등과 교유하면서 소년회(少年會)를 조직하고 회람지 《소년》을 발행하였다. 1910년 졸업 후 귀국하여 오산학교의 교원으로 재직하다가 1915년 재차 일본에 건너가 와세다대학(早稻田大學) 철학과에 입학하였다. 1917년 매일신보에 한국 최초의 근대 장편소설인 〈무정〉을 연재하였다. 1919년 2월 백관수(白寬洙)·최팔용(崔八鏞) 등과 함께 재일조선청년독립단을 조직하고 2·8독립선언서를 기초한 뒤 상하이로 망명, 대한민국임시정부의 기관지인 독립신문의 사장 겸 주필로 활동하였다. 1921년 귀국하여 일경에 체포되었으나 불기소처분된 뒤, 1922년 《개벽》에 〈민족개조론(民族改造論)〉을, 1923년 동아일보에 〈민족적경륜(民族的經綸)〉 등의 논설을 발표하여 변절자라는 비난을 받았다. 1923년 동아일보편집국장, 1933년 조선일보부사장 등을 지냈고, 이때 〈흙〉·〈사랑〉·〈마의태자〉 등의 소설을 발표하였다. 1937년 수양동우회사건으로 투옥되었다가 병보석으로 석방된 후 친일파로 변절하여 1939년 친일단체인 조선문인협회회장 등을 지냈다. 1940년 가야마 미쓰로(香山光郎)로 창씨개명한 후 일제의 국민총동원정책홍보에 적극적으로 참여하였다. 광복 후, 일제 때의 친일행위로 반민특위에 의해 구속되었다가 병보석으로 출감하였으며, 이때부터 《나의 고백》이라는 자서전을 쓰는 등 작품활동을 재개하였다. 1950년 6·25전쟁 때 납북되어 사망한 것으로 알려졌다. ❶ 무정

이군(二軍)

고려 전기의 중앙군 조직. 고려 경군(京軍)의 핵심부대이다. 현종대 거란의 침입과 김훈(金訓)·최질(崔質) 등의 정변을 겪으면서 친위부대 강화를 목적으로 설치된 것으로, 응양군(鷹揚軍)·용호군(龍虎軍) 등을 지칭한다. 하위부대로 좌우위(左右衛)·신호위(神虎衛)·흥위위(興威衛)·금오위(金吾衛)·천우위(千牛衛)·감문위(監門衛) 등 6위를 두었고, 휘하 조직으로 영(領) 이하의 단위부대를 편성하였는데, 1영은 1000명을 단위로 한 부대인데, 응양군 1영, 용호군 2영의 3영으로 군인의 수가 3000명에 달하였다. 편제는 상장군(上將軍)·대장군(大將軍)이 1명씩이며, 그 아래에 각 영의 실질적 지휘관인 장군이 1명씩 배치되어 있었고, 다시 그 밑에 중랑장(中郎將)·낭장·별장(別將)·

산원(散員)·오위(伍尉)·대정(隊正)을 두었다. 특히 응양군의 상장군(上將軍)은 무반(武班)들의 최고회의기구인 중방(重房)의 대표자가 되었다. ● 육위

이규경(李圭景)

1788년(정조 12)~? 자는 백규(伯揆), 호는 오주(五洲)·소운(嘯雲). 본관은 전주. 조선 후기의 실학자. 일생동안 벼슬을 하지 않고 조부인 이덕무(李德懋)가 이룩한 실학을 계승하였다. 우리나라와 중국의 고금사물(古今事物)에 대한 수백종의 서적을 탐독하여 천문·지리·의학·역사·금석학 등을 고증한 백과사전인 《오주연문장전산고(五洲衍文長箋散稿)》 60권을 저술하였다. 그의 저술은 조선 후기 실학사상을 집대성한 것으로 개화기 지식인들의 개화사상 형성에 큰 영향을 미쳤다. ● 오주연문장전산고

이규보(李奎報)

1168년(의종 22)~1241년(고종 28). 초명은 인저(仁氐). 자는 춘경(春卿). 호는 백운거사(白雲居士)·지헌(止軒)·삼혹호선생(三酷好先生). 시호는 문순(文順). 본관은 여주. 고려시대의 문신. 1190년(명종 20) 문과에 급제한 후 전주사록(全州司錄)·병마녹사겸수제(兵馬錄事兼修製) 등을 역임하였고, 1207년(희종 3) 최충헌(崔忠獻)에 의해 권보직한림(權補直翰林)으로 발탁되어 참군사(參軍事)·사재승(司宰丞)·우정언 등의 벼슬을 거쳤다. 1219년(고종 6) 좌사간으로서 지방관의 죄를 묵인한 죄로 계양도호부부사(桂陽都護府副使)로 좌천되었다. 1220년 이후 예부낭중·한림시강학사·위위시판사(衛尉寺判事) 등을 역임하였는데, 위위시판사 재직시에는 팔관회(八關會) 행사에 잘못을 저질러 한때 위도(蝟島)에 유배되기도 하였다.

1232년 이후 비서성판사·집현전대학사·정당문학·참지정사·태자소부·문하시랑평장사·감수국사 등을 역임하였다. 몽고군의 침입을 진정표(陳情表)로써 격퇴한 명문장가로, 시·술·거문고를 즐겨 삼혹호선생이라 자칭했으며, 만년에 불교에 귀의했다. 저서에 《동국이상국집(東國李相國集)》·《국선생전(麴先生傳)》 등이 있으며, 고구려의 초기 역사를 서사시로 엮은 〈동명왕편〉 등이 있다.

㉯ 묘소는 인천광역시 강화군에 소재함.

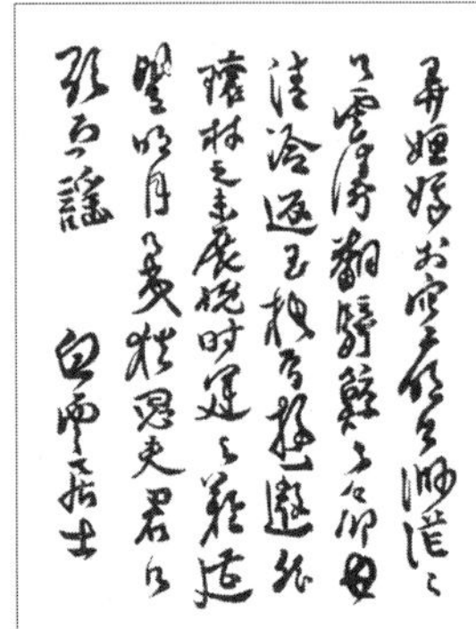

▶ 이규보의 글씨

이긍익(李肯翊)

1736년(영조 12)~1806년(순조 6). 자는 장경(長卿), 호는 연려실(燃藜室). 본

관은 전주. 조선 후기에 《연려실기술》을 저술한 역사학자. 어려서 아버지 이광사(李匡師)에게서 수학하여 학문과 글씨에 뛰어났다. 아버지가 당쟁에 연루되자 일찍부터 벼슬을 단념하고 학문에 전념하였다. 소론으로서 당론을 강경히 주장하여 노론의 집권으로 귀양살이를 여러 번 겪었다. 그는 실학을 제창한 고증학자로서 유명한데, 특히 국사에 큰 관심을 가지고 널리 사서를 섭렵하여 중요한 사건을 기사본말체형식으로 편집하여 《연려실기술》을 저술하였다. ○ 연려실기술

이덕무(李德懋)

1741년(영조 17)~1793년(정조 17). 자는 무관(懋官), 호는 아정(雅亭)·청장관(靑莊館)·형암(炯庵). 본관은 전주. 조선 후기의 실학자. 서얼출신으로 어려서부터 학문에 밝아 여러 서적들을 섭렵해 기문이서(奇文異書)에 통달하여 문명이 높았다고 하며, 서화에도 뛰어났다고 한다. 1775년(정조 2) 심염조(沈念祖)를 따라 청나라에 가서 그곳 학자들과 교유하며 고증학을 배워왔다. 1776년 규장각검서관에 임명되어 《국조보감》·《대전통편》·《규장전운(奎章全韻)》 등의 편찬에 참여하였다. 사후에 정조가 그의 재주를 아껴 그의 아들 이광규(李光葵)로 하여금 그의 유고를 모아 《아정유고》 8권을 간행하게 하였는데, 이후 이광규가 그의 나머지 글들을 보충하여 책을 편찬하고 이를 《청장관전서(靑莊館全書)》라고 하였다. 주요저서로 《청장관전서》·《기년아람(紀年兒覽)》·《앙엽기(盎葉記)》 등이 있다. ○ 청장관전서

▶ 이동녕

이동녕(李東寧)

1869년(고종 6)~1940년. 자는 봉소(鳳所), 호는 석오(石吾)·암산(巖山). 충청남도 천안 출신. 일제시대에 대한민국임시정부 등에 참여하여 활동한 독립운동가. 1892년(고종 29) 진사시에 합격하였으며, 1896년 독립협회·만민공동회 등에 참여하여 활동하고, 1898년 제국신문논설위원을 지냈다. 1906년 만주 룽징(龍井)으로 망명하여 이상설 등과 서전서숙(瑞甸書塾)을 설립하고 교육운동에 전념하였으며, 1907년 귀국하여 안창호·양기탁 등과 함께 신민회를 조직하고 활동하였다. 1910년 국권피탈 후 만주 류허현(柳河縣) 싼위안바오(三源堡)로 망명하여 경학사(耕學社)와 신흥강습소(新興講習所)를 설립하였다. 1913년 블라디보스토크로 이동하여 대종교에 입교하였으며, 1915년 이상설

등과 대한광복군정부 · 권업회(勸業會)를 조직하였다. 1919년 상하이로 건너가 대한민국임시정부에 참여하여 임시의정원의장 · 국무총리 · 내무총장, 1920년 국무총리대리 등을 역임하였다. 1922년 대한민국임시정부 내에 노선갈등이 표면화되자 안창호 등과 함께 시사책진회(時事策進會)를 조직하여 갈등을 무마시키는 데 노력하였다. 1924년 국무총리 · 군무총장, 1927년 국무위원 · 국무위원회주석 등을 역임하였다. 1930년 김구 등과 함께 한국독립당을 결성하고 이사장에 추대되어 활동하였다. 1935년 김구 등과 함께 한국국민당을 창당하고 당수로 활동하였다. 그 뒤 독립운동 세력들간의 통합운동에 진력하다가 1940년 치장에서 사망하였다. 1948년 국장으로 장례가 거행되었고, 효창공원에 안장되었다. ● 신민회 · 대한민국임시정부 · 한국독립당

이동휘(李東輝)

1873년(고종 10)~1935년. 호는 성재(誠齋). 함경남도 단천출신. 대한제국시기 애국계몽운동에 종사하고 일제시대에 한인사회당 등을 조직하여 활동한 애국계몽운동가 · 독립운동가. 육군무관학교를 졸업한 후 참위(參尉)로 임관하여 진위대에서 근무하였다. 진위대에 근무중 독립협회의 활동에 참여하였으며, 1902년 참령(參領)으로 승진하여 강화도 진위대장에 부임, 함일학교를 설립하고 교육운동에 종사하였다. 1904년 대한협동회에 참여하여 일본의 황무지개간권요구 반대운동을 전개하였다. 1905년 〈을사

▶ 이동휘

조약〉이 체결되자 무관직을 사임하고 보창학교(普昌學校)를 설립하여 교육운동을 통한 애국계몽운동에 종사하였다. 1906년 국민교육회에 가입하여 활동하였으며, 1907년 한북흥학회를 창립하여 부회장직을 맡아 교육운동에 종사하였다. 동년 8월 군대해산령이 발표되자 강화도에서 의병봉기를 계획하였다가 체포되어 4개월간 옥고를 치렀다. 신민회에 참여하여 평의원 및 함경도총책에 임명되어 활동하였으며, 1908년 서북학회를 조직하였다. 1911년 105인사건에 연루되어 1년간 옥고를 치른 뒤, 1913년 북간도로 망명하였다. 동년 간도국민회를 조직하고 한인들에 대한 교육운동에 종사하였으며, 10월 연해주로 건너가 권업회에 참여하였다. 1914년 대한광복군정부를 조직하고 부통령에 선임되어 활동하였으며, 1915년 북간도에 무관학교를 설립하고 독립군양성에 주력하였다. 1917년 블라디보스토크에서 전로한족회중앙총회를 조직하였으며, 1918년 한인사회당을 조직하고 위원장에 추대되어 사회주의운동에

참여하였다. 1919년 2월 전로한족회중앙총회가 대한국민의회로 개편되자 군무부장에 선출되었다. 동년 11월 대한민국임시정부의 국무총리에 취임하였다가 노선상의 갈등으로 국무총리직을 사임하고 탈퇴하였다. 1921년 상하이에서 한인사회당을 기반으로 상해파고려공산당을 결성하고 책임위원으로 활동하였으며, 1922년 11월 코민테른의 지시를 받고 코민테른 동양비서부 산하에 코르뷰로(高麗局)를 조직하고 조선공산당 건설을 위해 활동하였다. 그 뒤 코민테른과의 갈등으로 코르뷰로에서 물러난 후 신한촌의 도서관장직을 맡아 활동하다가 1926년 고려혁명당의 블라디보스토크 책임자로 활동하였다. 1929년 조선공산당재건운동에 참여하였으나 1935년 블라디보스토크에서 병사하였다.

이두(吏讀)

한문을 국어의 어순에 따라 고치고 구절 사이사이에 우리말식 토(口訣)를 삽입하여 독해에 도움이 되게 한 표기. 넓은 의미로는 향찰까지 포함하여 한자 차용 표기법 전체를 뜻하는 것으로 보기도 하고, 좁게는 국어의 문장구성법에 따라 한자를 고치고 토(吐)를 붙이는 이문(吏文)의 보조어로 해석하는 입장도 있다. 따라서 이두는 국어의 문장구조를 가졌다는 점에서 서기체(誓記體) 표기와, 문맥을 정확하게 하는 문법형태소라는 점에서 구결과 공통점을 보인다. 7세기에 성립되었으며, 이서(吏胥)들의 공사문서에서는 19세기 말까지도 사용되었다. 이두문헌으로 《향약구급방(鄕藥求急訪)》·《향약채취월령(鄕藥採取月令)》·《향약집성방(鄕藥集成訪)》 등이 있다.
⑧ 이도(吏道)·이두(吏頭)·이토(吏吐)·이투(吏套)·이찰(吏札)

이륭양행(怡隆洋行)

1907년 영국 국적의 아일랜드인 쇼우(G.L.Show)가 만주 안둥현(安東縣)에 설립한 무역회사대리점. 이륭양행은 쇼우가 안둥현 싱룽제(興隆街)에 설립하여 경영하던 무역회사대리점 겸 중국태고선복공사(中國太古船輻公司)의 대리점이었다. 쇼우는 1919년 7월경부터 이륭양행이 일본의 영사관경찰권이 미치지 못하는 점을 이용하여 한국인 독립운동가들에게 이륭양행 소유의 기선을 제공하여 상하이와 안둥간의 왕복 및 무기운반 등 한국의 독립운동을 지원하였다. 이에 대한민국임시정부에서도 임시정부의 행정조직인 교통부안동지부(交通部安東支部)를 이륭양행 내에 설치하고 국내정보를 수집하는 등 독립운동을 위한 연락지로서 활용하였다. ⬤ 교통부

이범석(李範奭)

1900년~1972년. 호는 철기(鐵驥). 서울출신. 일제시대에 한국광복군참모장

등을 지내고, 광복 후 대한민국 초대국무총리를 지낸 독립운동가·정치인. 1915년 상하이로 망명, 1919년 항저우군관예비학교(杭州軍官豫備學校)를 거쳐 윈난육군강무학교(雲南陸軍講武學校) 기병과를 졸업하였다. 1919년 신흥무관학교교관으로 있으면서 독립군양성에 주력하였다. 1920년 10월 북로군정서에 참여하고 청산리전투에 참가하여 일본군을 대파하였다. 1923년 김규식 등과 함께 고려혁명군을 조직하고 기병대장을 지냈다. 그 뒤 중국항일군 헤이룽장성군 작전과장 등을 거쳐 1934년 뤄양군관학교한

▶ 이범석

인특별반(洛陽軍官學校韓人特別班) 한국인장교대장을 지냈으며, 1940년 중국국민당 중앙훈련단 중대장을 지냈다. 1940년 9월 한국광복군참모장으로 활약하다가 1942년 한국광복군 제2지대장에 임명되어 미군과의 합동작전에 참가하였다. 1946년 6월 귀국, 10월 조선민족청년단을 조직하고 단장으로 청년운동을 전개하였다. 1948년 대한민국정부수립 후 초대국무총리 겸 국방장관을 지냈으며, 1950년 주중대사, 1952년 내무부장관 등을 지냈다. 1952년 8월 제2대 정부통령선거에서 원외자유당 부당수로 자유당 부통령후보에 지명되었으나 낙선하였고, 1956년 공화당최고위원을 거쳐 5월 무소속으로 부통령에 입후보하였으나 낙선하였다. 1963년 국민의 당을 결성하고 최고위원을 지냈으며, 1969년 국토통일원최고고문을 지냈다. 저서로 회고록인 《우둥불》이 있다.

이범윤(李範允)

1863년(철종 14)~1940년. 경기도 고양출신. 일제시대에 성명회(聲明會)·권업회(勸業會)·의군부(義軍府) 등을 조직하고 활동한 독립운동가. 1902년 간도시찰원, 1903년 간도관리사에 임명되어 간도지역에 거주하던 한국인 보호에 앞장섰다. 1904년 러일전쟁이 일어나자 충의대(忠義隊)를 조직하고 러시아군에 가담하여 일본군과 전투를 벌였으나 러시아군이 패하자 노령으로 망명하였다. 1907년 연해주에서 최재형(崔才亨) 등과 함께 의병부대를 편성하였으며, 1908년 3월 의병결사인 창의회(彰義會)를 조직하고 총재에 취임하여 7월 안중근·전덕제(全德濟) 등으로 하여금 국내진공작전을 감행하게 하였다. 1910년 이상설·홍범도·유인석 등과 함께 13도의군(十三道義軍)을 결성하고 창의총재에 취임하여 국내진공작전을 계획하였으나 국권피탈로 무산되었다. 동년 유인석과 함께 성명회를 조직하고 합병반대운동을 전개하였다.

1911년 권업회를 조직하고 총재에 추대되어 활동하였으며, 1919년 4월 엔지(延吉)에서 진학신(秦學新) 등과 함께 의군부를 조직하고 총재에 취임하여 무장활동을 전개하였다. 1920년 10월 북로군정서와 연합하여 청산리전투에 참여하여 일본군을 대파하였다. 1922년 대한독립군단을 결성하고 총재에 선임되었으며, 1925년 신민부에 참여하여 참의원원장에 선임되었다. 그 뒤 국내로 들어와 은신해 있다가 사망하였다. ◐ 십삼도의군 · 대한독립군단

▶ 이봉창

이봉창(李奉昌)

1900~1932. 서울출신. 1932년 도쿄에서 일본천황 폭살을 기도했던 독립운동가. 문창보통학교를 졸업한 후, 1918년 용산기차운전견습소 견습생으로 일하였다. 1925년 일본으로 건너가 오사카(大阪)에서 철공소직원으로 일하다가 일본인의 양자가 되어 도쿄와 오사카에서 막일을 하였다. 1931년 독립운동에 투신할 것을 결심하고 상하이로 김구를 찾아가 한인애국단에 입단하였다. 동년 12월 일본천황 폭살을 계획하고 수류탄을 가지고 도쿄로 갔다. 1932년 1월 8일 일본천황 히로히토(裕仁)가 육군관병식(陸軍觀兵式)을 마치고 돌아갈 때 사쿠라다몬(櫻田門) 앞에서 일본천황을 향해 수류탄을 던졌으나 명중시키지 못하고 현장에서 체포되었다. 동년 10월 사형선고를 받고 형이 집행되었다.

▶ 임청각(이상룡의 생가, 경상북도 안동 소재)

이상룡(李相龍)

1858년(철종 9)~1932년. 본명은 상희(相羲), 일명은 계원(啓元), 자는 만초(萬初), 호는 석주(石洲). 경상북도 안동출신. 일제시대에 서로군정서 · 정의부 · 대한민국임시정부 등에 참여하여 활동한 독립운동가. 1905년 〈을사조약〉이 체결되자 합천에서 의병을 일으키고자 하였으나 뜻을 이루지 못하였다. 애국계몽운동에 투신하여 1907년 유인식(柳寅植) · 김동삼(金東三) 등과 함께 협동학교(協東學校)를 설립하였으며,

1909년 대한협회 안동지회를 조직하고 회장으로 활동하였다. 1911년 1월 서간도로 망명, 동년 4월 류허현(柳河縣)에서 경학사(耕學社)를 조직하고 사장에 취임하여 독립운동기지건설과 독립군양성에 주력하였다. 1912년 부민단(扶民團)을 조직하고 단장에 취임하여 재만한인을 위한 자치활동과 독립운동기지건설에 주력하였다. 1919년 4월 재만한인들의 자치기관인 한족회와 무장투쟁기관인 군정부(軍政府)를 조직하고 군정부총재로 활동하였으며, 11월 군정부가 서로군정서로 개편되자 독판(督辦)에 선임되어 활동하였다. 1920년 대한민국임시정부의 투쟁노선에 반대하는 신숙(申肅) 등이 조직한 북경군사통일회의에 참여하였으며, 1923년 상하이에서 국민대표회의가 개최되자 대표를 파견하여 대한민국임시정부의 분규 수습에 노력하였다. 1924년 12월 정의부를 조직하고 이를 지도하였다. 1925년 9월 대한민국임시정부 국무령(國務領)에 취임하여 대한민국임시정부의 분규를 수습하고자 하였으나 뜻을 이루지 못하자 국무령을 사임하고 서간도로 돌아왔다. 1928년 정의부를 중심으로 추진된 민족유일당운동을 주도하였다. 1932년 지린성(吉林省)에서 병사하였다. 유고집으로 《석주유고》가 있다.

이상설(李相卨)

1870년(고종 7)~1917년. 자는 순오(舜五), 호는 부재(溥齋). 충청북도 진천출신. 일제시대에 헤이그만국평화회의에 특사로 파견되었고, 이후 성명회(聲明會)·권업회(勸業會) 등을 조직하여 활동한 독립운동가이다. 일찍이 신학문에 뜻을 두어 영어·프랑스어·국제법 등을 공부하였다. 1894년(고종 31) 문과에 급제한 후 비서감비서랑·한성사범학교교관·탁지부재무관 등을 역임하였다. 1904년 일본의 황무지개간권요구에 대한 반대상소를 올렸으며, 동년 법부협판, 1905년 의정부참찬을 역임하였다. 1905년 〈을사조약〉이 체결되

▶ 이상설

자 반대상소를 올린 후 자결을 시도하였으나 실패하였다. 1906년 이동녕 등과 함께 북간도 룽징(龍井)으로 망명하여 서전서숙(瑞甸書塾)을 건립하고 구국교육운동을 전개하였다. 1907년 이준·이위종과 함께 고종의 특사로 헤이그만국평화회의에 참석하려다가 좌절되자 이위종 등과 함께 구미 각국을 순방하면서 외교활동을 전개하였다. 1909년 블라디보스토크에서 이승희(李承熙)·김학만(金學萬) 등과 함께 독립운동기지인 한흥동(韓興洞)을 건설하였으

며, 1910년 6월 유인석·이범윤 등과 함께 연해주일대의 의병들을 규합하여 13도의군(十三道義軍)을 조직하고 국내진공작전을 계획하였으나 국권피탈로 무산되었다. 동년 8월 성명회를 조직하고 합병반대운동을 전개하였다. 1911년 12월 권업회를 조직하고 의장에 추대되어 활동하였으며, 1913년 이동휘 등과 함께 뤄쯔거우(羅子溝)에 사관학교를 건립하고 독립군양성에 주력하였다. 1914년 이동녕 등과 함께 블라디보스토크에 대한광복군정부를 세우고 정통령(正統領)에 선임되어 활동하였으며, 1915년 상하이에서 조직된 신한혁명단(新韓革命團)의 본부장에 선임되어 활동하였다. ◐ 헤이그특사사건

▶ 이상재

이상재(李商在)

1850년(철종 1)~1927년. 자는 계호(季晧), 호는 월남(月南). 충청남도 서천출신. 일제시대에 조선일보사장·신간회 초대회장 등을 지낸 언론인·독립운동가. 1881년(고종 18) 신사유람단의 일원으로 일본을 시찰하고 돌아왔다. 1884년 우정총국주사로 근무하다가 갑신정변이 일어나자 낙향하였다. 1887년 박정양(朴定陽)이 초대주미공사로 갈 때 일등서기관으로 그를 수행하였다가 1888년 귀국하였다. 1894년 우부승지·학무아문참의·외국어학교교장 등을 지냈다. 1896년 서재필·윤치호 등과 함께 독립협회를 조직하고 부회장으로 활동하다가 1898년 독립협회가 해산되자 낙향하였다. 1902년 정부의 무능을 규탄하는 상소를 올렸다가 국체개혁(國體改革)을 음모했다는 죄목으로 옥고를 치렀으며, 이때 기독교에 입교하였다. 1904년 석방된 후 황성기독교청년회(YMCA)에 가입하여 초대교육부장이 되었다. 1905년 의정부참찬에 임명되었으나 1907년 고종이 강제퇴위하자 관직을 사임하였다. 1913년 YMCA총무에 선임되어 청년운동을 주도하였다. 1919년 3·1운동으로 6개월간 옥고를 치렀으며, 1920년 YMCA명예총무·조선기독교청년회연합회회장 등을 지냈고, 6월 김병로 등과 함께 조선교육협회를 조직하고 회장에 취임하였다. 1922년 조선민립대학기성회를 조직하고 준비위원장에 취임하여 민립대학설립운동을 주도하였다. 1924년 조선일보사사장을 거쳐 1927년 신간회회장에 추대되었으나 3월 사망하였다. 우리나라 최초의 사회장으로 장례가 치러졌다. ◐ 신간회·민립대학설립운동
㉧ 생가(충청남도 서천군 소재)

이상좌(李上佐)

16세기. 자는 공우(公祐), 호는 학포(學圃), 본관은 전주(全州), 조선 중기의 화가. 본래 어느 선비집의 가노(家奴)였으나 그림에 뛰어나 중종의 특명으로 도화서(圖畵署)에 근무하게 되었다고 한다. 1545년(인종 1) 석경(石璟)과 함께 중종 어진(中宗御眞)을 추사(追寫)하였으며, 1546년(명종 1)에는 공신들의 초상을 그려 원종 공신(原從功臣)에 봉해졌다. 1543년 중국 한대(漢代)의 《열녀전(烈女傳)》을 국역할 때 그 삽화를 그렸다. 현재 그의 진작으로 확인되는 그림은 한 점도 없으며 현존하는 국내외의 유작들은 모두 전칭품들로, 대표적인 전칭작으로 〈송하보월도(松下步月圖)〉가 있다. 이들 작품은 대부분 인물중심으로 구성된 산수화와 도석인물화(道釋人物畵)로서 남송(南宋)에서 명대(明代) 절파(浙派)로 이어지는 화풍과 유관함을 보인다.

이상화(李相和)

1901년~1943년. 호는 상화(尙火·想華)·무량(無量). 대구출신. 일제시대에 《백조(白潮)》의 동인으로 활동하면서 〈빼앗긴 들에도 봄은 오는가〉 등의 시를 발표한 시인. 중동학교를 거쳐 도쿄외국어학교에서 프랑스어를 공부하였다. 1917년 현진건(玄鎭建) 등과 함께 습작집 《거화(炬火)》를 간행하였으며, 1922년 낭만주의 문예동인지인 《백조》의 동인으로 창간호에 시 〈나의 침실로〉 등을 발표하면서 문단활동을 시작하였다. 1925년 김기진(金基鎭) 등과 함께 파스큘라(Paskyula)의 조직에 참여하였으며, 동년 조선프롤레타리아예술동맹(KAPF)의 창립회원으로 참여하였다. 1926년 《개벽》에 시 〈빼앗긴 들에도 봄은 오는가〉를 발표하면서 신경향파의 대열에 참여하여 상징적인 서정시를 많이 썼다. 1937년 대구 교남학교교사를 지냈다. 대표작으로 〈나의 침실로〉·〈빼앗긴 들에도 봄은 오는가〉·〈가을의 풍경〉 등이 있으며, 대구의 달성공원에 시비가 세워져 있다.

이색(李穡)

1328년(충숙왕 15)~1396년(태조 5). 자는 영숙(穎叔), 호는 목은(牧隱), 시호는 문정(文靖), 본관은 한산(韓山). 고려말의 문신·학자. 이곡(李穀)의 아들로 1341년(충혜왕 복위 2) 성균시(成均試)에 합격하였고, 이후 서장관으로 원나라에 가서 회시에 장원, 전시에 차석으로 급제, 국사원편수관 등을 지내다가 귀국하였다. 이듬해 다시 원나라의 한림원에 등용되었다가 1356년 귀국하여 이부시랑 등 인사행정을 주관, 정방을 폐지하였고, 이듬해 우간의대부 때는 3년상을 제도화했다. 1361년 홍건적의 침입 때 왕의 남행을 호종, 1등공신이 된 후 좌승선 등 여러 관직을 지냈다. 1367년 대사성이 되어서는 성균관의 학칙을 새로 제정하고 김구용(金九容)·정몽주(鄭夢周)·이숭인(李崇仁)·박상충(朴尙衷) 등과 함께 유신들을 가르쳤다. 1373년 한산군에 책봉되었으며

▶ 이색 영정

이후 예문관대제학·지춘추관사 등을 역임하였고, 1375년(우왕 1) 다시 정당문학 등을 역임했다. 1389년 위화도회군으로 우왕이 강화로 유배되자 조민수와 함께 창왕을 옹립하여 이성계의 세력을 억제하려 하였으나 이성계가 득세하자 장단·함창 등지에 유배되었다. 조선이 건국되면서 출사요청이 있었으나 이를 고사하고 여주로 가던 중 죽었다. 그의 학문적 특색은 우주만물의 생성원인을 궁극적으로 파악한 천인합일(天人合一) 사상이며, 성리학 가운데서 실천윤리를 강조하는 거경(居敬)을 통한 수기(修己)를 중시하였다. 불교에 대해서는 사회경제적 폐단을 비난하였지만, 부처를 대성인으로 공경하고 불교의 심성론과 교화를 실현하는 종교적인 역할을 긍정하면서, 유교와 불교가 근본적으로 다르지 않음을 말하기도 하였다.

㉭ 묘는 충청도 한산에 소재하며, 문헌서원(文獻書院 : 충청도 한산), 신항서원(新巷書院 : 충청북도 청주), 단산서원(丹山書院 : 경상북도 영해) 등에 제향

▶ 이성계 영정

이성계(李成桂)

1335년(충숙왕 복위 4)~1408년(태종 8). 재위 1392~1398. 즉위 후 이름은 단(旦). 자는 중결(仲潔)·군진(君晉), 호는 송헌(松軒), 시호는 지인 계운 응천 조통 광훈 영명 성문 신무 정의 광덕(至仁啓運應天肇統廣勳永命聖文神武正義光德). 본관은 전주. 조선왕조의 창업자. 이자춘(李子春)의 둘째아들로, 어머니는 최씨(崔氏)이고, 비(妃)는 신의왕후(神懿王后) 한씨(韓氏)이고 계비(繼妃)는 신덕왕후(神德王后) 강씨(康氏)이다. 1361년(공민왕 10)에 동북면(東北面)의 상만호(上萬戶)로서 등용된 이래 홍건적(紅巾賊)의 소탕, 동북면에 침입한 나하추의 격퇴, 덕흥군(德興君) 옹립을 위해 최유(崔濡)가 인도한 원군(元軍)의 격퇴, 두 차례에 걸친 동녕부(東寧府)의 공격, 계속되는 왜구 침입의 격퇴(1372~1380) 등 수많은 전쟁에서 전공을 세우면서 정치·군사적 기반을 다졌다. 1388년

(우왕 14)에는 최영(崔瑩)과 협력하여 이인임(李仁任)과 임견미(林堅味)·염흥방(廉興邦) 등을 제거하였다. 같은 해 명나라의 철령위 설치 통보를 계기로 요동 정벌이 감행되자, 우군도통사로 군사를 이끌고 출전하였다가 위화도에서 회군하여 개경을 점령, 우왕을 폐위하고 창왕을 옹립하였다. 이후 수시중(守侍中)·도총중외제군사(都中外諸軍事)에 임명되어 정치·군사적으로 실권을 장악하였다. 1389년(창왕 1) 폐가입진(廢假立眞)의 명분을 내세워 우왕과 창왕은 신돈(辛旽)의 자손이라 하여 폐위하고 공양왕을 왕위에 옹립하였다. 1392년 해주에서 낙마하여 다리를 다치자, 정몽주(鄭夢周) 등이 이 기회를 틈타 정도전·조준 등을 제거하고자 탄핵하여 감옥에 투옥시키는 일이 일어났다. 이때 아들 이방원(李芳遠)이 정몽주를 살해하였고, 이로써 이성계에 반대하는 세력은 모두 제거되었다. 같은 해 7월 공양왕의 선위를 받는 형식으로 조선왕조를 개창하였다. 즉위 후 국호를 고쳐 조선(朝鮮)이라 정하고 태조 3년(1394) 11월에는 한양으로 천도하였다. 종묘·사직·경복궁 등의 공사와 도성을 축조하였다. 또한 법전의 정비에 힘을 기울여 정도전에게 《조선경국전》 등을 편찬케 하였다. 정도전 등의 주장에 따라 계비 강씨 소생 방석(芳碩)을 세자로 정하였으나, 건국에 공이 있던 한씨 소생 왕자들의 불만이 결국 제1차 왕자의 난으로 이어져, 태조는 후일 정종에게 선위하였다. 1400년(정종 2) 태종이 즉위하자 이에 불만을 갖고 한양을 떠나 함주(咸州:함흥) 등에 머무르며 한양으로 돌아오지 않았다. 특히 함주에 머물러 있을 때 태종이 문안사(問安使)를 보내면 사신을 매번 죽여버렸으므로 어디에 가서 소식이 없을 경우에 일컫는 '함흥차사(咸興差使)'라는 말이 생겨났다. 뒤에 태종이 보낸 무학(無學)의 간청으로 한양으로 돌아와 말년에는 불도에 정진하다가 1408년(태종 8) 창덕궁 별전에서 승하하였다.

㊌ 능은 건원릉(경기도 구리시 소재)

이소응(李昭應)

1852년(철종 3)~1928년. 아명은 중만(仲萬), 개명은 의신(宜愼)·직신(直愼), 자는 경기(敬器), 호는 습재(習齋). 강원도 춘천출신. 근대에 강원도 춘천 등지에서 활약한 의병장. 유중교(柳重敎)의 문하에서 수학하며 전통적인 위정척사 사상을 고수하였다. 1895년(고종 32) 을미사변이 발생하고 단발령이 시행되자 1896년 1월 춘천에서 유중락(柳重洛) 등과 함께 의병을 일으켜 의병대장에 추대되었다. 그는 춘천의소(春川義所)의 이름으로 〈격고팔도(檄告八道)〉라는 격문을 전국에 보내어 거의를 촉구하였다. 이소응은 단발하고 부임하던 춘천 관찰사를 잡아 처단한 뒤, 2월 가평으로 진격하다가 가평 벌업산에서 관군과 전투를 벌였으나 패하여 춘천으로 퇴각하였다. 그 뒤 이소응은 제천의 유인석과 합류하여 활동하다가 유인석이 제천에서 패하여 서북행의 장도에 오르자 함께 서간도의 통화현(通化縣)으로 망명하였다. 1900년 귀국하여 은거생활을 하다가, 1911년 재차 망명하였다. 그 뒤 여러 곳을 전전하다가 1930년 사망하였다. 저서로 《습재문집》 등이 있다.

이수광(李晬光)

1563년(명종 18)~1628년(인조 6). 자는 윤경(潤卿), 호는 지봉(芝峯), 시호는 문간(文簡). 본관은 전주. 조선 중기에 《지봉유설(芝峯類說)》을 저술한 실학자. 1585년(선조 18) 문과에 급제하였으며, 1590년 성절사(聖節使)의 서장관으로 명나라에 다녀왔다. 1594년 동부승지, 1598년 승지, 1602년 부제학 등을 지냈으며, 1606년 진위사로 명나라에 다녀왔다. 1610년(광해군 2) 도승지·대사헌을 지냈으며, 1611년 동지사로 명나라에 다녀왔다. 1612년 부제학·대사헌을 거쳐 1613년 대사성으로 재임중 계축옥사가 일어나자 정계에서 물러났다. 1624년(인조 2) 좌참찬, 1625년 대사헌을 거쳐 1628년 이조판서가 되었다. 사후에 영의정에 추증되었다. 임진왜란을 전후해서 명나라에 여러 차례 왕래하면서 《천주실의》와 《속이담(續耳譚)》 등을 얻어와 천주교와 서양문물을 국내에 처음으로 소개함으로써 실학발전의 선구자가 되었다. 그의 학문은 성리학에 기반을 두면서도 다른 사상 경향에 대해 포용적인 입장을 가졌으며, 화폐의 주조와 유통, 수차(水車)의 활용, 광업의 개발 등 사회적·경제적인 문제에 많은 관심을 가졌다. 그의 대표적 저술인 《지봉유설》은 우리나라 최초의 백과사전적인 저술이다. ▶ 지봉유설
㊤ 묘소는 경기도 양주군 장흥에 소재함.

이순신(李舜臣)

1545년(인종 1)~1598년(선조 31). 자는 여해(汝諧), 시호는 충무(忠武). 본관은 덕수. 조선시대 임진왜란 때의 명장. 이정(李貞)의 아들로, 1576년(선조 9) 식년무과에 급제하여 권지훈련원봉사(權知訓練院奉事)가 되었으며, 전라도관찰사 이광에게 발탁되어 조방장·선전관 등을 거쳐 1589년 정읍현감으로 재직시 유성룡(柳成龍)의 추천으로 고사리진첨절제사(高沙里鎭僉制使)로 승진하였다. 만포첨절제사·진도군수 등을 지내고 1591년에 전라좌도수군절도사가 되었다. 1592년 임진왜란이 일어나자 옥포·적진포·사천·당포·율포·한산도·부산포 등에서 대승을 거두었다. 특히 사천전투에서 최초로 거북선을 출동시켜 일본군에게 결정적인 타격을 주었다. 이러한 공으로 삼도수군통제사에 임명되었으나, 1595년 원균의 모함을 입어 1595년 2월 서울로 압송되었다가 우의정 정탁(鄭琢)의 도움으로 목숨을 건져 도원수 권율(權慄)의 휘하에서 백의종군 하였다. 정유재란이 일어나면서 원균이 계속 패하자 조정에서는 다시 이순신을 삼도수군통제사로 임명하여 적을 막게 하였다. 당시 전함은

12척뿐이었고 군대의 사기는 저하되어 있었다. 이순신은 이 12척으로 8월 15일 133척의 왜군을 명량에서 격파하여 다시 제해권을 장악하였고, 철수하는 일본군을 11월 18일 노량에서 맞아 무찔렀으나 자신도 적의 유탄에 맞아 최후를 마쳤다. 충무의 시호와 선무 일등공신(宣武一等功臣)이 내려졌고 이어 풍덕군(豊德君)에 봉해졌으며, 영의정에 추증되었다.

㋡ 충렬사(忠烈祠 : 경상남도 통영), 충민사(忠愍祠 : 전라남도 순천), 현충사(충청남도 아산) 등에 제향됨.

▶ 이순신 동상

이승만(李承晚)

1875년(고종 12)~1965년. 초명은 승룡(承龍), 호는 우남(雩南). 황해도 평산출신. 대한민국 초대·2대·3대 대통령을 역임한 독립운동가·정치인. 1895년(고종 32) 배재학당을 졸업한 후 배재학당 영어교사로 근무하였다. 1896년 서재필과 함께 협성회(協成會)를 조직하고, 기관지 〈협성회보〉의 주필로 활동하였다. 동년 독립협회·만민공동회 등에 참가하여 활동하다가 1898년 정부전복획책혐의로 종신형을 선고받고 복역중 《독립정신》을 집필하였다. 1904년 석방되어 고종의 밀서를 갖고 한국의 독립을 호소할 목적으로 미국으로

▶ 이승만

건너가 1905년 미국대통령에게 청원서를 제출하였으나 뜻을 이루지 못하였다. 1910년 귀국하여 YMCA를 중심으로 활동하다가, 1911년 105인사건에 연루되어 검거되었으나 미국선교사들의 주선으로 석방되어 다시 미국으로 건너갔다. 1913년 하와이에서 한인학원(韓人學院)을 운영하고, 1914년 〈한국태평양〉이라는 신문을 창간하였다. 1919년 4월 상하이의 대한민국임시정부 초대 국무총리에 추대되었으나, 대통령제를 주장하고 스스로 대통령이라는 직함을 사용하였다. 동년 11월 워싱턴에 구미위원부를 설치하고 외교활동을 전개하였다. 1920년 상하이로 건너가 대통령에 취임하였다가 1921년 5월 워싱턴군축회의에 대비하기 위해 다시 미국으로 건너갔다. 1918년에 윌슨

(T.W.Wilson) 미국대통령에게 한국의 위임통치를 청원하는 청원서를 제출하였던 것이 문제가 되어 1925년 대통령직에서 탄핵당하였다. 그는 대한민국임시정부의 결정을 무시하고 구미위원부를 통해 외교활동을 계속 전개하였다. 1945년 10월 귀국, 12월 독립촉성중앙협의회(獨立促成中央協議會)를 조직하고 총재에 취임하였으며, 남조선대한국민대표민주의원의장·민족통일총본부 총재 등을 역임하였다. 1946년 6월 남한 단독정부수립계획을 발표하였으며, 1948년 5월 제헌국회의원선거에서 무투표 당선되어 초대국회의장에 선출되었고, 7월 대한민국 초대대통령에 선출되어 8월 15일 정부수립과 함께 취임하였다. 1951년 12월 자유당을 창당하여 총재에 취임하였으며, 1952년 7월 발췌개헌안을 통과시키고 4년 임기의 제2대대통령에 취임하였다. 1954년 11월 사사오입개헌으로 대통령중임제한을 철폐하고 1956년 8월 제3대대통령에 취임하였다. 1960년 3월 제4대대통령에 당선되었으나 선거무효로 당선이 취소되었다. 4·19혁명 직후 대통령직을 사임하고 5월 하와이로 망명하였다. 1965년 하와이에서 병사하였으며, 국립묘지에 안장되었다. 저서로 《독립정신》 등이 있다. ❷ 대한민국임시정부·삼선개헌

이승훈(李承薰)

1756년(영조 32)~1801년(순조 1). 자는 자술(子述), 호는 만천(蔓川). 본관은 평창. 우리나라 최초로 영세를 받은 천주교인으로 한국천주교회 창설자. 세례명은 베드로이다. 1780년(정조 4) 진사시에 합격하였으나 벼슬을 단념하고 학문에 전념하던 중 이벽(李蘗)의 권유로 서학에 입교하였다. 1783년 동지사의 서장관인 아버지 이동욱(李東郁)를 따라 청나라에 갔다가 1784년 연경(燕京)의 천주당에서 영세를 받아 우리나라 최초의 천주교 영세교인이 되었다. 동년 귀국하여 조선천주교회를 건립하고 전도사업을 전개하였다. 1785년 전도사업을 전개하던 중 체포되자 배교하고 석방되었다. 그 뒤 다시 교회로 돌아와 가성직제도(假聖職制度)를 주도하면서 자치적인 교회활동을 개시하였으나, 1790년 파리외방전교회에서 천주교의 자치운동이 위법이며 제사를 철폐하라는 밀령을 내리자 다시 배교하였다. 1791년 신주를 땅에 묻은 사건으로 인해 발생한 진산사건(珍山事件)에 연루되어 투옥되었다가 다시 배교하고 석방되었다. 1795년 중국인 신부 주문모(周文謨)를 영입하여 집회를 가지다가 발각되어 예산에 유배되었다. 1801년(순조 1) 신유박해 때 이가환(李家煥)·정약종(丁若鍾) 등과 함께 대역죄로 참수당하였다. 1856년(철종 7) 신원되었으며, 문집으로 《만천유고》가 있다.

이승훈(李昇薰)

1864년(고종 1)~1930년. 초명은 승일(昇日), 본명은 인환(寅煥), 자는 승훈(昇

薰), 호는 남강(南崗). 평안북도 정주출신. 3·1운동 당시 민족대표의 한 사람으로 활동한 독립운동가·교육자. 1878년(고종 15)부터 유기(鍮器)상점과 유기공장을 설립하였고 1896년부터 무역업에 종사하여 대자본가로 성장하였다. 1907년 4월 조직된 신민회에 참여하여 평안북도총감에 선임되어 활동하였으며, 12월에는 신민회의 설립취지에 따라 정주에 오산학교를 설립하여 교육운동을 전개하였고, 1909년 청년학우회를 조직하여 청년운동을 전개하였다. 1911년 2월 안악사건(安岳事件)에

▶ 이승훈

연루되어 제주도에 유배되었다가, 동년 9월 발생한 105인사건으로 인해 다시 검거되어 징역 10년형을 선고받고 복역중 1915년 가출옥하였다. 1919년 3·1운동 당시 민족대표 33인의 한 사람으로 참여하였다가 체포되어 징역 3년형을 선고받고 복역하다가 1922년 가출옥하였다. 1922년 1월 조선교육협회에 참여하였으며, 11월 조직된 조선민립대학설립기성회에 참여하여 집행위원으로 활동하였다. 1924년 동아일보사사장에 취임하였다가 1년 만에 사임하였으며, 1926년 오산학교로 돌아와 초대이사장으로 학교운영에 전념하였다. 사망 후 장례는 사회장으로 치러졌으며, 오산학교교정에 안장되었다.

이승희(李承熙)

1847년(헌종 13)~1916년. 자는 계도(啓道), 호는 강재(剛齋)·한계(韓溪)·대계(大溪). 경상북도 성주출신. 일제시대에 활동한 독립운동가. 개항 이후 무분별한 개화정책의 실시를 비판하는 상소와 내정개혁을 요구하는 상소를 여러 차례 올렸다. 1905년 〈을사조약〉이 체결되자 을사5적의 처단과 조약의 파기를 요구하는 상소를 올렸다가 구금되었다. 1908년 연해주로 망명, 1909년 가을경 이상설 등과 함께 미산부 봉밀산(蜂密山) 부근에 독립운동기지인 한흥동(韓興洞)을 건설하였다. 1914년 한인공교회(韓人孔教會)를 창립하고 유교진흥을 도모하였다. 저서로 《동국사략(東國史略)》·《한계유고》 등이 있다.

이시영(李始榮)

1869년(고종 6)~1953년. 자는 성옹(聖翁), 호는 성재(省齋)·시림산인(始林山人). 서울출신. 일제시대에 대한민국임시정부 국무위원 등을 역임하고 대한민국 초대부통령을 역임한 독립운동가·정치인. 1891년(고종 28) 문과에 급제한 후 교리·수찬·우승지·참의내무부사 등을 역임하였다. 1896년 아관파천으로 장인 김홍집이 살해되자 관직을 사임하고 학문에 힘썼다. 1905년 칙명으

▶ 이시영

로 외부교섭국장에 임명된 이후 평안남도 관찰사·중추원칙임의관·한성재판소소장·법부민사국장·고등법원판사 등을 역임하였다. 1907년 신민회에 참여하여 활동하다가 1910년 국권피탈 후 서간도 류허현(柳河縣) 싼위안바오(三源堡)로 망명, 1911년 4월 경학사(耕學社)와 신흥강습소(新興講習所)를 설립하였다. 1919년 4월 대한민국임시정부수립에 참여하여 법무총장·재무총장 등을 지냈다. 1929년 한국독립당 감찰위원장으로 활동하였으며, 1933년 대한민국임시정부 국무위원 겸 법무위원으로 활동하였다. 1935년 한국국민당 감사로 활동하였으며, 1942년 대한민국임시정부 국무위원·재무부장 등을 역임하였다. 1945년 11월 귀국, 1946년 대한독립촉성국민회 위원장으로 선출되어 활동하다가 임시정부와의 노선상의 갈등으로 1947년 모든 공직에서 사퇴하였다. 1948년 8월 대한민국 초대부통령에 당선되었으나 이승만대통령의 전횡에 반대하여 1951년 5월 사임하였다. 1952년 제2대대통령선거에 민주국민당후보로 출마하였으나 낙선하였다. 1953년 사망하였고, 장례는 국민장으로 치러졌다. ● 대한민국임시정부

이앙법(移秧法)

못자리에서 모를 키운 뒤 모가 어느 정도 성장하면 모를 본래의 논에 옮겨 재배하는 벼농사 방법. 고려시대부터 시행된 것으로 추정되며, 조선 전기까지는 수리시설의 미비로 인해 삼남지방의 일부와 이에 인접한 강원도 일부지역에서 시행되었을 뿐 당시까지는 직파법이 주로 시행되었다. 그 뒤 17세기에 이르러 수리시설이 개선되고 농기구의 개량이 이루어지면서 전국적으로 확대 보급되었다. 이앙법은 종전의 직파법에 비해 제초작업이 간소하여 노동력이 적게 드는 대신 수확량은 오히려 증대되었다. 또한 이앙법은 수전에서의 이모작을 가능하게 하여 농민들의 소득증대에 큰 도움을 주었다. 조선 후기 이앙법의 보급으로 생산력이 증대되면서 농민들 일부에서 이른바 경영형부농 또는 광작농이라고 불리는 부농층이 탄생하였으며, 나머지 농민들은 토지에서 밀려나 임노동자로 전락하는 현상을 초래하기도 하였다.

이양선(異樣船)

조선 후기에 우리나라 연안에 나타난 외국선박을 이르는 용어. 대체로 외국

선박을 이르는 용어로 외국의 선박이나 군함 등을 우리나라의 배와 비교하였
을 때 규모나 모양이 매우 크고 달랐기 때문에 이양선이라 부른 것으로 추정
된다. 1735년(영조 11) 황해도 초도에 외국선박이 나타났을 때 처음으로 이
명칭을 사용하였다. ⑧ 황당선(荒唐船)·이국선(異國船)

이완(李浣)

1602년(선조 35)~1674년(현종 15). 자는 징지(澄之), 호는 매죽헌(梅竹軒), 시
호는 정익(貞翼), 본관은 경주(慶州), 조선 중기의 무신. 이수일(李守一)의 아
들로, 1624년(인조 2) 무과(武科)에 급제한 뒤 이서(李曙)의 추천으로 만포첨
사가 되었으며, 이후 영유현령·상원군수·숙천부사·평안도병마절도사 등
을 역임하였다. 병자호란(丙子胡亂) 당시에는 정방산성(正方山城)을 지키다가
적을 동선령(洞仙嶺)으로 유인, 대파하였고, 1638년에는 함경남도병마절도사
를 역임한 후 최명길(崔鳴吉)의 추천으로 동부승지(同副承旨)가 되었다가,
1640년에는 황해병사로 나갔다. 이후 청의 견제로 관직생활을 하지 못하다가
1643년 양주목사로 부임한 후 경기수군절도사 겸 삼도통어사(三道統禦使),
충청도병마절도사·어영대장 등을 역임하였고, 1650년(효종 1) 우포도대장·
한성부우윤·어영대장 등을 역임하였는데, 어영대장 재직시에는 어영청의 군
영화에 주력하면서 안산(安山) 덕물도(德勿島)를 개간하여 둔전(屯田)을 마련
하고 강화도 방비에 진력하였다. 이어 훈련대장·한성부판윤·공조판서·형
조판서 등을 역임하였다. 현종 즉위 후 병조판서·포도대장·수어사 등을 역
임하다 1674년(현종 15) 우의정에 제수되었으나 양역변통에 대한 유소(遺疏)
를 남기고 사망하였다.

이완용(李完用)

1858년(철종 9)~1926년. 자는 경덕(敬德), 호는 일당(一堂). 경기도 광주출신.
1910년 〈한일합병조약〉을 체결한 친일파 관리. 1882년(고종 19) 별시에 급제
한 후 1886년 대교·수찬·응교 등을 역임하였으며, 육영공원에 들어가 영어
와 신학문을 배웠다. 1887년 주차미국참찬관에 임명되어 미국에 갔다가
1888년 병으로 귀국하여 동부승지·이조참의·외무참의 등을 역임하였다.
동년 10월 주차미국참찬관으로 다시 미국으로 건너가 12월 주미대리공사를
지냈다. 1890년 귀국하여 내무참의·좌부승지, 1891년 대사성·형조참판·
협판내무부사, 1892년 이조참판, 1893년 한성부좌윤·공조참판, 1894년 외
무협판, 1895년 학부대신·중추원의관 등을 역임하였다. 1896년 친러파로 박
정양내각에서 외부대신을 지냈으며, 동년 독립협회 결성에 참여하여 위원장
으로 선출되었다. 1897년 학부대신·평안남도관찰사, 1898년 전라북도관찰
사를 역임하였으며, 동년 독립협회회장에 선출되었다가 외부대신 재직시 이

권을 외국에 넘겨주었다 하여 제명되었다. 1901년 궁내부특진관에 임명되면서 친일파로 변신하였다. 1905년 학부대신으로 재임중 고종을 협박하여 〈을사조약〉을 체결케 하였다. 1907년 의정부참정·내각총리대신을 역임하였으며, 7월 헤이그특사사건이 일어나자 일본의 지시를 받고 고종을 강제 퇴위시키는 데 관여하였다. 1910년 8월 전권대사로서 〈한일합병조약〉을 체결하였으며, 이 공로로 일본으로부터 백작의 작위와 은사금을 받다. 국권피탈 후 1912년 중추원부의장, 1918년 조선귀족회부회장 등을 지내면서 적극적인 친일활동을 전개하였으며, 3·1운동 때에는 각종 담화문을 발표하여 민중들의 독립투쟁을 비난하는 등의 친일행위를 자행하였다. 1920년 후작이 되었으며, 조선귀족회부회장·조선사편수회고문 등을 역임하였다. ◑ 일진회·을사조약

이용구(李容九)

1868년(고종 5)~1912년. 초명은 우필(愚弼), 일명 이상옥(李祥玉)·이만식(李萬植), 자는 대유(大有), 호는 해산(海山). 경상북도 상주출신. 대한제국시기 일진회회장 등을 지낸 친일파. 1890년(고종 27) 동학에 입교하여 손병희와 함께 최시형의 제자가 되었다. 1894년 동학농민운동 당시 손병희와 함께 청주에서 봉기하였다가 논산에서 총상을 입고 피신, 1898년 체포되어 투옥되었다가 출옥 후 동학의 포교활동에 종사하였다. 1904년 9월 동학교도들을 규합하여 진보회(進步會)를 조직하였다가 12월 송병준(宋秉畯)의 일진회와 통합하여 회장·13도지회총지회장을 지내면서 친일화하여 일제에 적극적으로 협력하기 시작하였다. 1905년 11월 〈일진회선언〉을 발표하여 〈을사조약〉의 체결을 적극적으로 주장하였다. 동년 12월 손병희가 동학을 천도교로 개칭하자 시천교(侍天敎)를 창설하고 천도교에 대항하였다. 1907년 헤이그특사사건이 일어나자 송병준과 함께 고종의 퇴위를 주장하였으며, 1909년 12월 〈일진회합방청원서〉를 발표하여 일제에 의한 강제합병을 주장하는 등 적극적인 친일행위를 자행하였다. 국권피탈 후 일본으로부터 은사금을 받았으며, 1912년 사망한 후 일본천황이 훈장을 추서하였다. ◑ 일진회

이용후생학파(利用厚生學派) → 실학(實學)

이육사(李陸史)

1904년~1944년. 본명은 원록(源祿), 개명은 이활(李活), 자는 태경(台卿), 아호는 육사(陸史). 경상북도 안동출신. 일제시대에 〈청포도〉·〈광야〉 등의 저항시를 발표한 시인·독립운동가. 대구 교남학교에서 수학하였고, 1925년 상하이에서 의열단에 가입하여 활동하였으며, 1927년 광동(廣東)의 중산대학(中山大學)에 들어가 수학하였다. 1927년 장진홍(張鎭弘)의 조선은행 대구지점폭파

사건에 연루되어 대구형무소에서 3년간 복역하였는데, 이때의 수인번호 64를 따서 호를 '육사'라 하였다. 1932년 난징(南京)의 조선혁명간부학교에 제1기생으로 입교하여 1933년 졸업하였다. 졸업 후 국내로 들어와 조선일보사에 취업하여 기자로 활동하였고, 1934년 3월 조선일보사 대구특파원으로 파견되었다가 일경에 체포되었으나 신병으로 기소유예처분을 받았다. 1935년 《신조선》에 

▶ 이육사

〈황혼(黃昏)〉 등을 발표하면서 본격적인 시작활동을 시작하였으며, 이후 여러 신문사·잡지사의 기자로 활동하면서 30여 편의 시와 소설·수필·문학평론 등을 발표하였다. 1937년 윤곤강(尹崑崗)·김광균(金光均) 등과 함께 동인지 《자오선(子午線)》을 발간하였으며, 이 무렵 〈청포도〉·〈절정(絕頂)〉 등의 시를 발표하였다. 그 뒤 중국을 자주 내왕하며 독립운동을 하였으며, 〈광야〉 등의 시를 발표하였다. 1943년 서울에서 체포되어 베이징으로 송치되어 복역중 1944년 1월 베이징감옥에서 사망하였다. 1968년 안동에 시비가 건립되었다. 유저로 《육사시집》·《광야》 등이 있다.

이윤재(李允宰)

1888년(고종 25)~1943년. 호는 환산(桓山)·환뫼. 경상남도 김해출신. 일제시대에 한글의 연구와 보급에 힘쓴 국어학자. 대구 계성학교를 졸업한 후, 마산의 창신학교·의신여학교 등에서 교사로 재직하였다. 1919년 영변의 숭덕학교 교사로 재직중 3·1운동에 참여하였다가 3년간 복역하였다. 1921년 베이징대학 사학과에 입학하여 수학한 뒤, 1924년 귀국하여 정주의 오산학교에서 교사로 재직하다가 1925년부터 1937년까지 서울의 협성학교·경신학교·배재학교·연희전문학교·감리교신학교 등에 재직하였다. 1927년 6월 계명구락부에 

▶ 이윤재

참여하여 조선어사전편찬위원으로 활동하였으며, 1929년 조선어사전편찬회에 참여하여 집행위원으로 활동하였고, 1930년 조선어학회에 참여하여 〈한글맞춤법통일안〉의 제정위원으로 활동하였다. 1932년 조선어학회의 기관인 《한글》의 편집 및 발행을 담당하였으며, 1934년 진단학회의 창립에 참여하여 국사연구에 진력하였다. 1935년 조선어표준어사정위원회 사정위원이 되었으며, 1936년 조선어학회의 조선어사전편찬위원회 편찬전임집필위원이 되었다. 1937년 수양동우회사건(修養同友會事件)으로 체포되어 1년 6개월을 복역한 후 1938년 출옥하였다. 1941년 기독신문사 주필로 활동하다가 1942년 조선어학회사건으로 체포되어 함흥형무소에서 복역중 1943년 사망하였다. 1947년 유고로 《표준한글사전》이 간행되었으며, 저서로 《성웅이순신》·《문예독본》 등이 있다.

이의민(李義旼)

?~1196년(명종 26). 본관은 경주. 고려 무신집권기 집권자 가운데 한 사람. 부모가 모두 천인으로 안찰사 김자양(金子陽)에 의해 발탁되어 경군으로 뽑혔고, 수박(手搏)을 잘하여 의종의 총애를 받아 별장이 되었다. 1170년(의종 24) 무신란이 일어나자 적극 가담, 난 성공 후 중낭장이 되었다가 곧 장군으로 승진하였다. 1173년(명종 3) 김보당(金甫當)이 난을 일으키고 의종의 복위를 꾀하자 경주로 온 의종을 살해하였으며 그 공으로 대장군에 제수되었다. 이듬해 정동대장군 지병마사(征東大將軍知兵馬事)가 되어 조위총(趙位寵) 난을 진압한 공으로 상장군에 제수되었으나 1179년 경대승(慶大升)이 집권하면서 경주에 은거하다가 경대승 사후 공부상서에 제수되었다. 이어 수사공 좌복야를 거쳐 동중서문하평장사 판병부사에 이르렀다. 1196년 최충헌 형제에 의해 미타산(彌陀山) 별장에서 살해되었다. ➡ 무신정변

이의봉(李義鳳)

1733년(영조 9)~1801년(순조 1). 초명은 상봉(商鳳), 자는 백상(伯祥), 호는 나은(懶隱). 본관은 전주. 조선 후기에 국어사전인 《고금석림(古今釋林)》을 저술한 문신. 1773년(영조 49) 문과에 급제하여 부수찬·교리 등을 역임하였다. 1788년(정조 12) 신천군수, 1791년 경연관, 1792년 좌승지, 1799년 대사간 등을 거쳐 1800년 공조참판을 지냈다. 저서로 《산천지(山川志)》, 《고금석림》 등이 있다. ➡ 고금석림

이이(李珥)

1536년(중종 31)~1584년(선조 17). 자는 숙헌(叔獻), 호는 율곡(栗谷)·석담(石潭)·우재(愚齋), 시호는 문성(文成). 본관은 덕수. 조선 중기의 문신·학자. 사헌부 감찰(監察) 이원수(李元秀)의 아들로, 어머니는 사임당 신씨(師任堂申氏)이다. 소년시절은 주로 외가가 있는 강릉에서 지냈으며, 1541년(중종 36) 아버지의 본가(本家)가 있는 서울로 올라와 거주하였다. 1551년(명종 6) 어머니를 여의고 3년간 시묘하고 1554년에 금강산에 들어가 불교를 공부하

다가 이듬해 하산하여 유학에 전념하였다. 이이는 각종 시험에서 장원만 아홉 번을 차지하는 기록을 남겼다. 1564년에 호조좌랑을 시작으로 관직생활을 시작하여, 정언·이조좌랑·지평·대사간 등 청요직을 거쳤으며, 40대에는 부제학·대사헌·호조판서·이조판서·병조판서 등 6조의 판서직을 두루 역임하였다. 당대 석학인 이황·성혼(成渾)과 교류하며 이기(理氣)·사단칠정(四端七情) 등에 대해 토론을 벌였다. 이외에도 송익필(宋翼弼)·정철(鄭澈)·박순(朴淳) 등 당대의 학자들과 교분을 두터이 하였으며,

▶ 이이의 동상

많은 문인들을 양성했다. 이이의 대표적인 문인으로는 김장생(金長生)·조헌(趙憲)·정엽(鄭曄)·이귀(李貴)·황신(黃愼)·박여룡(朴汝龍) 등이 있다. 특히 김장생은 이이의 수제자로서 그의 학통은 아들 김집(金集)을 거쳐 송시열(宋時烈)에 계승시킴으로써 조선 후기 사회를 이끌어간 학문적 기틀을 마련하였다. 또한 이이는 자신이 살던 16세기 후반의 시기를 경장(更張)이 요구되는 시대로 인식하고, 향약의 보급에 주력하였으며, 수미법(收米法)과 사창제(社倉制)의 실시, 경제사(經濟司) 설치 등 민생을 안정시키고 사회의 모순을 개혁하는 정책을 구체적으로 제시하였다. 한편으로 그는 동인과 서인이 당파상으로 분열해가는 시대를 살면서 붕당간의 조정에 힘을 쓰기도 했다. 1575년 동인과 서인이 분립되자 이이는 동인과 조제보합책(調劑保合策)을 제시하였다. 그러나 당시 정국을 주도하던 동인들은 이를 비판하고 이이를 서인의 당파로 지목하였다. 1584년 49세로 사망하였다. 대표적인 저술로는 《동호문답(東湖問答)》·《만언봉사(萬言封事)》·《인심도심설(人心道心說)》·《성학집요(聖學輯要)》·《격몽요결(擊蒙要訣)》·《기자실기(箕子實記)》 등이 있다.

㉴ 묘는 경기도 파주시 자운산 선영에 위치하며, 이외에도 오죽헌(烏竹軒 : 강원도 강릉 소재) 등이 그의 유적으로 유명함, 자운서원(紫雲書院 : 경기도 파주), 송담서원(松潭書院 : 강원도 강릉) 등에 제향됨.

이익(李瀷)

1681년(숙종 7)~1763년(영조 39). 자는 자신(子新), 호는 성호(星湖). 본관은 여주. 조선 후기에 《성호사설(星湖僿說)》 등을 저술한 실학자. 형 이잠(李潛)에게서 학문을 배웠으며, 1706년(숙종 32) 형이 당쟁에 연루되어 희생당하자 벼슬을 단념하고 광주군 첨성리(현 경기도 안산시)에 머물며 일생을 학문에 전념하였다. 사후에 이조판서에 추증되었다. 그는 집에 보관되어 온 수천권

▶ 이익의 묘

의 장서를 토대로 유학·천문·지리·역사·제도·풍속·자연과학·경제·문학 등 여러 방면에 걸쳐 깊이 연구하였으며, 서양의 과학 지식과 천주교에 대해서도 깊이 연구하고 비판·흡수하여 성호학이라 불리는 사상 체계를 형성하였다. 그는 당시의 사회제도를 실증적으로 분석·비판하여 정책적 대안을 제시하였다. 우선 그는 중농사상에 입각한 전제개혁의 방안으로서 한전론(限田論)을 주장하여 한 가정이 생활을 유지하는 데에 필요한 일정한 토지를 영업전으로 하고 그 밖의 토지는 매매할 수 있게 하여 토지소유의 평등을 이루고자 하였다. 또한 인재양성을 위하여 과거제도를 고치고, 반상(班常)·적서(嫡庶)·노비의 차별제도를 철폐할 것을 주장하였다. 그리고 서양의 의술, 무기의 제조 및 사용방법 등을 적극적으로 수용해야 한다고 주장하였다. 그의 학풍은 이맹휴(李孟休)·신후담(愼後聃)·안정복·권철신(權哲身)·이중환·정약용 등에게 계승되었다. 저서로는 《성호사설》·《곽우록(藿憂錄)》·《성호선생문집》 등이 있다. ◐ 성호사설
㉨ 묘소는 경기도 안산시에 소재함.

이인로(李仁老)

1152년(의종 6)~1220년(고종 7). 초명은 이득옥(李得玉), 자는 미수(眉叟), 호는 쌍명재(雙明齋). 본관은 경원(慶源). 고려 후기 시로써 명성을 떨친 문신. 무신란이 일어나자 중이 되어 난을 피하였다가, 1180년(명종 10) 과거에 장원으로 급제하여 계양관기(桂陽管記)로 보임되었다. 임기를 마치고 개경으로 돌아와 직사관(直史館)이 되었는데 이로부터 사관(史館)과 한림원(翰林院)의 직을 역임하였고, 이외에도 예부원외랑·비서감·우간의대부 등을 역임하였다. 오세재(吳世材)·임춘(林椿) 등과 죽림고회(竹林高會)를 이루어 활동하였다. 저서로는 《은대집(銀臺集)》·《쌍명재집》·《파한집(破閑集)》 등이 있으나 《파한집》 만이 전한다. ◐ 파한집

이인영(李麟榮)

1867년(고종 4)~1909년. 일명은 준영(晙榮). 경기도 여주출신. 대한제국시기 13도창의군(十三道倡義軍)의 총대장으로 활약한 의병장. 1895년(고종 32) 을미사변이 일어나자 유인석·이강년(李康秊) 등과 함께 원주에서 의병을 일으

켜 활약하다가 1896년 고종의 해산명령을 받고 의진을 해산하고 문경에 은둔하였다. 1907년 군대해산을 계기로 의병봉기가 활발해지면서 이은찬(李殷贊) 등이 의병을 모집하고 이인영을 총대장에 추대하자 관동창의대장에 취임하여 원주일대에서 활약하였다. 12월 허위(許蔿)·이강년·민긍호(閔肯鎬)·신돌석(申乭石) 등과 함께 경기도 양주에 모여 연합의병부대인 13도창의군을 편성하고 총대장에 추대되어 서울진공작전을 추진하였으나 아버지의 사망소식을 듣고 통수권을 허위에게 맡긴 뒤 문경으로 돌아갔다. 1909년 6월 일본헌병에게 체포되어 사형을 선고받고 옥중에서 순국하였다.

이인직(李人稙)

1862(철종 13)~1916. 호는 국초(菊初). 경기도 이천출신. 일제시대에 우리나라 최초의 신소설인 〈혈(血)의 누(淚)〉를 쓴 소설가. 1900년 관비유학생으로 도쿄의 정치학교에서 수학하였고, 1904년 러일전쟁 당시 일본 육군통역관으로 종군하였다. 1906년 만세보의 주필로 있으면서 우리나라 최초의 신소설인 〈혈의 누〉를 연재하였다. 1908년 극장 원각사(圓覺社)를 세워 〈은세계〉·〈춘향가〉·〈심청가〉 등의 창극을 공연하여 신극운동을 전개하였다. 1910년 한일합병 당시 이완용을 도왔으며, 다이쇼(大正) 천황 즉위식에 헌송문을 지어 바치는 등 친일행각을 자행하기도 하였다. 우리나라에서는 처음으로 산문성 짙은 언문일치의 문장으로써 개화사상을 고취하는 신소설을 많이 썼다. 대표작으로 〈혈의 누〉·〈귀의 성〉·〈치악산〉·〈모란봉〉 등이 있다. ➡ 은세계·혈의누

이자겸(李資謙)

?~1126년(인종 4). 본관은 경원. 고려 전기 인종 때 반란을 일으킨 외척·권신. 경원백(慶源伯) 이호의 아들로, 음서로 관직에 진출하여 합문지후·급사중(給事中) 등을 역임하였으며, 둘째딸을 왕에게 출가시켜 외척이 되었다. 1110년 이후 전중감 동지추밀원사(殿中監同知樞密院事)·참지정사·상서좌복야(尙書左僕射)·병부상서 판삼사사·중서시랑평장사 등을 역임하였다. 1122년 예종 사후 자신의 외손인 인종을 옹립하고 반대세력인 한안인(韓安仁), 문공미(文公美)와 그 친인척 등을 제거하고 권력을 장악하였다. 이 즈음 숭덕부(崇德府)라는 관부와 요속이 배치되었으며, 부인은 진한국대부인(辰韓國大夫人)에 봉해졌다. 한편 그는 경원이씨 이외의 다른 성씨에서 왕비가 나와 권세를 잃을 것을 두려워하여 셋째딸과 넷째딸을 왕에게 바치니 세 왕비가 모두 그의 딸이었다. 이와 같이 권세가 왕을 능가할 지경에 이르자 1126년 2월 왕의 측근에 있던 내시지후(內侍祇侯) 김찬과 동지추밀원사 지녹연 등이 그와 척준경(拓俊京)을 제거하고자 군대를 일으켰으나 오히려 척준경에 의해 진압되었다. 이 과정에서 왕은 진압 병사들에게 모욕을 당하고 궁궐 대부분이 불

탔으며, 그 뒤 척준경 등 일당이 중용되고 이자겸의 권세는 더욱 강화되었는데 이를 '이자겸의 난'이라고 한다. 이 과정에서 인종은 이자겸에게 선위의 교서를 내리기도 하였다. 뒤에 이자겸의 발호가 더욱 심해진 데 불안을 느낀 왕은 내의군기소감(內醫軍器少監) 최사전(崔思全)과 대책을 상의한 끝에 척준경을 설득하여 이 해 5월에 이자겸을 체포하였고, 결국 이자겸은 영광으로 유배되었다가 그곳에서 죽었다.

이정(李霆)

1541년(중종 36)~1622년(광해군 14), 자는 중섭(仲燮), 호는 탄은(灘隱), 봉호는 석양군(石陽君), 본관은 전주, 조선 중기 묵죽화(墨竹畵)를 잘 그린 왕족화가. 세종의 현손이며 익주군(益州君) 이지(李枝)의 아들로, 시·서·화에 뛰어났으며, 특히 조선시대 묵죽화(墨竹畵)의 최고대가로 일컬어진다. 그의 묵죽화는 조선 초기의 세죽(細竹) 경향에서 탈피하여 대나무 줄기와 잎의 비례가 좀더 조화되는 모습을 보여주었으며, 짙은 먹과 옅은 먹의 대나무를 한 화면에 배합하여 거리감, 공간감의 조성효과를 내면서 보다 다양한 변화를 부여하였다. 그의 묵죽화풍은 후대에까지 깊은 영향을 미쳤다. 유작으로 〈풍죽도(風竹圖)〉·〈묵죽도(墨竹圖)〉·〈금니죽도(金泥竹圖)〉 등이 있다.

▶ 이제마

이제마(李濟馬)

1838년(헌종 4)~1900년. 자는 무평(務平), 호는 동무(東武). 본관은 전주. 조선 후기에 사상의학(四象醫學)을 제창한 한의학자. 어려서부터 의약·복서(卜筮) 등에 관한 서적들을 탐독하며 의학연구에 힘썼다. 1892년(고종 29) 진해현감을 지냈으며, 1896년 최문환(崔文煥)의 난을 평정한 공으로 고원군수에 추천되었으나 나아가지 않았다. 그는 《주역》의 태극설인 태양(太陽)·소양(少陽)·태음(太陰)·소음(少陰)의 사상(四象)을 인체에 적용하여 기질의 차이에 따라 사람의 체질을 4가지로 나누고 그에 맞는 치료방법을 제시한 사상의학을 창안하였다. 이는 종래의 음양오행설에 따른 한방의학의 치료법과는 다른 임상학적인 치료방법이라는 데에 그 의의가 있다고 할 수 있다. 저서로 《동의수세보원(東醫壽世保元)》·《격치고(格致藁)》 등이 있다. ◐ 동의수세보원

이제현(李齊賢)

1287년(충렬왕 13)~1367년(공민왕 16). 초명은 이지공(李之公), 자는 중사(仲思), 호는 익재(益齋) · 실재(實齋) · 역옹, 시호는 문충(文忠). 본관은 경주. 고려 후기 재상 · 학자. 검교정승 이진의 아들로, 1301년(충렬왕 27) 성균시에 1등으로 합격하고 이듬해 과거에 급제한 후 권무직으로 봉선고판관(奉先庫判官)과 연경궁녹사(延慶宮錄事)와 예문춘추관 · 사헌규정(司憲糾正) · 전교시승(典校寺丞) · 삼사판관 · 서해도안렴사 · 성균악정(成均樂正) 등을 역임

▶ 이제현

하였다. 1314년 원나라에 가서 조맹부(趙孟頫) 등과 고전을 연구하였고, 이후 진현관제학 · 지밀직사(知密直事) 등을 역임하였다. 1320년에는 충선왕이 모함으로 유배되자 원나라에 그 부당함을 밝혔으며 이를 계기로 1323년 충선왕은 풀려나게 되었다. 1323년 이후 밀직사사 · 정당문학(政堂文學) · 삼중대광영예문관사(三重大匡領藝文館事)에 올랐고 1339년 심양왕(瀋陽王) 고(暠)가 원나라에 충숙왕을 모함하자 연경(燕京)에 가서 해명하고 돌아왔으며, 1343년(충혜왕 복위 4) 원나라 사신이 왕을 잡아가자 사면을 요청하기도 하였다. 1351년(공민왕 즉위년) 공민왕이 즉위하자 우정승 · 권단정동성사(權斷征東省事) · 도첨의정승 · 문하시중 등을 역임하였다. 당대의 명문장가로 정주학(程朱學)의 기초를 확립하였고, 조맹부의 서체를 도입하여 유행시켰다. 저술은 문집으로 《익재난고(益齋亂藁)》와 《역옹패설》 등이 전한다. ◐ 역옹패설

㉴ 구강서원(龜岡書院:경주) · 도산서원(道山書院:금천) 등에 제향됨.

이종휘(李種徽)

1731년(영조 7)~1797년(정조 21). 호는 수산(修山) · 각재(覺齋) · 함해당(涵海堂). 본관은 전주. 조선 후기의 역사학자. 1771년(영조 47) 진사시에 합격한 후 음직(蔭職)으로 옥과현감 · 공주판관 등을 지냈다. 그는 성리학과 양명학을 함께 수용하며 학문에 전념하였는데, 특히 역사분야에 큰 관심을 가지고 연구하였다. 그는 그의 저서 《동사(東史)》에서 단군 · 기자의 전통이 고구려로 이어졌다고 주장하였으며, 《선춘령기(先春嶺記)》에서도 두만강 이북의 선춘령이 고려의 영토였다고 주장하는 등 북방계 중심의 역사를 서술하여 한반도 중심의 협소한 사관을 극복하고자 하였다. 문집으로 《수산집》이 있다.

▶ 이준

이준(李儁)

1859년(철종 10)~1907년. 초명은 성재(性在)·여천(汝天), 자는 순칠(舜七), 호는 일성(一醒)·해사(海史)·청하(靑霞)·해옥(海玉). 함경남도 북청출신. 대한제국시기 네덜란드 헤이그에서 열린 만국평화회의에 고종의 특사로 파견되었다가 자결한 지사. 1887년(고종 24) 초시에 합격하였으며, 1895년 법관양성소를 졸업하였다. 1896년 한성재판소검사보에 임명되었다가 사직하고 일본에 건너가 와세다대학(早稻田大學) 법과에 입학하여 1898년 졸업 후 귀국하였다. 귀국후 평리원검사를 지내면서 독립협회활동에 참여하였다. 1902년 이상재 등과 함께 개혁당을 조직하여 개혁운동을 전개하였다. 1904년 일본의 황무지개간권요구에 대한 반대운동을 목적으로 보안회를 조직하여 반대투쟁을 전개하였으며, 12월 일진회에 대항하여 공진회(共進會)를 조직하고 회장으로 활동하다가 체포되어 6개월간 유배되었다. 1905년 5월 헌정연구회를 조직하고 회장으로 활동하였으며, 11월 〈을사조약〉이 체결되자 조약 폐기상소를 올리는 등 조약반대운동을 전개하였다. 1906년 국민교육회를 조직하고 회장으로 교육운동에 종사하였으며, 한북흥학회를 조직하고 회장으로 활동하였다. 1907년 국채보상운동이 일어나자 서울에 국채보상연합회의소를 설립하고 소장으로 모금운동을 전개하였으며, 4월 신민회에 가입하여 활동하였다. 동년 7월 헤이그에서 개막되는 만국평화회의에 고종의 특사로 파견되어 조약의 무효를 주장하는 고종의 친서를 전하고, 회의에 참석하고자 하였으나 일본의 방해로 실현되지 않자 언론을 통해 일제의 한국침략을 폭로한 후 자결하였다. ➡ **헤이그특사사건**

▶ 이중섭

이중섭(李仲燮)

1916년~1956년. 호는 대향(大鄕). 평양출신. 현대의 서양화가. 1937년 일본 도쿄문화학원에 들어가 공부하였으며, 재학중 일본의 자유미술협회전과 미술창작가협회전 등에 참여하여 수상하였다. 1945년 귀국하여 원산에서 원산신미술가협회를 결성하여 활동하다가 6·25전쟁이 일어나자 월남하여 신사실파(新寫實派) 동인으로 활동하였으며, 1952년 기조전(其潮展)을 개최하였다. 그는 생활고로 인해 일본 처가에 맡겨놓

앗던 가족의 모습 등 개인적 삶의 고뇌가 담긴 소재와 소·닭 등의 토속적이고 한국적인 대상들을 소재로 삼아 강렬한 색감과 생략적이고 힘찬 선묘를 특징으로 하는 개성적인 화풍을 이룩하였다. 대표작으로는 〈황소〉·〈흰소〉·〈투계〉·〈집 떠나는 가족〉 등이 있다.

이중환(李重煥)

1690년(숙종 16)~1756년(영조 32). 자는 휘조(輝祖), 호는 청담(淸潭)·청화산인(靑華山人). 본관은 여주. 조선 후기에 지리서인 《택리지(擇里志)》를 저술한 문신. 이익(李瀷)의 문하에서 수학하면서 그의 실사구시(實事求是) 학풍을 이어받았다. 1713년(숙종 13) 문과에 급제하여 1717년 김천도찰방(金泉道察訪)이 되었다. 1722년(경종 2) 신임사화 이후 병조좌랑이 되었으나, 1724년(영조 즉위년) 영조가 즉위하여 목호룡의 고변이 무고임이 밝혀지자 절도로 유배되었다. 1727년 풀려난 뒤 30년간 전국 각지를 돌아다니며 지리·사회·경제를 연구하여 《택리지》를 저술하였다. ⟴ 택리지

이차돈(異次頓)

506년(지증왕 7)~527년(법흥왕 14). 신라의 불교 공인을 이루게 한 순교자. 기록에 따라 염촉(厭觸)·거차돈(居次頓)·처도(處道)라고도 한다. 그에 대한 기록은 《삼국사기》·《삼국유사》 이차돈순교비인 〈백률사석당기(栢栗寺石幢記)〉 등에 나타나 있는데, 순교에 대한 기록은 조금씩 차이가 있으나 대체적인 내용을 정리하면 다음과 같다. 법흥왕은 즉위한 이후로 불교를 일으켜 사원을 지어 나라와 백성의 복을 구하려고 하였으나, 신하들의 반대가 심하여 고심하고 있었다. 이때 왕의 뜻을 헤아린 이차돈은 자신이 왕명을 받들어 천경림(天鏡林)에 절을 짓는다고 소문을 내면 신하들이 흥분하여 왕에게 항의를 할테니, 이때 거짓으로 명을 전하였다 하여 자신의 머리를 베면 반드시 신이(神異)한 일이 일어나 만인이 다 굴복할 것이라고 하였다. 왕과의 밀약대로 절을 짓기 시작하자 과연 신하들의 반대가 심하여 이차돈을 처형하도록 하였다. 이때 이차돈은 자신이 죽은 뒤 반드시 이적이 있을 것이라는 말을 남겼는데, 목을 베자 머리는 멀리 날아 금강산 꼭대기에 떨어졌고, 잘린 목에서는 흰 젖같은 피가 수십 장(丈)이나 솟아올랐으며, 갑자기 캄캄해진 하늘에서는 아름다운 꽃이 떨어지고 땅이 크게 진동하였다. 이에 신하들은 자기들의 어리석음을 깨닫고 불교를 공인하게 되었다. 817년(흥덕왕 9)에 혜륭(惠隆)이 주도가 되어 이차돈의 무덤을 축수하고 큰 비를 세웠는데, 지금 국립경주박물관에 소장되어 있는 이차돈순교비가 바로 이때 만들어진 비로 추정된다.

이천(李蕆)

1376년(우왕 2)~1451년(문종 1), 호는 불곡(佛谷), 본관은 예안(禮安), 조선 전기 천문 기구와 활자 개발에 공이 있는 과학자. 이송의 아들로, 1402년(태종 2) 무과에 합격하였고, 1436년(세종 18)에는 평안도 도절제사로 여진족을 토벌하기도 하였다. 세종 때와 그 후에 활자 주조 등을 관장하여 경자자(庚子字)(1420)와 갑인자(甲寅字)(1434) 등의 활자를 제작하였고, 천문기구인 대간의(大簡儀)·소간의(小簡儀)·규표(圭表)·혼의(渾儀) 등과 해시계, 대포의 제작과 조선(造船) 기술 등의 발전에 공을 남겼다.

이토 히로부미(伊藤博文)

1841년~1909년. 본명은 하야시 도시스케(林利助). 일본 조슈(長州) 출신. 한국의 초대통감을 역임한 일본의 정치가. 하급무사인 이토가(伊藤家)의 양자로 들어갔으며, 요시다(吉田松陰)의 문하에서 수학하였다. 1859년 에도(江戶)에서 존왕양이운동(尊王攘夷運動)에 참여하였다. 그 뒤 영국에 유학하였다가 귀국, 1868년 메이지신정부(明治新政府)에 참여하여 효고현지사(兵庫縣知事)를 거쳐 대장소보(大藏少輔)·민부소보(民部少輔)·공부대보(工部大輔) 등을 지냈다. 1878년 메이지정부의 최고지도자가 되었다. 1885년 내각제도를 창설하여 초대내각총리대신 겸 궁내부대신이 되었다. 1888년 추밀원을 창설하여 초대의장이 되었고, 1890년 양원제에 의한 의회가 수립됨으로써 일본의 실질적 최고지도자가 되었으며, 귀족원을 창설하여 초대귀족원의장이 되었다. 이후 제2·3·4차 내각의 총리를 역임하였으며, 러일전쟁 후 주한특파대사로서 한국에 부임하여 1905년 〈을사조약〉을 강제 체결하였으며, 통감부 초대통감이 되어 한국을 합병하는 데 진력하였다. 1909년 10월 만주 하얼빈(哈爾濱)에서 안중근에게 살해되었다.

이팔 독립선언(獨立宣言)

1919년 2월 8일 도쿄에서 한국인 유학생들이 한국의 독립을 선언한 운동. 1919년 1월 일본에 유학하고 있던 한국인 유학생들 사이에 민족자결요구를 반영시키기 위한 거족적인 독립운동을 전개해야 한다는 열의가 고조되어 가던 가운데 최팔용(崔八鏞)·김도연(金度演)·이광수·백관수(白寬洙)·송계백(宋繼白) 등이 조선청년독립단을 조직하고 독립운동을 추진하였다. 이들은 독립선언서와 결의문을 작성하여 국내 및 상하이의 독립운동가들과 연계하기 위해 이광수와 송계백 등을 서울과 상하이로 파견하였다. 2월 8일 도쿄 조선기독교청년회관에서 600여 명이 모인 가운데 한국유학생대회를 열고, 선언서와 결의문을 낭독하고 만세를 외친 뒤, 일본의회에 청원서를 제출하려다가 일경의 제지로 실패하였다. 이들이 발표한 독립선언서는 우리 민족이 역사상이민족의 지배를 받은 바가 없음을 명확히 하고 일제의 침략은 사기와 폭력의 방법이라고 고발하면서 〈한일합병조약〉의 폐기와 조선독립을 선언하고 민족대회 소집을 요구하여 이를 실현하기까지 혈전

▶ 이팔독립선언

을 벌일 것을 선언하였다. 2·8독립선언으로 주모자 60여 명이 일경에 체포되었으며, 이 가운데 최팔용·서춘(徐椿)·백관수·김도연 등 주모자 9명이 징역 1년에서 3개월까지의 금고형을 선고받고 복역하였다. 2·8독립선언은 이후 국내외의 독립운동에 커다란 영향을 미쳐 1919년 3·1운동이 일어나는 직접적인 계기가 되었다.

이항로(李恒老)

1792년(정조 16)~1868년(고종 5). 초명은 광로(光老), 자는 이술(而述), 호는 화서(華西), 시호는 문경(文敬). 본관은 벽진. 조선 후기의 성리학자. 1840년(헌종 6) 학행으로 천거되어 휘경원참봉(徽慶園參奉)에 임명되었으나 사양하였다. 1866년(고종 3) 병인양요 때 동부승지로 강력한 주전론(主戰論)을 펼쳤으며, 경복궁 중건과 과도한 세금징수 등에 대해 강력히 반대하여 흥선대원군과 대립하였다. 그는 강력한 척사론자로 춘추의리에 바탕한 이단배척과 서양문물에 대한 배척을 강조하였다. 과거의 철학전통을 재검토하여 이기(理氣)는 서로 분리되지 않는 측면과 서로 섞일 수 없는 측면이 모두 있으나 이(理)가 중심이 되어 기(氣)를 다스려야 한

▶ 이항로

다고 주장하는 등 주리론(主理論)을 주장하였다. 그는 화서학파(華西學派)를 형성하여 근대 위정척사론과 의병항쟁의 사상적 기초를 마련하였다. 사후에 내부대신에 추증되었으며, 문인으로 김평묵(金平默)·유중교(柳重敎)·유인석·최익현 등이 있다. 저서로 시문집인 《화서집》을 비롯하여 편저인 《화동역사합편강목(華東歷史合編綱目)》 등이 있다.

㉴ 묘소는 경기도 양평군에 소재함.

이해조(李海朝)

1869년(고종 6)~1927년. 호는 동농(東濃)·열재(悅齋), 필명은 우선거사(于山居士)·선음자(善飮子)·하관생(遐觀生)·석춘자(惜春子). 경기도 포천출신. 일제시대에 신소설 〈자유종〉 등을 저술한 작가. 어려서 한학을 공부하였으며, 1898년 초시에 합격하였으나 관직을 포기하고 애국계몽운동에 참여하였다. 1906년 11월부터 잡지 《소년한반도》에 소설 〈잠상대(岑上臺)〉를 연재하면서 문단활동을 시작하였다. 1908년 대한협회 교육부사무장 및 평의원으로 활동하였으며, 기호흥학회에 가입하여 기관지 〈기호흥학회월보〉의 편집인으로 활동하였다. 1910년 국권피탈 후 중추원의관을 지내는 등 친일화하기도 하였다. 1910년대 이후 제국신문·매일신보 등을 통해 봉건관료비판·여권신장·신교육·미신타파 등을 주제로 한 30편에 이르는 신소설을 비롯하여 각종 번안소설들을 발표하였다. 대표작으로 〈자유종〉·〈화의 혈〉·〈옥중화〉·〈철세계(鐵世界)〉 등이 있다.

이황(李滉)

▶ 이황의 동상

1501년(연산군 7)~1570년(선조 3). 자는 경호(景浩)·계호(季浩), 호는 퇴계(退溪)·도옹(陶翁)·퇴도(退陶)·퇴도만은(退陶晚隱)·청량산인(淸凉山人), 시호는 문순(文純). 본관은 진보(眞寶). 조선 중기 성리학을 체계화한 대표적인 성리학자. 이식(李埴)의 아들로 숙부 이우 등에게 《논어》 등을 배웠으나, 대부분의 시기를 특별한 스승없이 독학하였다. 1534년(중종 29) 문과에 합격한 이래 관직을 계속 역임하여 1543년 성균관사성에 올랐으며 경연관으로 활약하였다. 이어 단양군수·풍기군수 등 지방관을 역임하고 1549년(명종 4) 백운동서원(白雲洞書院)의 사액(賜額)을 청하여 허락받았다. 이 해 고향으로 돌아와 1553년부터 2년간 대사성을 지낸 것을 제외하고는 거의 관직에 나아가지 않고, 도산서당(陶山書堂) 등에 은거하면서 학문연구와 후진양성에 힘썼다. 1559년부터 7년간 기대승과 사단칠정(四端七情)에 대한 논쟁을 벌이기도 하였다. 이황의 학문은 주자(朱子)의 설을 계승하여 이기론에서는 이선기후(理先氣後)·이기이원론을, 심성론에서는 이기호발설(理氣互發說)을 주장하였으며, 수양론에서는 지행병진(知行并進)의 원리로서 경(敬)을 강조하였다. 그의 학문적 업적은 일본 주자학 발전에도 큰 영향을 미쳤다. 저술로는 《계몽전의(啓蒙傳義)》·《주자서절요(朱子書節要)》·

《자성록(自省錄)》·《송계원명이학통록(宋季元明理學通錄)》·《심경후론(心經後論)》·《성학십도(聖學十圖)》 등이 있다. ◐ 성학십도
㊌ 생가·묘소·도산서원(이상은 경상북도 안동시에 소재함)

이회영(李會榮)

1867년(고종 4)~1932년. 자는 성원(聖遠), 호는 우당(友堂). 서울출신. 일제시대에 신민회·경학사·재중국조선무정부주의자연맹 등을 조직하여 활동한 독립운동가. 1905년 〈을사조약〉이 체결되자 나철 등과 함께 을사오적의 암살을 기도하였으나 성공하지 못하였다. 1907년 상동청년학원학감으로 교육운동에 종사하였으며, 안창호 등과 함께 신민회를 조직하고 중앙위원으로 활동하였다. 1910년 7월 신민회의 해외독립운동기지 건설계획에 따라 이동녕 등과 함께 만주로 망명, 류허현(柳河縣) 싼위안바오(三源堡)에 해외독립운동기지의 거점을 마련하였다. 1911년 경학사를 조직하고 내무부장으로 활동하였으며, 1912년 독립군양성을 목적으로 신흥강습소를 설립하였다. 1918년 고종의 국외망명을 추진하였으나 고종의 사망으로 실현되지 못하였다. 1919년 상하이에서 임시정부수립에 관여하다가 독립운동방략상의 차이로 임시정부에 참여하지 않고 베이징으로 가서 새로운 독립운동방략을 모색하였다. 그러던 중 무정부주의사상을 접하게 되어 1924년 4월 베이징에서 재중국조선무정부주의자연맹을 조직하고 활동하였다. 1928년 2월 상하이에서 재중국조선무정부공산주의자연맹을 조직하고 기관지 〈탈환(奪還)〉을 발간하였으며, 1931년 9월 상하이에서 남화한인청년연맹(南華韓人靑年聯盟)을 결성하였다. 동년 11월 중국·일본 무정부주의자들과 연대하며 항일구국연맹(抗日救國聯盟)을 결성하고 기획위원에 선임되어 활발한 무정부주의운동을 전개하였다. 1932년 11월 만주지역에서의 독립운동 전개를 위한 정보수집차 다롄(大連)으로 가던 중 일경에 체포되어 고문으로 사망하였다.

인안(仁安) → 발해(渤海)

인왕제색도(仁王霽色圖)

1751년(영조 27) 정선(鄭敾)이 그린 진경산수화. 그림의 우측 상단에 '仁王霽色 謙齋 辛未閏月下浣(인왕제색 겸재 신미윤월하완)' 이라는 묵서(墨書)로 보아 정선이 75세 되던 해(1751) 여름 윤5월 하순에

▶ 인왕제색도

인왕산의 풍경을 그린 작품임을 알 수 있다. 한여름 소나기가 지나간 뒤 삼청동·청운동 쪽에서 바라본 인왕산의 비에 젖은 바위와 낮게 깔린 구름, 녹음이 짙은 수목을 화면을 꽉 채우는 현대적 감각의 구도로 표현하였는데, 계절과 날씨의 변화에 대한 자연의 인상적인 순간을 포착한 점이 돋보인다. 경기도 용인에 있는 호암미술관에 소장되어 있으며, 국보 제216호로 지정되었다.

◐ 정선

인조반정(仁祖反正)

1623년(광해군 15) 서인일파가 중심이 되어 능양군 종(綾陽君倧 : 仁祖)을 옹립한 정변. 광해군의 폐모살제(廢母殺弟)와 숭명반청을 명분으로 서인들이 중심이 되어 일으킨 정변이다. 이귀(李貴)·김자점(金自點)·김류(金瑬)·이괄(李适) 등이 중심이 되어 정변을 추진하였는데, 1623년 3월 13일 밤에 이귀·심기원(沈器遠)·최명길(崔鳴吉)·김자점 등은 병력 6백~7백 명으로 홍제원(弘濟院)에 모여 김류를 대장으로 삼고, 능양군은 친병(親兵)을 거느리고 고양 연서역(延曙驛)에 나아가 장단부사 이서(李曙)의 병력 7백여 명과 합류하여, 먼저 창의문(彰義門)을 돌파하고 창덕궁으로 향하였다. 광해군은 반군이 대궐에 들어간 뒤 피신하였고 능양군은 보새(寶璽)를 거두어 경운궁에 유폐중인 대비 김씨에게 바치니, 대비는 광해군을 폐하고 능양군을 즉위시키는데, 이가 곧 인조이다. 광해군은 의관(醫官) 안국신(安國臣)의 집에 숨었으나 곧 체포되었는데, 대비 김씨는 광해군의 죄를 들어 처형하려 하였으나, 새 왕의 간청으로 서인으로 폐하고 강화로 귀양보냈으며, 대북파의 이이첨·정인홍(鄭仁弘)·이위경(李偉卿) 등 수십 명을 참형에 처하고 2백 명을 귀양보냈다. 반면, 반정에 공을 세운 서인의 이귀·김류 등 33명은 세 등급으로 나누어 정사공신(靖社功臣)의 훈호(勳號)를 받고, 각기 등위에 따라 관직을 내렸다. 그러나 논공이 공평하지 못하여 서인간에 반목이 있었으며, 1년 뒤 이괄의 난을 초래하는 요인이 되기도 하였다.

일연(一然)

1206년(희종 2)~1289년(충렬왕 15). 속명은 김견명(金見明), 자는 회연(晦然 : 후에 一然이라 함), 호는 무극(無極)·목암(睦庵), 시호는 보각국사(普覺國師), 탑명은 정조(靜照). 고려 후기 《삼국유사》를 저술한 승려. 아버지는 지방 향리인 김언필(金彦弼)로, 1214년(고종 1) 무량사(無量寺)에서 출가하였고, 1219년 설악산 진전사(陳田寺)의 대웅장로(大雄長老)에게서 구족계(具足戒)를 받았다. 1227년 선불장(選佛場)에 응시하여 급제한 후 비슬산(琵瑟山) 보당암(寶幢庵)과 무주암(無住庵) 등지에 머물렀다. 1237년 삼중대사(三重大師)가 되고 1246년 선사(禪師)가 되었으며, 1249년 최씨정권무인과 밀접한 유대를 가진 정안

(鄭晏)의 청을 받아 남해의 정림사(定林社)를 주관하면서 무인정권과 연결되었다. 1259년 대선사가 되었고, 1261년(원종 2) 왕명을 받아 강화도 선월사(禪月社)에 머무르며 설법하였고, 1274년 비슬산 인홍사(仁弘社)를 중수한 후 왕의 사액을 받아 인홍사(仁興寺)로 개명하고, 비슬산 용천사(湧泉寺)를 중창하여 불일사(佛日社)로 고쳤다. 1277년(충렬왕 3) 왕명으로 운문사(雲門寺)에 주석하면서 《삼국유사》의 집필에 착수한 것으로 추정된다. 1283년 국존(國尊)으로 책봉되어 원경충조(圓經沖照)라는 호를 하사받았으며, 1284년 노모가 사망하자 조정에서는 경상북도 군위의 인각사(麟角寺)를 수리하고 토지를 하사하여 일연으로 하여금 주석하게 하였다. 1289년 입적하였다. 현존하는 저서로는 《삼국유사》·《중편조동오위》·《신라국동토함산화엄종불국사사적》 등이 있다. ● 삼국유사

㉨ 인각사(경상북도 군위 소재)

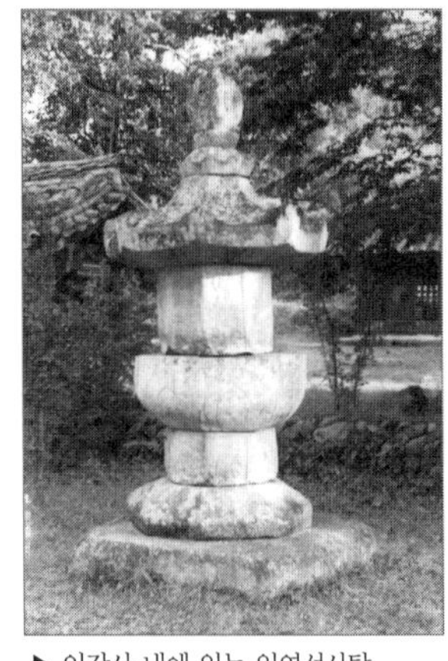

▶ 인각사 내에 있는 일연선사탑

일진회(一進會)

1904년 8월 송병준(宋秉畯)·윤시병(尹始秉) 등이 조직한 친일단체. 1904년 8월 18일 송병준이 윤시병·유학주(俞鶴柱) 등과 함께 유신회(維新會)를 조직하였다가 20일 일진회로 개칭하고 회장에 윤시병, 부회장에 유학주를 추대하였다. 동년

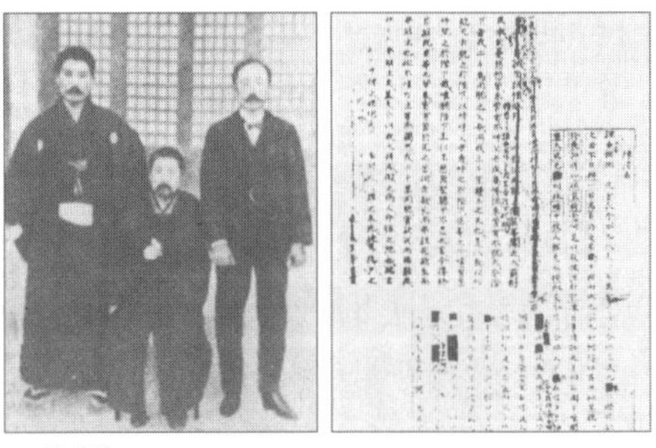

▶ 일진회

12월 이용구(李容九)가 조직한 진보회(進步會)를 통합하고 회장에 윤시병, 부회장에 유학주, 지방총회장에 이용구, 평의원회장에 송병준을 선임하였다. 일진회는 일본군부의 지원아래 친일행각을 자행하였는데, 러일전쟁시에는 군수·군량 조달 등의 활동을 하였고, 1905년 러일전쟁에서 일본이 승리하자 〈일진회선언서〉를 발표하여 일본의 지도보호를 주장하며 〈을사조약〉의 체결을 지지하였다. 1905년 12월 회장에 이용구, 부회장에 윤시병, 지방총회장에 송병준, 평의원회장에 홍긍섭(洪肯燮)으로 임원진을 개편하고, 일본인 모치즈키(望月龍太郎)를 고문으로 추대했다. 이후 일진회는 통감부의 재정지원하에 기관

지 국민신보를 통해 친일언론활동을 전개하였고, 1907년 헤이그특사사건이 일어나자 고종의 퇴위를 강요하였으며, 전국적으로 의병이 봉기하자 자위단을 조직하여 의병토벌에 앞장섰다. 1909년 10월 이토 히로부미(伊藤博文)가 하얼빈에서 안중근에게 사살당한 후부터 더욱 악랄한 친일행각을 자행하여 12월 이른바 〈일진회합방성명〉을 발표하여 순종에게 한일합병을 강요하였다. 국권피탈 후인 1910년 9월 데라우치(寺內正毅) 통감에 의해 해체되었다.

임꺽정(林巨正)

?~1562년(명종 17). 조선 전기 천민반란의 주모자. 일명 임거질정(林巨叱正)이라고도 한다. 양주(楊州)의 백정출신으로, 구월산에 본거지를 마련하고 경기와 황해도의 부잣집과 관청을 털어 어려운 백성들에게 나누어주었다. 이에 백성들의 호응과 적극적인 협조를 받아 조정의 체포 노력이 허사였다. 1559년(명종 13) 개경 부근까지 활동영역을 넓혔고, 이듬해 일부가 한양의 장통방(長通坊)에 나갔다가 발각되어 아내와 졸개들이 체포되었다. 뒤에 서울에 잠입하여 전옥서(典獄署)를 부수고 아내를 구출할 계획을 하였으나 성공하지 못하였다. 이 해 참모인 서림(徐林)을 잡아 본거지와 활동상황에 대한 정보를 입수한 정부에서는 대규모 공격을 개시, 먼저 5백 명의 군사로 청산골 산채를 공격하고 황해도·경기·평안도·함경도·강원도 등 5개 지역에 토포사(討捕使)를 임명하여 도둑소탕을 전담시켰다. 관군이 체포에 혈안이 되어 백성들을 괴롭혔으므로 민심이 흉흉해졌고, 여러 차례 체포되었다는 보고가 있었으나 모두 가짜였다. 1561년 10월 황해도토포사에 남치근(南致勤)이 임명되고, 새로이 진용을 정비한 관군이 서림을 앞세우고 재령으로 출동하자, 날랜 용사를 거느리고 구월산에 들어가 요소에 졸개를 배치하고 방어하였다. 관군이 산 아래에서 철저한 수색을 하며 포위망을 좁히자 구월산을 탈출하여 민가로 숨었으나 추적을 하던 관군에게 잡혔고 조사를 받은 뒤 처형되었다.
㉻ 고석정(강원도 철원 한탄강 소재)

임병찬(林炳瓚)

1851년(철종 2)~1916년. 자는 중옥(中玉), 호는 돈헌(遯軒). 전라북도 옥구출신. 대한제국시기에 전라도 일대에서 독립의군부(獨立義軍府)를 조직하고 활약한 의병장. 1889년(고종 26) 낙안군수 겸 순천진관병마동첨절제사를 지냈으며, 1895년 임실군수에 임명되었으나 부임하지 않았다. 1906년 최익현과 함께 태인에서 의병을 일으켜 태인·정읍·순창·남원 등지에서 일본군과 전투를 벌이다가 순창에서 패하여 일본군에 체포되었다. 서울로 압송된 후 감금 2년형을 선고받고 일본 쓰시마섬(對馬島)에 유배되었다. 1907년 1월 사면으로 귀국하여 은거하였다. 1912년 고종의 밀조(密詔)를 받고 독립의군부 전라남도 순무대장(巡撫大將)에 임명되어 의병조직의 결성을 위해 활동하였으며, 12월에는 독립의군부 전라남북도 순무대장에, 1913년에는 독립의군부 전라남북도 순무총장 겸 사령장관에 임명되어 호남지방의 독립의군부 조직 결성을 완료하였다. 1914년 독립의군부를 대한독립의군부로 개칭하고 조직을 확대 개편하여 총사령에 취임하였으며, 일본 내각총리대신과 조선총독 이하 모든 관헌에게 국권반환요구서를 보내 일제의 한국침략을 규탄하였다. 이어 대규모의 전국적인 의병운동을 전개할 것을 계획하던 중 일경에 체포되자 자결을 시도하였으나 뜻을 이루지 못하고 거문도로 유배되었다가 1916년 순국하였다. 저서로 《돈헌문집》이 있다.

임술농민봉기(壬戌農民蜂起)

1862년(철종 13)에 전국 각지에서 발생한 대규모 농민봉기. 조선 후기에 이르러 세도정치로 인해 정치 및 사회 기강이 극도로 혼란해지고 이와 더불어 삼정(三政)이 문란해지면서 농촌은 파탄하고 농민의 생활은 극도로 궁핍하여졌다. 이에 농민들은 삼정문란을 비롯한 당시 사회의 모순을 시정하기 위해 집단적으로 저항하기 시작하였다. 임술농민봉기는 삼정의 문란과 관리들의 탐학 및 불법수탈 등이 직접적인 원인이 되어 일어났다. 1862년 2월 4일 경상도 단성에서 시작된 농민봉기는 경상도·충청도·전라도·황해도·함경도 등지로 확대되어 동년 말까지 모두 70여 곳에서 발생하였다. 각 지역 봉기주모자는 전직 관료나 몰락양반들도 있었으나 대부분은 농민이었다. 이들은 지배층의 가혹한 수탈, 즉 삼정의 폐단을 시정해 줄 것을 요구하였다. 이들은 부패한 관리와 탐학을 자행한 양반이나 토호 및 이서들을 공격하는 한편, 관청을 습격 파괴하고 각종 문서들을 불태웠으며, 창고의 곡식을 탈취하고, 감옥에 있는 죄수들을 풀어주기도 하였다. 이에 정부에서는 민란이 발생한 지역에 안핵사와 선무사를 파견하여 난을 수습하고 탐학을 자행한 관리나 이서들을 파직 유배시킴으로써 민심을 안정시키는 데 주력하는 한편, 삼정이정청을 설치하고 〈삼정이정절목(三政釐整節目)〉을 제정하여 삼정의 문란을 시정하겠다고 약속하였으나 제대로 실현되지 않았다.

임시육군무관학교(臨時陸軍武官學校)

1920년 3월 대한민국임시정부가 장교양성을 목적으로 상하이에 설립한 사관학교. 1920년 3월 독립전쟁에 필요한 장교의 양성을 목적으로 설립하였으며, 입교대상은 만 19세 이상 30세 이하의 남자를 대상으로 하였고, 수학기간은 6개월 속성이었으며, 편제는 교장(金羲善·都寅權)·부관·교관으로 이루어진 지휘부와 입교생 조직인 학도대·주계(主計)·군의·서기로 이루어졌다. 1920년 3월 제1기생 19명이 입교하여 개교하였으나 이들은 입교한 지 2개월 만인 5월 졸업식을 거행하였다. 동년 6월 제2기생 22명이 입교하여 12월 제2회 졸업식을 거행하였다. 임시육군무관학교는 제4기 졸업생까지 배출하고 폐교된 것으로 추정된다. 졸업생은 주로 남만주의 대한민국임시정부산하 군사기관인 대한광복군총영(大韓光復軍總營)에 배치되어 독립전쟁에 참전하였다.
◐ 대한민국임시정부

임시의정원(臨時議政院)

1919년 4월 상하이에서 조직된 대한민국임시정부의 입법기관. 1919년 4월 11일 국내 및 중국·노령의 독립운동가들이 모여 제1차회의를 열어 임시의정원의 수립을 결의하고 〈임시헌장〉을 제정하였으며, 25일 〈임시의정원법〉을 제정하였다. 이에 따르면 임시의정원의 의원수는 경기도·충청도·경상도·전라도·함경도·평안도 각 6인, 강원도·황해도·중국·미주·노령 각 3인으로 규정하였으며, 의원임기는 3년이었다. 임시의정원은 모든 법률안의 의결, 임시정부의 예산·결산 의결, 공채모집과 국고부담에 대한 의결, 국무원 및 주외대표 선출, 선전포고 및 조약체결에 대한 동의, 국무원에 대한 탄핵 등을 담당하는 등 입법기관으로서의 기능을 담당하였다. 1919년 9월 11일 〈대한민국임시헌법〉을 제정하여 대한민국임시정부의 수립을 결의하고 임시대통령에 이승만을 선출하였다. 1925년 3월 이승만의 탄핵을 의결하고 박은식을 새로운 임시대통령으로 선출하였으며, 4월에는 국무령 중심의 내각제개헌을 단행하였다. 1927년 2월 3차개헌을 단행하여 〈대한민국약헌〉을 제정하고 대한민국의 최고권력은 임시의정원에 있되 광복운동자가 대단결한 정당이 완성될 때 최고권력은 그 당에 있다고 규정하였다. 임시의정원은 대한민국임시정부 활동의 침체와 함께 명목상의 권위만을 유지하였고, 각지로 이동하다가 1940년 10월 충칭(重慶)에서 제4차개헌을 단행하여 대한민국임시정부의 지도체제를 주석제로 개편하였다. 광복 후, 1945년 11월 대한민국임시정부요인들의 입국과 함께 해산되었다. ◐ 대한민국임시정부

임신서기석(壬申誓記石)

신라시대의 석각(石刻) 명문. 1934년 5월 경주 북쪽의 경주시 현곡면 금장리 석장사(石丈寺) 터 부근 언덕에서 발견된 것으로, 내용은 친구 사이인 두 명의 젊은이가 유교 경전의 수학을 약속하고 이어 충도집지할 것, 즉 유교의 사상과 도덕을 공부하고 그것을 몸소 실행할 것을 서약한 것이다. 자갈돌의 자연석 중 반질반질한 면을 이용하여 5행 74자를 새겼다. 길이는 약 34cm, 너비는 윗부분이 12.5cm이고 아래로 내려갈수록 좁아지며 두께는 약 2cm이다. 조성 시기에 대해서는 비문 첫머리의 '壬申年'(임신년)이라는 간지로 연대를 추정하는데, 충도집지(忠道執持)라는 명문을 화랑도와 관련지어 552년

(진흥왕 13) 혹은 612년(진평왕 34)으로 보거나, 시(詩)·상서(尙書)·예(禮)·전(傳) 등의 경서의 명칭을 국학과 관련지어 662년(문무왕 2) 혹은 732년(성덕왕 31)으로 보기도 한다. 국립경주박물관에 소장되어 있다.

임오군란(壬午軍亂)

1882년(고종 19) 6월 구식군대의 군료(軍料) 문제를 계기로 일어난 군란. 1881년 민씨정권이 제도개혁의 일환으로 신식군대인 별기군(別技軍)을 창설하고, 종전의 5영(五營)을 무위영(武衛營)·장어영(壯禦營)으로 개편하였다. 이때 2영으로 개편된 군인들은 별기군에 비해 대우가 떨어지자 불만을 갖게 되었는데, 이들의 군료가 13개월이나 지급되지 않음으로써 불만이 점차 고조되어 갔다. 이러한 가운데 1882년 6월 초 선혜청 도봉소(都捧所)에서 무위영 소속의 군인들에게 군료를 지급하였는데, 이때 지급된 쌀에 겨와 모래가 섞여 있었을 뿐만 아니라 두 량(斗量)도 모자랐다. 이에 군인들이 격분하여 군료의 수령을 거부하고 항의하자 정부에서는 군인들을 동원하여 이들을 진압하고자 하였다. 이에 구식군인들이 폭동을 일으켜 선혜청당상 민겸호(閔謙鎬)의 집을 습격·파괴한 후, 운현궁으로 가 흥선대원군에게 호소하였다. 흥선대원군은 이들에게 밀린 군료의 지급을 약속하면서 해산토록 하는 한편, 구식군인들에게 궁궐로 들어가 국왕을 폐위하고, 왕비(明成皇后)를 제거할 것과 민씨일파를 처단할 것을 지시하였다. 흥선대원군의 지시를 받은 구식군인들은 무기고를 습격하여 무기를 탈취한 뒤, 민겸호·이최응(李最應)·민창식(閔昌植) 등을 비롯한 민씨일파의 집을 습격하여 살해하고, 별기군 병영을 습격하여 일본인 교관을 비롯한 일본인 10여 명을 살해하였다. 이때 왕비는 경기도 장호원으로 피신하였다. 이들은 같은 날 저녁 일본공사관을 포위 공격하였으며, 이에 일본공사를 비롯한 공관원들이 인천으로 탈출하였다. 이후 군란은 더욱 확대되어 군인들이 궁궐에 난입하자 고종은 사태수습을 위해 흥선대원군에게 모든 정사의 전권을 위임하여 흥선대원군이 정권을 장악하게 되었다. 임오군란 후 일본은 조선내의 거류민 보호라는 구실하에 군대를 파견하여 조선정부에 군란을 항의하고 배상을 요구하였으며, 청나라도 조선정부의 요청을 받고 군대를 파견하였다. 조선에 출동한 청나라는 군란의 책임자로 흥선대원군을 지목하고 강제로 납치하여 톈진으로 압송하였다. 이로 인해 흥선대원군은 실각하게 되고, 정권을 회복한 고종은 청나라의 중재를 통해 일본과 〈제물포조약〉을 체결하여 군란으로 인한 배상금을 지급하고 일본군의 한성 주둔을 인정하였다. 임오군란 이후 청나라는 조선의 내정과 외교에 적극적인 간섭을 감행함으로써 조선에 대한 종주권을 강화해나갔다.

❶ 제물포조약

임존성(任存城) → 대흥임존성(大興任存城)

▶ 동래성 순절도

임진왜란(壬辰倭亂)

1592년(선조 25)부터 1598년까지 2차에 걸쳐서 일본이 조선을 침략한 전쟁. 이 전란을 일본에서는 '분로쿠 케이초의 역(文祿慶長의 役)'이라 하고, 중국에서는 '만력의 역(萬曆의 役)'이라고 부른다. 1590년 일본을 통일한 도요토미(豊臣秀吉)는 쓰시마도주(對馬島主)를 통해 조선에 대하여 수교를 요청하는 한편, 명을 정벌하기 위한 일본군대가 조선을 통과할 것을 요청하였다. 조선이 이에 불응하자, 도요토미는 1592년 4월 14일 고니시(小西行長)를 선봉장으로 15만 대군을 부산에 상륙케 하였다. 부산에 상륙한 제1번대 18,700명의 고니시군은 먼저 부산진을 함락시키고 이어 동래성을 함락시켰다. 4월 17일 비보를 들은 조정은 급히 신립을 도순변사, 이일을 순변사, 김여물을 종사관에 임명하여 왜군침공에 대비하는 한편, 김성일과 김륵 등을 파견해 민심의 수습과 항전을 독려토록 하였고, 유성룡을 도체찰사로 삼아 항전태세를 갖추었다. 그러나 이일과 신립이 잇따라 패전하였으며, 4월 29일 밤 충주로부터의 패전 소식이 전해지자 4월 30일 새벽, 왕은 서천(西遷)의 길에 올라, 평양을 거쳐 의주에 이르렀다. 이러는 사이 왜군은 부산 상륙 후 20일 만에 서울을 점령하였고 5월 27일 임진강을 건너게 되었다. 전 국토가 왜적에게 유린되는 상황에 이르자, 궤멸된 관군에 대신하여 의병이 봉기하였다. 의병들은 유격전술로 왜군의 군사행동에 막대한 차질을 끼쳤고 관군이 전열을 가다듬을 수 있는 시간적 여유를 벌어주었다. 한편 임진왜란 초기에 육상에서는 연전연패를 거듭하고 있었으나 해상에서는 연전연승하였다. 특히 전라좌도수군절도사 이순신은 계속해서 일본수군을 섬멸하였으며, 한산대첩 후 우리 수군은 다시 안골포해전에서 승리하고 일본수군을 부산만까지 내몰았다. 4차에 걸친 출동의 결과 조선수군은 제해권을 완전히 장악하였다. 한편 왕이 서울을 떠나 파천한 후 임진강의 수비가 위태로워지자 조정에서는 5월 12일 이덕형을 청원사로 삼아 명나라에 원병을 청하기로 결정하였다. 명나라에서는 송응창(宋應昌)을 총지휘관인 경략으로 삼고 이여송(李如松)을 동정제독(東征提督)으로 삼아 4만 5천의 군사를 파견하였다. 1593년 1월 6일에 명군과 조선의 김응서(金應瑞)가 이끄는 연합군은 평양성을 공격하니 고니시군은 8일에 퇴각하여 17일에 서울로 철수하게 되어 일본군은 수세에 몰리게 되었다. 그러나 급진격을 하던 명군은 27일에 벽제에서 일본군의 기습을 받고 다시 후퇴하였다. 한편 이에 앞서 1592년 6월 고니시의 제의에 의하여 우리측 의사와는 무관하게 명과 일본은 강화 교섭에 들어갔다. 그러나 2,3년간 진행된 강화회담은 사신만을 교환한 채 결렬되었으며, 이로 인해 정유재란이 일어났다. 1596년 12월 일본군의 선봉장인 고니시

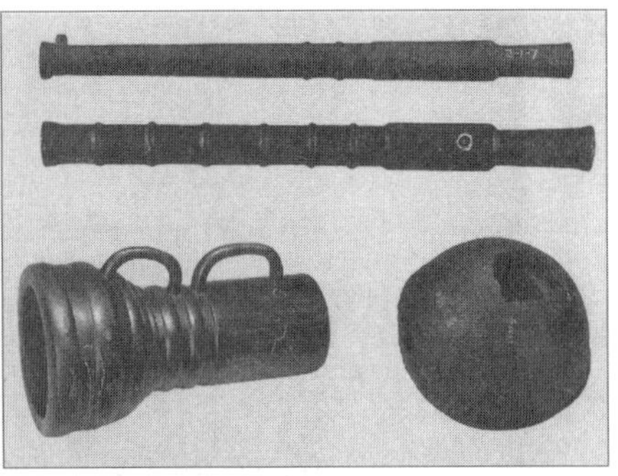

▶ 임진왜란 때 사용한 무기들

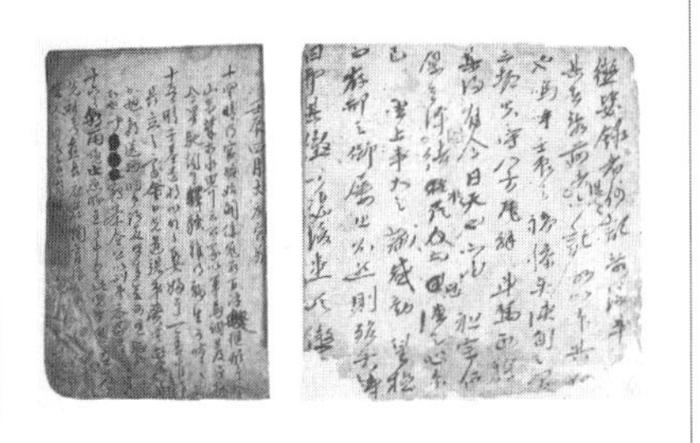

▶ 임진왜란 때의 기록들

는 부산에 상륙하고 가토는 다음 해 1월 14일에 130척의 군선으로 다대포에 상륙하여 양산을 함락시키고 서생포에 진을 쳤다. 이에 앞서 강화회담이 결렬되자 조선은 명나라에 고급사(告急使) 정기원(鄭期遠)을 보냈고, 가토군이 침공하자 2월에는 정엽(鄭曄)을 보내어 파병을 요청하였다. 이에 따라 명나라는 병무상서 형개를 총독으로 양호·마귀 등 제장이 인솔하는 약 5만 5천 명의 원군을 파견하였다. 일본군은 임진왜란 때와는 달리 경상도·충청도·전라도의 점령을 전략으로 하여 전주를 점령한 후 북진할 작전을 세우고, 7월 말 총진격을 감행, 구례와 남원 등을 점령하고 전주에 총집결하여 좌군은 익산에서 부여로 침입하고, 그 1대는 금산·진산에서 회덕으로 침공하였다. 직산전투에서 크게 패함으로써 더 북진하지 못하고 수세에 몰려 남하하였다. 같은해 11월에 명나라의 형개가 약 4만의 병력을 좌·우·중의 3로로 나누어 남진하자, 조선은 평안도·황해도·함경도·강원도·경기도의 군을 충청병사 이시언(李時彦), 경성좌병사 성윤문(成允文), 경상우병사 정기룡(鄭起龍)의 3영에 나누어 명군과 함께 남진하도록 하였다. 한편, 일본군의 총침공이 시작되기 직전인 1597년 1월에는 삼도수군통제사 이순신이 모함에 의해 하옥되고 원균이 그 후임이 되는 일이 있었다. 그러나 원균이 이끄는 충청도·전라도·경상도 수군은 7월에 칠천량해전에서 일본군의 기습을 받아 거의 전멸되

었다. 이순신은 7월에 다시 수군통제사에 임명되어 조선수군을 총지휘하였고, 남아 있던 12척의 전선만으로 명량대첩이라는 큰 승리를 거두었다. 1598년 8월 도요토미가 죽자 일본군은 총퇴각을 결정, 같은 해 11월에 가토가 오산성에서 퇴각하고 최후로 순천의 고니시가 퇴각을 시도하였다. 이순신의 수군이 이를 차단하자 사천·남해·고성의 일본수군 3백여 척이 이를 후원, 노량에 이르러 최후의 해전이 벌어졌다. 7년간에 걸친 임진왜란과 정유재란은 동양 3국인 조선·명·일본에게 다같이 큰 영향을 미쳤다. 조선에서는 전쟁으로 토지가 황폐화되고, 문화재가 약탈되는 등 많은 손실이 있었으며, 명나라에서는 만주의 여진족이 흥기하여 세력을 확대시킬 수 있는 기회가 되었고, 명·청 교체의 계기가 되었다. 또한 일본에서는 도쿠가와(德川家康)가 국내통일을 용이하게 성취할 수 있게 한 기반이 되었다.

임하경륜(林下經綸)

조선 후기의 실학자 홍대용이 경국제민(經國濟民)을 위해 제시한 각종 개혁안들을 모은 글. 그의 저서인 《담헌서(湛軒書)》에 실려 있다. 이 글 속에는 교육제도·신분제도의 개혁 등 경국제민을 위한 여러 가지 개혁안들이 수록되어 있다. 그는 지방마다 면단위까지 학교를 세워 8세 이상이면 신분여하를 막론하고 모두 교육을 받게 하고, 과거제 대신 공거제(貢擧制)를 실시하여 관리를 등용할 것을 주장하였으며, 신분을 막론하고 모든 장정은 노동을 해야 하며 양반이라도 노동하지 않으면 놀고 먹는 것을 허용하지 말아야 한다고 주장하였다. ◐ 홍대용

자
한 국 역 사 사 전

자유당(自由黨)

1951년 12월 창당된 정당. 1951년 12월 임시수도 부산에서 이승만의 지시에 따라 당시 다수당이던 민주국민당에 대항하기 위해 공화민정회·국민회·대한부인회·대한청년단 등의 정치·사회 단체와 국회의원 70여 명이 합세하여 창당하였다. 자유당은 1952년 7월 정부통령직선제개헌안을 통과시켰으며, 8월에 실시될 제2대정부통령선거의 후보자로 대통령에 이승만, 부통령에 이범석을 지명하였다(이승만 당선, 이범석 낙선). 1954년 3월 전당대회에서 기구를 개편, 이승만 총재 밑에 이기붕 총무부장이 당의 실권을 장악하였다. 1954년 5월 실시된 제3대국회의원선거에서 압승(자유당 116명, 민주국민당이 15명)을 거둔 뒤, 동년 11월 이른바 사사오입선거를 통해 초대대통령에 한하여 삼선금지조항을 삭제하고, 국회의 국무위원불신임권을 삭제하는 내용의 헌법개정안을 통과시켰다. 1956년 5월 제3대정부통령선거에 대통령후보로 이승만을 지명, 당선시켰다. 1958년 2월에는 제4대대통령선거에 대비하여 〈국가보안법〉의 통과를 감행하여 이른바 보안법파동을 유발하였다. 1960년 3월 실시된 제4대정부통령선거에서 이승만의 집권연장을 위해 부정선거를 자행, 결국 4·19혁명이 일어나 이승만정부가 붕괴되면서 해산하였다. ● 이승만·사사오입

자유시참변(自由市慘變)

1921년 6월 러시아령 자유시(알렉세예프스크)에서 한국 독립군부대간에 무력충돌이 일어나 다수의 사상자가 발생한 사건. 1920년 봉오동전투·청산리전투 등에서 대승을 거둔 독립군은 일본군의 대규모 소탕작전을 피해 노령으로 이동하다가 12월 미산(密山)에서 북로군정서·대한독립군·대한국민회국민군 등 10여 개 독립군부대를 통합하여 대한독립군단을 조직하였다. 이후 이들은 일제의 감시를 피해 몇 개의 소부대로 나누어 1921년 3월 자유시에 집결하였는데, 이때 자유시에는 시베리아에서 활동하던 이만군·니항군(泥港軍)·자유대대 등이 이미 집결해 있었다. 이에 만주에서 이동해온 독립군부대

는 이들과 통합하여 대군단을 조직하여 적극적인 대일투쟁을 전개하고자 하였다. 그런데 이 과정에서 소련군 제2군단 흑하지방 수비대장으로 자유대대 대장인 오하묵과 적계(赤系) 빨치산과 함께 항일투쟁을 벌인 니항군의 박일리야 사이에 주도권쟁탈전이 벌어지게 되었다. 결국 이 쟁탈전에서 니항군의 박일리야가 승리하여 박일리야는 니항군을 사할린의용대라 개칭하고 한인 각 무장단체에 사할린의용대의 지휘를 받도록 하였다. 그러자 오하묵이 세력을 만회하고자 만주에서 건너온 독립군부대와 적군(赤軍)을 무력기반으로 삼은 뒤 노령의 국제공산당 동양비서부의 협조를 받아 군정의회를 조직, 사할린의 용대에 무장해제하고 군정의회에 편입할 것을 강요하였다. 이에 사할린의용 대가 군정의회의 요구를 거부함으로써 양측간에 무력충돌이 일어나게 되었다. 1921년 6월 2대의 장갑차와 30여 개의 기관총으로 무장한 군정의회측이 사할린의용대 진영을 향해 기습공격을 가해 6시간 만에 사할린의용대를 무장 해제시켰는데, 이 전투에서 사할린의용대는 사망 300여 명, 포로 90여 명의 피해를 입었다. 이 사건을 자유시참변이라 하는데, 이 사건은 독립군의 무장 투쟁사 가운데 가장 쓰라린 동족상쟁의 비극이었다. ◐ 흑하사변(黑河事變)

자혜의원(慈惠醫院)

1909년 8월 설립된 국립병원. 1909년 8월 정부가 빈민층의 의료를 목적으로 내부직속으로 설립하였으며, 원장과 의관은 현역 일본군의가 담당하였다. 설립 당시에는 전주·청주·함흥 등 3곳에 두었으나, 예상외로 많은 환자들이 몰리자 1910년 7월 평양·대구·광주·수원·진주·공주·춘천·의주·해주·경성(鏡城)·회령 등지에 추가 신설하였으며, 이때부터 조선총독부에서 직접 운영하였다. 1919년 이후 병원의 운영주체가 각 도로 옮겨지면서 명칭이 도자혜의원으로 바뀌었다가, 광복 후 도립병원으로 바뀌었다.

잔반(殘班)

조선 후기 양반 가운데 정계에서 소외되고 경제적으로 몰락한 양반을 이르는 용어. 잔반이란 관념상의 양반지위는 있으나 사회경제적인 처지가 평민과 거의 다름없는 양반을 이르는 말이다. 조선 후기 붕당정치로 인해 양반관료들 간에 대립과 분열이 심해지면서 벌열(閥閱)로서 권력을 누리는 양반층과 그렇지 않고 정계에서 소외된 양반층이 나타나게 되었다. 대개 양반들은 관직에서 물러나면 생계유지가 어려워 물가가 비싼 서울에 머무를 수 없어 고향으로 낙향하게 되는데, 다행히 고향에 다소의 경제력이 있으면 향반으로서 행세하나 그렇지 못한 경우에는 양반의 체통을 유지하지도 못하는 잔반으로 전락하였다. 이들은 독선생이나 서당의 훈장처럼 지식을 팔아 생계를 유지하거나 더욱 심한 경우에는 농업이나 상공업 등 생업에 직접 종사하였다. 이들이 사회현실을 직시하고 사회개혁에 대해 많은 관심을 가지게 되면서 이들로부터 실학이 제기될 수 있었다.

잔석기(細石器)

중석기시대에 주로 사용되었던 뗀석기의 하나. 단독으로 사용되기도 하지만, 대개는 여러 개를 조합하여 나무·뼈자루에 묶어서 화살·창·낫 등과 같은 여러 도구의 날로 사용되었다. 원재료로 소형의 돌날(石刃)이 이용되지만, 격지(剝片)가 쓰이기도 하였다.

▶ 잔석기

잡과(雜科)

고려·조선시대 기술관을 선발하던 과거의 하나. 고려시대에는 잡업(雜業)이라 하여, 명법업(明法業)·명산업(明算業)·명서업(明書業)·의업(醫業)·주금업·복업(卜業)·지리업(地理業)·하론업(何論業)·삼례업(三禮業)·삼전업(三傳業)·정요업(政要業) 등이 있었다. 잡업은 제술업(製述業)이나 명경업(明經業)에 비해서 격이 낮았다. 잡과 지망자를 위해 국자감(國子監)에는 율학(律學)·서학(書學)·산학(算學)의 교육과정을 두고, 사천대(司天臺)와 태사국(太史局)에서는 천문·지리·음양(陰陽)·술수(術數)를, 태의감(太醫監 : 典醫寺)에서는 의학을 교육하였다. 조선시대에서도 초기부터 문·무과와 함께 역과(譯科)·의과(醫科)·음양과(陰陽科)·율과(律科) 등의 잡과를 두어 기술관을 등용하였다. 역과는 한학(漢學)·몽학(蒙學)·왜학(倭學)·여진학(女眞學)으로 나누고, 음양과는 천문학·지리학·명과학(命課學)으로 나누었다. 잡과는 3년마다 시행하는 식년시(式年試)와 국가에 경사가 있을 때 부정기적으로 보던 증광시(增廣試)가 있었으며, 1차 시험인 초시(初試)와 2차 시험인 복시(覆試)의 2단계 시험을 거쳐 입격자를 가렸다. 초시는 상식년(上式年) 가을에 관계 각사(各司)가 시행하고, 복시는 식년 봄에 초시 합격자를 모아 관계 각사와 예조(禮曹)가 합동으로 초시와 같은 고시과목으로 시험을 보았으며, 합격자에게는 합격증서인 백패(白牌)를 주었다. 잡과 합격자 중 역과 1등은 종7품, 2등은 종8품, 3등은 종9품의 품계를 주고 다른 잡과 합격자의 1등은 종8품, 2등은 정9품, 3등은 종9품의 품계를 주되, 실직(實職)이 아닌 권지(權知 : 試補)로서 각사에 분속(分屬)시켰다가 자리가 나면 실직(實職)을 주었다. 이들 기술관은 윤번으로 근무하는 체아직(遞兒職)이어서 역과의 경우 6개월마다 교체되었다.

잡색군(雜色軍)

조선시대 군대 편제의 하나. 품관(品官)·생원(生員)·진사(進士)·교생(校生) 등의 지방 유력자와 향리(鄕吏)·공사천(公私賤) 등으로 조직되어, 유사시에 군대에 편입되었다. 1410년(태종 10) 잡색군의 조직이 이루어지지만, 이것은 고려 말 이래의 연호군(煙戶軍)의 동원태세를 재정비한 것이었으며, 1439년(세종 21)에는 향리·관노·공사천구(公私賤口)를 망라하여 호내(戶內)의 장정(壯丁) 한 사람씩으로 잡색군의 편성을 정비하였다. 25명을 1대(隊)로 하여, 각 수령의 장악 아래 마·보병(馬步兵)으로 활약하던 잡색군은 1441년 다시 징병대상·편성방식의 논의가 거듭된 결과 법제화하여 지휘권을 지방 수령의 전권 아래 두어 비상시에 대처하였다. 잡색군의 편제는 그들의 희망에 따라 마군(馬軍)이나 보군(步軍)으로 이루어졌고, 10명 단위에 소패(小牌), 50명 단위에 총패(總牌)라는 지휘자가 있어 수령 책임아래 훈련되었다. 1461년(세조 7) 외방(外方) 여러 읍의 군사 외에 대소한역인(大小閑役人)·아전·공사천의 3정을 1호로 편성하였으며, 중앙에서는 이를 시도하였으나 실패하였다. 군사적 기능이 정규군에 비해 부실했던 잡색군은 전국을 군사조직으로 묶은 진관(鎭管)체제가 완성되면서부터 유명무실해졌다.

장군총(將軍塚)

고구려시대의 돌무지무덤. 중국 지린성(吉林省) 지안현(集安縣) 퉁거우(通溝)에 있는 무덤으로, 1905년 일본인 학자 도리이(鳥居龍藏)가 처음 현지 조사하면서 알려지기 시작하였다. 무덤은 잘 다듬은 1,100여 개에 달하는 장대석(長臺石)으로 쌓은 7단의 피라미드형으로 현재 높이는 약 13m이다. 제1층은 정방형의 평면을 하며, 방위를 맞춘 네 모서리에는 버팀석을 세워놓았고 1층 한 변의 길이는 31.5m이고, 높이는 12.4m이다. 널방(玄室)은 3층의 상면을 바닥으로 하였으며, 널길(羨道)을 갖추었고 평천장이다. 널방 한 변의 길이는 5.4m이며, 널방 내부에는 2개의 널받침(棺臺)이 놓여 있고 벽에는 회를 발랐으나 현재는 회편이 떨어져 바닥에 약간 깔려 있다. 무덤 상부의 기단석에는 21개의 작은 구멍이 돌아가면서 뚫려 있어 난간을 설치하였던 것으로 추정된다. 또한 무덤의 정상부와 각 층의 상면에서 기와편이 발견되고 있어 지붕을 덮었을 것으로 생각된다. 무덤의 피장자에 대해서는 광개토왕이라는 견해와 장수왕으로 보는 두 가지 입장이 있으나, 광개토대왕릉비가 장군총보다 태왕릉에 근접한 것으로 미루어, 장군총을 장수왕릉으로 보는 입장이 보다 지배적이다.

장면(張勉)

1899년~1966년. 호는 운석(雲石). 서울출신. 제3대부통령 및 국무총리 등을 지낸 정치인. 1917년 수원고등농림학교를 졸업한 후, 미국으로 건너가 1925년 미국 맨해튼가톨릭대학 문과를 졸업하였다. 귀국 후, 1931년부터 1945년까지 서울 동성상업학교교장·계성학교교장으로 재직하였다. 광복 후, 1946년 민주의원의원·과도입법의원의원(관선)을 지냈으며, 1948년 제헌의원에 당선(서울, 무소속)되었다. 1948년 9월 파리에서 열린 유엔총회에 한국수석대표로 참석하여 대한민국이 한반도의 유일한 합법정부임을 승인받았다. 1949년 초대주미대사가 되었으며, 1951년 국무총리에 취임하였다가 1952년 사임하였다. 1955년 민주당을 창당하고 최고위원이 되어 야당지도자로 활동하였다. 1956년 자유당의 이승만대통령 밑에서 부통령에 당선(민주당)되었으며, 동년 9월 민주당 전국대회에서 연설 중 저격당하기도 하였다. 1957년 미국 시튼홀대학에서 법학박사학위를 받았으며, 1959년 민주당대표최고위원이 되었다. 1960년 정부통령선거에 부통령후보로 출마하였으나, 3·15부정선거로 낙선하였다. 1960년 7월 제5대국회의원에 당선되었으며, 8월 의원내각제하에서 국무총리를 지내다가 5·16군사정변으로 실각하여 자택에 연금되었다. 1966년 사망하여 국민장으로 장례가 치러졌다.

장보고(張保皐)

?~841년(문성왕 3). 본명은 장궁복(張弓福)·장궁파(張弓巴). 신라 하대의 해상세력가. 평민출신으로 추정되는 장보고는 9세기 초 정년(鄭年)과 함께 당나라에 들어가 쉬저우(徐州) 무령군(武寧軍)에 입대하여 적산포(赤山浦)를 중심으로 한 지방세력의 토벌에 공을 세워 소장(少將)으로 승진하는 등 군사적 지식을 쌓아갔다. 이후 군대에서 나와 츠산(赤山)에 법화원(法華院)을 건립, 이 지역에 거주하는 신라인들의 단결과 정신적 위안을 도모함과 아울러 해상을 통한 국제무역의 활동기반을 구축하였으며, 이어서 남서해안의 해상권을 완전히 장악하여 중국과 신라, 일본을 연결하는 국제무역의 독점을 도모하였다. 828년(흥덕왕 3) 귀국 후 해상요충지인 청해진을 설치하고 견당매물사(遣唐賣物使)와 회역사(回易使)라는 무역사절단을 통해 무역을 장악하였다. 그의 해상세력은 날로 성장하여 당시 왕위쟁탈전에서 패배한 귀족들의 정치적 피난처가 되기도 하였는데, 일례로 836년 왕위쟁탈전에서 패한 김우징(金祐徵)이나 김명

▶ 장보고

(金明) 등이 청해진의 장보고에게 의탁하였다. 이후 김명과 김우징에 의해서 민애왕이 살해되고 김명이 신무왕으로 즉위한 후 그 공로로 함의군사(感義軍使)가 되었다. 신무왕의 뒤를 이은 문성왕대에는 장보고의 딸을 왕비로 맞이하려고 하였으나 세력이 커지는 것을 경계한 귀족들의 반대로 성사되지 않았으며, 결국 김양 등이 사주한 염장(閻長)에 의해서 암살되었다. 장보고 사후 청해진마저 혁파되었다. ◐ 청해진

장수왕(長壽王)

394년(광개토왕 4)~491년. 재위 413~491. 본명은 거련(巨連). 고구려의 제20대왕. 광개토왕의 맏아들로서 408년에 태자로 책봉되었다가 부왕(父王) 사후 왕위를 계승하였다. 장수왕은 선왕대 이래 성장한 국가역량을 바탕으로 강력한 대내외정책을 수행하였다. 대내적으로는 집권적 지배체제의 확립을 꾀하였고, 414년 광개토왕릉비를 세워 선왕의 위훈과 고구려 왕실의 신성성과 존엄성을 높였으며, 427년에는 귀족세력을 약화시키고 국가를 일신하기 위해 국내성(國內城)에서 평양으로 천도(遷都)하였다. 대외적으로는 남북조와 자기의 국력을 배경으로 철저히 실리를 추구하는 양단외교(兩端外交)를 전개하였다. 한편, 북아시아 유목제국인 유연과도 일정한 관계를 유지하면서, 내몽고(內蒙古 : 中國 內蒙古自治區) 지방에 세력을 확장하였다. 동시에 백제에 대해서는 475년 백제의 수도 한성(漢城)을 강습하여 개로왕을 살해하였으며, 황해(黃海) 해상권 장악을 통하여 백제의 대남조 접근로를 차단하였다. 그리고 신라에 대해서는 나제동맹(羅濟同盟) 성립 이후인 481년에 미질부(彌秩夫 : 興海)까지 진공하여 일시 신라의 수도를 위협하기도 하였다. 이로써 장수왕대의 고구려는 북으로는 지린(吉林)지역을 포괄하는 쑹화강유역까지, 남으로는 아산만(牙山灣)·죽령(竹嶺)선을, 그리고 서로는 랴오허강유역을, 또 동으로는 훈춘(琿春)을 중심으로 한 구간도(舊間島)·연해주(沿海州) 일부 및 관북(關北)지방까지 포섭하는 세력권을 구축하였다.

장어영(壯禦營)

1881년(고종 18) 수도방위를 위해 조직된 군영. 1881년 11월 수도방위를 목적으로 종래의 5군영 가운데 금위영·어영청·총융청 등 3영을 통합하여 장어영을 설치하였다. 관원으로는 도제조·제조·대장 밑에 중군(中軍)·좌별군(左別軍)·우별군·초관(哨官)을 두어 군병을 통솔하는 전통방식을 답습하였다. 다만 종래의 낭청(郎廳)을 군색(軍色)으로, 종사관을 향색(餉色)으로, 좌우별장을 각각 금군별장(禁軍別將)·선기별장(善騎別將)으로 명칭을 개칭한 것이 다른 점이다. 1882년 폐지되었다.

장예원(掌隸院)

조선시대 노비 관련 사무를 관장하던 관청. 조선 건국 이래로 노비 관련 송사 등이 빈번하게 발생하는 등 노비 문제가 커다란 문제로 대두하자 이를 해결하기 위해 1395년(태조 4) 노비변정도감(奴婢辨正都監)을 설치하여 노비문서 등을 정비하는 일들을 관장하게 하였다. 뒤에 형조도관(刑曹都官)·분도관(分都官)·변정원(辨正院) 등을 두어 상설화되다가 1467년(세조 13)에 장예원으로 고쳤다. 관원은 판결사(判決事:정3품) 1명, 사의(司議:정5품) 3명, 사평(司評:정6품) 4명 등의 관원을 두었다. 1764년(영조 40) 형조에 병합되었다.

장용영(壯勇營)

조선 후기 정조 때에 왕권강화를 목적으로 설치된 친위군. 1779년(정조 3) 국왕의 금위부대였던 숙위소(宿衛所)가 역모사건으로 인해 폐지된 후 숙위강화의 필요성이 제기되었다. 이에 1782년 무예별감(武藝別監) 가운데 무과출신 30명을 선발하여 입직케 하였으며, 1785년 20명을 증원하여 장용위(壯勇衛)라고 하였다가 1793년 이를 확대 개편하여 장용영이라 하였다. 장용영은 도성 내의 본영인 내영과 수원에 설치된 외영으로 편제되었으며, 총책임자를 장용사라 하였다. 장용영의 내영은 마보군(馬步軍) 5사(司) 25초(哨)로 편제되었으며, 외영은 입방군(入防軍) 20초와 협수군(守軍) 22초 및 수성군(守城軍)으로 편제되었다. 그 뒤 1798년 외영의 편제를 전위·좌위·중위·우위·후위 등의 5위체제로 나누어 각 위에 팔달위(八達衛)·창룡위(蒼龍衛)·신풍위(新豊衛)·화서위(華西衛)·장안위(長安衛) 등의 별칭을 붙이는 한편 전체의 명칭을 장락위(長樂衛)라고 하였다. 각 위별 소속군사는 정병인 장락대(長樂隊)와 위별대(衛別隊)로 편성되었으며, 이와는 별도로 속5위(屬五衛)라 불리는 수성부대를 별도로 두었다. 1802년(순조 2)에 혁파되었다.

장지연(張志淵)

1864년(고종 1)~1921년. 초명은 지윤(志尹). 자는 화명(和明)·순소(舜韶), 호는 위암(韋庵)·숭양산인(嵩陽山人). 경상북도 상주출신. 일제시대에 활동한 언론인·사학자. 1894년(고종 31) 진사시에 합격하였으며, 1897년 아관파천이 일어나자 고종의 환궁을 요청하는 만인소(萬人疏)를 기초하였다. 동년 사례소직원(史禮所直員)을 거쳐 내부주사(內部主事)를 역임하였다. 1898년 독립협회가 주최한 만민공동회에 참여한 것을 계기로 개화사상가로 변신하면서 언론계에 투신하였다. 동년 시사총보(時事叢報)의 주필을 거쳐 황성신문의 창간에 참여하여 주필로 근무하였다. 1901년 황성신문의 주필 겸 사장이 되어 민중계몽과 독립사상 고취에 노력하였다. 1905년 '을사조약'이 체결되자 〈황성신문〉에 논설 〈시일야방성대곡〉을 발표하였고 이 일로 70여 일간 구속되었

▶ 장지연

다가 1906년 2월 석방되었다. 1906년 대한 자강회를 조직하여 애국계몽운동을 전개하였다. 1907년 고종이 강제퇴위당하자 반대운동을 전개하였으며, 동년 대한자강회가 해산당하자 권동진(權東鎭) · 남궁억(南宮檍)과 함께 대한협회를 조직하였다. 1908년 일제의 탄압을 피해 블라디보스토크로 가서 해조신문(海潮新聞)의 주필로 일하다가, 1909년 귀국하여 경남일보의 주필로 근무하였다. 1910년 국권피탈 후 향리로 가서 은둔생활을 하다가 1921년 마산에서 죽었다. 그는 국사 · 지리 · 국어 등 국학에 깊은 관심을 갖고 연구하였으며, 특히 국사연구를 자강운동의 일환으로 파악하여 많은 연구와 저서를 남겼다. 주요저서로 《대한강역고》·《대한신지지(大韓新地志)》·《일사유사(逸士遺事)》·《조선유교연원》·《동국역사》 등이 있다.

재물보(才物譜)

1798년(정조 22)에 이만영(李晩永)이 편찬한 백과사전류의 책. 4권 4책이며, 내용은 태극(太極) · 천보(天譜) · 지보(地譜) · 인보(人譜) · 물보(物譜) 등으로 되어 있고, 체재는 각 사항 하나 하나에 각주를 붙이고 각기 한자명 · 별명 · 속명 · 서역명(西域名) · 범명(梵名) 등을 기록하였으며, 필요에 따라 한글해석을 달면서 해설마다 출전을 밝혔다. 이 책은 역대 문물제도와 동물 · 식물 · 광물 · 생리 등의 박물(博物)에 관한 기사가 많아 백과사전류로서의 가치가 크다.

재인(才人)

고려 · 조선시대 천한 직업에 종사하던 무리의 하나. 유목민족인 달단의 후예로 고려 말 정치적 혼란기에 들어온 것으로 보인다. 주된 생활수단은 화척(禾尺 : 무자리)과 마찬가지로 유기(柳器) · 피물(皮物)의 제조와 도살 · 수렵 · 육류의 판매 등이었으며, 조선 중기 이후에는 주로 창극 등의 기예(技藝)에 종사하였다. 법제상으로는 양인(良人)으로 간주되었으나, 직업이 천하였으므로 천민으로 인식되어 자기들끼리 집단생활과 내혼(內婚)을 하며 유랑생활을 하였다. 조선시대에 들어와서 세종(世宗)은 이들을 백정(白丁)이라 불러 천민이라는 인식을 없애려 하였으나 이러한 조정의 정책들은 그다지 성과를 거두지 못하였다. 그 뒤 16세기를 지나면서 점차 양인으로 동화되어 갔으며, 또 농경생활에 정착하게 되었다.

저화(楮貨)

고려 말~조선 초에 쓰였던 닥나무 껍질로 만든 지폐. 고려시대 종래에 쓰던 철전·은전 등이 원료 부족으로 점차 유통이 감소되자, 1391년(공양왕 3) 자섬저화고를 설치하고, 송나라의 회자(會子), 원나라의 보초(寶鈔)를 참고하여 저화를 인조(印造)하여 유통코자 하였으나, 고려의 멸망으로 쓰이지 못하였다. 조선시대 1401년(태종 1) 사섬서(司贍署)를 설치하여 저화를 발행, 그 가치를 1장에 5승포(五升布) 1필, 쌀 2말로 책정하는 한편, 포화(布貨)의 사용을 금지시켰다. 그러나 화폐로서의 가치를 제대로 발휘하지 못하면서 조선 중기 이후 서서히 소멸되었다.

전기(田琦)

1825년(순조 25)~1854년(철종 5). 초명은 재룡(在龍), 자는 이견(而見)·위공(瑋公)·기옥(竒玉), 호는 고람(古藍)·두당(杜堂). 본관은 개성. 조선 후기에 활동한 화가. 중인출신의 화가로 김정희로부터 서화(書畫)를 지도받았으며, 조희룡(趙熙龍)·나기(羅岐) 등과 함께 벽오사(碧梧社)를 결성하여 시작활동을 벌였다. 서예에 능하였으며, 산수화를 잘 그렸다. 김정희의 제자 가운데 문인화를 가장 잘 이해한 인물로 촉망받았으나 29세의 젊은 나이로 요절하였다. 작품으로 매화서옥도(梅花書屋圖)·자문월색도(紫門月色圖)·설경산수도(雪景山水圖) 등이 있다.

전민변정도감(田民辨整都監)

고려 후기 권세가에게 점탈된 토지나 양민을 되찾기 위하여 설치한 임시기관. 1269년(원종 10) 처음으로 설치하였고, 그 뒤 1288년(충렬왕 14))·1291년, 1352년(공민왕 1)·1366년·1381년에도 설치하였다. 특히 1366년의 경우는, 왕의 신임을 받고 있던 신돈(辛旽)이 전민변정도감을 설치하고 스스로 판사(判事)가 되어 빼앗긴 토지를 주인에게 돌려주고, 양인(良人)이 되려는 노비는 모두 그들의 소원을 이루게 하는 등 강력한 정책을 실시하였다. 그러나 처음부터 그 개혁시도는 실효를 거두지 못하였고, 충렬왕 때에는 막대한 토지를 겸탈한 환관(宦官) 등 왕의 측근 및 원나라를 배경으로 하는 권신들의 강력한 반발로 인해 실패를 거듭하였다.

전봉준(全琫準)

1854년(철종 5)~1895년(고종 32). 자는 명숙(明淑), 호는 해몽(海夢). 전라북도 정읍출신. 근대에 동학농민운동을 주도한 지도자. 일명 녹두장군(綠豆將軍)이라고도 한다. 아버지 전창혁(全彰爀)이 동학농민운동 직전 고부에서 민소(民訴)의 장두(狀頭)가 되어 군수에게 농민들의 사정을 대변하다가 죽음을

▶ 전봉준

맞았다. 이를 계기로 1888년(고종 25) 동학에 입교하였다. 1893년 고부접주로서 보은 집회에 참석하여 '척왜양창의(斥倭洋倡義)'의 기치아래 교조신원과 동학공인을 위해 활동하였다. 1894년 2월 고부군수 조병갑의 탐학에 항거하여 고부군내의 농민들을 거느리고 봉기하여 관아를 습격하여 군수를 내쫓고 아전들을 징벌한 뒤 자진 해산하였다. 이후 정부에서 동학교도들에 대한 탄압을 강화하자 동년 4월 무장에서 재봉기하여 고부성을 점령한 뒤, 백산으로 이동하여 호남창의대장소를 설치하고 대장에 추대되었다. 5월 황토현에서 전주감영에서 파견한 관군을 물리쳤고, 정읍·고창·장성 등을 거쳐 전주성을 점령한 뒤, 6월 정부와 전주화약을 체결하였다. 전주화약 체결 후 전라도 53개 주군에 농민자치기구인 집강소를 설치하고 폐정을 개혁해 나갔다. 7월 일본군이 경복궁을 점령하고 친일정권을 내세워 조선의 내정을 간섭하자 10월 삼례에서 재봉기하여 농민군을 이끌고 논산에 집결하였다가 공주로 진격하였다. 12월 공주 우금치에서 농민군을 이끌고 관군과 일본군을 상대로 격전을 벌였으나 일본군에게 패하여 퇴각하였다. 이후 재기를 도모하다가 배반자의 밀고로 1895년 순창에서 체포되어 교수형에 처해졌다. ◑ 동학농민운동·고부민란·전주화약·우금치전투

전시과(田柴科)

고려시대 일정한 기준에 따라 전지(田地)와 시지(柴地)를 나누어주던 토지제도. 문무 관리 및 직역(職役)을 지는 사람에게 수조지(收租地) 분급을 규정한 토지제도로, 976년(경종 1)에 처음 제정되었으며, 이를 시정전시과(始定田柴科)라 한다. 시정전시과는 광종 때 정해진 사색공복(四色公服)에 따라 4계층으로 구분하고 자삼(紫衫) 이상의 신분층은 반열과 관계없이 18품으로 세분하여 토지를 나누었으며, 그 이하의 신분층은 문반·무반·잡업(雜業)의 반열에 따라 기준을 달리하여 토지를 나누었다. 관품(官品)과 인품(人品)을 고려하여 토지를 분급하였던 것이다. 시정전시과는 998년(목종 1) 양반급 군인전시과로 개편되어 개정전시과(改定田柴科)로 칭하여졌다. 개정전시과에서는 수급자(受給者)의 과등(科等)을 18과(科)로 나누었는데, 제1과는 중서령(中書令)·상서령(尙書令)·문하시중(門下侍中) 등으로 전 100결과 시지 50결을 지급하였고, 이하 점차 줄어들어 제18과 한인(閑人)·잡류(雜類)는 전 17결만을 지급하였다. 이 개정전시과는 시정전시과에 비해 인품(人品)이라는 요소를 제거하

고 위계(位階)의 고하만을 표준으로 삼았으며, 군인에 대한 수급을 명시하였다. 개정전시과는 1034년(덕종 3)에 다시 개정했으나 그 내용은 자세히 알 수 없으며, 1076년(문종 30)에 전면적으로 재편성되어 경정전시과(更定田柴科)라고 했다. 경정전시과에서는 양반의

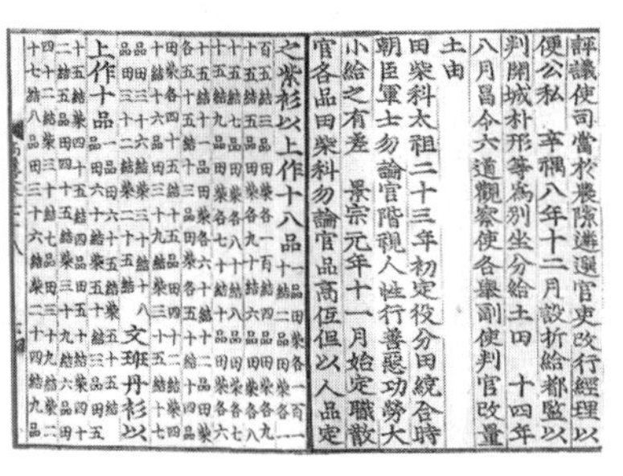

▶ 전시과

경우 종1품인 중서령(中書令)·상서령(尙書令)·문하시중(門下侍中)에게는 제1과로 각각 전지 100결과 시지 50결을 분급하였고, 이하 관리는 과등에 따라 전시의 액수가 순차적으로 줄어서 제18과는 한인(閑人)·잡류(雜類)에게 전지 19결을 분급하였다. 대상(大相)·좌승(佐丞)·원보(元甫) 등의 향직을 소유한 사람에게는 12~14과의 토지를 분급하였는데, 이것은 개정전시과와 다른 점이다. 또 서리와 잡로직(雜路職)은 15~18과에 속하여 17~25결의 토지가 분급되었지만 향리(鄕吏)에 대한 분급규정은 포함되어 있지 않다. 군인의 경우 그 대우가 개정전시과에 비해 나아져 마군이 제15과로 전지 25결을, 역군(役軍)과 보군이 제16과로 전지 22결을, 감문군(監門軍)이 제17과로 전지 20결을 받았다. 이밖에도 무산계전시(武散階田柴)와 별사전(別賜田)을 따로 규정하고 있는 점도 특징이다. 전시과로 받은 토지는 원칙적으로 본인 당대에 제한된 것이어서, 죽으면 국가에 반납하는 납공토지(納公土地)였지만, 직역을 매개로 분급된 군인전 등은 전정연립(田丁連立)의 원칙에 따라 세습되었다. 전시과에서 분급대상은 토지가 아니라 그 토지에서 나오는 조(租)의 지급을 의미하며 조의 액수도 나라에서 정하였다. 개인이나 국가의 각 기관에 수조권(收租權)이 부여된 토지에는 경작자가 따로 정해져 있었고, 국가가 이들에게서 직접 조를 받아들여 이를 지급하였던 관계로 수조권을 가진 개인이나 각 기관과 경작자 사이에는 서로 사적(私的)인 지배·예속의 관계는 성립되지 않았다. 고려 후기 지배층의 토지탈점이 나타나면서, 전시과는 지배층에 대한 경제적 대우의 의미가 점차 약화되어 갔다. 특히 몽고와의 오랜 전쟁을 치르면서 전시과는 이미 지배층의 경제기반으로 의미를 갖지 못했다.

전주화약(全州和約)

1894년(고종 31) 6월 전라도 전주에서 동학농민군과 관군 사이에 체결된 화약. 1894년 5월 31일 전봉준이 이끄는 농민군이 전주성을 점령하자 양호초토사 홍계훈(洪啓薰)이 지휘하는 관군이 전주성 밖에 주둔하며 농민군과 대치하

였다. 이러한 가운데 정부의 파병요청으로 청나라가 군대를 파견하자 일본도 〈톈진조약〉을 구실로 군대를 파견하였다. 청일양국의 파병사실이 전해지자 홍계훈은 농민군에게 고종의 윤음과 자신의 효유문을 전하고 해산을 종용하였다. 이에 전봉준이 폐정개혁안을 제시하고 이를 정부가 받아들이면 해산하겠다고 하였다. 결국 홍계훈이 농민군이 제시한 폐정개혁안을 정부에 올려 재가를 받음으로써 6월 10일 농민군과 관군 사이에 휴전화약이 성립되었으며, 농민군은 전주성을 점령한 지 10여 일 만에 전주성을 철수·해산하였다. 전주화약 성립 이후 농민군에 의해 전라도 53개 주군에 일종의 농민자치기구인 집강소가 설치되어 폐정개혁이 추진되었다.

◑ 동학농민운동 · 전봉준 · 폐정개혁안 · 집강소

전환국(典圜局)

1883년(고종 20)에 설치된 근대식 조폐기관. 1883년 8월 근대화폐의 주조를 목적으로 서울 남대문 부근에 설립하였다. 설립 초기에는 전환국관리에 민태호(閔台鎬), 전환국총판에 이중칠(李重七)을 임명하였다가 1884년에 독일인 묄렌도르프(P.G.von Mollendorff)를 전환국총판에 추가 임명하였다. 이때 전환국에서는 묄렌도르프의 건의에 따라 독일로부터 조폐기계를 구입하는 동시에 독일인 기술자를 고빙하였다. 1892년 전환국을 인천 전동으로 이전하였으며, 1894년에는 전환국을 탁지부에 소속시켰다. 1900년 전환국을 다시 독립기관으로 독립시키고, 청사를 용산 원효로로 이전시켰다. 1901년 금본위제를 내용으로 하는 〈화폐조례〉가 공포되면서 전환국에서는 20환·10환·5환짜리 금화를 비롯하여 은화·동화 등을 발행하였다. 1904년 11월 일본인 탁지부고문 메가타(目賀田種太郎)가 실시한 재정 정리작업의 일환으로 폐지되었다.

전황(錢荒)

조선 후기 동전의 유통이 원활하지 못하여 동전이 부족해지는 현상을 이르는 용어. 조선 후기에 이르러 장시(場市)의 증가로 상품경제가 발달하면서 그 교환수단으로서 동전의 필요성이 제기되었다. 이에 1678년(숙종 4) 정부에서 상평통보를 발행하였고, 중앙의 관아나 지방의 감영에도 그 주조를 허가함으로써 금속화폐, 즉 동전이 널리 보급되었다. 그러나 시간이 경과하면서 동전의 원료인 구리와 주석이 부족해지자 필요로 하는 수요량을 주조하지 못하게 되었다. 게다가 상인이나 지주들이 동전을 재산으로 간주하기 시작하면서 이를 간직해두고 유통시키지 않게 되자 동전의 부족현상, 즉 전황이 나타나게 되었다. 이후 전황이 심해지면서 일부 지주나 부상들이 이 화폐를 고리대로 이용하면서 가난한 농민을 더욱 몰락시키는 등 사회문제화되었다. 이에 정부에서는 전황의 문제를 해소하고자 고액전의 주조, 청전(淸錢)의 수입, 은화의 발행 등을 추진하였으나 실현되지 못하였다. ➲ 상평통보

정감록(鄭鑑錄)

조선시대 민간에 널리 유포된 우리나라의 대표적인 예언서. 여러 가지의 감결류(鑑訣類)와 비결서(秘訣書)를 종합하여 만든 책으로 종류는 40~50여 종에 이르며, 정확한 저자의 이름이나 원본은 발견되지 않는다. 이 책에는 참위설ㆍ풍수지리설ㆍ도교사상 등이 혼합되어 있다. 이 책은 조선의 조상이라는 이담(李湛)과 조선 멸망 후 일어설 정씨의 조상이라는 정감(鄭鑑)이 금강산에서 마주앉아 대화를 나누는 형식으로 구성되어 있는데, 조선 이후의 흥망성쇠를 예언하며 그 중간에 언제 무슨 재난과 어떤 화변이 있어 세태와 민심

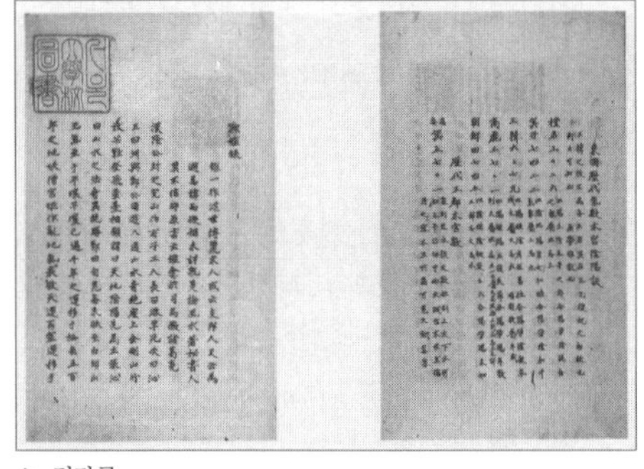

▶ 정감록

이 어떻게 되리라는 것을 차례로 예언해 놓았다. 허무맹랑한 예언이라고 하지만 당시 오랜 정치의 문란과 당쟁에 시달리던 민중들에게 커다란 영향을 끼쳤다.

정당성(政堂省)

발해(渤海)의 행정을 집행한 중앙 관부. 중대성(中臺省)ㆍ선조성(宣詔省)과 더불어 3성의 하나이다. 장관은 대내상(大內相)이며, 그 아래 좌사정(左司政)과 우사정(右司政)을 두었다. 좌사정 아래에 충부(忠部)ㆍ인부(仁部)ㆍ의부(義部)가 있었으며 다시 그 아래 지사(支司) 3부(部)를 두어 정무를 담당하게 했는데 이를 좌육사라 했다. 우사정 아래에는 지부(知部)ㆍ예부(禮部)ㆍ신부(信部)를 두고 또 이 밑에 지사 3부를 두어 우육사라 했다.

정도전(鄭道傳)

1337년(충숙왕 복위 6)~1398년(태조 7). 자는 종지(宗之), 호는 삼봉(三峯), 시호는 문헌(文憲). 본관은 봉화. 여말선초의 정치가ㆍ학자. 운경(云敬)의 아들로 어머니와 부인이 모두 연안차씨 공윤(公胤)의 외가쪽 얼속(孽屬)이어서 출신이 문제가 되기도 하였다. 이색의 문하에서 수업하였으며, 1362년(공민왕 11) 문과에 급제하여 전교시주부ㆍ예조정랑ㆍ지제교 등의 벼슬을 지냈다.

친원배명정책을 반대하다가 전라도 나주의 거평부곡에 유배당하였다. 1377
년(우왕 3) 유배형을 마친 후 학문연구와 후진교육에 종사하며, 특히 주자학
적 입장에서 불교배척론을 체계화하였다. 1388년에 이성계가 위화도에서 회
군하여 정권을 잡자 그를 도와 토지개혁을 실시하였고, 1392년(태조 1)에 이
성계를 왕위에 오르게 하여 조선 왕조의 개국공신이 되었다. 1394년 한양천
도 때는 궁궐과 종묘의 위치 및 도성의 기지를 결정하고 궁·문의 모든 칭호
를 정했다. 《조선경국전》을 찬진하여 법제의 기본을 이룩하게 하고 1398년
9월 요동수복계획을 수립하던 가운데 세자인 이방석(李芳碩)의 편이 되어 종
사를 위태롭게 한다는 이유로 이방원(태종)의 습격을 받아 죽었다. 유학의
대가로 개국 후 군사·외교·행정·역사·성리학 등 여러 방면에서 활약하
였고, 불교를 철저히 반대한 유학자로서 조선 초기 유학을 크게 발전시켰으
며 글씨에도 뛰어났다. 저서에 《삼봉집》·《경제문감》·《심기리편》·《불씨잡
변(佛氏雜辨)》·《진법(陣法)》·《금남잡영(錦南雜永)》 등이 있고 악곡으로 〈납
씨가〉·〈정동방곡〉·〈문덕곡〉 등이 있다. ◑ 경제문감·조선경국전

ⓤ 경기도 평택시 진위면 은산 2리 222번지에 위패와 영정을 봉안한 사당(평택군 향토
유적 제2호)이 있다.

정동행성(征東行省)

고려 후기 원(元)나라가 일본 정벌을 위해 설치한 관청. 정식 명칭은 정동행
중서성(征東行中書省)으로, 일본을 정벌한다는 의미의 '정동'과 원나라의 지
방행정기구라는 의미의 '행중서성'이 결합된 것이다. 1280년(충렬왕 6) 일본
원정을 목적으로 처음 설치되었으나 일본원정이 실패하자 곧 폐지되었고, 다
시 1283년과 1285년 2차·3차로 설치하였다가 폐지되었다. 관직은 승상(丞
相 : 종1품)·평장정사(平章政事 : 종1품)·좌우승(左右丞 : 정2품)·참지정사
(參知政事 : 종2품) 등 재상들과, 낭중(郞中 : 종5품)·원외랑(員外郞 : 종6
품)·도사(都事 : 종7품) 등 사무관, 그리고 이속으로 연사(緣史)·영사(令
史)·통사(通事)·지인(知印)·선사(宣使) 등이 있었다. 최고관직인 승상은 언
제나 고려왕이 겸직하였고, 낭중·원외랑·도사는 국왕이 추천하는 고려인이
임명되었다. 원나라 세조가 죽은 뒤 일본정벌이라는 본래의 목적이 없어지면
서 원나라에 하정사(賀正使)를 파견하는 의례적인 기구로 바뀌었다가 1299년
에는 다시 고려의 내정을 간섭하는 기구로 변하였다.

정몽주(鄭夢周)

1337년(충숙왕 복위 6)~1392년(공양왕 4). 초명은 몽란(夢蘭)·몽룡(夢龍), 자
는 달가(達可), 호는 포은(圃隱), 시호는 문충(文忠). 본관은 영일. 고려 말의 문
신·성리학자. 1360년(공민왕 9) 문과에 장원급제한 후 예문관검열·예조정랑

등을 역임하였고, 특히 예조정랑 당시에는 신돈(辛旽)이 성균관을 중건하자 성균박사를 겸하였다. 우사의대부를 역임하였고, 1363년에는 여진 토벌에 참가하여 큰 공을 세웠으며, 1380년(우왕 6)에는 조전원수(助戰元帥)로 이성계와 함께 운봉에서 왜구를 토벌하고 밀직제학에 올랐다. 문하평리·삼사좌사·예문관대제학 등을 역임하였고, 1390년(공양왕 2) 5월 이초(李初)의 옥사를 계기로 이성계와 정치적으로 결별하였다. 1392년에 조준, 정도전 등

▶ 정몽주

이 이성계를 왕으로 추대하려 하자, 이를 반대하다가 이방원의 부하인 조영규에게 선죽교에서 죽임을 당하였다. 고려 말에 들어온 성리학의 해석에 탁월하였고 《주자가례(朱子家禮)》 등을 보급하여 성리학적 예법을 전파하는 데 주력하였다. 이색은 그를 가리켜 '동방이학(東方理學)의 시조'라고 평하였다. 고려왕조에 대한 일편단심을 노래한 시조 〈단심가(丹心歌)〉가 유명하고 문집으로 《포은집》이 있다.

㊡ 묘소는 경기도 용인시 모현면에 위치함.

정묘호란(丁卯胡亂)

1627년(인조 5) 1월 약 2개월여간 지속된 조선과 후금간의 전쟁. 조선과 명나라가 임진왜란으로 국력이 피폐해진 틈을 타서 여진족의 건주위(建州衛) 추장 누르하치(奴兒哈赤)는 세력을 형성하여 여러 부족을 통합하고 1616년(광해군 8)에 후금을 세우고 세력을 뻗쳐 명나라를 압박하였다. 이런 가운데 조선에서는 인조반정으로 집권한 서인세력이 반정 명분의 하나로 친명정책을 제시함으로써 후금과의 관계가 악화되었다. 조선과 관계가 악화되자 후금은 배후에서 위협을 받는데다 명나라에 이어 조선에서까지 경제교류의 길이 끊겨 극심한 물자부족을 느끼게 되었고 무력적 방법으로 이를 타개하고자 하였다. 그 결과 후금의 태종(太宗)은 1627년 1월 아민(阿敏) 등에게 3만의 병력으로 조선을 공격하게 하였다. 의주를 점령한 후금군의 주력은 선천을 거쳐 안주방면으로 남하하고 병력의 일부는 가도의 모문룡부대를 공격하였다. 조선군은 곳곳에서 후금군을 저지하려 하였으나 실패하여 전세가 불리하게 되자 소현세자(昭顯世子)는 전주로, 인조와 조신들은 강화도로 들어갔다. 이때 각지에서 의병이 일어나 후금군의 배후를 공격하는 등 활약이 컸는데, 특히 정봉수(鄭鳳壽)·이립(李立)의 전공이 두드러졌다. 이후 평산까지 침입한 후금군과 조선 사이에 화약이 맺어졌는데 조건은 ① 후금은 평산(平山)을 넘어서지 않

을 것, ② 맹약 후 후금군은 즉시 철수할 것, ③ 후금군은 철병 후에 다시 압록강을 넘지 말 것, ④ 양국은 형제국으로 칭할 것, ⑤ 조선은 후금과 맹약을 맺되 명나라에 적대하지 않을 것 등이었다. 이 조약의 체결로 강화가 성립되었고 4월 후금의 군대는 물러갔다. 이 화약(和約)은 조선입장에서 보면 패전국으로서 후금과 명나라 사이에서 엄격한 중립을 지킨다고 약속한 것이며, 후금의 입장에서는 명나라와의 관계상 군사를 조선에만 묶어둘 수 없었으므로 조속히 전쟁을 끝내려는 일시적인 방편에 불과하였던 것이다. 양국의 관계는 후금이 더욱 팽창하여 조선에 강압적인 자세를 취함으로써 악화되었고 결국 1636년 병자호란이 일어나게 되었다. ❍ 병자호란 · 여진

정미의병(丁未義兵) → 의병전쟁(義兵戰爭)

정방(政房)

고려 후기 인사행정을 관장하던 관청. 1225년(고종 12) 무신집정(武臣執政) 최우가 사제(私第)에 처음 설치하여 문 · 무 관리의 인사행정을 관장하였으며, 이때부터 국왕은 정방에서 하는 일에 승인하는 형식을 취하는 허수아비가 되었다. 관직으로 정색상서(政色尙書) · 정색소경(政色少卿) · 정색서제(政色書題)를 두었다. 1258년 김준(金俊) 등이 최의를 사살한 후 정방을 궁중으로 옮기면서 국가의 공적 기관으로 자리잡게 되었다. 최씨집권기에는 유능한 신진 관인들이 이곳을 통해 진출할 수 있었으나, 국가기관으로 변한 뒤에는 권문세가들이 이곳을 지배함으로써 신진관료의 진출을 막아버리는 관부(官府)로 변질되었다. 1307년(충렬왕 33) 다시 정방을 폐지하였으나, 1320년(충숙왕 7) 다시 설치되는 등 존폐를 거듭하다가 이성계(李成桂)가 위화도회군 후 정방을 폐지하고 상서사를 설치하였다.

정사암회의(政事巖會議)

백제 때 정사암에서 열리던 귀족연합회의. 《삼국유사》에 의하면, 정사암은 사비(泗批 : 扶餘) 부근의 호암사(虎岩寺) 주변에 있던 바위로, 국가에서 재상을 뽑을 때 해당 자격자 3,4명의 이름을 봉함하여 이 바위 위에 두었다가 얼마 뒤에 이름 위에 인적(印跡)이 있는 자를 재상으로 삼았다고 한다. 귀족연합회의로서 신라의 화백회의(和白會議)에 준하는 것으로 여겨진다. ❍ 화백회의

정상기(鄭尙驥)

1678년(숙종 4)~1752년(영조 28). 자는 여일(汝逸), 호는 농포자(農圃子). 본관은 하동. 조선 후기에 〈동국지도(東國地圖)〉를 제작한 학자. 이익의 문하에서 수학하면서 학문에 전념하였다. 영조대에 아들 정항령(鄭恒齡)이 등

용되면서 추은(推恩)으로 첨지중추부사에 임명되었다. 실학파의 한 사람으로서 지리·경제·정치·농학·예학 등 실용적인 분야에 깊은 관심을 가지고 연구에 전념하였다. 특히 지리학에 큰 관심을 가지고 오랫동안 전국을 답사하며 이때 얻은 경험을 바탕으로 〈동국지도〉를 제작하였다. 주요저서로 《농포문답》·《인자비감(人子備監)》·《치군요람(治郡要覽)》 등이 있다.

◐ 동국지도

정선(鄭歚)

1676년(숙종 2)~1579년(영조 35). 자는 원백(元伯). 호는 겸재(謙齋)·난곡(蘭谷). 본관은 광산. 조선 후기에 진경산수화풍을 개척한 화가. 일찍이 김창집(金昌集)의 추천으로 도화서화원이 되었으며, 세자익위사위솔(世子翊衛司衛率)을 거쳐 한성부주부·하양현감·양천현감·첨지중추부사·지중추부사 등을 역임하였다. 독창적인 화풍으로 국내의 명승고적을 두루 찾아다니며 진경적 산수화를 그려내 우리나라 고유의 화풍을 개척하였다. 또한 일상적인 생활의 주제를 회화로 승화시키는 데 역점을 두고 당시 기행문의 소재였던 금강산, 관동의 명승 등과 자신이 근무하던 근무지, 자신의 집 주변인 인왕산 부근 등을 그림의 소재로 채택하였다. 심사정(沈師正 : 玄齋)·조영우(趙榮祐 : 觀我齋)와 함께 삼재(三齋)라 불렸으며, 강희

▶ 정선의 산수화

언·김윤겸(金允謙)·최북(崔北) 등에 영향을 주어 '정선파'라는 화파를 형성하기도 하였다. 대표작으로는 〈금강전도(金剛全圖)〉·〈인왕제색도(仁王霽色圖)〉·〈입암도(立巖圖)〉·〈여산초당도(盧山草堂圖)〉 등이 있다.

◐ 금강전도 · 인왕제색도 · 진경산수화

정안국(定安國)

발해 멸망 후 유민들이 세운 나라. 928년 이후 압록강 중류에 세워진 나라로, 지세가 험난하고 교통·물자공급이 유리한 압록강을 배경으로 상당한 규모의 세력권을 형성, 발해라는 국명으로 후당(後唐)에 몇 차례의 사신을 보내기도 하였다. 처음에는 발해왕족인 대씨(大氏)가 통치하다가 936년~970년 사이에 열씨(烈氏)의 정안국으로 이름이 바뀌었다. 이후 중국에서 새로운 통일왕조인 송나라와도 통교하면서 요나라 정벌을 측면지원할 것을 약속하기도 하였으나

이것이 화근이 되어 985년 요나라 군대에 의해 멸망되었다. 초창기 대씨가 통치하던 정안국을 926년 이전의 발해국과 구분하여 후발해국이라고도 한다. ◐ 발해

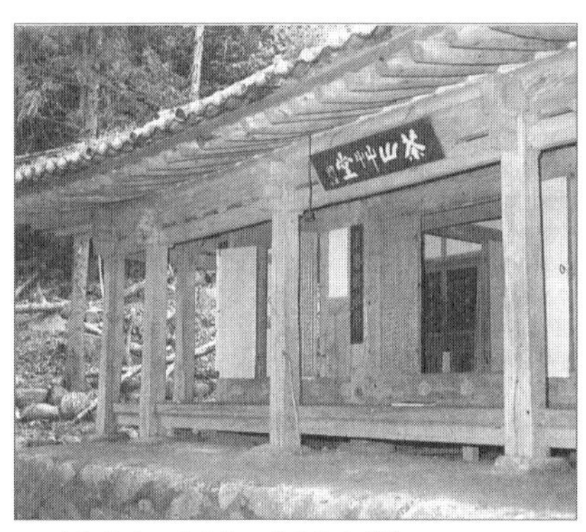

▶ 다산 초당 : 전라남도 강진에 소재함

정약용(丁若鏞)

1762년(영조 38)~1836년(헌종 2). 아명은 귀농(歸農), 자는 미용(美鏞)·송보(頌甫), 호는 다산(茶山)·사암(俟菴)·탁옹(籜翁)·자하도인(紫霞道人), 별호는 삼미자(三眉子), 당호는 여유당(與猶堂). 본관은 나주. 조선 후기에 실학을 집대성한 학자. 일찍이 아버지 정재원(丁載遠)으로부터 경사(經史)와 시문(詩文)을 배웠다. 1776년(정조 즉위년) 아버지를 따라 상경하여 이가환(李家煥)과 매부인 이승훈(李承薰) 등 남인 학자들과 교유하였다. 1778년 이익의 글을 읽고 실학에 심취하게 되면서 채제공·권철신·박지원·이덕무·박제가 등과 교유하였다. 1789년 문과에 급제하여 희릉직장(禧陵直長)에 임명되었으며, 1790년 예문관검열을 거쳐 정언·지평을 지냈다. 1792년 수찬에 임명되었으며, 동년 수원성 축성시 설계를 담당하였고, 축성기기로 거중기(擧重器)·고륜(鼓輪)·활차(滑車) 등을 고안하여 축성에 이용하였다. 1794년 경기암행어사·교리, 1795년 사간·동부승지·병조참의 등을 지내다가 금정찰방(金井察訪)으로 좌천되었다. 1796년 병조참지·우부승지·좌부승지를 지냈으며, 1797년 동부승지를 거쳐 곡산부사로 부임하여 선정을 베풀었다. 1799년 형조참의로 재직하다가 얼마 후 사직하였다. 1801년(순조 1) 천주교도에 대한 박해(신유박해) 때 형 정약종(丁若鍾) 등과 함께 체포되어 장기로 유배되었다가 강진으로 이배되어 1818년까지 유배생활을 하였다. 유배에서 풀려난 뒤 고향 양주로 돌아와 학문연구와 저술에 전념하다가 1836년(헌종 2)에 죽었다. 그는 유형원과 이익을 잇는 실학의 중농주의 학풍을 계승하는 한편, 박지원으로 대표되는 북학파의 기술도입론을 과감히 받아들여 이를 토대로 실학을 집대성하였다. 주요저서로 《목민심서》·《흠흠신서(欽欽新書)》·《경세유표(經世遺表)》·《마과회통(麻科會通)》·《역학서언(易學緖言)》·《아방강역고》 등 5백여 종이 있다. ◐ 목민심서·경세유표·마과회통·아방강역고·여전론
⊛ 묘소는 경기도 남양주시에 소재함.

정의부(正義府)

1924년 12월 만주 류허현(柳河縣)에서 조직된 독립군단체. 1924년 12월 김동삼(金東三)·이장녕(李章寧) 등이 중심이 되어 당시 남만주일대에서 활동 중이던 대한통의부·서로군정서·광정단·대한독립군단 등 10개 단체를 통합하여 조직하였다. 중앙행정위원으로 이탁(李鐸)·오동진(吳東振)·현정경(玄正卿)·지청천(池靑天) 등을 선임하였다. 중앙본부를 처음에는 류허현 싼위안바오(三源堡)에 두었다가 화전(樺甸), 길림의 신안둔(新安屯) 등지로 옮겼다. 정의부는 한인에 대한 자치행정과 독립군의 대일항쟁을 담당하는 군정부(軍政府)임을 표방하였으며, 행정·입법·사법의 3권을 분립하였다. 정의부에서는 흥업실업사·농민상조사 등을 설립하여 재정기반 확대에 주력하였으며, 각종 학교를 설립하여 한인들에 대한 교육에 전념하였고, 기관지 대동민보(大東民報)와 잡지 《전우》를 발간하여 동포들에 대한 민족의식 고취에 노력하였다. 한편 정의부는 항일전에 대비하여 독립군을 편성하기 위해 중앙행정위원회 산하에 군사부를 두고, 상비군 8개 중대와 헌병대 및 민경대를 설치하여 지청천·오동진·양세봉(梁世奉) 등으로 하여금 지휘하게 하였다. 그 뒤 정의부는 1925년 7월 이상룡(李相龍)의 대한민국임시정부 국무령취임을 둘러싸고 일시 내분상황에 처하였으나, 1926년 1월의 군민대표회를 계기로 재정비되었다. 1927년부터 본격화된 민족유일당운동에 적극 참여하였으나, 노선갈등으로 인해 김동삼계열이 1928년 12월 혁신의회(革新議會)를 조직하고, 현익철(玄益哲)·고할신(高轄信) 등이 1929년 4월 국민부(國民府)를 조직함으로써 발전적으로 해소되었다.

정인보(鄭寅普)

1893년(고종 30)~? 아명은 경시(景施), 자는 경업(經業), 호는 위당(爲堂)·담원(舊園)·수파(守坡). 서울출신. 일제시대에 활동한 독립운동가·역사학자·국학자. 어려서 한학을 배웠으며, 1910년부터 양명학의 대가인 이건방(李建芳)에게 수학하였다. 1913년 상하이에서 동제사(同濟社)를 조직하고 독립운동을 전개하였다. 1922년부터 연희전문학교를 비롯하여 협성학교·불교중앙학림·이화여자전문학교 등에 재직하면서 국학·역사학·한학 등을 강의하였으며, 동아일보·시대일보의 논설위원으로도 활약하였다. 1929년에 이익의 《성호사설》을 교열·간행하였으며, 1931년에는 국학관계 고전을 소개한 《조선고전해제》를 간행하였고, 1933년에는 《양명학연론

▶ 정인보

《陽明學演論》)을 동아일보에 연재하였다. 1934년 정약용 서거 99년제를 맞아 안재홍과 함께 교열한 《여유당전서》의 간행을 계기로 조선학운동을 전개하였다. 1935년 동아일보에 한국고대사에 관한 〈오천년간 조선의 얼〉을 연재하였으나 1936년 동아일보의 정간으로 중단되었다(1946년 《조선사연구》라는 제명으로 출판됨). 광복 후, 1947년 국학의 부흥과 발전을 표방하고 설립된 국학대학의 학장에 취임하였으며, 1948년 정부수립 후 초대감찰위원장이 되었다. 1950년 7월 서울에서 납북되었다. 그는 이익과 정약용의 학통을 밝혀 실학연구의 기초를 마련하였으며, 한국 양명학을 체계적으로 연구하여 그 기초를 마련하였다. 저서로 《조선사연구》·《양명학연론》·《조선고전해제》·《담원국학산고(薝園國學散藁)》 등이 있다.

정인홍(鄭仁弘)

1535년(중종 30)~1623년(인조 1). 자는 덕원(德遠), 호는 내암(萊菴). 본관은 서산. 조선 중기의 문신·성리학자. 조식(曺植)의 문인으로, 1557년(명종 12) 생원시에 합격하였으나 과거를 포기하고 학문에 전념하였다. 1573년(선조 6) 추천으로 황간현감에 임명된 후 지평·장령 등을 지냈다. 1589년 기축옥사를 계기로 북인을 형성하였다. 1592년 임진왜란이 일어나자 의병을 일으켜 많은 전과를 올려 선무공신(宣武功臣)에 봉해졌고, 1602년 대사헌에 임명되었다. 1607년 선조의 후사문제를 둘러싸고 유영경(柳永慶)과 논쟁을 벌이다 탄핵을 받고 귀양가다가 광해군의 즉위로 풀려났다. 광해군 즉위 후, 대사헌을 거쳐 1612년 우의정에 임명되었는데, 이때 계축옥사를 일으켜 영창대군을 폐하였다. 1614년 좌의정을 역임하였으며, 1618년 인목대비를 폐위시켜 서궁에 유폐하였으며, 영의정에 임명되었다. 1623년 인조반정 직후 처형당하였다. 조식의 학문을 계승하여 민생의 피폐와 관리들의 탐학, 정통성리학의 현실과 유리된 경향 등을 통렬히 비판하고 정치개혁을 통한 사습(士習)의 혁신을 주장하기도 하였다.

정제두(鄭齊斗)

1649년(인조 27)~1736년(영조 12). 자는 사앙(士仰), 호는 하곡(霞谷), 시호는 문강(文康). 본관은 영일. 조선 후기의 양명학자. 1668년(현종 9) 초시에 합격하였으나 벼슬을 단념하였다. 1680년(숙종 6) 김수항(金壽恒)의 추천으로 한성부윤·대사헌·이조참판·우찬성 등에 임명되었으나 모두 사임하였고, 다만 회양부사를 잠시 지냈다. 이후 강화의 하곡에 은거하면서 학문에 힘쓰고 제자들을 양성하여 강화학파의 기반을 마련하였다. 윤증(尹拯)·박세채 등에게서 학문을 배웠으며, 최규서(崔奎瑞)·최석정(崔錫鼎) 등과 교유하였다. 성즉리(性卽理)가 아닌 심즉리(心卽理)의 개념을 도입하고 마음에서 이(理)를 구하는 양명학의 입장을 받아들이되, 심(心)의 본체로서의 이(理)를 생리(生理) 혹은 실리(實理)로 대치한 뒤 이것을 주자학의 체용(體用)의 논리나 성정(性情)의 논리를 가지고 설명하여 중국의 양명학과는 다른 자신만의 독특한 양명학논리를 마련하였다. 그 밖에 역학(曆學)·천문·경학·예설 등에도 뛰어났다고 한다. 저서로 시문집인 《하곡집》이 있는데, 《하곡집》에는 양명학에 관한 저술인 〈존언(存言)〉·〈학변(學辨)〉 등의 글이 포함되어 있다. ◐ 양명학

정중부(鄭仲夫)

1106년(예종 1)~1179년(명종 9). 본관은 해주. 고려시대 무신란을 일으킨 장군. 재상 최홍재(崔弘宰)에 발탁되어 왕의 호위군인 공학금군(控鶴禁軍)으로 뽑혔으며, 이후 의종 때 교위·대장군 등을 거쳐 상장군에 올랐고, 줄곧 왕의 시위를 담당하였다. 평소 문신에 비해 무신에 대한 차별이 이루어지는 것을 목격하고 이의방(李義方)·이고(李高) 등과 거사를 모의하였다. 1170년(의종 24) 보현원에 가던 왕이 오문(五門) 앞에서 오병수박희(五兵手搏戲)를 열어 무인들을 위로하고자 했는데, 대장군 이소응(李紹膺)이 도중에 패하여 도망하다가 젊은 문신 한뢰(韓賴)에게 뺨을 맞고 모욕을 당하였다. 이에 한뢰가 상위 품계인 이소응을 구타한 잘못을 항의하니 왕이 손을 잡고 달랬으나 무신들의 불만은 더욱 커졌다. 이날 저녁 왕의 수레가 보현원에 가까워지자 이의방·이고 등이 순검군(巡檢軍)을 동원하여 한뢰 등 시종문신을 살해하고 왕의 아우 익양공 호(翼陽公皓)를 옹립하였다. 이때 참지정사에 임명되었고, 중서시랑평장사와 서북면병마판행영병마 겸 중군병마판사를 지냈다. 반무신란인 김보당(金甫當)의 난과 조위총(趙位寵)의 난 등을 진압하였으며, 1174년 이의방을 암살한 후 권력을 독점하였다. 1179년 경대승(慶大升)에 의해 살해되었다. ◐ 무신정변

정철(鄭澈)

1536년(중종 31)~1593년(선조 26). 자는 계함(季涵), 호는 송강(松江), 시호는 문청(文淸). 본관은 영일. 서인으로 《관동별곡》 등의 시조와 가사들을 남긴 조선 중기의 문신. 정유침(鄭惟沈)의 아들로서 전라도 창평에서 정착하여 생활하다가 1562년(명종 17) 별시문과에 장원으로 급제한 후 사헌부지평을 비롯한 삼사의 관직과 승지 등을 역임하였다. 대사간 재직 당시 동인의 공격을 받아 4년 동안 고향에 은거하였다. 1589년 우의정이 되어 정여립 모반사건(鄭汝立謀反事件)을 다스리면서 동인을 철저하게 추방하여 후일 당론과 개인적인 원한 때문에 최영경(崔永慶) 등을 옥사시켰다는 비난을 받았다. 1590년 좌의정에 올랐으나 다음 해 광해군의 책봉문제인 건저문제(建儲問題)로 파직, 유배되어 귀양지에서 임진왜란을 맞았다. 임진왜란으로 유배에서 풀려 왕을

▶ 정철

의주까지 호종하고, 양호체찰사가 되어 군량과 병사를 모집하는 책임을 맡아 활동하였다. 명나라에 사신으로 갔을 때의 일로 비난을 받고 강화도에서 사망하였다. 김인후(金麟厚)·기대승(奇大升) 등에게서 수학하였고, 이이·성혼(成渾)·송익필(宋翼弼) 등의 대학자들과 교유하였다. 가사문학의 일인자로, 많은 시조와 〈관동별곡(關東別曲)〉·〈사미인곡(思美人曲)〉·〈속미인곡(續美人曲)〉 등의 작품을 남겼으며, 저서로는 《송강유고》·《송강집》 등과 가사작품집인 《송강가사》 등이 있다. ◐ 관동별곡·사미인곡
㊡ 송강서원(松江書院 : 전라도 창평), 오천서원(烏川書院 : 경상북도 연일) 등.

정토사홍법국사실상탑(淨土寺弘法國師實相塔)

경복궁에 있는 정토사지홍법국사실상탑. 1017년(현종 8)경 축조된 것으로 총 높이 2.55m, 하층 기단폭 1.7m, 8각 원당의 기본형을 잃지 않으면서 일부에 새로운 창안을 가미하였다. 8각의 지대석(地臺石) 위에 복련석(複蓮石)을 얹었고, 8각 중대석 각 면에는 고려시대 특유의 방형 안상(眼象) 속에 운룡무늬(雲龍文)를 섬세하게 조각하였다. 상대석은 얇고 원형에 가까우며 단엽의 연화문 내부에 꽃문양을 장식하였다. 탑신은 이 부도에서 가장 특징 있는 부분으로 타원형을 이루고 있으며, 2가닥의 양각선을 상하·좌우로 배치하여 탑신의 견고성을 나타내려고 한 흔적이 보인다. 옥개석에는 별다른 조식(彫飾)은 없으나 8각 귀퉁이에 귀꽃이 있어 주목된다. 탑신이 원구형(圓球形)이 된 것은 다층석탑의 복발형(覆鉢形)에서 얻은 착상인지도 모르지만 기발한 의장이며 넓게 퍼진 기단부에서는 여유 있는 안정감을 주고 있다. 국보 제102호로, 1915년 충북 충주시 동량면 하천리 정토사지에서 현소재지로 옮겼다.

정혜쌍수(定慧雙修) → 지눌(知訥)

제국신문(帝國新聞)

1898년 8월 창간된 일간신문. 1898년 8월 이종일(李鍾一)이 창간하였다. 창간당시의 제호는 '뎨국신문'이었으며, 1903년 7월부터 한자로 바꾸었다. 임

원진으로 사장에 이종일, 편집·제작에 유영석(柳永錫)·이종면(李鍾冕)·장효근(張孝根)이, 주필에 이승만이 선임되었다. 한글전용을 고수하였으며, '민족적인 자주정신의 배양과 대중의 지식계발'이라는 창간취지 아래 무능한 정부와 관리의 부패 및 일제의 국권침탈 등에 대해 날카로운 논조로 비판하였다. 제국신문에는 이인직의 신소설 〈혈의 누〉와 이해조의 신소설 〈고목화〉 등이 연재되었다. 1907년 9월 경영난으로 휴간되었다가 국내 유지들과 독자들이 낸 의연금으로 동년 10월 복간되었으나, 1910년 6월 다시 경영난으로 휴간되었고 8월 정식으로 폐간되었다.

▶ 제국신문

제너럴셔먼호사건(General Sherman號事件)

1866년(고종 3) 7월 미국상선 제너럴셔먼호가 대동강을 지나 평양에 이르러 통상을 요구하다가 관민들의 공격을 받고 소각·침몰한 사건. 1866년 7월 미국상선 제너럴셔먼호가 조선과 교역할 상품을 싣고 대동강을 거슬러 올라와 조선정부에 병인박해에 대한 보복으로 프랑스함대가 내침할 것이라고 위협하면서 통상을 요구하였다. 조선정부에서 셔먼호의 요구를 거부하자 셔먼호는 평양의 만경대 아래 두로도(頭老島)까지 들어와 셔먼호의 동향을 감시하던 중군(中軍) 이현익(李玄益)을 납치·감금하는 한편, 강변으로 상륙하여 민가에 대한 총격·약탈·살상 등을 자행하였다. 이에 평안도관찰사 박규수(朴珪壽)가 셔먼호에 대한 화공포격을 결정, 결국 3일간에 걸친 군민들의 공격으로 셔먼호는 소각·침몰하였고 선원들은 몰살되었다. 미국이 이 사건을 구실로 조선원정을 단행함으로써 신미양요가 발생하게 되었다. ● 신미양요

제물포조약(濟物浦條約)

1882년(고종 19) 8월 임오군란으로 발생한 문제를 처리하기 위해 조선과 일본 사이에 체결된 조약. 1882년에 발생한 임오군란으로 공사관이 불타고, 별기군 교관을 비롯한 10여 명의 일본인이 살해되자 일본은 이에 대한 피해보상과 조선에서의 청나라 세력을 견제하고자 조선내의 거류민보호를 구실로 군대를 파견하여 제물포에 상륙시킨 뒤, 협상을 요구하였다. 이에 조선정부가 청나라의 중재로 일본과 협상을 벌여 동년 8월 조약을 체결하였다. 이 조약의 주요내용은, 조선은 폭도들을 체포하여 중벌에 처하고, 조선은 5만원을

지불하여 일본인 피해자의 유족 및 부상자에게 지급하며, 조선은 일본이 받은 손해 및 공사(公使)를 호위할 때 사용된 육해군의 군비 중에서 50만원을 부담하며, 일본공사관에 병력을 주둔시켜 경비하게 하고 이를 위한 병영의 설치 및 유지비를 조선이 부담한다는 것 등이다. 이 조약의 체결로 조선은 군란의 주모자를 처벌하고, 배상금 15만원을 지불하였으며, 임오군란에 대한 사죄명목으로 박영효·김옥균 등을 일본에 파견하였다. 한편 일본은 공사관 수비를 구실로 1개 대대의 병력을 서울에 주둔시켰다. ➊ 임오군란

제생원(濟生院)

조선시대 서민의 의료를 담당하던 기관. 1397년(태조 6) 조준(趙浚)의 건의에 따라 설치된 것으로, 서울과 지방 빈민의 치료와 서울에서 발생한 미아(迷兒)의 보호도 맡아보았다. 이밖에 어린 소녀 수십 명을 뽑아 맥경(脈經)·침구법(鍼灸法)을 가르쳐 부인들의 질병을 치료하는 의녀(醫女)로 양성하기도 하였고, 각 도 향약재(鄕藥材)의 수납(輸納)·비치 등의 일도 맡아보았다. 관원으로는 시기에 따라 다소 변화가 있으나 대체로 지사·승·부승(副丞)·녹사·부녹사(副錄事)를 두었다. 1459년(세조 5) 혜민서(惠民署)에 병합하였다.

제술과(製述科)

고려시대 과거(科擧)의 하나. 958년(광종 9) 처음 시행된 것으로, 이때는 시(詩)·부(賦)·송(頌)·시무책(時務策) 등을 시험과목으로 하다가 1004년(목종 7) 경(經)을 추가하였으며, 1019년(현종 10) 이후에는 논(論)을 추가하였다. 6과목 가운데 초장·중장·종장 3장(場)에 걸쳐 대개 3~4과목이 출제되었다. 제술과는 갑(甲)·을(乙) 2과가 있었는데, 갑과의 1등 합격자를 장원(壯元), 2등을 아원(亞元) 또는 방안(榜眼), 3등을 탐화(探花)라 하였다. 제술과는 고급관리의 등용문으로, 양반의 자제들만 응시할 수 있었으며 대체로 주·군·현의 차관인 부호장(副戶長) 이상의 자제를 기준으로 하였다. ⑧ 제술업(製述業)·동당시(東堂試)

제암리학살사건(提巖里虐殺事件)

1919년 3·1운동 당시 일본군이 경기도 화성군 향남면 제암리에서 주민들을 집단적으로 학살한 사건. 1919년 4월 15일 아리다(有田俊史) 일본 육군중위가 이끄는 일본군경이 제암리에 몰려와서 기독교도 및 천도교도 약 30명을 제암리교회에 모이게 한 뒤 문을 잠그고 집중사격을 퍼부어 모두 죽였으며, 학살의 증거를 없애기 위해 교회에 불을 질렀다. 일본군경은 부근의 제암리로 가서 교회와 민가 등 31호를 불태우고 39명을 학살했다. 일제의 이같은 만행에 분노한 선교사 스코필드(F.W.Schofield)가 현장에 가서 그 참혹한 광경을 사진에 담아 〈수원에서의 일본군 잔학행위에 관한 보고서〉를 작성하여 미국으

로 보내 여론화하였다. 1982년 정부에서 제암리학살현장의 유물발굴과 조사에 착수한 뒤, 동년 10월 이 지역을 사적 제299호로 지정하였다.

제왕운기(帝王韻紀)

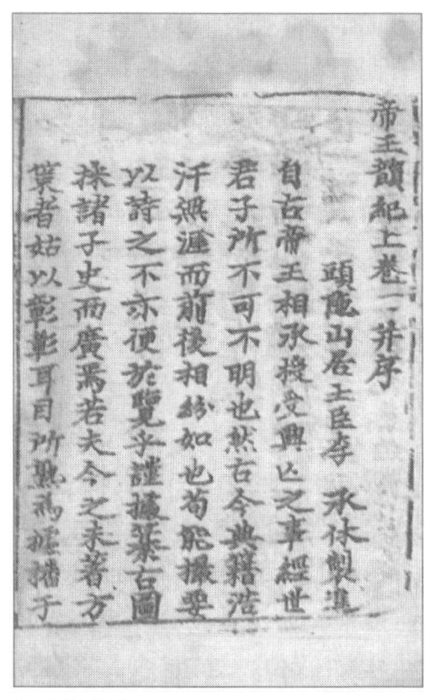

▶ 제왕운기

고려 후기 이승휴(李承休)가 저술한 역사시(歷史詩). 1287년(충렬왕 13)에 저술된 것으로 상 · 하 2권이며, 상권에서는 중국의 역사를, 하권에서는 한국사를 다루었다. 한국사는 다시 2부로 나누어, 제1부에서는 동국군왕 개국연대(東國君王開國年代)라 하여 지리기(地理記) 및 상고사(上古史)를, 제2부에서는 본조군왕세계연대(本朝君王世系年代)라 하여 고려 태조로부터 충렬왕대까지의 사실(史實)을 5언시로 엮었다. 특히 하권에 실려 있는 단군에 관한 기록은 《삼국유사》와 함께 가장 오래된 것이다. 보물 제418호로 지정된 판본은 동국대학교 소장본으로 1360년 경주(慶州)에서 중간된 것이다. 제왕운기는 사학사적 측면에서 볼 때 단군기원의 역사의식을 환기하였다는 점과, 몽고 간섭하에서 싹튼 민족의식이 엿보인다는 점과 함께 상고사를 한국사에 편입시켰다는 점이 높이 평가되고 있다.

참 이승휴(李承休) : 1224년(고종 11)~1300년(충렬왕 26). 자는 휴휴(休休), 호는 동안거사(動安居士). 본관은 가리(加利)로 합문지후 · 전중시사 등을 역임하였고, 시와 문장에 능하여 중국과 우리 역사를 오언시와 칠언시로 엮은 《제왕운기》를 지었다. 저서로는 《동안거사집(動安居士集)》이 전해진다.

제위보(濟危寶)

고려시대 서민들의 의료사업을 관장하던 기관. 963년(광종 14)에 설치되었으며, 문종 때에는 관원으로 부사(副使) · 녹사(錄事) 각 1명을 두고 운영하였다. 1391년(공양왕 3)에 폐지되었다. ◑ 보 · 경보 · 팔권보 동 제위포(濟危鋪)

제일차한일협약(第一次韓日協約)

1904년 8월 일본이 고문정치를 실시하기 위하여 한국과 체결한 조약. 원명은 〈한일외국인고문용빙에 관한 협정서〉이며, 일명 〈한일협정서〉라고도 한다.

1904년 2월 체결된 〈한일의정서〉 제1조에 의거하여 한국의 내정개선을 행한다는 명목하에 체결되었다. 주요내용은, 한국정부는 일본정부가 추천하는 일본인 재정고문 1명과 외국인 외교고문 1명을 고빙하여 재정·외교에 관한 일체를 이들의 의견을 들어 시행한다는 것이다. 이 협약의 결과, 재정고문에 메가타(目賀田種太郎), 외교고문에 친일미국인 스티븐스(D.W.Stevens), 군사고문에 노즈(野津鎭武), 경무고문에 마루야마(丸山重俊), 궁내부고문에 가토(加藤增雄) 등이 고빙되었다. 이로써 한국의 재정·외교·군사·경찰 사무 및 궁중의 제반 사무가 일본인에게 장악됨으로써 이른바 고문정치가 실시되었다.

제주도 사삼사건(四·三事件)

1948년 4월 3일 제주도에서 주민들이 남한만의 단독정부수립에 반대하여 일으킨 사건. 1947년 좌익이 주도한 3·1절기념식의 시가행진 도중 경찰의 발포로 10명이 죽고 8명이 부상당한 사건이 발생하자 제주도총파업위원회가 결성되어 발포경찰처단과 책임자문책 등을 요구하면서 총파업에 들어갔다. 이러한 가운데 남한만의 단독정부수립을 위한 총선거의 실시가 발표되자 총선거를 방해하려는 시위와 폭동이 전국적으로 일어나게 되었다. 이같은 상황에서 제주도의 일부 주민들이 무장봉기를 계획하고 도민들을 선동, 1948년 4월 3일 화북·조천·성산·남원·한림·애월 등에 있는 74개 지서와 제주경찰감찰청·제주경찰서 등을 습격하여 무장봉기를 일으켰다. 당시 이들은 미군철수, 단독선거반대, 유엔한국임시위원단철수, 이승만타도, 경찰대와 테러집단의 즉시 철수 등을 요구하였다. 이에 미군정이 군경을 동원하여 진압작전을 전개하였고 1949년 5월에 이르러 폭동을 진압하였다. 이 과정에서 폭도 사살 약 8천, 포로 약 7천, 귀순 약 2천, 군경전사 209, 부상 142, 이재민 9만, 민간사상자 3만 등의 희생자가 발생하였다. 이 사건으로 제주도에서는 5·10총선거가 실시되지 못하였다.

제헌국회(制憲國會)

1948년 5·10총선거에 의해 구성된 대한민국 최초의 국회. 1948년 실시된 5·10총선거에서 총입후보자 942명 중 200명이 당선되어 5월 31일 개원하였으며, 의장에 이승만, 부의장에 신익희(申翼熙)·김동원(金東元)을 선출하였다. 동년 7월 12일 〈대한민국헌법〉을 제정하여 7월 17일 공포하였는데, 이때 헌법을 제정한 국회라 하여 제헌국회라 불리게 되었다. 제헌국회에서는 〈국회법〉·〈선거법〉 등을 제정하였다.

조계종(曹溪宗)

우리나라의 대표적인 불교 종파. 본래 '조계'라는 말은 중국 동남 20km의

쌍봉산 아래에 있는 지명인데, 중국 선종의 6조 혜능(慧能)이 그곳에서 선풍을 크게 드날렸으므로 조계라는 말은 뒤에 혜능을 일컫는 말이 되기도 하였다. 우리나라에서는 천태종의 성립 이후에 지눌이 조계산 수선사를 열면서 성립되었으며, 고려 후기에 이르러서는 불교계의 중심적인 종파가 되어 많은 고승 선사를 배출하였다. 그러나 조선시대 억불정책으로 총지종(摠持宗)과 통합되면서 사찰도 70개로 크게 줄었고, 1424년(세종 6) 또다시 천태종·총남종(摠南宗)과 함께 선종으로 통합됨으로써 그 이름을 잃고 말았다. 그러나 조선 중기에 불교를 중흥시킨 휴정(休靜)과 유정(惟政) 또한 조계종의 고승이었다. 1941년 일제의 한국 불교 지배 노력에 대항해 권상로 등이 조계종이라는 종파명을 만들어 허가받았으며, 동시에 북한산에 있던 태고사(太古寺)를 종로 수송동으로 옮겨짓고 이를 총본산으로 삼았다. 이전에는 선·교 양종만이 존재하였으나, 이로써 한국불교를 대표하는 조계종이 출범케 되었다. 조계종은 현재 25개 교구본사와 그 아래에 각기 말사를 두고 있다. 최근 들어 조계종의 성립을 지눌(知訥)의 수선사 이전으로 소급하는 견해들이 제기되고 있으며, 나아가 조계종이라고 하는 명칭은 의천(義天)이 천태종(天台宗)을 개종하기 이전에는 보이지 않으므로 조계종은 구산선문형성 이후 선종을 지칭하여 오다가 의천의 천태종과 구별하여 부른 것으로 이해하고 있다.

조광조(趙光祖)

1482년(성종 13)~1519년(중종 14). 자는 효직(孝直), 호는 정암(靜庵), 시호는 문정(文正). 본관은 한양. 조선 중기 중종 때 사림의 영수로 도학정치를 주창한 정치가이자 학자. 조원강(趙元綱)의 아들로 김굉필(金宏弼)에게 수학하였다. 1515년(중종 15) 문과에 급제한 후 전적(典籍)·감찰을 역임하면서 중종의 신임을 바탕으로 도학정치의 실천을 역설하였다. 사간원 정언 재직시 폐비 신씨(愼氏)의 복위를 상소한 김정(金淨)·박상(朴祥)의 입장을 지지하였다. 1517년에는 교리로 재직하면서 향약(鄕約)의 전국적인 시행에 주력하였고 도교 관서인 소격서(昭格署)

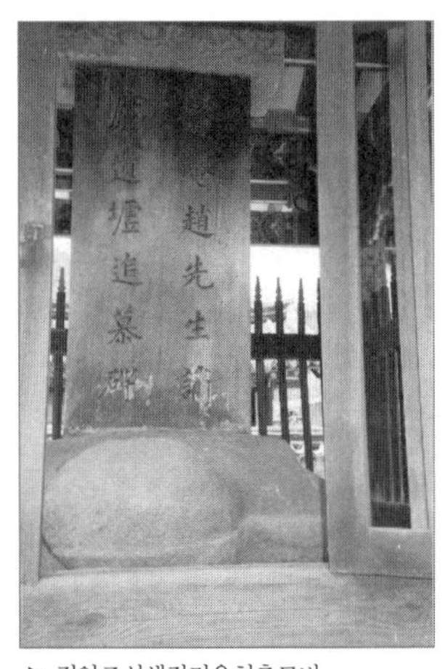

▶ 정암조선생적려유허추모비

를 폐지토록 하였다. 대사헌 등을 역임하면서 현량과를 실시하여 신진 사림들을 대거 등용하였고, 남곤 등 정국공신(靖國功臣)의 위훈삭제(僞勳削除)를 주장하면서 훈구세력들과 대립하였다. 훈구세력들이 주도한 기묘사화로 투옥되었다가 능주로 유배된 후 사사되었다. 학문에 있어서 〈소학〉과 〈근사록(近

思錄》을 중시하고 거경(居敬)을 학문의 요체로 삼았다. 문집으로 《정암집》이 전한다.

㉧ 묘소는 경기도 용인시에 소재함.

▶ 조만식

조만식(曺晩植)

1882년(고종 19)~1950년. 호는 고당(古堂). 평안남도 강서출신. 일제시대 조선물산장려회·신간회 등에 참여하여 활동한 독립운동가·정치가. 어려서 한학을 수학하였다. 평양 숭실중학을 졸업한 후, 1908년 일본 도쿄로 가서 세이소쿠영어학교(正則英語學校)를 거쳐 메이지대학(明治大學) 법학부에서 수학하였다. 1913년 졸업과 함께 귀국하여 정주의 오산학교(五山學校)에서 교사로 근무하다가 1915년 교장이 되었다. 1919년 3·1운동에 참여하였다가 체포되어 2년간 옥고를 치렀다. 1921년 평양기독교청년회 총무로 활동하였으며, 1922년 평양에서 조선물산장려회를 조직하고 회장으로 국산품애용운동을 전개하였다. 1923년 민립대학기성회를 조직하고 모금운동을 전개하였다. 1925년 오산학교교장에 취임하였으나 6·10만세사건에 참여하였다가 사임하였다. 1927년 신간회의 발기인으로 참여하여 중앙집행위원 및 평양지회장으로 활동하였다. 1930년 관서체육회회장에 취임하여 스포츠를 통한 민족의식고취에 노력하였으며, 1932년 조선일보사사장에 취임하였다. 1937년 중일전쟁이 일어나자 고향으로 내려가 은거하였다. 광복 후 1945년 8월 평안남도건국준비위원회를 조직하여 위원장으로 활동하던 중, 소련군정당국이 북한에 조직한 최고행정기관인 북조선인민정치위원회위원장에 취임할 것을 종용받았으나 거절하였다. 동년 11월 조선민주당을 창당하고 반탁운동을 전개하다가 1946년 소련군에 의해 감금당하였다. 1950년 6·25전쟁 당시 북한군이 평양을 철수할 때 총살당한 것으로 알려져 있다.

◐ 조선물산장려운동·민립대학설립운동·신간회

조명하(趙明河)

1905년~1928년. 황해도 송화출신. 1928년 타이완에서 일본 황족을 처단한 독립운동가. 풍천보통학교를 졸업한 후, 신천군청에서 서기로 근무하였다. 1926년 독립운동에 헌신할 것을 결심하고 일본으로 건너가 아키가와(明河豊雄)라는 가명을 쓰며 건전지제작소·메리야스 공장 등에서 일하는 한편 오사카(大阪)에 있는 상공학교를 졸업하였다. 그러나 일본에서 뜻을 펼 기회를 찾지 못하자 대한민국임시정부가 있는 상하이로 갈 것을 결심하고 상하이로 가던 중, 1927년 11월 타이완에 도착하여 타이중시(臺中市)에 있는 일본인 가계의 점원으로 일하면서 기회를 엿보았다. 1928년 5월 일본천황 히로히토(裕仁)의 장인인 육군대장 구니노미야(久邇宮邦彦王)가 타이완에 온다는 소식을 듣고 구니노미야를 처단하기로 결심하였다. 5월 14일 구니노미야가 호텔을 나와 역으로 향하자 환영 인파 속에 묻혀 있다가 달려나와 구니노미야를 독검으로 찔렀다. 칼이 빗나가 구니노미야는 어깨 부상만 입었으나, 온몸에 독이 퍼져 결국 8개월 만에 죽었다. 거사 직후 현장에서 체포되어 타이완고등법원에서 사형선고를 받고 동년 10월 순국하였다.

조미수호통상조약(朝美修好通商條約)

1882년(고종 19) 5월 조선과 미국 사이에 국교수립과 통상을 목적으로 체결한 조약. 1880년 미국은 슈펠트(R.W.Shufeldt) 제독을 조선에 파견하여 일본의 중재를 통하여 조선과 통상조약체결을 교섭하였으나 조선정부의 반대로 뜻을 이루지 못했다. 그러자 미국은 당시 조선에 영향력을 행사하고 있던 청나라의 이홍장(李鴻章)에게 조약체결을 위한 교섭을 알선해줄 것을 요청하여 이홍장의 승낙을 받았다. 1882년 5월 슈펠트가 이홍장의 지시를 받은 청나라의 마젠충(馬建忠)·딩루창(丁汝昌)과 함께 인천에 들어와 조선에 교섭을 요청하였다. 이에 조선정부의 전권대신 신헌(申櫶)과 부관 김홍집이 마젠충·딩루창 입회하에 슈펠트와 회합하여 협상을 벌인 결과, 5월 22일 전문14관으로 된 조약을 체결하였다. 이 조약의 주요내용은, 양국간의 우호관계 유지, 영사의 교환, 치외법권 및 영사재판권 인정, 관세에 관한 규정, 아편의 수입금지, 미곡과 인삼의 수출금지, 최혜국(最惠國) 대우 등이다. 이 조약은 조선이 구미 제국과 맺은 최초의 통상조약이었으나, 영사재판에 의한 치외법권과 최혜국 대우를 규정한 불평등조약이기도 하였다.

조병세(趙秉世)

1827년(순조 27)~1905년. 자는 치현(穉顯), 호는 산재(山齋), 시호는 충정(忠正). 본관은 양주. 대한제국시기에 '을사조약' 체결에 반대하여 자결한 애국지사. 1859년(철종 10) 문과에 급제하여 헌납을 역임하였다. 1864년(고종 1) 실록청(實錄廳)의 도청낭청(都廳郎廳)에 임명되어 《철종실록》 편찬에 참여하였다. 1874년 함경도암행어사를 거쳐 대사헌·공조판서·예조판서·이조판서·한성부판윤 등을 역임하였다. 1889년 우의정을 거쳐 1893년 좌의정에 이르러 사임하고 경기도 가평에 은거하였다. 1905년 11월 '을사조약'이 체결되자 심상훈(沈相薰)·민영환(閔泳煥) 등과 함께 수일간 궁궐에 들어가 연좌하면서 〈을사조약〉의 무효를 주장하다가 일본군에게 끌려나와 가평으로 강제 추방되었다. 이에 다시 서울로 올라와 조약의 파기를 주장하다가 뜻을 이루지 못하자 음독 자결하였다.

조선건국동맹(朝鮮建國同盟)

1944년 8월 여운형(呂運亨)이 민족해방을 준비하기 위해 조직한 비밀결사. 1944년 8월 서울에서 여운형·조동호(趙東祜)·이석구(李錫玖)·김진우(金振宇) 등이 일본의 패전을 예견하고 민족해방을 준비하기 위해 조직하였다. 조선건국동맹은 불명(不名)·불언(不言)·불문(不文)을 3대 원칙으로 삼고, 강령으로 일제의 구축과 조선민족의 독립회복 및 일체의 시정을 민주주의 원칙에 의거하고 노동대중의 해방을 추구할 것 등을 내세웠다. 조선건국동맹은 일제의 패망을 앞당기고 독립과 건국을 준비하기 위해 중국 옌안에 있던 화북조선독립동맹과 합동작전을 전개할 것을 협의하는 한편, 일제의 후방교란을 목적으로 군사위원회를 조직하였다. 이러한 가운데 1945년 8월 15일 일제가 패망하자 조선건국동맹은 서울에 건국청년치안대를 조직하여 국내의 치안을 담당하고자 하였다. 그 뒤 조선건국동맹은 여운형이 중심이 되어 조직한 조선건국준비위원회에 주도적으로 참여하여 활동하다가 1945년 11월 조선인민당이 결성되자 이에 합류하면서 발전적으로 해체되었다.

조선건국준비위원회(朝鮮建國準備委員會)

1945년 8월 15일 여운형(呂運亨)이 중심이 되어 조직한 건국준비단체. 1945년 8월 14일 일본의 무조건항복이 결정되자 조선총독 아베(阿部信行)는 한국의 치안과 일본인의 생명 및 재산 보호 등 항복 후 사태를 염려하여 이를 담당할 한국인 지도자를 물색하였다. 이에 조선건국동맹을 조직하여 광복에 대비하고 있던 여운형이 아베의 제의를 받아들였다. 8월 15일 조선건국동맹과 안재홍(安在鴻) 등 일부 우익세력, 정백(鄭栢) 등 장안파공산주의세력, 이강국(李康國) 등 재건파 조선공산당세력 등이 모여 조선건국준비위원회를 조직하였다. 그 뒤 조직정비에 착수하여 17일 부서를 결정하였는데, 위원장에 여운형, 부위원장에 안재홍, 총무부장에 최근우(崔謹愚) 등이 선임되었다. 조선건국준비위원회는 조직의 성격을 건국을 위한 준비기구로 규정하고, 치안의 확보, 건국사업을 위한 민족총역량의 일원화, 교통·통신·금융·식량 대책의 강구 등을 목표로 내세웠다. 이후 조선건국준비위원회은 지방지부의 결성에 주력하여 8월 31일까지 145개소의 지방지부를 조직하였다. 그러던 가운데 조선건국준비위원회 내부의 좌우익 갈등으로 인해 안재홍 등이 탈퇴한 후, 9월 6일 재건파 조선공산당세력이 건준의 해체를 선언하고 조선인민공화국을 수립하자 7일 자진 해체되었다.

조선경국전(朝鮮經國典)

조선 초기 정도전(鄭道傳)이 왕에게 지어바친 사찬(私撰) 법전. 1394년(태조 3)에 편찬한 것으로, 신왕조 건국 이념을 정리, 제시하였으며, 후에 《경제육전》을 비롯, 성종 때의 《경국대전》 편찬의 모체가 되었다. 내용으로는 정보위(正寶位)·국호(國號)·정국본(定國本)·세계(世系)·교서(敎書) 등으로 나누어 국가 형성의 기본을 논술하였으며, 이에 주례(周禮) 이래의 중국의 전통적 관제(官制)에 따라 치(治)·부(賦)·예(禮)·정(政)·헌(憲)·공(工)의 6전(六典)을 설치하여 각 전(典)의 업무를 규정하고 있다. ◐ 정도전·경제문감

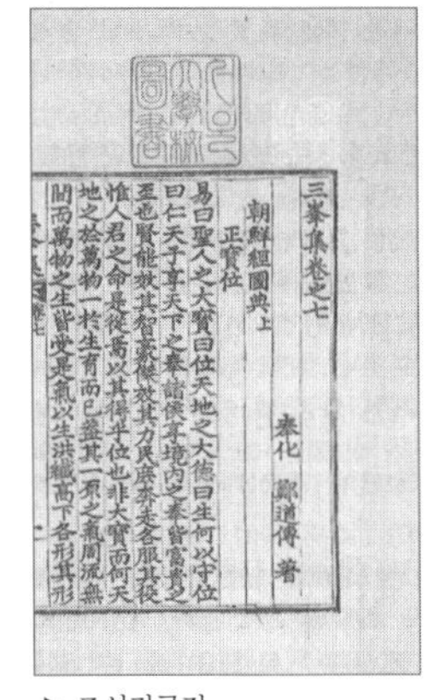

▶ 조선경국전

조선광문회(朝鮮光文會)

1910년 최남선·박은식 등이 설립한 고전간행단체. 1910년 최남선·박은식·현채(玄采) 등이 민족전통의 계승을 위한 고전의 간행과 보급 및 귀중문서의 수집 등을 목적으로 설립하였다. 유근(柳瑾)·박은식 등이 고문으로 추대되었고, 최남선이 주간으로 사무를 총괄하였으며, 실무진은 장지연·유근·이인승(李寅承)·김교헌(金敎獻) 등이 담당하였다. 《동국통감》·《열하일기》·《해동역사》·《경세유표》·《대동운부군옥》·《신자전(新字典)》 등 17종의 고서 및 자전을 간행하였다.

조선교육회(朝鮮敎育會)

1920년 6월 조직된 교육운동단체. 1920년 6월 한규설(韓圭卨)·이상재 등이 민족교육의 진흥을 목적으로 조직하였으며, 회장에 이상재, 부회장에 김사묵(金思默), 이사진에 윤치소(尹致昭)·유근(柳瑾)·장덕수 등이 선임되었다. 1922년 1월 명칭을 조선교육협회로 개칭하였다. 조선교육협회에서는 교육제도 개선, 교육사상 보급, 교육기관 확장, 교육계 풍기 개선, 도서관 설치, 잡지 발행 등의 활동을 전개하였다. 또한 기관지로 《신교육》을 발간하였다. 1922년 민립대학기성회를 결성하여 민립대학설립운동을 전개하였으나, 일제가 1924년 한국에 경성제국대학 예과를 설립함으로써 민립대학설립운동은 좌절되고 말았다. 이후 조선교육협회의 활동이 크게 축소되었다가, 1927년 신간회의 창립과 함께 해체되었다. ◐ 민립대학설립운동

조선국권회복단(朝鮮國權恢復團)

1913년 1월 대구에서 조직된 비밀결사. 1913년 1월 윤상태(尹相泰)·서상일

(徐相日)·이시영(李始榮) 등이 국권회복을 목적으로 조직하였다. 국내에서의 단세확장, 해외운동세력과의 연계 및 지원을 목표로 하였으며, 궁극적으로는 독립쟁취를 운동방향으로 표방하였다. 그리고 독립실현의 당면과제를 해결하기 위해 민족의 성조(聖祖)인 단군을 봉사하는 대종교의식을 빌어 단원의 일체감을 형성하고자 하였다. 조선국권회복단은 서상일의 태궁상회(太弓商會 : 대구), 윤상태의 향산상회(香山商會 : 경상북도 칠곡), 서상호의 미곡상(통영) 등을 연락거점 및 재정조달 기지로 활용하였으며, 독립운동자금 모집, 대한민국임시정부 선전문 배포를 통한 임시정부 지원, 독립청원서 작성 등의 활동을 전개하였다. 1915년 7월 풍기의 광복단과 통합하여 대한광복회를 조직하였다. 조선국권회복단은 이후에도 별도의 조직체로 남아 1919년 3·1운동 시 경상남도 창원지역에서 만세시위를 주도하고, 헌병주재소를 습격하는 등 활발한 활동을 벌이다 동년 말 해체되었다.

조선물산장려운동(朝鮮物産獎勵運動)

1920년대 초부터 1930년대 말까지 일제의 경제침략에 대응하여 전개된 민족경제자립운동. 조선물산장려운동의 효시는 1922년 8월 조만식(曹晩植)·오윤선(吳胤善)·김동원(金東元) 등 70명이 평양에서 조직한 조선물산장려회를 중심으로 전개된 토산품애호운동에서부터였다. 물산장려운동은 1923년 1월 유진태(俞鎭泰)·이종린(李種麟)·백관수(白寬洙) 등 30여 명이 서울에서 평양의 조직과는 별도로 조선물산장려회를 조직하여 운동을 전개하면서부터 본격화되었다. 이들은 취지서를 통해 "우리 조선사람의 물산을 장려하기 위하여 조선사람은 조선사람이 지은 것을 사 쓰고, 조선사람은 단결하여 쓰는 물건을 스스로 제작하여 공급하기를 목적하노라"라고 하였다. 조선물산장려회는 강연회개최·가두행렬·계몽활동 등의 활동을 전개하였으며, 대구·부산·광주·함흥 등의 지방에 분회를 설립하여 물산장려운동을 전국적으로 확산시켰다. 일제의 가두행렬 금지조치와, 토산품의 가격 폭등 등의 이유로 물산장려운동이 급속히 냉각되자 조선물산장려회에서는 운동방향을 소비조합의 설

▶ 조선물산장려운동

치, 조선물산진열관 설립, 조선물산품평회 개최 등으로 전환시켰다. 그러나 이 운동은 일제의 탄압 등으로 활동이 침체되면서 그 명맥만 유지하다가 1940년 조선물산장려회의 해산으로 중단되었다. 이 운동은 민족기업의 설립을 촉진하고, 그 활동을 대변해준 경제자립운동이었다고 할 수 있다.

조선민국임시정부(朝鮮民國臨時政府)

1919년 4월 천도교들이 국내에서 수립하고자 했던 임시정부. 1919년 4월 8일 천도교인 박이근(朴理根)·허익환(許益換)·이임수(李林洙) 등이 조선국민대회와 조선자주당연합회 명의로 된 〈조선민국임시정부조직포고문〉과 〈조선민국임시정부창립장정〉을 서울시내에 배포하였다. 이 장정에 따르면 조선민국임시정부는 민주적 정부형태(도령부와 내각의 양원체제)인 국민국가를 지향하는 것이었다. 조선민국임시정부의 각료에는 정도령(正都領)에 손병희, 부도령 겸 내각총무경에 이승만, 외무경에 민찬호(閔瓚鎬), 내무경에 김윤식(金允植), 군무경에 노백린(盧伯麟), 학무경에 안창호, 외교위원에 이승만·민찬호 등이 추대되었다. 그러나 조선민국임시정부는 실체가 구성되지 못한 채 문서로만 끝났다.

조선민족혁명당(朝鮮民族革命黨)

1935년 7월 중국 난징(南京)에서 조직된 독립운동정당. 1935년 7월 한국독립당·의열단·조선혁명당·미주대한인독립단 등이 통합하여 결성하였다. 조선민족혁명당에는 대한민국임시정부를 옹호하는 한국독립당계 일부 인사들이 참여하지 않았으나 대부분의 독립운동단체를 망라한 민족연합전선적 성격의 정당이었다. 당의로서 민주공화국 건설을 채택하였으며, 최고기관으로 중앙집행위원회를 두었고 중앙집행위원에 김원봉·김두봉·김규식·조소앙·지청천 등을 선출하였다. 기관지로 〈민족혁명당보〉·〈민족혁명〉 등을 발간하였다. 그러나 조선민족혁명당은 김원봉의 당권장악과 의열단계 중심의 독선적 운영으로 내분이 일어나 1935년 9월 조소앙의 한국독립당계가 탈당하여 한국독립당을 재건하고, 1937년 4월 지청천의 신한독립당계가 탈당하여 조선혁명당을 결성하였다. 김원봉을 중심으로 한 조선민족혁명당은 민족협동전선의 재건을 모색, 1937년 12월 조선민족해방동맹·조선혁명자연맹과 함께 조선민족전선연맹을 결성하였다. 1938년 10월 산하에 조선의용대를 조직하여 항일무장투쟁을 전개하였다. 1941년 5월 대한민국임시정부 참여를 결정하고 합류하였으며, 1942년 7월에는 조선의용대의 일부가 광복군 제1지대로 편입되었다. 광복 후, 1946년 2월 민주주의민족전선에 참여하였으며, 1947년 인민공화당으로 개칭하였다. ○ 김원봉·조선의용대

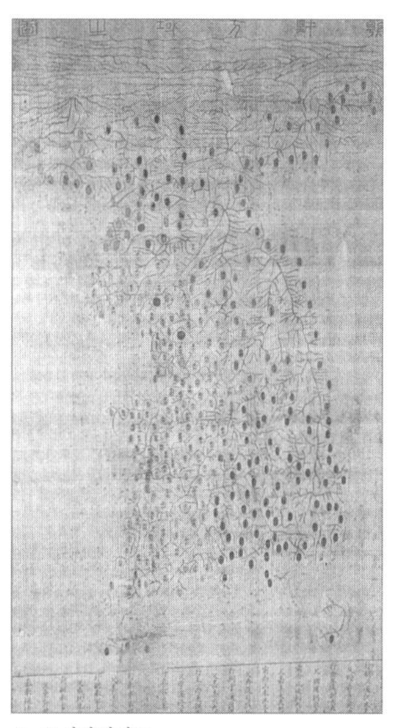

▶ 조선방역지도

조선방역지도(朝鮮方域之圖)

조선 중기에 제작된 8도 주현도. 1557년(명종 12)~1558년경에 제작된 것으로, 폭이 61cm, 길이 132cm의 견본 수묵담채화이다. 지도는 함경도 청색, 평안도 초록색, 황해도 백색, 강원도 연두색, 경기 및 충청도 황색, 전라도 백색, 경상도는 적색으로 그리고, 지명·수영(水營)·병영(兵營) 등을 타원형 안에 기입하였다. 지도의 형태는 현재의 전국지도와 비슷하나, 만주지역을 포함하고 남쪽으로 쓰시마섬(對馬島 : 대마도)과 제주도를 그려 넣었다. 상단에는 '조선방역지도' 라는 제목이 씌어 있고, 중단에는 담채로 지도가 그려져 있으며, 하단에는 지도의 제작을 맡은 관리들의 관직명과 본관 등이 적힌 좌목(座目)이 있다. 이 지도는 임진왜란 때 왜군에게 약탈되어 대마도에 보관되어 오던 중, 1930년 조선사편수위원회에서 쓰시마 도주(島主) 소씨(宗氏) 문서와 함께 입수하여, 현재 국사편찬위원회에 보관·관리되고 있다. 국보 제248호로 지정되었다.

조선불교유신론(朝鮮佛敎維新論)

1913년 간행된 한용운의 불교개혁에 관한 책. 1909년~1910년에 걸쳐 집필하여 1913년 회동서관에서 간행하였다. 일제의 식민통치하에서 사회의 모든 분야는 개혁의 움직임을 보이고 있음에도 불구하고 불교만은 보수적인 구습에서 벗어나지 못함을 개탄하며 불교계의 사상과 제도를 개혁하여야 한다는 내용이다. 이를 위해 염불당을 폐지하고 참선을 통하여 수행할 것, 불교의식을 간결히 하여 권위주의와 관습주의를 타파할 것, 사회개혁을 담당하기 위한 불교조직의 통일 등을 주장하였다. 이러한 주장은 당시 불교계에 새로운 방향을 제시하는 혁명적인 것이었다.

조선사연구(朝鮮史研究)

1946년~1947년 간행된 정인보의 한국고대사에 관한 책. 1935년 1월 1일부터 1936년 9월 29일까지 동아일보에 〈오천년간 조선의 얼〉이라는 제목으로 연재된 것을 1946년과 1947년에 서울신문사에서 상·하 2권으로 간행하였다. 저자는 정신사관으로서의 '얼' 을 강조하였는데, '얼' 이란 인간존재의 핵심이며 역사의 원동력이라고 하면서 역사연구의 궁극적 목적은 '얼'을 추색(推索)하는 데 있다고 하였다. 저자는 이 책을 통해 단군은 조선의 시조이며, 신이 아닌 인간임을 주장하였고, 고조선은 다수의 소국을 포함하는 대통일국가였으며, 한사군은 고조선의 일부인 위씨조선의 영역에 건립된 것으로 그 영역은 요하(遼河)에서 난하(灤河)에 펼쳐진 발해만에 있었다고 하였으며, 임나(任那)의 위치를 대가야국이 있던 고령으로 비정하고 대가야의 일부세력이 소멸 직전 신라에 들어와 임나라는 지명을 사용한 것이라고 주장하였다. 저자는 문헌고증학을 내세우는 식민주의 사학을 비판하면서 민족주의사관에 입각하여 역사를 서술하고자 하였다. ◐ 정인보

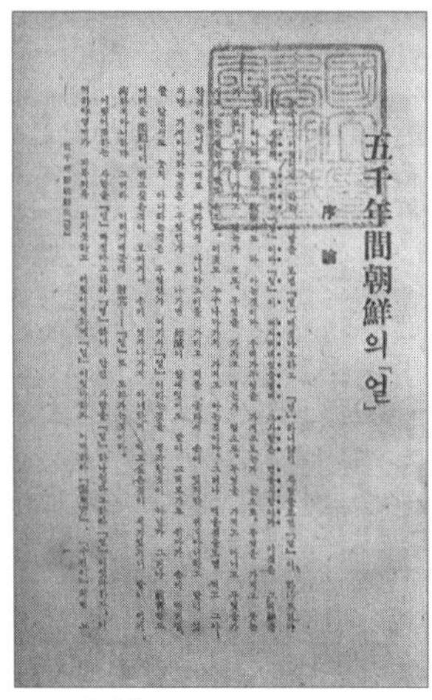
▶ 조선사연구

조선사연구초(朝鮮史硏究草)

1930년 간행된 신채호의 조선사에 관련한 논문집. 1924년 10월 13일부터 1925년 3월 16일까지 동아일보에 연재하였던 글들을 모아 간행한 책이다. 〈고사상이두문명사해석법(古史上吏讀文名詞解釋法)〉·〈삼국사기중동서양자상환고증(三國史記中東西兩字相換考證)〉·〈삼국지동이열전교정(三國志東夷列傳校正)〉·〈평양패수고(平壤浿水考)〉·〈전후삼한고(前後三韓考)〉·〈조선역사상일천년래제일대사건(朝鮮歷史上一千年來第一大事件)〉 등 총6편으로 구성되어 있다. 이 가운데 〈조선역사상일천년래제일대사건〉은 고려시대의

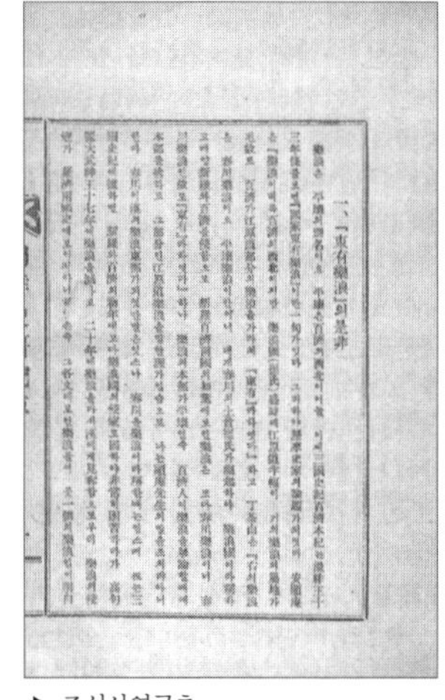
▶ 조선사연구초

묘청(妙淸)의 난을 다룬 글로서 저자는 기존의 사가들과는 달리 묘청의 난을 선교·불교, 독립사상, 진보사상 대 유교, 사대주의, 보수사상 간의 대립으로 파악하고, 양자가 격돌하여 후자가 승리하였기에 조선 근세에 이르러 종교·학술·정치·풍속이 모두 사대주의의 노예가 되었다고 하였다. ◐ 신채호

조선상고사(朝鮮上古史)

1948년 간행된 신채호의 한국고대사에 관한 책. 1924년경에 저술되어 1931

▶ 조선상고사

년 조선일보에 〈조선사〉라는 제목으로 연재되었으나, 연재가 상고사부분에서 끝났기 때문에 1948년 《조선상고사》라는 제목으로 간행되었다. 저자는 이 책을 통해 역사의 정의에 대해, "역사란 '아(我)'와 '비아(非我)'의 투쟁의 정신사"라고 하면서, '아'는 주관적 위치에 선 자이고, '비아'는 객관적 위치에 선 자를 가리키는 것으로 조선이 '아'가 되면 다른 나라가 '비아'가 되고, 다른 나라가 '아'가 되면 조선은 '비아'가 된다고 하였다. 저자는 이 책을 통해 단군조선–삼조선–부여–고구려로 이어지는 새로운 역사인식체계를 수립하였으며, 삼국시대를 신라 중심에서 벗어나 고구려와 백제 중심으로 서술하였고, 한반도 중심의 역사무대를 만주 요동반도 및 요서지방과 중국 동북지역까지 확대하여 서술하였다. ◐ 신채호

조선어학회(朝鮮語學會)

1931년 1월 조직된 조선어연구단체. 1921년 12월 임경재(任璟宰)·최두선(崔斗善)·이승규(李昇圭)·장지영(張志暎)·권덕규(權悳奎) 등이 조선어의 정확한 법리(法理) 연구 목적으로 조직하였던 조선어연구회를 1931년 1월 조선어학회로 개편한 것이다. 조선어학회에서는 1927년 2월부터 1928년 10월까지 학회지인 《한글》을 발간하여 국어·국문의 연구와 보급에 노력하였으며, 1926년 음력 9월 29일(양력 11월 4일)에 훈민정음 반포기념일을 '가갸날'이라 제정하였다가 1928년 '한글날'로 고쳐 기념행사를 거행하였다. 1932년 5월부터 1942년 5월까지 《한글》을 다시 간행하였다. 또한 1933년 10월 〈한글맞춤법통일안〉을 제정·공포하였으며, 1936년 10월 〈사정한 조선말 표준말 모음〉을 공표하였고, 1940년 6월 〈외래어표기법〉을 발표하였으며, 1929년 10월부터 《우리말 큰사전》의 편찬에 착수하여 1957년 6권으로 된 《큰사전》을 간행하였다. 한편 조선어학회에서는 1930년부터 조선일보·동아일보 등과 함께 각종 강연회를 통한 한글보급운동을 전개하였다. 1942년 10월 일제가 조선어학회를 독립운동단체로 규정하고 전회원들을 검거한 조선어학회사건을 계기로 활동이 중단되었다. 1949년 9월 한글학회로 개칭되어 현재에 이르고 있다.

조선왕조실록(朝鮮王朝實錄)

조선시대 태조에서 철종에 이르기까지 25대 472년간의 역사적 사실을 편년체(編年體)로 서술한 사서(史書). 1893권 888책이다. 조선시대에는 왕이 죽으면 다음 왕 때에 춘추관(春秋館)에 임시로 실록청(實錄廳) 또는 일기청을 설치하여 전왕대의 실록을 편찬하는 것을 원칙으로 하였다. 실록편찬시 이용되는 자료는 정부 각 기관에서 보고한 문서 등을 기록하여 둔 춘추관 시정기(時政記)와 전왕 재위시의 사관들이 각각 작성해 둔 사초(史草)를 기본자료로 하고, 그 밖에 《승정원일기》·《의정부등록》 등과 각 관서의 기록, 개인의 문집 등이었다. 사초는 사관들이 스스로 보관하였다가 실록을 편찬할 때 제출하도록 되어 있는데, 제출된 사초는 그 극비성 때문에 사관 이

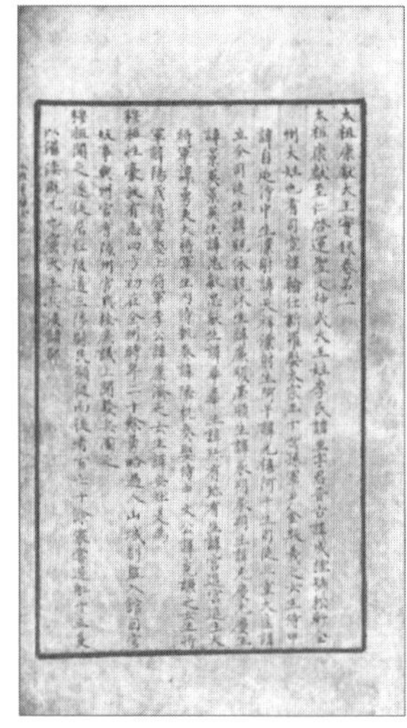

▶ 조선왕조실록

외에는 아무도 보지 못하게 하였다. 각종 기록들이 실록청에 모아짐으로써 실록편찬이 시작되는데, 이때 편찬에 참여하는 실록청의 구성원은 모두 춘추관의 관원이었다. 일차로 작성된 원고를 초초(初草)라고 하였는데, 이를 다시 수정하고 보완하여 두 번째 원고인 중초(中草)를 만들고, 다시 한번 재수정하는 동시에 체제와 문장을 통일하여 정초(正草)라 부르는 완성된 원고로 작성하였다. 완성된 실록은 궁궐내 춘추관을 비롯해 몇 개 지역에 설치된 사고(史庫)에 보관하며 사관 이외에는 아무도 보지 못하게 하였다. 조선왕조실록은 조선시대의 정치·외교·군사·제도·경제·사회·문화 등 사회 각 방면의 역사적 사실을 망라하고 있는 귀중한 역사기록물로서 한국사연구의 기본자료가 되고 있다. 1997년 유네스코에서 세계기록유산으로 지정했다. ● 사고·춘추관

조선은행(朝鮮銀行)

(1) 1886년(고종 23)에 설립된 근대식 은행. 1886년 김종한(金宗漢)·안경수(安駉壽)·심상훈(沈相薰) 등 정부관료와 실업인 등이 합자하여 설립하였다. 주로 국고출납업무를 대행하였으나, 창립 후 5,6년간 영업을 하다가 폐점된 것으로 추정된다.

(2) 1911년 8월 설립된 은행. 1911년 8월 일제가 한국내 금융통제를 위한 국책은행의 설립을 목적으로 〈조선은행법〉을 공포한 뒤, 1909년 설립하였던 한국은행을 개편하여 조선총독부 직속으로 설립하였다. 일반 은행업무 외에 중앙은행으로서 발권업무를 담당하였다. 본점을 경성에 두고, 인천·평양·원

▶ 조선은행

산 · 대구 · 군산 · 목포 · 여수 · 함흥 · 청진 · 나진 · 신의주 및 일본의 고베(神戸) · 시모노세키(下關) 등지에 지점과 출장소를 두었다. 1950년 6월 한국은행이 설립되어 중앙은행의 기능을 담당하면서 해산되었다.

조선의용대(朝鮮義勇隊)

1938년 10월 중국 한커우(漢口)에서 조직된 조선민족전선연맹산하의 항일무장부대. 1937년 11월 조선민족전선연맹을 조직하였던 김원봉이 중국국민당정부의 승인을 받아 항일무장부대의 편성을 추진하여 1938년 10월 조선민족혁명당소속 청년당원과 조선청년전위동맹소속 청년당원들을 규합하여 항일무장부대를 결성하고 이를 조선의용대라 하였다. 결성 초기 조선의용대는 총대부(總隊部)와 2개의 구대(區隊)로 편성되었다가, 1939년 말에 기존의 1구대대원 일부와 신입대원으로 3구대를 편성하였다. 조선의용대는 중국 각 전선에 배치되어 정보수집, 일본군포로 심문, 대일본군 반전선전활동, 기관지《조선의용대》발간 등의 활동을 전개하였다. 조선의용대는 내부에서 중국국민당정부의 대일항전작전지역에서 벗어나 독자적인 활동영역을 확보해야 한다는 주장이 대두되자 중경에서 화베이지방(華北地方)으로 이동을 결정하였다. 그리하여 제2구대를 중심으로 1941년 봄부터 화베이지방으로 이동하여 7월경 이동을 완료한 후 조선의용대 화북지대(지대장 : 朴孝三)로 조직을 개편하고 본부를 산시성(山西省)에 두었다. 조선의용대 화북지대는 동년 말에서 1942년 초에 걸쳐 호가장전투(胡家莊戰鬪) · 반소탕전(反掃蕩戰) 등을 전개하였다. 1942년 5월 중경에 있던 총대부와 제1구대 등의 주력부대가 대한민국임시정부세력에 합류하여 한국광복군 제1지대로의 편입을 결정하자, 동년 7월 조선의용대화북지대는 당시 화베이지역에 조직되어 있던 화북조선청년연합회에 합류하여 활동하였다. 그러던 중 1942년 7월 화북조선청년연합회가 조선독립동맹으로 개편되자 명칭을 조선의용군화북지대로 개칭하고 조선독립동맹 산하로 편입하였다.

조선지광(朝鮮之光)

1922년 11월 창간된 종합잡지. 같은 해 9월 12일 신문지법(新聞紙法)에 의한 발행 허가를 얻어 창간된 것으로, 서울의 조선지광사에서 발행하였다. 최초의 편집 겸 발행인은 장도빈(張道斌)이었고, 1924년 5월부터는 김동혁(金東

赫)이 새 발행인이 되었다가 1930년 11월 통권 100호를 끝으로 종간하였다. "조선민중의 권리와 행복을 옹호하며 나아가서 세계문화에 공헌함을 목적한다"는 취지에 따라 발행된 이 잡지는 일제에 대한 항거의 수단으로 사회주의 이론까지도 동원하였다. 특히 문화면에 역점을 두어 많은 우수한 작가를 발굴, 유진오(俞鎭午)·이효석(李孝石) 등이 등장한 무대가 되기도 하였다.

조선책략(朝鮮策略)

청나라 말의 학자인 황쭌셴(黃遵憲)이 저술한 책. 러시아의 남하정책에 대비하기 위한 조·청·일 3국간의 외교정책을 다루었다. 원제는 《사의조선책략(私擬朝鮮策略)》이며, 1880년 간행되었다. 저자는 이 책에서 러시아의 남하정책에 대비하고, 조선에서의 러시아세력을 막기 위해서는 조·청·일 3국이 수호하고, 미국과는 연합해야 하며(親淸國 結日本 聯美國), 조선은 서양의 제도와 기술을 배워야 한다고 하였다. 1880년 제2차 수신사로 일본에 파견되었던 김홍집이 저자에게서 이 책을 받아 가지고 귀국하여 고종에게 올렸으며, 고종은 이를 복사하여 전국 유생들에게 배포하여 식견을 넓히도록 하였다. 그러나 이 책은 위정척사론을 주장하던 보수유생들로부터 많은 반발을 받기도 하였다. ❑ 영남만인소 · 위정척사운동

조선청년독립단(朝鮮靑年獨立團)

1918년 12월 일본 도쿄에서 한국인유학생들이 조직한 독립운동단체. 1918년 12월 파리강화회의에 민족대표가 파견되었다는 소식을 들은 최팔용(崔八鏞)·서춘(徐椿)·백관수(白寬洙)·전영택(田榮澤)·송계백(宋繼白)·이광수(李光洙) 등 한국인유학생들이 자주독립쟁취를 위한 총궐기를 목적으로 조직하였다. 1919년 2월 8일 도쿄 시내에 있던 YMCA 강당에서 동경유학생학우회 임시총회라는 명목의 학생회를 개최하고 조선독립선언식을 거행하였다(2·8독립선언). 조선청년독립단은 독립선언서와 결의문을 낭독한 후 가두시위에 들어갔으나 일경에 의해 강제 해산되고 주동자 30여 명이 검거됨으로써 해체되었다. ❑ 이팔독립선언

조선청년총동맹(朝鮮靑年總同盟)

1924년 사회주의 계통의 청년단체가 주축이 되어 결성한 청년단체연합회. 1920년대 초반 100여 개 청년단체가 난립하자, 장덕수(張德秀)·오상근(吳祥根)·박일병(朴一秉) 등이 모든 청년단체의 통합을 구상하여 '조선청년회연합회'를 결성하였는데, 1922년 제3회 정기대회에서 김사국(金思國)·이영(李英)·한신교(韓愼敎) 등을 중심으로 한 사회주의자들이 탈퇴하여 각지의 좌경 청년단체를 규합하고, '전조선청년당대회'를 열어 사회주의 단체들의 결속을

다짐하였다. 이후 1924년에 무산계급의 청년단체를 총규합한다는 '신흥청년동맹' 이라는 것이 조직되자, 조선청년회연합회 산하의 서울청년회의 중심인물인 김사국 · 최창익(崔昌益) · 이영 등이 전한반도의 청년단체를 규합, '조선청년총동맹' 을 조직할 것을 주장하였다. 여기에는 사회주의 계열뿐만 아니라 민족주의 계열 단체도 함께 참여하게 되었고, 신흥청년동맹도 가담하여 1924년 4월 '조선청년총동맹' 이 결성됨으로써 이념과 사상을 떠나 민족적 결속이 이루어졌다. 이후 조선공산당 등이 조직되고 이에 대한 일제측의 대대적인 검거가 진행되면서 조선청년총동맹도 지하로 잠적하였다.

조선총독부(朝鮮總督府)

1910년부터 1945년까지 일제가 한국을 통치하기 위해 설치한 식민통치기관. 1905년 체결된 〈을사조약〉에 의거하여 통감부(統監府)를 설치하고 한국의 내정을 간섭하던 일제는 1910년 8월 〈한일합병조약〉을 체결하여 한국의 국권을 강탈한 후, 한국을 통치하기 위한 식민통치기구로 기존의 통감부를 폐지하고 조선총독부를 설치하였다. 일제는 동년 9월 30일 〈조선총독부관제 및 소속관서 관제〉를 공포하여 10월 1일부터 실시하였다. 조선총독부에는 장관인 조선총독과 행정을 담당하는 정무총감(政務總監)을 두었으며, 소속 부서로 총독관방(總督官房)을 비롯하여 총무부 · 내무부 · 탁지부 · 농상공부 · 사법부 등 5부를 두고 5부 산하에 9국을 두었으며, 이 외에 중추원 · 취조국(取調局) · 경무총감부(警務總監府) · 재판소 · 감옥 · 철도국 · 통신국 · 전매국 · 임시토지조사국 · 세관 · 인쇄국 등의 소속관서로 두었다. 지방조직의 경우 전국을 13도로 나누고, 그 밑에 부 · 군 · 면을 두었다. 조선총독은 일본천황에 직속하여 한국을 관할하였는데, 조선총독은 일본의 육해군대장 가운데서 임명되었으며, 일본천황으로부터 위임받은 범위 내에서 한국주둔 일본 육군과 해군을 통솔하여 한국의 방위를 관장하고, 한국에서의 모든 정무를 총괄하며, 일본 내각 총리대신을 경유하여 일본천황에게 상주, 재가를 받아 시행하였다. 또한 직권 또는 특별한 위임에 의하여 조선총독부령을 발하고 벌칙을 부가할 수 있으며, 해당 관청의 명령이나 처분이 법규에 위반되거나 공익을 해하거나 권한을 침범하였다고 인정하였을 때는 처분을 정지하거나 취소시킬 수 있었다. 총독은 소속관리를 통할 감독

▶ 조선총독부

했으며 한국정부가 고등관리를 임명할 때에는 총독의 동의를 받아야 했다. 이처럼 조선총독은 한국에서의 행정권·사법권·입법권·군통수권 등 절대권력을 행사할 수 있었다. 1945년 8월 15일 일제의 항복으로 해체되었다.

조선통보(朝鮮通寶)

▶ 조선통보

조선 전기 세종 때 주조된 화폐. 1423년 (세종 5) 유통되던 저화의 가치가 날로 떨어져서 화폐 기능을 제대로 발휘하지 못하자 그 보완책으로 동전을 주조하여 저화와 함께 사용하기로 결정하였고 이를 사섬서(司贍署)에서 관장하기로 하였다. 중앙에서 단시일에 많은 양의 동전을 주조할 수 없고, 또한 동전 원료 문제 등을 고려하여 정부는 경상좌·우도와 전라도에 각기 15곳의 주전소(鑄錢所)를 설치하여 조선통보를 발행하였다. 그러나 주조된 수량의 양이 적고 물품화폐에 대한 선호 등으로 인해 조선통보는 별다른 성과를 거두지 못하였다.

조선혁명군(朝鮮革命軍)

1929년 랴오닝성(遼寧省) 신빈현(新賓縣)에서 조직된 조선혁명당산하의 독립군부대. 1929년 4월 정의부를 중심으로 신민부의 민정파 및 참의부의 일부세력이 연합하여 조직한 국민부가 동년 8월경 종래 정의부에 소속되어 있던 독립군부대를 토대로 독립군을 편성하였다. 12월에 국민부가 유일당으로서 조선혁명당(朝鮮革命黨)을 결성하면서 소속독립군을 조선혁명군으로 개편하여 조선혁명당에 소속하게 하였다. 총사령에 이진탁(李辰卓), 부사령에 양세봉(梁世奉), 참모장에 이웅(李雄)이 선임되었다. 1932년 초 조직을 개편하여 총사령에 양세봉, 참모장에 김학규(金學奎) 등이 선임되었다. 조선혁명군은 중국의용군과 한중연합군을 조직하여 연합작전을 전개, 1932년 4월에서 7월 사이에 흥경성(興京城)에서 일만연합군을 대파하였다. 1934년 11월 조선혁명군을 중심으로 국민부·조선혁명당을 통합하여 조선혁명군정부로 개편하였다.

조선혁명당(朝鮮革命黨)

⑴ 1929년 12월 요녕성(遼寧省) 신빈현(新賓縣)에서 조직된 독립운동정당. 1929년 4월 조직된 국민부(國民府)가 재만동포들의 자치기관임을 표방하면서 그 혁명사업을 담당할 유일당결성에 착수하였고 동년 12월 조선혁명당을 조

직하였다. 주요간부로는 중앙집행위원장에 현익철(玄益哲), 정치부장에 현정경(玄正卿), 조직부장에 고이허(高而虛), 외교부장에 최동오(崔東旿), 군사부장에 이웅(李雄) 등이 선임되었다. 한편 조선혁명당은 산하에 조선혁명군을 두어 대일무장활동을 전개하였다. 조선혁명당은 일본제국주의의 박멸, 조선의 절대독립, 노동민주정권의 수립, 대기업의 국유화, 토지의 몰수와 농민분배 등을 주요정책으로 제시하였다. 1935년 7월 한국독립당·의열단·신한독립당 등과 통합하여 조선민족혁명당을 창당하였다. ● 조선혁명군

(2) 1937년 4월 난징에서 조직된 독립운동정당. 1935년 7월 창당된 조선민족혁명당의 주요세력이었던 지청천(池靑天) 계열이 당운영과정에서 김원봉을 비롯한 의열단계열이 당권을 장악하자 이에 불만을 갖고 1937년 4월 조선민족혁명당을 탈당하여 조선혁명당을 창당하였다. 주요간부로 중앙집행위원에 지청천·최동오(崔東旿)·유동열(柳東說)·양기탁·현익철(玄益哲)·김학규(金學奎) 등이 선임되었다. 강령으로 일본제국주의의 박멸, 국민의 평등제도 확립, 자주독립의 진정한 민주공화국수립 등을 채택하였다. 동년 7월 한국국민당·재건한국독립당과 함께 한국광복운동단체연합회를 결성하였고, 1939년 9월 협동전선연합체로서 전국연합진선협회(全國聯合陣線協會)의 결성에 참여하였다. 1940년 5월 한국국민당·한국독립당 등과 통합하여 대한민국임시정부의 여당으로서 (통합)한국독립당을 창당하였다.

조선형평사(朝鮮衡平社)

1923년 4월 경상남도 진주에서 백정(白丁)들의 권익옹호를 목적으로 조직된 단체. 1923년 4월 진주에서 이학찬(李學贊)·신현수(申鉉壽)·강상호(姜相鎬) 등이 백정들의 권익옹호를 목적으로 조직하였다. 조선형평사는 계급타파, 백정이라는 호칭 폐지, 교육장려, 상호친목 등을 목표로 내세웠다. 1925년 4월 본부를 서울로 이전하고 전국 각지에 형평청년회·형평학우동맹 등을 조직하였으며, 기관지《세광(世光)》을 발행하였다. 조선형평사는 조직내부에서 형평운동을 사회주의운동(민족해방운동)과 연대해서 전개해 나가야 한다고 주장하는 급진파와 독자적으로 전통적인 형평운동을 통해 나가자는 주장을 하는 온건파로 분열되어 대립함으로써 크게 위축되어 갔다. 1935년 4월 명칭을 대동사(大同社)로 개칭하고 전통적인 형평운동, 즉 권익옹호운동을 전개할 것을 결의하였다. 1936년 일본의 계급해방운동단체인 수평사(水平社)와 연대를 모색하면서 친일화되어 가다가 1939년 이후 해체된 것으로 추정된다.

조식(曺植)

1501년(연산군 7)~1572년(선조 5). 자는 건중(健中), 호는 남명(南冥), 시호는 문정(文貞). 본관은 창녕. 조선 중기의 성리학자. 조언형(曺彦亨)의 아들로, 문

과에 합격하였으나, 관직 진출을 포기하고 성리학연구에 전념하였다. 1538년(중종 33) 이언적(李彦迪)이 추천하여 헌릉참봉(獻陵參奉)에 임명되는 등 계속 관직이 제수되었으나 출사하지 않았다. 1561년(명종 16)에는 지리산 덕천동(德川洞)으로 옮겨 산천재(山天齋)를 짓고 강학하였는데 이때 김우옹(金宇顒)·최영경(崔永慶)·정구(鄭逑)·정인홍(鄭仁弘) 등이 찾아와 사사하였다. 1567년에는 선조가 즉위하였을 때 무진봉사(戊辰封事)를 올려 서리망국론(胥吏亡國論) 등 당시의 폐정을 비판하기도 하였다.

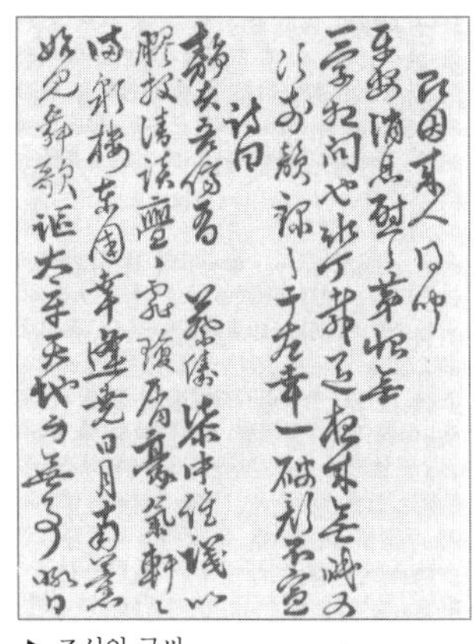

▶ 조식의 글씨

1572년에 사망하였으며, 광해군 때 북인이 집권하면서 영의정에 추증되었다. 학문은 성리학에 기초하였으나 노장사상(老莊思想)과 불교 등에도 포용적이었으며, 경(敬)과 의(義)를 학문의 중심으로 삼고 하학이상달(下學而上達)을 주창하여 실천을 강조하였다. 그의 학문은 정인홍(鄭仁弘) 등에게 계승되어 대북세력의 이념이 되었다.

㉴ 묘소는 경상남도 산천군에 소재함. 이외에도 덕천서원에 배향됨. 생가터는 경상남도 합천군에 소재함.

조운(漕運)

강이나 바다의 수로를 이용해 세곡 등을 선박으로 수송하여 중앙에 운송하던 제도. 우리나라에서는 고려시대부터 정착된 제도로 고려 초기에는 충주·원주·아주(牙州 : 牙山)·부성(富城 : 瑞山)·보안(保安 : 扶安)·임피(臨陂)·나주·영광·영암·승주·사주(泗州 : 泗川)·합포(合浦) 등에 12조창을, 서해도에 안란창(安蘭倉)을 설치하였다. 각 조창에서는 판관(判官)의 책임하에 각기 관할구역의 세곡을 추수가 끝난 후 징수하여 보관하였다가 이듬해 2월에서 5월에 걸쳐 개성 부근의 경창으로 운송하였으며, 만약 운송과정에서 기한이 늦어지거나 손실이 있을 경우에는 인솔한 관리와 향리나 뱃사공 등이 변제하였다. 조운제는 고려 말에 정치 사회 변동 및 심한 왜구의 노략질로 제대로 운영되지 않자, 1376년(우왕 2)에 폐지하였다가 1390년(공양왕 2) 정몽주의 건의에 따라 내륙 수운을 위해 충주에 좌수참(左水站)을, 황해도 배천(白川)에 우수참을 설치하였다. 조선왕조가 건국되면서 조운제도가 재정비되어 한강연안에 3개소, 예성강연안에 2개소, 그리고 연해안에 4개소 등 9개의 조창을 설치하였다. 조창의 명칭·위치, 그리고 관할구역은 다소 바뀌기도 하였다. 각 조창에는 조운선박이 배치되었는데, 공세곶창(貢稅串倉)에 60척, 법성창(法聖倉)에 39척, 덕성창(德成倉)에 63척, 영산창(榮山倉)에 53척 등 소정의 조선이 비치되었다. 연해안에서의 조운업무는 해운판관이, 수로연변에서는 수운판관이 총괄하였고 그 아래 서기 이하 몇 명의 하급관리를 두어 창고를 관리하였다. 또한 법규도 강화하여, 한 선박에 600석(石)을 한도로 적재하게 하였고, 만약 선박이 난파되면 그곳 지방관이 지체없이 구제하고 피해 미곡을 말려야 했으며, 난파 사실을 알고도 2일 이내에 나타나지 않거나 소속 관원을 대신 보내는 자는 처벌되었다. 그리고 고의로 파선시킨 자나 10석 이상을 훔친 자는 효시(梟示)에 처하였다. 주로 전라도지역의 세곡운송에 역점을 두었는데, 국가가 직영하는 관선조운제는 16세기 이래 조졸(漕卒)들이 역을 기피하는 것이 심해졌고, 또 관장제수공업이 해체되면서 선박의 건조가 어렵게 되는 이유 등으로 해이해져 조선 후기에는 그 기능이 크게 감축되었다. 이에 대신해서 사선들이 세곡운송을 청부받아 행하였으며, 18세기 후반에는 주교사(舟橋司) 소속의 선박이 이용되기도 하였다.

동 조전(漕轉) · 조만(漕輓) · 해조(海漕)

조철호(趙喆鎬)

1890년(고종 27)~1941년. 서울출신. 일제시대에 소년운동을 주도한 독립운동가. 일본 육군사관학교를 졸업한 뒤, 오산학교에서 교사로 재직하였다. 1919년 3·1운동 때 학생들의 만세시위를 주도하다가 체포되어 복역하였다. 출옥 후, 중앙고보 체육교사로 근무하였다. 1922년 중앙고보학생들을 모아 조선소년군(朝鮮少年軍)을 창설하였으며, 1923년 방정환 등과 함께 소년운동협회를 조직하였다. 1926년 6·10만세운동에 참여하였다가 북간도로 피신했으나 1932년 체포되어 복역하였다. 1937년 조선소년군의 강제해산과 함께 재차 복역하였으며, 출옥 후 1939년 보성전문학교교수를 역임하였다.

조헌(趙憲)

1544년(중종 39)~1592년(선조 25). 자는 여식(汝式), 호는 중봉(重峯) · 도원(陶原) · 후율(後栗), 시호는 문열(文烈). 본관은 배천. 조선 중기 임진왜란 때 의병장으로 활약한 문신. 조응지(趙應祉)의 아들로, 이이 · 성혼(成渾)에게 수업하였다. 1567년(선조 즉위년) 문과에 급제하여 정주 · 홍주 교수(敎授) 등과 교서관정자(校書館正字) · 저작(著作) 등을 역임하였다. 1574년 명나라에 사신으로 다녀와 《동환봉사(東還封事)》를 올렸으며, 이후 호조좌랑 · 전적(典籍) · 감찰(監察) · 통진현감 등을 역임하였다. 1592년 임진왜란이 일어나자 옥천에서 문인들을 규합, 1,600여 명으로 의병을 조직하여 영규(靈圭)의 승병들과 합세해서 충청도와 전라도 일대의 왜적을 격퇴하는 데 큰 공을 세웠다. 그러나 전공을 시기한 관군의 방해로 의병을 해산당하고 7백 명의 남은 병력으로 끝까지 항전하다가 금산전투에서 모두 전사하였다. 저서로는 《중봉집》이 있다.

㉴ 표충사(表忠祠 : 충청도 옥천), 우저서원(牛渚書院 : 경기도 김포시) 등에 제향됨.

족보(族譜)

한 종족의 계보(系譜). 부계를 중심으로 한 혈연관계를 기록한 책으로, 조상에 대한 존숭, 종족의 단결, 후손간의 화목을 이루는 것을 목적으로 편찬되었다. 우리나라의 경우 최초의 족보는 1476년(성종 7)에 간행된 《성화보(成化譜)》로서 안동권씨(安東權氏)의 족보이며, 16세기를 경과하면서 많은 집안의 족보가 만들어지기 시작하였다. 초창기의 족보는 부계는 물론 외손도 족보편찬 당대까지 기록, 친손의 경우도 사위나 외손과 마찬가지로 그 성을 기재하였다. 그리하여 안동권씨 《성화보》에 수록된 8,000여 명 중 안동권씨 남자는 380여 명에 불과할 정도였다. 이외에도 아들과 딸의 기재 순위는 출생 순위에 의거하며, 양자제(養子制)가 시행되지 않아 장남의 아들이 없으면 가계계승이 차남,삼남에게 넘어갔다. 17세기 후반 이후에는 사회변화에 맞추어 족보의 기재방식에도 변화가 나타나, 선남후녀(先男後女) 방식을 취하고, 외손 범위가 축소되며, 항렬자의 사용이 확대되면서, 가계계승이 장남 중심으로 이루어졌다. 이후 18세기 후반에 이르면 족보가 확산되면서 정약용이 지적한 "환부역조(換父易祖)", 즉 남의 족보에 자기 조상 이름을 올리는 등의 족보 위조 현상이 빈번하게 발생하였다. 족보는 19세기 이후 더욱 보편화되고, 특히 20세기에 일제 치하에서 조선적 양반질서의 붕괴와 일제의 조장책에 따라 족보 발간이 크게 성행하였는데, 당시 출판물의 70~80%를 차지할 정도였다. 족보는 여러 명칭으로 불리기도 하였는데, 그 가운데 '가첩'은 직계에 한정하여 발췌 · 초록한 것이고, '가승'은 계도(系圖) 외에 조상의 전설, 사적(史的) 기록을 모아 엮은 것으로 크게 구별되지 않는다. 분파된 일단의 세계(世系)를 기록한 것이 지보(支譜) · 파보(派譜)이며, 우리나라 족보 전반을 망라한 계보서는 《청구씨보(靑丘氏譜)》 · 《만성대동보(萬姓大同譜)》 등이며 조선의 왕실인 전주이씨의 여러 계보를 기록한 《선원보(璿源譜)》 등이 있다.

족징(族徵)

조선시대 군역(軍役) 의무자가 도피하였을 때 그 의무를 친척에게서 징수하던 일. 군역 당사자가 납부하여야 할 군포(軍布)를 인징(隣徵)이라 하여 이웃에게 부과하거나 족징이라 해서 그 친척들에게서 징수하였다.

존언(存言) → 정제두(鄭齊斗)

좌평(佐平)

백제의 16등 관계(官階) 중 1품의 관직.《삼국사기》에 의하면 260년(고이왕 27)에 설치되었는데 주로 왕족·왕비족·유력 귀족출신을 임명하여 국사를 논의·결정하게 하였다. 그 뒤 408년(전지왕 4) 국사를 총괄하는 수석 좌평으로 상좌평(上佐平)이 설치되었다. 사비로 천도한 뒤 5좌평제로 정립되었다가 사비시대 중기 이후 내신좌평(內臣佐平)·내두좌평(內頭佐平)·내법좌평(內法佐平)·위사좌평(衛士佐平)·조정좌평(朝廷佐平)·병관좌평(兵官佐平) 등 6좌평제로 되었다. 6좌평체제는 내신좌평(상좌평)을 의장으로 하는 최고 귀족회의체로, 귀족들이 재상 선출 및 국사 논의를 행함으로써 귀족 중심의 정치가 확립되었다. 그러나 의자왕 때부터 약화되어 유명무실해졌다.

주류성(周留城)

백제 멸망 후 부흥운동의 근거지가 되었던 성. 나당연합군이 부여의 부소산성(사비성)을 함락하자 복신(福信)과 승려 도침(道琛)이 이 성을 근거지로 저항운동을 전개하였다. 그러나 나당연합군에 의해 성이 함락되면서 부흥운동도 끝났다. 주류성의 위치에 대해서는 충청남도 서천군 한산(韓山)이라는 설과 충청남도 청양군 정산(定山)이라는 설 및 전라북도 부안군 상서면의 위금암산성(位金巖山城)이라는 설이 있다.

주몽(朱蒙) → 동명왕(東明王)

주세붕(周世鵬)

1495년(연산군 1)~1554년(명종 9). 자는 경유(景游), 호는 신재(愼齋)·남고(南皐)·무릉도인(武陵道人)·손옹(巽翁), 시호는 문민(文敏). 본관은 상주. 조선 중종 때 백운동서원을 창건한 문신. 주문보의 아들로, 1522년(중종 17) 문과에 급제하였다. 1530년 김안로의 배척을 받아 파직되기도 하였고, 1542년 풍기군수로 재직하면서 우리나라 최초의 서원인 백운동서원을 창건하여 안향을 봉향(奉享)하였으며, 1551년 황해도관찰사가 되어서는 해주에 최충(崔冲)을 봉사하는 문헌서원(文憲書院)을 건립하였다. 이어 대사성·동지의금부사 등을 지냈다. 저술로는《동국명신언행록(東國名臣言行錄)》·《죽계지(竹溪志)》·《진헌심도(進獻心圖)》 등이 있다.

주시경(周時經)

1876년(고종 13)~1914년. 초명은 상호(相鎬), 호는 한힌샘·백천(白泉). 황해도 봉산출신. 일제시대에《국어문법》·《말의 소리》 등을 저술하여 국문연구에 힘쓴 국어학자. 1896년 배재학당을 졸업한 후, 독립협회에 참여하여 독립신문 교정원으로 일하였으며, 배재학당 내에 조직된 학생단체인 협성회(協成會)에도 참여하여 〈협성회월보〉의 간행을 담당하였다. 또한 독립신문사 안에 국문동식회(國文同式會)를 조직하여 국문표기 통일에 관한 연구에 주력하였다. 1897년 〈독립신문〉에 논설 〈국문론〉을 발표하여 국어문법의 체계화에 노력하였다. 1907년 어윤적(魚允迪)·이능화(李能和) 등과 함께 국문연구소 전문위원이 되어 국어·국문 연구에 노력하였다. 1910년 조선광문회에 참여하여 국어사전편찬에 참여하였다. 1914년 급환으로 사망하였다. 주요 저서로 《국문문법》·《대한국어문법》·《국어문전음학》·《국문연구》·《국어문법》·《소리갈》·《말의 소리》·《안남망국사(安南亡國史)》 등이 있다.

▶ 주시경

주자가례(朱子家禮)

유가(儒家)의 예법의장(禮法儀章)에 관한 송대 주희의 저술. 5권. 부록 1권으로, 우리나라에 전해진 《주자가례》는 명(明)나라 성화(成化)연간에 구준(丘濬)이 원책을 기본으로 여기에 의절고증(儀節考證)·잡록(雜錄)을 추가하여 《문공가례의절(文公家禮儀節)》 8권으로 만든 것으로 고려 말기 주자학과 함께 전래되었다. 관(冠)·혼(婚)·상(喪)·제(祭) 사례(四禮)에 관한 예제(禮制)로서의 이 《주자가례》는 조선시대에 이르러 주자학이 국가 기본강령으로 확립되면서 처음에는 왕가와 조정 중신에서부터 사대부(士大夫)의 집안으로 그 준행(遵行)이 강요되어, 다시 일반서민에까지 보편화되기에 이르렀다.
동 《문공가례(文公家禮)》

주자감(胄子監)

발해의 교육기관. 귀족 자제들의 교육을 담당하던 기관으로, 장관은 감(監)이며 예하에 장(長) 1명을 두었다.

주자서절요(朱子書節要)

조선 중기 이황이 엮은 중국 송대 주자(朱子)의 서간집. 주자가 문인 등과 주고받은 서독(書牘)을 뽑아서 편찬한 것이다. 20권 10책인 이 책은 1558년(명종 13) 간행되었다. 《주자전서(朱子全書)》 중 48권에 달하는 왕래서신을 초학자를 위해 선집한 것으로 제19권은 속집(續集)이고 제20권은 별집(別集)이다.

중광단(重光團)

1911년 3월 만주 왕칭현(汪淸縣)에서 조직된 독립운동단체. 1911년 3월 서일(徐一)·현천묵(玄天默) 등이 중심이 되어 조직하였으며, 단장에 서일이 추대되었다. 중광단의 단원들은 대부분이 대종교인들로서 대종교 포교를 통해 재만 한인의 민족의식을 고취하려 노력하였다. 1914년부터는 허룽(和龍)·연길(延吉)·왕칭 등지에 동일학교(東一學校)·청일학교(靑一學校)·명동학교(明東學校) 등을 설립하여 재만 한일들에 대한 민족교육을 실시하였다. 1919년 대한정의단(大韓正義團)으로 확대 발전하였다. ◐ 대한정의단

중농학파(重農學派) → 실학(實學)

중대성(中臺省)

발해(渤海)의 정책 수립과 입법 사무를 관장하던 중앙관청. 장관(長官)으로 우상(右相) 1명이 있었으며, 그 아래로 우평장사(右平章事)·내사(內史)·조고(詔誥)·사인(舍人) 등이 있었다.

중도아(中徒兒)

조선 후기 상품경제가 발달하면서 나타난 중개상인. 주로 시전의 상품을 소매상이나 소비자에게 전매하였으며, 난전들과 결탁하여 그들의 상품을 시중에 판매하기도 하였다. 소상인의 일종이었던 중도아는 시전상인들이 서울의 상권을 장악하기 위해 그 상업활동을 인정한 존재였으나, 상업적 이익에 따라 때로는 시전에 종속되어 일정한 세금을 납부하였고, 때로는 난전과 결탁하기도 하였다. 중도아는 서울 안에서 상업활동을 보장받고 있었기 때문에 난전을 통해 자본을 모은 일부가 중도아로 변신하여 도고상업을 펴기도 하였다. 이들이 취급하였던 상품이 어떠한 것인지 정확하게 알 수는 없으나 주로 어·염을 비롯한 수산물을 취급하였던 것으로 추정된다.

중방(重房)

고려시대 무신들의 회의기관. 2군(二軍)·6위(六衛)가 완성되는 현종대를 전후해 성립되었을 것으로 추정되며, 정3품 상장군 각 1인과 종3품 대장군 각 1인 등 모두 16인으로 구성되었고, 특히 병부상서를 겸직한 응양군상장군(應揚軍上將軍)이 반주(班主)가 되어 회의를 주도하였다. 궁성의 치안과 군사의 출정(出征), 방수(防戍), 국왕의 시종 등 2군 6위의 전반적인 임무에 관한 것을 의논하였다. 무신란 이후 최고 권력기관으로 변화되면서 국정의 대소사를 관장하다가 최충헌이 교정도감(敎定都監)을 설치하여 국정을 장악하게 되면서, 중방은 차츰 본래의 기능으로 복구되었다. 1308년(충선왕 복위)에 일시적

으로 폐지하였다가 곧이어 복구한 다음 고려 말까지 존속하였으나, 조선 건국 후인 1393년(태조 2)에 폐지하였다.

중상학파(重商學派) → 실학(實學)

중서문하성(中書門下省)

고려시대의 최고 행정기관. 고려 전기인 1061년(문종 15)에 내사문하성(內史門下省)이 개칭된 것으로, 1275년(충렬왕 1)에 원의 요구로 관제가 격하되면서 상서도성을 병합하여 첨의부(僉議府)로 개편되었다가, 1293년에 도첨의사사(都僉議使司)로 개칭되었다. 이후 1356년(공민왕 5)에 공민왕이 개혁정치의 일환으로, 고려 전기 관제를 복구하면서 중서문하성으로 고치고 1362년 다시 도첨의부로 고쳤으며 1369년에 문하부(門下府)로 개칭하였다. 관원은 2품 이상의 재신(宰臣 : 省宰·宰相)과 3품 이하의 낭사(郎舍 : 省郎이라고도 함)로 구성되어, 재신은 백관을 통솔하고 국정을 의논하였고 낭사는 간쟁(諫爭)·봉박(封駁)·서경(署經)의 기능을 가졌다. 고려 후기에는 중서문하성의 기능이 최고권력기관인 도평의사사(都評議使司)에 넘어감으로써 유명무실화되었고, 결국 조선이 건국된 후 도평의사사에 흡수되어 의정부로 개편되었다.

중서성(中書省) → 중서문하성(中書門下省)

중원 고구려비(中原高句麗碑)

충청북도 충주시 가금면 용전리 입석부락에 소재한 고구려시대의 비석. 높이 203cm, 너비 55cm로, 광개토왕릉비를 축소한 듯한 4각 석주형으로 자경(字徑)은 3~5cm 정도이며, 전면 10행, 좌측면 7행, 우측면 6행으로 행당 23자이다. 대사자(大使者)·발위사자(拔位使者)·대형(大兄)·주부(主簿)와 같은 고구려 관등명과 광개토왕릉비의 고모루성(古牟婁城)이 나오는 것으로 보아 고구려비로 판단된다. 마멸이 심하여 판독이 어렵고 정확한 글자수(대략 4백여 자)와 내용을 알 수 없어 이견이 많다. 비면 수에 대해서는 3면비설과 4면비설이 있고, 시

▶ 중원 고구려비

작면에 대해서도 전면설·후면설·우측면설이 있다. 비의 건립연대는 장수왕대설·문자명왕대설·평원왕대설이 있고, 장수왕대설은 다시 449년설·481년설·420년 전후설로 나뉘는데, 이에 대해서는 고구려와 신라가 화전(和戰)

관계였던 481년설이 가장 우세하다.

중인(中人)

조선시대의 하급 지배신분층. 조선시대의 신분계층인 양반·중인·상민(常民)·천민(賤民) 등 네 가지 신분 가운데 하나로 조선 후기에 신분층으로 정착된 것으로 추정된다. 17세기 이후에 주로 썼다. 중인이라는 용어는 좁은 의미로는 서울 중심가에 살던 역관(譯官)·의관(醫官)·산원(算員)·율관(律官)·음양관(陰陽官)·사자관(寫字官)·화원(畫員)·역관(曆官) 등 기술관을 일컫는 것이고, 넓은 의미로는 향리(鄕吏)·서리(胥吏)·서얼(庶孼)·토관(土官)·장교(將校)·역리(驛吏)·우리(郵吏) 등 전국의 행정실무자들을 모두 합쳐 일컫는 것이다. 복잡하게 구성된 조선시대 중인층 중에 역관은 위로는 사대교린(事大交隣)에 관계하기 때문에 세력이 매우 커 양반과 비슷한 지위였고, 아래로는 천인과 비슷한 지위를 가진 자도 있었다. 이들은 한품서용제(限品敍用制)라 하여 기술관은 정3품 당하관, 토관은 정5품, 서리는 정7품으로 승진이 되기도 하였다. 특별한 공로가 있는 자는 지방관에 임명하거나 나이가 많은 자는 양반의 실직 또는 영직(影職)에 부쳤다. 간혹 당상관이나 봉군(封君)을 받는 경우도 있었으나 특별한 경우에 불과하였다. 중인은 대체로 양반에는 미치지 못하고 양인보다는 위에 있던 중간신분으로서 양반에서 도태되거나 양인에서 상승한 계층으로서 행정적인 실무를 담당하였다. 조선 후기 중인들은 시사운동(詩社運動)을 통해 문화적 역량을 성장시키는 가운데 문학활동을 꾸준히 지속하였다. 19세기에는 중인을 비롯한 평민들에 대한 전기로 《호산외기(壺山外記)》 등이 편찬되었다. 중인들은 평등사상을 찾아 18세기 후반 이후 천주교를 수입하고 보급하는 데도 앞장섰다. 조선 후기 화원들도 새로운 화풍을 개척했는데 정선(鄭敾)은 진경산수화(眞景山水畫)라는 조선의 경치를 그려 18세기에 조선화를 완성하였다. 이와 같은 과정을 거치면서 중인들의 의식은 향상되었으나 그들의 신분은 크게 향상되지 못하였다.

중정대(中正臺)

발해의 관리 규찰기관. 일종의 감찰기구로 장관은 대중정(大中正)이고 예하에 소정(少正) 1명을 두었다.

중추원(中樞院)

(1) 고려시대 왕명 출납과 왕실 숙위·군기(軍機)에 대한 정사를 담당했던 관청. 991년(성종 10) 한언공(韓彦恭)의 건의로 설치되었다. 1009년(현종 즉위년)에 중추원·은대(銀臺)·남북원(南北院)과 통합하여 중대성(中臺省)으로 개편되었다가, 1011년에 중대성이 폐지되면서 다시 복설되었다. 1023년에 좌·

우 승선과 좌·우 부승선을 두어 중추원 일직원을 삼고 중추원부사 이하로 이를 겸하게 하였다. 관원은 시기에 따라 다소 변화는 있었으나 문종 때에 정해진 것을 보면 판사(判事) 1인, 사(使) 2인, 지원사(知院事) 1인, 동지원사(同知院事 : 이상 종2품) 1인, 부사(副使) 2인, 첨서원사(僉書院事) 1인, 직학사(直學士) 1인, 지주사(知奏事) 1인, 좌·우승선(承宣) 각 1인, 좌·우 부승선(이상 정3품) 각 1인, 당후관(堂後官 : 정7품) 2인 등이었다. 1095년(헌종 1)에 추밀원으로 개칭되었다가 1275년(충렬왕 1) 원의 간섭으로 관제가 격하되면서 밀직사(密直司)로 개칭되었다. 몇 차례 개정되었다가 1356년(공민왕 5)에 고려 전기 관제를 복구하면서 추밀원으로 고치고 정원과 품질은 문종 때와 같이 하였다. 중추원은 하나의 관청이지만 군기를 담당한 추신(樞臣)과 왕명출납을 담당한 승선으로 구분되었다. 조선 초에는 고려의 제도를 계승하여 출납·병기·군정·숙위 등의 일을 관장토록 하였다가 1393년(태조 2) 의흥삼군부가 설치되면서 중추원이 맡던 군사적 기능이 이관되었고, 1400년 의흥삼군부와 합쳐져 삼군부가 되었다. 1432년(세종 14)에 다시 설치되었고 1466년(세조 12) 중추부로 개칭되었다.

(2) 일제시대에 설치된 조선총독부의 자문기관. 1910년 9월 조선총독부가 대한제국시기의 황족이나 친일고관을 우대하고 식민통치에 한국인들을 참여시킨다는 명분하에 조선총독부의 자문기관으로 설치하였다. 관원으로 의장(정무총감이 겸직)·부의장·고문·찬의(贊議)·부찬의·서기관장·서기관·통역관 등을 두었다. 그러나 중추원은 1919년 3·1운동이 일어날 때까지 한 차례의 회의도 소집된 적이 없었다. 1915년 이후로는 주로 한국의 옛 관습과 제도에 대한 조사·연구 및 각종 역사자료발행 등을 통해 일제의 식민통치에 앞장섰다.

증광시(增廣試)

조선시대 국가에 경사가 있을 때 비정규적으로 시행하던 과거시험. 새로운 국왕의 즉위나 즉위 후 30년이 경과하는 것과 같은 큰 경사가 있을 때 또는 작은 경사가 여러 개 겹쳤을 때 임시로 실시한 과거로, 소과(小科)·문과(文科)·무과(武科)·잡과(雜科) 등에 실시되었다. 1401년(태종 1) 왕의 등극을 경축하기 위하여 처음으로 실시된 후 선조대 종계변무(宗系辨誣), 공신 책훈, 반역 진압, 대비 존숭 등을 이유로 비정규적으로 시행되었다. 식년시(式年試)와 마찬가지로 그 절차가 생원·진사의 초시(初試)·복시(覆試), 문과초시·문과복시·문과전시(殿試)의 5단계로 나누어지며, 시험과목도 같았다. 때로 경사가 겹칠 때는 대증광(大增廣)이라 하여 일반 증광시보다 많은 인원을 선발하기도 하였다.

지눌(知訥)

▶ 지눌

1158년(의종 12)~1210년(희종 6). 자호(自號)는 목우자(牧牛子). 시호는 불일보조(佛日普照), 탑호는 감로(甘露). 고려 중기 조계종을 성립시킨 대표적 선승(禪僧). 정광우(鄭光遇)의 아들로, 8세 때 구산선문(九山禪門) 중 사굴산파(闍堀山派)인 종휘선사를 찾아가 승려가 되었다. 1182년(명종 12) 승선(僧選)에 합격하였고, 보제사(普濟寺)의 담선법회(談禪法會)에 참석하여 동지들과 같이 정혜결사(定慧結社)를 맺어 불교계를 개혁할 것을 다짐하였다. 1190년 득재(得才)의 청을 받고 거조사(居祖寺)를 찾아 옛 동지들과 약속한 결사(結社)를 실천에 옮기게 되며, 이때 〈권수정혜결사문(勸修定慧結社文)〉을 발표하였다. 이 결사문에서 지눌은 미혹한 중생도 깨치면 부처가 될 수 있다고 천명하였고, 그 방법으로 '정(定)'과 '혜(慧)'를 닦는 정혜쌍수(定慧雙修)를 주장하였다. 1198년(신종 1) 거조사에서 지리산 상무주암(上無住庵)으로 자리를 옮겼고, 이후 1200년에는 정혜사를 조계산(曹溪山)으로 옮겼으나 근처 계족산(鷄足山)에 정혜사(定慧寺)가 있으므로 혼동을 피해 사명을 수선사(修禪社)로 고치게 되었다. 10년간 수선사에 머무르면서 선풍을 일으켜 불교계를 바로잡고 많은 대중들에게 교화를 펴다가 1210년(희종 6)에 입적하였으며, 국사로 추증되었다. 저서로는 《권수정혜결사문》·《수심결(修心訣)》·《진심직설(眞心直說)》·《원돈성불론(圓頓成佛論)》·《간화결의론(看話決疑論)》 등이 있다. ⊙ 조계종

지봉유설(芝峯類說)

1614년(광해군 6)에 이수광이 편찬한 일종의 백과사전적인 유서(類書). 이 책은 이수광이 죽은 뒤 그의 아들 이성구(李聖求)와 이민구(李敏求)에 의해 1634년(인조 12)에 간행되었다. 20권 10책이며, 내용은 천문·시령(時令)·재이(災異)·지리·제국(諸國)·병정(兵政)·관직·경서·인물·성행(性行)·어언(語言)·기예(技藝)·궁실·식물·금충(禽蟲) 등 25부문에 걸쳐 총 3,435항목을 각종 서적으로부터 자료를 모아 자기 의견을 붙여 서술하였다. 저자는 이 책을 통해 마테오 리치의 《천주실의》를 우리나라에 처음으로 소개하였다.

⊙ 이수광

지석영(池錫永)

1855년(철종 6)~1935년. 자는 공윤(公胤), 호는 송촌(松村). 서울출신. 종두법을 시행한 의사·국어학자. 일찍이 스승 박영선(朴永善)으로부터 종두법을 배웠으며, 1879년(고종 16) 부산의 제생의원(濟生醫院)에서 일본인들에게 종두법을 배운 뒤 두묘(痘苗)와 종두침을 구해 서울로 돌아오는 길에 충주에서 40여 명에게 종두를 놓았는데 이것이 우리나라 사람들에게 실시한 최초의 종두였다. 1880년 제2차수신사로 김홍집을 수행하여 도쿄에 가서 종두술을 익히고 돌아와 서울에 종두장을 세우고 종두를 보급하였다. 1883년 문과에 급제하여 전적·지평을 역임하였다. 1885년 한국 최초의 종두서적인 《우두신설(牛痘新說)》을 간행했다. 1887년 시폐(時弊)에 관한 상소를 올렸다가 강진의 신지도로 유배되자 유배지에서 종두를 실시하였다. 1892년 석방된 후, 1893년 서울에 우두보영당(牛痘保嬰堂)을 설립하여 종두를 무료로 시술하였다. 1894년 형조참의·승지·한성부윤, 1896년 동래부사 등을 역임하였다. 1899년 경성의학교가 설립되자 초대교장으로 취임하여 10여 년간 재직하면서 의학교육사업에 종사하였다. 1907년 경성의학교가 대한의원 의육부(醫育部)로 개편되자 학감에 취임하였다. 그는 국문연구에도 힘써 1905년 한글 가로쓰기를 주장하는 《신정국문(新訂國文)》을 저술하였다. 1907년 국문연구소위원에 임명되었으며, 1908년 한글로 한자를 해석한 《자전석요(字典釋要)》를 저술하였다. 1910년 국권피탈 후 모든 공직을 사퇴하고 집에 은거하며 학문에 힘썼다.

▶ 지석영

지청천(池靑天)

1888년(고종 25)~1959년. 본명은 대형(大亨), 일명은 이청천(李靑天), 호는 백산(白山). 서울출신. 일제시대에 대한독립군단·한국독립군·한국광복군 등에 참여하여 활동한 독립운동가·정치인. 1908년 육군무관학교를 거쳐 1912년 일본육군사관학교를 졸업하였다. 졸업 후 일본육군 보병소위로 임관하였다가 1919년 만주로 망명하였다. 동년 5월 신흥무관학교에 들어가 교성대장(敎成隊長)을 지냈으며, 11월 조직된 서로군정서에 참여하여 사령관에 선임

▶ 지청천

되어 독립군을 지휘하였다. 1920년 김좌진·홍범도 등과 함께 대한독립군단을 조직하고 여단장에 선임되었다. 1921년 고려혁명군을 조직하였으며, 1924년 양기탁 등과 함께 정의부를 조직하고 중앙집행위원·군사위원장·사령장을 지냈다. 1927년 혁신의회를 조직하여 군사위원에 선임되었으며, 1930년 한국독립당 군사위원장이 되었고, 1931년 한국독립당산하에 독립군부대로 한국독립군을 조직하여 총사령관이 되었다. 1932년 중국의용군과 한중연합군을 결성하고 총사령관에 취임하여 쌍성보전투·경박호전투·사도하자전투·동경성전투·대전자령전투 등에 참여하여 일본군을 대파하였다. 1933년 대한민국임시정부에 참여하여 중국중앙군관학교 뤄양분교(洛陽分校) 안에 한국인특별훈련반을 조직하고 총책임자가 되어 군사훈련을 담당하였다. 1935년 조선민족혁명당을 창당하여 중앙집행위원으로 활동하다가, 1937년 조선민족혁명당을 탈당하여 조선혁명당을 창당하고 중앙집행위원으로 활동하였다. 1939년 대한민국임시정부 의정원의원·국무위원에 선임되었으며, 1940년 대한민국임시정부산하에 한국광복군이 창설되자 총사령관을 지냈다. 광복 후, 1946년 귀국하여 대동청년단(大同靑年團)을 창설하여 단장을 지냈으며, 1948년 초대무임소장관과 제헌국회의원을 지냈다. 1950년 제2대국회의원에 당선되어 민주국민당최고위원을 지냈다. ● **대한독립군단·한국독립군·한국광복군**

직전법(職田法)

1466년(세조 12)에 실시된 현직 관료만을 대상으로 한 토지분급제. 이전의 과전법을 대체한 것으로, 과전법에서는 과전을 비롯해 수신전·휼양전 등이 지급되어 세전이 가능하였는데, 이로 인해 수조지 점유의 불균형이 심화되자 이를 모두 폐지하고 현직관료의 직사(職事)만을 대상으로 수조권을 분급하였다. 이미 1417년(태종 17) 관답험(官踏驗)의 시행으로 손실사정(損實査定)의 답험권을 몰수당한 전주들은 마지막 남은 직접수조의 권한을 통해 농민수취를 강행하고 있었는데, 직전법의 실시로 재직 중에만 직전점유가 허용되면서부터는 한층 더 전객(佃客) 수취에 전력하였다. 이에 전객농민의 항거가 거세지자 직전 분급 4년 후 1470(성종 1) 직전 전조의 관수관급으로 귀결되었다. 이는 관에서 수조하여 전주에게 지급하는 방식으로서, 전주의 수조행위를 차단한 것이었다. 직전제는 수조권 분급제에 의한 토지·농민지배의 체계로서 성종조 초반에 이미 직전으로 분급할 전토의 부족현상이 나타났으며, 1566(명종 21) 그간 연속적으로 닥친 흉년과 전란으로 인한 재정 악화를 이유로 직전분급의 중단이 공식 공포되고, 재정상태는 호전되지 못한 채 임진왜란을 겪으면서 완전히 폐지되었다. ● **과전법**

직지심체요절(直指心體要節)

고려 말기의 고승 경한(景閑)이 여러 부처와 조사(祖師)의 계송(偈頌)·법어·설법 등에서 선(禪)의 요체(要諦)에 관한 내용을 뽑아 엮은 책. 정식 책명은 《백운화상초록불조직지심체요절(白雲和尙抄錄佛祖直指心體要節)》이다. 권상(卷上)에서는 과거칠불(過去七佛)과, 석가모니불로부터 불법을 계승한 천축국의 제1조(祖) 마하가섭(摩訶迦葉) 이하 보리달마(菩提達磨)까지의 28존자, 그리고 중국의 5조사 및 그 법통을 이은 후세의 국사 중 안국대사(安國大師)에 이르기까지의 것이 수록되었다. 권하(卷下)에는 아호대의화상(鵝湖大義和尙)부터 대법안선사(大法眼禪師)까지 다양하게 수록되어 있는데, 그 중에는 신라 대령선사(大嶺禪師)의 것도 초록되었다. 중심 주제인 직지심체는 “직지인심견성성불(直指人心見性成佛)”이라는 깨달음의 명구를 줄여 나타낸 것이다. 판본은 경한이 입적한 3년 뒤인 1377년(우왕 3) 7월 청주목의 교외에 있던 흥덕사에서 금속활자인 주자로 찍어낸 것이 초간본(初刊本)으로, 상하 2권 중 지금까지 전해지고 있는 것은 하권 1책(첫장은 결락)뿐이며, 현재 프랑스 국립도서관에 소장되어 있다. 문헌상으로만 전해지던 고려 주자본 중 유일하게 전래된 활자본이며, 세계에서 가장 오래된 문화유산이 되는 점에서 그 가치가 높이 평가된다.

직파법(直播法)

논에 직접 씨를 파종하는 벼 재배법. 조선 전기까지 일반적으로 행해졌던 재배법이나, 조선 후기에 못자리에 모를 길러 논으로 옮겨 심는 이앙법이 보급되면서 점차 사라져 갔다. ○ 이앙법

직하시사(稷下詩社)

1853년(철종 4) 최경흠(崔景欽)이 조직한 시모임. 1853년 최경흠이 왕희지(王羲之)의 난정시사(蘭亭詩社)를 본받아 조직한 시모임으로 유재건(劉在建)·조희룡(趙熙龍)·이경민(李慶民)·박응모(朴膺模) 등이 참여하였다. 1857년 여항시집인 《풍요삼선(風謠三選)》을 편집, 간행하였다.

ⓐ 최경흠(崔景欽) : 중인출신으로 시문에 능하였다. 유재건(劉在建)·이경민(李慶民) 등 서리출신의 시인들과 교유하면서 직하시사(稷下詩社)를 조직하여 시작활동을 하였다. 영조대에 발간되었던 여항시집(閭巷詩集)인 《소대풍요(昭代風謠)》를 중간하기도 하였다.

진경산수화(眞景山水畵)

조선후기에 새롭게 등장한 화풍의 하나. 우리의 자연을 직접 보고 사실적으로 그리는 화풍이다. 이전의 형식화된 창작태도에서 벗어나, 현실을 통해 고의

▶ 정선의 〈금강산 만폭동〉

(古意)와 이상을 찾고자 한 당시의 사상적 동향과도 밀접한 관계가 있고, 또한 한국의 산천을 주자학적(朱子學的) 자연과 접목시키고자 한 문인 사대부들의 자연친화적 풍류의식도 진경산수화의 등장에 중요한 역할을 하였다. 그림의 소재는 전대와 마찬가지로 명승명소(名勝名所)와 별서유거(別墅幽居)·야외아집류(野外雅集類) 등이 주류를 이루었으며, 그 중에서도 특히 금강산과 관동지방, 한양 근교의 경관이 가장 많이 다루어졌다. 정선(鄭敾)에 의하여 개발된 진경산수화풍은 강희언(姜熙彦)·김유성(金有聲)·최북(崔北) 등으로 계승되었으나, 18세기 후반에 새로 등장한 강세황(姜世晃)

등의 화가들에 의해 비판의 대상이 되기도 하였다. 그들은 형식화된 당시의 진경산수화의 한계를 지적하면서 실제 경관과 부합한 사실적인 기법을 강조하였는데, 그들의 이러한 화풍은 김홍도(金弘道)에 의하여 구도와 필법이 더욱 치밀하고 박진감 넘치는 화풍으로 발전하였으며 이후 이인문(李寅文)·이재관(李在寬) 등으로 계승되었다. 대표적인 작품으로는 정선의 〈인왕제색도(仁旺霽色圖)〉를 비롯하여 강희언의 〈인왕산도〉, 김석신(金碩臣)의 '도봉산도', 이인상의 〈구룡연도(九龍淵圖)〉, 강세황의 〈송도기행명승도첩(松都紀行名勝圖帖)〉, 김홍도의 〈사군첩〉, 이인문의 〈단발령금강전도(斷髮令金剛全圖)〉 등이 있다. 조선후기의 진경산수화풍은 근·현대에 사경산수화(寫景山水畵)로 그 전통이 계승되었다. ◑ 금강전도·인왕제색도·정선

진골(眞骨)

신라시대 골품제(骨品制)에 편제된 신분계급의 하나. 성골(聖骨)과 함께 골품제의 골을 형성하는 신분층으로, 김씨(金氏) 왕족 및 전 왕족이면서 중고(中古)의 왕비족인 박씨(朴氏), 그리고 새로 복속된 금관가야의 왕족인 신김씨 등으로 이루어졌다. 신라의 제1신분으로 정치적 특권을 누려, 제1관등인 이벌찬(伊伐飡)에서 제5관등인 대아찬(大阿飡)까지 승진할 수 있었고, 중앙관직의 경우 집사부(執事部) 장관직인 시중(侍中)이나 다른 주요 중앙관서의 장관인 영(令), 지방관직의 경우 주(州)의 장관인 도독(都督)이나 소경(小京)의 책임자인 사신(仕臣) 등을 독차지하였다. 이들 진골귀족들은 신분적 특권을 부여받음과 동시에 경제적으로도 막대한 토지와 노비를 소유하였다. 제28대 진덕여왕 이전까지 진골은 왕위에 오를 수 없었고 성골만이 왕이 될 자격을 부여받

았으나, 진덕여왕을 끝으로 성골이 없어지자 태종무열왕대부터 신라가 멸망하기까지 모두 진골출신이 왕위에 올랐다. ● 골품제, 성골, 육두품

진관체제(鎭管體制)

조선 전기 주요 군사기지로서의 거진(巨鎭)을 중심으로 하는 지방 군사조직 체계. 세조(世祖) 이전에는 각 도에 절도사(節度使)가 주재하는 주진(主鎭)을 두고 변경·해안 등 요충지에 진(鎭)을 두어 방비하였으나, 세조가 즉위하여 중앙의 오위(五衛)체제를 정비하면서 지방 방위체제도 개편하여 전국을 여러 개의 진관으로 나누었다. 진관은 주진 밑에 있는 거진(巨鎭)을 한 단위로 하여 설정했는데, 수령(守令)이 겸직하는 절제첨사(節制僉使)가 통할하였다. 진관은 평상시 주진의 통제를 받았으나 유사시에는 독자적인 작전권을 행사하여 한 진관이 패퇴하면 다른 진관이 방위의 공백을 메워서 싸우게 하는 등 연계적인 체제로 형성되었다. 이러한 진관체제는 각 진관단위(거진중심)로 자전자수(自戰自守)함을 원칙으로 하여 침입이 있을 경우, 맨 먼저 제일선 진관이 대적하든가, 그렇지 못하고 함락되더라도 다음 진관에까지 적이 침입하는 데 시간적 여유가 있게 하여 인근 진관 및 중앙으로부터의 후원을 가능하게 하는 방위체제였다. 이러한 방위체제는 국가방위에 있어 원칙상 내륙과 변경의 구별이 없게 되어, 실질적으로 군사력을 갖추기 어려웠다. 16세기 이후 북방의 야인이나 남방의 왜인의 침입이 계속되자 각 진관별로 자전자수하는 진관체제를 대신할 방위체제로서 제승방략체제(制勝方略體制)가 성립되었다. 이는 유사시 각 도의 수령이 군사를 이끌고 본진(本鎭)을 떠나 미리 배정된 방어지역으로 달려가 진관단위와는 관계없이 주장(主將)의 지휘를 받는 방위체제인였다.

진단학회(震檀學會)

1934년 5월 창립된 학술단체. 1934년 5월 이병도·고유섭(高裕燮)·김상기(金庠基)·이선근(李瑄根)·문일평·손진태·송석하(宋錫夏)·신석호(申奭鎬) 등이 참여하여 한국과 그 인근지역의 문화연구를 목적으로 창립하였다. 학보로 《진단학보》를(1934년 11월 제1호 발간) 발간하고 수시로 강연회·간담회 등을 개최하였다. 1942년 일제의 강압으로 학회가 해산되었다가 광복 후인, 1945년 8월 사단법인으로 재창립되었으며, 학보인 《진단학보》도 재발간되었다. 1959년에서 1965년 사이에 한국사개설서인 《한국사》 6권을 간행하였다.

진대법(賑貸法)

고구려시대 국상 을파소(乙巴素)의 건의로 시행된 빈민구제책. 194년(고국천왕 11) 10월에 실시된 것으로, 흉년이나 춘궁기에 국가가 농민에게 양곡(糧穀)

을 대여해 주었다가 수확기에 갚도록 한 구휼제도(救恤制度)였다. 음력 3~7월까지 관가의 곡식을 풀어 가구(家口)의 많고 적음에 따라 대여하였다가 10월에 갚도록 하였다. 이 제도는 고려·조선시대로 그 정신이 이어져 상평창(常平倉)·의창(義倉)·연호미법(煙戶米法)·환곡(還穀) 등의 여러 가지 제도로 재정비되어 발전하였다. ❍ 상평창·의창·환곡

진주민란(晉州民亂)

(1) 1186년(명종 16)과 1200년(신종 3) 진주에서 일어난 민란. 1186년 진주 수령 김광윤(金光允)의 탐학에 견디다 못한 백성들이 난을 도모하자, 정부에서 곧 김광윤을 뇌물받은 죄로 귀양보냄으로써 무마시켰다. 이 난은 비슷한 시기에 발생한 안동민란과 함께 지방수령의 탐학에 반발한 전형적인 민란이었다. 1200년 4월에도 진주에서 민란이 발생하였는데, 이때는 공사노비들이 주리(州吏)의 탐학에 항거하여 난을 일으키고 그들의 집 50여 호를 불태웠으나 곧 진압되었다. 이때 창정(倉正) 정방의(鄭方義)는 난을 꾀한 혐의로 옥에 갇혔다가 그의 동생 정창대(鄭昌大)에게 구출되었고, 불량배들과 난을 일으켰다가 1201년 진주사람들에 의해 평정되기도 했다. 무신란 초기의 민란은 소규모의 분산적인 봉기가 대부분이었으나, 점차 피지배계층이 연합하여 난을 일으켰고 진주민란도 역시 노예·천민·농민들이 연합하여 횡포를 일삼는 주리들에 대항한 것이었다는 점에 특징이 있다.

(2) 1862년(철종 13) 2월 경상남도 진주에서 일어난 농민반란. 진주민란의 원인은 경상도우병사 백낙신(白樂莘)의 가혹한 탄압과 착취에 있었다. 그는 부임이래 온갖 방법을 동원하여 농민들을 수탈하였다. 이에 몰락양반인 유계춘(柳繼春)이 이계열(李啓裂)·이명윤(李命允)·김수만(金守滿) 등과 함께 반란을 일으킬 것을 모의하고, 통문을 돌려 농민 및 초군(樵軍)들을 규합하였다. 동년 2월 18일 유계춘 등이 거느린 농민군은 수곡(水谷)·덕산(德山) 장터의 철시(撤市)를 강행한 후, 몽둥이와 농기구로 무장하고 도결과 통환(統還) 혁파를 주장하며 진주성으로 몰려가 성밖에 머물렀다. 19일 농민군의 봉기에 놀란 우병사 백낙신과 목사 홍병원(洪秉元)은 도결과 통환의 혁파를 약속하였으나, 흥분한 농민군은 우병사를 에워싸고 그의 죄상을 하나씩 들추어내어 협박하는 한편, 탐학을 자행한 서리 권준범(權準範)·김희순(金希淳) 등을 불태워 죽였다. 농민군은 진주지역의 부호가들을 습격, 재물을 탈취하다가 4일 만에 자진 해산하였다. 농민군이 해산하기까지 탐학을 자행한 서리 4명이 살해되고 수십 명이 부상당하였으며, 평소 탐학을 자행하던 126호의 부호가가 농민군의 습격을 받고 파괴되었다. 29일 정부에서 박규수를 진주안핵사로 파견하여 민란을 수습하게 한 결과, 백낙신은 파직 후 유배되었으며, 민란을 주도한 유계춘·김수만 등이 효수되고, 나머지는 엄형 후 유배

되었다. 진주민란은 이후 다른 지방의 농민들에게 많은 영향을 미쳐 삼남지 방을 중심으로 전국적인 농민봉기가 일어나게 되었다.

진한(辰韓)

한반도 중부이남 지역에 분포한 삼한(三韓) 중의 하나. 대체로 기원 전후부터 4세기경에 지금의 대구·경주지역에 분포한 12개의 소국을 가리킨다. 《삼국지》〈위지〉 동이전에 따르면 진한에는 맹주(盟主)인 경주의 사로국(斯盧國)을 위시하여 기저국(己柢國)·불사국(不斯國)·근기국(勤耆國)·난미리미동국(難彌理彌凍國)·염해국(奚國)·군미국(軍彌國)·여담국(如湛國) 호로국(戶路國)·주선국(州鮮國)·마연국(馬延國)·우유국(優由國)이 있다. 이들 진한 12 개의 소국은 큰 나라는 4,000~5,000가(家), 작은 나라는 600~700가 정도였다고 한다. 진한의 형성 주체에 관해서는 의견이 분분한데, 《삼국지》에서는 진한을 옛 진국(辰國)이라 하고 《후한서》에서는 진국이 진한 뿐만 아니라 삼한 전체를 포괄한다고 한다. 또 다른 기록으로 《삼국지》 진한조에는 중국 진(秦)나라의 유민들이 노역을 피해 한(韓)나라로 이주해와서, 마한의 동쪽 땅을 분할받아 진한을 형성하였다고 한다. 진한은 이후 3세기 후반에 신라세력으로 편제되어 갔으며, 그 중 일부는 가야(伽倻)의 소국(小國)으로 발전한 것으로 이해된다. 언어·주거·풍속·의복은 변한과 비슷하였으며, 변한과 마찬가지로 길 가던 사람들이 서로 길을 사양하였다 하니 풍속의 순후함을 말해주고 있으며 혼인 등 예절에는 남녀의 구별이 있었고 법과 형벌은 일반적으로 엄하였다. 고고학상으로 발굴된 진한의 중심 묘제는 널무덤(土壙木棺墓)과 덧널무덤(土壙木槨墓)임이 밝혀졌다.

집강소(執綱所)

1894년(고종 31) 동학농민운동 당시 농민군이 행정사무를 담당하기 위해 설치한 농민자치기구. 1894년 6월 전주화약 체결 후 농민군이 폐정개혁을 실시하기 위해 전라도 53개 주군의 관아 안에 설치하였다. 집강소에는 책임자로 집강 1인을 두어 행정을 담당하게 하였고, 그 아래에 서기(書記)·성찰(省察)·집사(執事)·동몽(童蒙) 등을 두어 행정사무를 분장하게 하였다. 한편 전주에는 집강소의 총본부인 대도소(大都所)를 두었으며, 전봉준이 전라우도의 집강소를, 김개남이 전라좌도의 집강소를 관할하였다. 농민군들은 집강소를 통하여 12개조의 폐정개혁을 추진해 나갔다. 그러나 10월 일본군의 개입으로 동학농민군이 공주전투에서 일본군에게 패함으로써 집강소는 해체되었다.

🔁 동학농민운동 · 전주화약 · 폐정개혁안

집사부(執事部)

신라 최고의 행정관부. 565년(진흥왕 26)에 정무의 중심기관으로 설치된 품주(稟主)가 651년(진덕여왕 5)에 재정(財政)을 관장하는 창부(倉部)와 집사부로 분화되었고, 이후 집사부는 위로는 왕명을 받들고 아래로는 행정을 맡아보는 여러 관부(官府)를 거느리는 가장 중요한 최고 행정관부로 자리를 잡았다. 장관은 중시(中侍)로 747년(경덕왕 6)에 시중(侍中)으로 고쳤다. 차관직인 전대등(典大等)은 정원은 2인이고 아찬(阿湌)에서 내마(奈麻)의 관등을 가진 자가 임명되었다. 제3등 관직인 대사(大舍)는 정원이 2인이고 나마에서 사지(舍知)의 관등을 가진 자가 임명되었다. 그리고 제4등 관직인 사지는 정원은 2인이고 대사에서 사지까지의 관등을 가진 자가 임명되었다. 한편, 말단의 사무담당자인 사(史)의 정원은 처음에는 14인이었는데, 671년(문무왕 11)에 6인을 더하였으며, 대사에서 선저지(先沮知)의 관등을 가진 자가 임명되었다. 829년(흥덕왕 4)에 집사성으로 개칭되어 신라멸망 때까지 존속하였다.

집현전(集賢殿)

⑴ 고려시대에 국왕을 시종하는 기능을 담당했던 관청. 역대의 문서와 서적을 관리하고 경전의 강론을 담당하였으며, 문신으로서 학문에 재주가 있는 자를 선발하여 겸하게 하고 시종에 대비하였다. 1021년(현종 12) 경덕전(慶德殿)을 연영전(延英殿)으로 고쳤다가 1136년(인종 14)에 다시 집현전으로 개칭하였다. 관직으로 대학사(종2품)·학사(정4품)을 두었다. 정치적인 상황에 따라 치폐가 반복되었다.

⑵ 조선 초 인재양성과 문풍(文風)의 진작을 목적으로 설치된 관청. 1420년(세종 2) 3월에 설치된 것으로, 설치 당시의 직제는 정1품의 영전사(領殿事), 정2품의 대제학(大提學), 종2품의 제학(提學)을 각각 2인씩 임명하였는데, 모두 겸관이었으므로 순수하게 집현전 관리로 임명된 것은 직제학 이하의 녹관(祿官)이었다. 부제학(정3품)·응교(應敎 : 종4품)·교리(校理 : 정5품)·부교리(副校理 : 종5품)·수찬(修撰 : 정6품)·부수찬(副修撰 : 종6품)·박사(博士 : 정7품)·저작(著作 : 정8품)·정자(正字 : 정9품)로 실무책임자는 부제학이었으며 이를 행수(行首)라고도 하였다. 집현전관은 처음부터 경연을 담당하였고 문종이 세자로 있으면서 섭정하던 시기에 첨사(詹事)와 서연관직으로 세자와 긴밀한 관계를 유지하면서 언관으로서의 면모를 드러냈다. 문종의 즉위와 함께 대거 대간(臺諫)으로 진출, 평소 이상으로 생각한 군신간의 조화를 바탕으로 하는 왕도정치를 구현하고자 하였다. 집현전관들은 세종과 문종의 총애를 받으며 성장하였으나 1453년(단종 1) 계유정난을 겪으면서 그 위상이 흔들리기 시작하였다. 1456년 6월 사육신사건이 발생하자, 사건 후

4일 만에 집현전을 혁파하고 경연을 정지하였으며 집현전에 소장한 서책을 모두 예문관에서 관장하게 하였다. 성종 때 집현전의 후신으로 홍문관이 설치되었다. 집현전의 가장 큰 업적은 훈민정음(訓民正音)의 창제이며, 그 밖의 편찬사업과 고제연구는 세종 때의 황금시대를 이룩하는 원동력이 되었다. 《치평요람(治平要覽)》·《자치통감훈의(資治通鑑訓義)》·《역대병요(歷代兵要)》·《고려사》·《고려사절요》 등의 사서편찬·주해사업과 《효행록(孝行錄)》·《삼강행실(三綱行實)》 등의 유교윤리서 편찬, 《오례의주상정(五禮儀注詳定)》·《세종조상정의주찬록(世宗朝詳定儀注撰錄)》 등의 의례제도의 정리사업 등을 추진하였다.

한 국 역 사 사 전

창가(唱歌)

개화기에 서양음악의 영향을 받아 나타난 시가(詩歌). 창가는 개항과 함께 들어온 서양음악의 악곡에 맞추어 지은 노래가사이다. 1876년 새문안교회 교인들이 지어서 부른 '황제탄신경축가'를 시초로 1910년대 초에 이르러 많은 창가들이 지어졌다. 초기에는 개항 후 외세의 침략에 따라 나타난 자주독립사상과 애국심 등을 반영한 창가와 각종 사회단체들의 단체가가 주류를 이루다가, 점차 개화나 개혁을 염원하는 내용의 창가가 많이 지어졌다. 대표적인 창가 작가로는 〈소년대한(少年大韓)〉을 작사한 최남선을 비롯하여 이광수·윤치호·이상준(李尙俊) 등이 있으며, 대표적 창가로는 〈경부철도가〉·〈한양가〉·〈애국가〉·〈세계일주가〉 등이 있다.

창경궁(昌慶宮)

서울특별시 종로구 와룡동에 소재한 조선시대 궁궐의 하나. 1418년(태종 18) 상왕이 된 태종이 머물면서 수강궁(壽康宮)이라고 부르다가 1483년(성종 14) 세조비인 정희왕후(貞熹王后), 덕종비인 소혜왕후(昭惠王后), 예종 계비 안순왕후(安順王后) 등 세 왕후를 모시기 위해 별궁으로 건축되었다. 궁궐의 배치는 다른 궁궐이 남향인 것과는 달리 지세에 따라 동향으로 마련되었다. 임진왜란으로 전소되었다가 1616년(광해군 8) 중건되었으며 그후에도 여러 차례 부분적인 전각의 소실과 재건을 거듭하였다. 조선 후기에는 숙종의 후궁 희빈 장씨(禧嬪張氏)와 관련된 사건이나 사도세자(思悼世子) 사건이 발생하기도 하였다. 정문인 홍화문을 들어서서 명정문(明政門)을 지나면, 정전인 명정전이 동향으로 있고 정전의 남쪽에 편전인 문정전(文政殿)이 있으며 그 뒤편에 숭문당(崇文堂)이 자리잡았다. 내전에는 통명전을 비롯하여 환경전(歡慶殿)·경춘전(景春殿) 등 세 채의 전각이 침전으로 조성되었으며 그 밖에 양화당(養和堂)·함인정(涵仁亭) 등 부속전각들이 있다. 일제시대에는 공원화되어 본래의 모습을 잃었으며, 이후에는 동물원이 들어서고 일본식 건물이 세워지는 등 궁의 면모가 크게 훼손되었다. 그러나 1980년대에 동물원을 다른 곳으로 옮기고 일본식 건물이나 벚나무 등도 모두 제거했으며 일부 전각을 복원하여 옛 궁궐의 면모를 다시금 되찾아놓았다. 이웃한 창덕궁과 함께 동궐(東闕)로 불리며, 사적 제123호로 지정되었다.

▶ 창경궁

창덕궁(昌德宮)

서울특별시 종로구 와룡동에 소재한 조선시대 궁궐의 하나. 1405년(태종 5) 한양으로 재천도한 후 건립되어, 이궁(離宮)으로 사용되었다. 임진왜란으로 정궁인 경복궁과 함께 전소되었다가 1610년(광해군 2)에 중건되면서 이후

▶ 창덕궁

1872년(고종 9) 경복궁이 중건되기까지 조선왕조의 정궁역할을 하였다. 17세기에서 19세기 사이에도 여러 차례 건물의 소실과 재건을 거듭하였으며 그 사이 새로 신축된 건물들도 있었지만, 대체로 궁궐의 기본형식은 15세기의 모습이 유지되었다. 일제시대에 내전 주변에 화재가 발생하여 대조전(大造殿)·희정당 등이 재건되면서 건물규모에도 변화가 있었다. 유교적인 예제의 법칙보다는 자유로운 공간구성에 역점을 두어 건축되었다. 건물의 배치는 지형의 변화에 순응하여 정문은 궁성의 남서쪽 끝에 두고 정문을 들어서면 직각으로 꺾인 곳에 돌다리를 건너도록 하고, 다시 북쪽방향으로 직각으로 꺾인 곳에 정전을 배치하였으며, 정전의 동편에 편전인 선정전(宣政殿), 그 동편으로 내전의 중심전각인 대조전을 배치하였다. 따라서 궁의 건물구성은 대칭이 아니고 지형조건에 따라 동편으로 자연스럽게 펼쳐지는 형상을 취하였다. 이웃한 창경궁과 함께 동궐(東闕)이라 하였으며, 사적 제122호로 지정되었다. 1997년 12월 세계문화유산으로 등록되었다.

창조(創造)

1919년 2월 창간된 우리나라 최초의 종합 문예동인지. 1919년 2월 김동인·

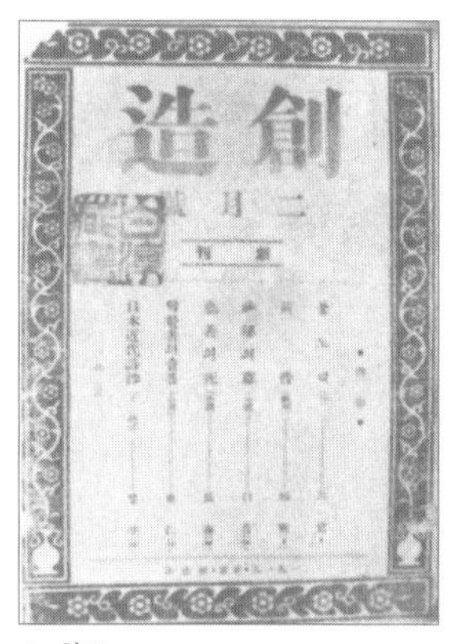

▶ 창조

주요한(朱耀翰) · 최승만(崔承萬) 등이 창간하였으며, 발행인은 주요한 · 고경상(高敬相) 등이었다. 창간호에서 제7호까지는 도쿄에서, 제8호와 제9호는 서울에서 발행하였다. 김동인의 〈약한자의 슬픔〉 · 〈배따라기〉 등 20여 편의 소설과, 주요한의 〈불놀이〉, 김소월의 〈그리워〉 등 70여 편의 시가 《창조》를 통해 발표되었다. 신문학사에 있어 구어체문장을 확립하고 새로운 자연주의와 사실주의 문학을 개척, 본격적인 자유시의 발전에 기여하였다. 1921년 5월 통권 9호로 종간되었다.

책문후시(柵門後市)

조선 후기 책문을 중심으로 조신과 청나라 상인들 사이에서 이루어진 밀무역. 1660년(현종 1)부터 청나라와 조선의 사신들이 책문(柵門 : 九連城과 鳳凰城 사이)을 경유하는 것을 이용해 밀무역이 행해졌다. 이때 사상들은 사신행렬이 국경을 왕래할 때 짐을 운반하기 위하여 의주에서 사람과 말을 파견하는 것을 이용하여 마부로 위장, 압록강을 건너 책문에 들어가서 무역을 하였다. 1690년(숙종 16)부터는 청나라 요동의 차호(車戶 : 사신들의 물품을 운반해주거나 물품을 대주고 그 대가를 받는 사람)들을 상대로 만상(灣商)과 송상(松商)들이 밀무역을 행하기도 하였고, 사신들의 호위를 위해 파견한 단련사들이 사상들과 결탁하여 밀무역을 행하기도 하였는데, 이를 단련사후시(團練使後市)라고도 하였다. 이에 정부에서 책문에서의 밀무역을 단속하고자 하였으나 별다른 성과를 거둘 수 없게 되자, 1707년부터는 이곳에서의 무역을 허가해주는 대신 세금을 징수하였다. 책문후시는 1725년(영조 1) 혁파되었다가 1754년 복설되었으며, 1758년에는 이곳에서 무역할 품목과 무역액을 법적으로 규정하였다. 1787년(정조 11) 다시 혁파되었다가 1794년 다시 복설되었다. 1882년(고종 19) 조선과 청나라 사이에 〈상민수륙무역장정〉이 체결되면서 자유무역시장이 형성되었다. 한편 이곳에서 조선은 금 · 인삼 · 종이 · 우피 · 명주 · 저포 등을 수출하였고, 비단 · 당목(唐木) · 약재 · 보석류 · 문방구 등을 수입하였다.

척화비(斥和碑)

1871년(고종 8) 흥선대원군이 서양제국주의세력에 대한 배척의 결의로서 서울을 비롯한 전국 각지에 세운 비석. 척화비의 비문 전면에는 '서양 오랑캐가 침입하는데 싸우지 않으면 곧 화친하는 것이며, 화친을 주장함은 나라를 파

는 것이다(洋夷侵犯非戰則和主和賣國)'라는 글
이, 측면에는 '우리들의 만대자손에게 경고하
노라, 병인년에 짓고, 신미년에 세우다(戒吾萬
年子孫丙寅作辛未立)'라는 글이 각각 새겨져
있다. 1866년의 병인양요와 1871년의 신미양
요에서 승리한 흥선대원군은 보다 강력한 쇄
국정책을 추진하겠다는 의지로 서울을 비롯한
전국 각지에 척화비를 세우게 하였다. 척화비
는 1882년 흥선대원군이 청나라에 납치되면서
일본측의 요구로 모두 철거되었다. 현재 서울
종로와 경기도 강화 및 충청도 청주 · 옥천, 경
상도 동래 · 함양군 · 경주 · 부산 등지에 세워
졌던 척화비들이 보존되어 있다.

▶ 척화비

천군(天君)

삼한(三韓)의 소도(蘇塗)에서 제사의식을 주관하던 제사장. 제정(祭政)이 분리
된 삼한에서는 정치 · 경제 중심지인 국읍(國邑)에 세속적 지배자인 주수(主
帥)와 함께 천군을 1명씩 두었다. 매년 파종과 추수 때 제사지내는 농경의례
(儀禮)를 주관하고 농사일정에 관한 기술 지도 등 집단의 번영과 안녕을 위한
제의 집행이 주요 임무였다.

천도교(天道敎)

1905년 12월 손병희가 동학을 발전시켜 창시한 종교. 1898년 동학의 제2대
교주 최시형이 순교하자 도통을 이은 손병희는 계속되는 탄압을 피해 1901년
3월 일본으로 건너가 교세 수습방안을 모색하였다. 이러한 가운데 1904년 이
용구(李容九)가 동학교도들을 이용하여 진보회를 조직한 뒤, 송병준(宋秉畯)
의 일진회와 통합하여 친일화하였다. 이에 손병희는 교정일치론(敎政一致論)
을 철회하고 1905년 12월 동학을 천도교로 개칭한 뒤, 1906년 1월 귀국하여
교단의 재조직에 들어가 〈천도교대헌(天道敎大憲)〉을 반포하였으며 새로운
교단조직을 만들어 서울에는 대도주(大道主)가 다스리는 중앙총부를 두고, 지
방은 72개 대교구로 분할, 교령(敎領)이 관할하도록 하였다. 그는 교인들의
정당활동을 금지하고, 이용구 등 62명을 출교처분하였으며, 교리 · 교체(敎
體) · 교제(敎制) · 오관(五款 : 呪文 · 淸水 · 侍日 · 誠米 · 祈禱)을 제정하여 교
인들로 하여금 엄격히 지키도록 하였다. 천도교는 1919년 3 · 1운동당시 민족
대표 33명 가운데 천도교인이 15명이나 참여하는 등 중추적 역할을 담당하였
다. 3 · 1운동 이후 천도교는 일제의 탄압과 재정적 곤란 및 손병희의 사망 등

으로 인해 많은 어려움을 겪게 되나 교단의 재정비를 통해 이를 극복해 나갔다. 1922년 제4대교주 박인호(朴寅浩)의 교주 인정문제를 둘러싸고 신파와 구파로 갈라져 교단 내에 분열이 일어나면서 오지영(吳知泳)의 천도교연합회, 오영창(吳榮昌)의 천도교중앙본부, 최린(崔麟)의 중앙종리원(中央宗理院), 이종린(李鍾麟)의 통일기성회 등 4파의 교단으로 분립하였다. 그러나 천도교청년회를 중심으로 통합운동이 계속되어 1931년 통합청년단체인 천도교청우당이 발족되었다. 천도교는 1934년의 독립만세운동기도사건, 1938년의 멸왜기도운동(滅倭祈禱運動) 등으로 인해 온갖 시련을 겪게 되었다. 광복 후, 남한에서는 1948년에 이르러 천도교 각 파가 통합된 반면, 북한에서는 남북통일 총선거운동의 전개로 인해 교세가 약화되었다. 1953년 서울 수복 후 천도교에서는 중앙총부를 서울에 두어 현재에 이르고 있으며, 1961년 최시형과 손병희의 법설(法說)이 포함된 《천도교경전》을 간행하였다. 천도교는 최제우의 시천주(侍天主) 사상과 최시형의 사인여천(事人如天) 사상을 계승하여 '사람이 곧 한울님'이라는 인내천(人乃天) 사상을 종지로 삼았으며, 천은 인간의 마음에서 생기는 것이고 유일한 절대원리는 인간정신이라는 인간지상주의를 표방한다. ◐ 동학

▶ 천리장성

천리장성(千里長城)

(1) 고구려 말 국경 방어를 위해 축조한 성. 631년(영류왕 14)에 시작하여 16년 만에 공사를 끝낸 이 성은 동북쪽 부여성(扶餘城 : 農安)을 기점으로 쑹화강(松花江)에서 랴오허강(遼河)을 따라 서남쪽 보하이만(渤海灣)의 비사성(卑沙城 : 大連)에 이르렀다. (2) 고려 전기에 거란·여진 등 북방민족의 침입을 막기 위해 북쪽 변방에 축조한 장성. 건국 초부터 북방민족의 침입에 대비하여 북방 요지에 성을 쌓았던 고려는 현종대에는 요덕진(耀德鎭 : 영흥)·정변진(靜邊鎭 : 영흥)·위원진(威遠鎭 : 의주)·정융진(定戎鎭 : 의주)·안의진(安義鎭 : 귀성)·청새진(淸塞鎭 : 희천) 등에 성을 축조하였으며, 1033년(덕종 2)에는 평장사(平章事) 유소(柳韶)의 감독으로 본격적인 장성 축조를 시작하여 1044년(정종 10)에 완공하였다. 천리장성은 서쪽으로 압록강의 위원(威遠)·흥화(興化 : 의주)·정주(靜州 : 의주)·영해(寧海 : 의주)·영덕(寧德 : 의주)·영삭(寧朔 : 의주)·운주(雲州 : 운산)·안수(安水 : 개천)·청새(淸塞)·평로(平虜)·영원(寧遠)·정융(定戎)·맹주(孟州 : 맹산)·삭주(朔州) 등 14주를 거치고 동으로 요덕진·정변(靜邊)·화주(和州) 등을 거쳐

동해에 이른다. 총 길이가 천리에 이르고, 높이와 폭이 약 25척인 장대한 석성(石城)으로 지금도 그 유적이 의주(義州) 등지에 남아 있다.

천마산대(天摩山隊)

1920년 초 평안북도의 천마산을 근거지로 조직된 무장독립운동단체. 1920년 3월경 최시흥(崔時興)·박응백(朴應伯) 등 대한제국시기의 군인들이 중심이 되어 조직하였으며, 규모는 5백여 명이었다. 천마산대는 주로 군자금모금, 일제 식민통치기관의 파괴, 일본 군경 및 친일분자 처단 등의 활동을 전개하였는데, 천마산대의 활동으로 선천·용천·의주 등지의 면장들이 집단사표를 제출함으로써 이 지역의 행정이 일시 마비되기도 하였다. 이에 일제는 이 지역에 수색대를 증강배치하고 수차에 걸쳐 포위공격을 감행하기도 하였다. 이후 천마산대는 새로운 거점을 확보하기 위해 근거지를 삭주·의주·초산·강계 등지로 이동하여 무장활동을 전개하다가 1923년 말 대원들이 대부분 검거됨으로써 해체되었다.

천마총(天馬塚)

경상북도 경주시 황남동에 소재한 신라시대 돌무지덧널무덤(積石木郭墳). 1973년 문화재관리국에 의해 발굴된 고분으로 경주고분에 붙인 일련번호는 황남동 제155호분이나, 부장품 중에 천마를 그린 말다래(障泥)(국보 제207호)가 있어 천마총이라 불린다. 지상에 자갈돌을 고르게 깔고 그 위에 동서 길이 6.6m, 남북 길이 4.2m, 높이 2.1m 크기의 덧널을 놓고, 덧널 주위 지름 23.6m 되는 범위를 자갈돌로 4m 높이까지 쌓은 후 다시 그 위를 흙으로 덮은 원형 분구의 돌무지덧널무덤이다. 덧널 안에는 시신이 안치된 널과 부장품을 담은 상자가 들어 있는데, 널은 덧널의 서쪽에 치우쳐 있고 널의 주위에는 너비 50cm, 높이 40cm의 석단(石壇)을 돌렸으며, 길이 2.2m, 너비 0.8m의 널은 동서방향으로 안치시켰다. 널 안에는 동쪽에 머리를 둔 피장자가 착장한 상태 그대로 금관, 금제 허리띠(帶)와 띠드리개(腰佩), 팔찌, 반지, 목걸이와 큰고리칼(環頭大刀) 등이 남아 있었다. 길이 1.8m, 높이 0.8m의 나무상자로 남북방향으로 있었는데, 상자 뚜껑 위에서는 금제 새날개모양관장식(鳥翼形冠飾)과 금제 나비형관장식(蝶形冠飾) 및 금동모(金銅帽), 금동 정강이가리개(脛甲)의 파편이 발견되었다. 부장품 상자에는 대나무 위를 맞새김(透彫)된 금동판으로 장식한 말다래와 자작나무 껍질 위에 천마도가 그려진 말다래(白樺樹皮製天馬圖障泥), 은제·금동제 말갖춤류(馬具類)가 위에 놓여 있고, 그 아래에는 자작나무껍질 위에 칠을 한 채화판(彩畵板)이 있고, 이 채화판 아래에 금·은·금동·청동으로 만든 각종 용기와 칠기 및 유리그릇이 있고, 맨 아래에는 쇠솥(鐵釜)과 각종 토기가 있었다. 축조시기는 5세기 말에서 6세기 초로 비정되며, 부장품의 양이나 무덤의 구조로 미루어 왕릉으로 추정되며, 피장자는 제21대 소지마립간 또는 제22대 지증마립간일 것으로 추정되나 정확한 기록은 전하지 않는다.

▶ 천산대렵도

천산대렵도(天山大獵圖)

고려 후기 공민왕(恭愍王:1330~74)이 그린 것으로 추정되는 작품. 크기는 24.5×21.8 cm이며, 수렵도(狩獵圖)라고도 한다. 현재 3장의 단편(斷片)으로 나누어져 전하는데 원래는 이보다 훨씬 큰 그림이었으나 오려져 나온 것으로 추측된다. 18세기 학자인 이하곤(李夏坤)의 기록에 의하면, 이 수렵도는 본래 낭선군(朗善君) 이우의 소장품이었으나, 그가 죽은 뒤 애호가들에 의해 조각난 것으로 전해진다. 힘차게 말을 달려 짐승을 좇으며 활을 쏘는 기마(騎馬) 인물과 금수(禽獸)·초목이 가늘고 섬세하면서도 생동감 있게 묘사되었고, 인물의 옷과 말장식의 채색도 훌륭하다는 평을 받고 있다. 국립중앙박물관에 소장되어 있다.

천일은행(天一銀行)

1899년 심상훈(沈相薰)·송문섭(宋文燮) 등이 설립한 은행. 1899년 심상훈·민병석(閔丙奭)·이용익(李容翊)·송문섭(宋文燮)·정영두(鄭永斗) 등 정부관료와 상인들이 합자하여 설립하였으며, 초대은행장에 민병석이 선임되었다. 설립 후 자금조달이 어렵게 되자 정부로부터 자금을 대출받아 자본금을 충당하였다. 왕실이나 정부고위관료들이 주고객이었으나, 영업실적이 부진하여 휴업하기도 하였다. 1906년 마포에, 1908년 남대문에 각각 지점을 개설하는 등 경영확장에 주력하다가, 1912년 2월 조선상업은행으로 개칭되었다.

천주교(天主敎)

유일신(唯一神)인 천주(天主)를 믿는 종교. 서양에서는 카톨릭교라고도 한다. 우리나라에 천주교가 전래된 것은 18세기 무렵이다. 18세기에 이르러 서세동점(西勢東漸)이 시작되면서 서학(西學), 즉 천주교가 중국에 전래되자 우리나라 학자들이 연행사신(燕行使臣)을 통하여 서학사상을 받아들여 연구·소개하기 시작하였다. 특히 근대 문물에 관심이 많던 이익(李瀷)의 제자들을 중심으로 서학이 학문으로서 연구되었는데, 그 중에서도 이벽(李檗) 등은 서학을 학문의 차원이 아닌 신앙의 차원으로 받아들여 천주교를 믿기 시작하였다. 1783년(정조 7) 이승훈(李承薰)이 중국에 건너가 서양신부로부터 영세를 받고 이듬해 성서와 성상(聖像)을 가지고 돌아와 이벽·정약전(丁若銓) 등과 함께 서울에 신앙공동체로서 천주교회를 세움으로써 우리나라에서의 천주교역사가 시작되었다. 초기 천주교는 학식을 갖춘 일부 양반들이나 신분제에 불만을 가진 중인층을 중심으로 퍼져 나가다가, 점차 농촌사회와 서민층으로 전파되었다. 그러나 천주교의 인간평등과 내세사상은 조선사회의 입장에서 볼 때 당시의 사회질서를 근본적으로 부정하는 것으로 이해되었으며, 이로 인해 천주교는 정부로부터 많은 박해를 받게 되었다. 1785년 을사추조적발사건(乙巳秋曹摘發事件)을 시초로 1801년(순조 1)의 신유박해, 1839년(헌종 5)의 기해박해, 1846년의 병오박해, 1866년(고종 3)의 병인박해 등 약 1백여 년에 걸친 크고 작은 박해로 수많은 신도들이 처형되었다. 그러나 계속되는 박해 속에서도 천주교의 교세는 착실히 성장하여 1831년 종래 북경교구에 속해 있던 우리나라 천주교는 조선교구로 독립하게 되었고, 1845년에는 우리나라 최초의 천주교신부인 김대건(金大建)이 나오게 된다. 우리나라의 천주교는 1876년에 체결된 〈강화도조약〉을 계기로 서양에 문호가 개방되고, 1886년 〈조불수호통상조약〉이 체결되면서 자유로운 신앙활동을 보장받게 되었다. 그 결과 1910년 한일합병 전까지 주교 1명, 외국인 신부 46명, 한국인 신부 12명, 신도 42,000여 명, 41개 소의 성당 등을 갖추게 되었다. 이후 천주교는 일제 식민통치하에서는 신사참배·창씨개명·교회건물징발 등 일제의 탄압으로 인해 교세가 위축되었으나, 1942년에는 서울교구장직이 한국인 신부 노기남(盧基南)에게 넘겨짐으로써 우리나라 최초로 한국인 교구장주교가 탄생하게 되었다.

천주실의(天主實義)

중국에서 활동하던 예수회 선교사 마테오 리치(Matteo Ricci)가 저술한 한역서학서(漢譯西學書). 천주실의란 신에 대한 참된 토론이라는 뜻이다. 이 책은 1603년 베이징에서 상·하 2권으로 간행되었으며, 이후 여러 차례 중간되었다. 이 책은 중국인 학자와 서양인 학자가

▶ 천주실의

문답하는 형식을 취하면서 174항에 걸쳐 경전유학(經典儒學)을 바탕으로 천주교의 중요 교리와 호교론을 전개한 것이다. 우리나라에는 17세기 초에 전래되었는데, 이 책의 전래 사실을 처음 알려준 것은 이수광의 《지봉유설》이

다. 이후 이익이 〈천주실의발(天主實義跋)〉이라는 논평을 제기한 뒤부터 이에 대한 비판론이 제기되어 안정복·이헌경(李獻慶) 등에 의해 척사론이 제기되었으며, 더 나아가 천주교 배척의 기운이 일게 되었다. 반면에 일부 인사들은 그 내용을 바탕으로 천주교교리를 이해하였으며, 더 나아가 이를 신앙으로 수용하여 한국천주교회를 창설하게 되었다. 이 책은 초기 천주교신자들에게 한글로 번역되어 유포되기도 하였으며, 척사론자들에게는 천주교비판의 기본 자료가 되기도 하였다.

천태종(天台宗)

고려시대에 법화경(法華經)을 근본경전으로 형성된 불교의 종파. 소의경전은 《법화경》·《대열반경(大涅般經)》·《중론(中論)》 등이며 실상론(實相論)의 극지 (極止 : 끝에 이르러 중지함)를 주창하였다. 천태종은 중국불교 13종 중 가장 대표적인 종파의 하나로, 우리나라에서는 고려시대인 1097년(숙종 2)에 대각 국사 의천(大覺國師義天)이 국청사(國淸寺)의 주지가 되어 천태교관(天台敎觀) 을 강의함으로써 종파로 성립하였다. 의천 이후에는 침체되었다가 무신집권 기에 원묘국사 요세(圓妙國師了世)가 만덕산(萬德山)에서 백련결사(白蓮結社) 를 일으켜 다시 활발해져 조선 세종 때 종파를 정리하기까지 고려의 4대종파 의 하나로서 전통을 유지했다. ● 의천(義天)

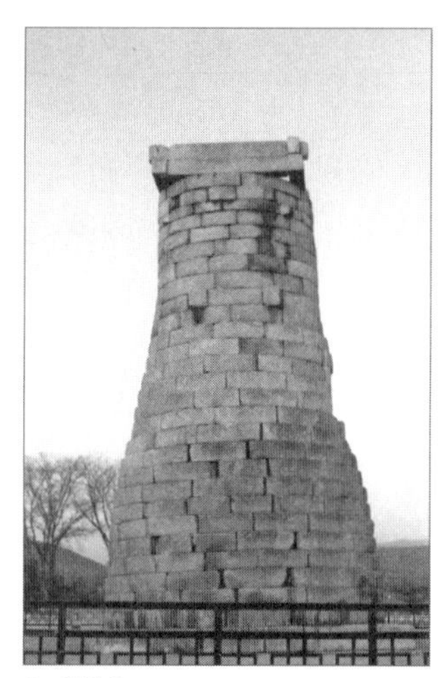

▶ 첨성대

첨성대(瞻星臺)

경상북도 경주시 인왕동에 소재한, 신라 선덕여왕 때 화강석으로 쌓은 천문관측대. 높이 약 9.5m, 밑지름 4.93m, 윗지름 2.85m이다. 잡석과 목침크기의 받침돌로 기초를 다진 위에 2단으로 기단석을 놓아 정사각형의 기단부를 만들었는데, 한 변의 길이가 하단은 5.36m, 상단은 5.18m이 며, 높이는 각각 39.5cm이다. 기단 위로 는 높이 약 30cm의 돌을 원통형으로 27 단을 쌓아올렸는데, 제13단~제15단에 걸 쳐 정남에서 동쪽으로 약 16도가 되는 방 향에 한 변의 길이가 약 95cm인 정사각형 의 문이 있고, 내부는 12단까지 흙이 차

있다. 제19단부터 제20단까지와 제25단부터 제26단까지의 두 곳에는 각각 남북 동서로 두 개씩의 장대석이 걸쳐 있어 '정(井)' 자를 이루고 있는데 그 끝이 밖으로 나와 있다. 제27단 내부의 반원에는 길이 156cm, 너비 60cm,

두께 24cm의 판석이 있고, 맞은 편에는 나무판을 놓았던 곳으로 추정되는 자리가 있다. 정상에는 길이 306cm, 너비와 높이가 각각 32cm인 정자석(井字石)이 2단으로 놓여 있다. 국보 제31호로 지정되었다.

첨의부(僉議府)

고려 후기 국정을 관장하던 최고기관. 1275년(충렬왕 1) 원(元)나라의 압력으로 이전의 중서문하성(中書門下省)과 상서성(尙書省)을 합쳐 설치하였다. 관원은 좌·우첨의중찬(左右僉議中贊 : 종1품), 첨의시랑찬성사(僉議侍郎贊成事)·첨의찬성사·첨의참리(僉議參理 : 이상 정2품), 지첨의부사(知僉議府事)·참문학사(參文學事 : 이상 종2품) 각 1명을 두었다. 1293년(충렬왕 19) 도첨의사사(都僉議使司)로 개칭되었다가 1356년(공민왕 5) 중서문하성과 상서성의 원래 제도로 복귀되면서 없어졌다.

청구도(靑丘圖)

1834년(순조 34)에 김정호가 만든 전국지도. 상하 2책 또는 4책으로 되어 있다. 상하권을 연결시키면 계속된 지도가 되도록 만들었는데, 전국을 남북으로 29층, 동서는 22판으로 구분하여 방안(方眼 : 방안 하나는 남북이 100리, 동서가 70리) 눈금으로 나누었으며, 축척은 16만분의 1이다. 범례에 의하면, 김정호는 동서남북의 4방위 대신에 12간지의 12방위법을 써서

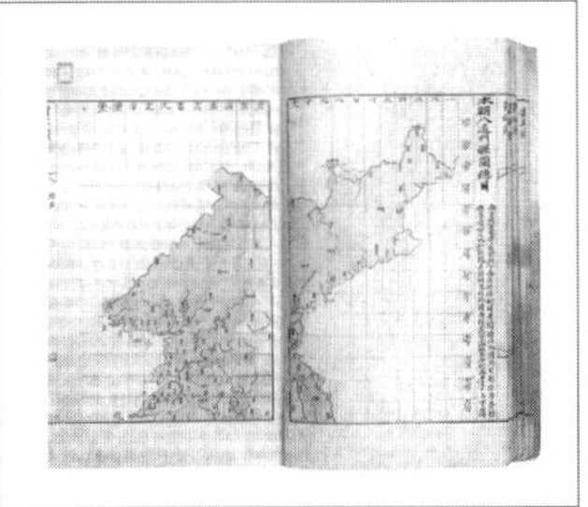

▶ 청구도

지명의 위치를 바로잡았으며, 유클리드의 기하원리를 도입하여 지도를 과학적으로 확대·축소하였다. 이 지도에는 주기(註記) 내용이 많은데, 이는 지도와 함께 지리지적인 내용을 함께 참고하려고 했기 때문이다. 이 지도는 〈대동여지도〉 제작의 바탕이 되었다. ◐ 김정호·대동여지도

청구학회(靑丘學會)

1930년 한국과 만주를 중심으로 한 극동문화연구를 목적으로 조직된 학술단체. 1930년 경성제국대학 법문학부와 조선총독부 조선사편수회의 구성원들이 모여 조직하였으며, 조선사편수회 수사관(修史官) 나카무라(中村榮孝)의 자택에 사무실을 두었다. 한국인 회원으로는 최남선·이능화(李能和) 등이 평의원으로, 이병도(李丙燾)·신석호(申奭鎬) 등이 위원으로 참가하였다. 주요 사업으로 계간지 《청구학총》의 발간, 학술연구자료의 출판, 강연회 및 강습회 개최, 연구여행 등을 추진하였다. 일제시대 식민사관의 수립에 주력하였다.

▶ 청산리 전투에서 패한 일본군

청산리대첩(靑山里大捷)

1920년 10월 만주 허룽현(和龍縣) 청산리(靑山里) 일대에서 북로군정서·대한독립군·대한국민회국민군 등이 연합하여 일본군을 대파한 전투. 3·1운동 이후 독립군의 무장활동이 활발히 전개되자 일제는 독립군을 토벌하고자 1920년 10월 만주에 출병하였다. 만주에 출병한 일본군은 독립군을 토벌한다는 명목하에 한인들에 대한 학살을 자행하였고, 북로군정서군이 청산리로 이동하자 북로군정서군을 토벌한다는 계획하에 청산리로 진격해 왔다. 이에 김좌진의 북로군정서군은 동년 10월 21일 청산리 백운평(白雲坪)에 매복해 있다가 일본군 보병연대를 기습 공격하여 섬멸하였다. 22일에는 홍범도의 대한독립군 및 안무(安武)의 대한국민회 국민군과 연합하여 완루구(完樓溝)·천수평(泉水坪)·어랑촌(漁郎村)에서 일본군 900여 명을 사살하였으며, 23일에는 북로군정서군이 맹게골 삼림 속에서 매복작전으로 일본군 10여 명을 사살하였고, 24일에는 천보산(天寶山) 지역에서, 25일에는 고동천(古洞川) 부근에서 일본군을 크게 섬멸하였다. 당시 대한민국임시정부의 독립신문에 의하면, 독립군은 10여 차례의 전투에서 일본군 1,200여 명을 사살하였다고 보도하였다. 청산리전투 후 큰 타격을 입은 일제는 독립군을 토벌한다는 명목하에 재차 한인들에 대한 대대적인 방화와 살육을 단행, 한인 3천여 명을 학살한 경신참변(庚申慘變)을 자행하였다. ● 북로군정서·김좌진

▶ 청산별곡

청산별곡(靑山別曲)

작자·연대 미상의 고려가요. 《악장가사(樂章歌詞)》에 전문이 수록되었고, 《시용향악보(時用鄕樂譜)》에는 제1련 및 곡조가 실려 있으나, 옛 문헌에서 그 제목이나 해설을 찾을 수 없어 고려 때 노래라는 확증은 없어도 그 형식이 서경별곡(西京別曲)·쌍화점(雙花店)과 유사하고, 언어 구사나 상념·정조가 조선 초기 가요의 건조함과는 판이하므로 고려시대의 가요로 보는 것이다. 매연(每

聯) 4구(句)에 후렴구가 첨가되었고 3·3·2의 기본 음수율을 바탕으로 병행법·반복법 등이 쓰였으며, 3연과 5연, 3연과 7연, 4연과 8연이 대응관계를 이루고 있다. 가시리·서경별곡과 아울러 가장 뛰어난 고려가요의 하나로 꼽힌다.

청일전쟁(淸日戰爭)

1894년(고종 31)에서 1895년까지 청나라와 일본이 조선의 지배권을 둘러싸고 벌인 전쟁. 1894년 발생한 동학농민운동의 진압을 위해 조선정부가 청나라에 원병을 요청하여 청나라가 조선에 파병하자, 일본도 '톈진조약'을 구실로 일본공사관과 거류민보호라는 명목하

▶ 청·일전쟁 때의 청군 포로

에 조선에 파병하였다. 그후 청일 양국간에 조선의 지배권을 둘러싸고 전운이 감돌자 조선정부는 동학농민군과 전주화약을 맺은 후 청일 양군의 동시철병을 요청했다. 그러나 일본은 동학농민운동이 아직 끝나지 않았다는 것과 조선의 내정개혁을 구실로 철수를 거부하고, 동년 7월 23일 무력으로 경복궁을 점령한 뒤 흥선대원군을 앞세워 친일정권을 수립하였으며, 25일 선전포고도 없이 청군을 공격하여 청일전쟁을 도발하였다. 풍도 앞바다에서 청군을 격파한 일본군은 계속 북상하여 평양과 황해 앞바다에서도 승리하였으며, 이후 청국영토로 진격하여 뤼순(旅順)·다롄(大連)·웨이하이웨이(威海衛)를 점령하였다. 계속된 전투에서 참패한 청나라는 1895년 4월 이홍장(李鴻章)을 전권대사로 파견하여 시모노세키(下關)에서 일본과 강화조약을 체결하였다. 청일전쟁의 승리로 일본은 랴오둥반도·타이완·펑후군도 등을 청나라로부터 할양받았으며, 조선에 대한 지배권을 강화해 나갔다.

청자(靑磁)

푸른빛이 도는 자기. 중국에서는 후한 때부터 본격적으로 청자가 제작되기 시작하였다. 우리나라에서는 신석기시대부터 토기제작기술이 이어져 왔고, 삼국시대에 와서는 회청색경질도기를 제작하게 되었으며, 통일신라시대에는 자연유[낮은 화도에서 산화번조로 구워낸 토기에서 고화도의 환원번조의 단계에 이르면 가마 안에서 자연히 생겨나는 재티가 고온의 그릇표면에 내려앉아 바탕흙(胎土) 속의 규사질과 결합하여 표면이 매끄러워지는데, 이러한 상

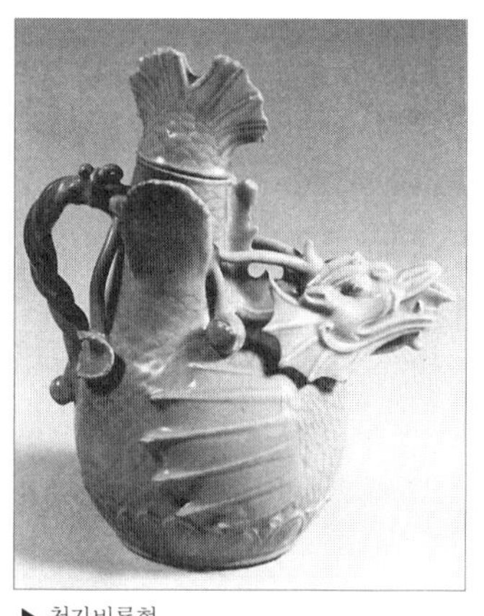

▶ 청자비룡형

태를 자연유라 하고 이를 인공적으로 합성한 것이 인공유, 즉 灰釉임]에서 발전된 회유도와 연유계의 녹유도기가 제작되었다. 이렇게 도기제작기술이 발전되어 온 가운데, 신라 말·고려 초 중국 저장성(浙江省)과 웨저우요(越州窯)의 청자제작기술이 도입되면서 청자가 제작되기 시작하였다. 우리나라 초기 청자의 생산지는 대개 중국과 가깝고 제작조건에 적합한 조건을 갖춘 경기도와 전라남북도로 이어지는 서남해안에 분포하였다. 초기 청자의 표식적 유물인 햇무리굽계 청자는 제작 초기의 요지에서 발견되며, 10세기 말에는 이러한 햇무리굽이 변하여 한국식 일반굽형인 'V'자형 굽으로 변하면서 고려청자는 그 형태나 모양이 다양해졌다. 12세기에는 고려비색청자가 완성되는 등 전성기를 맞이하였다. 13세기를 거치면서 14세기에는 청자가 질적 쇠퇴를 겪으면서 분청사기라는 새로운 자기문화를 창출하였다.

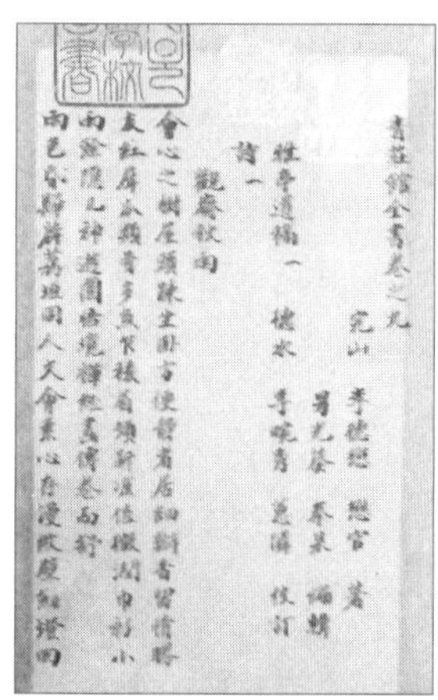

▶ 청장관전서

청장관전서(靑莊館全書)

조선 후기 이덕무의 저술을 정리한 시문집. 1795년(정조 19)에 아들 이광규(李光葵)가 자료를 수집·편집하여 간행하였다. 71권 32책으로, 저자의 어린시절 시문집인 《영처고(嬰處稿)》, 《예기》에 대한 저자의 연구서인 《예기억(禮記臆)》, 사서(史書) 편찬 때의 시문을 모은 《아정유고(雅亭遺稿)》·《편서잡고(編書雜稿)》, 중국과 우리나라의 상고에서 당시까지의 역대연호, 각국의 세계(世系), 재위기간, 영역, 중요한 역사적 사실 등을 편찬하여 기록한 《기년아람(紀年兒覽)》, 선비와 부녀자 및 아동들의 일상생활에 있어서 예절과 수신의 규범을 기록한 《사소절(士小節)》, 역사·풍속·서적·경전 등에 관한 사론집(史論集)인 《앙엽기(盎葉記)》, 서해지방에 대한 기행문인 《서해여언(西海旅言)》, 연경을 다녀 온 뒤 쓴 《입연기(入燕記)》 등으로 구성되었다. ◐ 이덕무

청해진(淸海鎭)

신라 말 전라남도 완도군 완도읍에 설치된 장보고(張保皐)의 군사기지. 9세기 초 당나라에서 귀국한 장보고가 828년(흥덕왕 3)에 왕에게 청하여 군사 1만 명으로 청해진을 설치하고 청해진대사(淸海鎭大師)가 된 후 이 지역을 평정하였다. 이후 장보고는 이곳을 기반으로 중국·일본과 무역 활동을 전개하였다. 846년(문성왕 8)에 장보고가 난을 일으켰으나 그가 자객에게 피살되면서 851년에 청해진 역시 폐지되었다. 장도 청해진유적은 사적 제308호로 지정되었다.

청화백자(靑華白磁)

백토로 형태를 만들고 그 위에 청색의 코발트안료로 무늬를 그린 뒤 백색의 투명유약을 시유하여 고온에서 환원번조(還元燔造)한 도자기. 14세기 말 중국에서 전래되어 15세기 중엽부터 생산되었다. 청화백자의 제작에 사용되는 청화안료는 본래 페르시아지역에서 사용되었던 것으로, 중국에 전해지면서 회청(回靑)·회회청(回回靑)이라 불리었다. 우리나라에 처음 전래되었을 때는 수입된 자체로 사용되다가 수입안료의 구입난으로 15세기 후반경에 국산인 토청(土靑)을 개발하여 사용하였다. 16세기부

▶ 청화백자

터는 문양에 회화적인 초화문·포도문·칠보문이 나타나는 등 독자적인 문양의 청화백자가 생산되었고, 17세기 전반에는 청화안료의 부족으로 철화백자(鐵畵白磁)의 생산이 증가하여 청화백자도 회백색의 태토에 기벽이 얇아지는 현상을 보이다가, 17세기 중반 이후에는 청화백자가 다시 증가하였다. 18·19세기 이후에는 감상용 자기로서의 성격이 강해져 제작기법이나 형태가 다양해지고 문양의 종류도 들풀이나 벌레 등으로 다양해지며, 청화안료도 진사(辰砂)·철사(鐵砂)와 동시에 시문되는 등 폭넓게 사용되었다.

㉮ 초기 청화백자의 대표적인 것으로는, 청화백자매조죽문호(靑華白磁梅鳥竹文壺 : 국보 제170호)·청화백자망우대명국충문전접시(靑華白磁忘憂臺銘菊蟲文전접시 : 보물 제1057호)·청화백자홍치명송죽문호(靑華白磁弘治銘松竹文壺 : 국보 제176호) 등이 있다.

초조대장경(初雕大藏經)

고려시대 불력(佛力)으로 거란의 침입을 물리치기 위하여 판각한 우리나라

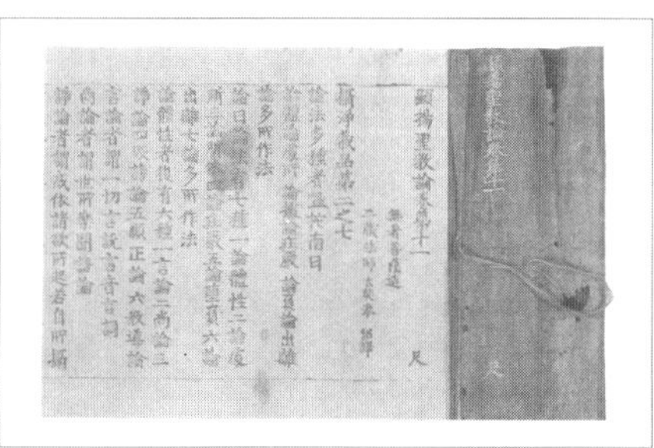

▶ 초조대장경

최초의 대장경. 판각시기에 대해서는 1011년(현종 2)에 시작하여 1087년(선종 4)까지 76년 걸려 판각하였다는 설과 1019년(현종 10)부터 1087년까지 68년이라는 설과, 1011년에서 1051(문종 5)까지 40년 동안 판각되었다는 설이 있으나 《동국이상국집》에 나타난 1011년 시작설이 가장 유력하다. 판각 후 대구 부인사(符仁寺)에 소장되어 있다가 1232년(고종 19) 몽고의 침입으로 불타버렸다. 초조대장경은 저본이 된 송나라 판각에 탈락되어 있는 것을 보충하고 내용을 교정한 것으로, 그 당시까지 조판된 한역대장경 중 수록 범위에 있어서 가장 포괄적이다. 일본 난젠사(南禪寺)에 보리유지(菩提流支) 역의 《불설불명경(佛說佛明經)》 권7 등 일부가 소장되어 있다. 고려시대 호국 불교의 표상이다.

● 팔만대장경

총관(摠管)

(1) 통일신라의 지방 장관. 삼국통일 후 전국을 9주로 나누었는데, 주의 장관은 처음에는 군주(軍主)라 하다가 661년(문무왕 원년) 총관으로 개칭되었으며, 785년(원성왕 원년)에 다시 도독으로 변화하였다.

(2) 조선시대의 무관직. 오위도총부(五衛都摠府)의 도총관(都摠管 : 정2품) · 부총관(副摠管 : 종2품)을 총칭한 말이다.

(3) 대한제국의 무관직. 경위원(警衛院) · 호위대(扈衛隊) · 승녕부(承寧府) 등의 장관으로 칙임관(勅任官)이었다.

총융청(摠戎廳)

조선 후기에 수도외곽방어를 목적으로 조직된 군영. 인조반정 후 수도외곽방어의 강화와 후금의 침공에 대비할 목적으로 총융청을 설치하였다. 총융청은 내 · 외 2영(二營)으로 나누어 수원 · 광주 · 양주 · 장단 · 남양 등지의 군무를 통할하였고, 1757년(영조 33)에는 북한산성을 관리하던 경리청(經理廳)을 흡수하여 북한산성 중심의 경기북부지역의 방어를 담당하였다. 1846년(헌종 12) 총위영(摠衛營)으로 개칭되었다가 1849년 총융청으로 환원되었다. 1884년(고종 21) 폐지되었다. ● 오군영

최남선(崔南善)

1890년(고종 27)~1957년. 아명은 창흥(昌興), 자는 공륙(公六), 호는 육당(六堂)·한샘·남악주인(南嶽主人)·백운향도(白雲香徒). 서울출신. 일제시대에 활동한 독립운동가·사학자. 어려서 한문을 통달하였다. 1906년 일본으로 건너가 와세다대학(早稻田大學) 고등사범부 지리역사과에 입학하였다가 동년 6월 한국인 학생들의 동맹휴학으로 자퇴하고 귀국하였다. 1907년 출판기관인 신문관(新文館)을 설립하였으며, 1908년 종합잡지 《소년》을 창간하였다. 1910년 조선광문회를 조직하여 고전의 수집과

▶ 최남선

복간에 진력하였으며, 1912년부터 1914년 사이에 《붉은저고리》·《새별》·《청춘》 등 민중계몽을 위한 잡지들을 창간, 이들 잡지를 통해 〈해에게서 소년에게〉 등의 신체시와 〈경부철도가〉·〈세계일주가〉 등의 창가를 발표하였다. 1919년 3·1운동 때에는 독립선언서를 기초한 혐의로 체포되어 옥고를 치렀다. 1922년 동명사(東明社)를 창립하고 주간지 《동명》을 발간하였다. 한국사 연구에 전념하여 〈불함문화론〉·〈단군론〉·〈삼국유사해제〉·〈아시조선(兒時朝鮮)〉 등의 논문과 《조선역사강화》·《고사통(古事通)》 등의 통사를 저술하였다. 1928년 조선사편수회위원에 위촉되면서부터 친일의 길을 걸었다. 1938년 만몽일보사(滿蒙日報社) 고문, 1939년 만주국 건국대학교수에 취임하였다. 1943년 이광수 등과 함께 한국인유학생의 학병 권유차 도쿄를 방문하기도 하였으며 일본의 전쟁을 성전(聖戰)으로 찬미하는 글을 자주 발표하였다. 광복 후, 1949년 일제시대의 친일행각으로 인해 반민특위에 의해 수감되기도 하였다. 석방 후 우이동에 칩거하면서 집필활동에 전념하였다.

최명길(崔鳴吉)

1586년(선조 19)~1647년(인조 25). 자는 자겸(子謙), 호는 지천(遲川)·창랑(滄浪), 시호는 문충(文忠). 본관은 전주. 조선 중기 영의정을 역임한 재상. 최기남(崔起南)의 아들로 이항복(李恒福)과 신흠(申欽)에게서 학문을 배웠다. 1605년(선조 38) 문과에 급제한 후 예문관전적·병조좌랑 등을 역임하였으며, 조익(趙翼)·장유(張維)·이시백(李時白) 등과 교유하는 한편 양명학을 공부하였다. 인조반정 후 정사공신(靖社功臣) 1등으로 책록되었으며, 이후 이조참판·부제학·이조판서·예조판서를 비롯해 삼정승을 역임하였다. 부제학 재직시 대동법 시행을 주장하였으며, 정묘호란과 병자호란 때에는 주화론(主和論)을 주장하였다. 이밖에도 원종(元宗) 추숭을 성사시키는 데 공헌하였고,

이조판서 재직시에는 이조전랑의 자대제(自代制)의 혁파를 주장하고 음관(蔭官)의 초입사직을 제한하는 등 관제개혁을 통한 대신권(大臣權)의 강화를 꾀하기도 하였다.

▶ 최무선 공적비

최무선(崔茂宣)

1325년(충숙왕 12)~1395년(태조 4). 본관은 영주(永州). 고려 후기 화포를 개발하여 왜구를 물리친 관인. 최동순(崔東洵)의 아들로, 일찍이 원의 염초장(焰硝匠) 이원(李元)에게 화약제조법을 배워 화약제조에 성공하였다. 1377년(우왕 3) 화통도감(火㷁都監)이 설치되자 제조로써 화약과 화포제작을 전담하였으며, 이때 제작된 화포를 가지고 1380년 나세(羅世)·심덕부(沈德符) 등과 함께 진포(鎭浦 : 충청남도 서천군의 금강하구)에 있던 왜구를 공격하여 대승을 거두었다. 뒤에 지문하성사에 이르렀다. 저서로 《화약수련법(火藥修鍊法)》이 있었으나 현재 전하지 않는다. ◐ 화통도감

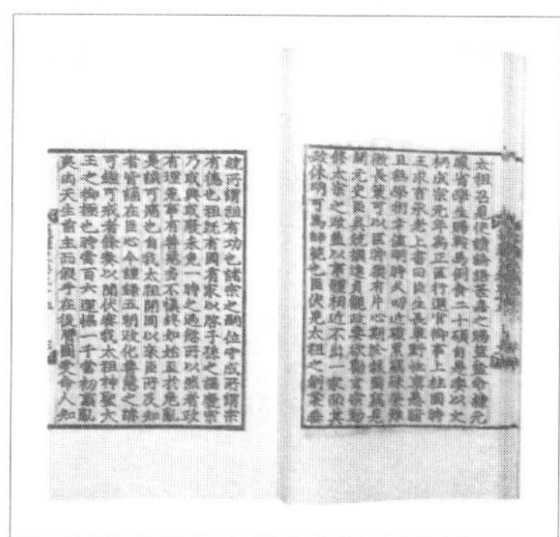

▶ 최승로의 〈시무 28조〉

최승로(崔承老)

927년(태조 10)~989년(성종 8). 시호는 문정(文貞). 본관은 경주. 고려 초 '시무이십팔조(時務二十八條)'를 올려 국정의 방향을 제시한 관인. 최은함(崔殷含)의 아들로, 938년(태조 21) 원봉성학사(元鳳省學士)에 속하게 되면서 문한직(文翰職)에 종사하였다. 이후 여러 관직을 거쳐 982년(성종 1) 정광 행선관어사 상주국(正匡行選官御事上柱國)으로 재직시 '시무이십팔조'를 올려 고려 초 국정의 방향을 제시하였다, 983년 과거를 주관하였고 문하시랑평장사를 거쳐 988년 문하수시중에 이르렀다. 998년(목종 1) 성종묘정에 배향되었다.

🅟 시무이십팔조(時務二十八條) : 고려시대 성종 때 최승로가 제출한 28개조 상소문으로, 그 내용은 크게 태조·혜종·정종·광종·경종 등 다섯 왕의 행적을 정리하고 평가한 5조정적평(五朝政績評)과 시무28조의 두 부분으로 나뉜다. 시무28조 가운데 여섯 개는 소실되어 내용을 알 수 없고 현재 22개조만 전해지는데, 대체적인 내용

을 정리하면, 첫째 지방세력 통제를 위해 12목에 지방관을 파견할 것, 둘째 국방문제로서 북방의 경계를 확정할 것과 북방민족에 대한 방어책을 수립할 것, 셋째 종교문제로 불교의 폐단을 시정할 것과 음사(淫祀)를 제한할 것, 그 외 복식정비와 왕실시위군졸의 축소 등을 지적하고, 유교이념에 의한 통치를 국가의 기본으로 삼을 것 등으로 되어 있다. 최승로의 시무28조는 이후 대부분 정책으로 구현되면서 국정의 중요한 지침이 되었다.

최시형(崔時亨)

1827년(순조 27)~1898년. 초명은 경상(慶翔), 자는 경오(敬悟), 호는 해월(海月). 본관은 경주. 근대에 동학의 제2대교주. 어려서 부모를 여의고 제지소(製紙所)에서 일하였다. 1861년(철종 12) 동학에 입교하여 교주인 최제우로부터 가르침을 받았다. 1863년 경상도지역을 순회하며 포교활동에 전념하였고, 동년 8월 최제우의 후계자로서 제2대교주에 올랐다. 1864년(고종 1) 최제우가 처형되자 태백산에 은거하였다가, 안동·울진 등지를 다니며 포교에 전념하였다. 1871년 동학교도인 이필제(李弼濟)가 교조신원을 요구하며 민란을 일

▶ 최시형

으켜 정부의 탄압이 심해지자 소백산으로 피신하였다. 영월·단양·인제 등지를 다니며 포교활동에 전념하는 한편, 경전간행소를 세워 《동경대전》·《용담유사》 등의 경전을 간행하였다. 1884년 동학의 조직강화에 주력하여 육임제(六任制)를 신설하였으며, 1885년 본거지를 충청도 보은으로 이전하였다. 1892년 삼례에서 집회를 갖고 교조신원과 동학의 합법화를 주장하였으며, 1893년에는 동학간부들을 서울 광화문에 보내 왕에게 직접 상소를 올렸다. 3월 보은 장내리에 신도들을 집결시켜 교조신원과 탐관오리의 처단, 종교활동의 자유 등을 내걸고 대규모 시위를 감행하려 하였으나, 정부에서 선무사를 파견하여 회유하자 자진 해산하였다. 1894년 전봉준이 동학교도들을 이끌고 고부에서 봉기한 것을 시발로 동학농민운동이 일어나자 동학교도들에 대한 총동원령을 발포하여 무력투쟁을 전개하였다. 이후 일본의 개입으로 전세가 불리해지자 원주 등지에서 피신생활을 하면서 포교활동에 전념하였다. 1897년 손병희에게 도통을 전수하였으며, 1898년 원주에서 체포되어 서울로 압송된 후 처형당하였다. ➊ 동학농민운동

최영(崔瑩)

1316년(충숙왕 3)~1388년(우왕 14). 시호는 무민(武愍). 본관은 철원. 고려 말

▶ 최영 장군의 묘

의 무신으로 시중을 역임한 재상. 최원직(崔元直)의 아들이다. 양광도도순문사(楊廣道都巡問使) 휘하에서 수차례 왜구를 토벌, 그 공으로 우달치(于達赤 : 司門人)가 되었으며 1352년(공민왕 1) 조일신(趙日新)의 난을 평정하고, 호군(護軍)에 올랐다. 1358년 양광·전라도 왜적체복사(楊廣全羅道倭賊體覆使)가 되어 오예포(吾乂浦)에 침입한 왜선 400여 척을 격파하였고, 1360년과 1361년에는 홍건적(紅巾賊)을 물리치고 그 공으로 도형벽상공신(圖形壁上功臣)에 책록되면서 전리판서(典理判書)에 제수되었다. 1363년 홍왕사(興王寺)의 난을 진압하는 데 공을 세워 찬성사(贊成事)에 이르렀고, 1364년에는 최유(崔濡)가 덕흥군(德興君)을 왕으로 추대, 군사 1만으로 쳐들어오자 서북면도순위사(西北面都巡慰使)로서 의주(義州)에서 섬멸했다. 1365년 신돈(辛旽)의 모함으로 계림윤(鷄林尹)에 좌천되고 훈작(勳爵)도 삭탈당하고 유배되었다가 1371년 신돈이 처형되자 복직, 문하찬성사(門下贊成事) 등을 지냈다. 1376년(우왕 2)에는 홍산(鴻山)에서 왜적을 대파, 철원부원군(鐵原府院君)에 봉해졌다. 이후에도 이성계 등과 함께 서강(西江), 승천부(昇天府) 등지에 쳐들어온 왜구를 섬멸하였고, 1380년 해도도통사(海道都統使)가 제수되기도 하였다. 영삼사사(領三司事)·수문하시중(守門下侍中) 등을 역임하였으나, 이성계가 위화도에서 회군하여 정권을 잡자 고봉(高峰 : 高陽) 등지에 유배되었고 개경(開京)에서 참형(斬刑)되었다. 성품이 청렴결백하여 아버지가 임종할 때 남긴 "황금 보기를 돌과 같이 하라"는 말을 따라 재물을 탐내는 일이 없었고, 종신토록 군사를 지휘하였으나 얼굴을 아는 부하 사졸은 수십 명에 지나지 않았다고 한다. 그의 무덤은 적분(赤墳)으로 무덤에 풀이 나지 않는 것으로 유명하며 산 위에 장군당(將軍堂)이 있어 무당들의 숭배 대상이 되고 있다.
㉴ 묘소는 경기도 고양시에 소재함

최우(崔瑀)

?~1249년(고종 36). 개명은 최이(崔怡), 시호는 광렬(匡烈). 본관은 우봉(牛峯). 고려 최씨무신정권의 제2대 집권자. 최충헌(崔忠獻)의 아들로, 1219년(고종 6) 최충헌이 죽자 정권을 승계하였다. 집권 초에 동생 최향 등 정권에 도전할 만한 세력을 제거하였으며, 1221년(고종 8)에 참지정사 이병부상서 판어

사대사(參知政事吏兵部尙書判御史臺事)에 제수되었다. 몽고의 침략에 대비하여 변방에 축성하고 군사를 징발하는 등 대비하였으며, 1225년에는 사제(私第)에 정방을 두고 문인를 뽑아 이곳에 소속시켜 관료들의 인사행정을 담당케 하였다. 1226년에는 도방을 강화하여 내외도방으로 개편하였으며, 1230년에는 아우 최향의 반란을 진압하였고, 1231년 부인 정씨(鄭氏)가 죽자 예의에 벗어나게 왕후의 예로써 장사지냈다. 같은 해 몽고의 침입이 있자 강화도로의 천도를 주도하였으며, 1234년에는 서경에서 발생한 홍복원(洪福源) 등의 반란을 진압하였다. 천도의 공으로 진양후(晉陽侯)로 봉해졌으며, 1242년 진양공으로 진봉되었다. 1243년(고종 30)에 국학을 수리하고, 사재를 희사하여 팔만대장경을 만들게 하였다. 1247년 아들 최만전(崔萬全)을 환속시켜 최항으로 개명하고 후계자로 삼았다.

최익현(崔益鉉)

1833년(순조 33)~1906년. 아명은 기남(奇男), 자는 찬겸(贊謙), 호는 면암(勉菴). 본관은 경주, 근대 및 대한제국시기의 유학자·의병장. 1846년(헌종 12) 이항로의 문하에 들어가 수학하였다. 1855년(철종 6) 명경과에 합격, 승문원부정자에 임명된 후 지평·정언·이조정랑·신창현감 등을 역임하였다. 1868년(고종 6) 장령으로 재직중 흥선대원군의 실정을 논박하였다가 삭탈당하였다. 1873년 고종의 친정이 시작되면서 동부승지·호조참판 등에 임명되었으나 흥선대원군의 폭정을 노골적으로 비판하는 상소를 올리고 사직하였다가 제주도로 유배되었다. 1876년 '강화도조약'이 체결되려 하자 상소를 올려 강력히 반대하다가 흑산도로 유배되었다. 학문에 전념하다가 1895

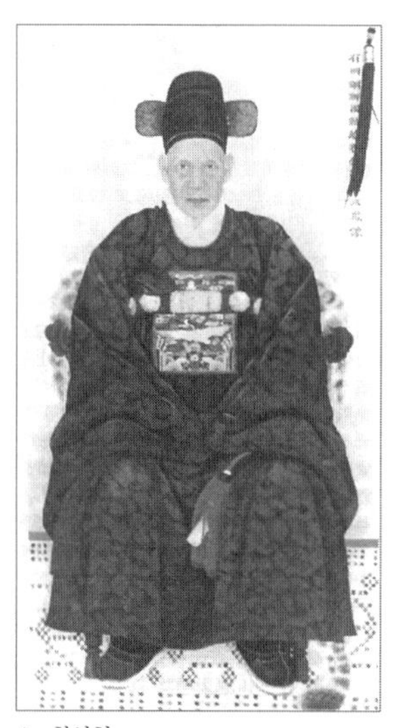

▶ 최익현

년 단발령이 단행되자 상소를 올려 일련의 개혁정책을 비난하였다. 이후 학문과 후학교육에 전념하면서 정부에 시무책을 제시하기도 하였다. 1905년 '을사조약'이 체결되자 상소를 올려 조약반대와 을사5적 처단을 요구하였으며, 1906년 태인의 무성서원에서 임병찬(林炳瓚) 등과 함께 의병을 일으켜 태인·순창 등지에서 활동하다가 고종의 칙지(勅旨)를 받고 의병활동을 중단, 스스로 관군에게 붙잡혔다. 일제에 의해 쓰시마섬으로 유배되었다가 그곳에서 사망하였다. 문집으로 《면암집》이 있다. ◐ 위정척사운동

㊡ 묘소는 충청남도 예산군에 소재함. 이외에도 전라남도 신안군 흑산도에 유적지가 있음.

최제우(崔濟愚)

▶ 최제우

1824년(순조 24)~1864년(고종 1). 초명은 복술(福述)·제선(濟宣), 자는 성묵(性默), 호는 수운(水雲). 본관은 경주. 근대에 동학을 창시한 교조(敎祖). 몰락한 양반집안출신으로 어려서 경사(經史)를 익혔으며, 1841년(헌종 7)에 아버지를 여읜 후 전국을 돌아다니며 장사와 의술·복술(卜術) 등을 익혔다. 1856년(철종 7)부터 경상도 양산의 천성산에 들어가 수도한 뒤, 1860년 4월 천주(天主) 강림의 도를 깨닫고 동학을 창시하였다. 1861년부터 본격적인 포교활동을 시작하여 많은 신도를 확보하였으나 서학(西學)을 믿는다는 비난을 받자 호남으로 피신하여 동학사상의 이론적인 체계수립을 위해 〈논학문(論學問)〉·〈안심가(安心歌)〉 등을 저술하였다. 1862년 3월 경주로 돌아온 후 교세확장에 주력하다가 9월 혹세무민(惑世誣民)의 죄목으로 체포되었으나 제자들의 청원에 의해 무죄로 석방되었다. 동년 12월 접주제(接主制)를 도입하여 교세확장에 주력하였으며, 1863년 8월 도통을 최시형에게 전수하였다. 1863년 경주에서 체포되어 1864년에 효수되었다. 저술로는 처형 후 교도들이 그의 글들을 모아서 편찬한 《동경대전》과 《용담유사》가 있다.

○ 동학

최진동(崔振東)

1878년(고종 15)~1945년. 일명 최명록(崔明錄)·최희(崔喜). 함경도 온성출신. 일제시대 봉오동전투·청산리대첩 등에 참가하며 무장활동을 전개한 독립운동가. 일찍이 만주로 망명하였으며, 1919년 만주 왕칭현(汪淸縣)에서 무장독립운동단체인 군무도독부(軍務都督府)를 조직, 부장으로서 함경북도 온성·종성·무산 등지에서 무장활동을 전개하였다. 1920년 5월 대한국민회국민군·대한독립군과 연합하여 대한군북로독군부을 조직하고 6월 봉오동전투에 참가하여 일본군 5백여 명을 사살하였으며, 10월에는 군무도독부를 대한독립군에 통합, 사령관에 취임한 뒤 청산리전투에 참가하여 일본군 6백여 명을 사살하였다. 12월 연해주로 이동중 북로군정서·대한국민회 등과 함께 통합하여 대한독립군단을 조직하고 무장투쟁을 전개하였다. 그 뒤 1921년 6월 자유시참변을 겪은 후, 북간도·시베리아 등지에서 무장활동을 전개하였다.

○ 봉오동전투 · 청산리대첩

최충(崔冲)

984년(성종 3)~1068년(문종 22). 자는 호연(浩然), 호는 성재(惺齋)·월포(月圃)·방회재(放晦齋), 시호는 문헌(文憲). 본관은 해주. 고려 전기 사학(私學) 교육의 발전에 공이 있는 재상. 1005년(목종 8) 과거에 장원급제하였고, 1013년(현종 4)에는 국사수찬관(國史修撰官)으로서 소실된 《칠대실록(七代實錄)》의 편찬에 참여하였다. 이후 내사사인·지제고·예부시랑·간의대부·우산기상시·동지중추원사 등을 역임하였고, 1035년(정종 1) 지공거(知貢擧)로서 과거를 주관하였다. 1037년 수국사로서 《현종실록》을 편찬하

▶ 최충의 글씨

였고 상서좌복야·참지정사·판서북로병마사·내사시랑평장사·문하시랑평장사·문하시중 등을 역임하였다. 사숙(私塾)을 짓고 유학을 가르쳤는데, 학생들의 수업연륜과 진도에 따라 낙성재(樂聖齋)·대중재(大中齋) 등 9재에 속하게 하고 그에 맞는 교육을 실시하였다. 이곳을 최공도(崔公徒) 또는 최충도(崔庶徒), 문헌공도(文憲公徒)로 불렀다. 문헌공도는 이후 사학 12도 형성의 계기를 마련하여 사학 발전에 기틀을 제공하였다. ◑ 구재학당(1)

최충헌(崔忠獻)

1149년(의종 3)~1219년(고종 6). 초명은 최란(崔鸞), 시호는 경성(景成). 본관은 우봉(牛峯). 고려시대 최씨무신정권을 수립한 무신. 상장군 최원호(崔元浩)의 아들이다. 음서로 양온령(良醞令)이 되었고, 1174년(명종 4) 조위총(趙位寵)의 난을 토벌, 별초도령(別抄都令)에 올랐다. 1196년 동생 최충수(崔忠粹)와 함께 권신 이의민(李義旼)을 죽이고 정권을 장악, 폐정개혁을 위한 봉사십조(封事十條)를 왕에게 올렸다. 이어 왕의 측근을 몰아내고 좌승선(左承宣)을 거쳐 어사대지사(御史臺知事)가 되었다. 왕이 자신이 올린 봉사십조를 이행하지 않자 창락궁(昌樂宮)에 유폐시킨 뒤 평량공(平涼公) 민(旼 : 神宗)을 왕위에 앉히고 최씨 무인정권을 확립했다. 같은 해 딸을 태자(太子 : 熙宗)의 비(妃)로 만들려는 동생 최충수와 대립, 최충수를 죽였고, 1198년(신종 1) 만적(萬積)의 난을 토벌하였으며, 병부상서이부지사(兵部尙書吏部知事)·추밀원사(樞密院使)·이병부상서(吏兵部尙書)·어사대부(御史大夫) 등을 역임하면서 군사권과 인사권을 장악하였다. 1204년 신종을 폐하고 태자(太子 : 熙宗)를 옹립하였고, 1209년 이규보(李奎報)를 발탁, 무신정권으로 피폐해진 문운(文運)을

최충헌 열전의 원문(한문). 朔州分道將軍楊水尺多居興化雲中道至
榮謂曰汝等本無賦役可屬吾妓紫雲仙遂
籍其名徵貢不已至榮死忠獻又以紫雲仙
爲妾計口徵貢滋甚楊水尺等大怨及契丹
兵至迎降鄉導故悉知山川要害道路遠近
楊水尺太祖攻百濟時所難制者遺種也素
無貫藉賦役好逐水草遷徙無常唯事畋獵
編柳器販鬻爲業凡妓種本出於柳器匠家
後楊水尺等帖匿名書云我等非故反逆也
不堪妓家役苦故投契丹賊爲鄉導耳朔州
殺妓華及順天寺主則可倒戈輔國矣忠獻
關之乃歸其妓紫雲仙上林紅于其鄉顧天
寺主亦恃勢自恣與妓爲亂者也開之亡夫
時遣將鞠契丹兵號勇者皆忠獻父子門客
官軍羸弱不可用忠獻閣家兵自左提銀瓶
右校卫作隊散宜迎豆二三里槍箭聽銀瓶
成三戈四詠示國人以纂兵怡兵自選地橋
至宗仁門用旗鼓智戰門客有請從官軍者

▶ 최충헌 열전

진흥시키려고 힘썼다. 1211년 내시 왕준명(王濬明) 등의 음모로 죽을 고비를 넘기고 살아난 뒤, 왕을 폐하고 한남공(漢南公) 정(貞 : 康宗)을 즉위시켰고, 1213년 강종 사후 고종을 즉위시켰다. 1217년(고종 4) 자신을 암살하려는 흥왕사(興王寺) 승려들의 음모를 적발, 이를 진압하기도 하였다. 최충헌은 집권시 신변보호기관인 도방(都房)을 설치하였고, 실질적인 무인집정 기구인 교정도감을 설치하는 등 최씨무신정권의 기반을 조성하였다.

최치원(崔致遠)

▶ 최치원

857년(헌안왕 1)~? 자는 고운(孤雲)·해운(海雲). 본관은 경주. 신라 하대 육두품 출신의 유학자. 최견일(崔肩逸)의 아들로 868년(경문왕 8) 당에 들어가 수학하였고, 874년(경문왕 14)에 빈공과(賓貢科)에 급제하여 선주(宣州) 표수현위(漂水縣尉)를 지냈다. 이때 중국에서는 황소(黃巢)의 난이 일어났으며, 최치원은 이 시기 880년(헌강왕 6)부터 고변(高弁) 종사관으로 활동하면서 "격황소문(檄黃巢文)" 등 각종 표장(表狀)과 서계(書啓)를 지었다. 894년 진성여왕에게 정치개혁안인 시무 10여조를 올려 가납되었으나 진골귀족의 반대로 관계에서 물러났다. 이후 경주의 남산, 강주(剛州 : 의성)의 빙산(氷山), 지리산의 쌍계사(雙谿寺), 가야산 해인사(海印寺) 등에서 수련하였다. 사망 시기는 정확하지 않다. 유학에 능통했을 뿐 아니라 불교도 깊이 이해하였는데, 특히 당시 성행하였던 선종을 비롯하여 화엄종과 유식학까지도 이해하였으며, 도교와 풍수지리설 등에도 능통하였다. 저술로는 《금체시(今體詩)》 1권, 《사륙집(四六集) 1권, 《계원필경(桂苑筆

耕》 20권, 《문집(文集)》 30권 등과 역사서인 《제왕연대력(帝王年代曆)》 등이 있고, 특히 승려들 관계 기록인 사산비명(四山碑銘)과 〈부석존자전(浮石尊者傳)〉 1권, 《법장화상전(法藏和尙傳)》 1권, 《석이정전(釋利貞傳)》·《석순응전(釋順應傳)》 등 다수가 있다.

㊤ 무성서원(武成書院 : 충청도 태인), 서악서원(西嶽書院 : 경상도 경주) 등에 제향됨

최현배(崔鉉培)

1894년(고종 31)~1970년. 호는 외솔. 울산출신. 국어학의 연구와 보급 및 한글운동에 전념한 국어학자·교육자. 1910년부터 주시경이 설립한 조선어강습원에서 한글과 문법을 배웠다. 1925년 교토제국대학(京都帝國大學)을 졸업한 뒤, 1926년 동대학원을 수료하였다. 1926년부터 연희전문학교교수로 재직하였으며, 1929년 조선어사전편찬위원회 준비위원이 되었고, 1933년 한글맞춤법통일안제정에 참여하였다. 1938년 흥업구락부사건으로 연희전문학교교수직에서 사직당하였고, 1942년 조선어학회사건으로 복역중 광복을 맞았다. 광복 후 미군정청 문교부편수국장을 역임하였으며, 1949년 한글학회이사장에 취임하여 20년간 재직하였다. 1954년부터 연희대학교 교수·부총장 등을 역임하다가 1961년 퇴직 후 명예교수를 지냈다. 1954년 학술원회원, 1958년 학술원부원장이 되었으며, 1957년부터 세종대왕기념사업회부회장·대표이사 등을 지내면서 국어운동을 전개하였다. 사후 그의 사상을 기리는 모임인 외솔회가 창립되었다. 저서로 《조선민족갱생의 도》·《우리말본》·《한글갈》·《나라 사랑의 길》 등이 있다.

㊤ 생가(울산시 중구 동동에 소재함)

춘추관(春秋館)

⑴ 고려 후기 시정(時政)의 기록을 관장하던 관청. 고려 전기에는 사관(史館)이라 하다가 1308년(충렬왕 34) 이를 문한서(文翰署)에 병합하여 예문춘추관(藝文春秋館)으로 고쳤고, 1325년(충숙왕 12) 이를 예문관과 춘추관으로 분리하였다. 관원으로는 시중(侍中)이 겸하는 영관사(領館事)·감관사(監館事), 2품 이상이 겸하는 지관사(知館事)·동지관사(同知館事), 3품 이하가 겸하는 충수찬관(充修撰官)·충편수관(充編修官)·겸편수관(兼編修官)과 공봉(供奉 : 정7품)·수찬(修撰 : 정8품)·주부(注簿 : 정8품)·검열(檢閱 : 정9품)을 두었다. 춘추관은 1356년(공민왕 5)에 사관으로 개칭되었다가 1362년 다시 복설되었고, 1389년에는 예문관과 통합하여 예문춘추관이 되었다.
⑵ 조선시대에 시정(時政)을 기록하고, 실록을 관리하던 일을 관장하던 관청. 조선 개국 직후 고려의 제도를 계승하여 예문춘추관이라 하다가 1401년(태종 1) 예문관과 분리하여 춘추관으로 독립하였다. 관원은 모두 겸임직으로 영사

(領事 : 정1품) 1명, 감사(監事)·지사(知事 : 정2품)·동지사(同知事 : 종2품) 각 2명이며, 수찬관(修撰官 : 정3품)·편수관(編修官 : 정3품~종4품)·기주관(記注官 : 정·종5품)·기사관(記事官 : 정6품~정9품) 등을 두었다.

측우기(測雨器)

▶ 측우기

조선시대 강우량을 측정하던 기구. 이전에는 우량을 비가 내린 후 빗물이 흙 속으로 얼마나 깊이 새어들었는가로 측정하였으나 여러 가지 불편함이 있었다. 이에 1441년(세종 23) 측우기를 제작하였는데, 처음으로 만든 측우기는 주철제(鑄鐵製) 원통형이고 깊이 약 41cm, 지름 약 16cm였으며 돌로 만든 대 위에 올려놓고 비가 온 후 괸 빗물에 주척을 꽂아 물의 양을 측정하였다. 측우기는 처음에는 철로 만들었으나 점차 구리로 만들기도 하였으며 지방에 따라서는 자기(磁器)·와기(瓦器) 등을 쓰기도 하였고 주척은 나무나 대나무를 사용하였다. 1442년에는 측우기의 크기를 깊이 약 31cm, 지름 약 14cm로 조금 줄여서 사용하였다.

치악산(稚岳山)

1908년에 발표된 이인직의 신소설. 몰락해 가는 봉건사회의 한 단면을 주제로 한 작품으로 내용은 다음과 같다. 원주 치악산 기슭에 사는 홍참의(洪參議)에게는 죽은 전처 아들인 백돌이와 후실 김씨에게서 난 딸 남순이가 있었다. 백돌이는 서울에서 개화운동으로 이름난 이판서(李判書)의 딸과 혼인하였다. 신부는 계집종 검홍이를 데리고 시가인 홍참의의 집으로 왔고 백돌이는 장인의 도움으로 일본 유학을 떠났다. 그동안 계모와 며느리 사이에는 불화가 싹터 계모 김씨는 딸 남순이, 여종 옥단이와 공모하여 며느리 이씨를 음부(淫婦)라 모함하여 쫓아낸다. 이부인과 계집종 검홍이는 치악산을 헤매다가 어느 도사의 집에 피하게 되었다. 그 후 여종 검홍이의 수탐으로 김씨의 흉계가 폭로되고 유학에서 돌아온 백돌이는 아내를 다시 맞아들여 가정의 평화를 되찾는다는 것이다. 후처와 전처 자식 사이의 갈등을 중심으로 한 가정비극을 그리면서 여기에 신구사상을 대조시켜 몰락해 가는 봉건사회의 한 단면을 보여준다. ● 이인직

▶ 7 · 4 남북공동성명

칠사 남북공동성명(南北共同聲明)

1972년 7월 4일 서울과 평양에서 공동 발표된 남북간의 민족통일방안에 대한 공동성명. 남북간의 대화통로 모색과 민족통일방안을 논의하기 위해 남북한이 비밀리에 접촉을 시도한 결과, 1972년 7월 4일 서울과 평양에서 각각 당시 중앙정보부장이던 이후락(李厚洛)과 북한노동당 조직부장이던 김영주(金英柱)의 공동명의로 성명이 발표되었다. 공동성명은 조국통일의 3대원칙으로서 외세의 간섭없는 자주적 통일, 상대방에 대한 무력행사를 배제한 평화적 통일, 사상 · 이념 · 제도의 차이를 초월한 민족 대단결에 의한 통일 등을 제시하였으며, 3대원칙에 의거하여 남북간의 통일문제를 협의하기 위한 기구로서 남북조절위원회를 설치하기로 합의하였다. 이에 따라 남북간에 직통전화가 개설되고 판문점 · 서울 · 평양에서 차례로 남북조절위원회가 개최되었다. 그러나 1973년 6월 한국정부가 남북한의 동시 유엔가입과 호혜평등의 원칙하에서 모든 국가에 대한 문호개방을 주내용으로 하는 6 · 23선언을 발표하자, 동일 북한도 남북한이 고려연방공화국의 이름으로 유엔의 단일회원국으로 가입하자고 제시해 옴으로써 남북간의 대화가 중단되었다.

칠재(七齋)

고려시대 교육기관인 국학(國學)에 설치한 7개의 강좌. 사학 12도 등이 성립되면서 사학이 융성해지자 예종이 관학을 육성하기 위해 1109년(예종 4) 국학에 설치한 것이다. 7재란 여(이)택재(麗擇齋 : 《주역》) · 대빙재(待聘齋 : 《尙書》) · 경덕재(經德齋 : 《毛詩》) · 구인재(求仁齋 : 《周禮》) · 복응재(服膺齋 : 《戴禮》) · 양정재(養正齋 : 《춘추》) · 강예재(講藝齋 : 兵學) 등이다. ❂ 국자감

칠정산(七政算)

조선 전기 1444년(세종 26)에 간행된 역서(曆書). 1442년(세종 24) 왕명에 따

라 이순지(李純之) 등이 완성하고 2년 뒤 편찬하였다. 칠정(七政)이란 일(日)·월(月)·목(木)·화(火)·토(土)·금(金)·수(水)를 가리키는데 이들의 절도있는 운행이 나라의 정사(政事)와 비슷하다 하여 붙여진 이름으로 이들 천체의 운행에 관한 자료가 다루어져 있다. 내편과 외편이 있는데, 내편은 원(元)나라의 수시력법(授時曆法)과 명(明)나라의 통궤력법(通軌曆法)을 참고하여 조선 실정에 맞게 만든 것이며, 외편은 《회회력경통경(回回曆經通經)》과 《가령력서(假令曆書)》를 개정·증보하여 만든 것이다. 원나라의 《수시력법(授時曆法)》과 명나라의 《통궤력법(通軌曆法)》을 참고하여, 한양을 기준으로 조선의 지리적 조건에 알맞게 작성되어 있다. 원주를 오늘날처럼 360°로 하는 60진법을 사용하며, 1태양년을 365.242188일(현재는 365.242196일, 수시력에서는 365.2425일)로 하고 있다. 또한 전통적으로 동지(冬至)를 1년의 기준으로 삼았던 것과는 달리 춘분(春分)을 그 기준으로 하고 있다.

▶ 칠지도

칠지도(七支刀)

백제(百濟) 왕이 왜왕(倭王) 지(旨)에게 하사한 철제(鐵製)칼. 길이 74.9cm. 일본 나라현(奈良縣) 덴리시(天理市) 이소노카미신궁(石上神宮)에 소장되어 있다. 곧은 칼의 몸 좌우로 가지 모양의 칼이 각각 3개씩 나와 있어 모두 7개의 칼날을 이루고 있으므로 칠지도라는 이름이 붙여졌다. 한국에는 이에 관한 문헌 기록이나 실물이 없으나, 《일본서기(日本書紀)》 신공기(神功記)에 "백제가 일본에 하사하였다"는 기록이 있다. 단철(鍛鐵)로 만든 양날 칼로, 칼몸(刀身)의 앞뒷면에는 61자(字)가 금상감(金象嵌) 되어 있다. 이 칼이 오랫동안 비장되어 오다가 최초로 공개된 것은 1874년 이소노카미신궁의 대궁사(大宮司) 간마사도모(菅政友)가 명문을 판독하여 발표하면서이다.

침구경험방(鍼灸經驗方)

1644년(인조 22)에 허임(許任)이 편술한 침구에 관한 전문의서. 1664년(현종 5) 내의원에서 전라도관찰사에게 위촉하여 전주에서 간행하였다. 이 책은 편자의 경험을 바탕으로 침구의 경락공혈(經絡孔穴)을 잘 알 수 있도록 정리한 것으로, 1권 1책이며, 내용은 처음에 침을 놓는 위치에 대해 설명하고, 이어 각 증상의 치료법을 설명하였다. ◐ 허임

한 국 역 사 사 전

카이로회담(-會談)

1943년 11월 일본의 전후처리문제를 결정하기 위해 이집트의 카이로에서 개최된 회담. 1943년 11월 27일 루스벨트(T.Roosevelt) 미국대통령, 처칠(W.L.S.Churchill) 영국수상, 장제스(蔣介石) 중국총통이 회담을 개최하고 일본의 전후처리문제를 협의한 뒤, 12월 1일 공동성명을 발표하였다. 이 회담에서 연합군은 일본에 대해 군사행동을 감행할 것이며, 전쟁 승리 후 일본영토를 자국의 영토로 확장하지 않고, 제1차 세계대전 후 일본이 탈취한 태평양제도를 박탈하며, 만주·타이완·펑후제도(澎湖諸島) 등을 중국에 반환하고, 일본이 탈취한 모든 지역에서 일본세력을 구축할 것 등을 결의하였다. 또한 연합군은 이 회담에서 한국의 독립시기와 방법에 대해 구체적인 결정은 하지 않았으나, '앞으로 한국을 자유독립국가로 할 결의를 가진다'고 명시하여 처음으로 한국의 독립을 국제적으로 보장하였다. 이 결의는 1945년 7월 포츠담회담에서 재확인되었다.

탁지부(度支部)

근대 및 대한제국시기에 정부의 재무사무를 총괄하기 위해 설치한 관청. 1895년(고종 32) 4월 종래의 탁지아문을 개편하여 설치하였으며, 소속 부서로 대신관방(大臣官房)·사세국(司稅局)·사계국(司計局)·출납국·회계국·서무국 등을 두었다. 관원으로는 대신·협판·국장·재무관·참서관·주사 등을 두었다. 1910년 폐지되었다.

탁지지(度支志)

1788년(정조 12) 박일원(朴一源)이 왕명을 받아 호조의 모든 사례(事例)를 정리하여 편찬한 책. 탁지(度支)는 탁용지비(度用支費)의 약칭으로 호조(戶曹)를 가리킨다. 21권 10책이며, 내용은 내편과 외편으로 구성되어 있는데, 내편에는 호조·속사(屬司)·직장(職掌)·이례(吏隷)·늠록(廩錄)·관사(館舍)·잡의(雜儀)·고적(古蹟) 등에 관한 내용이, 외편에는 판적사(版籍司)·회계사·경비사(經費司) 등 3사에 관한 내용이 수록되어 있다. 이 책에는 연대기에서 볼 수 없는 통계자료와 여러 가지 절목(節目)들이 수록되어 있어 조선 후기의 사회경제사 연구에 있어 귀중한 자료가 되고 있다.

탐라총관부(耽羅摠管府)

고려시대 원나라가 제주도에 설치한 관청. 1273년(원종 14) 원나라는 제주에 들어간 삼별초의 잔여세력을 진압하고 탐라국초토사를 두었는데, 이를 1275년(충렬왕 1)경에 탐라총관부로 개칭하였다. 1277년(충렬왕 3) 목마장을 설치 일본 원정을 준비하였다. 이어 탐라를 고려에 복속시키면서 만호부를 설치하였다.

탑골공원(塔골公園)

서울특별시 종로구 종로2가에 있는 공원. 본래 이곳은 고려시대의 흥복사(興

福寺)가 있던 절터로 1464년(세조 10)에 이곳을 원각사(圓覺寺)라 개칭하고 중건하였다. 그 뒤 숭유억불정책으로 연산군 때 기생방인 연방원(聯芳院)으로 사용되다가 1514년(중종 9) 철거되고 원각사비(보물 제3호)와 원각사지십층석탑(국보 제2호)만 남게 되었다. 1897년 총세무사 브라운(J.M.Brown)의 건의에 따라 우리나라 최초의 공원으로 개설되었다. 1919년 3·1운동 때 이곳에서 독립선언서가 낭독되었다. 사적 제354호로 지정되었다.

동 탑동공원(塔洞公園)·파고다공원

탕평비(蕩平碑)

1742년(영조 18) 영조가 자신의 탕평책을 알리고 이에 대한 열의를 표방하기 위하여 성균관 반수교(泮水橋) 위에 세운 비석. 영조는 붕당간의 극단적 대립을 지양하고 왕권을 강화하기 위한 방편으로 즉위 초부터 탕평책을 실시하여 노론·소론·남인·북인 등을 당파에 구애받지 않고 등용하였다. 그 뒤 1742년 영조는 자신의 탕평책을 알리고 붕당의 폐해를 경계하는 뜻으로 탕평비를 세웠다. 영조는 친서로 《예기》의 구절 가운데 '두루 사귀되 원만하여 편당하지 않는 것은 군자의 공정한 마음이요, 편당하기만 하고 널리 사귀지 못하는 것은 소인의 사사로운 마음이다(周而不比 乃君子之公心 比而不周 寔小人之私意)'라는 문구를 뽑아 새겨 넣었다.

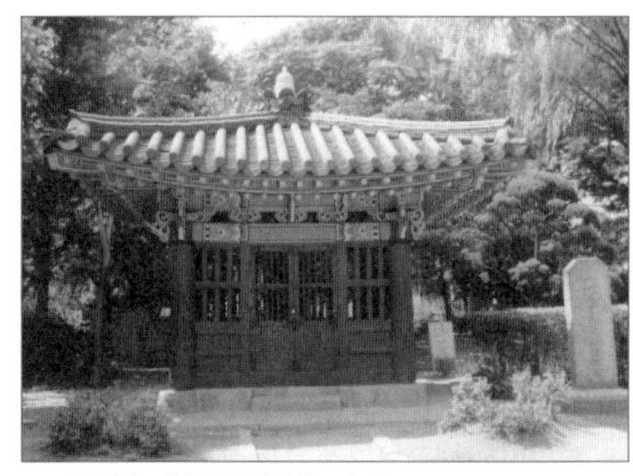

▶ 탕평비각—서울 성균관대학교 소재

태봉(泰封)

궁예(弓裔)에 의해 건국된 후삼국의 하나. 신라 왕족 출신 궁예는 기훤과 양길 등에게 투신하여 세력을 확장시키면서 이후 명주에 들어가 장군으로 추대되었다. 895년에 철원으로 진출하면서 독자적인 기반을 구축, 이를 바탕으로 영토를 확장하였으며 도읍을 송악으로 하고는 901년 고구려를 멸망시킨 신라에 대한 복수를 내걸고 후고구려를 건국한다. 이후 후고구려는 도읍을 송악에서 철원으로 천도하는 한편 904년 마진(摩震), 911년 태봉이라고 국호를 고쳤으며, 무태(武泰 : 904)·성책(聖冊 : 905~910)·수덕만세(水德萬歲 : 911~913)·정개(政開 : 914~918) 등의 연호를 사용하였다. 한편 903년 이래 나주를 비롯한 서남해안 일대를 점령하여 후백제의 배후를 위협하는 동시에 중국·일본 등에 대한 후백제의 외교활동을 억제하려고 하였다. 태봉의 관부는

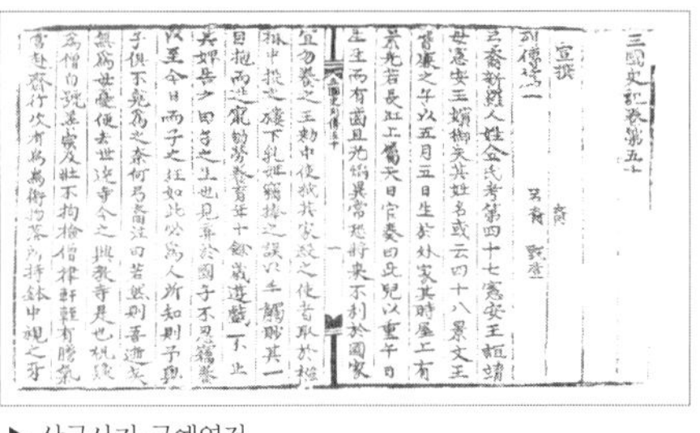

▶ 삼국사기 궁예열전

광평성(廣評省)을 비롯하여 병부(兵部)·대룡부(大龍部)·수춘부(壽春部)·봉빈부(奉賓部)·의형대(義刑臺)·납화부(納貨府)·조위부(調位府)·내봉성(內奉省)·금서성(禁書省)·남상단(南廂壇)·수단(水壇)·원봉성(元鳳省)·비룡성(飛龍省)·물장성(物藏省)의 일반 관부와, 사대(史臺 : 외국어 학습 관장)·식화부(植貨府 : 과수의 재식)·장선부(障繕府 : 성곽의 수리)·주도성(珠淘省 : 기물의 조성)의 왕실소속 관부로 정비되었고, 관등은 정광(正匡)·원보(元輔)·대상(大相)·원윤(元尹)·좌윤(佐尹)·정조(正朝)·보윤(甫尹)·군윤(軍尹)·중윤(中尹)으로 나뉘었는데, 대개는 신라의 것을 모방한 것으로 그 골격은 고려 초에도 유지되었다. 918년(경명왕 2) 왕건(王建)을 내세운 홍유(洪儒) 등의 정변으로 망하였다. ❍ 궁예

태수(太守)

통일신라의 지방조직인 군(郡)의 장관. 중앙에서 파견된 관리이다. 한편 현(縣)에는 현령(縣令) 또는 소수(少守)가 있었다. 동 군태수(郡太守)

태학(太學)

372년(소수림 2)에 설치한 고구려의 국립교육기관. 전진(前秦)의 제도를 본받아 중앙에 설치한 것으로 기록에 전하는 한국 최초 학교이다. 귀족 자제만이 입학할 수 있었고 경학(經學)·문학·무예 등을 가르쳤다. ❍ 경당

택리지(擇里志)

조선 후기의 실학자 이중환이 저술한 인문지리서. 1751년(영조 27)에 완성되었으며, 1책으로 〈사민총론(四民總論)〉·〈팔도총론(八道總論)〉·〈복거총론(卜居總論)〉·〈총론〉으로 구성되어 있다. 〈사민총론〉에서는 사대부의 신분이 농·공·상과 달라지게 된 원인과 유래에 대해 서술하였으며, 〈팔도총론〉에서는 국토의 역사와 지리를 서술한 다음 팔도의 형세와 역사적 배경, 인물, 풍속 등을 서술하였고, 〈복거총론〉에서는 사람이 살만한 곳을 지리·생리(生利)·인심·산수 등의 조건을 들어 서술하였는데, 지리에서는 수구(水口)와 들의 형세 및 산 모양과 물의 흐르는 방향 등이 중요하다고 하였으며, 생리에서는 비옥한 토지, 물자의 교역이 유리한 곳 등이 중요하다고 하였다. 이 책은 종전의 관찬지리지가 가진 항목위주의 선정에서 벗어나 주제별로 우리나

라를 총체적으로 다룬 인문지리서이다. 내용면에서도 역사·지리·경제·정치·문화 등을 망라하고 있어서 조선 후기 사회상을 이해하는 데 필수적인 자료이다.

▶ 택리지

텐진조약(天津條約)

1885년(고종 22) 3월 조선에서의 세력균형을 목적으로 청국과 일본 사이에 체결된 조약. 1884년 발생한 갑신정변을 계기로 조선에 대한 청국의 정치적 영향력이 확대되자, 일본은 조선에서의 청일 양국간의 세력균형을 목적으로 청나라에 청일 양군의 공동철병을 제의하였다. 일본은 1885년 1월 이토(伊藤博文)를 텐진에 파견하여 이홍장(李鴻章)과 협상을 벌이도록 한 결과, 3월에 이 조약을 체결하였다. 조약의 주요내용은, 청·일 양군은 4개월 이내에 조선에서 철병하며, 조선에서 변란이나 중대사건이 발생하여 청·일 양국 또는 어느 한 나라가 파병할 때에는 먼저 상대방 국가에 문서로 알리고, 사건이 진정되면 즉시 철병한다 등이다. 이 조약의 체결로 조선에서의 청·일 양국간의 세력균형이 이루어짐으로써 일본은 갑신정변 실패 후의 조선에 대한 영향력 열세를 만회할 수 있게 되었다. 1894년 동학농민운동이 일어나자 청·일 양국은 이 조약에 의거하여 군대를 파견하였다.

토월회(土月會)

1922년 초에 도쿄 유학생들이 조직한 극단. 1922년 초 도쿄에서 김기진(金基鎭)·박승희(朴勝喜) 등의 유학생들이 조직하였다. 처음에는 연극·문학 등을 토론하는 순수 문학동인회로 출발하였으나, 곧바로 연극단체로 전환하였다. 1923년 서울의 조선극장에서 '기갈(飢渴)'·'곰' 등의 단막극을 공연하였으며, 1924년 '부활'·'카르멘' 등을 공연한 뒤 광무대(光武臺)와 전속계약을 맺고 직영이 되었다. 1925년 흥행위주의 극단운영과 박승희의 독단에 반발한 김을한(金乙漢)·윤심덕(尹心悳) 등의 핵심 단원들이 탈퇴하자, 1926년 제56회공연을 마지막으로 해산하였다. 1928년 박승희가 옛 동지들을 모아 우미관에서 '사(死)의 승리' 등으로 재기공연을 시도하였으나 실패하였다. 1929년 '아리랑고개'의 공연으로 재기한 뒤, 조선극장과 전속계약을 맺고 '불여귀'·'즐거운 인생' 등을 공연하였다. 토월회는 1929년까지 210여 편의 작품에 총 87회의 공연을 가졌다. 1931년 해체되었다.

토지조사사업(土地調査事業)

1910년부터 1918년에 걸쳐 일제가 한국의 식민지적 토지소유제도를 확립하고자 벌인 대규모 조사사업. 일제는 한국의 토지를 약탈할 목적으로 한국에 근대적 토지소유제도가 없는 것을 이용하여 근대적인 토지소유제도를 마련하고자 하였다. 이에 일제는 1910년 9월 조선총독부 임시토지조사국을 설치한 뒤, 토지조사 및 토지소유에 관한 법령을 정비하여 〈조선산림령〉·〈조선민사령〉·〈조선부동산증명령〉·〈조선부동산등기령〉·〈토지조사령〉 등을 공포하였고, 1912년부터 본격적인 토지조사사업을 착수하여 1918년 일단락하였다. 〈토지조사령〉에 의하면, 토지의 소유자는 일정 기간 내에 주소, 성명, 토지의 소재·지목·지적·결수 등을 신고해야만 소정의 절차를 거쳐 소유권을 인정한다고 하였다. 그러나 한국의 농민들은 토지에 대한 법적 개념이 명확하지 않았고, 민족적 감정으로 말미암아 조선총독부에 신고하기를 꺼려하였다. 또한 농민들에게 토지신고의 사실이 철저하게 알려지지 않았으며, 짧은 신고기간과 절차의 복잡성 등으로 신고가 제대로 이루어지지 못하였다. 토지조사사업으로 인하여 지주는 토지의 배타적 소유자로 인정되었고, 조선총독부는 미신고지를 포함하여 종래 국유지였던 역군토와 궁장토 및 산림·초원·황무지, 종래 문중의 공유지로서 신고하지 않은 토지 등 전 국토의 40%에 해당하는 토지를 소유하게 됨으로써 최대의 지주가 되었다. 조선총독부는 탈취한 토지를 국책회사인 동양척식주식회사 및 불이흥업주식회사(不二興業株式會社) 등의 일본토지회사와 일본인 지주들에게 무상 혹은 헐값으로 불하하였다. 일제는 토지조사사업을 통하여 농민수탈을 위한 식민지지주제를 확립하고 지주 위주의 농업정책을 전개하였으며, 농민은 토지로부터 이탈하여 몰락의 길을 걷게 되었다.

통감부(統監府)

1906년 2월 일제가 식민지화의 기반을 마련하기 위하여 설치한 통치기관. 1905년 11월 체결된 〈을사조약〉에 의거하여 일제는 동년 12월 서울에 통감부를 설치하였으며, 1906년 2월 1일 임시통감 하세가와(長谷川好道)가 취임하면서 통감부업무가 개시되었다. 3월 2일에는 초대통감 이토(伊藤博文)가 취임하였고, 이후 소네·데라우치 등이 취임하였다. 통감부는 본래 한국의 외교사무를 관리한다는 명목으로 설치되었으나 실제로는 경무부·농상공부·총무부·외무부를 두고 한국의 내정 전반을 간섭하였다. 통감은 한국의 외교관계 사무를 총괄하였으며, 한국에 고용되어 있는 일본인 관리를 감독하고, 한국의 안녕질서를 지키기 위해 필요할 때에는 한국주둔사령관에게 병력의 사용을 명령할 수 있는 권한이 부여되었다. 일제는 1907년 〈한일신협약〉을 체결하여 일본인 차관을 임명, 한국의 외교와 내정을 통감의 지휘에 따라 집행하게 하는 이른바 차관정치를 시행하였으며, 1909년에는 사법권과 경찰권을 장악하는 등 설치 이후 5년 동안 한국의 외교·내정·경찰 등 모든 시정권한을 통감부의 지배하에 둔 이른바 보호정치체제를 구축하였다. 1910년 조선총독부가 설치되면서 폐지되었다.

통리기무아문(統理機務衙門)

1880년(고종 17) 12월 국내외의 군국기무(軍國機務)를 총괄하기 위하여 설치한 관청. 1880년 12월 정부가 개화정책을 추진하기 위하여 청국의 제도인 총리각국사무아문(總理各國事務衙門)을 모방하여 설치하였으며, 외국과의 외교·통상 및 국내정치 등에 관한 사무를 관장하였다. 설립 당시에는 사대사(事大司)·교린사(交隣司)·군무사(軍務司)·변정사(邊政司)·통상사(通商司)·군물사(軍物司)·기계사(機械司)·선함사(船艦司)·기연사(譏沿司)·어학사(語學司)·전선사(典選司)·이용사(理用司) 등 12사를 두어 사무를 분담 관장하게 하였다가, 1881년 11월 동문사(同文司)·군무사·통상사·이용사·전선사·율례사(律例司)·감공사(監工司) 등 7사로 기구를 개편하였다. 장관은 통리기무아문사(統理機務衙門事：總理大臣)라 하여 대신 중에서 임명하였으며, 각 사에는 실무직책으로 당상(堂上：정2품 이상을 經理統理機務衙門事, 종2품 이하를 副經理統理機務衙門事라 함)과 낭관(郎官：主事)을 두었다. 1882년 8월 일시 폐지되었다가, 동년 11월 기구를 확대·개편하면서 통리아문과 통리내무아문으로 분리하였다. 12월 통리아문을 통리교섭통상사무아문으로, 통리내무아문을 통리군국사무아문으로 개칭하였다. 통리기무아문의 설치는 우리나라 최초의 근대적 성격의 정부기구개혁이었다.

통신사(通信使)

조선시대 일본에 파견한 외교사절. 통신사란 외교의례상 대등한 나라간에 교환하는 사절을 가리킨다. 즉 조선의 국왕과 대외적으로 일본국왕으로부터 외교권을 위임받아 행사하고 있던 무가막부(武家幕府)의 장군간에 왕래하던 사절이다. 당시 조선의 사절은 통신

▶ 통신사

사·회례사(回禮使)·보빙사(報聘使)·회답사(回答使) 등으로 불렸으며, 일본의 사절은 일본국왕사(日本國王使)라 하였다. 조선 전기에 조선에서 일본에 파견한 통신사는 무로마치막부(室町幕府)에 6회(세종 때), 도요토미막부(豊臣

秀吉幕府)에 2회(선조 때)뿐이었으며, 통신사의 파견이 정례화된 조선 후기에 이르러 도쿠가와막부(德川幕府)에 12회(광해군 2회, 인조 3회, 효종 1회, 숙종 3회, 영조 2회, 순조 1회) 파견되었다. 통신사는 일본에 막부장군의 습직(襲職) 등이 있을 때 일본이 조선정부에 통신사 파견을 요청해 오면 조선정부가 쓰시마도주와 사행에 관한 여러 절차들을 협의하여 절목을 정한 후 파견하게 된다. 통신사는 정사·부사·종사관·역관·군관·서기·화원(畵員)·사자관(寫字官) 등 3백 명에서 5백여 명 정도로 구성된다. 통신사는 양국의 국내·국제 정치적 상황에 의해 파견된 정치적 성격의 사절이었으나, 17세기 후반 이후 국제정세가 안정되고 외교의례가 정례화되면서 문화교류를 위한 사절로서의 성격이 강화되었다.

파발제도(擺發制度)

조선시대 통신제도의 한 유형. 군사 기밀문서를 신속히 전달하기 위하여 설치한 통신제도로, 제도화된 것은 1597년(선조 30) 정유재란 때 김응남(金應南), 한준겸(韓浚謙) 등이 기능이 유명무실화된 봉수제에 대신해 중국의 파발제를 도입하자고 건의하면서 비롯되었다. 물론 이전부터 급주(急走), 곧 보발(步撥)은 부분적으로 실시된 바 있었다. 파발조직은 기록에 따라 다소 차이를 보이나 전국에 194개(《대동지지》 205개)의 참(站)을 설치(경기도 19, 황해도 18, 평안도 6, 함경도 65, 충청도 5, 함경도 20)하여 이를 서발(西撥)·북발·남발의 3대로(三大路)에 편성하고, 지역에 따라 직로(直路)와 간로(間路)로 나누어, 기발(騎撥)과 보발 조직으로 전달케 하였다. 기발은 말을 타고 체송(遞送)하는 기마통신으로 25리(里)마다 한 참을 두고 참마다 발장(撥將) 1명, 색리(色吏) 1명, 군사 5명과 말 다섯 필을 배치하였으며, 보발은 속보로 전하는 도보통신으로 30리마다 한 참을 두어 발장 1명, 군사 2명을 배치하였다. 그리고 직로는 3개 노선에 136개의 참(서발 38, 북발 64, 남발 34)이 연결되고 간로는 5개 노선에 58개의 참(서발 48, 북발 10)이 연결되었다. 파발은 병조(兵曹)가 총괄하고, 발군(撥軍)은 양인(良人)으로 편성하였는데, 속오군(束五軍)·정초군(精抄軍)·장무대(壯武隊 : 기병)의 정병이 있었으며 왜란·호란 때는 궤군(潰軍)·노잔군(老殘軍)·한잡인(閑雜人)들도 배치하였다. 발장(撥將)은 글을 해석하고 무재가 있는 자를 뽑아 참의장으로서 군사 다섯 명을 거느려 업무를 수행하게 하되 그 공과에 따라 체아직(遞兒職)인 정6품의 사과(司果)에 승진할 수 있었다. 파발의 속도는 1주야(24시간)에 300~180리 정도로, 중국의 500~400리에 비해 늦은 것인데 산악이 많은 지형 때문이었다. 파발의 전송방법은 기밀문서를 봉투에 넣어 실봉하고 관인을 찍은 다음 피각대(皮角帶)에 넣어 체송하였다. 일의 완급에 따라 방울(懸鈴)을 달았는데 방울 셋을 달면 3급(急 : 초비상, 超特急), 둘은 2급(特急), 하나는 1급(普急)을 표시하였다. 전송을 지체한 자, 문서를 파손하거나 절취한 자는 법규에 따라 엄벌에 처하였으며, 지체를 막고 외적 및 도둑에 대비하게 하기 위하여 발군에게 창과 방패, 회력(廻曆)을 갖추게 하였다. 회력은 도착시각과 문서의 분실 여부를 기록한 것으로 대력(大曆)과 소력으로 구분하여 대력은 참에 비치하고 소력은 발군이 지참하여 그 근무실태를 확인하는 증거로 삼았다. 파발제는 봉수제보다 경비가 많이 드는 결점이 있었다. 그러나 봉수는 적정을 오직 주연야화(晝烟夜火)에 의한 5거(炬)의 방법으로만 전하여 그 내용을 자세히 알 수 없어 군령시달이 어렵고, 또한 구름과 안개로 인한 판단의 곤란과 중도에서의 단절 등 결점이 있었다. 반면 파발은 문서로 전달되어 보안유지는 물론 적의 병력수, 장비 이동상황, 그리고 아군의 피해 등을 자세히 전할 수 있는 장점이 있었다. 파발은 본래의 임무 이외에 관리 및 외국사신왕래의 편의도 제공하였는데, 점차 사목적 추구에 이용되어 발마의 남기(濫騎)와 심지어는 사문서 전달까지 맡아 피폐하고 발군은 이로 인한 교역으로 도망하는 자가 속출하였다. 그뿐만 아니라 국가의 기밀이 엄수되어야 할 공문서를 훔쳐보는 사례가 있어 기밀이 누설되는 폐단도 있었다. 인조~숙종(17~18세기) 때부터 파발제는 봉수제와 함께 운영되어, 조선시대 군사통신체제의 골격을 이루어갔으나 갑오개혁 이후 현대적인 전화 전신 제도의 등장으로 폐지되었다. (파발망)

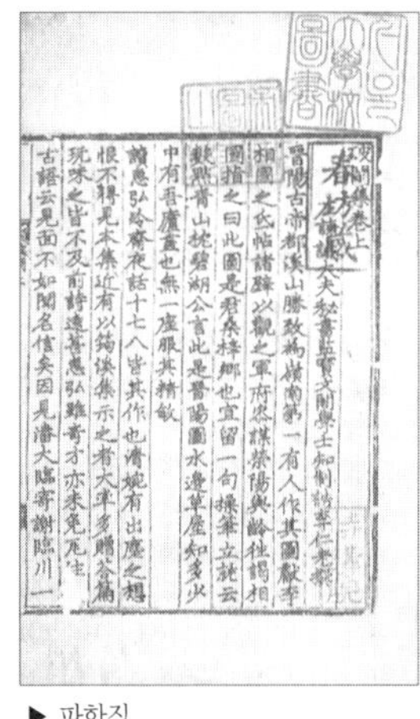

▶ 파한집

파한집(破閑集)

고려시대 명종(明宗) 때의 문신 이인로(李仁老)가 지은 시화집(詩話集). 3권 1책으로, 1260년(원종 1) 저자의 아들인 이세황(李世黃)이 편집하여 간행하였다. 《파한집》이라는 제목 그대로 문인의 파한적(破閑的)인 문담(文談)이며, 시화(詩話)·기사(記事)·자작시(自作詩)와 아울러 신라의 옛 풍속 및 서경(西京)과 개경(開京)의 풍물(風物)·궁궐·사찰 등이 재치 있게 소개되어 있다. 명유(名儒)와 학자들의 시문이 인멸될 것을 슬퍼하여 이를 수록한 것이라고 하였다. 고대소설의 태동기에 패관문학(稗官文學)으로서 귀중한 자료일 뿐만 아니라, 고려사 연구에도 좋은 자료가 되고 있다. 《보한집》·《역옹패설》 등과 함께 고려시대 비평문학의 3대 걸작으로 꼽는다. ● 이인로

판소리

17세기 말 중부 이남지역에서 민중들이 창극에 붙여 부르던 민속음악. 서사적인 이야기를 소리꾼 한 사람이 고수(鼓手)의 북장단에 맞추어 몸짓(발림)을

섞어가면서 일정한 대사(아니리)와 창(소리)으로 엮어가는 형태이다. 판소리의 발생은 조선 후기 숙종대부터로 광대 또는 재인(才人)이라 불리던 하층계급에 의해 마을굿에 딸린 판놀음에서 독립적으로 발전한 것으로 알려져 있다. 그후 명창 하한담(河漢潭)·최선달(崔先達) 등에 의해 판소리의 기틀이 마련되었고, 영조·정조 때의 권삼득(權三得)을 비롯하여 순조 때의 고수관(高壽寬)·송흥록(宋興祿)·염계달(廉季達)·박유전(朴裕全) 등이 판소리의 조(調)와 장단을 발전시켜 설렁제·경드름·석화제 등의 선율을 판소리에 작곡해 넣어 부름으로써 판소리가 성장하였다. 철종 이후에는 박만순(朴萬順)·이날치(李捺致)·한송학(韓松鶴)·송우룡(宋雨龍)·정춘풍(鄭春風)·장자백(張子伯)·김정근(金定根) 등 많은 명창들이 나와 판소리의 전성기를 이루었는데, 이 무렵 신재효(申在孝)가 명창들에게 판소리이론을 지도하는 한편 ‘춘향가’·‘심청가’·‘흥보가’·‘수궁가’·‘적벽가’·‘변강쇠가’ 등 판소리 여섯 마당의 사설을 정리하였다. 1900년 이후에는 송만갑(宋萬甲)·김창룡(金昌龍)·이동백(李東伯)·정정렬(丁貞烈)·김창환(金昌煥) 등을 중심으로 공연과 판소리 전승이 이루어졌다. 한편 1902년 원각사의 설립 이후 창극이 새롭게 시도되었고, 일본의 신파극과 서양연극이 성행하는 가운데 순수한 판소리의 전승은 크게 위축되어 많은 명창들이 창극배우로 활동하기도 하였다. 광복 후 창극이 전성기를 이룸으로써 판소리의 전승이 한때 위기에 처했으나, 1960년대에 정부가 판소리를 보호 육성함으로써 다시 활발하게 전승되었다. 1964년 판소리 가운데 ‘춘향가’·‘심청가’·‘흥보가’·‘수궁가’·‘적벽가’ 등 다섯 마당이 중요무형문화재(제5호)로 지정되었으며, 판소리 기능보유자로 박녹주(朴綠珠)·박초월(朴初月)·박동진(朴東鎭)·김소희(金素姬)·한승호(韓承鎬)·강맹근(姜孟根) 등이 지정되었다. 한편 판소리는 그 계보에 따라 음악적 특성을 가지게 되었는데 이를 제(制)라 하고, 제는 크게 동편제(東便制)·서편제(西便制)·중고제(中高制)로 나뉜다. 동편제는 운봉·구례·순창 등 전라도 동북지역에 전승되어 오는 소리제로 우조(羽調)를 많이 쓰고, 발성이 무겁고 웅장한 시김새로 짜여 있다. 서편제는 광주·보성 등 전라도 서남지역에 전승되어 오는 소리제로 계면조(界面調)를 많이 쓰고, 시김새가 정교하며 발성이 가볍다. 중고제는 충청도와 경기도에 전승되어 오는 소리제로 시김새가 질박하며, 동편제와 비슷하다.

팔관보(八關寶)

고려시대 팔관회의 경비 마련을 위해 설치된 재단. 문종 때 설치된 것으로, 946년(정종 1) 정종은 쌀 7만 석을 여러 큰 절에 하사하여 경보(經寶)를 설치하기도 하였고, 현종 때는 반야경보(般若經寶)가 설치되기도 하였다.

❍ 보(寶)·경보(經寶)·제위보(濟危寶)

팔관회(八關會)

고려시대에 주로 행해지던 제천의식. 불교의 팔재계(八齋戒)에서 유래한 것으로, 팔재계란 재가 신도가 하룻밤 하루낮 동안 받아 지니는 불살생(不殺生)·불투도(不妬盜)·불사음(不邪淫) 등의 여덟 가지 계율이다. 551년(진흥왕 12)에 신라에서 행해진 듯하며, 고려 태조의 훈요10조에서 그 중요성이 지적되어 고려시대에는 연등회와 함께 국가의 2대의식의 하나였다. 팔관회는 중동(仲冬)인 11월 15일에 지금의 개성인 왕경(王京)에서, 맹동(孟冬)인 10월에는 서경(西京)에서 행해졌다. 팔관회 기간 동안 군신들의 하례가 이루어졌으며, 이를 기회로 무역이 행해지기도 하였다. 대개 고려 초에 성행하다가 현종 이후에는 점차 쇠퇴하였으나, 고려 말까지 국가 최고의 의식으로 계속되었고 조선 건국 후 폐지되었다.

팔도도(八道圖)

조선 초기 이회(李薈)가 제작한 것으로 추정되는 전국지도. 1402년(태종 2)에 제작된 것으로 추정되며, 1402년 작성된 '혼일강리역대국도지도(混一疆理歷代國都之圖)'에서 볼 수 있는 조선시대 지도는 이 지도를 그대로 옮긴 것이다. 이 '팔도도'는 가장 오래된 한국전도라는 점에서 의미가 있다.

팔도지리지(八道地理志)

조선 전기에 편찬된 전국 지리지. 1455년(세조 1) 왕명에 따라 양성지(梁誠之)의 주도하에 20년간 작업하여 1478년(성종 9) 완성되었다. 그러나 현재 전하지 않는데, 저본이 되었던 《경상도속찬지리지(慶尙道續撰地理志)》를 통해서 전체의 체재와 내용을 유추해보면, 수록된 주요 내용은 각 군현별로 연혁·관원(官員)·명산(名山)·호구(戶口)·군정(軍丁)·성씨(姓氏)·토산(土産)·염소(鹽所)·산성(山城)·역(驛)·목장(牧場)·봉화(烽火) 등이다. 《팔도지리지》는 이후 《동국여지승람(東國輿地勝覽)》의 저본이 되었다.

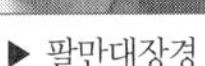

▶ 팔만대장경

팔만대장경(高麗大藏經)

고려 때에 간행한 해인사 팔만대장경. 1236년(고종 23)부터 1251년까지 16년간에 걸쳐 판각되었다. 현존하는 대장경은 흔히 제1차 조판으로 말해지는 초조대장경(初雕大藏經)과 속대장경(續大藏經)이

1232년 몽고의 침입으로 불타 없어지자 1236년에 대장도감(大藏都監)을 설치하고 조판한 것이다. 이때 본사(本司)를 피란지인 강화에, 분사(分司)는 진주(晉州)에 두고 그 사업을 분담하여 1251년에 완성을 보았으며 그 당시의 경판 수는 총 81,137매이다. 이 때문에 팔만대장경이라 한다. 내용의 정확함, 글자체의 아름다움과 판목 제작의 정교함이 대장경 중에서도 가장 으뜸으로 꼽힌다. 해인사 대장경판은 국보 제32호로 지정되었고, 1995년 유네스코에 의해 석굴암, 종묘와 함께 세계 문화 유산으로 지정되었다.

팔조법금(八條法禁)

고조선시대의 법률제도. 총 8조 가운데 오늘날 전해지는 것은 《한서(漢書)》〈지리지〉에 전하는 3개 조항뿐으로 그 내용은, ① 사람을 죽인 자는 즉시 사형에 처한다 ② 남에게 상처를 입힌 자는 곡식으로써 보상하여야 한다 ③ 남의 물건을 도둑질한 자는 남자의 경우에는 도둑맞은 자의 노(奴)로, 여자인 경우에는 비(婢)로 만든다는 것 등이다. 이러한 팔조법금은 고조선이 계급국가로서 존재했었다는 사실을 입증할 수 있는 귀중한 자료이다. 이 밖에 고조선에는 "법률이 엄해 부녀자들이 정신(貞信)하고 음란하지 않았다"는 기록으로 미루어 간음을 금하는 조항도 있었을 것으로 짐작된다. 한편 《삼국지》 등 중국 사서에서는 이를 기자(箕子)가 만든 것이라 하고 있지만 그보다는 고조선 고유의 법률이었을 것으로 여겨진다. 이후 중국 한나라의 제도 및 생활 등이 유입되고 생활환경이 변화하면서 법금이 60여 조로 늘어났다고 《한서》는 전하고 있다.

패관잡기(稗官雜記)

조선 중기 명종 때 어숙권(魚叔權)이 지은 패관문학서(稗官文學書). 6권으로 되어 있다. 강희안(姜希顔)의 《양화소록(養花小錄)》, 서거정(徐居正)의 《골계전(滑稽傳)》·《필원잡기(筆苑雜記)》·《동인시화(東人詩話)》, 강희맹(姜希孟)의 《촌담해이(村談解頤)》, 김시습(金時習)의 《금오신화(金鰲新話)》, 이육(李陸)의 《극담(劇談)》, 성현(成俔)의 《용재총화(慵齋叢話)》 등 한국의 각종 설화·시화를 모아 해설을 붙인 것이다.

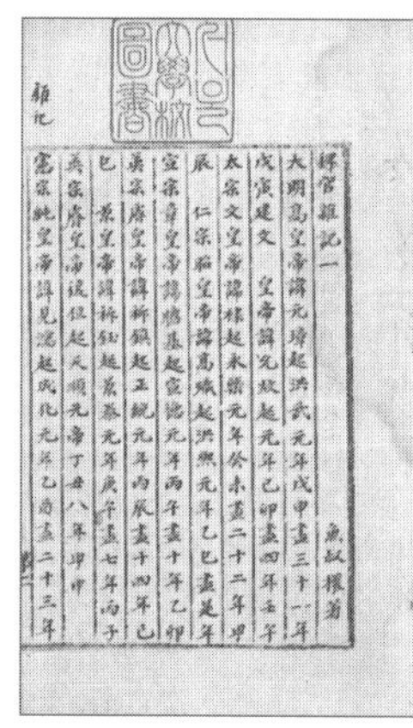

▶ 패관잡기

폐정개혁안(弊政改革案)

1894년(고종 31) 동학농민운동 당시 농민군이 제시한 개혁안. 1894년 6월 전주성을 점령한 농민군이 정부군과 전주에서 화약을 체결한 후 제시한 개혁안이다. 당시 제시된 개혁안은 모두 27개조로 되어 있었으나, 현재 12개 조항만이 오지영의 《동학사》에 전해오고 있다. 그 주요내용은, 동학교도와 정부는 쌓인 원한을 씻고 서정에 협력하며, 탐관오리는 그 죄목을 조사하여 엄징하고, 횡포한 부호를 엄징하며, 불량한 유림과 양반의 무리를 징벌하며, 노비문서는 소각하고, 칠반천인(七班賤人)의 차별을 개선하고 백정의 평량갓을 없애며, 청상과부의 개가를 허용하고, 무명 잡세는 일체 폐지하고, 관리채용은 지벌(地閥)을 타파하고 인재를 등용하며, 왜(倭)와 내통하는 자는 엄징하며, 공사채를 막론하고 기왕의 것을 무효로 하고, 토지는 평균하여 분작한다 등이다. 이들 개혁안은 농민군이 전라도 53개군에 설치한 집강소를 통해 시행되었다. 당시 농민군이 제시한 개혁안은 근대자본주의적 개혁을 지향하는 것이라 할 수 있다. ○ 동학농민운동 · 전주화약 · 집강소

포접제(包接制)

동학(東學)의 교단조직. 포접제는 동학 창시자인 최제우가 교세확장에 따라 각 지역에 접(接)이라는 교단조직을 조직하고 그 책임자로 접주(接主)를 임명함으로써 시작되었는데, 당시 접주는 각 접소(接所)에서 교인들을 교화하는 일을 담당하였다. 그 뒤 교세가 확장된 최시형 때에 이르면 종래의 접들을 통괄하는 교단조직으로 포(包)를 조직하였으며, 여러 접주 중에 통솔력이 있는 접주를 대접주 또는 도접주(都接主)라 하여 포주를 겸하게 하였다. 포접의 운영은 교장(校長) · 교수(敎授) · 도집강(都執綱) · 집강(執綱) · 대정(大正) · 중정(中正) 등 육임제(六任制)에 의해 이루어졌으며, 이들 육임이 교단행정을 관할하였다. ○ 동학

포츠담선언

1945년 7월 26일 독일의 베를린 교외에 있는 포츠담에서 열린 미 · 영 · 중 · 소 4개국 수뇌회담의 결과 발표된 공동선언. 트루먼(H.S.Truman) 미국대통령, 처칠(W.L.S.Churchill) 영국수상, 장제스(蔣介石) 중화민국총통, 스탈린(I.V.Stalin) 소련수상 등이 참여하여 공동선언문을 발표하였다. 이 선언은 군국주의의 배제, 카이로선언의 실행과 일본영토 한정, 일본군의 무장해제, 전쟁범죄자 처벌, 군수산업 금지, 일본군의 무조건항복 등 일본에 대한 무조건항복의 권고와 전후의 대일 처리방침을 주요 내용으로 하고 있다. 일본은 처음에 이 선언을 받아들이지 않다가 1945년 8월 6일과 9일에 히로시마와 나가사키에 원자폭탄이 투하되고 소련이 대일전에 참전하자, 패전을 인정하고 이 선언을 받아들여 1945년 8월 15일 무조건 항복하게 되었다.

풍수지리설(風水地理說)

산세(山勢) · 지세(地勢) · 수세(水勢) 등을 판단하여 이것을 인간의 길흉화복

(吉凶禍福)에 연결시키는 전통사상. 풍수지리설은 분묘(墳墓)·사찰(寺刹)·도관(道觀)·주거(住居)·촌락(村落)·도성(都城)을 축조(築造)하는 데 있어서 재화(災禍)를 물리치고 행복을 기원하기 위하여 지상(地相)을 고려하는 것이다. 우리나라 문헌에서 풍수에 관한 최초의 기록은, 《삼국유사》의 탈해왕(脫解王)에 관한 대목에 왕이 등극하기 전 호공(瓠公)으로 있을 때, 산에 올라 현월형(弦月形)의 택지(宅地)를 발견하고 속임수를 써서 그 택지를 빼앗아 후에 왕이 되었다는 내용이 있다. 삼국시대에 도입된 풍수사상은 신라 말기부터 활발해졌으며 고려시대에 전성을 이루어 조정과 민간에 널리 보급되었다. 특히 신라 말기에는 도선(道詵)과 같은 풍수대가가 나왔으며, 그는 중국에서 발달한 참위설을 골자로 하여 지리쇠왕설(地理衰旺說)·산천순역설(山川順逆說) 및 비보설(裨補說) 등을 주장한 일종의 비기도참서(記圖讖書)를 남겼다. 고려 태조도 도선의 설을 고려하여, 자손을 경계한 '훈요십조(訓要十條)' 중에서, 절을 세울 때는 반드시 산수의 순역(順逆)을 점쳐서 지덕(地德)을 손박(損薄)하지 말도록 유훈(遺訓)하였다. 이처럼 풍수지리설은 정치와 밀접한 관계를 유지하며 큰 영향을 미쳐왔다. 이후 성종과 현종 등이 동경(東京)을 중시한 것과 묘청(妙淸)의 서경천도론 등 고려시대의 역사적 사건은 대부분 풍수지리설에 근거를 둘 정도였다. 조선시대에 들어와서도 태조 이성계(李成桂)의 한양천도로부터 풍수지리적 분석이 공공연하였다. 그러나 세조·성종대 이후 성리학적인 국가체제가 확립되어가면서 양기(陽基) 위주의 도읍풍수(都邑風水)로부터 음택(陰宅) 위주의 묘지풍수(墓地風水)로 전환되었다. 이는 사회가 안정된 점과 유교적 효(孝)의 관념이 적극적으로 부각된 점이 그 이유라 할 수 있다. 조선 후기에 와서는 묘지를 놓고 산송(山訟)이 빈번히 일어나기도 하고 혹은 개인의 주택을 대상으로 하는 이기적인 풍수가 대종을 이루게 되어 실학자들의 지탄을 받기도 하였다. 그러나 홍경래(洪景來)나 전봉준(全奉準) 등은 풍수지리설의 메시아니즘적 측면을 강조하여 사회 변혁의 이론적 기초로 삼기도 하였다. 오늘날에 와서도 풍수지리설은 민간에서 묘지나 촌락의 입지 등을 선정할 때 흔히 이용되는 원리이다. 우리나라의 대표적인 풍수지리서로는 《명산론(名山論)》·《산수도(山水圖)》·《도선답산가(道詵踏山歌)》 등이 있다.

한국역사사전

하멜(Hendrik Hamel)

1632년~1692년. 한국명 합매아(哈梅兒). 1653년(효종 4)에 제주도에 표착하였던 네덜란드인. 네덜란드 동인도회사 소속의 서기로 1653년 1월 네덜란드를 출발, 타이완(臺灣)을 거쳐 나가사키(長崎)로 항해중 심한 풍랑으로 인해 배가 파선되었다. 같은 해 8월 15일 생존자 36명과 함께 제주도에 상륙한 하멜 일행은 제주목사 이원진(李元鎭)의 심문을 받은 후, 서울로 호송되어 훈련도감에 편입되었다. 이후 전라도 작천병영과 여수 전라좌수영 등에서 복역하던 하멜 일행은 1666년 9월 4일 범선을 타고 조선을 탈출, 일본 나가사키를 거쳐 1668년 7월 암스테르담에 도착하였다. 귀국 후 조선에서의 14년 간의 억류생활과 견문들을 기록한 《하멜표류기》를 저술하여 조선을 서양에 소개하였다.

참 하멜표류기(-漂流記) : 하멜이 1653년부터 1666년까지 14년 동안 조선에서의 억류 생활을 기록한 〈난선제주도난파기(蘭船濟州島難破記)〉와 그 부기(附記)인 조선의 풍속과 제도를 소개한 〈조선국기(朝鮮國記)〉의 일반적인 명칭이다.

학보(學寶)

고려시대에 교육을 장려하기 위해 국가에서 설치한 육영재단(育英財團). 930년(태조 13) 태조가 서경(西京)의 학교에 장학기금으로 미곡 100섬을 내린 데서 비롯되어, 이를 대여한 이식으로써 학교를 운영하였다.

한국광복군(韓國光復軍)

1940년 9월 중국 충칭(重慶)에서 창건된 대한민국임시정부산하의 독립군부대. 1940년 9월 충칭에서 김구에 의해 창건되었으며, 편제는 총사령에 지청천, 참모장에 이범석, 총무처장에 최용덕(崔用德), 참모처장에 채형세(蔡衡世), 부관처장에 황학수(黃學秀), 군무처장에 유진동(劉振東) 등이 임명되었다. 한국광복군은 동년 11월 시안(西安)으로 사령부를 이동한 뒤, 부대편제에 들어가 단위부대를 1,2,3지대로 편성하였는데, 제1지대는 산시성(山西省)일대에서, 제2지대는 쑤이위안성(綏遠省)일대에서, 제3지대는 안후이성(安徽省)일대에서 활동하였다. 1941년 1월 당시 시안에서 활동하던 한국청년전지공작대가 광복군에 편입되면서 제5지대가 편성되어 섬서성(陝西省)일대에서 활동하였다. 광복군은 초모활동·선전활동·첩보활동을 비롯하여 OSS(미군전략사무국)와의 연합작전 등을 전개하였다. 초모활동은 전담기구로 징모분처를 설치하여 중국관내지역으로 이동한 재만독립군 및 국내외의 한인청년, 일본군 내의 한인사병 등을 주요대상으로 실시하였으며, 이렇게 모집된 병력은 한국청년훈련반과 한국광복군훈련반의 교육을 통해 광복군으로 편제되었다. 선전활동은 광복군에 대한 대내외 홍보, 일본군 내 한인사병의 귀순공작, 국내외동포의 지원촉구 등이 목적이었다. 그 일환으로 1943년 8월에는 인도주둔 영국군사령부의 요청으로 인도파견공작대가 인도·버마 전선에 투입되어 일본군에 대한 선전방송, 선전문건 살포, 일본군문서 번역, 일본군포로 심문 등의 활동을 전개하였다. 한편 광복군은 대원 38명을 OSS에 입대시켜 비밀첩보업무를 습득시킨 뒤, 국내에 침투시켜 공작을 전개하려 하였으나, 일제패망으로 실현되지 못하였다. 광복 후 광복군은 미군정의 요청에 따라 무장해제당한 채 귀국하였으며 1946년 6월 해체되었다. ● 대한민국임시정부

한국독립군(韓國獨立軍)

1931년 11월 만주 아청현(阿城縣)에서 조직된 한국독립당산하의 독립군부대. 1931년 11월 한국독립당의 지청천·홍진(洪震)·신숙(申肅) 등이 중심이 되어 한국독립당의 무장조직으로서 한국독립군을 조직하였다. 편제는 총사령관에 지청천, 부사령관에 남대관(南大觀), 참모관에 이장령(李章寧) 등이 선임되었으며, 산하에 의용군·암살대·선전대·결사대·별동대·헌병대 등을 두었다. 한국독립군은 중국의 호로군과 함께 한중연합군을 결성, 1932년 1월부터 1933년 9월까지 중동선(中東線) 동부전선에서 무장투쟁을 전개하여 쌍성보전투·사도하자전투·동경성전투·대전자령전투 등에서 커다란 전과를 올렸다. 그러나 1933년 10월 공산주의자들의 이간책으로 호로군이 한국독립군사령부를 습격, 지청천 등을 체포한 사건을 계기로 활동이 위축되었다. 그 뒤 한국독립군은 지청천을 따라 중국 관내지역으로 이동하였다가, 1933년 12월 김구가 운영하던 중국중앙육군군관학교 낙양분교 한인특별반에 입교하여 군사훈련을 받은 것을 계기로 해체되고 말았다.

한국독립당(韓國獨立黨)

(1) 1930년 1월 상하이에서 조직된 정당. 1930년 1월 이동녕·안창호·김구·조완구(趙琓九) 등이 민족운동전선의 통일과 대한민국임시정부의 기초적 정

▶ 한국독립당

당조직을 표방하며 조직하였다. 이사장에 송병조(宋秉祚), 이사에 이동녕 · 김구 · 조완구 · 조소앙(趙素昂) · 이시영 등이 선임되었다. 조소앙의 삼균주의(三均主義)를 당의로 채택하였고, 기관지로 〈한보(韓報)〉 · 〈상해한문(上海韓文)〉 등을 발행하였다. 이후 독립운동상의 노선 차이로 분열되어 송병조 · 조완구 등은 대한민국임시정부 고수를 천명하였고, 조소앙 · 김두봉(金枓奉) 등은 대한민국임시정부 철폐와 단일신당결성을 주장하여 1935년 7월 한국독립당의 해체를 선언하고 조선민족혁명당을 창당하였다. 조선민족혁명당에 참여하였던 조소앙계열은 김원봉(金元鳳) 등의 전횡에 불만을 품고 조선민족혁명당을 탈당, 동년 9월 항저우(杭州)에서 한국독립당의 재건을 선언하였다. 한편 대한민국임시정부 고수를 주장하였던 송병조 · 김구 등은 1937년 11월 항저우에서 한국국민당을 결성하였다. 그 뒤 단일당운동이 전개되어 1940년 4월 치장(綦江)에서 한국국민당 · 한국독립당 · 조선혁명당 등이 통합하여 대한민국임시정부의 여당으로서 (통합)한국독립당을 창당하였다. 중앙집행위원장에 김구, 국무위원에 조완구 · 엄항섭(嚴恒燮) · 송병조 · 조소앙 · 유동열 등이 선임되었다. (통합)한국독립당은 조직원칙으로 민주주의 중앙집권제를 채택하고, 이당치국(以黨治國)의 원칙하에 중앙당부의 권한을 강화, 대한민국임시정부 운영의 주도권을 장악하였다. 한국독립당은 광복 후 김구를 중심으로 조직을 재정비하여 반탁운동을 전개하였으며, 1946년 4월 조선국민당 · 신한민족당 · 한국민주당과 합당한 후 좌우합작 · 남북협상 · 통일정부수립 · 단일정부수립 반대운동 등을 전개하였다.

(2) 1930년 7월 만주 지린성(吉林省)에서 조직된 정당. 1930년 7월 홍진(洪震) · 지청천 · 신숙(申肅) 등이 한족총연합회 · 생육사(生育社) 등을 모체로 하여 조직하였으며, 간부로는 중앙위원장에 홍진, 총무위원장에 신숙, 조직위원장에 남대관(南大觀), 군사위원장에 지청천 등이 선임되었다. 당강으로 민본

정치의 실현, 노본경제(勞本經濟)의 조직, 인본문화(人本文化)의 건설 등을 채택하였고, 재만한인의 경제적·법적 지위향상과 공산주의세력의 확대방지에 주력하였다. 동년 11월 무장독립군조직으로 산하에 한국독립군을 조직하였다. 1933년 2월경에 한국혁명당과 합당하여 신한독립당으로 개편되었다.

한국독립운동지혈사(韓國獨立運動之血史)

1920년 상하이에서 간행된 박은식의 항일독립운동사에 관한 책. 1919년 7월 대한민국임시정부의 임시사료편찬회에서 《한일관계사료집》 편찬에 참여한 후, 이때 수집한 자료를 바탕으로 본서를 저술하였다. 순한문체로 되어 있으나 근대역사학의 서술방식인 주제별·사건별·사실별 서술방식을 채택하였다. 1894년에 일어난 갑신정변에서부터 1920년까지의 항일독립운동사를 상하로 나누어 서술하였는데, 상편에서는 개항 이후 일제의 침략과정과 일제에 의해 자행된 각종 만행 등을 서술하였으며, 하편에서는 대한민국임시정부를 비롯한 각종 독립운동단체 및 독립운동가들의 항일투쟁을 서술하였다.

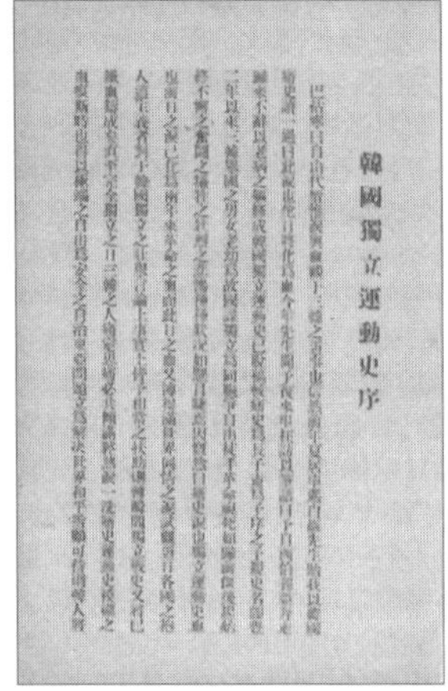

▶ 한국독립운동지혈사

한국민주당(韓國民主黨)

1945년 9월 송진우·김성수 등이 창당한 보수우익정당. 1945년 9월 한국국민당·조선민족당·임시정부환영국민대회준비회 등 우익세력이 통합하여 창당하였다. 이승만·김구·이시영 등을 영수로 추대하고 수석총무에 송진우를 선출하였으며, 조선인민공화국을 부인하고, 대한민국임시정부를 정통정부로 맞아들이겠다는 것을 기본방침으로 삼았다. 이후 미군정에 협력하면서 독립촉성중앙협의회의 중심세력으로 반탁운동을 주도하였다. 1946년 제1차미소공동위원회가 결렬되고 이승만의 남한단독정부수립운동이 전개되자 이를 지지하였다. 그 뒤 이승만과의 권력투쟁에서 실패하자 이승만세력을 견제하고 당의 이미지 쇄신을 위하여 1949년 2월 신익희(申翼熙)를 중심으로 하는 대한국민당 및 지청천의 대동청년단과 함께 민주국민당을 창당하였다.

한국통사(韓國痛史)

1915년 박은식이 상하이에서 간행한 한국의 근대사에 관한 책. 종래의 사대주의적 역사관에서 벗어나 민족사관에 입각하여 일본의 제국주의 침략의 폭로와 민족정신의 고취라는 취지하에 서술한 책이다. 3편 114장으로 구성었다. 시기적으로는 1864년 고종의 즉위부터 1911년 105인사건 발생까지의 47년간의 근대사를 서술하였다. 1편에서는 우리나라 지리의 영역과 단군신화부터 고종 즉위 전까지의 역사를, 2편에서는 흥선대원군의 섭정, 임오군란, 갑신정변, 동학농민운동, 을미사변, 의병봉기, 아관파천 등을, 3편에서는 대한제국으로의 국호변경, 일제의 각종 경제침탈, 러일전쟁, 일본의 황무지개간요구, 군대해산, 을사조약체결, 헤이그특사사건, 고종의 퇴위, 국권피탈, 105인사건 등을 서술하였다. 저자는 본서를 서술하면서 종래의 편년체나 기전체에 의한 역사서술방식을 벗어나 새로운 역사서술체재에 따라 사실(史實)을 중심으로 장(章)을 설정하여 객관적으로 서술한 다음 논평을 가하고, 논평이 미진하다고 생각될 때에는 안(按)을 붙여 그 자신의 논설을 부기하였다.

▶ 한국통사

한규설(韓圭卨)

1848년(헌종 14)~1930년. 자는 순우(舜佑), 호는 강석(江石). 서울출신. 대한제국시기에 〈을사조약〉 체결에 반대한 관리. 일찍이 무과에 급제한 후 여러 관직을 거쳐 형조판서·한성부판윤·포도대장·장위사(壯衛使)·총어사(摠禦使)·법무대신·고등재판소재판장 등을 역임하였다. 1905년 11월 의정부참정대신으로 재직중 일제가 〈을사조약〉의 체결을 강요하자 이에 반대하여 파면당하였다. 그 뒤 중추원고문·궁내부특진관 등을 역임하였으며, 1910년 국권피탈 후 일본정부로부터 남작의 작위가 수여되었으나 거절하였다. 1920년 이상재 등과 함께 조선교육회를 창립하였다.

한미상호방위조약(韓美相互防衛條約)

1953년 10월 한미 양국간의 상호방위를 목적으로 체결된 조약. 휴전협정이 체결된 이후 한미 양국간의 상호방위를 목적으로 1953년 10월 워싱턴에서 체결되었으며, 1954년 11월부터 발효되었다. 조약은 전문과 6조로 구성되어 있는데, 그 주요내용은 한미 양국은 국제평화와 정의를 위협하는 무력행사를 삼가며, 양국 중 어느 한 나라가 외부로부터 무력공격의 위협을 받을 때는 양국이 상호협의하여 외침을 방지하는 적절한 조치를 취하고, 양국은 상호합의에 의해 미국의 육해공군을 대한민국 영토 내와 그 부근에 배치하며, 이 조약은 무기한으로 그 효력이 유효하다는 것 등이다. 이 조약의 체결로 한국의 방위력은 급속한 발전을 보았으며, 주한미군이 한국에 주둔하게 되었다.

한산기(漢山記) → 김대문(金大問)

한산도대첩(閑山島大捷)

임진왜란 때 한산도에서 이순신(李舜臣) 등이 일본해군을 크게 물리친 전투. 임진왜란 3대첩 중의 하나이다. 1592년(선조 25) 7월 8일 당시 전라좌수사 이순신은 좁은 견내량에 정박 중인 왜군의 함대를 공격하려고 하였으나, 견내량이 지형이 좁고 암초가 많아서 우리측 판옥선(板屋船) 같은 큰 함선이 서로 부딪칠 염려가 있었으므로 접전에 불리할 뿐 아니라 적이 형세가 불리하면 육지로 도망갈 염려가 있다고 판단, 일본군을 외해인 한산도 바다 가운데로 유인하였다. 일본군이 우리측의 전략대로 한산도에 이르자 이순신은 공격 명령을 내려 학익진(학이 날개를 펴듯이 진을 치는 전법)으로 적을 포위하는 한편, 거북선을 앞세우고 각종 포를 발사하여 적선 60여 척을 격파하였다. 이 싸움의 승리로 조선 수군은 제해권을 장악했으며, 왜군이 남해를 돌아 황해로 나가 황해도와 평안도에 상륙하려는 것을 막을 수 있었던 중요한 싸움이었다.

한성근(韓聖根)

19세기 후반. 1866년(고종 3) 병인양요 때 문수산성에서 프랑스군과 접전을 펼쳤던 관리. 1866년 병인양요가 일어나 프랑스군이 강화도를 점령하자 순무영 초관으로서 문수산성을 수비하다가 공격해 오는 프랑스군과 접전을 펼쳤다. 그 뒤 봉상시봉사 · 병조좌랑을 거쳐 은산현감 · 통진부사 · 첨지중추부사 등을 역임하였다. 1881년 신식군대인 별기군이 조직되자 정령관(正領官)에 임명되어 별기군에 대한 훈련을 담당하였다. 동년 8월 흥선대원군의 서자인 이재선(李載先)을 왕으로 추대하려던 역모사건에 연루되어 투옥되었다가 석방되었다. 그 뒤 병조참판 · 한성부판윤 · 궁내부특진관 등을 역임하였다. ❍ 병인양요

한성부(漢城府)

서울의 조선시대 정식 행정 명칭. 1394년(태조 3) 이곳을 수도로 정하고 천도하여 이듬해 한성부로 개칭하였다. 1399년(정종 1) 개성(開城)으로 도읍을 옮겼다가 1405년(태종 5) 다시 한성부로 천도하여 이후 조선 왕조의 중심지가 되었다. 관청으로서의 한성부는 장안의 여러 공무를 관장하였다. 책임자는 판윤(判尹 : 정2품)이고 좌 · 우윤과 서윤(庶尹) · 판관(判官) · 주부(主簿) · 참군(參軍) 등을 두었다. ⑧ 경조(京兆)

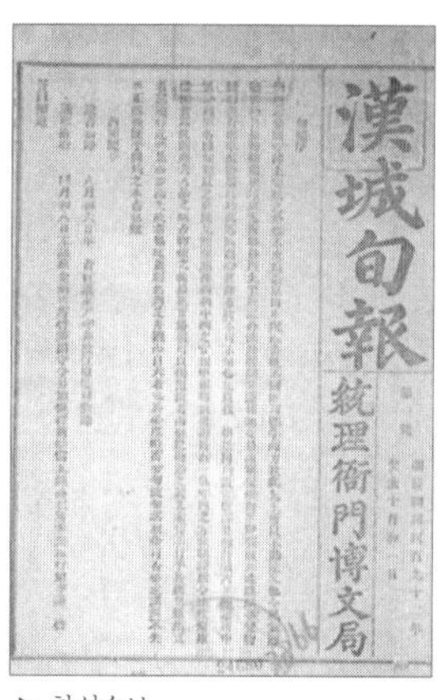

▶ 한성순보

한성순보(漢城旬報)

1883년(고종 20) 10월 박문국에서 발행한 우리나라 최초의 근대신문. 잡지형태의 관보(官報)로 월 3회 순간(旬刊)으로 발간되었으며, 본래 국한문체 혼용을 시도하였으나 활자미비 등으로 인해 순한문으로 발간되었다. 국왕의 논지와 의정부의 계(啓), 지방관의 장계 등 관청기사와 국민계몽을 위한 일반기사, 논설 등을 게재하였다. 1884년 12월 40호를 끝으로 폐간되었으며, 1886년 1월 한성주보로 제호를 변경하여 복간되었다.

한성은행(漢城銀行)

1897년 2월 김종한(金宗漢)이 설립한 은행. 1897년 2월 민간인을 상대로 한 환전 및 자금융통을 목적으로 설립되었으나, 창립 후 영업실적이 부진하자 1903년 공기업으로 전환하여 황실이나 정부 재정의 예치 및 운영 등을 사업목적으로 내세웠다. 이때 초대은행장에 이재완(李載完), 부행장에 김종한 등이 선임되었다. 1906년 3월 주식회사로 변경한 후, 1906년부터 1922년까지 수원·마포·대전·개성·남대문·종로·평양·부산 및 일본의 도쿄·오사카(大阪) 등지에 출장소 또는 지점을 설치하였다. 그후 1920년대의 금융공황으로 인해 회사의 경영이 악화되자 1925년 동양척식주식회사로부터 자금 융자를 받게 되었고, 이를 계기로 일본인들이 고문과 행장에 선임됨으로써 한국인 경영진들이 경영에서 물러나게 되었다. 1937년 해동은행(海東銀行)을, 1941년 경상합동은행을 합병하였으며, 1943년 동일은행(東一銀行)을 합병하면서 조흥은행(朝興銀行)으로 개편되었다.

▶ 한성은행

한성전기회사(漢城電氣會社)

1898년 1월 서울에 설립된 전기회사. 1898년 1월 정부주도하에 설립되었으며, 초대사장에는 이채연(李采淵)·이윤용(李允用)이 선임되었다. 설립 후 자본 및 기술 등 회사운영상의 어려움이 있자 회사 재산을 담보로 미국인 콜브란(H.Collbran)·보스트윅(H.R.Bostwick) 등과 청부계약을 체결하여 운영하였다. 1899년 5월 남대문과 홍릉간의 전차 완공, 1900년 동대문전등발전소 준공, 1903년 마포발전소·남대문변전소 건설 등의 사업을 시행하였다. 1904년 7월 한미전기회사(韓美電氣會社)로 상호를 변경하면서 미국인이 회사를 운영하였다.

한성정부(漢城政府)

1919년 4월 서울에서 국민대회의 명의로 조직 선포된 임시정부. 1919년 4월 이교헌(李敎憲)·윤이병(尹履炳) 등 천도교·기독교·유교·불교계 인사들이 13도 국민대회의 명의로 임시정부수립을 선포하고 이를 연합통신을 통해 국내외에 알렸다. 약법(約法)에서 민주제와 대의제(代議制)를 채택하였고 집정관총재(執政官總裁)에 이승만, 국무총리에 이동휘를 각각 추대하였다. 그 뒤 임시정부 통합론의 대두에 따라 상하이의 대한민국임시정부, 연해주의 대한국민의회 등과 함께 발전적으로 해체, 1919년 11월 상하이에 한성정부의 정통성을 계승한 통합정부인 대한민국임시정부를 수립하였다.

한성조약(漢城條約)

1885년(고종 22) 1월 갑신정변의 사후처리를 위해 조선과 일본 사이에 체결된 조약. 1884년 갑신정변이 진압된 뒤, 조선정부는 일본의 정변개입에 대해 항의하는 동시에 일본에 망명중인 김옥균(金玉均) 등의 인도를 요구하였다. 이에 대해 일본은 일본군인 살해에 대한 조선정부의 사죄와 공사관 소각에 대한 배상금 지불 등을 요구하였다. 그 뒤 일본은 이노우에(井上馨)를 전권대신으로 임명하여 군대를 이끌고 조선으로 가서 협상을 전개하게 하였다. 그 결과 1885년 1월 조선정부의 전권대신 김홍집과 이노우에의 사이에 협상이 전개되어 전문 5개조로 된 본 조약이 체결되었다. 본 조약은 갑신정변으로 피해를 입은 일본인 유족과 부상자에게 피해보상을 하며, 일본군인을 살해한 범인을 중형에 처하고, 일본 공관 및 영사관 신축을 위해 조선정부가 부지와 공사비를 제공하는 것 등을 주요 내용으로 하고 있다. 본 조약의 체결에 따라 일본은 갑신정변의 책임을 조선에 전가시키고 이를 구실로 조선에 대한 그들의 침략을 한층 강화시킴으로써 조선에서 청나라와 대등한 세력을 유지할 수 있는 기반을 마련하였다. ◐ 갑신정변

▶ 한용운

한용운(韓龍雲)

1879년(고종 16)~1944년. 속명은 유천(裕天), 법명은 용운 · 봉완(奉玩), 자는 정옥(貞玉), 별호는 만해(卍海 · 萬海). 충청남도 홍성출신. 일제시대에 활동한 승려 · 시인 · 독립운동가. 어려서부터 한학을 공부하였다. 1897년 동학운동에 참여하였다가 관헌의 추격을 피해 입산, 1905년 설악산 백담사에서 김연곡(金連谷)을 은사로 승려가 되었으며, 1908년 서울의 원흥사(元興寺)에서 원종종무원(圓宗宗務院)을 설립한 후 일본에 건너가 일본 조동종(曹洞宗)에 입회하여 불교와 서양철학을 공부하였다. 1910년 국권피탈 후 만주 · 연해주 등지를 돌아다니다가 귀국하였다. 당시 원종(圓宗)의 종정이던 이회광(李晦光)이 일본의 조동종과 연합조약을 체결하고 일본불교의 한국내 진출을 도와주자, 1911년 승려궐기대회를 개최하여 이회광의 매국행위를 규탄하고 원종에 반대하는 종교로서 임제종을 세웠다. 1913년 《조선불교유신론》을 간행하여 한국불교의 병폐를 비판하였으며, 1914년에는 현대식 불교성전인 《불교대전》을 편찬하였고, 1918년에는 불교적 종합교양잡지인 《유심(惟心)》을 창간하여 독립사상 고취에 힘썼다. 1919년 3 · 1운동 당시 민족대표 33인의 한 사람으로 참여하였다가 체포되어 3년형을 선고받고 복역하였다. 출옥 후, 1924년 조선불교청년회를 조직하여 일제의 불교탄압에 대항하였으며, 1925년 시집 《님의 침묵》을 발간하였다. 1927년 신간회결성에 참여하여 중앙집행위원과 경성지부장에 선임되어 활동하였으며, 1929년 광주학생항일운동이 일어나자 민중대회를 개최하고 진상규명에 앞장섰다. 1930년 청년승려들이 조직한 만당(卍黨)의 당수에 추대되어 항일운동을 전개하였다. 1931년 《불교》지를 인수하여 편집장으로서 일제의 불교정책을 비판하는 논설들을 실었다. 1933년 이후 서울 성북동에 심우장(尋牛莊)을 짓고 만년을 보냈다. 주요저서로 《조선불교유신론》 · 《불교대전》 · 《님의 침묵》 등을 비롯하여 〈흑풍(黑風)〉 · 〈박명(薄明)〉 · 〈죽음〉 등의 장편소설이 있다.

㉴ 생가(충청남도 홍성군에 소재)

한인애국단(韓人愛國團)

1926년 12월 김구가 상하이에서 조직한 비밀결사. 1926년 12월 김구가 일본인 고관암살과 관공서 파괴 등을 통한 독립운동의 활성화를 목적으로 애국청년 80여 명을 규합하여 조직하였다. 단장 김구 이외에 이유필(李裕弼) · 안공근(安恭根)·엄항섭(嚴恒燮)·이봉창·윤봉길 등이 참여하였다. 1932년 1월 이봉창을 도쿄로 밀파하여 일본천황의 암살을 기도하였으며, 3월에는 이덕주(李德柱)·유진식(俞鎭植)을 국내로 파견하여 조선총독을 암살하도록 하였으나 미수에 그쳤고, 4월에는 윤봉길을 상하이 훙커우공원(虹口公園)으로 파견하여 폭탄을 투척, 일본육군 수뇌부 7명을 살상하였으며, 5월에는 유상근(柳相根)·최흥식(崔興植) 등을 다롄(大連)에 파견하여 일본인 고관들을 암살하도록 하였으나 미수에 그쳤다. 이후 한인애국단은 단원들의 계속되는 검거와 일제의 탄압 등으로 인해 별다른 활동을 전개하지 못하다가 1942년 해체되었다. ● 김구·이봉창·윤봉길

한일신협약(韓日新協約)

1907년 7월 일본이 한국을 병합하기 위한 사전조처로 체결한 조약. 일명 '정미칠조약'이라고도 한다. '제1차한일협약'·'을사조약' 등의 체결로 한국의 내정을 간섭해 오던 일제는 헤이그특사사건을 구실로 고종을 강제 퇴위시킨 뒤, 한국을 병합하기 위한 사전조처로 한국정부를 강압하여 1907년 7월 본 조약을 체결하였다. 본 조약의 주요내용은, 한국정부는 시정개선에 관하여 통감의 지도를 받아야 하며, 한국정부의 법령제정 및 중요한 행정상의 처분은 미리 통감의 승인을 거쳐야 하고, 고등관리의 임명과 해임은 통감의 동의를 받아야 하며, 한국정부는 통감이 추천하는 일본인을 한국관리로 채용하고, 통감의 동의 없이는 외국인을 한국관리에 임명할 수 없다 등이다. 본 조약의 체결로 통감의 권한이 보다 강화되었으며, 한국은 사법권·행정권·관리임명권을 일본에게 빼앗겼고 외국인 고문을 채용할 수 없게 되었다. 그리고 일본은 차관 이하 다수의 관직에 일본인을 임명함으로써 이른바 차관정치를 실시하여 한국을 사실상 일본의 식민지화하였다.

한일의정서(韓日議定書)

1904년 2월 한국과 일본 사이에 체결된 의정서. 1904년 1월 러시아와 일본 사이에 전운이 감돌자 한국정부는 국외중립을 선언하였다. 그러나 일본은 군대를 인천에 상륙시킨 뒤, 전쟁의 불가피성을 강조하면서 한국정부의 국외중립선언을 폐기할 것과 일본에 협력할 것을 강요하였다. 그 결과 동년 2월 러시아에 대한 공수동맹(攻守同盟)을 전제로 한 본 의정서가 체결되었다. 본 의정서의 주요내용은, 한국정부는 일본정부의 시정(施政) 개선에 관한 충고를 받아들이고, 제3국(러시아)의 침해나 내란으로 인하여 한국이 위험에 처할 경우 일본정부는 이에 신속히 대처하며, 이를 위해 한국정부는 일본정부가 필요로 하는 전략상 중요한 군사적 요충지를 마음대로 사용할 수 있도록 해야 하고, 한국정부는 일본정부의 승인을 거치지 않고서는 이 협정의 취지에 위

반되는 협약을 제3국과 체결할 수 없다는 것 등이다. 본 의정서의 체결로 한국은 러시아와 체결하였던 모든 조약과 협정을 폐기하였으며, 러시아에 허용하였던 각종 이권들을 취소하였다. 한편 일본은 이 의정서에 의거하여 상당한 토지를 군용지로 점령하고 한국의 통신기관을 군용으로 강제 접수하였다.

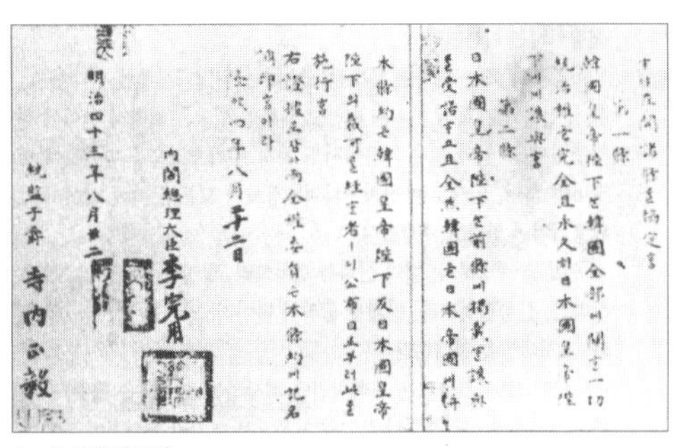

▶ 한일합병조약

한일합병조약(韓日合倂條約)

1910년 8월 한국의 통치권을 일본에 넘기고 일본의 식민지가 되는 것을 내용으로 한 한국과 일본 사이의 조약. 1910년 8월 22일 한국의 내각총리대신 이완용(李完用)과 일본의 조선통감 데라우치(寺內正毅) 사이에 조인되어 8월 29일에 공포되었다. 본 조약은 전문 8조로 되어 있는데, 그 주요 내용은 한일 양국간의 상호 행복을 증진시키고 동양평화를 확보하기 위해 한국을 일본에 합병시키며, 한국황제는 한국에 관한 일체의 통치권을 영구히 일본황제에게 양도하고, 일본황제는 한국황제 등에 대한 지위를 보장하며, 아울러 합병에 훈공이 있는 한국인들에게 작위와 은사금을 수여하고, 일본정부는 한국의 시정을 담당함과 동시에 한인들의 신체 및 재산을 보호해 준다 등이다. 본 조약의 체결로 대한제국은 통치권을 일본에 넘기고 종말을 고하였으며, 한국민은 일본의 식민통치하에 놓이게 되었다. 한편 일본은 통감부를 폐지하고 조선총독부를 설치하였다.

한일협정(韓日協定)

1965년 6월 조인된 한국과 일본 양국간의 국교관계를 규정한 조약. 일명 〈한일기본조약(韓日基本條約)〉이라고도 하며, '대한민국과 일본국간의 기본관계에 관한 조약'과 4개의 부속협정으로 이루어져 있다. 1951년부터 한일 양국간에 국교정상화를 위한 회담이 수차례 열렸으나 재산권청구문제, 평화선문제, 재일교포의 법적 지위문제 등에 대한 의견대립으로 별다른 성과를 거두지 못하였다. 그 뒤 1960년대에 들어와 박정희정부가 국가자주경제 재건을 위한 일본자본의 도입을 목적으로 일본과 회담을 재개한 결과, 1965년 6월 본 조약을 조인하게 되었다. '한일협정'에 의거하여 한일양국은 외교·영사관계를 개설하였으며, 일본측은 대한민국정부가 한반도에서 유일한 합법정부임을 인정하였다. 한편 '청구권·경제협력에 관한 협정'에 의해 일본이 3억

달러의 무상자금과 2억 달러의 장기저리차관 및 3억달러 이상의 상업차관을 공여하기로 하였으며, '어업에 관한 협정'에 의해 양국 연안 12해리의 어업전관수역과 어업자원의 지속적인 생산성 확보를 위한 공동규제수역을 설정하였다. 그리고 '재일교포의 법적지위와 대우에 관한 협정'에 의해 재일한국인이 영주권을 획득할 수 있게 되었으며, '문화재·문화협력에 관한 협정'에 의해 한국정부는 일제시대 일본으로 유출된 다수의 문화재를 반환받을 수 있게 되었다. '한일협정'으로 인해 한일국교가 정상화되었으나, 어업문제에 있어서 평화선이 철폐되고 12해리 전관수역이 설정됨으로써 어자원의 남획이라는 결과를 초래하였다.

한일회담(韓日會談)

1952년부터 1965년까지 한일국교정상화를 위해 한일 양국간에 열린 외교교섭. 1952년 2월 제1차회담을 시작으로 1965년 6월 '한일협정'이 체결되기까지 14년 동안 여섯 차례에 걸쳐 열렸다. 제1차회담은 1952년 2월에 열렸으나 의제 가운데 재산청구권문제와 어업문제에 관한 의견대립으로 4월에 중단되었다. 제2차회담은 1953년 4월에 열렸으나 평화선문제, 재일교포의 강제퇴거문제 등으로 다시 결렬되었다. 제3차회담은 1953년 10월에 재개되었으나 일본측 수석대표 구보다(久保田貫一)의 '일본의 36년간의 한국통치는 한국에게 유익했다'는 망언으로 또다시 결렬되었다. 제4차회담은 1958년 4월에 재개되었으나 재일교포의 북송문제로 난항을 거듭하다가 4·19혁명으로 이승만 정부가 무너지면서 중단되었다. 제5차회담은 1960년 10월 열렸으나 5·16군 사정변으로 다시 중단되었다. 그 뒤 1961년 10월 제6차회담이 재개되었으나 합의사항을 둘러싸고 일어난 양국간에 의견대립과 한국내의 반대운동으로 타결이 미루어지다가 1962년 11월의 김종필 중앙정보부장과 오히라(大平正芳) 일본외상 사이의 비밀회담으로 인해 모든 의제들이 타결되었다. 그러나 한국 내에서 발생한 한일회담반대운동으로 회담이 잠시 중단되었다가, 1965년 6월 22일 〈대한민국과 일본국간의 기본관계에 관한 조약〉과 4개의 부속협정이 조인되었다. 이로써 한일간에 국교가 정상화되었다.

한전론(限田論)

조선 후기에 실학자들이 주장한 토지소유의 상한선을 일정하게 제한하자는 토지개혁논의. 조선 전기부터 균전론(均田論)과 함께 논의되었으나 크게 주목받지 못하다가 조선 후기에 이르러 토지에서 이탈하여 유리하는 농민들이 증가하면서 그 해결방안으로 실학자들에 의해 다시 제기되었는데, 그 대표적인 것이 이익의 논의이다. 이익은 중국 고대의 정전법(井田法)을 토지제도의 이상으로 여겼으나 이의 시행이 어렵자 그 대안으로 한전론을 제기하였다. 이익은 그의 저서 《곽우록(藿憂錄)》을 통해 국가에서 한 집안이 필요로 하는 토지의 기준량을 파악한 후 토지면적을 제한하여 그 기준량으로 한 집안의 영업전(永業田)으로 삼고, 이를 초과하는 토지는 자유로운 매매를 허락하되 한전론에 의한 모든 토지의 매매는 관청에 보고하고, 관청에서는 양안을 살핀 후 증빙문서인 문권(文券)을 만들어 주며, 이 문서가 없는 자의 토지매매는 인정하지 않는다고 하였다. 이익의 한전론은 대토지소유자의 기득권을 인정하면서도 몰락해 가는 소토지소유 농민들을 구제하려는 입장에서 점진적으로 추진하고자 하였던 토지개혁론이었다. 그 뒤 한전론은 박지원에 의해 다시 제기되었는데, 박지원은 《한민명전의(限民名田議)》를 통해 한전을 실시하여 토지소유를 제한함으로써 토지가 균등하게 분배되어야만 농업을 장려할 수 있을 것이라고 하였다.

한족회(韓族會)

1919년 4월 만주 류허현(柳河縣) 싼위안바오(三源堡)에서 조직된 독립운동단체. 1919년 4월 남만주일대에서 활동중이던 부민단(扶民團)·자신계(自新契)·교육회(敎育會) 등이 통합하여 조직한 한인들의 자치기관이다. 중앙총장에 이탁(李沰), 중앙위원에 이상룡(李相龍)·박건(朴健) 등이, 서무사장에 김동삼(金東三), 법무사장에 이진산(李震山), 재무사장에 안동원(安東源) 등이 선임되었다. 조직과 동시에 국내외 모든 독립운동을 통제, 지도하는 중앙정부의 건립을 추진하여 동월 군정부(軍政府)를 설립하였고, 기관지로 한족신보(韓族新報)를 발간하여 독립사상과 민족의식 고취에 노력하였다. 이후 대한민국임시정부의 제의를 받아들여 동년 11월 군정부를 대한민국임시정부산하의 독립군으로 편입, 서로군정서라 개칭하고 무장독립항쟁을 전개하였다. 독립군의 양성과 편성, 무기구입, 독립전쟁 수행을 위한 자금지원 등의 활동을 전개하였으며, 그 뒤 일제의 탄압을 피하여 동만주로 이동하였다가 동년 12월 대한독립단·대한청년단연합회 등과 통합하여 대한광복군사령부를 조직하면서 발전적으로 해체하였다.

한치윤(韓致奫)

1765년(영조 41)~1824년(순조 24). 자는 대연(大淵), 호는 옥유당(玉蕤堂). 본관은 청주. 조선 후기 《해동역사(海東繹史)》를 저술한 학자. 1789년(정조 13)에 진사시에 합격하였으나 과거를 포기하고 학문에 전념하였다. 1799년 족형인 한치응(韓致應)을 따라 연경(燕京)에 가서 청나라의 문물을 견학하고 돌아온 뒤, 《연행일기》를 저술하였다. 그 뒤 역사 연구에 전념하여 《해동역사》의 편찬에 착수, 10여 년 만에 완성하였다. 김정희(金正喜)는 그의 학문을 높이 평가하여 정박(精博)하기가 고염무(顧炎武 : 청나라 초기의 고증학자)와 같다

고 하여 고증학적인 학문태도를 높이 평가하였다. ◐ 해동역사

한호(韓濩)

1543년(중종 38)~1605년(선조 38). 자는 경홍(景洪), 호는 석봉(石峯)·청사(晴沙). 본관은 삼화(三和). 조선 중기 모든 서체에 능했던 명필. 한관(韓寬)의 손자로, 어려서부터 어머니의 정성과 격려로 서예에 정진하여 해서·초서(草書)·행서(行書) 등 모든 서체에 능하였다. 1567년(명종 22) 진사가 되었고, 1583년(선조 16) 와서별제(瓦署別提)를 지냈으며 1599년 사어(司禦)·가평군수, 1604년 흡곡현령(翕谷縣令) 등을 역임하였다. 사자관(寫字官)으로 조정의 공문서와 외교문서 작성을 담당하였으며 특히 명나라에 사신이 갈 때도 서사관(書寫官)으로 수행하여 크게 이름을 떨쳤다. 또한 선조는 그를 한가한 고을의 군수로 임명하여 글씨를 연습하게 하는 등 매우 총애하였고, 임진왜란 때 잦은 대명외교 문서작성에 중국측에서는 석봉체로 문서를 작성하여 보내줄 것을 요청하기도 하였다.

한흥동(韓興洞)

1910년대 국외독립운동의 기지역할을 수행하였던 북만주의 미산부(密山府) 지역에 있던 한인집단거주지. 1909년 가을경 이상설·김학만(金學萬)·이승희(李承熙) 등이 미산부 봉밀산(蜂密山) 부근지역에 한인 100여 호를 이주시켜 독립운동기지를 건설하면서 이곳의 이름을 한흥동이라 하였다. 한흥동이란 한국을 부흥하는 마을이란 뜻이다. 한인들에 대한 독립사상과 민족의식 고취를 위해 이곳에 한민학교가 설립되었으며, 미국에서 조직된 신민회의 안창호·신채호 및 국민회 등으로부터 재정지원을 받아 독립군기지건설과 독립군양성이 이루어졌다. 그러나 한흥동은 4년여 동안의 노력에도 불구하고 자금부족 등으로 성공을 거두지 못하였다.

해동성국(海東盛國) → 발해(渤海)

해동역사(海東繹史)

조선 후기에 한치윤이 저술한 우리나라의 역사서. 이 책은 한치윤이 본편 70권만 완성하고 죽자 그의 조카 한진서(韓鎭書)가 속편인 《지리고》 15권을 보충하여 모두 85권 6책으로 완성하였다. 본서는 고증학에 바탕을 두고 기전체의 역사서술방식에 의거하여 서술되었으며, 중국·일본 및 우리나라의 사서를 합하여 모두 550여 종에 달하는 문헌을 인용하였다. 내용은 단군으로부터 고려까지의 역대왕조의 세기(世紀)를 비롯하여 성력(星歷)·예(禮)·악(樂)·병(兵)·형(刑)·식화(食貨)·물산(物産)·풍속·궁실·관씨(官氏)·석(釋)·교

빙(交聘)·예문(藝文) 등에 관한 지(志)와 숙신(肅愼)·비어(備禦)·인물·지리 등에 관한 고(考) 등으로 구성되어 있다. ● **한치윤**

해에게서 소년에게

1908년 11월 최남선이 발표한 우리나라 최초의 신체시(新體詩). 1908년 11월 창간된 《소년》지 창간호에 발표된 것으로 7행 6연으로 되어 있다. 이 시는 전통적 시가의 정형률(定型律)에서 벗어나 자유로운 형식을 취하고 있다는 점이 특징이라 할 수 있다. 서구 및 일본의 새로운 지식을 받아들여 힘있고 활기에 찬 새사회를 건설하자는 내용으로 되어 있다. ● **최남선**

해인사(海印寺)

▶ 해인사 경판고 내부

경상남도 합천군 가야면 치인리의 가야산에 있는 대한불교조계종 소속의 절. 《팔만대장경》을 봉안한 법보사찰로 통도사(通度寺)·송광사(松廣寺)와 함께 삼보사찰(三寶寺刹)을 이루고 있다. 《삼국유사》에서는 676년(문무왕 16)에 의상이 부석사(浮石寺)·해인사·범어사(梵魚寺) 등 화엄십찰을 창건했다고 기록되어 있으나, 10사찰 모두를 의상이 창건했다고는 볼 수 없어 후대에 그의 제자에 의해 이루어진 것으로 추정하고 있다. 918년 고려가 건국되자 태조는 자신을 도왔던 희랑(希朗)과의 관계로 이 절을 고려의 국찰(國刹)로 삼았다. 조선시대 1398년(태조 7) 강화도 선원사에 있던 고려 팔만대장경판을 지천사로 옮겼다가 이듬해 이 절로 옮겨와 이 절은 호국 신앙의 요람이 되었다. 세조는 장경각을 확장하여 고쳐 짓고, 성종 때에 절을 대대적으로 증축하였다. 이 절은 창건 이후 몇 차례의 화재와 이에 따른 중창이 거듭되어 오늘에 이르고 있으며, 지금의 건물들은 대개 조선 말엽에 중건한 것으로 50여 동에 이른다. 창건 당시의 유물로는 대적광전 앞뜰의 3층 석탑과 석등 정도가 있을 뿐이며, 여러 차례의 화재를 당하면서도 팔만대장경판과 장경각만은 화를 입지 않고 옛 모습을 간직하고 있다. 중요문화재로 국보 제32호인 해인사 대장경판과 국보 제52호인 장경판고, 보물 등이 있다.

행주대첩(幸州大捷)

임진왜란 때 전라도관찰사 권율(權慄)이 행주산성에서 왜군을 크게 무찌른 전투. 진주성대첩·한산도대첩과 함께 임진왜란 3대첩의 하나이다. 권율 휘하의 군대는 수원의 독산성에서 왜군을 대파하고 행주산성에 주둔해 있었는데, 때마침 소모사 변이중의 병사들과 승장 처영이 이끄는 승병 등이 행주산성으로 들어와 약 1만 명의 병력을 보유하게 되었다. 이때 왜군 총대장 우키다(宇喜多秀家) 및 이시다(石田三成)·마스다(增田長盛) 등은 일격에 권율의 군을 격퇴시키기 위해 3만여 명의 병력을 7개대로 나누어

▶ 행주산성 비

진군하였다. 그러나 권율을 중심으로 한 조선군사의 완강한 저항으로 말미암아 성 공략에 실패하여 퇴각하였다. 이 전투의 후반부에는 무기의 부족으로 권율이 승군을 총지휘하여 왜군과 백병전을 벌이기도 하였고 화살이 떨어진 관군이 투석전을 벌이자 부녀자들이 긴 치마를 잘라 짧게 하여 돌을 나름으로써 행주치마라는 명칭이 생기기도 했다.

㊤ 행주산성(경기도 고양시 소재)

향가(鄕歌)

신라시대부터 고려 초까지 지어져 향찰(鄕札)로 표기된 한국 고유의 시가. 민요형태인 4구체·8구체·10구체를 포함하는 신라시가 전체를 총칭하는 명칭으로, 중국 한시나 불교의 범패(梵唄)에 비해 '우리말 시가'·'시골노래'라는 개념으로 사용되었다. 신라시대 향가집 《삼대목》이 편찬되었다고 하나 전하지 않고, 《삼국유사》에 14수, 《균여전》에 11수가 전한다. 문헌기록을 기준으로 할 때 최초의 향가는 진평왕대의 〈혜성가〉와 〈서동요〉이며, 마지막 향가는 고려 광종대의 〈보현십원가〉이다. 작자층은 왕, 귀족, 서울의 부녀자, 노인, 화랑, 승려 등 다양하나 화랑과 승려가 주종을 이룬다. 형식은 음악을 수반하여 가창되었으며, 4구체·8구체·10구체로 나뉜다. 4구체향가에는 〈서동요〉·〈풍요〉·〈헌화가〉·〈도솔가〉, 8구체향가에는 〈모죽지랑가〉·〈처용가〉, 10구체향가에는 〈혜성가〉·〈원왕생가〉·〈원가〉·〈찬기파랑가〉·〈안민가〉·〈도천수대비가〉·〈제망매가〉·〈우적가〉·〈보현십원가〉가 있다. 민요·순수서정시·종교의식가·교술시를 모두 포함하여 그 문학적 성격은 복합적이다.

향교(鄕校)

고려·조선시대 지방민들을 교육하고 교화하기 위하여 설립한 교육기관. 고려 전기 지방제도를 정비하면서 동시에 박사를 파견하거나 여러 주(州)에 학교를 설립하였다. 고려 때부터 설립되기 시작한 향교는 무신란 이후 침체되었다가 고려 말 지방관과 유생들의 노력으로 복구되고 중수되면서 교육기관으로서의 기능을 회복하고 숫자도 증가하였다. 조선시대에 이르러 향교가 전국적으로 확산되고 지방교육제도로 정착되었는데, 태조는 즉위교서에서 외방 향교의 설치를 표명하였고, 태종은 수령7사에 학교의 중흥을 넣어 지방교육에 관심을 기울였다. 이에 따라 피폐된 향교는 복구되었고, 향교가 없는 군현에는 수령과 사족들의 협력으로 새로 창건되었다. 성종 때에 중앙에서 교수(敎授)와 훈도(訓導)가 모든 군현에 파견되어 있었던 것으로 보아 향교가 군현마다 설립되었음을 짐작할 수 있다. 교생의 정원은 부(府)·대도호부(大都護府)·목(牧)에 50명, 도호부에 40명, 군(郡)에 30명, 현(縣)에 15명으로 배당되었으나, 《경국대전》에는 각각 90명·70명·50명·30명으로 증원되어 말기까지 유지되었다. 향교는 공자(孔子)를 봉안하는 대성전(大成殿)과, 선현을 봉안하는 동무(東撫)·서무(西撫)의 문묘(文廟)와, 강당인 명륜당(明倫堂), 기숙사인 동재(東齋)와 서재(西齋)가 기본구조이다. 건물의 배치는 향교의 터가 평지인 경우는 전묘후학(前廟後學 : 앞에 대성전을, 뒤에 명륜당을 배치하는 형태), 경사진 경우는 전학후묘가 일반적이다. 향교는 지방 유일의 관학으로 초기에는 교육과 교화의 중심지였으나, 교육효과가 미약할 뿐 아니라 교관이 무능하고 양반들이 향교 교육을 외면하고 대신 사립 서재와 서원 등을 찾으면서 향교의 교육기능은 쇠퇴하였고, 후기에는 주로 제향의 기능을 수행하였다. 향교는 고을양반들의 향촌 통제기구의 하나로 활용되기도 하였는데, 양반은 향교에 출입하면서 양반신분을 과시하였다. 향교 유생 안에 들어간다는 것은 양반임을 입증하는 방편이 되었다. 양반들은 향교를 고을의 풍속과 기강을 확립하는 장소로 이용하였다. 효자와 열녀의 포상을 관에 건의하고, 신분질서를 바로잡는다는 명목으로 백성들을 잡아다가 처벌하기도 하였다. 또한 소청(疏廳)을 열어 유림들의 의견을 모으고 이를 상소하여 양반들의 이해를 대변하였고, 향교 사이에 통문을 주고받아 여론을 불러일으키기도 하였다. 향교운영을 위하여 국가에서는 군현 등급에 따라 학전(學田)을 10~5결, 노비를 30~10명씩 지급하였다. 학전은 수조권만을 지급한 것으로, 후기에는 7~5결로 축소되었다. 건물의 보수와 유지, 교육과 제례활동, 교임과 유생의 활동비는 막대하여 향교에서는 별도의 재정확보에 노력하였다. 갑오개혁으로 과거제도가 폐지되고 학제가 개편됨에 따라 향교는 교육기관으로의 기능을 신식학교에 빼앗기고 말았다. 1900년에 마련된 향교재산관리규정에 의하여 향교재산 일부가 부·군의 공립소학교나 지정하는 학교의 경비로 충당되었다.

향리(鄕吏)

(1) 고려시대에 지방관을 보좌하며 행정실무를 담당했던 계층. 장리(長吏)·외리(外吏)라고도 하였다. 신라 말 지방사회의 실질적 통치자였던 호족(豪族)들이 고려건국 이후 분화되어 일부는 중앙의 정치세력으로 전환했지만 대부분은 지방에 남아 있다가 983년(성종 2)에 중앙집권정책의 일환으로 12목(牧)에 지방관이 설치되면서 향리로 재편되었다. 이후 향리에 대한 통제가 계속되면서 현종 때에는 인정(人丁)의 많고 적음에 따라 향리의 정원을 정하였으며, 등급에 따라 관복의 내용을 규정하였다. 1048년(문종 2)에는 과거에서 제술업(製述業)·명경업(明經業)에 응시할 수 있는 대상을 부호장 이상의 손(孫), 부호장 이상의 자(子)로 한정하였다. 향리는 지방관의 지시에 따라 조세와 공물 및 역역(力役)의 징수와 주현의 창고관리, 조운(漕運), 소송(訴訟), 그리고 주현군(州縣軍)·주진군(州鎭軍) 통솔 등 실무를 담당했다. 특히 지방관이 파견되지 않은 속군현(屬郡縣)·부곡(部曲) 등지에서는 향리가 실질적인 수령(守令) 역할을 담당하였다. 역(役)에 대한 대가로 국가로부터 직전(職田)을 받거나 향직(鄕職)·무산계(武散階)에 따른 전시과를 지급받았고, 이와는 달리 자신의 영업전(永業田)을 소유하고 있었다. 무신집권기 이후 일부 향리들이 문학적 소양과 실무경험을 바탕으로 과거를 통하여 관료로 진출하여 후일 조선왕조 건국의 주도세력인 신진사대부의 기반이 되기도 하였다. 반면 지방에 남아 있던 대부분의 향리들은 고려 전기와 달리 속군현에 감무(監務)가 파견되고 향·소·부곡 등이 일반 군현으로 개편되어 지배권을 제한받았으며, 후에는 향리의 직무가 국가에서 부과하는 하나의 역(役)으로 전락하였다.

(2) 조선시대 지방관청에서 행정실무를 맡아보던 계층. 조선건국 초부터 향리에 대한 통제책을 실시하여 군현 개편에 수반하여 향리 세력의 중심지인 현사(縣司)를 옮김으로써 본관지에 구축한 향리들의 기반을 와해시켰으며, 유향소(留鄕所)를 통해 향리의 작폐를 규찰하게 하고, '원악향리처벌법(元惡鄕吏處罰法)'을 제정하여 토호적 향리를 배제하였다. 이러한 과정을 거쳐 조선시대의 향리는 지방 관청의 행정실무자 또는 행정사역인으로 전락하였다. 향리층은 크게 호장층(戶長層)·6방층(六房層)·색리층(色吏層)의 셋으로 구분되는데, 호장층은 5품 이하의 초사랑(初仕郎) 품계를 받을 수 있는 계층으로 지방행정의 고문역할을 하였고, 6방층은 6방 아전들로서 일반 농민들의 호적을 정리하고 공부와 군역 및 요역을 독려하는 등의 일을 맡아보는 행정실무자층이었다. 색리층은 천역에 가까운 향역을 지고 있는 지방행정의 하수인이었는데, 이들은 사회신분적으로 양인·천인 신분에 해당되는 자들이었다. 한편 18세기 중반 수령권이 강화되고 국가에 의한 군현의 지배체제가 강해지면서 15세기 이래로 향촌사회를 주도해나가던 사족에 의한 향촌지배체제가 무너졌다. 이러한 추세 속에서 부를 축적한 향리층은 수령층과 결탁하여 향촌사회

의 새로운 지배세력으로 등장하였다. 특히 이들에게는 공식적인 녹봉이 지급되지 않았으므로 이는 결과적으로 부세 수취기구에 참여하여 부정을 저지르게 하는 중요한 요인으로 작용하였다. 이러한 수령층과 결탁한 향리층의 대민수탈은 19세기 농민항쟁의 큰 원인이 되었다.

▶ 향악 재현 모습

향악(鄉樂)

삼국시대부터 조선시대까지 궁중의식에 쓰였던 전통음악. 삼국시대에 도입된 중국의 당악(唐樂)과 구분하기 위하여 붙여진 이름으로, 넓은 의미의 향악은 아악(雅樂)·당악을 제외한 제례악과 연례악, 또는 정악과 민속음악을 통틀어 지칭한다. 고려 전기의 향악은 양부악(兩部樂) 중 좌방악인 당악의 대칭으로 우방악이라 불렸으며, 조선시대로 계승되어 장악원(掌樂院)의 우방(右坊)에서 임금의 조의(朝儀)와 궁중잔치에서 연주되었다. 악기로는 거문고·가야금·젓대·향비파·향피리·장구·대금·무고 등이 쓰였다. 오래된 향악곡으로 정읍(井邑)·《동동(動動)》 및 종묘제례악 중의 향악계음악 등이 있다. ❍ 아악

향약(鄉約)

조선시대 향촌의 자치규약. 중국 송(宋)나라 남전현(藍田縣)의 여씨형제(呂氏兄弟)가 만든 '여씨향약(呂氏鄉約)'이 시초이며, 우리나라에서는 주희(朱熹)에 의하여 증손(增損)된 '주자증손여씨향약(朱子增損呂氏鄉約)'이 고려 말에 주자학과 함께 도입되었다. 조선시대에는 조광조(趙光祖)를 비롯한 사림파들이 16세기 중반 향약보급운동을 실시하였는데, 이것은 주자의 논리를 그대로 적용하여 자신들이 주도하는 향촌사회의 지배질서를 구축하고 하층민들을 향약의 틀 속에 묶어두려는 구체적인 방법의 하나였다. 사림파들의 이런 시도는 초기에는 실패하였는데, 그 원인은 조선 향촌사회의 실정을 도외시하고 위로부터의 교화를 시도하였기 때문이다. 기묘사화(己卯士禍)로 일단 좌절되었으나 사림파가 정권을 장악한 선조대에 와서 각 지방의 여건에 따라 자연촌, 즉이(里)를 단위로 시행되었다. 이 시기에 이황(李滉)·이이(李珥) 등에 의해 중국의 '여씨향약'의 강령인 좋은 일은 서로 권하고, 잘못은 서로 바로잡아주며, 예속을 서로 권장하고, 어려운 일이 있으면 서로 도와준다는 취지를 살려

조선의 실정에 맞는 향약이 마련되었다. 임진왜란을 겪으면서 사족세력은 하층민들을 통제하고 사족 중심의 신분질서를 강화할 목적에서 양반신분의 상계(上契)와 상민신분의 하계(下契)를 합친 형태의 동약(洞約)을 만들었다. 보통 몇 개의 자연촌을 합친 규모로 운영되었으며, 목천동약(木川洞約)과 영조 때의 최흥원(崔興遠)이 이황의 예안향약을 증보하여 사용한 부인동동약(夫仁洞洞約)이 유명하다. 또한 1571년(선조 4) 이이는 여씨향약 및 예안향약을 근거로 서원향약(西原鄕約)을 만들었고, 이를 자신이 수정 증보하여 1577년에 해주향약(海州鄕約)을 만들었다. 17세기 후반부터 유향(儒鄕)이 나누어져 사족의 영향력이 약화된 반면에, 면리제(面里制)가 정비되는 과정에서 수령권(守令權)이 강화되어, 지방관이 주도하여 향약이 확산되어 갔다. 면을 단위로 하여 기존의 동계·촌계를 하부단위로 편입시켜 신분에 관계없이 지역주민 전부를 의무적으로 참여시켰다. 18세기 중엽 이후 재지사족을 매개로 하던 기존의 수취체제가 수령에 의한 향약의 하부구조로서 공동납체계 속에 포함되면서 그 성격이 변모되어 갔고, 동계운영에 있어서 이해관계를 달리하는 하층민의 요구와 입장이 첨예하게 표출되었다. 이 과정에서 하층민이 참여하기를 꺼리거나 하계안이 없어지는 현상이 일반화되어, 사족이 주도하는 동약에서의 운영권은 기층민간의 생활공동체로서의 촌계류(村契類) 조직과 마찰을 일으켰다.

향약구급방(鄕藥救急方)

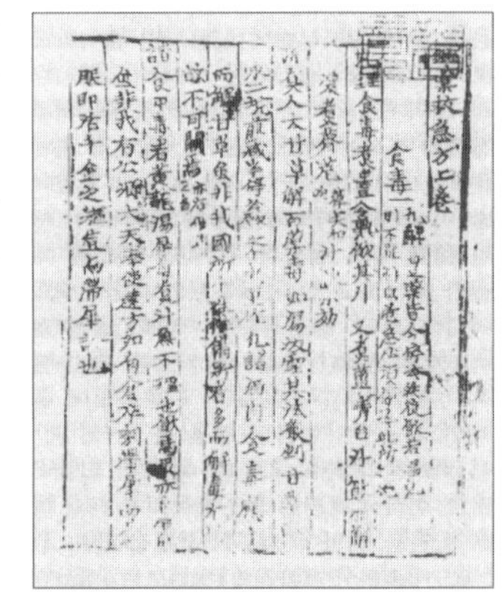

▶ 향약구급방

고려 후기에 편찬된 향약(鄕藥)에 관한 의약서. 고려 1236년(고종 23) 대장도감(大藏都監)에서 초간하였고, 조선 초기 1417년(태종 17) 7월 경상도 의흥현(義興縣)에서 현감 최자하(崔自河)에 의해 중간되었으나 국내에는 둘 다 전하지 않으며, 현재 일본 궁내청(宮內廳)에 1417년 간본 1부가 소장되어 있다. 이 책은 예전에 많이 사용되던 외국산 약재를 한국에서 생산되는 향약으로 충당하기 위한 의도에서 간행된 것으로, 상·중·하권으로 나뉘어 상권에 18목, 중권에 25목, 하권에 12목의 종목이 있고, 각 종목마다 병명과 치료방법들을 열거하였다. 또 부록으로 방중향약목초부(方中鄕藥目草部)에 향약 180여 종에 대한 속명(俗名)·약미(藥味)·약독(藥毒)·채취방법 등을 알기 쉽게 설명하고 있다. 현존하는 가장 오래된 의서이다.

향약집성방(鄕藥集成方)

▶ 향약집성방

조선 전기에 편찬된 향약(鄕藥)과 한방(韓方)에 관한 책. 85권 30책의 활자본이다. 1431년(세종 13) 종전 중국 약재에 의존하던 약방문에 대하여 조선사람의 질병치료에는 조선의 풍토에 적합하고, 조선에서 생산되는 약재가 더 적합할 것이란 생각에서 약의 토착성을 강조하고 의약제민(醫藥濟民)에 대한 자주적 방책을 세우기 위해서 책의 편찬을 명하였다. 권채(權採)·유효통(俞孝通)·노중례(盧重禮)·박윤덕(朴允德) 등이 재래의 여러 의서를 참고하여 편찬, 1433년에 간행한 것으로, 1488년(성종 19)에 부분적으로 된 한글 번역본이 간행되었다. 내용은 병증(病症) 959종·약방문(藥方文) 1만 706종·침구법(鍼灸法) 1,416종·향약본초(鄕藥本草)·포제법 등으로 되어 있다. 모든 질병을 57대강문(大綱門)으로 분류하고 다시 그것을 959조의 소목(小目)으로 나누어 각 강문과 조목에 해당되는 병론(病論)과 방약(方藥)을 출전(出典)과 함께 일일이 거론하고 있다. 중국 한(漢)·당(唐)·송(宋)·원(元) 등의 의방서(醫方書)와 고려 후기 이후에 발전되어 온 한국 향약방서들이 거의 인용되고 있다. 이 책의 간행으로 종전 의료의 혜택을 받지 못하던 일반인들도 손쉽게 혜택을 받을 수 있게 되었다.

허균(許筠)

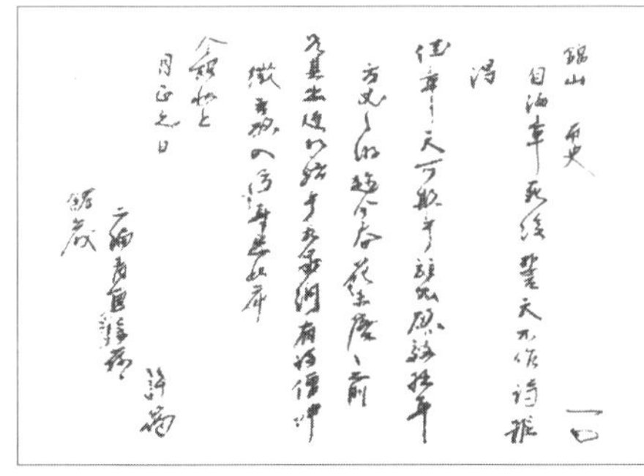

▶ 허균의 글씨

1569년(선조 2)~1618년(광해군 10). 자는 단보(端甫), 호는 교산(蛟山)·성소(惺所)·백월거사(白月居士), 본관은 양천(陽川). 조선 중기의 문신. 허엽(許曄)의 아들로, 허난설헌(許蘭雪軒)의 동생이다. 서얼출신인 이달(李達)에게서 학문을 배웠고, 1594년(선조 27) 정시문과에 급제한 후 검열(檢閱)·설서(說書)·황해도도사·병조좌랑·형조정랑·사예(司藝)·전적(典籍) 등을 역임하였다. 1605년 불교를 믿었다는 탄핵을 받고 수안군수에서 파직되었다. 1609년 형조참의가 되었으며, 1610년(광해군 2) 진주부사(陳奏副使)로 명나라에 다녀오면서 천주교 서적을 구해왔다. 폐모론(廢母論)의 주장에도 적극 가담하였다. 1617년 좌참찬에 올랐다가 1618년에 역모를 이유로 능지처참(陵遲處斬) 되었다. 《학론(學論)》·《정론(政論)》·《병론(兵論)》 등을 통하여 사회 개혁을 주장하였으며, 사회제도의 모순을 비판한 《홍길동전》을 저술하였다. 저서로는 《교산시화》·《성소부부고(惺所覆瓿稿)》·《학산초담(鶴山樵談)》 등이 있다.

허난설헌(許蘭雪軒)

1563년(명종 18)~1589년(선조 22) 초명은 허초희(許楚姬), 자는 경번(景樊), 호는 난설헌. 본관은 양천(陽川). 조선 중기의 여류시인. 허엽(許曄)의 딸로, 허균(許筠)의 누이이며, 김성립(金誠立)의 부인이다. 동생 허균과 함께 이달(李達)에게서 시를 배워 독특한 시세계를 개척했으며 여성과 신선을 소재로 한 것들이 많다. 허균을 통해 명나라 시인 주지번(朱之蕃)에게 기증되어 중국에서 《난설헌집》이 간행되기도 하였다. 저서로는 시를 모은 《허난설헌시집》이 있다.

허생전(許生傳)

조선 후기의 실학자 박지원(朴趾源)의 한문소설. 원래는 제명이 없이 수록되었으나, 후대에 《허생전》이라는 이름이 붙여졌다. 《호질(虎叱)》·《양반전》과 아울러 박지원의 소설 중에서도 대표작으로 꼽히는 작품이다. 그 내용을 보면, 허생은 10년 계획으로 남산골에서 공부를 하고 있었는데, 가난을 못이겨 어느 날 공부를 중단하고 장안의 갑부인 변씨(卞氏)를 찾아가 10만 금을 빌려 지방으로 내려간다. 그는 이 돈을 밑천으로 장사를 벌여 크게 돈을 벌고 좋은 일을 많이 한 다음 20만 금을 변씨에게 갚는다. 놀란 변씨가 그 뒤를 밟아보니 남산 밑의 작은 오두막으로 들어가는 것이었다. 그 후

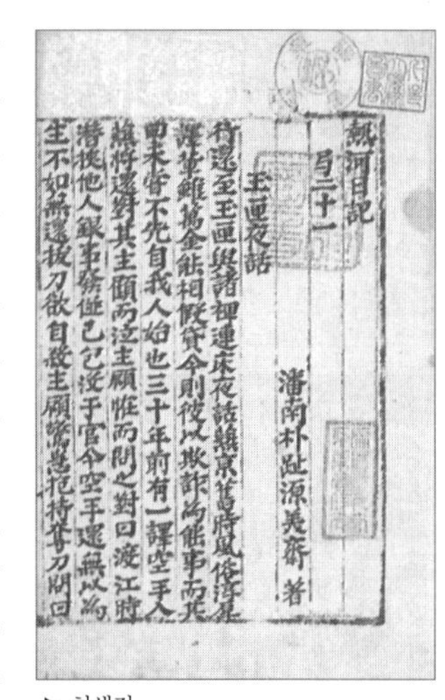

▶ 허생전

두 사람은 깊이 사귀는 사이가 되었다. 하루는 변씨가 이완(李浣)이라는 정승을 허생에게 소개한다. 이정승은 시사에 관한 이야기를 주고받다가 오히려 허생에게 비웃음만 사고 돌아간다. 허생의 비범한 인품을 알게 된 이정승은 그를 기용하고자 다시 찾아갔지만, 이미 허생은 어디론가 사라지고 없었다는 줄거리이다. 허생전을 통해서 박지원은 부국이민(富國利民)의 경제사상과 건

전한 인본주의(人本主義)를 내세우고 있어 주목된다. ○ 박지원

허위(許蔿)

1855년(철종 6)∼1908년. 자는 계형(季馨), 호는 왕산(旺山). 경상북도 선산출신. 대한제국시기 13도창의군(十三道倡義軍)을 결성하여 경기도 일대에서 활동한 의병장. 어려서부터 한학을 공부하였다. 1896년 김천(옛 금산)에서 이은찬(李殷贊) · 이기찬(李起燦) · 조동호(趙東鎬) 등과 함께 의병을 일으켜 김천과 지례 등지에서 활동하다가 의병을 해산하라는 고종의 밀지를 받고 해산하였다. 1899년 천거로 영희전참봉(永禧殿參奉) · 성균관박사 · 중추원의관을 거쳐 1904년 평리원서리재판장 · 의정부참찬을 지냈는데, 이때 그는 시무10조를 올리기도 하였다. 1905년 '을사조약'이 체결되자 조약체결에 반대하는 격문을 돌렸다가 체포되어 옥고를 치른 후 관직을 사임하고 고향으로 돌아왔다. 1907년 고종이 강제 퇴위되고 '한일신협약'이 체결되어 한국군대가 강제 해산되자 9월 경기도일대에서 의병을 일으켰으며, 12월 이인영(李麟榮) 등과 함께 양주에서 13도창의군을 조직하여 이인영을 대장에 추대하고 자신은 군사장(軍師長)이 되어 서울진공작전을 추진하였다. 1908년 1월 서울을 함락하고 통감부를 격파하기로 결의한 후 3백여 명의 선발대를 이끌고 서울 동대문 밖에 이르렀으나 후발대가 일본군에게 차단당하자 작전을 중단하였다. 서울퇴각 후 그는 임진강유역에서 새로운 항일전을 준비하던 중 일본헌병에게 체포되어 서대문감옥에서 순국하였다.

허임(許任)

17세기 전반. 본관은 양천. 조선 후기에 《침구경험방(鍼灸經驗方)》을 저술한 의관. 서얼출신으로 일찍이 침술을 배워 내의원 소속의 침의(鍼醫)로 재직하였다. 1604년(선조 37) 선조의 편두통을 침술로 치료한 공으로 통정대부가 되었다. 1609년(광해군 1) 마전군수, 1616년 영평현령, 1617년 양주목사 · 부평부사, 1622년 남양부사 등을 역임하였다. 저서로는 《동의문견방(東醫聞見方)》 · 《침구경험방》 등이 있는데, 《침구경험방》은 자신의 경험을 바탕으로 침구술(鍼灸術)을 정리한 책이다. ○ 침구경험방

허정(許政)

1896년∼1988년. 호는 우양(友洋). 부산출신. 4 · 19혁명 후 과도정부의 내각수반을 지낸 정치인. 보성전문학교 법과를 졸업하였다. 1919년 3 · 1운동에 참가한 후 상하이로 망명, 대한민국임시정부에 참여하여 의정원의원을 지냈다. 그 뒤 미국으로 건너가 1920년 뉴욕한인유학생회장, 1922년 북미한인교민총단장으로 활동하였으며, 1923년 뉴욕에서 삼일신보(三一新報)를 경영하면서

독립운동을 위한 대외선전활동에 주력하였다. 광복 후, 1945년 한국민주당의 발기인으로 참여하여 총무·반탁투쟁위원회지도위원 등을 지냈다. 1948년 제헌국회의원(부산)에 당선되어 헌법제정위원으로 활동하였다. 1948년 교통부장관, 1950년 사회부장관을 거쳐 1951년부터 1952년까지 국무총리서리를 지냈다. 1957년 서울특별시장을 거쳐 1959년 제4차한일회담의 수석대표로 참가하였다. 1960년 외무부장관으로 재임중 4·19혁명이 일어나자 과도정부의 내각수반으로서 대통령권한대행직을 수행하였다. 1963년 국민의당(國民의黨) 대표최고위원을 지내면서 동년 실시된 제5대대통령선거에 출마하였다가 야당통합을 위해 사퇴하였다. 그 뒤 국토통일원고문·국정자문위원·국토통일원고문회의의장 등을 지냈다. 자서전으로 《내일을 위한 증언》이 있다.

허준(許浚)

1546년(명종 1)~1615년(광해군 7). 자는 청원(淸源), 호는 구암(龜巖). 본관은 양천(陽川). 조선시대 의서 《동의보감(東醫寶鑑)》을 편찬한 의관. 1574년(선조 7) 의과에 급제하였고 1578년 내의원첨정을 역임하였고, 1581년 《찬도맥결(纂圖脈訣)》을 교정하여 《찬도방론맥결집성(纂圖方論脈訣集成)》을 편찬하였다. 1587년 어의로서 입진하여 왕의 병을 완쾌시킨 공으로 호피를 하사받았고 1590년 대신들의 반대에도 불구하고 왕의 배려로 당상관에 올랐다. 1592년 임진왜란이 일어나자 의주까지 왕을 호종하였고 1596년 왕명으로 양예수(楊禮壽)·김응탁(金應鐸) 등과 함께 《동의보감》 편찬을 시작했으나 이듬해 정유재란이 일어나 중단되었다. 뒤에 왕명을 받고 혼자서 《동의보감》 편찬을 계속하였다. 1601년 《구급방(救急方)》을 풀이하여 《언해구급방》을 편찬하였으며, 1604년 임진왜란 때 왕을 호종한 공으로 호성공신 3등에 녹훈되었다. 1606년 보국숭록대부(輔國崇祿大夫)가 되고 양평군(陽平郡)에 제수되었으나 대간들의 반대로 보류되었다. 1608년 노중례(盧重禮)의 《태산요록(胎産要錄)》을 풀이하여 《언해태산요록》을 간행하였다. 1610년(광해군 2) 25권 25책의 《동의보감》을 완성하였으며, 1612년 《신찬벽온방(新纂辟溫方)》 1권과 《벽역신방(辟疫神方)》 1권을 저술하였다. 1615년 사망 후 보국숭록대부에 추증되었다. ◐ 동의보감

㊡ 묘소는 경기도 파주시 진동면에 소재함.

헌의육조(獻議六條)

1898년 독립협회가 주최한 관민공동회에서 결의한 6개조의 개혁안. 1898년 10월 29일 독립협회의 주도하에 서울 종로에서 개최된 관민공동회에 참석하였던 시민들이 토론 끝에 6개조의 개혁원칙을 결의하고 이를 황제에게 올리기로 하였는데, 이를 '헌의6조'라 한다. '헌의6조'의 주요내용은, 외국에 의

지하지 않고 관민이 협력하여 전제황권을 견고히 하며, 외국과의 각종 이권에 관한 계약이나 조약은 각부대신과 중추원의장이 합동으로 서명하지 않으면 시행되지 못하게 할 것, 국가의 재정은 탁지부에서 관할하게 하며 예산과 결산은 국민에게 공개할 것, 중죄인은 공개재판하되 피고의 변호권을 인정할 것, 칙임관은 황제가 정부에 자문을 구해 임명할 것, 장정을 실천할 것 등이다. '헌의6조'는 대한제국의 황제로 하여금 열강의 황제들과 동렬에 서게 함으로써 자주국권의 확립을 결의한 것이다. 또한 국가재정의 일원화를 기하고 칙임관의 임명권을 황제로부터 정부로 옮겨놓음으로써 내각의 책임행정을 실시하고자 한 것이다. '헌의6조'는 황제로부터 재가를 받고 그 실시를 확약받게 되었으나, 독립협회가 군주제를 폐지하고 공화정치를 실시하려 한다는 수구파의 모함으로 강제해산됨으로써 그 실시를 보지 못하였다. ◐ 독립협회

헌정연구회(憲政研究會)

1905년 5월 조직된 애국계몽운동단체. 1905년 5월 이준·윤효정 등이 보안회(輔安會)·공진회(公進會)·국민교육회 등을 통합하여 조직하였으며, 회장에 장기렴(張基濂), 부회장에 이준, 평의장에 윤효정 등이 선임되었다. 헌정연구회는 헌법을 제정하여 입헌정치를 실시할 것을 목표로 내세웠다. 헌정연구회는 일진회가 보호국청원서를 발표하자 이에 대한 반대운동을 전개하였다. 1906년 대한자강회로 개편되었다.

헤이그특사사건(Hague特使事件)

1907년 고종이 '을사조약'의 무효를 선언하기 위해 네덜란드의 헤이그에서 개최된 제2회 만국평화회의에 특사를 파견한 사건. 1905년 11월 〈을사조약〉이 강제 체결되었으나, 고종은 자신이 조약체결을 거부하였고 조약에 서명날인을 하지 않았음을 들어 국내외에 조약의 무효를 선언하였다. 이러한 상황에서 1906년 6월 러시아황제 니콜라이 2세가 극비리에 고종에게 제2회 만국평화회의의 초청장을 보내오자 고종은 여기에 특사를 보내 조약의 무효를 선언하고자 이상설(李相卨)과 이준(李儁)을 파견하였다. 1907년 6월 중순경 러시아 수도 페테르부르크에 도착한 이상설과 이준은 이위종(李偉鍾)과 합류한 뒤 헤이그에 도착, 만국평화회의에 한국대표의 자격으로 참석하기 위해 활동하였다. 그러나 한국은 외교권이 없다는 이유로 회의 참석이 거부되었다. 이에 이들은 회의참석을 위해 계속 노력하는 한편, 일제의 침략상과 〈을사조약〉의 무효를 주장하는 문서를 만국평화회의의장과 각국 대표들에게 보내고 그 전문을 평화회의보에 발표하였다. 이때 미국인 헐버트(H.B.Hulbert)가 헤이그에 도착하여 특사들의 회의참석을 위해 노력하였으나 일본의 방해로 끝내 실패하고 말았다. 이에 울분을 참지 못한 이준이 분사(憤死)하였다.

특사들의 활동소식을 접한 일제는 그 책임을 물어 7월 20일 고종을 강제퇴위시키고 24일에는 ‘한일신협약’을 체결하여 한국의 내정간섭을 강화하였다.

현량과(賢良科)

조선 중기 중종 때의 관리등용제도. 1519년(중종 14) 조광조(趙光祖)의 건의에 따라 실시되었다. 서울과 지방에서 후보자를 천거하면, 예조에서는 후보자의 인적사항·학식·행실 등을 종합하여 의정부에 보고한 뒤 왕의 친림하에 전정(殿庭)에서 대책(對策)으로 시험하여 인재를 선발하도록 하였다. 이와 같은 과정에 따라 선발된 사람은 김식 등 28인이었는데, 거의 조광조 일파를 추종하는 신진사림파였다. 따라서 조광조 등 사림파가 실각하자 현량과는 폐지되고 급제자의 자격이 박탈되었다가 인종 말년에 잠시 복구, 1568년(선조 1)부터는 과명 자체보다는 천거제의 형태로 유지되었다.

현령(縣令)

지방 행정 최말단인 현(縣)의 장관. 신라시대부터 있었으며 선저지(先沮知) 이상 사찬(沙飡)까지의 관등을 가진 자로 임명하였다. 《삼국사기》에 의하면 현령의 정원은 201명으로, 군 태수(太守)와 현령의 중간에 소수(少守) 85명을 두었는데 이 역시 현의 장관으로 생각된다. 따라서 현을 크기에 따라 구분하여 큰 현의 장관을 소수, 작은 현의 장관을 현령이라 한 것을 짐작할 수 있다. 고려시대에 현령의 품계는 7품 이상이 임명되고, 정원은 30명이었다. 큰 현에만 현령이 파견되었으며, 나머지 현은 속현(屬縣)으로 지방관을 두지 않다가 뒤에 차차 감무(監務)를 두었다. 공민왕 때에는 현령과 감무를 안집별감(安集別監)이라 정해 5~6품에서 임명하였으나 창왕 때 다시 둘로 환원하였다. 조선시대에는 고려의 제도를 따라 큰 현에 현령, 작은 현에 현감(縣監)을 두었는데, 현령의 정원은 26명, 품계는 종 6품이었다.

현화사칠층석탑(玄化寺七層石塔)

황해도 개성 장풍군 월고리 현화사에 있는 고려 전기의 석탑. 높이 8.6m이인 석탑은 1020년(현종 11)에 건립되었으며, 화강암으로 만들었다. 상륜부(相輪部)는 노반(露盤)과 복발(覆鉢)이 있고, 그 위에 앙련(仰蓮 : 위로 향한 연꽃)과 보개(寶蓋)가 있다. 기단면석은 방형이며, 1단으로 되어 있고, 돌을 직사각형처럼 쌓아올렸다. 탑신은 위로 올라갈수록 너비와 높이를 줄여 안정된 균형감을 주며, 연화(蓮花)와 불상을 정교하게 모각하였다. 북한 국보 제41호로 지정되었다.

혈의누

1906년부터 발표되기 시작한 이인직(李人稙)의 신소설. 1906년 〈만세보(萬歲報)〉에 연재되었던 작품으로, 상편은 〈만세보〉 연재로 끝나고 하편에 해당하는 〈모란봉(牡丹峰)〉은 1913년 '매일신보(每日申報)'에 연재되다가 미완성으로 끝났다. 그 내용을 보면 1894년 청·일전쟁이 평양 일대를 휩쓸었을 때 일곱살 난 여주인공 옥련(玉蓮)은 피난길에서 부모를 잃고 부상을 당하나 일본군에 의해 구출되어 이노우에(井上) 군의관의 도움으로 일본에 건너가 소학교를 다니게 된다. 그러나 이노우에 군의관이 전사하고 그 부인한테 구박을 당하게 된 옥련은 갈 곳을 찾지 못하고 방황하던 중 구완서를 만나 함께 미국으로 건너간다. 워싱턴에서 공부하던 옥련은 극적으로 아버지를 만나게 되고 구완서와 약혼한다. 한편 평양에서는 죽은 줄만 알았던 딸의 편지를 받고 어머니는 꿈만 같이 기뻐한다. 신소설로 분류되는 최초의 대표적인 작품으로, 주제면에서 볼 때 문명사회에 대한 동경과 자유결혼을 주제로 하여 새 시대의 도덕을 제시하려 한 작자의 의도가 엿보인다.◐ 이인직

혜민국(惠民局)

고려시대 서민의 질병 치료를 위하여 설치한 의료기관. 1112년(예종 7)에 설치하여 충선왕 때에는 사의서(司醫署)에 예속되었다가, 1391년(공양왕 3) 혜민전약국(惠民典藥局)으로 이름을 바꾸었다. 관원으로는 판관(判官) 4명을 두었으며, 본업(本業:醫官)과 산직(散職)을 교대로 보내어 일을 담당하게 하였다. 조선시대에는 고려제도를 계승하여 혜민고국(惠民庫局)을 두었고, 1466년(세조 12) 관제개혁 때 혜민서(惠民署)로 이름을 바꾸었다.

혜초(慧超)

704년(성덕왕 3)~787년(원성왕 3). 신라출신으로 당나라에서 활동한 밀교(密敎)의 승려. 일찍이 당나라로 건너가 광저우(廣州)에서 인도의 승려 금강지(金剛智)의 문하에 들어가 밀교를 배웠고 723년(성덕왕 22) 경에 인도의 불교유적 순례에 나서 약 4년간 인도를 두루 여행한 후 카슈미르·아프카니스탄과 중앙아시아 지역을 답사한 후 답사기인 《왕오천축국전(往五天竺國傳)》을 저술하였다. 733년 금강지와 함께 장안 천복사(薦福寺)에서 밀교 경전인 《대승유가금강성해만수실리천비천발대교왕경(大乘瑜伽金剛性海曼殊室利千臂千鉢大敎王經)》의 연구를 시작, 한역(漢譯)을 진행하다가 스승의 입적으로 중단하였다. 그후 금강지의 제자 불공삼장(不空三藏)과 함께 중단된 번역 사업을 추진하였으며, 오대산의 건원보리사(乾元菩提寺)에서 주석하면서 《대승유가금강성해만수실리천비천발대교왕경》의 한역과 한자음사(漢字音寫)를 하였다. 이후의 행적은 전하지 않고 신라로 귀국한 기록도 없으며 787년경에 입적한

것으로 보인다. ◐ 왕오천축국전

혜허(慧虛)

13세기 말. 고려 후기의 승려이자 화가. 그의 자세한 약력은 알 수 없으나 일본 센소사(淺草寺)에 소장된 양류관음상(楊柳觀音像 : 혹은 水月觀音圖)을 그린 화가임이 그림의 명관(銘款)에 나타나 있다. ◐ 양류관음도

호남학회(湖南學會)

1907년 7월 국권회복을 위한 교육진흥을 목적으로 서울에 설립된 애국계몽운동단체. 1907년 7월 강엽(姜曄)·백인기(白寅基) 등 호남출신 인사들이 조직하였으며, 회장에 강엽, 부회장에 강운섭(姜雲燮), 총무에 백인기 등이 선임되었다. 호남학회는 국권회복을 위한 교육진흥을 목적으로 호남 각지에 학교를 설립할 것을 회칙에 삽입하였으나 구체적인 학교설립내용은 밝혀지지 않으며, 다만 서울에 측량학교와 법률강습소 등을 설립하였다. 학회활동의 하나로 《호남학보》를 발간하였다. 1910년 해산되었다.

호족(豪族)

신라 말·고려 초에 존재하였던 지방세력. 신라 말기 진골귀족 내부 정쟁으로 중앙정부의 통제력이 약화되면서 독자적 세력으로 등장하였다. 이들은 대개 정권다툼에 패배하여 지방에 정착한 중앙의 귀족, 지방의 토착세력인 촌주(村主), 해상세력·지방군사세력 및 초적(草賊)·군도(群盜)를 세력기반으로 하여 형성되었다. 호족은 전국 각처에서 일어나, 점차 중앙정부의 통제에서 벗어나 반독립적인 세력을 형성하였다. 이들은 성주(城主) 또는 장군(將軍)이라 칭하면서 사병을 보유하여 그 지방의 행정권과 군사권을 장악해나갔으며, 경제적 지배력도 행사하였다. 이들은 중앙의 정치기구를 모방한 독자적인 지배기구, 즉 관반제(官班制)를 갖추었으며, 사상적으로는 당시 새로이 전래된 선종을 받아들여 이를 후원하였다. 호족세력의 대두는 신라왕조의 존립을 어렵게 만들었고 실제로 이들에 의해서 신라 말·고려 초의 사회변동이 주도되었다. 후삼국을 통일한 왕건(王建) 자신이 송악지방의 호족이었을 뿐 아니라, 그 밖의 수많은 호족들이 왕건에 귀순하여 고려왕조의 건국에 협조하였던 것이다. 그러나 고려왕조가 수립되고 국가기반이 강화되면서 호족의 독립성은 약화 또는 소멸하여, 일부는 중앙의 관리로 편입되어 문벌귀족화하는가 하면, 일부는 지방에 남아 지방행정의 보조자로 전락하기도 하였다. 고려는 호족을 우대한다고 내세우면서도 한편으로는 그들을 견제하는 차원에서 사심관제도(事審官制度)와 기인제도(其人制度)를 실시하였다.

호질(虎叱)

조선 후기 실학자 박지원(朴趾源)이 지은 한문 단편소설. 저자의 또 다른 작품인 《양반전》과 함께 양반계급의 위선을 비판한 대표적인 작품이다. 내용을 보면, 산중에 밤이 되자 대호(大虎)가 부하들과 저녁거리를 의논하고 있었다. 결국 맛 좋은 선비의 고기를 먹기로 결정되어 범들이 마을로 내려올 때, 정지읍(鄭之邑)에 사는 도학자 북곽(北郭) 선생은 열녀 표창까지 받은 이웃의 동리자(東里子)라는 청상과부 집에서 그녀와 밀회하고 있었다. 과부에게는 성이 각각 다른 아들이 다섯이나 있었는데, 이들이 엿들으니 북곽 선생의 정담이었으나, 필시 이는 여우의 둔갑이라 믿고 몽둥이를 휘두르니, 북곽 선생은 황급히 도망치다 똥구렁에 빠졌다. 겨우 기어나오자 그 자리에 대호 한 마리가 입을 벌리고 있어 머리를 땅에 붙이고 목숨을 비니 대호는 그의 위선을 크게 꾸짖고 가버렸다. 날이 새어 북곽 선생을 발견한 농부들이 놀라서 연유를 물으니, 엎드려 있던 그는 그때야 범이 가버린 줄을 알고 줄행랑을 쳤다는 내용이다. ● 박지원

호패(號牌)

조선시대 16세 이상의 남자에게 발급한 일종의 신분증명서. 오늘날의 주민등록증과 같은 것으로 호구파악, 유민방지, 역(役)의 조달 등과 중앙집권강화를 위하여 실시되었다. 고려 말인 1391년(공양왕 3) 도평의사사(都評議使司)의 계청에 따라 군정(軍丁)에게 이를 패용하게 하면서 유래된 것으로 이는 원나라의 제도를 참작한 것이었다. 조선시대에 들어 1398년(태조 7) 이래 이의 실시에 대한 논의가 제기되면서, 결국 1413년(태종 13) 9월 호패사목(號牌事目)을 작성하고 이에 따라 실시하였다. 호패제는 그 뒤 여러 차례 중단되기도 하였으나 변천을 겪으면서 고종 때까지 시행되었다. 호패제의 실시에도 불구하고 유망(流亡)이 감소되지 않았고, 양인(良人)들은 호패를 받으면 과중한 각종 국역(國役)을 부담하여야 한다는 생각에서 여러 가지 방법으로 호패받기를 기피하였다. 심지어는 세력가에 위탁함으로써 양인수가 오히려 감소되는 현상을 보였는데, 실시가 때때로 중단되었던 것은 이런 이유에서였다. 호패는 왕족·관리로부터 양인·노비에 이르기까지 16세 이상의 모든 남자가 패용하였고, 재료·기재내용·각인(刻印)의 위치·주관관서 등은 신분이나 실시시기에 따라 다소 차이가 있었다.

호포법(戶布法)

1871년(고종8) 군정(軍政)의 폐단을 시정하기 위해 호(戶)를 단위로 포(布)를 징수하던 제도. 조선 후기에 들어와 국가재정이 악화되면서 종전 양인에게만 징수하던 군포를 양반들에게서도 징수하자는 논의가 대두되었다. 그리하여

숙종 초에 양반·상인의 구별없이 호를 기준으로 군포(軍布)를 균등하게 징수하자는 호포법(戸布法)이 제기되었으나 대다수 양반들의 반대로 실시되지 못하였다. 그 뒤 1750년(영조 26)에 균역법을 실시하여 종래 2필이던 양인의 군포를 1필로 반감시키고 그 부족분을 선무군관포(選武軍官布)라 하여 양반들에게서 군포를 징수함으로써 양인들의 부담이 어느정도 경감되었다. 그 뒤 1871년 흥선대원군이 호포법을 실시하여 종전 양민에게만 부과하여 징수하던 군포를 호포로 개칭하는 동시에 양반들의 면세특전을 폐지하고 신분계층의 고하를 막론하고 호당 2냥씩을 징수하였다. 다만 양반들의 납세는 양반들의 위신을 고려하여 노비이름으로 호포를 납부하게 하였다.

홍경래(洪景來)의 난

1811년(순조 11) 홍경래가 평안도에서 일으킨 대규모 농민반란. 당시의 사회적 배경은, 세도정치로 인해 정치가 문란해지면서 일부 관료가 되지 못한 몰락 양반층의 불만이 고조되었고, 삼정의 문란으로 농촌사회가 피폐화되는 가운데 하층민들의 사회의식이 성장하여 사회의 변혁을 바라는 상황이었다. 이러한 가운데 몰락양반인 홍경래가 우군칙(禹君則)·김사용(金士用)·이희저(李禧著)·홍총각(洪總角)·김창시(金昌始) 등과 함께 1800년(순조 즉위년)부터 서북지방에 대한 차별을 구실로 반란을 일으킬 것을 모의, 10여 년 동안 동지들을 규합하며 반란을 준비하였다. 그 결과 홍경래는 1811년 혹심한 흉년으로 민심이 혼란해지자 동년 12월 병력 2천여 명을 동원하고 각급 지휘관을 임명한 뒤 스스로 평서대원수(平西大元帥)라 칭하고 난을 일으켰다. 12월 18일 반란군은 먼저 가산군아를 습격하여 군수를 죽인 뒤, 각 군읍에 대한 공략을 전개하여 난을 일으킨 지 10여 일 만에 각 지역 동조세력의 도움으로 박천·곽산·정주·선천·태천·용천 등 평안도 일대를 장악하였다. 그러나 반란군은 29일 안주를 점령하기 위해 이동중 평안도병마절도사와 중앙에서 파견한 양서순무사가 인솔한 토벌군 1천여 명과 박천 교외의 송림리에서 전투를 벌인 끝에 패하여 정주로 철수한다. 정주성으로 퇴각한 반란군은 토벌군에 맞서 약 4개월간에 걸쳐 공방전을 벌였으나, 1812년 4월 토벌군의 화약매설에 의한 정주성 폭파로 반란군은 진압되었다. 이때 홍경래는 총에 맞아 죽고 우군칙·홍총각 등을 비롯한 많은 반란군이 생포되어 서울로 압송, 모두 처형되었다. 홍경래의 난은 비록 실패로 끝나고 말았지만 일부 몰락양반과 중소 상인 및 하층민이 합세하여 사회모순을 시정하고자 전개하였던 반란으로 당시 사회에 큰 타격을 주어 봉건사회의 붕괴를 가속화시켰다고 할 수 있다.

홍길동전(洪吉童傳)

조선시대 허균(許筠)이 지은 우리나라 최초의 국문소설. 줄거리는 다음과 같다. 조선 세종 때 서자로 태어난 홍길동은 자신의 처지를 한탄한다. 가족들은 어려서부터 비범한 홍길동을 두려워하고, 그 재주가 장래 화근이 될까 염려하여 자객을 시켜 홍길동을 죽이려 하나, 홍길동은 그 위기를 모면하고 가출을 한다. 도적들의 두목이 된 홍길동은 재물을 탈취하고 가난한 사람들에게 재물을 나누어준다. 자신의 무리를 활빈당(活貧黨)이라 부르며 함경감영을 습격하고, 도술로써 각지 수령의 재물을 탈취하여 당대 사회에 커다란 물의를 일으킨다. 이에 우포장 이흡이 홍길동을 잡으려 하였으나 도리어 봉변을 당하게 되고, 왕은 길동의 체포명령을 전국에 내린다. 그러나 초인간적인 홍길동의 도술을 당해낼 수 없는 조정에서는 홍판서를 시켜 회유하고 형 홍인형도 가세하여 홍길동의 소원을 들어주기로 하고 병조판서를 제수하여 회유하기로 한다. 홍길동은 서울에 올라와 병조판서에 제수된다. 그 뒤 해외로 원정을 가서 율도국(栗島國)을 발견한 홍길동은 그곳의 왕이 되었다. 이 소설은 1500년(연산군 6)경에 가평·홍천 등지에서 활약한 화적 홍길동, 명종대의 임꺽정(林巨正), 1596년(선조 29) 충청도 홍산에서 거사한 서얼 이몽학(李夢鶴) 등의 실재인물을 소재로 하고 거기에 지은이의 사회사상을 가미해서 지은 것으로 보인다. 신분제약으로 인한 갈등, 탐관오리의 숙청, 이상국의 건설 등을 주 내용으로 하고 있다. ● 허균(許筠)

홍난파(洪蘭坡)

1897년~1941년. 본명은 영후(永厚). 경기도 화성출신. 일제시대에 '봉선화'·'옛동산에 올라' 등의 가곡을 작곡한 작곡가·지휘자. 1912년 대한기독교청년회연맹(YMCA) 중학부에 입학하면서 음악에 관심을 가지기 시작하여 1913년 조선정악전습소(朝鮮正樂傳習所) 서양악과에 들어가 바이올린을 배운 후 조선정악전습소교사로 활동하였다. 1917년 도쿄음악학교(東京音樂學校)에 입학하여 공부하다가 중도에 귀국하여 대한매일신보의 기자로 활동하면서 창작곡집 《처녀혼》을 출간하였다. 1922년 연악회(研樂會)를 조직하였으며, 1925년 음악잡지 《음악계》를 창간하였다. 1926년 일본에 건너가 도쿄고등음악학교를 졸업하고 도쿄신교향악단단원으로 활동하였다. 1931년 미국으로 건너가 셔우드음악학교에서 공부하면서 독주회를 가졌다. 귀국 후 이화여자전문학교 등에서 재직하였으며, 1936년 경성방송관현악단지휘자를 역임하였고, 이영세(李永世) 등과 함께 난파트리오를 조직하여 실내악 연주활동을 하였다. 주요작품으로 가곡인 〈봉선화〉·〈성불사의 밤〉·〈옛동산에 올라〉 등이, 동요인 〈낮에 나온 반달〉·〈고향의 봄〉 등이, 바이올린 독주곡인 〈애수의 조선〉·〈로망스〉 등이 있다. 저서로는 《음악만필》·《세계의 악성》 등이 있다.

홍대용(洪大容)

1731년(영조 7)~1783년(정조 7). 자는 덕보(德保), 호는 담헌(湛軒). 본관은 남양. 조선 후기에 활약한 북학파 실학자. 박지원·박제가·이덕무·유득공 등과 교유하면서 북학파를 이루었다. 여러 번의 과거에 실패 후, 1765년(영조 41) 청나라 연경사행시에 서장관인 숙부를 따라 연경에

▶ 홍대용 시비

가서 엄성(嚴誠)·반정균(潘庭均)·육비(陸飛)를 만나 교유하였으며, 독일인 흠천감정(欽天監正) 할러슈타인(A. von Hallerstein) 등을 만나 서양의 과학지식과 서양문물에 대해 대담하였는데, 이때 얻은 경험이 후일 실학사상의 토대가 되었다. 1774년 음서로 세손익위사시직(世孫翊衛司侍直)에 임명된 뒤, 선공감감역·사헌부감찰·태인현감·영천군수 등을 지냈다. 서양과학사상을 적극 수용하여 지구설·지동설을 주장하였으며, 이와 관련하여 혼천의(渾天儀)를 만들고 사설천문대인 농수각(籠水閣)을 세웠다. 또한 주자학이 학문사상으로 질식상태에 이르렀다고 진단하고, 서양의 과학사상을 수용하여 유학의 새로운 학문진작을 꾀해야 한다는 활유론(活儒論)을 주창했으며, 균전제·부병제·공거제 등을 통해 신분제사회에서 능력본위와 민본위의 사회로 변화되어야 한다고 하였다. 외교에 있어서는 존명의식(尊明意識)의 명분론에 빠진 폐쇄적 대외정책에서 벗어나 실리위주의 개방정책으로 전환하여 청나라의 발달된 문물을 수입하자고 주장하였다. 주요저서로 《의산문답(毉山問答)》·《임하경륜(林下經綸)》·《주해수용(籌解需用)》·《사서문의(四書問疑)》·《삼경문답(三經問答)》·《담헌서》 등이 있다. ⇒ 의산문답·임하경륜

홍만선(洪萬選)

1643년(인조 21)~1715년(숙종 41). 자는 사중(士中), 호는 유암(流巖). 본관은 풍산. 조선 후기에 《산림경제(山林經濟)》를 저술한 실학자. 1666년(현종 7) 진사시에 급제하여 장악원정(掌樂院正)을 지냈으며, 이후 연원찰방·대흥군수·함흥판관·대구판관·인천부사·부평부사·상주목사 등을 역임하였다. 주자학 중심인 당시의 학문풍토를 비판하고, 이용후생(利用厚生)의 학풍을 일으켜 실학발전의 선구적 인물로 평가된다. 그의 대표적 저서인 《산림경제》는 농업·임업·축산업·양잠업·식품가공업 등 농업에 종사하는 사람들이 일상생활에서 알아두어야 할 내용들을 기록한 책으로 그의 사

회 · 경제사상이 함축되어 있다.

홍문관(弘文館)

(1) 고려시대에 국왕을 주위에서 시종하는 기능을 수행하던 관청. 고려 초에 숭문관(崇文館)을 설치했다가 995년(성종 14)에 홍문관으로 고치면서 문신으로서 학문에 재주가 있는 자를 학사로 선발하여 시종하게 하였다. 1298년(충렬왕 24)에 충선왕이 즉위하여 학사 · 직학사를 두었으며 1303년에 학사를 사학(司學)으로 고쳤다. 뒤에 여러 관(館) · 전(殿)을 우문관(右文館) · 진현관(進賢館)으로 개편하면서 폐지되었다.

(2) 조선시대 문한(文翰)과 언론을 담당하던 관청. 이미 1463년(세조 9) 장서각(藏書閣)을 개칭하면서 생겨났으나, 이때는 단순히 서적의 관리만을 관장하였고, 1478년(성종 9) 확대 개편되어 학술 · 언론기관으로서의 홍문관이 성립되었다. 《경국대전》에 따르면 관원은 의정이 겸직하는 영사(領事 : 정1품) 1인, 대제학(大提學 : 정2품) 1인, 제학(提學 : 종2품) 1인, 부제학(副提學 : 정3품) 1인, 정3품의 직제학(直提學) 1인, 전한(典翰 : 종3품) 1인, 응교(應敎 : 정4품) 1인, 교리(校理 : 정5품) 2인, 부교리(副校理 : 종5품) 2인, 수찬(修撰 : 정6품) 2인, 부수찬(副修撰 : 종6품) 2인, 박사(博士 : 정7품) 1인, 저작(著作 : 정8품) 1인, 정자(正字 : 정9품) 2인 등이 있었는데, 영사 · 대제학 · 제학 등은 겸직이었다. 이후 1504년(연산군 10)에 진독청(進讀廳)으로 개칭했다가 1506년(중종 1)에 다시 복구되었으며, 1894년(고종 31) 갑오개혁 때 예문관과 함께 경연청(經筵廳)에 병합되었다. 궁중의 서적과 문서를 관리하고, 국왕의 자문에 응하며, 경연(經筵)을 주관했고, 사헌부 · 사간원과 함께 삼사(三司)라 불리면서 언론을 주도하였다. 동 옥당(玉堂) · 옥서(玉署) · 영각(瀛閣)

홍범도(洪範圖)

▶ 홍범도

1868년(고종 5)~1943년. 평안도 양덕출신. 일제시대 대한독립군을 이끌고 봉오동전투 · 청산리전투 등에 참가하여 대승을 거둔 독립운동가. 1883년(고종 20)부터 1887년까지 평양진위대에서 신호병으로 복무하였으며, 그 뒤 진위대에서 나와 1893년까지 황해도 수안의 제지공장에서 일하였다. 1894년 철원에서 의병을 일으켜 강원도와 함경도를 중심으로 활동하였다. 1904년 북청에서 일본군에 체포되어 복역하다가 탈출, 다시 의병부대를 조직하여 갑산 · 북청 · 삼수 등지에서 활약하였다. 1913년 연해주로 망명하여 의병부대를 독립군으로 전환하여 무장활동을 전개하였다. 1919년 만주로 이동하여 대한독립군을 조직, 총사령으로서 국내진공작전을 전개하였다. 1920년 6월 군무도독부·대한국민회국민군 등과 연합하여 대한북로독군부(大韓北路督軍府)를 결성하고 봉오동전투에 참가하였으며, 10월 북로군정서 등과 연합하여 청산리전투에서 일본군을 대파하였다. 12월 독립군조직을 통합하여 대한독립군단을 조직한 후, 연해주로 이동하였다. 1921년 5월 자유시에서 소련 적군(赤軍) 부대에 편입되어 이르쿠츠크로 이동, 조선여단 제1대대장에 임명되었다. 1922년 모스크바에서 개최된 극동인민대표대회에 한국독립군대표자격으로 참석하였으며, 1927년 소련공산당에 입당하여 1928년부터 이만지역의 한카구역 콤무나에서 관리위원장으로 근무하였다. 1937년 가을 스탈린정부의 강제이주정책에 의거 중앙아시아로 이주, 크질오르다의 집단농장에 정착하여 한인사회의 지도자로 활동하다가 사망하였다. 현재 그가 거주하던 거리가 '홍범도거리'로 명명되고 있다. ◐ 봉오동전투·청산리전투

홍범십사조(洪範十四條)

1894년(고종 31)에 고종이 자주독립과 내정개혁을 실시하기 위해 제정·반포한 국정개혁의 기본강령. 1894년 12월 갑오개혁이 진행되는 가운데 고종이 국정개혁의 기본강령으로 〈홍범14조〉를 제정한 뒤, 1895년 1월 7일 흥선대원군·왕세자·종친·군신 등을 거느리고 종묘에 나아가 〈독립서고문(獨立誓告文)〉을 바치고, 〈홍범14조〉를 선포하여 자주독립과 내정개혁의 실시를 서약하였다. 〈홍범14조〉의 주요내용은, 청에 의존하는 생각을 끊고 자주독립의 기초를 확립하며, 왕실전범(王室典範)을 제정하여 왕위계승의 법칙을 명확히 하고, 정무를 각 대신에게 물어서 행하며, 종실 및 외척의 정치간여를 용납하지 않으며, 왕실사무와 국정사무를 분리하고, 의정부와 각 아문의 직무와 권한을 명확히 제정하고, 납세는 법으로 정하여 징수하고, 조세의 징수와 경비의 지출은 탁지아문에서 관장하며, 왕실비용을 절감하고, 왕실과 각 관부의 1년 예산을 미리 정하여 재정의 기초를 확립하고, 지방관제를 개정하여 지방관의 권한을 조절하고, 우수한 젊은이를 유학시켜 외국의 학술과 기술을 습득하게 하며, 장교를 교육하고 징병법을 정하여 군제를 확립하며, 민법·형법을 제정하여 인민의 생명과 재산을 보호하고, 문벌과 지연에 구애받지 않고 인재를 등용한다 등이다. '홍법14조'는 비록 일본공사의 권고에 의해 이루어진 것이었으나, 고종이 우리나라의 자주독립을 중외에 선포한 최초의 성명이었으며, 우리나라 최초의 헌법적 성격을 지니는 기본법으로 당시 개화파들의 개혁의지를 반영한 것이다. ◐ 갑오개혁

홍영식(洪英植)

1855년(철종 6)~1884년(고종 21). 자는 중육(仲育), 호는 금석(琴石), 시호는 충민(忠愍). 본관은 남양. 근대에 갑신정변을 주도하였던 개화파 관리. 일찍이 박규수(朴珪壽)에게서 김옥균·박영효 등과 함께 학문을 배우며 개화사상을 접하였다. 1873년(고종 10) 문과에 급제한 후 규장각정자 등을 지냈다. 1881년 신사유람단의 일원으로 일본에 가서 신식문물을 견학하고 돌아왔다. 1882년 부제학·참의통리내무아문사무(參議統理內務衙門事務)·참의군국사무(參議軍國事務)·참의교섭통상사무(參議交涉通商事務) 등을 거쳐 1883년 협판교섭통상사무(協辦交涉通商事務)를 역임하였다. 1883년 보빙사(報聘使)의 전권부대신으로 미국을 다녀온 뒤 1884년 병조참판을 거쳐 우정국총판(郵征總局總辦)에 임명되었다. 동년 12월 우정국 개국연을 계기로 김옥균·박영효 등과 함께 갑신정변을 일으켰으나 청국의 개입으로 실패하고 체포되어 사형당하였다. 1894년 신원되었다.

홍익인간(弘益人間)

널리 인간을 이롭게 한다는 뜻으로 우리나라 정교(政敎)의 최고이념. 국조(國祖) 단군(檀君)의 건국이념이며, 고조선개국 이래 우리나라 정치와 교육의 최고이념으로 자리하고 있다. 홍익인간의 유래는 《삼국유사》 등 단군신화가 실린 책들에 나오고 있는데, 《삼국유사》에 의하면 환인(桓因 : 하느님)의 아들 환웅(桓雄)이 자주 천하에 뜻을 두고 인간세상을 탐내어 찾았다. 아버지 환인이 아들의 뜻을 알고, 천(天)·부(符)·인(印) 3개를 주어 인간세상에 보내어 인간들을 다스리게 하였다. 이에 환웅은 부하 3천 명을 거느리고 태백산 꼭대기의 신단수(神檀樹) 아래로 내려와 신시(神市)라는 이상세계를 건설하였다. 이 환웅이 웅녀(熊女)와 혼인하여 태어난 아들이 단군왕검이고, 단군왕검이 세운 조선의 건국이념이 홍익인간이었다. 홍익인간은 이때부터 우리 민족정교의 최고이념이 되었고, 1948년 대한민국정부수립 이후에도 교육의 기본정신이 되었는데, 교육법 제1조에 "교육은 홍익인간의 이념아래 모든 국민으로 하여금 인격을 완성하고…"라고 규정되어 있다.

화랑도(花郎徒)

신라시대 군사적·교육적 기능을 수행한 청소년 결사집단. 원시공동체사회에서는 일정한 연령에 도달한 미성년자들이 마을의 집회소를 중심으로 비밀결사를 만들어 공동생활을 하면서 성년이 될 준비를 하였는데, 이들의 수련은 어려운 시련을 이겨내는 성년식을 끝으로 해산되는 것이 보통이다. 화랑도는 이러한 미성년자 집회의 전통을 계승하여 각 읍락사회에 존재하고 있던 청소년집단을 신라가 인력자원으로 활용하는 과정에서 성립한 것으로 추정되며 그 시기에 대해서는 《삼국사기》에서 576년(진흥왕 37)에 처음으로 제도화되었다고 기록하고 있다. 화랑도는 처음에 여자를 우두머리로 하는 원화제도(源花制度)에서 출발하였으나, 원화 사이에 예쁨을 시기하여 살인 사건이 발생하자 이를 계기로 남자를 우두머리로 하는 화랑도가 새롭게 만들어지게 되었다. 화랑도는 화랑(花郎)을 우두머리로 하여 그 아래에 수백에서 많게는 1천여 명에 이르는 낭도(郎徒)들로 조직되었으며, 용모가 단정한 15,16세의 진골 자제들이 낭도들의 추대를 받아 화랑으로 뽑혔다. 화랑도는 국토의 명승지를 순례하면서 노래·춤·무예를 통해 심신을 단련하고 도의(道義)를 닦았는데, 이들이 연마한 도의로는 진평왕대 원광(圓光)이 일러준 세속오계(世俗五戒)가 대표적이다. 화랑도는 삼국통일 이후 전쟁이 없는 안정기가 지속되면서 노래와 춤 등 놀이 자체를 즐기는 집단으로 변질되어 갔다. 이러한 화랑도의 변화는 도교(道敎)의 신선사상에 영향을 받은 것으로 보이며, 하대(下代)에는 화랑도의 정신을 유불도(儒佛道) 3교(三敎)가 합해진 풍류(風流)라고 표현하고 있다. 화랑도는 신라의 멸망과 함께 그 제도마저 사라지게 되었다. 단지 고려시대에 행해진 팔관회(八關會)의 제례의식에서 화랑도의 유풍을 볼 수 있을 뿐이다.

화랑세기(花郎世紀)

신라 성덕왕 3년(704) 한산주 도독으로 있던 김대문(金大問)이 저술한 화랑의 전기. 기록으로만 전해지다가 1980년대 후반 김해에서 필사본이 발견되어 화랑제도 연구에 획기적인 사료가 되고 있다. 이에 의하면, 화랑제도는 진흥왕 원년(540)에 창시된 것으로 되어 있다. 한편 현재 원본이 발견되지 않는 가운데 1980년대 후반에 발견된 필사본의 진위를 둘러싸고 학계에서 논쟁이 되고 있다.

화백회의(和白會議)

신라시대 합의방식의 회의제도. 화백은 《신당서(新唐書)》〈신라전〉에 "일이 있으면 여러 사람들과 더불어 의논하는데 화백이라고 이름한다. 한 사람이라도 의견이 다르면 마친다"라는 기사에서 유일하게 확인된다. 원시집회소 및 부족장회의에서 부족연맹 공동의 문제를 함께 논의하던 전통에서 비롯한 것으로 보여지며, 내물마립간 때 어느 정도의 형태가 갖춰진 것으로 추정된다. 회의 장소는 남당(南堂)이나 평의전(評議殿), 4영지(靈池) 등이었으며, 신라 전시기를 통하여 그 기능과 구성원 및 성격에 변화가 있었으나, 대체로 국왕의 추대나 국가 중대사인 전쟁이나 불교 공인, 왕실의 중요사항 등에 대해 심의하고 결정하는 기능을 수행하였다. 화백회의는 연맹체적 정치단계에서 출발한 합의제였지만, 중앙집권적 정치체제가 정비되면서 국왕 직속의 합의기관으로 변하였고, 그 근본성격은 진골귀족 전체의 이익을 대변하면서도 각 독립된 가계의 이익을 옹호하는 장치였다고 할 수 있다. 한편 화백회의의 구성원에 대해서는 지난날의 족장층이 대등(大等)이 되어 화백회의에 참석하였다가 선덕·진덕 여왕 무렵에 대신(大臣)으로 바뀌었을 것이라는 견해와, 내물왕계 여러 리니지(lineage) 집단의 대표들로 구성된 씨족의 대표자들로 구성되었다는 견해가 있다. ◐ 정사암회의

화엄사4사자3층석탑(華嚴寺四獅子三層石塔)

전남 구례군 마산면(馬山面) 황전리(黃田里) 화엄사 경내에 있는 석탑. 화강암 2중 기단 위에 3층의 탑신을 얹은 석탑으로, 불국사다보탑과 함께 이형석탑의 쌍벽을 이룬다. 기단부는 지대석 위에 3단 굄대를 마련하여 하층기단을 받치고 있으며, 하층기단 각 면에 안상(眼象)을 음각하고 그 안에 천인상(天人像)을 양각하였다. 상층기단은 우주(隅柱)를 대신하여 연화대 위에 꿇어 앉은 암수 2쌍의 사자가 머리에 연화대를 이고 그 위의 갑석(甲石)을 받치고 있다. 그 중앙에는 찰주(擦柱) 대신 대덕(大德)의 입상(立象)을 세웠으며, 갑석 아랫면 중앙에도 연화무늬를 장식하여 천개(天蓋)로 삼았다. 탑신부는 옥신(屋身)과 옥개석(屋蓋石)이 층마다 1석(石)씩으로 되어 있고, 1층탑신 4면에 문비형(門扉形)을 모각하고 인왕상(仁王像)과 사천왕상(四天王像)·보살상(菩薩像) 등을 양각하였다. 2·3층은 우주형이 모각되었을 뿐 장식이 없으며 옥개석 받침은 층마다 5단으로 이루어졌다. 상륜부(相輪部)에는 노반(露盤)·복발(覆鉢)이 남아 있다. 국보 제35호로 지정되었다.

화엄일승법계도(華嚴一乘法界圖)

신라시대 의상(義湘)이 화엄학의 법계연기(法界緣起)사상을 서술한 그림시(圖詩). '법성원융무이상(法性圓融無二相)'에서 시작하여 '본래부동명위불(本來不動名爲佛)'로 끝나는 7언(言) 30구(句)의 게송(偈頌)으로 법계연기사상의 요체를 서술하였는데, 중앙에서부터 시작하여 54번 굴절시킨 후 다시 중앙에서 끝나는 의도된 비대칭(非對稱)의 도형이 되도록 하였다. 법계도의 형태가 끊임없이 이어지는 모습을 취한 것은 석가의 가르침이 하나의 진리인 것을 상징한 것이고, 많은 굴곡을 둔 것은 중생의 근기에 따라 가르침의 방편이 달라지는 것을 나타낸 것이다. 또 첫글자인 '법(法)'과 끝 글자인 '불(佛)' 두 글자는 각기 수행방편의 원인과 결과를 나타낸 것으로서, 이 두 글자를 중앙에 둔 것은 인과(因果)의 본성이 중도(中道)임을 보인 것이다. 이 법계도는 의상이 중국에 유학하여 중국 화엄종 조사 지엄(智儼)에게 수학할 때인 668년에 창작되었는데, 화엄의 진리에 대하여 서술한 책을 불사른 후 타지 않고 남은 210개의 글자를 가지고 게송을 짓고 법계도를 만들었다는 전설이 있다. '수

행'을 중요시하는 의상의 사상이 잘 표현되고 있으며, 특히 중국 화엄학에서는 나타나지 않는 독자적인 '이이상즉설(理理相卽說)'을 주장하여 신라 화엄학의 특색을 보여주고 있다. ● 의상

화엄종(華嚴宗)

《화엄경》을 근본경전으로 하는 불교의 한 종파. 우리나라의 화엄종은 신라의 원효(元曉)와 의상(義湘)에 의해 교학적으로 완성된 뒤, 신라 말에 의상과 그의 계승자에 의해 창건된 지방사원을 중심으로 종파로서 독립성을 띠기 시작하였다. 화엄종의 발전에 따라 8세기 중반에는 많은 사찰이 창건되었는데, 연기(緣起)는 화엄사를, 원표(元表)는 보림사를 창건했으며, 오대산에는 자장(慈藏) 이래의 화엄신앙이 보천(寶川)·효명(孝明) 등에 의해 계승되었고, 천관사에는 영통(靈通)과 홍진(洪震) 등이 활동하는 등 이 무렵 화엄종 사찰은 전국으로 확산되었다. 신라 하대에 선종이 수용되면서 화엄종 소속의 승려가 선종으로 옮겨간 사례가 있기도 하다. 선종의 비판에 직면한 화엄종에서는 화엄학 및 그 신앙을 재정비하는 노력으로 대응했는데, 9세기 말에 화엄결사(華嚴結社)의 유행 등이 그 예다. 후삼국시대에 이르러 화엄종은 해인사에 주석하였던 관혜(觀惠)와 희랑(希朗)에 의해 남악(南岳)과 북악(北岳)의 2파로 분열하여 관혜는 남쪽에서 견훤의 복전(福田)이 되고, 희랑은 북에서 고려 왕건의 복전이 되어 화엄학의 일가를 이루었다. 화엄교학의 사원에서 왕건의 고려 통일기반을 지원하였으므로 왕건은 화엄종을 적극 지원하였다. 광종 때에는 법왕사(法王寺)·귀법사(歸法寺) 등의 중앙사원을 구심점으로 우세한 종세로 떠올랐는데, 이 시기에 균여(均如)는 남악과 북악으로 나뉜 화엄학을 북악의 입장에서 통합시켰으며, 귀법사에서 법화(法化)를 떨치면서 많은 저술도 남겨 화엄사상을 대중에게 전파하기도 하였다. 문종의 제4왕자였던 대각국사 의천(義天)은 균여를 비판하고 원효교학의 계승을 표방하면서 《속장경》을 간행했으며 화엄종관계 문헌의 집대성인 《신집원종문류(新集圓宗文類)》를 편찬하기도 했다. 한편 의천은 화엄종의 삼관오교(三觀五敎)로써 화엄종 내 모순을 극복하고 다른 교종의 여러 종파를 통합·절충하려 하였지만, 사상통일의 한계로 천태종(天台宗)을 개창하기도 하였다. 무신집권기 화엄종은 크게 위축되었는데 이 시기에도 각훈(覺訓)이 영통사를 중심으로 활약했고, 이후 수기(守其)·천기(天其)·체원(體元) 등의 승려가 활동하였다. 이후 공민왕대에 신돈(辛旽)·천희(千熙) 등의 활동이 있었으나 화엄종은 더욱 침체하였다. 조선시대에 들어 억불정책을 표방하여 1424년(세종 6) 종래의 7종을 선종과 교종의 두 종파로 통폐합하면서 화엄종은 교종에 통합되고 독립된 종파로서의 기능을 상실하게 되었다. 그러나 이후에도 《화엄경》은 여전히 중시되어 한동안 계속되었던 승과(僧科)의 교종선에서 중요한 과목이었다. 조선 후기에도 화엄종

주(華嚴宗主)로 일컬어지는 화엄학의 대가가 끊이지 않아, 도안(道安)·지안(志安)·상언(尚彦) 등이 화엄관계 저술을 남겨 화엄교학을 펼쳤다.

🔿 원효 · 의상 · 균여

화쟁사상(和諍思想)

모든 논쟁을 조화시키려는 불교사상. 신라시대 원광(圓光)과 자장(慈藏)에서 비롯되어 삼국통일시대 원효(元曉)에 의하여 집대성되었다. 원효의 화쟁사상은 극단을 버리고 화(和)와 쟁(諍)의 양면성을 인정하는 데서부터 출발하는 것으로, 화쟁의 논리적 근거를 일심(一心)에 두었다. 화쟁사상에 의하면 세상 모든 것은 일심에서 비롯되므로 모든 대립적인 이론들은 결국 평등하며, 언어 자체의 성격에 대해 정확하게 파악하고 언어에 집착하지 않으면 이견의 대립에서 벗어날 수 있고, 또한 자기의 견해만 맞다고 하는 아집 · 집착을 버릴 때 쟁론이 해소된다고 하였다. 이러한 화쟁의 원리 · 내용은 《십문화쟁론(十門和諍論)》·《대승기신론소(大乘起信論疏)》 등에 잘 나타나 있다. 원효의 화쟁사상은 고려시대 의천(義天) · 지눌(知訥) 등에게 큰 영향을 주었다. 🔿 원효

화척(禾尺)

고려시대 천민계급의 하나. 이들은 일반적으로 여진 · 거란 등 북방민족귀화인(歸化人)이라고 알려져 있다. 백성들과 융합되지 못하고 수초(水草)를 따다가 유기(柳器)를 만들고 사냥을 하는 등 방랑생활을 하면서 도살 · 육상(肉商) · 광대 등을 업으로 삼으며 특수부락을 이루었다. 《고려사》에서는 이들은 국가의 부역(賦役)과 호적에서도 제외된 국민으로서 이주(移住)가 무상한 방랑집단이며, 특히 양수척의 유기장가(柳器匠家)에서는 기녀(妓女)가 나왔다 하여 기생의 유래를 양수척에 두기도 한다. 1425년(세종 7) 이들을 양민화(良民化)하려는 정책에 따라 백정(白丁)이라고 이름을 바꾸었다.

🔿 재인 ⑧ 수척(水尺) · 화척(禾尺) · 무자리

화통도감(火㷁都監)

고려 후기 화약 및 화기 제조를 전담하기 위해 임시로 설치된 관청. 고려 후기 우리나라 최초로 화약을 개발한 최무선(崔茂宣)의 건의에 따라 1377년(우왕 3)에 설치되면서 화약의 제조와 이를 이용한 무기를 제조하기 시작하였다. 1389년에 군기시(軍器寺)에 통합되었다. 🔿 최무선

환곡(還穀)

춘궁기에 곡식을 꾸어주고 추수기에 받아들이던 제도. 가난한 농민을 구제하고 농민의 재생산을 보장하기 위한 방편의 하나로서, 고구려 때 194년(고국

천왕 16) 제정된 진대법(賑貸法)에서 비롯되었다. 고려시대에는 중농정책이 실시되면서 춘대추수(春貸秋收)의 기능이 강화되었으며, 흑창(黑倉)·의창(義倉) 등에서 관장하였다. 조선시대에는 원곡(元穀)이 점차 감축되어 그 운영이 어렵게 되자 취모법(取耗法)을 실시하여 환곡을 회수할 때 일정률의 이식을 받았다. 16세기 중엽 명종 때에는 국가재정이 어렵게 되자 이식의 10분의 1을 회록(會錄)이라 하여 호조회계에 편입시켜 세입의 일부로 삼았다. 이후 환곡은 빈민구제보다도 세입에 치중하여, 상평청(常平廳)·진휼청(賑恤廳)에 이어서 중앙의 여러 관서·군영들과 지방의 관청·군영에서도 환곡을 설치하고 운영하였다. 따라서 이를 빙자한 탐관오리가 발호, 조선 후기 이후 삼정(三政)의 문란 중 이 환곡제도의 폐단이 가장 컸으며, 각처에서는 민란이 일어나는 등 사회적 혼란이 걷잡을 수 없게 되자 1867년(고종 4)에는 규칙을 엄하게 하는 한편, 이식도 줄여 1할로 하고 사창을 다시 두었다. 1895년에는 이를 사환미(社還米)로 개칭, 이식도 매섬당 5되씩을 감하는 등 제도적인 정비를 추진하였으나 성공하지 못했다. 국권침탈 후 이 제도는 무력화하여 1917년 사환미조례를 폐지하고 사환미를 각 부락의 기본재산으로 전환시켰다.

동 환정(還政)·환자(還上)·공채(公債)·조적(糶糴)

황구첨정(黃口簽丁)

조선 후기 15세 이하의 어린아이에게 군포를 부담시켜 강제로 징수하던 군역 폐단. 조선시대에는 16세 이상 60세 이하의 군역의무자에게만 군포를 징수해야 했는데, 조선 후기에 이르면 기강이 문란해지면서 수령이나 아전들이 군포의 수납과정에서 부정을 자행하여 황구(黃口), 즉 어린아이뿐 아니라 영아까지도 이름을 군적에 올리고 군포를 강제로 징수하였다.

황국중앙총상회(皇國中央總商會)

1898년 구완희(具完喜)가 시전상인들의 상권보호를 목적으로 조직한 단체. 1898년 구완희가 외국상인들로부터 시전상인들의 상권을 보호하는 동시에 전국의 상인들을 통합하는 상인협회의 조직을 목적으로 조직하였다. 황국중앙총상회는 시전상인들을 회원으로 하였으며, 초대회장에 조병식(趙秉式), 부회장에 이종래(李鍾來)가 추대되었다. 황국중앙총상회는 상권보호를 위한 활동 이외에도 독립협회와 함께 나륙법(拏戮法 : 연좌제에 의거하여 죄인의 아들을 함께 처형하는 법) 및 연좌법 부활저지, 자강개혁내각수립요구, 독립협회복설운동 등을 전개하였다. 1898년 12월 해산되었다.

황국협회(皇國協會)

1898년 7월 조직된 보부상단체. 1898년 7월 홍종우(洪鍾宇)·이기동(李基

東) · 고영근(高永根) 등이 중심이 되어 황실 및 정부고관들과 공동보조를 취하면서 보부상들과 연합하여 조직하였으며, 초대회장에 정낙용(鄭洛鎔), 부회장에 이기동 등이 추대되었다가, 9월에 회장에 이기동, 부회장에 고영근이 취임하였다. 구성원은 대부분이 보부상들이었으나, 일반 평민뿐만 아니라 정부고관들도 입회하였다. 황국협회는 주로 입헌군주제하에서의 민선의회(하원)설립운동과 상리국(商理局)을 비롯한 보부상의 지방조직인 임방(任房) 등의 상업단체복설운동을 전개하였다. 특히 황국협회가 추진한 민선의회설립운동은 독립협회가 추진한 상원설립운동과 배치되는 것으로 양단체간에 많은 의견대립이 발생하기도 하였다. 1898년 11월 독립협회가 주최한 만민공동회 습격사건을 계기로 정부의 명을 받고 해체되었다.

황궁우(皇穹宇)

1899년 원구단(圓丘壇) 북쪽에 천지제신(天地諸神)의 위패(位牌)를 모시기 위해 건립한 신당. 서울시 중구 소공동에 소재하고 있다. 황궁우는 화강암 기단 위에 세워진 3층 팔각정의 건물로서 기단 위에는 돌난간이 둘러져 있으며, 1 · 2층은 통층으로 중앙에 태조의 신위가 모셔져 있고, 3층은 각 면에 3개의 창을 내었다. 청나라 건축양식의 영향을 많이 받은 건물이다. 1913년 원구단은 없어졌지만 황궁우는 현재까지도 남아 있다.

▶ 황룡사지

황룡사지(皇龍寺址)

경상북도 경주시 구황동 소재 신라시대 절터.《삼국사기》및《삼국유사》에서는 553년(진흥왕 14) 월성(月城) 동쪽에 새로운 궁궐을 지으려고 할 때 황룡이 나타나서 그곳에다 황룡사라는 절을 세웠다고 한다. 이

절은 553년에 짓기 시작하여 569년에 완성되었으며 574년에는 약 5m의 거대한 장륙존상(丈六尊像)을 비롯한 금동삼존불상을 조성하고 584년(진평왕 6)에는 금당(金堂)을 건립하였다. 그 뒤 645년(선덕여왕 14)에는 자장법사(慈藏法師)의 발원으로 백제 장인 아비지(阿非知)에 의해 구층목탑이 세워졌으며 754년(경덕왕 13)에는 구리 49만 7,581근으로 우리나라에서 가장 큰 종이 만들어짐으로써 삼국에서 최고의 규모를 자랑하는 절의 형태를 갖추게 되었다. 황룡사는 몇 차례에 걸쳐 중건되면서 고려시대에 이르기까지 대표적인 왕실의 호국사찰로서 숭앙되다가 1228년(고종 25) 몽고의 침입으로 모두 불타버

리고 현재 절터에는 주춧돌과 불상을 안치했던 석조대좌가 남아 있다. 황룡사는 유명한 신라 삼보(三寶) 중 두 가지에 해당하는 장륙존상과 구층목탑이 있었던 곳으로, 지금도 삼존불상의 석조대좌와 방형목탑의 심초석(心礎石)이 남아 있다. 1976년부터 문화재연구소 주관으로 발굴이 진행되어 거의 마무리되었다. 절터 전체가 사적 제6호로 지정되었다.

황무지개간권반대운동(荒蕪地開墾權反對運動)

1904년 일본이 주권침탈의 일환으로 전국에 산재한 황무지의 개간권을 요구한 것에 대해 이를 저지하기 위하여 보안회를 중심으로 전개한 일련의 반대운동. 1904년 6월 일본은 한국을 일본의 식량공급지화하고 일본농민의 한국 이주를 증대시키기 위해 일본인을 내세워 50년 동안 전국토의 3할에 해당하는 황무지의 개간·정리·척식 등 모든 경영권과 그곳에서 얻어지는 모든 권리를 양도할 것을 내용으로 하는 황무지개간권을 요구하였다. 일본의 황무지개간권 요구사실이 전해지자 6월 중순경부터 전국적으로 일본의 황무지개간권 요구에 대한 반대운동과 배일격문이 배포되기 시작하였으며, 황성신문·대한매일신보 등의 언론기관에서도 기사와 논설을 통해 일본의 황무지개간권 요구를 규탄하였다. 이처럼 전국민의 반대운동이 고조되자 동년 7월 13일 송수만(宋秀萬)·심상진(沈相震) 등이 보안회(輔安會)를 조직하고 반대운동을 구국민중운동으로 확대해나갔다. 보안회는 공개성토대회를 열어 일본의 요구를 끝까지 반대할 것을 결의하는 한편, 정부 앞으로 서안을 보내 일본인에게 황무지개간권을 허가해서는 안 된다고 주장하였으며, 각국 공사에게도 서한을 보내서 국제여론에 호소하였다. 이렇게 보안회의 활동이 날로 격화되어 가자 당황한 일본은 보안회의 해산을 정부에 요구하는 한편, 헌병과 경찰을 보안회회의소에 출동시켜 송수만·신기선(申箕善) 등 보안회간부를 납치해갔다. 사태가 심각하게 돌아가자 정부는 일본 헌병과 경찰의 즉시철수를 요구하는 동시에 일체의 황무지개간권을 외국인에게 절대 허가하지 않겠다는 긴급고시를 전국에 반포하고 보안회에 해산을 촉구하였다. 이에 보안회는 정부의 방침을 받아들여 7월 22일 해산을 결정하였으며, 일본도 8월 황무지개간권 요구를 철회하였다. ➡ 보안회

황성신문(皇城新聞)

1898년 9월 창간된 일간신문. 1898년 9월 남궁억(南宮檍)·유근(柳瑾) 등이 경성신문(京城新聞)을 인수하여 제호를 황성신문이라 개칭하여 창간하였다. 사장에 남궁억이 취임하였으며, 논설주필에는 유근·박은식·장지연 등이 역임하였다. 국한문을 혼용하였으나 한글은 토를 다는 정도였다. 주로 국민계몽과 국권회복에 관한 논설을 실었는데, 대표적인 기사로는 1904년의 일본의

황무지개간권 요구에 대한 반대사설과 1905년의 '을사조약' 체결에 대한 상세보도 및 장지연의 〈시일야방성대곡〉 등의 논설이 있다. 황성신문은 장지연의 논설로 인해 3개월간 정간되기도 하였다. 1910년 국권피탈 후 강제 폐간되었다.

황진이(黃眞伊)

16세기 전반. 본명은 황진(黃眞). 기명(妓名)은 명월(明月), 별명은 진랑(眞娘). 조선 중기 개성출신의 기생. 중종·명종 때 살았는데, 생몰년은 알 수 없다. 야사에 의하면, 어릴 때 4서 3경을 읽고, 시(詩)·서(書)·음률(音律)에 뛰어났으며, 뛰어난 미모로 더욱 유명하였다. 개성출신으로 당시 서경덕(徐敬德)·박연폭포(朴燕瀑布)와 함께 송도삼절(松都三絕)로 전하는데, 그가 지은 박연·영반월(詠半月)·등만월대회고(登滿月臺懷古)·여소양곡(與蘇陽谷) 등의 한시와 시조 6수가 전한다.

황토현전투(黃土峴戰鬪)

1894년(고종 31) 4월 전라도 고부의 황토현에서 동학농민군이 정부군과 벌인 전투. 1894년 3월 전봉준은 보국안민(輔國安民)과 제폭구민(除暴救民)의 기치하에 전라도 무장에서 기병하여 고부관아를 점령한 후, 백산으로 진을 옮겨 호남창의대장소(湖南倡義大將所)를 조직하였다. 그 뒤 농민군은 4월 4일 부안을 공격하여 관아를 점령하였고, 이에 전라감사는 감영군을 파견하여 농민군을 토벌케 하였다. 감영군이 태인을 거쳐 백산 부근까지 진격해오자 농민군은 감영군과 접전을 벌여 거짓으로 패한 척하며 감영군을 고부의 황토현으로 유인하였다. 감영군이 농민군을 추격하여 황토현 부근에 진을 치자, 농민군은 7일 새벽 기습공격을 감행하여 감영군을 대패시켰는데, 이 전투에서 감영군은 2백여 명의 사상자를 냈다. 황토현전투는 농민군이 정부군과 벌인 전투 중에서 최초로 승리한 전투였다. ● 동학농민운동

회령개시(會寧開市)

조선 후기 함경북도 회령에서 청나라와 행하던 공무역(公貿易). 경원개시(慶源開市)와 함께 북관개시(北關開市)라고도 하였다. 회령개시는 1628년(인조 6) 정묘호란 이후 여진족 가운데 영고탑(寧古塔)과 오라(烏喇) 지역에 거주하는 사람들이 청나라 호부(戶部)의 문서를 가지고 이곳에 와서 농기구와 소금 등 일용품을 구입해가면서부터 시작되었다. 그 뒤 청나라사람들을 대상으로 2년에 한 번씩 개설되었다. 개시시기는 처음에는 봄(4, 5월)과 가을(10, 11월) 또는 겨울(12월)이었다가, 효종대 이후부터는 동지(冬至) 이후에 열었다. 1882년(고종 19) 청나라와 '상민수륙무역장정'이 체결되면서 자유

무역시장으로 변하였다. ◐ 개시 · 경원개시

회사령(會社令)

1910년 12월 일제가 한국의 민족산업 성장을 억제할 목적으로 회사설립을 허가제로 한다는 내용으로 공포한 법령. 일제는 국권피탈 후 한국의 경제체제를 식민지 경제체제로 전환시키고자 각종 수탈정책을 시행하였는데, 그 가운데 하나가 회사령의 공포이다. 일제는 1910년 12월 회사령을 공포하였는데(1911년 1월 시행), 한국의 민족산업의 성장을 억제하고 각종 기업의 설립을 규제하기 위한 것이었다. 회사령은 전문 20개조로 구성되어 있으며, 그 주요 내용은 한국에서의 회사설립은 총독의 허가를 받아야 하며, 회사가 회사령에 의거하여 발표하는 명령이나 허가의 조건을 위반하였을 때에는 총독이 사업의 금지와 회사의 해산을 명할 수 있다는 것 등이다. 회사령은 회사설립에 있어서 허가주의를 채택함으로써 총독의 강력한 통제권을 마련한 것이었다. 회사령이 실시된 9년 3개월 동안 한국내의 회사설치 신청건수는 676건, 허가건수는 556건(82.2%)이었다. 이것은 숫자상으로는 별문제가 없어 보이나, 이를 국가별로 구분하여 보면 1920년 말까지 한국내에 설립된 544개의 회사 가운데 일본인회사가 414개사(76.1%), 한인회사가 99개사(18.2%), 한일합동회사 및 외국인회사가 31개사(5.71%)로 크게 차이가 난다. 결국 회사령으로 인해 한국인의 회사설립과 경영이 위축되어 민족산업의 성장이 크게 억제되었다고 할 수 있다. 그 뒤 일제는 1910년대에 영세하였던 일본의 독점자본이 제1차세계대전을 계기로 급성장하자 일본의 독점자본을 한국에 유치하고자 1920년 4월 회사령을 폐지하였다.

효행록(孝行錄)

고려 말 효자(孝子) 62명의 전기(傳記)를 모아 엮은 책. 1책으로, 고려시대에 권준(權準)이 중국의 이름난 효자 24명의 전기를 모아 화공(畵工)을 시켜 그림으로 그리고 익재(益齋) 이제현(李齊賢)의 찬(贊)을 받아 그의 아버지 권부(權溥)에게 보였더니, 권부가 다시 효자 38명의 전기를 엮어 이제현의 찬을 받았다고 한다. 그 후 권부의 증손 권근(權近)이 이를 교정, 주(註)를 달고 《효행록》이라 하였다. 1415년(태종 15)에 김을신(金乙辛) · 이호신(李好信) 등이 인간(印刊)하였고 1428년(세종 10)에는 설순(偰循) 등이 개정하여 간행하였으며 그 후 1600년(선조 33)에 간행되기도 했다. 이제현의 서(序), 권근의 후서(後序) 및 송회(宋晦)의 발(跋)이 있다.

후백제(後百濟)

900년부터 936년까지 약 반세기 동안 존속했던 후삼국(後三國) 중의 하나.

경상도 상주(尙州)의 호족출신인 견훤(甄萱 : 867(경문왕 7)~936(태조 18))이 889년(진성왕 3)에 신라의 서남해 방수군(防戍軍)을 기반으로 하여 반란을 일으킨 후, 백제 의자왕의 원한을 갚는다는 명분을 내세워 892년 무진주(武珍州 : 지금의 光州)를 점령하였다. 견훤은 광주 일대 지방세력들을 회유, 포섭하여 점차 내륙으로 영토를 확장하여 900년(효공왕 4)에는 전주(全州)로 천도하였다. 전주로 천도한 견훤은 도읍의 설비, 국호(國號)의 제정과 칭왕(稱王)·연호(年號)의 제정, 관직제도 정비 등 본격적인 국가체제를 정비하였다. 국가체제의 정비를 통하여 정치적인 안정을 이루게 되자 밖으로 정복전쟁을 통하여 영토를 확대하는 데 주력, 전라도 전역과 충청도·경기도 일대에 걸치는 광범하고도 강력한 국가로 성장하였다. 한편 후백제는 신라와 궁예(弓裔)의 후고구려 및 왕건(王建)의 고려를 비롯하여 중국의 오월(吳越)·후당(後唐)·거란(契丹), 그리고 일본과의 외교관계에 노력하였다. 후백제와 신라와의 외교관계를 보면, 처음에는 신라왕실에 대해 군신관계로 유지되었으나, 신라의 경애왕이 즉위한 후부터 신라가 고려의 왕건과 가까워지자, 견훤은 927년(경애왕 3) 9월 신라의 수도인 경주에 침입하여 포석정에서 유희를 즐기던 경애왕을 죽이고 왕의 표제(表弟 : 이종사촌 동생)인 김부(金傅)를 경순왕으로 옹립시켰다. 궁예의 태봉(泰封)과는 주로 서남해를 중심으로 해상전투를 벌였는데, 이때 궁예의 부하였던 왕건은 나주(羅州)를 비롯한 서남해 일대에서 후백제와의 전투에서 승리함으로써 궁예정권 내에서 확고한 지위를 차지하게 되었다. 왕건이 고려를 건국한 직후 후백제는 고려와 화친관계를 맺고자 적극적으로 노력하여 왕건 즉위를 축하하는 사절을 보내는 등, 여러 차례 사신을 파견하고 예물을 보냈다. 그러나 고려에 보냈던 후백제의 인질 진호(眞虎)가 사망한 사건을 계기로 대고려정책은 적대관계로 변화되어 전투가 벌어지게 되었다. 초기의 전투에서는 후백제군이 월등하게 우세한 국면을 이끌었으나, 930년(경순왕 4) 고창(古昌 : 안동)에서 고려군에 대패한 것을 계기로 전세는 크게 역전되어 후백제가 크게 불리하게 되었다. 후백제는 중국과 일본과의 외교에도 적극적이었다. 견훤은 특히 오월과 후당에 여러 차례 사신을 보내는 등 이들로부터 공적인 인정을 받고자 노력하였다. 한편 후백제는 일본에도 두 차례에 걸쳐 사신을 파견하는 등 외교 관계수립에 적극적이었으나, 일본측의 소극적인 태도로 인하여 성과를 거두지는 못하였다. 후백제가 몰락한 원인은 왕위를 비롯한 권력쟁탈전으로 인한 내분에서 비롯되었다. 견훤은 호족세력들과 연합하기 위해 혼인정책을 실시하여 여러 명의 부인을 두고 있었는데, 왕실의 외척이 된 여러 호족세력들은 권력을 장악하기 위해 서로 대립하였다. 특히 장자인 신검(神劍)과 둘째아들 양검(良劍), 셋째아들 용검(龍劍)의 3형제와 넷째아들인 금강(金剛)은 각각 다른 대립된 외척집단을 가지고 있었는데, 왕위계승을 둘러싸고 서로 분열·상쟁하게 되었다.

장자인 신검을 제쳐두고 금강이 왕위를 계승하게 되자 이에 불만을 가진 신검 3형제와 그의 외척세력이 중심이 되어 반란을 일으켜 견훤을 폐위시키고 김제의 금산사(金山寺)에 유폐시켰다. 금강은 살해되고 신검이 왕위에 올라 신검정권이 새로이 탄생하였다. 신검은 왕위에 오른 후 불만세력을 포섭·회유하기 위하여 유신정치를 표방하고 반대파를 대사(大赦)하는 등 정치개혁을 단행하고자 노력하였다. 그러나 금산사에 유폐되어 있던 견훤이 탈출하여 고려에 귀부하였고, 이어 견훤의 사위였던 승주의 호족 박영규도 견훤을 따라 고려에 귀부하였다. 한편 신라의 경순왕까지 고려에 귀순하자 고려는 견훤과 박영규를 앞세워 신검의 후백제를 정복하기 위한 대대적인 원정을 실시하였다. 결국 936년 9월 고려군과 마지막 대전에서 신검이 이끄는 후백제군이 패배함으로써 889년에 건국된 후백제는 약 반세기 만에 멸망하였다.

Ⓤ 견훤 묘(충청남도 논산시 연무읍 금곡리 소재), 개태사(開泰寺 : 충남 연산 소재), 후백제왕견훤능묘비(後百濟王甄萱陵墓碑)

후시(後市)

조선 후기에 행해진 밀무역. 조선 전기에는 공무역만이 공인되고 민간인에 의한 사무역은 공인되지 않았다. 그럼에도 불구하고 16세기경에 이르면 민간인의 사무역이 활발히 전개되는데 그 대부분은 밀무역(잠무역)이었다. 이에 16세기 후반부터는 정부에서도 민간인의 무역활동을 허가하여 중국과 가까운 중강·회령·경원 등지에 개시(開市)가 열리게 되었다. 그러나 개시에서의 무역활동에는 여러 가지 제약이 많았으며, 이에 더하여 교역량이 늘어나면서 두 나라 상인들 사이에 불법적인 밀무역이 더욱 활발하게 행해지게 되었는데, 이를 개시 후에 이루어진다고 하여 후시라고 하였다. 정부에서는 후시가 위법이라 하여 중강에서의 후시무역을 철저히 단속하였고, 이로 인해 중강에서의 후시무역이 어렵게 되자 상인들은 청나라와 조선의 사신들이 책문(柵門)을 경유하는 것을 이용하여 책문에서 다시 밀무역을 행하였는데, 이를 책문후시라고 하였다. 이에 정부에서는 이들을 단속하기 위하여 단련사(團練使)를 파견하였으나 오히려 이들이 상인들과 결탁하여 밀무역에 종사하기도 하였는데, 이를 단련사후시라고 하였다. 그 뒤 정부에서는 후시무역을 단속하기 위해 각종 규제들을 마련하였으나 별다른 성과를 거두지 못하였으며, 오히려 의주·강계·초산·위원 등지를 중심으로 후시가 활발히 행해졌다.

훈구세력(勳舊勢力)

조선 전기 정치집단의 하나. 주로 계유정란부터 세조의 즉위 과정에서 세조를 도와 조정의 실권을 장악한 관료학자들로, 한명회·조석문·정창손·정인지·신숙주·최항·권람·서거정·양성지·이석형·강희맹·이극돈 등이 해당된다. 이들은 세조의 공신(功臣)·충신(忠臣) 또는 어용학자(御用學者)들로서 높은 관직에 기용되었고, 관찬사업(官撰事業)에 참여하여 많은 업적을 남기기도 하였으며, 수차에 걸친 공신전(功臣田)의 지급을 통하여 막대한 농장(農莊)을 가지고 있었다. 그 후 사림파(士林派)의 등장으로 그 세력이 위협을 받아 사화(士禍)를 통해서 세력 만회를 꾀하기도 하였으나, 역사적인 추세에 따라 사림의 정치적 성향으로 전향하면서 16세기 후반에 사림세력이 정국을 주도하게 되었다. ● 사화

훈련도감(訓鍊都監)

조선 후기에 궁성수비와 수도 서울의 방어를 목적으로 조직된 군영. 조선 전기의 군제인 오위제(五衛制)가 임진왜란으로 무너지자 1593년(선조 26) 척계광(戚繼光)의 《기효신서(紀效新書)》에 나오는 철강병법(浙江兵法)에 의거하여 설치하였다. 훈련도감의 군병은 포수(砲手)·사수(射手)·살수(殺水) 등 이른바 삼수병(三手兵)으로 조직된 상비군으로서 다른 군영의 군사와는 달리 매월 쌀 4~9말 정도의 급료를 받았다. 창설당시의 병력은 약 1천 명이었던 것으로 추정되나 병자호란 직전에 가서는 5천여 명이 넘었다. 훈련도감의 조직은 대장·중군·천총 등의 지휘부 아래 사(司)-초(哨)-기(旗)-대(隊)-오(伍)로 연결되었으며, 주력인 삼수병은 포수 20초, 사수 7초, 살수 6초 등 총 33초에 4,011명으로 편제되었다. 훈련도감에는 이 밖에 국왕호위군인 무예별감(武藝別監)을 비롯하여 별무사(別武士)·한려(漢旅)·국출신(局出身) 등의 특수군이 있었다. 훈련도감의 본청은 서울 여경방(餘慶坊)에 있었으며, 어영청·금위영과 함께 3군문(三軍門)으로 불리면서 궁성수비와 수도 서울의 방어를 담당하였다. 1880년(고종 17) 5군영을 통합하여 무위영(武衛營)과 장어영(莊禦營)의 2영으로 개편할 때 해체되었다. 1882년 임오군란으로 5군영이 복설될 때 훈련도감도 복설되었다가 군란이 진압된 후 친군5영(親軍五營)이 성립되면서 다시 해체되었다. ● 오군영

훈민정음(訓民正音)

우리나라의 문자인 한글의 원이름. 제정 당시 글자의 수는 28개 자모였으나 현재는 24개 자모만이 쓰인다. 훈민정음을 만들게 된 동기에 대해서는 세종이 직접 지은 훈민정음의 서문에 잘 나타나 있는데, 이에 의하면 "우리나라의 말은 중국말과는 근본적으로 달라 한자는 중국말을 적기 위하여 만든 글자인데 우리말을 한자를 빌려 적자니 여간 불편한 것이 아니다. 일반 국민의 말을 글로 쓰려고 아무리 애를 써도 하고 싶은 말을 제대로 나타낼 수가 없으니 이 얼마나 안타까운 일인가! 내가 이 점을 몹시 가슴 아프게 생각하여 새로 스물여덟자를 만들어서 누구든지 글을 쉽게 배워서 살기 편하게 하려 한다"고 하

였다. 이렇게 창제된 훈민정음은 이후 두 차례에 걸친 큰 수난을 당하였는데, 연산군대와 일제시대이다. 1504년(연산군 10)에 누군가 연산군의 실정을 한글로 조목조목 써서 신수영(愼守英)의 집에 몰래 던진 일이 일어났고, 연산군은 이것을 모두 언문(諺文 : 한글의 속칭) 탓이라 하여·언문을 가르치지도, 쓰지도 못하게 금하였다. 일제시대에는 한국의 민족정기를 말살하기 위하여 우리 국어를 학대하기 시작하였다. 우리말을 조선어라 하고 일본어를 국어라 하였으며 1938년 4월 새로운 교육령으로써 교육과정에서 조선어과를 폐지하였다.

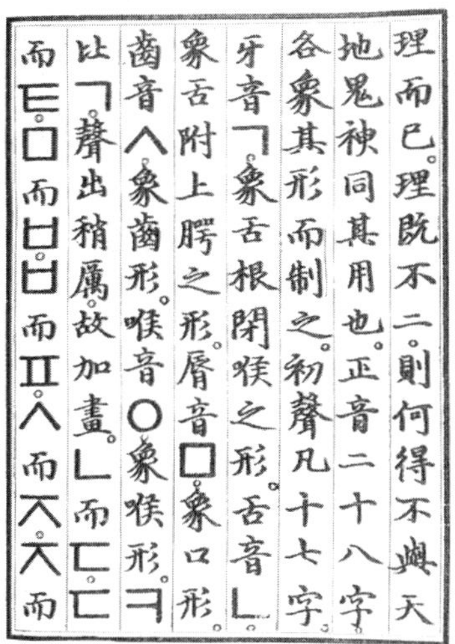

理而已。理既不二。則何得不與天
地鬼神同其用也。正音二十八字
各象其形而制之。初聲凡十七字
牙音ㄱ象舌根閉喉之形。舌音ㄴ
象舌附上腭之形。脣音ㅁ象口形。
齒音ㅅ象齒形。喉音ㅇ象喉形。ㅋ
比ㄱ聲出稍厲。故加畫。ㄴ而ㄷ。ㄷ
而ㅌ。ㅁ而ㅂ。ㅂ而ㅍ。ㅅ而ㅈ。ㅈ而

▶ 훈민정음

훈민정음운해(訓民正音韻解)

1750년(영조 26)에 신경준(申景濬)이 《훈민정음》의 음운원리를 역학의 원리를 응용하여 설명 편찬한 책. 《훈민정음》의 음운원리를 역학의 원리를 응용하여 그림을 그려 설명하였다. 1권 1책이며, 내용은 자모(子母)의 오행상형설(五行象形說), 발음기관 상형설, 순설작용(脣舌作用) 상형설로 구분하여 설명하였으며, 설음(舌音)을 설두음(舌頭音)·설상음(舌上音)으로 창안하여 구분하였고, 치음(齒音)의 표기법, 순경음(脣輕音)의 발음법 등을 제시하였다.

훈요10조(訓要十條)

고려 태조가 그의 자손들에게 귀감으로 남긴 10가지의 유훈(遺訓). 태조가 총애하던 중신(重臣)인 박술희(朴述熙)를 내전(內殿)으로 불러들여 그에게 주었다고 한다. 주요 내용을 보면 ① 국가의 대업이 제불(諸佛)의 호위와 지덕(地德)에 힘입었으니 불교를 잘 위할 것, ② 사사(寺社)의 쟁탈·남조(濫造)를 금할 것, ③ 왕위계승은 적자적손(嫡者嫡孫)을 원칙으로 하되 장자가 불초(不肖)할 때에는 인망 있는 자가 대통을 이을 것, ④ 거란과 같은 야만국의 풍속을 배격할 것, ⑤ 서경(西京)을 중시할 것, ⑥ 연등회(燃燈會)·팔관회(八關會) 등의 중요한 행사를 소홀히 다루지 말 것, ⑦ 왕이 된 자는 공평하게 일을 처리하여 민심을 얻을 것, ⑧ 차현(車峴) 이남 금강(錦江) 이외의 산형지세(山形地勢)는 배역(背逆)하니 그 지방의 사람을 등용하지 말 것, ⑨ 백관의 기록을 공

평히 정해줄 것, ⑩ 널리 경사(經史)를 보아 지금을 경계할 것 등이다. 〈훈요
10조〉는 태조의 사상 배경과 정책의 요체(要諦)가 집약된 것으로, 왕권강화를
위한 견해가 천명되었고, 불교숭상과 풍수지리설의 혹신(惑信)을 통해 집권을
정당화하고 후사(後嗣)에 의한 계속적인 집권을 확고하게 하려 했던 것이다.
이런 사상은 호국정신에 바탕을 두고 있으며, 부분적으로는 당시 성행한 풍
수·도참사상이 반영되어 있다. ➡ 왕건

휴전협정(休戰協定)

1953년 7월 6·25전쟁을 종결하기 위해 조인한 정전협정. 정식명칭은 〈한국
군사정전에 관한 협정〉이다. 이 협정은 1953년 7월 27일 판문점에서 열린 제
159차휴전회담 본회의에서 한국에서의 분쟁을 종결시키기 위하여 모든 전투
행위와 무력행동을 완전히 종결시킬 목적으로 조인되었다. 이 협정의 주요내
용은 양측은 군사분계선을 설치하며, 군사분계선으로부터 2km씩 후퇴하여
완충지대로서 비무장지대를 설치하고, 군사정전위원회를 구성하여 휴전협정
의 이행을 감시하며, 스웨덴·폴란드·스위스·체코슬로바키아 등 4개국으
로 중립국감시위원단을 구성하여 군비증강을 감시·조사하며, 양측이 억류하
고 있는 포로를 송환하되 본국 송환을 거부하는 포로는 중립국송환위원단에
인도한다 등이다. 휴전협정의 조인으로 6·25전쟁은 완전한 종전이 아닌 휴
전상태로 전쟁을 끝마치게 되었다.

휼양전(恤養田)

조선시대 과전법이 시행되면서 부모 사후 그 자식이 어릴 경우 이를 위해 설
정된 토지. 고려의 전시과제도에서 구분전(口分田)과 같은 성격의 토지로, 수
신전(守信田)과 함께 관리계층의 사회적 신분을 제도적으로 보장하기 위하여
마련한 것이었다. 일단 물려받은 자녀가 20세가 되어 과거에 합격하면 그 과
등(科等)에 따라 다시 지급받았으며, 여자의 경우 결혼하면 그 남편의 과등에
따라 물려 받고 나머지는 타인으로 하여금 진고체수(陳告遞受)하게 하였다.
그러나 과전에 대한 전적(田籍)이 제대로 정리되지 못한데다가 규정대로 환수
되지도 못하였으므로 무자격자가 휼양전이라는 명목으로 세습하는 모순을 낳
았다. 이러한 모순을 해결하기 위하여 1466년(세조 12) 직전제(職田制)를 실
시하여, 휼양전이라는 명목은 사라졌다.

흥경성전투(興京城戰鬪)

1932년 4월에서 7월 사이에 조선혁명군이 중국의용군과 연합하여 일본군 점
령하에 있던 흥경성을 공격하여 탈환한 전투. 일제가 만주사변을 일으켜 만
주를 점령한 뒤 괴뢰국가인 만주국을 세우자 한중 양국은 대일항쟁을 전개하

기 위해 연합전선을 모색하게 된다. 1932년 3월 초 조선혁명군사령관 양세봉(梁世奉)이 중국의용군과 합의하여 한중연합군을 조직하고 연합작전을 전개하기로 하였다. 동년 4월 한중연합군은 일만연합군이 점령하고 있던 흥경성 영릉가(永陵街)를 공략하여 80여 명을 사살하고 점령하였으나, 곧바로 전투기를 동원하여 반격해 온 일만연합군의 공격을 받고 철수하였다가 반격작전을 벌여 흥경성을 탈환하였다. 5월 8일 일만연합군이 영릉가를 다시 공격해 왔으나 한중연합군은 2일간의 격전 끝에 성을 사수하였다. 그 뒤 6월 15일과 7월 7일에도 일만연합군이 흥경성을 급습하였으나 한중연합군이 격전 끝에 물리쳤다. 4월에서 7월 사이에 한중연합군은 흥경성전투에서 1,000여 명의 일만연합군을 사살 또는 포로로 생포하였다.

흥선대원군(興宣大院君)

1820년(순조 20)~1898년. 본명은 하응(昰應), 자는 시백(時伯), 호는 석파(石坡), 시호는 헌의(獻懿). 본관은 전주. 조선 제26대 왕인 고종의 아버지로 쇄국정책을 펼친 정치가. 궁도령(宮道令)·대원위대감(大院位大監)이라고도 불렀다. 남연군(南延君 : 李球)의 넷째아들로 태어났다. 어린시절 총명과 기지가 뛰어났으나, 부모를 일찍 여의고 몰락한 왕실의 후예로서 안동김씨의 세도정치하에서 한직(閑職)을 역임하면서 불우한 시절을 보냈다. 1841년(헌종 7) 흥선정(興宣正)에, 1843년 흥선군(興宣君)에 봉해

▶ 흥선대원군

졌다. 1863년(철종 14) 철종의 사망으로 신정왕후(神貞王后 : 趙大妃)의 명에 따라 둘째아들인 이명복(李明福)이 왕위에 오르자 대원군이 되어 수렴청정하던 조대비로부터 대권을 위임받아 국정을 주도하였다. 그는 왕권을 강화하기 위해 세도정치를 타파하고 당파와 신분을 가리지 않고 인재를 등용하였으며, 비변사의 기능을 축소하고 의정부와 삼군부의 기능을 복구하고, 민심을 수습하기 위해 탐관오리를 숙청하고 호포법을 실시하였으며, 환곡제를 사창제로 개편하고, 국가재정을 확충하기 위해 서원을 철폐하는 등 일대 국정개혁을 단행하였다. 또한 천주교에 대한 탄압을 강화한 결과 병인양요와 신미양요를 야기하였으나 이를 물리침으로써 쇄국정책을 더욱 강력하게 추진하였다. 그 뒤 명성황후를 중심으로 한 민씨척족세력과 대립하다가 고종의 친정이 시작되면서 1873년 정권에서 밀려나게 되었다. 이후 흥선대원군은 1882년에 발생한 임오군란으로 일시 정권을 다시 잡았다가 청국의 개입으로 중국 바오딩부(保定府)에 납치되어 그곳에서 수년간을 보내다가 1885년 귀국하여 운현궁

에 칩거하였다. 1894년 일본군의 경북궁난입사건 이후 일본에 의해 일시 정권을 잡게 되나 얼마되지 않아 청일전쟁기간 중 청나라와 내통하였다는 구실 하에 일본의 압력을 받고 정계에서 은퇴하였다. 1898년 사망하였으며, 1907년 대원왕(大院王)에 추존되었다.

1. 국보(國寶)

지정번호	명 칭	소 재 지
1	서울 남대문	서울시 중구 남대문로 4가
2	원각사지 10층 석탑	서울시 종로구 종로2가
3	북한산 신라 진흥왕 순수비	국립 중앙 박물관
4	고달사지 부도	경기도 여주군 북내면 상교리
5	법주사 쌍사자 석등	충북 보은군 내속리면 사내리
6	중원 탑평리 7층 석탑	충북 충주시 가금면 탑평리
7	봉선 홍경사 비갈	충남 천안시 성환읍 대홍리
8	성주사 낭혜 화상 백월 보광탑비	충남 보령시 성주면 성주리
9	부여 정림사지 5층 석탑	충남 부여군 부여읍 동남리
10	실상사 백장암 3층 석탑	전북 남원시 산내면 대정리
11	미륵사지 석탑	전북 익산시 금마면 기양리
12	화엄사 각황전 앞 석등	전남 구례군 마산면 황전리
13	무위사 극락전	전남 강진군 성전면 월하리
14	은해사 거조암 영산전	경북 영천시 청통면 신원리
15	봉정사 극락전	경북 안동시 서후면 태장리
16	안동 신세동 7층 전탑	경북 안동시 신세동

▲ 서울 남대문

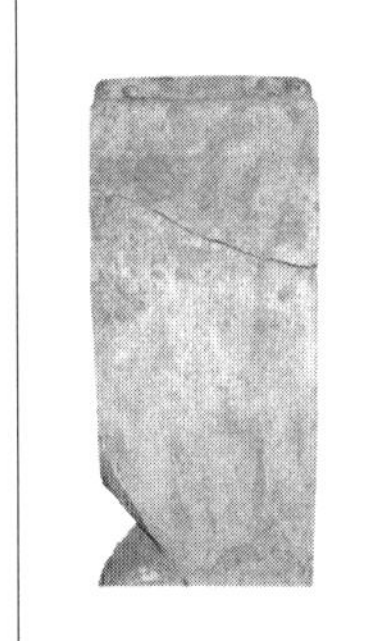

▲북한산 신라 진흥왕 순수비

▲ 미륵사지 석탑

17	부석사 무량수전 앞 석등	경북 영주시 부석면 북지리
18	부석사 무량수전	경북 영주시 부석면 북지리
19	부석사 조사당	경북 영주시 부석면 북지리
20	불국사 다보탑	경북 경주시 진현동
21	불국사 3층 석탑	경북 경주시 진현동
22	불국사 연화교 · 칠보교	경북 경주시 진현동
23	불국사 청운교 · 백운교	경북 경주시 진현동
24	석굴암 석굴	경북 경주시 진현동
25	신라 태종 무열왕릉비	경북 경주시 서악동
26	불국사 금동 비로자나불 좌상	경북 경주시 진현동
27	불국사 금동 아미타여래 좌상	경북 경주시 진현동
28	백률사 금동 약사여래 입상	국립 경주 박물관
29	성덕대왕 신종	국립 경주 박물관
30	분황사 석탑	경북 경주시 구황동
31	경주 첨성대	경북 경주시 인왕동
32	해인사 대장경판	경남 합천군 가야면 치인리
33	창녕 신라 진흥왕 척경비	경남 창녕군 창녕읍 교상동
34	창녕 술정리 동3층 석탑	경남 창녕군 창녕읍 황전리
35	화엄사 3층 석탑	전남 구례군 마산면 화전리
36	상원사 동종	강원도 평창군 진부면 동산리
37	경주 구황리 3층 석탑	경북 경주시 구황동
38	고선사지 3층 석탑	경북 경주시 인왕동

▲ 부석사 무량수전

▲ 불국사 다보탑

39	경주 나원리 5층 석탑	경북 경주시 현곡면 나원리
40	정혜사지 13층 석탑	경북 경주시 안강읍 옥산리
41	용두사지 철당간	충북 청주시 남문로 2가
42	목조 3존 불감	전남 순천시 송광면 신평리
43	고려 고종 제서	전남 순천시 송광면 신평리
44	보림사 3층 석탑 및 석등	전남 장흥군 유치면 봉덕리
45	부석사 소조 여래 좌상	경북 영주시 부석면 북지리
46	부석사 조사당 벽화	경북 영주시 부석면 북지리
47	쌍계사 진감 선사 대공탑비	경남 하동군 화개면 운수리
48	월정사 8각 9층 석탑	강원도 평창군 진부면 동산리
49	수덕사 대웅전	충남 예산군 덕산면 사천리
50	도갑사 해탈문	전남 영암군 군서면 도갑리
51	강릉 객사문	강원도 강릉시 용강동
52	해인사 장경판고	경남 합천군 가야면 치인리
53	연곡사 동부도	전남 구례군 토지면 내동리
54	연곡사 북부도	전남 구례군 토지면 내동리
55	법주사 팔상전	충북 보은군 내속리면 사내리
56	송광사 국사전	전남 순천시 송광면 신평리
57	쌍봉사 철감 선사탑	전남 화순군 이양면 증리
58	장곡사 철조 약사여래 좌상부 석조 대좌	충남 청양군 대치면 장곡리
59	법천사 지광 국사 현묘탑비	강원도 원주시 부론면 법천리
60	청자 사자 유개 향로	국립 중앙 박물관

▲ 경주 첨성대

▲ 부석사 소조여래좌상

▲ 해인사 장경판고

▲ 금산사 미륵전

▲ 금동 삼존불감

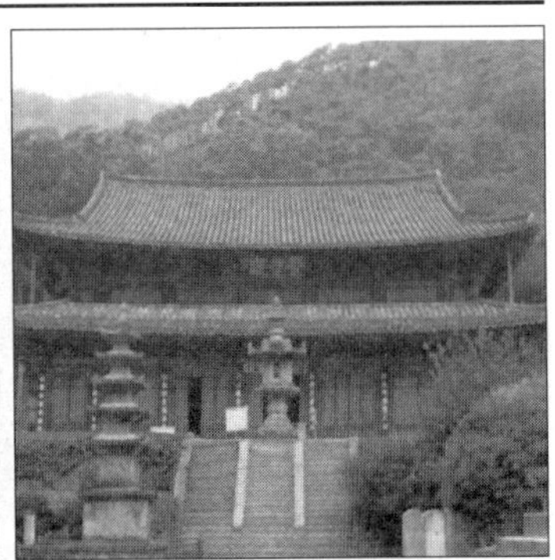

▲ 화엄사 각황전

83	금동 미륵보살 반가상	국립 중앙 박물관
84	서산 마애 삼존불상	충남 서산군 운산면 용현리
85	금동 신묘명 삼존불	서울시 종로구 옥인동
86	경천사 10층 석탑	경복궁
87	금관총 금관	국립 중앙 박물관
88	금관총 과대 및 요패	국립 중앙 박물관
89	금제 교구	국립 중앙 박물관
90	금제 태환 이식	국립 중앙 박물관
91	도제 기마 인물상	국립 중앙 박물관
92	청동 은입자 포류 수금문 정병	국립 중앙 박물관
93	백자 철화 포도문 호	국립 중앙 박물관
94	청자 소문 과형 병	국립 중앙 박물관
95	청자 칠보 투각 향로	국립 중앙 박물관
96	청자 구형 수병	국립 중앙 박물관
97	청자 음각 연화 당초문 매병	국립 중앙 박물관
98	청자 상감 모란문 항	국립 중앙 박물관
99	갈항사 3층 석탑	경복궁
100	남계원 7층 석탑	경복궁
101	법천사 지광국사 현묘탑	경복궁
102	정토사 홍법국사 실상탑	경복궁
103	중흥산성 쌍사자 석등	국립중앙박물관
104	전 홍법사 염거 화상탑	국립 중앙 박물관

▲ 금동미륵보살반가상

▲ 서산 마애 삼존불상

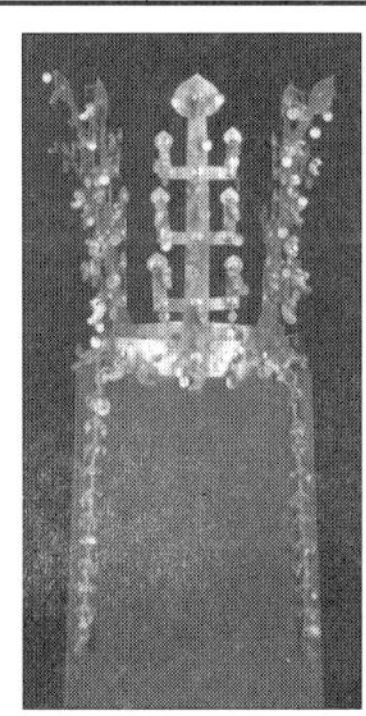

▲ 금관총 금관

▲ 도제 기마인물상

▲ 금동 미륵 반가상

▲ 연가 7년명 금동 여래 입상

▲ 진전사지 3층 석탑

▲ 금동 관음보살 입상

▲ 혜원풍속도

▲ 청자 진사 연화문 표형 주자

▲ 청자 인형 주자

▲ 백자 철화 매죽문 대호

▲ 청화 백자 매조죽문 호

171	청동 은입사 보상당초 봉황문 합	호암 미술관
172	진양군 영인 정씨 묘 출토 유물	호암 미술관
173	청자 철채 퇴화점문 나한 좌상	서울시 강남구 압구정동
174	금동 수정 감장 촉대	호암 미술관
175	백자 상감 연당초문 대접	국립 중앙 박물관
176	청화 백자 홍치명 송죽문 호	동국대학교 박물관
177	분청사기 인화문 태호	고려대학교 박물관
178	분청사기 조화어문 편병	서울시 마포구 아현동
179	분청사기 박지 연어문 편병	호림 박물관
180	완당 세한도	서울시 종로구 청운동
181	장양수 급제 패지	경북 울진군 울진읍 고성리
182	금동 여래 입상	국립 중앙 박물관
183	금동 보살 입상	국립 중앙 박물관
184	금동 보살 입상	국립 중앙 박물관
185	묘법연화경	국립 중앙 박물관
186	양평 금동 여래 입상	국립 중앙 박물관
187	봉감 모전 5층 석탑	경북 영양군 입암면 산해리
188	천마총 금관	국립 경주 박물관
189	천마총 금모	국립 경주 박물관
190	천마총 금제 과대 및 요패	국립 경주 박물관
191	금관 침 수하식	국립 경주 박물관
192	금제 과대 및 요패	국립 경주 박물관

▲ 분청사기 인화문 태호

▲ 봉감 모전 5층 석탑

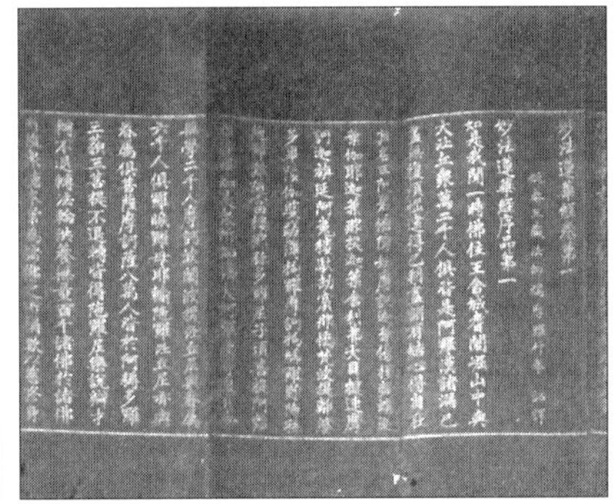

▲ 묘법연화경

▲ 단양 신라 적성비

▲금동 대탑

▲중원 고구려비

▲ 금강전도

▲ 창경궁 명정전

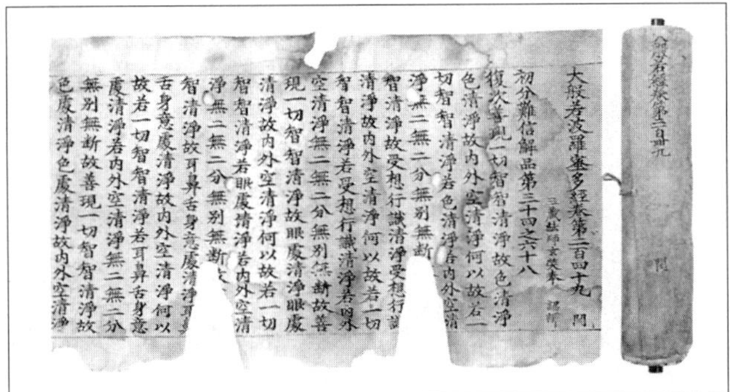

▲ 초조본 대반야바라밀다경

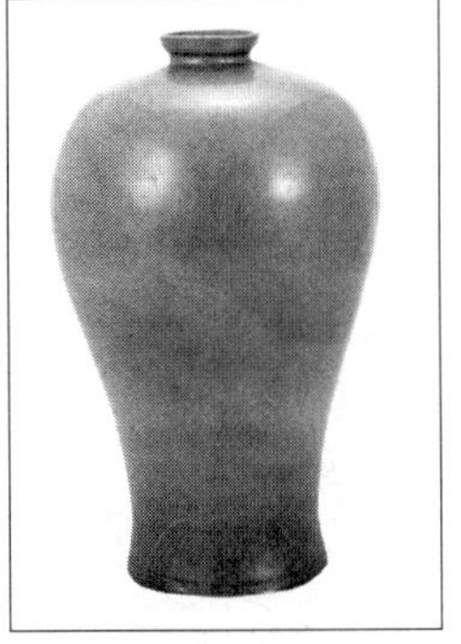

▲ 청자 음각 연화문 매병

2. 한국사 연표

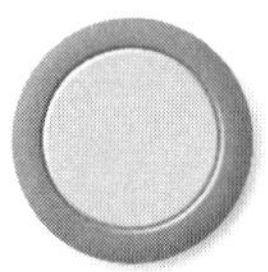 B.C. 70만년 전 ~ B.C. 37년

B.C. 약 70만년 전	
~ 6000	구석기 시대
3000 ~ 2000	신석기 시대로 들어감
2333	단군, 아사달에 개국(전설)
1000 ~ 500	청동기 문화 전래
300 ~ 200	철기문화, 제2차 청동기 문화 전래
194	위만(衛滿), 단군조선을 멸함
128	한(漢), 창해군 설치(~125)
108	한사군(진번, 임둔, 현도, 낙랑) 설치. 고조선 멸망
82	진번, 임둔을 폐지
75	현도는 만주로 이동
57	신라에 박혁거세 일어남(전설), 즉위한 이후 호를 거서간, 국호를 서라벌이라 칭함
37	고구려에 주몽 일어남(전설)
	신라(혁거세 21)는 금성을 축조함
28	고구려, 북옥저를 병합함
18	온조왕, 백제를 세움(전설)
5	백제, 한산(한강서북)에 천도함

# A.D. 3년 ~ 384년

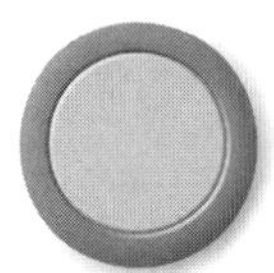 # 645년 ~ 829년

830년 ~ 958년

976년 ~ 1107년

1109년 ~ 1232년

1352년 ～ 1402년

<table>
<tr><td></td><td>변발 폐지</td></tr>
<tr><td>1359</td><td>제1차 홍건적 침입(~1361 : 서경함락)</td></tr>
<tr><td>1360</td><td>서경 수복</td></tr>
<tr><td>1361</td><td>제2차 홍건적 침입</td></tr>
<tr><td>1363</td><td>문익점, 원에서 목화씨 전래해옴</td></tr>
<tr><td>1369</td><td>동녕부의 폐지</td></tr>
<tr><td>1372</td><td>이성계, 왜구를 막음</td></tr>
<tr><td>1376</td><td>최영, 왜구 정벌</td></tr>
<tr><td>1377</td><td>최무선, 화통도감 설치(화약무기 제조)</td></tr>
<tr><td></td><td>직지심체요절 인쇄</td></tr>
<tr><td>1380</td><td>최무선이 지휘, 화포사용하여 진포에서 왜선 5백척 격파</td></tr>
<tr><td>1388</td><td>명나라 정벌 시작(최영-8도 도통사, 조민수-좌군도통사, 이성계-우군도통사)</td></tr>
<tr><td></td><td>이성계, 위화도 회군으로 실권장악</td></tr>
<tr><td>1389</td><td>박위, 쓰시마 정벌</td></tr>
<tr><td>1392</td><td>정몽주, 피살. 배극렴 등, 이성계를 왕으로 추대. 공양왕 왕위 물려줌. 고려, 멸망</td></tr>
<tr><td></td><td>이성계(태조), 수창궁에서 즉위. 조선왕조 성립(~1910)</td></tr>
<tr><td>1393</td><td>조선(朝鮮)으로 국호를 정함</td></tr>
<tr><td>1394</td><td>한양으로 천도</td></tr>
<tr><td>1395</td><td>정도전, 《고려국사》 75권 펴냄</td></tr>
<tr><td>1398</td><td>제1차 왕자의 난, 태조 세자 방과(芳果)에게 선위. 정종 즉위</td></tr>
<tr><td>1400</td><td>제2차 왕자의 난(방간의 난)</td></tr>
<tr><td>1401</td><td>태종(방원) 즉위(~1418). 신문고 설치</td></tr>
<tr><td>1402</td><td>호패법 실시</td></tr>
</table>

1402년 ～ 1457년

	무과 설치
1403	주자소 설치(계미자 주조)
1406	경성 · 경원에 무역소 설치
1411	한양에 5부학당 설치
1413	8도의 지방 행정조직을 완성
	《태조실록》 편찬
1416	조관의 관복제도를 정함
	도첩제 실시
1419	이종무, 쓰시마 정벌
1420	집현전 확장
1424	호적 정비
1426	삼포를 개항, 계해약조 체결(1443)
1430	《농사직설》 반포
1431	4군설치(~1443)
1433	6진개척(~1443)
1441	측우기 제작
1442	《고려사》 편찬시작
1443	훈민정음 창제
1444	전등 6분. 연분 9등 제도 실시
1445	용비어천가 이룩됨
1446	훈민정음 반포
1453	계유정난
1455	단종, 수양대군에게 왕위 물려줌
1456	사육신 사건
1457	단종, 노산군으로 강등되어 영월 유배, 죽음

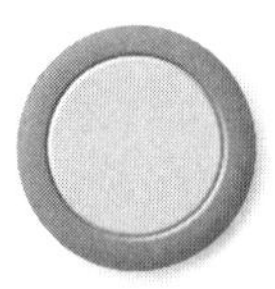 # 1461년 ~ 1568년

1575년 ~ 1654년

1654년 ～ 1758년

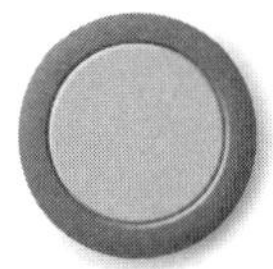

1762년 ~ 1832년

1833년 ～ 1880년

1833	쌀값 폭등. 난민, 싸전을 습격
1839	기해박해
1846	병오박해
1854	러시아 선박, 함경도 영흥에 와서 주민을 살상
1859	서원의 사설을 금지
1860	최재우, 동학 개창
1861	김정호, 대동여지도 만듦
1862	임술농민 봉기
	삼정 이정청 설치
1864	동학교주 최제우, 효수됨
1865	경복궁 중건(~1872)
1866	셔먼호 사건. 병인박해 · 병인양요
1868	당백전의 사용을 엄명
	독일인 오페르트의 남연군 묘 도굴사건
1871	신미양요, 척화비를 세움
	사액서원 47개만 남기고 서원 철폐
	호포법 실시
1873	최익현의 대원군 탄핵. 대원군 하야와 민씨 일파 득세
1875	운요오호 사건 일어남
1876	강화도조약 체결(병자수호조약)
	조선의 개국(부산개항)
1878	일본군함, 함경 · 전라 · 충청의 해안측량
1879	지석영, 종두법 실시
	원산개항을 일본과 약조
1880	수신사 김홍집, 청국 황쭌셴의 《조선책략》을 가져와 보고함

1881년 ~ 1895년

1895년 ~ 1905년

	소학교 설치
	단발령 내림
	유길준, 《서유견문》 지음
1896	아관파천(친러 내각 성립)
	독립협회 성립
1897	국호를 대한제국으로 고침
1898	서울에 전차 개통
	만민공동회 개최
1899	경인철도 준공(1897~ : 인천~노량진)
	덕수궁에 전화 가설
1900	만국우편연합에 가입
	서울에 전등가설
1901	금본위제 채택
1902	영일동맹체결(일본의 조선침략의 국제적 승인)
	경인간에 전화개통
1904	한일의정서 체결(고문정치 시작)
	경부선 준공(1901~)
	대한매일신보, 코리아데일리뉴스 창간
	이용구 · 송병준 등, 일진회 조직
	이준 · 이상재 · 이동휘 등, 협동회 조직
	외교관 · 영사관제 폐지(각국 주재공사 철수명령)
1905	경의선 개통(1902~)
	을사조약 체결
	대한적십자 병원 창립
	장지연, 황성신문에 〈시일야방성대곡〉 발표

1905년 ~ 1912년

	손병희, 동학을 천도교로 개칭
1906	일본, 통감부를 설치
	대한자강회 조직(회장 : 윤치호)
1907	국채보상운동 전개
	헤이그특사사건. 고종퇴위
	정미7조약(차관정치 실시)
	군대해산
	국문연구소 설치
	신민회 설립
1908	의병, 서울진공작전
	전명운·장인환, 샌프란시스코에서 스티븐슨 사살
1909	이토오 히로부미, 안중근에게 만주 하얼빈역에서 암살됨
	일본, 간도조약으로 간도 포기
	나철, 대종교 창시
1910	국권피탈
	조선총독부 설립
	주시경, 《국어문법》 간행
	안중근, 여순감옥에서 처형
1911	테라우치 총독 암살미수사건을 계기로 민족주의자 체포에 들어감
	압록강 철교 완공
	105인 사건
	이상설 등, 블리디보스토크 신한천에서 권업회 조직
1912	토지조사사업 시작(~1918)
	만주간도의 교민 부민회 조직

1913년 ～ 1920년

1913	대한광복단 조직
1914	대한광복군 정부수립
	호남선 · 경원선 개통
1915	유동열 · 박은식 등 상해에서 신한혁명당 조직
	박은식,《한국통사》간행
1916	박중빈, 원불교 창시
1917	신규식 등, 상해에서 조선사회당 결성
	이광수,《무정》을 지음
1918	여운형 · 장덕수 · 김구 등 상해에서 신한청년단 조직
	만주의 동3성 교포, 독립선언서 발표
1919	2 · 8 독립선언(일본 도쿄유학생 최팔용 · 서춘 등 6백여 명)
	3 · 1운동 일어남
	노령의 대한국민의회, 정부수립을 선언(대통령 손병희, 부통령 박영효, 국무총리 이승만−노령임시정부)
	상해에서 대한민국임시정부 수립(임시의정원 의장 이동영, 국무총리 이승만)
	국내13도 대표 한성임시정부조직(집정관 이승만, 국무총리장 이동휘)
	의군부(총재 이범윤)조직
	서로군정서 조직
	대한애국부인회 조직
	김규식, 파리평화회의에 독립청원서 제출
	김원봉 등, 길림성에서 의열단 조직
1920	조선일보 · 동아일보 발간
	홍범도, 봉오동 전투

1920년 ~ 1932년

	조선물산장려회 창립
	김좌진, 청산리 대첩
	일본, 산미증식계획 수립
	박은식, 《한국독립운동지혈사》 간행
1921	자유시참변
	조선어 연구회발족(1931년 조선어학회로 개칭)
1922	고려공산당 해체
	어린이날 제정
1924	조선 노농총연맹 창립
1925	만주 독립운동단체, 길림성에서 정의부 조직
	신의주사건으로 조선공산당간부 다수 검거(제1차 공산당사건)
1926	강영달 · 김재봉 등, 제2차 공산당 조직
	6 · 10만세운동
	제2차 공산당사건으로 이준태 등 15명 검거
	나석주, 동양척식회사에 투탄
1927	신간회 조직(~1931)
	조선어연구회, 기관지 《한글》창간
1928	김구, 상하이에서 한국 독립단 조직
1929	원산 총파업
	정의부 · 참의부 · 신민부 제2차 통합회의 개최, 국민부 조직
	광주학생항일운동 일어남
1930	대한독립군 조직
1931	신간회 해체
	동아일보, 브 나로드운동 전개
1932	윤봉길, 상하이 홍구공원에서 폭탄던짐(시라카와 대장 등 10

1932년 ~ 1945년

	여 명 살상)
	산미증식계획 중단
1933	조선어학회, 한글맞춤법통일안 발표
1934	한국독립당과 한국혁명당 남경에서 회합, 신한독립당으로 통합
	진단학회 창립
1935	한국독립당 등 독립운동단체 남경에서 민족혁명당 조직
1936	민족혁명당, 한국민족혁명당(후의 조선혁명당)과 조선민족혁명당으로 양분
	손기정, 베를린 올림픽 대회 마라톤 우승
1937	연해주 거주한인 20만 중앙아시아로 강제이주
1938	지원병제도 창설. 학교 교육에서 조선어과 폐지
1939	국민징용제 실시(1945년까지 45만 명 동원)
	경춘선 준공
1940	창씨개명 실시
	조선일보 · 동아일보 폐간
	일본, 한국인의 황국신민화 운동 강행
	한국광복군 조직(총사령관 지청천, 참모장 이범석)
1942	조선어학회 사건
1943	카이로 선언(적당한 시기에 한국의 독립을 결의)
1944	학병제 실시
	여자정신대근무령 공포
1945	얄타회담
	포츠담선언(한민족의 독립을 공약)
	8 · 15 해방(일왕 히로히토 무조건 항복 방송)
	38도선 확정

1945년 ～ 1958년

	미국, 남한에서 군정실시
	모스크바 3상회의, 신탁통치안 발표
1946	김일성 인민위원회 발족
	제 1차 미소공동위원회 개최
	국립 서울대학안 발표
	입법 의원 개원
1947	제2차 미소공동위원회 개최
	김구, 남조선 단독정부 수립 반대
	유엔 한국 임시위원단 구성
1948	5 · 10 총선거. 대한민국 정부수립
	북한에 정부수립
	여수 · 순천 사건 발생
1949	미군, 한국에서 철수
	김구, 암살됨(안두희)
	중 · 고등 학교 분리
	첫 징병검사 실시
1950	6 · 25전쟁(Korean War)
1951	1 · 4 후퇴. 서울 재수복. 휴전회담 시작
1952	평화선 선포
1953	반공포로 석방. 휴전협정 성립. 정부, 서울에 환도
	제1차 통화개혁 실시
1954	개헌안 4사5입 통과
1956	첫 TV방송국 개국
1957	우리말 큰사전(6권) 완성
1958	중국군, 북한을 철수. 주한 미군, 유도탄 보유를 발표

1959년 ～ 1973년

1959	원자로 기공식
1960	3·15 부정선거. 4·19혁명. 제2공화국 수립[초대대통령에 윤보선(8월)]
	북한, 남북연방제 제의
1961	5·16 군사정변
1962	제1차 경제개발 5개년 계획 발표
1963	제3공화국 발족(박정희 대통령 취임)
1964	6·3사건 발생. 한국, 국군파월에 조인
1965	비둘기부대, 사이공에 도착
	한일 협정에 정식조인(한일 국교정상화됨)
	전투부대(맹호부대) 제1진 월남전 참전
1966	한미행정협정 조인
	제2차 경제개발 5개년 계획발표
	인구 센서스 실시(남한인구 2천 919만)
1967	경부고속도로 건설 착공(~1970)
1968	1·21 사태 발생
	미국정보함 푸에블로호 사건
	향토예비군 창설. 주민등록증 제도 실시. 국민교육헌장 선포
1970	새마을운동 시작
1971	남북한 적십자 회담 개최
1972	7·4공동성명 발표. 남북 조절위원회 회담개최
	포항제철, 울산석유화학계열공장 거의 완성(중화학공업시대 전개)
	유신헌법 공포. 제4공화국 발족
1973	주월 국군 철수 완료

1973년 ~ 1988년

	6 · 23 선언 발표
	김대중피납사건. 조절위원회 중단성명
1974	긴급조치 1회발표 : 헌법반대를 금지
	26만톤 유조선을 완공
	대통령 저격미수사건(육영수 여사 저격받아 사망)
	포드 대통령, 한국방문
1975	긴급조치 9호발표
1976	양정모 올림픽에서 첫 금메달 획득
1977	남북 적십자 실무자 회담
	제4차 경제개발 5개년 계획(~1981)
	수출 100억 달러 달성
1978	KAL기 소련에 강제 착륙
1979	남북조절위 관계자 판문점 회담
	10 · 26사태. 최규하 10대 대통령 취임
1980	5 · 18 광주민주화 운동
1981	전두환 정부 수립, 세계 기능 올림픽 4연패
	수출 200억 달러 달성
1983	KAL기 피격 참사
	아웅산 사건
	KBS, 이산가족찾기 TV 생방송
1984	LA올림픽에서 종합 순위 10위 차지
1985	남북 고향방문단 상호 교류
1986	서울 아시아 경기 대회
1987	6월 민주항쟁. 6 · 29민주화 선언
1988	한글맞춤법 고시

 ## 1988년 ~ 2000년

	노태우 정부 성립
	제24회 서울 올림픽 대회
1989	헝가리, 폴란드 등 동구권 국가와 수교
1990	소련과 국교 수립
1991	남 · 북한 유엔 동시 가입
1992	중국과 국교 수립
1993	김영삼 정부 성립
	대전 엑스포
	금융실명제 실시
1994	북한, 김일성 사망
	정부 조직 개편
1995	지방자치제 실시
	구총독부 건물 해체(~1996)
	한국, 유엔 안보리 비상임 이사국으로 피선
1996	경제협력개발기구(OECD) 가입
1998	김대중 정부 출범
2000	대통령, 북한 방문